"十二五"国家重点图书出版规划项目·新编法学核心课程系列教材

# 法理学

—— 理论·实务·案例

（第三版）

◆ 主编　肖光辉

◆ 副主编　张桂英　李泽

◆ 撰稿人　（以姓氏笔画为序）

李泽　肖光辉　张桂英

邹彩霞

中国政法大学出版社

2019·北京

**图书在版编目（ＣＩＰ）数据**

法理学:理论·实务·案例/肖光辉主编. —3版. —北京：中国政法大学出版社，2019.6
ISBN 978-7-5620-9008-3

Ⅰ. ①法… Ⅱ. ①肖… Ⅲ. ①法理学 Ⅳ. ①D903

中国版本图书馆CIP数据核字(2019)第112395号

-----------------------------------------------------------------------------------------------------------

出 版 者　中国政法大学出版社

地　　址　北京市海淀区西土城路25号

邮　　箱　fadapress@163.com

网　　址　http://www.cup1press.com（网络实名：中国政法大学出版社）

电　　话　010-58908435(第一编辑部)　58908334(邮购部)

承　　印　固安华明印业有限公司

开　　本　787mm×1092mm　1/16

印　　张　22

字　　数　607千字

版　　次　2019年6月第3版

印　　次　2019年6月第1次印刷

印　　数　1~5000册

定　　价　58.00元

# 出版说明

"十二五"国家重点图书出版规划项目是由国家新闻出版总署组织出版的国家级重点图书。列入该规划项目的各类选题，是经严格审查选定的，代表了当今中国图书出版的最高水平。

中国政法大学出版社作为国家良好出版社，有幸入选承担规划项目中系列法学教材的出版，这是一项光荣而艰巨的时代任务。

本系列教材的出版，凝结了众多知名法学家多年来的理论研究成果，全面而系统地反映了现今法学教学研究的最高水准。它以法学"基本概念、基本原理、基本知识"为主要内容，既注重本学科领域的基础理论和发展动态，又注重理论联系实际以满足读者对象的多层次需要；既追求教材的理论深度与学术价值，又追求教材在体系、风格、逻辑上的一致性。它以灵活多样的体例形式阐释教材内容，既推动了法学教材的多样化发展，又加强了教材对读者学习方法与兴趣的正确引导。它的出版也是中国政法大学出版社多年来对法学教材深入研究与探索的职业体现。

中国政法大学出版社长期以来始终以法学教材的品质建设为首任，我们坚信，"十二五"国家重点图书出版规划项目定能以其独具特色的高文化含量与创新性意识，成为集权威性和品牌价值于一身的优秀法学教材。

中国政法大学出版社

# 总 序

长期以来，由于大陆法系和英美法系法律渊源不同，法学教育模式迥异。大陆法系的典型特征是法律规范的成文化和法典化；而英美法系则以不成文法即判例法为其显著特征。从法律渊源来看，大陆法系以制定法为其主要法律渊源，判例一般不被作为正式法律渊源，对法院审判亦无约束力；而英美法系则以判例法作为其正式法律渊源，即上级法院的判例对下级法院在审理类似案件时有约束力。两大法系法律渊源的不同，导致归属于两大法系的法学教学存在较大差异。大陆法系的法学教育采用的是演绎法，教师多以法学基本概念和原理的讲解为主，即使部分采用了案例教学，也重在通过案例分析法律规定；而英美法系采用的是归纳法，判例就是法源，通过学习判例来学习法学原理。

在我国，制定法为法律规范的主要渊源，长期以来，沿用大陆法系的演绎法教学模式。众所周知，法学是一门实践性、应用性很强的学科，法学教育的目标之一就是培养学生运用法学知识分析和解决实际问题的能力。为此，改变传统教学模式，引入理论和实践相结合的案例教学法成为必需。多年来，我校在这方面进行了有益的尝试和探索，总结了一套行之有效的理论和实务案例相结合的教学模式，深受学生欢迎。这套教学模式，根据大陆法系成文法的教学要求，借鉴英美法系的案例教学模式，将两大法系的教学方法有机地融为一体，既能使学生系统地掌握法学原理，又培养了学生分析和解决实际问题的能力。

为了及时反映我校法学教育改革的新成果，更好地满足法学教育的需要，我校组织编写了这套《新编法学核心课程系列教材》。这套教材具有如下特点：①覆盖面广。涵盖了现今主要的法学核心课程。②体例格式新颖。本套教材各章均按本章概要、学习目标、学术视野、理论与实务、参考文献的体例格式安排，这种体例兼顾了系统掌握法学理论和应用法学理论分析、解决实际问题能力的双重教学目标。③案例选择科学合理。主要表现为：一是案例大多选自司法实践，具有新颖性和真实性；二是根据法学知识点的系统要求选择案例，具有全面性和典型性；三是反映理论和实务的密切联系，以案说法，以法解释法学知识和原理，理论与实务高度融合，相得益彰。④内容简洁。本套教材力争以简洁的语言阐述法学理论和相关问题，解析实例，说明法理，做到深入浅出，通俗易懂。⑤具有启发性。本套教材所列学术视野，多为本学科的焦点和热点问题，可帮助学生了解学术动态，激发其学术兴趣；理论思考题可引导学生思考温习所学知识，启迪其心志。

　　《新编法学核心课程系列教材》吸收了国内外优秀学术成果，在理论与实践相结合的基础上，达到了理论性、实践性和应用性相统一。在理论上具有较强的系统性和概括性，在应用上具有针对性和实用性，在内容上则反映了法学各学科的新发展和时代特征。总之，我真诚地希望这套教材能成为广大学生和读者学习法学知识的新窗口，并愿这套教材在广大读者和同行的关心与帮助下越编越好。

金国华

2010 年 10 月 28 日

# 第三版说明

　　法理学是法律学院的主干课程之一。第二版教材已经使用了四年。根据课程规划与教学安排的需要，原编写组成员对自己负责的章节进行了全面修订。教材增加了反映时代发展变化方面的内容，尤其是十九大报告中提出的全面加强依法治国，完善以宪法为核心的中国特色社会主义法律体系方面的内容。这次修订是原教材的基础上进行的，突出表现在以下几个方面：

　　1. 最近几年，新颁布了一批法律法规，同时对一些法律法规进行了修订，根据这些增加与修订的部门法，对相关章节做了调整与修改。

　　2. 适当增加、压缩相关章节篇幅，以便能够更好地满足教学需要。

　　3. 对个别错字、漏字及别字进行了全面修订。

　　由于水平有限，时间仓促，错误仍然在所难免，欢迎方家批评指正。

　　　　　　　　　　　　　　　　　　　　　　　　　　　　肖光辉

　　　　　　　　　　　　　　　　　　　　　　　　　　　　2019 年 3 月

# 第二版说明

　　法理学是法律学院的主干课程之一。第一版教材已经使用了四年。为了适应时代的发展，根据课程规划与教学安排的需要，原编写组成员对自己负责的章节进行了全面修订。教材增加了反映时代发展变化方面的内容，尤其是十八届四中全会提出的全面加强法治建设方面的内容。这次修订是原教材的基础上进行的，突出表现在以下几个方面：

　　1. 最近几年，一些部门法进行了修订，根据这些修订的部门法，对相关章节做了调整与修改。

　　2. 适当增加、压缩相关章节篇幅，以便能够更好地满足教学需要。

　　3. 对个别错字、漏字及别字进行了全面修订。

　　由于水平有限，时间仓促，错误仍然在所难免，欢迎方家批评指正。

肖光辉

2015 年 4 月

# 编写说明

为了建设社会主义法治国家，培养时代需要的合格人才，我们组织编写了这本法理学教材。教材按照法理学学科发展方向与教学实践的总体要求，根据历届学生学习的具体情况进行了编写。

本教材借鉴与参考了兄弟院校的研究成果，力求反映学科前沿，关注学术动态与学科的最新研究；同时兼顾社会实践，简明扼要，通俗易懂。

为了帮助学生更好地理解法理学，阐述法理学的基本原理、学说与主张，根据教学的目的与要求，每章后面，我们增加了一个或数个案例。

由于水平有限，时间仓促，错误在所难免，欢迎批评指正。

本书由肖光辉老师担任主编，张桂英、李泽任副主编。

本书撰写分工如下（以姓氏笔画为序）：

李　泽：第四至九章；

肖光辉：第十一至十三、二十二、二十六、二十八至三十章；

张桂英：第一至三、十、十四至十六、二十五章；

邹彩霞：第十七至二十一、二十三、二十四、二十七章。

法理学教材编写组

2010 年 10 月

# 目　录

## 第一编　法学概论

**第一章　法学研究** ·········································· 1
　　第一节　法学的研究对象 ······························· 1
　　第二节　法学与相邻学科的关系 ······················· 3

**第二章　法理学的产生与发展** ························· 10
　　第一节　西方法理学的产生与发展 ···················· 10
　　第二节　中国法理学的产生与发展 ···················· 13

**第三章　法理学的学科体系、地位与意义** ············ 21
　　第一节　法理学的学科体系与地位 ···················· 21
　　第二节　学习和研究法理学的意义 ···················· 24

## 第二编　法的本体

**第四章　法的概念** ········································ 27
　　第一节　法的定义 ····································· 27
　　第二节　法的本质 ····································· 29
　　第三节　法的特征 ····································· 32

**第五章　法的要素** ········································ 36
　　第一节　法的要素概述 ································· 36
　　第二节　法律概念 ····································· 38
　　第三节　法律规则 ····································· 39
　　第四节　法律原则 ····································· 43

**第六章　法的渊源、效力与分类** ···················· 48
　　第一节　法的渊源 ····································· 48
　　第二节　法的效力 ····································· 56
　　第三节　法的分类 ····································· 61

第七章　法律关系 ·············································································· 67
　第一节　法律关系概述 ···································································· 67
　第二节　法律关系的主体 ································································ 69
　第三节　法律关系的客体 ································································ 72
　第四节　法律关系的产生、变更与消灭 ········································· 74

第八章　法律体系 ·············································································· 78
　第一节　法律体系的概念 ································································ 78
　第二节　法律部门的划分 ································································ 79
　第三节　当代中国法律体系 ···························································· 80

第九章　法律责任 ·············································································· 85
　第一节　法律责任的概念 ································································ 85
　第二节　法律责任的分类 ································································ 86
　第三节　法律责任的构成 ································································ 88
　第四节　归责与免责 ······································································· 91

第十章　权利与义务 ·········································································· 96
　第一节　权利与义务的概念 ···························································· 96
　第二节　权利与义务的关系 ···························································· 99
　第三节　法与权利和义务 ······························································ 102
　第四节　权利与义务的分类 ·························································· 103

## 第三编　法的演进

第十一章　法的起源 ········································································ 110
　第一节　法的起源概述 ·································································· 110
　第二节　法的起源的各种理论与学说 ············································ 112
　第三节　原始社会的社会规范 ······················································ 113
　第四节　法律起源的一般规律 ······················································ 114
　第五节　原始社会的社会规范与国家成文法的区别 ······················· 116

第十二章　法的历史形态 ·································································· 119
　第一节　法的历史形态概述 ·························································· 119
　第二节　奴隶社会的法律制度 ······················································ 120
　第三节　封建社会的法律制度 ······················································ 122

第四节　资本主义社会的法律制度 ················································ 123
第五节　中国社会主义社会的法律制度 ········································ 125

**第十三章　法　系** ·········································································· 129
第一节　法系概述 ············································································ 129
第二节　中华法系 ············································································ 130
第三节　印度法系 ············································································ 132
第四节　伊斯兰法系 ········································································ 132
第五节　大陆法系 ············································································ 133
第六节　英美法系 ············································································ 134

**第十四章　法律的发展** ·································································· 138
第一节　法律发展概述 ···································································· 138
第二节　法律继承 ············································································ 142
第三节　法律移植 ············································································ 145
第四节　法制改革 ············································································ 148

**第十五章　法制现代化** ·································································· 153
第一节　法制现代化的概念 ···························································· 153
第二节　法制现代化的模式 ···························································· 156
第三节　中国法制现代化的进程 ···················································· 158

# 第四编　法的运行

**第十六章　立　法** ·········································································· 163
第一节　立法的概念 ········································································ 163
第二节　立法的原则 ········································································ 166
第三节　立法权限的划分体制 ························································ 170
第四节　立法程序与立法技术 ························································ 171

**第十七章　执　法** ·········································································· 175
第一节　执法概述 ············································································ 175
第二节　执法的主体 ········································································ 178
第三节　执法的内容 ········································································ 180
第四节　执法的原则 ········································································ 181
第五节　不当执法的救济 ································································ 183

**第十八章　司　法** ……………………………………………………………… 188
　　第一节　司法概述 ………………………………………………………… 188
　　第二节　司法主体 ………………………………………………………… 190
　　第三节　司法原则 ………………………………………………………… 192
　　第四节　司法程序 ………………………………………………………… 193

**第十九章　法律监督** …………………………………………………………… 198
　　第一节　法律监督概述 …………………………………………………… 198
　　第二节　法律监督的功能 ………………………………………………… 200
　　第三节　法律监督的原则 ………………………………………………… 201
　　第四节　法律监督的体系 ………………………………………………… 202

**第二十章　法律职业与法学教育** …………………………………………… 209
　　第一节　法律职业 ………………………………………………………… 209
　　第二节　法学教育 ………………………………………………………… 214

**第二十一章　法律方法** ……………………………………………………… 218
　　第一节　法律方法概述 …………………………………………………… 218
　　第二节　法律思维 ………………………………………………………… 218
　　第三节　法律推理 ………………………………………………………… 220
　　第四节　法律发现 ………………………………………………………… 222
　　第五节　法律解释 ………………………………………………………… 223
　　第六节　法律论证 ………………………………………………………… 225

**第二十二章　法治与法治国家** ……………………………………………… 230
　　第一节　法治释义 ………………………………………………………… 230
　　第二节　法治的要素与标志 ……………………………………………… 235
　　第三节　法治的模式与法治国家的形成 ………………………………… 240

## 第五编　法的作用与价值

**第二十三章　法的作用** ……………………………………………………… 244
　　第一节　法的作用概述 …………………………………………………… 244
　　第二节　法的规范作用 …………………………………………………… 245
　　第三节　法的社会作用 …………………………………………………… 246
　　第四节　法的局限性 ……………………………………………………… 248

**第二十四章　法的价值总述** ···················································· 252

第一节　法的价值概述 ······························································· 252

第二节　法的价值体系 ······························································· 254

第三节　法的价值的冲突与解决 ··················································· 255

**第二十五章　法的基本价值** ······················································ 260

第一节　法与利益 ···································································· 260

第二节　法与秩序 ···································································· 265

第三节　法与自由 ···································································· 268

第四节　法与正义 ···································································· 271

第五节　法与效率 ···································································· 273

第六节　法与人权 ···································································· 275

## 第六编　法与社会

**第二十六章　法与经济** ···························································· 281

第一节　法与经济概述 ······························································· 281

第二节　法与市场经济 ······························································· 284

第三节　法与产权 ···································································· 288

**第二十七章　法与政治** ···························································· 291

第一节　法与政治概述 ······························································· 291

第二节　法与国家 ···································································· 292

第三节　法与政党及其政策 ·························································· 293

第四节　法治国家与政治文明 ······················································· 296

**第二十八章　法与传统法律文化** ··················································· 302

第一节　法律文化概述 ······························································· 302

第二节　法律文化的要素与结构 ····················································· 305

第三节　中西法律文化比较 ·························································· 307

第四节　法律文化的现代化 ·························································· 310

第五节　法律意识的培养 ····························································· 312

**第二十九章　法与道德** ···························································· 316

第一节　道德的基本涵义 ····························································· 316

第二节　法律与道德的一般关系 ····················································· 317

第三节　法律的道德化与道德的法律化 ··············································· 318

　　第四节　法律与道德的异同 ································ 319

　　第五节　法律与道德的相互作用 ···························· 320

　　第六节　法律与道德的冲突及其解决途径 ·················· 321

**第三十章　法与宗教** ···································· 326

　　第一节　宗教概述 ······································ 326

　　第二节　法与宗教的一般关系 ···························· 327

　　第三节　宗教中的法律与法律中的宗教 ···················· 328

　　第四节　教会对法律的影响 ······························ 330

　　第五节　现代社会中的法律与宗教 ························ 331

# 第一编 法学概论

第 一 章

# 法学研究

【本章概要】通过对法学发展史上有关法学研究对象论述的追溯，阐明我们对法学研究对象的认识，并从法律部门及认识论的角度对法学研究对象进行体系上的划分。集中阐述法学与其他联系密切的学科的关系。

【学习目标】通过本章的学习，使学生在了解有关法学及其研究对象的不同观点的基础上，能够明确我们对法学及其研究对象的界定，并了解法学体系的划分情况，了解法学与相邻学科之间的关系，亦即从学科的角度对法学有个概括的了解。

## 第一节 法学的研究对象

法学的研究对象是什么与法学是什么，是一个问题的两种不同提法。表面上看，这是一个再简单不过的问题，就连一个对法学不甚了解的人也会回答：法学是研究法律的科学。严格地说，这种认识虽然也算大体正确，但不够深入和精确。

### 一、有关法学及其研究对象的观点

要想深入和精确地了解法学及其研究对象，必须了解以下四个方面的问题：

1. 不同时代的人对法学的研究对象有不同的认识。中国古代，法学被称为"刑名法术之学"或"刑名之学"。刑名，指的是以刑法为主体的各种法律的用语和条文。法，指的是由国家制定的成文规则。术，指的是帝王统治术或权术。"法学"或"法律科学"在中国广泛使用是在近代西方文化传入中国之后。在西方，"法学"一词源自古代拉丁语的"jurisprudentia"，其原意是"法律的知识"或"法律的技术"。古罗马法学家乌尔比安对该词的定义是："人和神的事务的概念，正义与非正义之学。"上述两种对法学研究对象的理解分别流行了千余年，而它们显然与现代人的认识存在差异。这种现象说明，法学的研究对象在不同时代和不同民族中并不完全一致。

2. 不同学派的法学家对法学的研究对象也有不同的理解。古典自然法学派认为，法学以正义为研究对象，该派鼻祖格劳秀斯曾把法学定义为"关于正义地生活的学问"；分析法学派则认为，应当把正义问题从法学研究领域中祛除出去，法学的研究对象只能是实在法，即由国家制定或认可的成文法和不成文法；社会法学派则强调法学不能只研究法律本身，还要研究法律与社会的相互作用；统一法学派则主张把法律的价值、形式和事实统一起来研究，即把正义、实在法和社会事实联系起来研究。

3. 法学是研究法律科学的观点，有可能对一些人产生误导。他们可能会认为法律就是书本上写着的法律条文，研究法律就是研究这些条文。这种认识是不正确的，因为法学绝非只研究法律条文本身。法学家经常透过法律来研究社会的观念、制度和过程，同时，也透过社会的观念、制度和过程来研究法律。

4. 法学与法律科学之间的关系颇为复杂。例如，对于先秦的"刑名法术之学"是古代法学的观点，人们不会产生异议，但是，如果称之为"法律科学"，则有可能会引起争论；说"纯粹的法学"是可以的，说"纯粹的法律科学"则会被批评为滥用"科学"的概念。另外，在现代法学界，有些学者还坚持认为，只有祛除了价值判断的法学研究才是法律科学，而确定法律善恶优劣的研究则属于法律形而上学。之所以这样，是因为人们通常把科学理解为近代以来通过观察、实验和归纳等方法所发展起来的知识体系，它是实证性的研究而不是规定性的研究，尤其不能是强制规定人们应当如何的理论。

**二、法学及其研究对象的界定**

在讨论了上述四个问题之后，我们把法学及其研究对象界定为：法学是围绕权利、义务及其界限而展开的，以法律现象为研究对象的各种科学活动及其认识成果的总称。作为一门系统的科学，法学必须对其研究对象进行全方位的研究，既要对法进行历时性研究（考察研究法的产生、发展及其规律），又要对法进行共时性研究（比较研究各种不同的法律制度，它们的性质、特点及相互关系）；既要研究法的内在方面（法的内部联系和调整机制等），又要研究法的外在方面（法与其他社会现象的联系、区别及其相互作用）；既要研究法律规范、法律关系和法律体系的内容、结构及法律关系的要素，又要研究法的实际效力、效果、作用和价值。总而言之，凡是与法有关的问题和现象，都在法学研究的范围之内。

为了有助于法学的初学者深入地理解问题，以下几点需要特别强调：

1. 法学的研究对象扼要地说就是法律现象。法律现象是社会现象的组成部分，说到底就是权利义务现象，即凡是与法律意义上的权利义务直接相联系的社会现象都属于法律现象。权利和义务的矛盾特殊性是法律现象与其他社会现象区别的关键，它们也构成了理解法律现象的逻辑线索，换言之，纷繁复杂的各种法律现象都是权利义务这对矛盾的展开和表现，法律问题实质上也就是权利与义务的问题。

2. 法学研究的根本任务就是明确权利和义务的界限，并努力使这种界限与时代发展的趋势相一致，从而通过法律来保障并推动社会的进步。人类几千年的法律实践表明，一个社会越是能够使权利、义务及其界限充分地体现历史合理性，就越能够健康、有效地发展；反之，则会步履维艰、停滞不前，甚至陷入危机。

3. 法律现象不仅包括法律文本，也包括法律产生和运行的一切环节。而且，法律现象是用科学抽象方法所形成的概念，在现实生活中，法律现象与其他社会现象是交织在一起的。因此，不能把法学简单地等同于法律文本学的研究。法学研究的视野、领域是相当广阔的，它实质上是一种关于人和社会的研究；法学与其他人文学科和社会科学的不同点在于，法学是以权利义务为视角来观察和研究人与社会的。

4. 法学既是一种研究活动，也是一种知识体系。法学研究是以科学精神为指导，并遵循科学研究的程序、方法而展开的，属于社会科学的一部分，由此建立起来的知识体系就是法律科学。就此而论，在严格意义上说，法学与法律科学并非同等概念。例如，尽管古典自然法学在相当大的程度上不符合上述标准，很难被视为法律科学，但是，它在历史上所起的巨大进步作用并不应因此而被否定。

### 三、法学体系的划分

以整个法律现象为研究对象，这是将法学作为一个整体而言的。随着法律发展成为广泛而复杂的整体和随之而来的各种法律部门的出现，产生了对法律体系进行解析型研究的需要，亦即，对法律进行分门别类研究的科学需要。也正因如此，便出现了法学内部的分科。但究竟应该如何分科或依据什么标准进行分科，在国内外法学著作中还没有形成统一的认识。各国学者提出的法学分科相当宽泛，名称也不尽相同。从我国法学教育和法学研究的实践需要出发，通常是从以下两个角度来划分法学体系：

1. 从法律部门的角度划分，法律体系被划分为宪法、行政法、民法、刑法、诉讼法等不同部门。与之相对应，就有宪法学、行政法学、民法学、刑法学、诉讼法学等部门法学。一般来讲，一个新的法律部门的出现，或迟或早都要有新的法学部门与之相对应。例如，随着行政法、经济法等新的法律部门的出现，产生了行政法学和经济法学等新的法学部门。每个部门法学对该部门法历史的研究，构成部门法专史，如宪法史、民法史、刑法史等；每个部门法学对本国与外国的同类法的研究构成比较法（学），如比较宪法、比较民法、比较刑法等。这些专史与部门法学比较，分别属于相应的部门法学；而对各部门法总体即整个法律制度的历史研究，则构成独立的法制史学；对于比较法的理论、方法论的研究以及对各国法律制度或主要法系的整体比较，则构成比较法学。也可根据法律属于国内法还是国际法而把法学分为两大类，即国内法学与国际法学。

2. 从认识论的角度划分，法学可以分为理论法学和应用法学。理论法学综合研究法的基本概念、原理和规律等；应用法学主要研究国内法和国际法的结构和内容，以及它们的制定、解释和适用。当然，这并不是说应用法学没有自己的理论，只是这种理论在概括范围和抽象程度上与理论法学的理论有所不同而已。一般来讲，应用法学与法的实践有着最为直接的关系，它所处理的都是直接的经验材料，并且，它的理论一般仅限定在本部门法领域之内。相对而言，理论法学则比较抽象，它是从应用法学中概括出来又反过来指导应用法学的，它的理论贯穿于整个法律现象之中。此外，人们通常所说的"边缘法学"，一般是指横跨两个学科或由两个学科整合而形成的新的学科，诸如法律社会学、法律经济学、法律心理学、法医学、刑事侦查学、法律统计学、法律教育学等。这些边缘法学学科，有的侧重于理论的研究，有的则侧重于解决法律的实践问题，因而，分别属于理论法学或应用法学。

## 第二节　法学与相邻学科的关系

法学与其他学科有着特殊的联系。一方面，从认识论来讲，科学是人类认识世界的成果，又是改造世界的思想武器。根据研究对象的不同，科学分为若干大类，每一类都包括一系列科学部门。在不同的科学部门之间还有若干边缘科学，各门科学都是以具有矛盾特殊性的特定客体作为研究对象的。各门科学以其研究对象的个性而互相区别开来，各自成为一门独立的学科；各门科学又由于它们研究对象的共性而互相联系，并一起构成科学体系或学科群。法学吸收其他学科的认识成果来说明法的现象，从而使它能够深入到法的本质和价值基础中，并且能够解答法的外在方面（如法的政治方面、经济方面、社会方面）和客观倾向；同时，法学也以自己的认识成果推动着其他学科的发展以及新学科的产生。另一方面，在现代社会，法律渗透到社会的方方面面，有关法律现象的许多问题不单单是法学问题，而是属于法学与其他学科的双重问题或多重问题。例如，"犯罪问题"就既是法学研究的问题，又是社会学研究的问题。法学研究犯罪，主要是从犯罪构成的主客观要件、法律制裁等角度来研究；社会学研究犯罪，则侧重于对犯罪的原因、社会影响等问题的研究，两者只是研究的侧重点不同而已。此外，在法治时代，越来越多的社会问题都可能转化为法律问题并提交给法律机关处理，这势必要求法律工作者具有广博的知识，甚至要求法律人才是知识复合型的人才。正是基于上述考虑，我们认为，法学与其他学科存在着密不可分的联系。

在法学与其他学科的关系中，法学与哲学、政治学、经济学、社会学、历史学、逻辑学、科学技术的联系尤为突出。把握法学与这些学科的联系，把学习法律知识与学习这些学科知识有机地结合起来，对于有效学习法律知识、掌握法律思想和艺术、从事法学研究和法律实践是十分必要的。正如美国法学家博登海默所言："研读法律的学生如果对其本国历史相当陌生，那么他就不可能理解该国法律制度的演变过程，也不可能理解该国法律制度对其周边的历史条件的依赖关系。如果他对世界历史和文明的文化贡献不了解，那么他也就很难理解那些可能对法律产生影响的重大国际事件。如果他不精通一般政治理论、不能洞察政府的结构与作用，那么他在领悟和处理宪法与公法等问题时就会遇到障碍。如果他缺乏经济学方面的训练，那么他就无法认识在许多法律领域中都存在的法律问题与经济问题之间的紧密关系。如果他没有受过哲学方面的基础训练，那么他在解决法理学和法学理论一般问题时就会感到棘手，而这些问题往往会对司法和其他法律过程产生决定性影响。"[1]

## 一、法学与哲学的关系

哲学是人类知识的概括与总结，哲学所探求的是自然界、社会和人类思维发展的一般规律，它始终居于知识阶梯的最高层次，属于社会意识的最高形式。任何阶级或学派的法学理论，总是以某种哲学作为自己的理论基础。在思想史上，哲学曾经作为"科学的科学"而出现，试图站在科学之上，独立创立一个包罗万象的知识体系，将包括法学在内的一切学科都当作这一体系的一个环节。德国古典哲学大师黑格尔曾明确宣布"法学是哲学的一个部门"。19世纪中期以后，法学从哲学中分化出来，成为一门独立的学科，但是，这并不意味着法学与哲学的脱节。事实上，法学始终受着哲学的巨大影响，这突出表现在哲学上的每一次更新，每一种新的较有影响的哲学流派的出现，都会引起法学方法论的更新或法学价值定向的改变，并推动新的法学流派的出现或是既有法学流派的分化、变异或消失。例如，实证主义法学是随着实证主义和功利主义哲学的出现而出现的，又是随着实证主义哲学内部语义分析哲学的出现而由"分析法学"形态转变为"新分析法学"。至于新康德主义法学、新黑格尔主义法学、存在主义法学等，则更是由于相应哲学的出现和发展而产生和发展的。法理学（法哲学）是对法的一般基础的哲学反思，或者说是根据哲学的观点和方法进行的法律分析；它好像一门中间学科，一端与哲学相连，另一端与具体法学部门接壤，是把部门法学与哲学联结起来的一座桥梁。因此说，法学与哲学的关系在法理学（法哲学）中表现得最为明显。马克思主义法学，是在马克思主义哲学的理论基础上形成和发展起来的，它是以马克思主义哲学为指导，从中汲取"时代精神的精华"，同时，又为马克思主义哲学提供丰富的材料和思想。当然，这并不意味着可以用马克思主义哲学关于真、善、美的一般理论和方法论替代法学的具体原理和方法。

## 二、法学与政治学的关系

政治学是以政治现象及其发展规律为研究对象的一门科学。政治学所研究的范围相当广泛，包括政治本质、政治结构、政治权力、政治权利、政治决策、政治规范、政治运行、政治

---

〔1〕　［美］E. 博登海默：《法理学：法律哲学与法律方法》，邓正来译，中国政法大学出版社1999年版，第506页。

组织、政治文化、政治理论、政治动力、政治秩序、国际政治等。由于法是政治活动和实现政治目标的一种常规形式，特别是在现代社会，民主政治就是法治政治，政治必须采取合法的形式，有规则、有秩序地运行。因而，政治和法具有内在的统一性，法学和政治学有着内在的联系。特别是宪法学、立法学、行政法学，本身就兼有法学和政治学的双重属性，所以，有人形象地比喻法学和政治学是"一枚硬币的两面"。

历史上，政治学和法学曾经长期不分彼此。例如，在古希腊，柏拉图的《理想国》和亚里士多德的《政治学》是把政治和法放在一起论述的，也就是把政治学和法学融为一体了。欧洲中世纪，天主教会居于统治地位，哲学、政治学和法学都成了神学的附庸。17、18世纪资产阶级革命时期，这些学科才逐步摆脱神学的桎梏，但是，政治学和法学还是结合在一起的。曾经为资产阶级革命摇旗呐喊的自然法学家，都既是政治学家，又是法学家。他们的著作，例如，洛克的《政府论》、卢梭的《社会契约论》、孟德斯鸠的《论法的精神》，都是兼具政治学和法学两种内容的著作。19世纪以后，法学和政治学才各自成为独立的学科。然而，由于许多问题，诸如：民主与法制，立法政策，权力制约，国家、政党、政府、公民与国家的关系，政治程序，等等，就是法学和政治学的双重问题，所以，法学和政治学之间仍然保持着紧密的联系。当然，这并不意味着法学要把政治问题与法律问题并列研究，甚至用对政治的研究替代对法律现象的研究，就像20世纪80年代以前我国法学所表现的那样。

**三、法学与经济学的关系**

经济学是研究各种经济关系和经济活动规律的科学。法学与经济学有着十分密切的联系，这主要因为：

1. 法律所反映的统治阶级意志以及法律所定型化的权利和义务及其界限，归根结底是由这一阶级的物质生活条件决定的。只有正确而深刻地认识特定阶级的物质生活条件，才能认清法的本质，说明特定社会、特定历史时期法定权利和义务的界限，并为合理地设计权利和义务及其界限提供科学根据。

2. 法律对经济起着能动的反作用，它能推动社会生产力的发展，也会阻碍社会生产力的发展。这取决于法律制度是否符合经济规律。要为按照经济运行、经济发展的规律管理经济提供法律保障和服务，法学就需要吸收经济学的研究成果。

3. 民主和法治的进程取决于社会经济模式和经济发展水平。民主和法治是商品经济、市场经济发达的产物。商品经济、市场经济的等价交换原则，从根本上否定了血缘、门第、权力、地域、民族、宗教之间的差别，推动了与这种经济关系相适应的、平等的政治关系和法律关系的建立，资产阶级的民主和法治就是在这个基础上发展起来的。在社会主义社会，民主和法治的经济基础仍然是商品经济、市场经济，民主、法治的发展程度，依然取决于经济发展水平。这就使法与经济的关系成为法学（特别是法理学）的重要课题。在这方面，经济学的理论，尤其是经济学关于经济体制改革和社会主义商品经济、市场经济的理论，对法学研究是极为有用和有益的。

4. 经济学的许多理论模式、研究方法引入法学领域，可以加深和丰富人们对法律的认识，特别是政治经济学的理论和方法，更有助于说明法律制度，促进法律制度的改革。

鉴于上述原因，法学与经济学的联系也越来越密切。第二次世界大战以后形成和发展起来的"经济分析法学""法律经济学""法和经济学运动"，都是法学和经济学互相渗透、互相结合的产物和标志。

**四、法学与社会学的关系**

社会学是一门具有综合意义的社会科学。一百多年前，社会学在创立之初是把整个社会作为研究对象的。随着政治学、法学、经济学、教育学等专门学科的形成，社会学开始主要研究社会结构、社会进程的宏观问题，其中，主要包括社会关系、社会组织、社会文化、社会规范、社会制度、社会和谐与社会冲突、社会运动与社会变迁、社会越轨与社会控制、青少年犯罪、黄赌毒等。

法学与社会学存在着相当密切的、相互交错的关系。一方面，法学要研究社会中的法，把法作为社会现象的一部分研究；另一方面，社会学要通过法律研究社会，把法律作为社会内容的形式。法学和社会学有很广泛的共同论题，例如，法律的社会根源，法律的社会功能，法律规范的效力的社会标准，法律实效的社会条件，法律的社会化，人在法律方面的社会化，法律行为的社会基础、心理基础和道德基础，社会变迁中的法律变迁，通过法律的社会变迁，法律与社会冲突，法律与社会秩序，法律与社会意识形态，法律观念的社会史，社会利益、需要、愿望与立法，越轨与社会控制，社会舆论与法律的实施，法律职业的社会化及其社会影响，各种法律制度的改革，等等。也正是由于这些广泛的共同论题的存在，产生了法学与社会学互相结合的需要，并推动了横跨两个领域的新学科——法律社会学的产生和发展。法律社会学的诞生和发展，是 20 世纪法学领域最伟大的成就之一。它以注重研究法律与社会活动、法律角色、法律文化、法律运作、法律实效为其理论视角，以理论模型的设计与经验考察和实证分析的融合为其方法论指向，以参与法治进程、推动法治和法律文化现代化为其价值目标。

### 五、法学与历史学的关系

历史学是研究和阐述人类社会发展的具体过程及其规律性的科学，亦即描述、解释、反思人类在过去的所作所为，以帮助人类温故知新的科学。之所以说法学与历史学有密切的联系，主要缘由在于：

1. 法律是凝结的历史，或者说是历史过程的产物。在人类社会的每个转折点，都可以看到法律的旗帜或标志。美国麦克劳－希尔出版公司出版的《世界伟大文献汇编》一书，收集了 30 份世界重要文献，其中法律文献占了 1/3，包括：《汉谟拉比法典》（公元前 1700 年）、《梭伦法典》（公元前 590 年）、《英国大宪章》（1215 年）、《论国际秩序》（1625 年）、《美国独立宣言》（1776 年）、《美国宪法》（1787 年）、《人权宣言》（1789 年）、《拿破仑法典》（1804 年）、《联合国宪章》（1945 年）等。这些文献被称作"人类历史的里程碑"，如果不认真研究这些文献，就不可能理解和编写历史，特别是人类社会制度和思想的历史。同时，掌握阐释社会进程中法律因素的历史学也有助于对法律进行历时性的研究。

2. 法律的生命不仅在于逻辑，更重要的是经验，经验总是历史的东西。历史学在研究古今之变、盛衰之道的过程中，也以时代的顺序和具体的历史事实，再现了历代统治阶级及其统治集团是怎样和根据什么来分配社会的权利（利益）和义务（负担）的；历代法定权利和义务产生了什么社会效果，是建立和维护了良好的社会秩序，还是引发了社会动乱，是推动还是阻碍了社会生产力的发展，以及怎样产生了这些社会效果；历代法定权利和义务体系的变化过程及其特点；历代政治家和思想家如何对待法律遗产；等等。马克思主义历史学在这方面的研究成果相当丰富，经过处理可以转化为法学的理论观点。因此，法学大师们无不重视吸收和借鉴历史学的研究成果。

3. 历史学的实证研究方法是法学可以借鉴的重要方法。实证研究是指从实在的事实中获取确切知识的方法，它是历史学研究的重要特征。历史学只能以遗迹和文献为基础；实证方法的理论基础是辩证唯物主义和历史唯物主义，它在社会科学方法群中有明显的优势。把实证方法引入法学研究中，有助于克服法学研究中容易出现的唯心主义和形而上学错误，把法学的每个结论都建立在可靠的证据基础上，并接受实践的检验。

4. 法学中的概念、范畴、理论观点、学说、学派都是历史的产物，有其产生和演变的过程。要想准确而深刻地把握它们，并在此基础上丰富和发展它们，就必须运用历史学的理论和方法，考察它们是怎样提出来的，先前的学者有过哪些重要的、关键性的论述，它们在演变过程中经历了哪些主要阶段，曾经有过哪些表现形态。恩格斯明确指出："每一时代的理论思维，从而我们时代的理论思维，都是一种历史的产物，它在不同的时代具有完全不同的形式，同时具有非常不同的内容。理论思维无非是才能方面的一种生来就有的素质。这种才能需要发展和培养，而为了进行这种培养，除了学习以往的哲学，直到现在还没有别的方法。"[1]

### 六、法学与逻辑学的关系

逻辑学是关于思维及其规律、规则的科学。逻辑问题贯穿于法律运行的各个环节，所以，逻辑学与法学有着密切的联系。法学与逻辑学共同关注的焦点是法律推理问题。所谓"法律推理"，是法律工作者从一个或几个已知的前提（法律事实或法律规范、法律原则、判例等法律资料）得出某种法律结论的思维过程。如何理解法律推理、法律推理的作用、法律推理的标准、法律推理的类型、法律推理的方法；如何处理法律推理中真理与价值的矛盾、形式推理与实质推理的关系；如何正确运用演绎推理、归纳推理、类比推理、模糊推理、概率推理、统计推理等逻辑方法；如何正确运用辩证推理、因果关系推理或实践推理……所有这些，既是保障正确、及时、合理地适用法律所不能不认真研究与解决的问题，又是法学研究与法律实践中颇有争议的问题。解决这些问题，法学家必须借助于逻辑学的知识（当然，逻辑学家也常常到最具辩证逻辑意义的法律生活中汲取营养），于是，法学就同逻辑学联手。在当代国内外法学著作中，有关语义分析、实践理性和法律逻辑的论著大量涌现，就是法学与逻辑学联手的重要标志。

### 七、法学与科学技术的关系

当科学研究和技术发明还只是古代社会私人或家庭的业余爱好时，无论是科学还是技术都尚未构成对研究对象的大规模的人为干预，因而，它们对社会的影响并不十分直接和明显。但是，到了近现代，与产业革命相伴的科学与技术革命使得科学不再只是纯粹理论知识的探讨，技术发明也不再只是私人或家庭的个人行为，而是作为由社会和国家组织起来作用于社会生产和生活的直接的生产力。特别是20世纪之后，以计算机和通信技术为基础的"信息革命"，使得"知识"逐渐代替"权力"和"资本"而成为最重要的社会力量。科学技术对社会的影响就不仅是直接的，而且是深刻和广泛的。科学技术不仅带来了物质层面的普遍繁荣和社会的变革与进步，还深刻地影响着国家的政治体制和社会结构，改变着人们的思维方式、行为方式和生活方式。

当然，科学技术在推动社会巨大进步的同时，也带来一系列严峻的问题与挑战。诸如：工业化技术造成的环境污染以及物种灭绝、臭氧层空洞扩大、酸雨、干旱、荒漠化等生态危机；大规模资源开发引致的资源匮乏和能源短缺；原子能利用带来的大规模杀伤武器和核战争的威胁；网络信息技术带来的信息污染、国家安全问题以及信息产权、商业秘密、个人隐私被侵犯的危险；信息资源和技术的运用因主体能力不同而造成的贫富分化；生物芯片、遗传工程、克隆技术、人类基因重组等生物技术所导致的诸如个人隐私权、自主权被侵犯和人的主体地位被客体化、技术化等伦理、法律问题；等等。

科学技术发展中呈现的两面性，警示人们对近现代特别是20世纪以来的"技治主义"进

---

[1]《马克思恩格斯选集》（第4卷），人民出版社1995年版，第284页。

行反思。19 世纪末 20 世纪初开始，强调生态伦理和人文精神的反科学思潮和技术批判思潮在全球范围内广泛兴起，其合理意义在于：从科学的哲学基础和方法论的高度反思科学的本质及其与社会和人的关系，警示人们不能把科学技术的意义解释仅仅建立在经济上，而应更多地考虑科学技术的人文价值，对技术造成的社会问题、文化断裂和人性戕害予以深切的人文关怀。

具体来讲，科学技术对法的影响主要表现在：法的产生和发展以科学技术及其发展为一般基础；法的理性化、形式化和技术化受到科学理性和技术理性的渗透性影响；法的内容为科学技术知识所丰富、充实；法的调整范围随着科学技术的发展而不断扩大；法的运作机制和技术受科学技术的影响和制约；法律观念、法学教育、法制宣传和法学研究受科学技术的影响；法的良善与否的评价尺度与科学技术的尺度相关；法在对科学技术带来的困惑、挑战和问题中校调、发展。而法对科学技术的作用则主要表现在：法组织和协调科技活动，为科技活动和科技管理提供民主、科学的规则和程序；法调整科技成果应用中产生的利益关系，保证和促进科技成果的合理使用和推广；法特别是法治之法通过其形式理性和价值理性抑制科学技术的负面效应，保证科学技术为人类福祉服务的发展方向。

### 案例分析

王某与刘某是大学同班同学且为好友。一天，王某主动约请刘某周末去听音乐会，刘某如约到指定地点等候，可直到音乐会结束也未见到王某的人影。刘某十分气愤，提出与王某"断交"。

【评析】案例中的王某存在着"背信弃义"的行为，但我们并不能找到相应的法律来判断这种行为是"合法"还是"违法"，只能从道德的角度来衡量这种行为是"好"还是"坏"。因而，这种社会现象就不能成为法律现象，既然不是法律现象，自然也就不能成为法学的研究对象。也就是说，王某和刘某这一好友之间的口头约定，没有形成彼此之间的权利义务关系，因而不受法律上权利义务的约束，也就不能成为用法律来调整的社会关系。

### 本章小结

不同时代的人们对法学的研究对象有不同的认识，不同学派的法学家对法学的研究对象的理解也不同。我们认为：法学是围绕权利、义务及其界限而展开的，以法律现象为研究对象的各种科学活动及其认识成果的总称。法学的研究对象扼要地说就是法律现象，法学研究的根本任务就是明确权利和义务的界限，并努力使这种界限确定与时代发展的趋势相一致，进而通过法律来保障并推动社会进步。法律现象不仅包括法律的文本，也包括法律产生、运行的一切环节；法律现象是用科学抽象的方法所形成的概念，在现实生活中，法律现象与其他社会现象是交织在一起的。法学既是一种研究活动，也是一种知识体系。从法律部门的角度划分，法律体系被划分为宪法、行政法、民法、刑法、诉讼法等不同部门，与之相对应就有宪法学、行政法学、民法学、刑法学、诉讼法学等。从认识论的角度划分，法学可以分为理论法学和应用法学。法学与哲学、政治学、经济学、社会学、历史学、逻辑学、科学技术都有着十分密切的联系。

## 一、名词解释

1. 法学

2. 边缘法学

## 二、简答题

1. 法学的研究对象是什么？

2. 法学的体系的划分？

## 三、论述题

论述法学与其他几个主要相邻学科的关系。

 主要参考文献

1. ［古罗马］优士丁尼:《法学阶梯》，徐国栋译，中国政法大学出版社 1999 年版。

2. ［美］E. 博登海默:《法理学：法律哲学与法律方法》，邓正来译，中国政法大学出版社 1999 年版。

3. ［德］黑格尔:《法哲学原理》，范扬、张企泰译，商务印书馆 1961 年版。

# 第二章

# 法理学的产生与发展

【本章概要】本章着重从西方法学与我国法学发展历史的角度，系统阐释法理学产生与发展的历程，通过历时性与现实性的研究，展示我国法理学的发展方向。我国法理学的发展史，记录着我国法理学者的不懈追求与锐意创新，也记录着我国走向法治国家进程的法理学的足迹。

【学习目标】通过本章的学习，学生应该在了解法理学在西方的发展历程和在中国的产生和发展的基础上，科学认识法理学在中国的现实状况及其历史走向，为今后深化法理学的研究打下坚实的理论基础。

## 第一节　西方法理学的产生与发展

### 一、法理学在西方的萌生

从西方法律文明的发展来看，作为整体意义的法律科学或者法学起源于古希腊。恰如博登海默所言："我们之所以从阐述希腊人而非某个其他民族的法律理论入手来开始考察法律哲学的演进过程，完全是因为希腊的先哲们对自然现象和社会现象有着非凡的哲学洞察力。"[1] 这些领袖包括苏格拉底[2]、柏拉图[3]、亚里士多德[4]和芝诺[5]等，其中以柏拉图、亚里士多德最为著名。古希腊各个城邦国家成文法不多，但以习惯法为主的法律制度已有相当的发展。由于没有专门的法律机构和职业法学家，也无"独立"的法律科学或者法学，这一时期的法学是以"法律思想"的形式存在于哲学、政治学、伦理学、文学、美学等著作中的。柏拉图写下了《法律》一书，在《共和国》和《政治家》中也论述了许多法律问题。他关于法的正义理论和法治的学说，都可以说是对法理学一些最基本问题的最初探讨。亚里士多德著有《政治学》等著作，其法治理论至今仍具有重要的理论意义和实践价值，为后世的法理学家所继承和推崇。以芝诺为代表的斯多葛学派，系统、明确地创设了自然法理论，对罗马法学理论的发展产生了巨大的影响，为以后法学理论的发展做出了贡献。

古罗马的法律制度非常发达，可以说是古代西方世界法律制度发展的顶峰。古罗马的法理学思想是与古罗马法的产生、发展相伴随的。与之相适应，古罗马的法理学思想发展到一个新的境界。法学家们结合古罗马法律的发展，探讨了法和法学的定义、法的渊源、法的体系等法理学研究的重要问题。乌尔比安的公私法划分理论至今仍为学者所援用，并在实践中被采纳；西塞罗的自然法思想、人类自然平等的法律观、共和主义的法律学说，对法理学思想的发展都有重要的意义。

---

〔1〕 ［美］E. 博登海默：《法理学：法律哲学与法律方法》，邓正来译，中国政法大学出版社1999年版，第3页。
〔2〕 苏格拉底（公元前469～前399），古希腊哲学家。
〔3〕 柏拉图（公元前427～前346），古希腊哲学家、政治法思想家，著有《理想国》《政治家》《法律篇》等。
〔4〕 亚里士多德（公元前384～前322），古希腊哲学家，著有《伦理学》《政治学》《雅典政制》等。
〔5〕 芝诺（约公元前490～公元前436），古希腊哲学家。

在中世纪的西方，法理学得到了保护和发展。尽管当时整个社会处于基督教的全面影响和控制之下，所有的"科学"或者"学科"都因被合并到"基督教神学"之中而"消失"了，古罗马时代获得相对独立地位的法学，也当然因为被归于"基督教神学"而"消失"了，但是，作为以"法律思想"形式而存在的法理学不仅没有消失，反而在著名的基督教神学大师托马斯·阿奎那[1]的著作中得到了保护和合乎时代的发展。托马斯·阿奎那提出了自己的法的概念，认为法是人们赖以进行某些行动和不进行某些行动的行为准则或尺度，是对于种种有关公共幸福的事项的合理安排，由任何负有管理社会之责的人予以公布。他将法分为了永恒法、自然法、人法和神法四个种类。在中世纪后期，由于商品经济和资本主义生产方式的发展逐渐产生了对法律的强烈需求，社会中出现了以古罗马法律为对象的法律研究和法律教育，相应地出现了职业法学家集团。这些职业法学家以复兴罗马法为己任，展开了对于古罗马法律的研究，并形成了法学流派，即以当时意大利北部波伦亚大学为中心的注释法学派（又称波伦亚学派）。注释法学派又分前注释法学派和后注释法学派：前注释法学派主要致力于对查士丁尼时代的罗马法律文献所包含的准确的文意进行解释和说明，后注释法学派则致力于将对罗马法律文献准确文意的解释、说明，与结合社会发展的现实需求、对社会法律现实的评论相结合。

13、14 世纪开始的文艺复兴运动和宗教改革运动，推动了西方包括法学在内的各门科学或学科逐渐摆脱基督教神学的束缚，朝着世俗化的方向发展与变革。这一时期，法学的重大成就是以文艺复兴运动的思想基础——人文主义思潮为基础的人文主义法学派的产生和发展。可以说，正是注释法学派和人文主义法学派的中介和桥梁作用，把法学从"法律思想"的古代形式带到了近代阶段，并使法学的独立发展成为可能。

17 世纪开始的资产阶级革命产生的民主、法治和宪政的思想推动了法律科学的发展。伴随着法学教育与法学研究的勃兴，以"法律思想"为表现形式的法学开始兴盛。其中，自然法学派主张以"自由、平等、博爱、人权和法治"为核心内容的、与中世纪神权世界观相对的"法权世界观"，通过"社会契约论"和"天赋人权论"的理论表达形式，成为资产阶级革命的理论先导、思想号角、开路旗手，对于自近代以来的整个世界具有极为深远的思想、观念和精神影响。尽管近代以来一直通行的、以资产阶级政治法律和宪政架构为典型代表的民主与法治模式，主要是由自然法学派设计完成的；契约自由、财产神圣、法律面前人人平等、人民主权、权力分立与制衡、有限政府、罪刑法定、无罪推定等现代法律制度的基本原则，也主要是由自然法学派提出来的，但是，自然法学仍然还不是"独立"的法学，也不是（当然也不可能是）"独立"的法理学，它依然只是以"法律思想"作为自己的表现形式，而且还仅"存在"或者"依附"于诸如哲学、政治学、社会学、经济学等科学或者学科之中的。

从 18 世纪末开始，在法学的存在样式中，又陆续出现了哲理法学派、历史法学派、分析法学派。从 19 世纪中期开始，以功利主义和实证主义哲学为理论与方法论基础，以对现实存在的实在法律进行逻辑分析为基本特色的分析法学的出现，标志着真正"独立"的法学出现了。与此同时，作为一般法律科学的法理学与作为具体法律科学的部门法学（或者说理论法学与应用法学）的学科划分也相应地出现了。

至此，可以说，19 世纪中期以前，所谓的法学（以"法律思想"为表现形式），基本上是哲学家、政治家等的法律科学或者法学；19 世纪中期以后，法学才真正开始成为职业法学家或者职业法律家的"独立"的法学。与此相应，作为一般法律科学的法理学，在 19 世纪中期

---

[1]　阿奎那（1227～1274），中世纪著名的神学法学家，著有《反异教徒大全》《论君主政治》《神学大全》等。

以前，也基本上是哲学家、政治家等的法理学（以"法律思想"为表现形式）；在 19 世纪中期以后，它才真正开始成为职业法学家或者职业法律人的"独立"的法理学。

19 世纪中后期，在法律科学或者法学中发生的又一重大事件，就是马克思和恩格斯创立了唯物史观，它引起了法律科学理论和方法论上的革命，产生了马克思主义法学，这对后来的社会主义社会的法律科学（包括一般法律科学和具体法律科学）的发展以及社会主义社会的民主、法治与宪政建设实践产生了重大影响。

20 世纪初至第二次世界大战时期，随着西方社会的发展，先后出现了社会法学派、新黑格尔主义法学派、新康德主义法学派。第二次世界大战后至今，又相继出现了自然法学的复兴、分析法学的更新，以及行为主义法学、存在主义法学、现实主义法学、综合（统一）法学、经济分析法学、"新马克思主义"法学、批判法学、后现代法学等学术理论流派。

自从 19 世纪中期，以分析法学派的出现为标志的"独立"的法律科学或者法学形成以后，以法学流派形式出现的法学的发展历史实际上也就是（或者主要就是）作为一般法律科学的法理学的发展历史。

在资产阶级革命时期，法理学思想得到了空前的发展。一大批著名的法律思想家相继诞生，对法律进行了广泛的理论探讨。资产阶级革命时期的格劳秀斯[1]、霍布斯[2]、洛克[3]、孟德斯鸠[4]、卢梭[5]都对法律进行了深入的理论研究，为法理学的产生奠定了充分的理论基础。

自由资本主义时期，出现了边沁[6]、约翰·奥斯丁[7]、萨维尼[8]、梅因[9]等著名的法律思想家或法学家。尤其是奥斯丁，以其《法理学的范围》《法理学讲义》为代表的学术著作，把法理学从整个法学中分离了出来，使之成为一门相对独立的法学学科。19 世纪以前的许多法学家，尤其是法理学家，留下了大量属于法理学范畴的法学理论著述。但是作为一个法学学科的法理学的出现，是法学发展到 19 世纪的重要成果。准确地说，法理学的产生源于法学体系的形成，在法学体系未有之时，是无所谓法理学的，整个法学就是一个整体，一个法学家既是"部门法学家"，也是"法理学家"，法学家似乎多以法学百科全书式的面目出现。在法学分科发展、法学体系逐步形成的过程中，法理学形成了。最早将法理学作为一个学科来研究和教授的，是以约翰·奥斯丁为代表的法学家们。

**二、法理学在西方的发展**

在奥斯丁等学者创立了法理学之后，西方高等法学院校相继开设法理学课程，大学教授纷纷编写法理学教科书，诸如：庞德的《法理学》、富勒的《法理学问题》、博登海默的《法理学：法哲学与法律方法》等。法理学产生之后，有关法理学的涵义一直众说纷纭。19 世纪，

---

[1]  格劳秀斯（1583~1645），荷兰法学家，古典自然法学派的主要代表，国际法奠基人，著有《战争与和平法》等。

[2]  霍布斯（1588~1679），英国哲学家，古典自然法学派的主要代表，著有《利维坦》《论公民》等。

[3]  洛克（1632~1704），英国哲学家，古典自然法学派的主要代表，著有《政府论》《人类理解论》等。

[4]  孟德斯鸠（1689~1755），法国思想家，古典自然法学派的主要代表，著有《论法的精神》《波斯人信札》等。

[5]  卢梭（1712~1778），法国思想家，古典自然法学派的主要代表，著有《社会契约论》《论人类不平等的起源和基础》等。

[6]  边沁（1748~1832），英国法学家，著有《政府片论》《刑罚与补偿理论》等。

[7]  约翰·奥斯丁（1790~1859），英国法学家，分析法学派创始人，著有《法理学的范围》《法理学讲义》等。

[8]  萨维尼（1779~1861），德国法学家，历史法学派主要代表，著有《论当代在立法和法理学方面的使命》等。

[9]  梅因（1822~1888），英国法学家，历史法学派的主要代表，著有《古代法》《古代法和习惯》等。

与奥斯丁分析法学并存的，有萨维尼的历史法学和康德、黑格尔的哲理法学。在分析法学看来，法学只应研究"实际上是这样的法"，即实在法，而不是像自然法学家那样研究"应当是这样的法"，即理想法或正义法。一般法学的任务是从逻辑上比较分析各种成熟的实在法制度的共同原则、概念和特征，其中包括权利、义务、损害、制裁、惩罚和赔偿等重要概念。历史法学以强调法律体现民族精神或历史传统为特征，认为法律是民族精神的体现，是历史传统的结果，并应继承其历史传统，重视习惯法，反对制定普遍适用的法典。哲理法学将法律思想纳入其哲学体系之中，将法归结为空洞的伦理概念、绝对命令的准则，或者将法解释为自己庞大的客观唯心主义体系的一个组成部分，是客观精神、自由意志的体现。

在20世纪，西方法理学得到了进一步的发展，各种法理学学说、学派林立。在众多学说和学派中，形成了三大法理学流派鼎足之势：①以哈特[1]为首的新分析实证主义法学；②以富勒[2]为首的新自然法学；③以庞德[3]等人为代表的社会法学。新分析实证主义法学认为，法学应当放弃分析法学派用以分析法律概念的传统方法，即下定义的方法，而代之以根据这些概念的具体情况进行逻辑分析的方法；法律是一种规则，分主要规则和次要规则，主要规则是设定义务的规则，次要规则是设定权利的规则；在研究法律时，应当分清法律规则的内在方面和外在方面；等等。新自然法学改变了古典自然法学认为自然法永恒不变的观点，认为自然法的内容是可以改变的，法律应当从属于正义之类的价值准则；着重进行程序自然法的研究，将法律不溯及既往等民主原则称为法的内在道德；强调实在法与价值准则，法与道德是不可分的。社会法学也有学者称之为社会学法学或法社会学（法律社会学）等。[4]其学者众多，学说也各有特色。庞德在总结社会法学与其他法学的区别时提出：社会法学着重法的作用而不是它的抽象内容；它将法当作一种社会制度，认为可以通过人的才智和努力，予以改善，并以发现这种改善手段为己任；它强调法所要达到的社会目的，而不是法的制裁；它认为法律规则是实现社会公正的指针，而不是永恒不变的模型。三大学派在长期争论的同时，也相互吸收与靠拢。

## 第二节　中国法理学的产生与发展

### 一、法理学在中国的产生

与西方19世纪中期以前的情形相似，作为一般法律科学的法理学在中国的发展长期以来也都是以"法律思想"的发展变化折射出来的，而这些"法律思想"又始终体现在诸思想家的哲学、伦理学、政治学等著述之中的。

我国古代夏、商、西周时期勉强称得上"法律"思想的也就是"明德慎罚"，这也成为后来儒家"德主刑辅"思想的主要渊源。

春秋战国时期，各种学说、学派纷呈，有所谓"百家争鸣"之说，但对后世影响较大的

---

[1] 哈特（1907～1993），英国法学家，新分析法学派创始人，著有《法律的概念》《法律、自由和道德》等。

[2] 富勒（1902～1978），美国法学家，著有《法律在探讨自己》《法律的道德性》等。

[3] 庞德（1870～1964），美国法学家，著有《通过法律的社会控制》《法律的任务》等。

[4] 社会法学与社会学法学是相同的，法律社会学与法社会学是相同的，只是表述的差异。而社会法学（或社会学法学）与法律社会学（或法社会学）在使用时并无严格区别，通常都是混用的。但它们之间也有细微的差别。有的学者认为，这一名称差异是由这一学派学者的身份是社会学家还是法学家，研究的角度是从社会学还是从法学的不同所导致的。

主要是儒、墨、道、法四家学派。儒家强调在社会治理（统治）中的"德、礼、教"、"德治"和"（圣人、贤人）人治"的作用，反对以法而治；墨家尊重天意，强调以天为法，循法而行，提出要赏罚得当（"赏当贤，罚当暴，不杀无辜，不失有罪"）；道家主张"无为而治"，一切顺乎自然，反对使用法律治理社会；法家从历史和现实的治国经验出发，从建立和维护社会秩序出发，特别强调法律的作用，主张"援法而治""以法治国"。这一时期，法家思想的社会影响相当大。

到了汉代，汉武帝采纳董仲舒"罢黜百家，独尊儒术"的主张，从此以后，儒家思想成了中国古代社会的正统统治思想，在整个社会思想领域占据了垄断性的统治地位。只不过从这时开始的正统儒家思想是以儒家思想为主体、实现了儒法合流的思想，在社会治理方面，主张在"德主刑辅"原则下实行"礼法合一"。

自汉代开始，在有关法律的学术研究方面，出现了"律学"。西汉的杜延年，东汉的郭躬、陈宠、马融、郑玄，晋代的张斐、杜预等，都是"律学"专家，其思想影响巨大。随后的各朝代，"律学"几乎就是正统的法律科学或者法学。当然，除"律学"之外，还有其他的"法律思想"存在，只不过在当时社会中不占主流而已。

1840 年鸦片战争后，伴随着帝国主义的入侵，西方的政治法律思想和社会思潮开始传入中国，为了改变中国当时沦为帝国主义国家半殖民地的处境，一些政治家和思想家要求通过变法求得国家的逐渐强盛，于是，"中学为体、西学为用""君主立宪""民主共和"等思想相继在中国社会传播。同时，清朝政府也意识到，为了保住自己的"江山社稷"，必须学习、研究外国的政治法律制度，修订本国的法律，于是派出了一些官员和学生出国考察学习法律，这些人回国后介绍、传播、论述西方的法律与法律科学，传播西方的法律思想，从而开启了中国现代意义上的法学教育和法学研究。1901 年，京师大学堂设立法科，并于 1906 年成立法律学堂，从此，法学在中国成为一门"独立"的学科。但是，作为一般法律科学的法理学并未"独立"出来，法理学的内容始终是以"法律思想"的形式表达的。这种情况一直持续到国民党统治时期才有所改善。

中国古代就有法理学思想，但并无严格意义的法理学学科。作为学科意义的法理学，是近代中国受西方法学的影响，在中国的现实基础上产生、发展起来的。这时法理学获得了"独立"存在的地位，法理学不仅是学者们进行科学研究的领域和主题，而且已经成为大学法科学生的主要课程之一。从内容来看，这一时期的法理学主要是西方法理学和中国传统的封建法律思想的融合。

法理学在近现代中国的发展经历了一个曲折的过程。梁启超开始即使用"法理"一词。民国时期，我国法学院校教学中就有法理学的课程设置，并与法学绪论相配合，将法学绪论开设在大学低年级，将法理学开设在大学高年级。只不过法理学的地位并不高，不如现在中国法学教育对法理学的重视。1949 年以后，我国台湾地区继续保留了原有的法理学与法学绪论的课程设置模式，但法理学的地位似乎已经比以前大有提高。[1] 中华人民共和国成立后，作为一般法律科学的法理学的理论与方法论特色便主要体现为确立了马克思主义唯物史观（辩证唯物主义和历史唯物主义）的指导思想意义。在科学理论体系和学科意义上的法理学，基本上是模仿苏联的法学教育模式，取消在广义上属于法理学范畴的法学绪论课程，将法理学更名为苏

---

〔1〕 我国台湾地区有关资料表明，现在我国台湾地区大学法学院法律系（五年制）必修课总学分为 90～122 分，法学绪论学分为 2～4 分，法理学学分为 4～6 分。除法学绪论外，仅法理学的学分，也与民法总则、刑法分则、刑事诉讼法、行政法、宪法等课程相当，高于国际公法、国际私法、中国法制史等课程。

联传来的《国家与法的理论》或者《国家与法权理论》，把"国家"纳入法理学研究的范围。直至 20 世纪 80 年代初，始将《国家与法的理论》或《国家与法权理论》改名为《法学基础理论》。[1] 这时，法理学终于把本属于政治学内容的"国家"还给了政治学而有了"法学基础理论"的"独立"的正式名称，后来又被一些学者如张文显教授改称为"法的一般理论"，20 世纪 90 年代以来，"法理学"这一名称逐渐被广泛承认和使用。经过近 20 年的发展，法理学作为法学学科的意义逐步得到了法学家更深入而准确的理解，法理学的发展必将有一个长足的进步。

**二、法理学在中国的现实发展**

在改革开放不断深入的历史背景下，在走向法治国家的进程中，中国法理学在现实中应如何发展，又如何走向未来，是我们必须关注的重大课题。

（一）市场经济与政治民主是中国法理学发展的客观基础

经济决定法律和法学是法律和法学发展早就证明了的基本原理。随着我国经济体制从计划经济过渡到市场经济，法理学必须适应这一转变，从计划经济基础上的法理学转变为市场经济基础上的法理学。法理学必须以市场经济为基础来更新和发展，这是历史与时代的要求，是法律制度甚至整个法治发展的要求。

在我国，建设市场经济是适应中国经济现状、促进中国经济发展的必要途径，是中国社会历经千难万险后的历史选择。市场经济需要与之相适应的法理学，而我国现有的法理学却是在计划经济的基础上形成、为计划经济服务的。在市场经济中，如果我们固守计划经济模式中建立的法理学，其结果必然是将法律制度和法治发展引入误区，在理论和实践上都与经济发展规律相背离，阻碍社会经济的正常发展，同时也会使法理学的发展因失去社会根据而流于荒谬。

市场经济必然要求建立新的法制，并实现法治。法制和法治随着市场经济的发展而发展，在发展之初，有一个法理学如何指导法制和法治的创建的问题；在发展过程中，有一个法理学如何适应法制和法治，并进而继续指引其发展的问题。如果这两个问题得不到较好的解决，法理学就可能与法制和法治发展相冲突，既影响法制和法治的发展，也影响法理学自身的进步。

经济基础的质变会导致法律和法学的质变，经济基础的量变也同样可能引起法律和法学的量变。法理学所依赖的经济基础发生了较大的变化，法理学也必然并应当发生相应的变化。市场经济条件下的法理学建设，也必须遵循这一普遍的科学发展的逻辑。将市场经济作为我国法理学发展的客观基础，法的基本理论、法的价值理论、法的运行理论、法治理论都应以市场经济为基础进行革命性变革。

政治制约着法律和法学的发展。在当今的中国，随着政治体制改革的逐步推进，整个社会政治文明建设的历史进程令人欣喜。建设政治文明，建立文明政治，已成为中国政治发展的理想目标。文明政治必然是民主政治、法治政治、现代政治。法理学作为整个法学领域中与政治联系最为紧密的部分，理当及时地反映政治文明建设的进程。以政治文明建设作为前提的法理学建设，必须尤其注意政治文明中的政治民主与法理学发展之间的关系。

我们应当进一步深化对民主与法治的认识，并将两者紧密结合起来。在法学理论上，应当深入研究民主与法治的关系。使民主与法治水乳交融地结合起来，使民主与法治互为内涵。在法治实践上，使法治不仅仅在浅层、表面上作用于民主，而且使法治成为民主的记录和保障；使民主不仅仅在原则、宏观上被作为法治的基础和目标，而且使民主成为法治的精神和灵魂。

---

〔1〕 北京大学出版社 1984 年出版了北京大学法律系法学理论教研室集体编写的北京大学试用教材《法学基础理论》，法律出版社 1982 年出版了由孙国华主编、沈宗灵副主编的高等学校法学试用教材《法学基础理论》。

　　我们还应当将政治民主引入法理学研究领域。在过去几十年的法理学研究中，我们曾经有过十分沉痛的教训，许多代价都是由政治不民主及其影响所导致的。在走向法治国家、改革中国法学的过程中，必须首先将政治民主引入法学研究，尤其是引入法理学研究之中。打破禁区、勇于创新，创造出法理学研究中的民主，这是整个法学研究得以顺利进行的保证。

　　法理学研究中的民主并不完全等同于政治上的民主。政治民主最通俗的解释是多数人的统治，多数人掌握着国家权力，在我国即表现为人民当家做主。然而，政治民主除了多数人决定之外，还特别强调保护少数人。法学研究（包括法理学研究中）的民主，并不是政治民主的直接翻版，不能搞"多数人决定"，而应是政治民主在法理学研究中的具体运用和表现。学术上的民主在根本上表现为对学术自由的尊重和维护。学术自由是学术民主的重要体现，为此应允许少数人发表其独到的、甚至与多数人相背离的学术观点，为掌握真理的少数人发展成为多数人留下一条可行的途径。现在依然有必要在政治上提出保护"学术上少数人"的口号，这是学术民主的要求，也是现代政治文明在法学上的表现。

　　法学及其法理学中的政治民主是在这样三层意义上成立的：①政治民主作为法理学研究的一种社会大背景存在；②政治民主作为法理学的理论基础之一而存在；③政治民主作为法理学研究的一种学术风尚普遍存在，其核心是学术自由。这三者应是一个整体，相互依存、相互促进。

　　将政治民主引入法理学的学术研究，应更加广泛、深入地开展学术讨论，允许不同学术主张的发表和争论，坚持学术无禁区、学术观点不受追究的原则，严禁用政治斗争的方式解决学术争议，营造一个真正的无所禁忌的法理学学术探讨氛围，更加广泛、深入地开展法理学学术研究。若能如此，必将推动整个法学的发展。

　　（二）改革与开放是我国法理学发展的历史课题

　　改革是我国的基本国策。我国正在进行的改革是一场极其深刻的革命，它涉及政治、经济、文化、教育、科技等各个领域。这场革命必然要求为其提供法律化的指导思想、贯彻措施和保障手段，将其成果予以法律确认和法律保护。法理学不仅有一个适应改革、服务改革的问题，还有一个自身改革的问题。法理学应在改革中与整个改革一道共鸣、共振，在适应改革和服务改革的同时，完成自身的改革。

　　开放也是我国的基本国策之一。封闭在中国思想文化上有着极其深刻的历史根源。近代中国的开放，基本上是屈辱的开放。原本孤傲的人们本是在受挫中开放的，一旦在开放中受挫，其痛苦的难忍程度就更难想象。封闭的思想本来就未被开放所取代，一旦受挫，原有的封闭思想会更加顽固。近代以来，中国在事实上不断倾向于开放，由于开放中的挫折，许多社会成员心理上甚至更加希望封闭。1949 年以后的一段时间，我们曾一度重新封锁国门，而三十多年的开放中，大多数民众才逐步领悟到开放的真谛。我国的开放是全方位的开放，包括政治、经济、文化、科学、技术、教育、体育、医疗等各个方面；不仅对社会主义国家开放，也对资本主义国家开放；不仅对发达国家开放，也对发展中国家开放；这种开放可以是官方的，也可以是民间的。在开放的历史大潮中，我国法律也同样有指引开放发展、贯彻开放措施、保护开放成果的问题，也有在整个开放中如何实现法理学的开放的问题。

　　法理学的开放，是由我国经济发展所决定的。当今世界，国际经济日益交融，我国经济的发展离不开与世界经济的交流。与国际经济接轨、参与国际经济大循环，已是我国经济走向现代化的必由之路，经济的外向型发展必然要求法律和法学的外向型发展。具有学科先导意义的法理学必须从理论上首先解决我国法理学乃至整个法学要不要走向开放、如何走向开放的问题。

任何科学的发展都需要借鉴、吸收人类有史以来所有优秀的科学成果。我国社会主义法理学要赢得应有的历史地位，必须勇于了解世界各国的法理学，充实、完善和发展自己。法理学的开放如同经济上的开放一样，应全方位开放，不仅对发达国家开放，也要对不发达国家开放；不仅对社会主义国家开放，也要对资本主义国家开放；不仅对历史传统相近的国家开放，也要对历史传统相殊的国家开放。

法理学的开放是双向的。在使世界法理学进入我国的同时，也使我国法理学走向了世界；在丰富和发展我国法理学的同时，也为整个世界法理学的进步做出了贡献。我国法理学并非一无是处，对优秀的部分应予坚决的坚持与保留，对落后的部分应予坚决的抛弃，在吸收、借鉴、学习他人的基础上进行法理学的自我更新或自我改革，这才是法理学开放的本意。

### 三、法理学在我国的历史走向

#### （一）从统一发展走向多元发展与综合统一的彼此互动

我国的法理学[1]在20世纪的发展基本上是统一的：在50年代，我国法理学几乎全盘抄自苏联，是统一在苏联的法理学模式上的。在60年代，中国自己的社会主义法理学稍稍萌动，即遇"文化大革命"，又被冻结。在70年代末80年代初，法理学基本上是在60年代初的基础上进行恢复和发展的。面对法理学满目疮痍的惨状和法学理论普遍薄弱的现实，加之受倾向集中的习惯思维方式的影响，我国法理学的集中统一发展，势必成了既必然又自然的历史逻辑。70年代末，我国法理学是以恢复"国家与法的理论"为发端的。法学高等院校开设的法理学课程还是"国家与法的理论"。在这种恢复过程中，法理学家们进一步认识到"国家与法"混杂纠缠模式的偏颇，转而剔除其"国家"部分，使其回归政治学；专门研究法的基础理论，称之为"法学基础理论"（将"法的基础理论"称为"法学基础理论"，在今天看来固然失之准确，但在当时所做的这一变革是非常值得赞颂的）。"法学基础理论"肇始于全国高等学校法学试用教材《法学基础理论》于1982年的编写出版。我国法理学开始了在"法学基础理论"统率下的统一发展，其线索可以"一分为二"：①法理学研究的发展；②法理学教材的发展。从法理学研究来看，首先是恢复，其次是反思，最后是创新。恢复期主要是普及性的法学理论的宣传和重述；反思中进行了法的继承性、法的阶级性、法的社会性、法的起源、法的消亡、法治与人治等讨论；恢复与反思中也包括一定的创新。再后就是在法律文化、法律价值等新领域的拓展，这些研究的成果大多数被不断更新的法理学教材所吸收而确认、固化。从法理学教材来看，其线索基本为：由孙国华教授主编、沈宗灵教授副主编的高校法学试用教材（后改为高校法学教材）《法学基础理论》，到沈宗灵教授主编的高等学校文科教材《法学基础理论》，到沈宗灵教授主编、张文显教授副主编的高等学校法学教材《法理学》，再到卢云教授主编、王天木教授副主编的高等政法院校规划教材《法学基础理论》。这些教材都是"统编"性质的，全国适用。其间，北京大学、中国人民大学、中国政法大学、西北政法学院、中南政法学院、西南政法大学等都相继编写了自己的《法学基础理论》《法的基本理论》《法理学》教材，全国少数综合性大学的法学院系和个别学者也写出了自己的类似教材或著作。法理学统一发展与多元发展并存的格局逐步形成，并继续发展。在前期是以"统"为主，到目前是"统一发展"与"多元发展"相并存，可以预见，这种局面还将持续，进而改变为"多元发展"作龙头，"综合发展"稳步跟进的总体态势。这既符合理论发展的逻辑，也是由学术研究与教材发展的关系、独立教材与统编教材的性质所决定的。多元发展与综合统一将在多元发展

---

[1]　本部分论述中，除特殊指明外，一律不包括我国台湾、香港和澳门地区的有关情况。

的带动下相互促进，进而推动整个法理学的发展。

（二）从既有理论走向保存精华与开拓创新的相互结合

我国法理学的既有理论，是指我国自古以来产生、形成，并延续至今的法学的一般理论与观点的总和。其中，包括我国历史上的古代法学理论、苏联传来的曾为我国法学界接受的法学理论以及新中国自己建立和形成的、有别于前两种理论的法学理论，它们都可以被称为既有的法学理论。

既有的法理学并非一无是处，它之所以能成为既有理论，正是因为它具有生命力，这种生命力首先源于其本身的科学性。对于既有的法学理论，我们要做的不是抛弃，而是审视和吸收；不是固守，而是继承和发展。首先，既有的法学理论中包含着一代又一代法学家智慧的结晶，其中不乏精华；其次，既有法学理论是未来法学理论更新发展的前提和基础，彻底否定了既有法学理论，也就等于彻底否定了新的法学理论存在的依据；最后，新的法学理论并不是与既有法学理论绝对对立的两个事物，它仅是既有法学理论的更新与发展，其中毋庸置疑地包含着既有法学理论的优秀部分。因而，既有法学理论不论是我国古已有之，还是从苏联得来的"舶来品"，或是结合中国国情的既有"独创"，它们都应受到理性的善待。

我国法理学必然不会固守在现有的状况上，它需要开拓创新。随着市场经济的发展、市场经济体制的建立及其政治体制改革的发展与新型政治体制的建立，法学理论必然随之进行革命性的变革。法的基本理论、法的价值理论、法的运行理论和法治理论等，也都必须以市场经济为基础、适应市场经济的要求，进行相应的革新。

在走向法治国家的道路上，中国法理学正经历着如何保存既有法学理论的精华与如何开拓创新的历史考验。只有将两者在开拓创新的主导下结合起来，才是中国法理学发展的科学正道。

（三）从历史积淀的现实走向中国特色与世界潮流的对立统一

我国现有的法理学主要是苏联法理学、西方法理学与中国原有法理学思想相碰撞，在中国大地上积淀形成的。随着具有中国特色社会主义事业的发展，我国法理学也必然具有中国特色。首先，我国的经济状况，包括生产力、生产关系状况，必然会制约我国的法理学状况。甚至，不仅决定着我国法理学的过去，也决定着我国法理学的现实和未来。其次，中国的文化基础，包括法律意识、政治意识、道德意识等，都会影响法理学的发展。它们尤其主导着法理学的价值取向，进而通过价值取向渗透进法理学的各个方面，乃至浸润整个法学。中国文化的中国特色注定了法理学的中国特色。再次，我国政治体制也会使法理学具有自己的特色。政治制约法律，是历史和现实得出的共同结论。法律绝不可能彻底摆脱政治的束缚，在中国尤其如此。政治体制的中国特色，同样会给法理学以深深的烙印。最后，我国法理学自身的发展必然会呈现出无法否认的中国特色。我国现有的法理学是以过去的法理学为基础的，将来的法理学又是以现有的法理学为基础的，法理学的这种前后相因关系，所传递和保留的部分必然有中国特色。

我国法理学是中国的也是世界的。正因为它有自己的中国特色，才得以在世界法理学领域独树一帜，成为世界法理学中独具特色的一部分。我国法理学在具有中国特色的同时，也有一个融入世界大潮的问题。在开放的中国，法理学必然也必须走向世界。在与世界各国法理学的对话中，我国法理学也有一个取彼之长克己之短、他山之石用以攻错的问题。我国法理学走向世界，不仅是其自身发展的需要，也是我国经济、政治、文化开放的必然结果，否则，我国法理学就难以适应改革开放的需要，甚至可能影响改革开放的历史进程，甚至阻碍改革开放。在具有中国特色的前提下走向世界，在走向世界的历程中保留中国特色，这是我国法理学走向新世纪的对立统一之路。

（四）从法理学独自发展走向概括部门法学与指导部门法学的并重

法理学既应是部门法学的理论概括，也应是部门法学的理论指导；既应是部门法学的基础，也应是部门法学的理论升华。法理学必须担负起应有的理论责任，然而，长期以来，我国法理学都无视部门法学的发展与要求，我行我素，以致形成了法理学与部门法学各自发展、相互封闭的畸形状况。这种局面的形成，除了部门法学有一定的责任之外，主要的责任还应归于法理学本身。如果法理学有足够的能力，对部门法学既概括又指导，那么，部门法学也就不会无视法理学的存在及其发展。由于法理学自身发展水平的局限，其作用就难以得到充分的发挥。这样，既使部门法学由于缺乏理论概括和理论指导而显得"肤浅"，也使法理学由于不能概括和指导部门法学而显得难堪，从而既阻碍了部门法学的发展，也禁锢了法理学的活力。

对于我国法理学的这一状况的认识及其改革，本身就是我国法理学新发展的起点。在法理学的新发展中，它概括部门法学、指导部门法学的形象初露端倪。我们有理由相信，经过一个时期的艰苦努力，尤其是经过法理学家们的辛勤劳动，法理学实现其概括和指导部门法学的目标，已为期不远。

（五）从老一代法理学家身先士卒到向老一代法理学家作指导与中青年法理学家作先锋的时代交替

我国法理学在经历了历史危难后，恢复它的是历经苦难的老一代法理学家。他们或参与了共和国法制和法学的缔造，或直接求学于苏联或苏联专家，或投身于共和国早期的法学建设。几十年的风风雨雨，使他们备受创伤。一旦春风徐来，他们就强忍着满身伤痛，重振精神，为法理学的恢复不辞辛劳，为法理学的反思殚精竭虑，为法理学的创新赴汤蹈火。应当肯定地说，20世纪中国的法学家是极其悲壮、极其可敬可佩的，然而，在所有法学家中，总体而言，法理学家们所受的创伤最重，所冒的风险最大。每当回想起我国法理学的再创历程，我们不能不向老一代法理学家们表示由衷的敬意和深深的谢意。今天，他们大多数年事已高。在他们的教导下，新一代中青年法理学家已崭露头角。在历史的世纪之交，我国的法理学正进行着时代的交替。由于老一代法理学家与中青年法理学家有着天然的师承关系，尤其是在特别重视尊师的中国，老一代法理学家身先士卒的法理学领域，必然自然地出现老一代法理学家作指导与中青年法理学家作先锋的学术队伍新格局。

这种格局变换特别引人注目，它是我国长达十多年没有法学教育、长达几十年没有正规法学教育所导致的，是法理学家年龄断代的结果。其后，我国的法理学队伍由于法学教育的正常化，应不会再出现这种世纪之交的大接班现象。我国法理学的发展史上将记录着法理学学者的不懈追求与锐意创新，其中也必定记录着走向法治国家历程中的法理学的历史足迹。[1]

### 案例分析

1832年，奥斯丁出版了《法理学范围之限定》一书；1861年，奥斯丁去世后，其遗孀整理并出版了新版的《法理学范围之限定》与《法理学或实证法哲学讲演集》。这两部著作，对以后的英国乃至世界各国的法理学都产生了深远的影响，其重要性在于对法理学的范围作了严格的划定，严格区分了法律与道德的界限，对法律是一种命令的观点进行了详细的阐释，对那

---

[1] 参见有关奥斯丁与梅因的条目，参见［英］戴维·M. 沃克编：《牛津法律大辞典》，北京社会与科技发展研究所译，光明日报出版社1988年版。

些常用的法律术语和概念的涵义进行了仔细考证，如权利、义务、责任、损害、刑罚等。虽然奥斯丁的著作因乏味和重复的文体以及过分依赖罗马法、英格兰法而逊色不少，然而他毫无疑问是英国分析法理学的创建人。因为在英国，直到20世纪中叶，法理学还多被认为是分析法学，所以，仍有不少学者认为，现代意义的法理学的产生应当自奥斯丁的《法理学范围之确定》开始。

【评析】前述案例中有关奥斯丁法理学的观点一直沿用至今，从一定意义上说，奥斯丁创立的分析法理学促进了法学从"法律的知识技术"的层次向"法律科学"的转变。对现代及其未来法理学的研究都有重要的意义。

 **本章小结**

自19世纪中期法学形成以后，以法学流派形式出现的法律科学或者法学的发展历史，实际上也就是或主要是作为一般法律科学的法理学的发展历史。与西方19世纪中期以前的情形相似，法理学在我国的发展长期也都是以"法律思想"的发展变化折射出来的，而这些"法律思想"又始终是体现在思想家们的哲学、伦理学、政治学等著述之中的。法理学在我国的发展经历了一个曲折的过程，20世纪90年代以来，"法理学"的名称才被广泛承认和使用。在改革开放不断深入的历史背景下，在走向法治国家的进程中，我国法理学在现实中应如何发展，又如何走向未来，是我们必须关注的重大课题。市场经济与政治民主是法理学发展的客观基础，改革与开放是我国法理学发展的历史课题。法理学在中国的历史走向将是：从统一发展走向多元发展与综合统一的彼此互动；从既有理论走向保存精华与开拓创新的相互结合；从历史积淀的现实走向中国特色与世界潮流的对立统一；从法理学独自发展走向概括部门法学与指导部门法学的并重；从老一代法理学家身先士卒向老一代法理学家作指导与中青年法理学家作先锋的时代交替。

 **思考题**

### 一、名词解释
1. 自然法学派
2. 社会法学派
3. 分析法学派

### 二、简答题
1. 简述法理学在西方的发展历程。
2. 法理学在中国是怎样产生与发展的？

**主要参考文献**

1. 谢晖：《价值重建与规范选择——中国法制现代化沉思》，山东人民出版社1998年版。
2. 刘升平："开拓前进中的中国法理学（代序）"，载刘升平、冯治良主编：《走向21世纪的法理学》，云南大学出版社1996年版。
3. 葛洪义：《法理学导论》，山东人民出版社2000年版。

第 三 章

# 法理学的学科体系、地位与意义

**【本章概要】** 通过对法学发展史上法理学体系的分析，阐释我们对法理学五类基本问题的认识，进而明确我们对法理学在法学体系中地位的认识，亦即，法理学是法学的一般理论、基础理论和方法论。

**【学习目标】** 通过本章的学习，学生应该掌握法理学作为一门学科所阐释的五个基本理论问题，并通过对历史上有关法理学涵义界定的分析，明确我们对法理学涵义的认识；同时，还应当明确学习和研究法理学的现实意义。

## 第一节 法理学的学科体系与地位

### 一、法理学的学科体系

任何一门学科都面临着如何建立起合理的理论体系的问题。法理学的理论体系问题至少包括两个方面：①法理学作为法学的一个分支学科，应当研究哪些理论问题；②按照什么样的逻辑线索把这些相对独立的理论问题组织起来，使它们成为一个结构严谨的逻辑整体。

由于法理学的研究范围和内容相当广泛，也由于法理学是一个学术流派众多的法学学科，法理学家们对上述两个问题的回答和处理往往各不相同。例如，美国法学家霍尔认为，法理学包括四部分：①法律价值论，主要研究法律强制的可行性，特别是法律强制的伦理问题；②法律社会论，主要研究法律规则的目的、应用和效果问题；③法律形式论，主要对法律术语、规则、裁决等进行逻辑分析；④法律本体论，主要研究法理学主题的性质，亦即基本概念问题。

我国各种法理学教材和著作所确立的法理学理论体系基本上大同小异，一般都包括法的一般原理、法的历史演进、法的价值、法的运行、法与社会等部分。我们将法理学的理论内容概括为五类基本理论问题，并按照以下逻辑线索加以组织和分析：

1. 法是什么。这类问题通常被称作法的本体论问题，它是法理学乃至整个法学体系的核心问题之一，也是历经数千年争论而经久不衰的问题。在这一问题上得出不同的结论，往往意味着形成了不同的法律观和法律理论。要回答"法是什么"，就要探讨法的定义、本质、特征，分析法是由哪些要素构成的，研究法的分类、渊源、效力、法律体系等具体问题。由于法和法学是用语言来表达的，它们要运用一系列专门的概念描述、评价和规范人们的行为与关系，因此，要回答"法是什么"，必须对法和法学中最基本的概念和范畴加以研究。这些基本概念和范畴包括权利、义务、法律行为、法律关系、法律程序、法律责任等。

2. 法应当是什么。这类问题通常被称作法的价值论问题，它像第一类问题一样历史悠久和争议迭起，并与之一同构成法理学研究的两个永恒性核心问题。法的价值论涉及法的理想、目标，因而在法理学中占有特别重要的位置。不同时代和不同社会的法对同样的行为、利益和要求之所以会做出不同的反应，其直接原因就在于它们体现了不同的法律价值观念。法的价值论包括：法的价值的概念，以及法与人权、秩序、自由、正义、效率的关系等问题。

3. 法在人类历史上是如何产生和发展的。这类问题可以称为法的历史问题，对这一类问题的研究，实际上是在时间的维度上继续回答"法是什么"和"法应当是什么"的问题。法是人类历史的一部分，同时，它也有自己的历史。我们可以把法看作是一个以规则来治理社会的不断进化的人类实践过程。如果不了解法律昨天的经历，不了解法律今天的现实，不了解法律明天的发展趋势，也就不能对法"是什么"或"应当是什么"给出具有理论深度的解答。法理学所研究的法的历史问题包括：法的起源、法的历史类型、古代法律制度、近现代法律制度、法律发展、法制现代化等理论问题。

4. 法在现实生活中是如何运行的。法不是存在于书本上的抽象条文，而是在社会生活和实践中发挥实际作用的规则。这意味着，如果脱离法的实际运行过程来抽象地谈论法"是什么"和"应当是什么"，就不可能科学地解答这些问题，只会得出一些苍白空洞的理论和观点。因此，作为社会科学的法理学，必须在观察和研究社会事实的基础上，深入、具体地回答法"是什么"和"应当是什么"的问题。此类问题具体包括：立法、守法、执法、司法、法律监督、法律职业、法律方法和法治国家等问题。

5. 法与社会其他方面是如何相互作用的。法是社会体系的一部分，与社会体系的其他方面存在着密切的联系。一方面，法能够影响、改变社会的其他方面；另一方面，社会的其他方面也能影响、改变法，乃至决定法的内容及其发展。脱离开法与社会之间复杂的互动关系，同样不可能科学合理地解答法"是什么"和"应当是什么"的问题。此类问题具体包括：法与经济、法与政治、法与文化、法与道德、法与科技、法与生态文明等问题。

**二、法理学在法学体系中的地位**

初学法理学的人无疑都想知道，法理学究竟是一门什么样的学科。学术界对此有着各不相同的理解和解释，但从总体上来说，绝大部分学者对法理学的看法大同小异，并没有太大的分歧。法学有理论法学和应用法学之分，法理学属于理论法学的范畴，是法学的基本理论和一般理论。"法理学就是系统阐述法律的概念和理论，以帮助理解法律的性质、法律权力的渊源及其在社会中的作用。"[1] 法理学，即对法律及其问题进行一般性研究的科学。法理学经常探讨的问题包括：法律的渊源是什么？法律与道德有何种联系？为什么要服从法律？法律制度的原则如何被组合与分类？法律如何控制人们的行为，如何保护人们的权利？[2]法理学"是关于法律这种社会现象的最基本、最一般和最理论化的分析"[3] 法理学是以揭示法与法律体系的基本原理为目标的，关于法的抽象的、一般的理论研究；法理学是关于法及其原理的一般的、理论的探讨，与具体法律规则的研究相对应；法理学是对法律的一般性研究，着重于考察法律中最普遍、最抽象、最基本的理论和问题。国内学者对法理学的一般解释有：①法理学是法学基础理论的简称，研究法的一般理论，特别是我国社会主义法的基本理论；②法理学是以理论形态存在的以法的普遍适用的原理、范畴、原则、规律、价值等为研究对象的法学分支学科；③法理学是一门研究所有法律制度中的一般问题、原理、原则和制度的学问。

我们总结历史上关于法理学的种种解释，并从法理学在法学体系中的地位出发，认为法理学是法学的一般理论、基础理论和方法论。

---

[1]　转引自沈宗灵：《现代西方法理学》，北京大学出版社 1992 年版，第 5 页。

[2]　[英] 戴维·M. 沃克：《牛津法律大辞典》，北京社会与科技发展研究所译，光明日报出版社 1988 年版，第 489 页。

[3]　[美] 理查德·A. 波斯纳：《法理学问题》，苏力译，中国政法大学出版社 2002 年版，序言。原文为"所谓'法理学'，我指的是关于法律这种社会现象的最基本的、最一般的和最理论化的分析"。

（一）法理学是法学的一般理论

法学的所有学科都研究法律现象，但是不同的学科从不同的角度、层面来研究法律现象，或研究法律现象的不同方面和领域。法理学不同于其他法学学科之处在于，法理学是从宏观的、整体的角度，而不是从微观的、局部的角度研究法律现象。或者说，法理学思考和研究法律现象的一般性、普遍性问题，而不是法律现象某一领域或某方面的具体问题。所谓一般性问题，是指包括宪法、行政法、民法、经济法、刑法、诉讼法、国际法等在内的整个法律体系，包括立法、行政执法、司法、法律监督等在内的法律运行全过程，以及古今中外各种类型的法律制度及其各个发展阶段中普遍存在的问题，譬如，什么是法？法有什么作用？法的价值有哪些？法与道德之间的关系如何？正是由于法理学研究法的一般性问题，很多法学家直接称法理学为法的一般理论。

法理学之所以被称为法理学，是指它侧重于对法律现象的理论研究，而不是主要关注法律的具体运用；是指它从理论的角度为整个法学对法律的认识提供理论手段。"法理学所涉及的问题，所使用的视角，大部分与法律实务者日常关心的内容相去甚远。它所涉及的问题无法参照或者根据常规的法律文件推理加以解决。"[1] 各个应用法学和具体法律实践都应当尊重法理学所揭示的法律和法学基本理论，法理学也应当概括整个法律和法学，担负起总结应用法学、指导应用法学、总结法律实践、指导法律实践的使命。亦即，法理学从宏观或整体的角度研究法律的一般性问题，并不表明它不关注法律生活中的具体问题或事件。实际情况正好相反，法理学家们往往从现实生活中某些具体的法律问题或事件出发进行法理学思考，或者从这些具体的法律问题或事件中获得思想的灵感或启迪。当然，法理学关注具体的法律问题或事件时，并不是就事论事，而是小中见大，思考和回答这些具体的问题中所折射出来的普遍性意蕴。譬如，刑法是否应当禁止同性恋和卖淫行为，这原本是一个具体的刑法问题，法理学对这个问题的思考，就不是简单地提出某些理由做出一个肯定或否定的回答，而是阐明并解答这个具体的问题背后隐含的一个具有普遍意义的问题，即道德的法律强制问题。

尽管各个国家的法理学家都努力解答法的一般性问题，都努力建立普遍适用于所有国家的法的一般理论，但其研究的立足点和参照都难以脱离本国法的历史和现实，其理论往往打下本国法的历史和现实的深刻烙印。一些注重法理学的实际功用的法理学家，更是自觉以本国法律实践为研究的立足点、中心和归宿，努力为本国法律实践提供理论服务。我国的法理学，在思考和研究法的一般性问题的同时，也要密切关注和研究我国的法律实践，为当代中国的法治建设提供理论指南。

（二）法理学是法学的基础理论

法理学不同于其他法学学科之处在于——法理学提供的不是法的具体的、实用的知识，而是法的抽象的、基础的理论。"法理学是把人类社会各个发展阶段所有的法律上层建筑作为一个整体来探索其一般规律和一般性问题的学科。"[2] 法理学所研究的是整个法律现象，在类别上包括各个法律部门，它和部门法学的区别在于研究问题的角度不同。举例来说，法理学和民法学等部门法学都研究权利问题，民法学等部门法学主要研究各种具体的权利，如研究这些权利的种类、特征、范围、界限、法律保护等具体问题，从而提供关于这些权利的知识。这样，在发生法律纠纷时，人们可以根据这些知识判断某种权利是否受到侵犯，受到多大程度的侵犯，以及确定如何提供法律救济。而法理学主要研究何谓权利、为什么存在权利、人应当有哪

〔1〕 ［美］理查德·A. 波斯纳：《法理学问题》，苏力译，中国政法大学出版社 2002 年版，序言。
〔2〕 卢云主编：《法学基础理论》，中国政法大学出版社 1994 年版，第 5 页。

些权利这些根本问题，提供关于权利的基础理论。法理学虽然并不能为人们解决实际的法律案件提供直接的帮助，但它使人们知道如何正确地思考权利问题。正是从这种意义上，英国法学家哈特认为，法理学所关心的不是法律的知识（knowledge），而是法律的思考或思想（thought）。在所有的法学学科中，法理学是一门理论性、思想性最为突出的学科，因而也是一门相当抽象难懂的学科。

法理学的理论之所以具有基础性，不仅因为它们是关于法的根本性、普遍性问题的理论，还因为它们是一定时代法的精神、理念的表达。法的精神、理念是各种具体的法律制度的内在灵魂，是整个法律体系大厦的精神支柱。法的精神、理念的变化，必然导致法律制度和法学的变革。法理学的一项重要功能，就是通过捕捉和表达所处时代的法的精神、理念，为当时的法律体系、法学体系的建立寻求思想基石，为法律制度和法学的变革提供精神推动力量。

（三）法理学是法学的方法论

法理学是法律世界观和法学方法论的统一，它既是法学的一般理论和基础理论，提供一系列关于法的基本思想、理论；又是法学的方法论，提供一系列研究法律现象的基本方法。法理学之所以是法学的方法论，可以从以下两个方面加以说明：

1. 法理学的理论对法学研究具有方法论价值。理论和方法并不是两类截然不同的东西，而是经常相互转化的。当人们自觉运用一定的理论思考、研究和解决问题时，理论实际上就已经成为指导或规范研究活动的方法。法理学的使命不仅在于认识和理解法律现象，为人们提供法的理论、思想，而且在于支配和指导人们的认识活动，为人们认识和理解法律现象提供方法论。法理学所提供的科学理论，往往构成人们进一步认识和理解法律现象的科学思路和方法。

2. 法学方法论是法理学的重要研究内容。由于研究方法是否正确和有效对法学研究至关重要，作为法学基础学科的法理学，越来越重视对法学方法论的研究，努力为法学建立起科学的方法论。近年来，我国法理学特别注重研究如何结合马克思主义认识世界的一般方法，即将哲学方法论具体化为认识法律现象的具体方法；注重总结法学家在法学研究中积累起来的行之有效的经验，并通过理性化的升华使之成为普遍有效的研究方法；注重移植其他人文社会科学、自然科学的研究方法；注重批判地借鉴国外法学研究中的科学方法。

# 第二节　学习和研究法理学的意义

不少初学法学的人觉得法理学太抽象、太枯燥，离部门法和法律实践太远，实际意义不大，因而不重视法理学课程的学习。实际上，法理学的学习对于任何一个学习法律并有志于从事法律工作的人来说，都具有十分重要的意义。曾担任美国总统的著名政治家尼克松在回顾早年所受的法学教育时，深刻地指出了学习法理学的重要意义："回顾我自己在法学院的岁月，从准备参加政治生活的观点来看，我所选修的最有价值的一门课程就是富勒博士讲授的法理学……这不是一门考学位的必修课。但是在我看来，对于任何一个有志于从事公共生活的法学院学生来说，它是一门基础课。因为从事公职的人不仅必须知道法律，他还必须知道它是怎样成为这样的法律以及为什么是这样的法律的缘由。"

## 一、学习法理学是学习法学其他学科的需要

法理学研究的是法律的共同规律和共同性问题，是法学的基础理论和一般理论，研究的是法律的一般性、普遍性问题，提供的是法律的基本概念、基本知识和基本原理。这些基本概念、基本知识和基本原理是从其他法学学科中概括出来，又用以指导其他法学学科的。法理学

是法学的入门向导，是学习其他法学学科的基础。通过法理学的学习，有助于我们确立一系列法学的基本概念、基本知识和基本原理，只有这样，才能对整个法律现象有个宏观的把握和整体的了解，才能深刻地理解各种具体的法律规定和制度。只有具备了坚实的法理学理论基础，才能真正学好其他法学学科。学习法理学是进行法学和法律学习不可缺少的重要内容。

**二、学习法理学是培养法律思维方式的需要**

法理学的一个重要功能是培养人们的法律思维方式。所谓"法律思维方式"，是指从法律的角度，用法律的逻辑观察问题、分析问题和解决问题的思维方式。法律思维方式是法律职业者所特有的思维方式，是法律职业者必须具备的职业能力。在法治国家中，一切法律问题都必须用法律思维方式来观察、分析和解决。法律职业者只有用法律思维方式来思考、分析法律问题，才能得出合乎法律精神、逻辑的结论。法律思维方式的养成离不开法理学的学习。首先，法律思维所运用的基本概念由法理学加以清晰地界定和解释。概念是思维的基本要素，只有学好法理学，掌握法的基本概念，才有可能形成法律思维方式。其次，法律思维规律的领悟和把握离不开法理学的学习。法理学不仅揭示法律实践活动的规律，也揭示法律思维、认知活动的规律。因此，要想领悟和把握法律思维规律，必须认真学习法理学。

**三、学习法理学是培养法律理论素质的需要**

对于学习法律的人来说，法律理论素质的提高比任何事情都重要，而深入学习法理学正是提高法律理论素质所必需的。首先，部门法学和法律实务所要解决的问题大多是实证性、实践性、技术性很强的问题，这些问题的解决需要法理学作指导。这是因为我们不仅要知道有关的法律规范，而且必须知道它们是怎样成为这样的法律规范，以及为什么是这样的法律规范；不仅要知道解释和运用法律规范的技术，而且必须知道解释和运用法律规范时应当坚持的价值标准。其次，现代社会对法律的需要不断增加和变动，与此相适应，新的法律源源不断地制定出来，旧的法律则接连不断地修改和废止，有关法律的知识总量日益增加。在这种情况下，学习法理学，培养法律理论素质和法律思维能力，比仅仅习得具体的法律知识更重要。显然，具有较高法律理论素质和法律思维能力的人比起那些仅仅掌握法律的某些细节性知识的人，能更好地适应法律和社会的进步、变化。最后，法律职业者容易受自身的法律偏见和法律经验的束缚，容易盲从现行的法律制度。通过学习法理学培养良好的法律理论素质和理性思维能力，能够帮助人们超越自身的法律偏见和法律经验的局限性，对现行法律制度保持反思和批判的能力。

**四、学习法理学是培养实际工作能力的需要**

大部分学习法律的人都要从事法律实践工作，这种人才流向容易导致忽视法理学的倾向。要想成为一名合格、出色的法律实务工作者，学习法理学、掌握法的精神是相当重要的。首先，任何法律的实践问题都不是孤立的，而是同整个法律制度和社会实践联系在一起的，需要根据法理学的理性来把握和解决，这样才能平衡互相对立的利益，实现各种价值的合成，避免形式主义地对待法律问题，处理具体案件。其次，具体案件的解决固然依赖具体的法律、法规，但是，能否找到正确的答案则取决于对法律精神、法律原则、法律价值的深刻理解。正如一个人如果仅仅知道某种花卉的栽培技术，而不懂得光合作用、寒暑温差、土壤结构等园艺学的一般原理，就不可能成为一名技术高超的园丁。

**案例分析**

在某个学术研讨会上，甲、乙、丙三位学者分别就"法理学"一词作了不同的解释，甲说："法理学就是法哲学，研究法律中的哲学问题，比如法律原则、概念、制度、方法等。"乙说："法理学是研究社会现实问题的学问，相当于法社会学。"丙说："法理学是研究刑法、民法、宪法、诉讼法等法律部门如何适用问题的学问。"如何认识这三种不同观点？为什么？

【评析】这三种观点都只描述了法理学的部分特征，不够全面。法理学研究的对象主要是法和法学的一般原理（哲理）、基本的法律原则、基本概念和制度，以及这些法律制度运行的机制。因此，就制度层面而言，法理学是一门研究所有法律制度中的一般问题、原理、原则和制度的学问。它不关心每一具体制度、法律的具体操作问题（这属于不同法学学科研究的对象），而是对每一法学学科中带有共同性、根本性的问题和原理作横断面的考察。法理学研究的范围（领域）是法哲学方向、法社会学方向和法的理论（或"形式法学"）这三个法学基本研究方向的结合。

 **本章小结**

法理学的理论体系包括两方面：①法理学作为法学的一个分支学科，应当研究哪些理论问题；②按照什么样的逻辑线索把这些相对独立的理论问题组织起来，使它们成为一个结构严谨的逻辑整体。我们将法理学的理论内容概括为五类基本理论问题，即法是什么、法应当是什么、法在人类历史上是如何产生和发展的、法在现实生活中是如何运行的，以及法与社会其他方面是如何相互作用的。我们总结历史上关于法理学的种种解释，并从法理学在法学体系中的地位出发，认为法理学是法学的一般理论、基础理论和方法论。学习法理学的重要意义表现在：学习法理学，是学习法学其他学科的需要，是培养法律思维方式的需要，是培养法律理论素质的需要，更是培养实际工作能力的需要。

**一、名词解释**

法理学

**二、简答题**

1. 法理学的理论内容包括哪些方面？
2. 学习和研究法理学的意义有哪些？
3. 为什么说法理学是法学的基础理论？

**三、论述题**

试论述法理学在法学体系中的地位。

 **主要参考文献**

1. ［美］理查德·A. 波斯纳：《法理学问题》，苏力译，中国政法大学出版社 2002 年版。
2. ［苏］雅维茨：《法的一般理论——哲学和社会问题》，朱景文译，辽宁人民出版社 1986 年版。
3. 吕世伦、文正邦主编：《法哲学论》，中国人民大学出版社 1999 年版。

# 第二编　法的本体

第 四 章

## 法的概念

**【本章概要】** 法的概念是法学的起始范畴，是法学研究的核心，是人们对法律现象的属性或观念的深层次把握。本章介绍了人类法律思想史上形成的各种各样的法律观，并在此基础上详细阐述了马克思主义法学关于法的定义。同时，研究法的定义问题也必然涉及法的本质和特征。本章通过对法的本质和特征问题的论述，进一步明确法的定义，为深入研究法学奠定正确的理论基础。

**【学习目标】** 通过本章的学习，了解马克思主义法学关于法的定义，以此为基础进一步了解法的本质，即阶级意志性和物质制约性，以及法的四个基本特征，即特殊规范性、国家意志性、权利义务性和国家强制性，从而全面把握和理解法的概念及其蕴义。

## 第一节　法的定义

### 一、法的词源

在了解法的定义之前，需要从词源学上对法进行考察。汉字"法"字古体写作"灋"，据历史上第一部字书——东汉许慎所著《说文解字》的解释："灋，刑也。平之如水，从水。廌，所以触不直者去之，从去。"组成"灋"的三个部分各代表了一定的意义："水"表示公平，执法要做到像水一样平，公平才可能做到公正；"廌"是一种独角神兽，它能分辨是非，并用独角去触无理者，是断案法官秉公断案、主持正义的得力帮手；"去"是离开，表示无理者被驱逐，正义得到了伸张。可见，在中国古代，法与刑通用，并具有公平、正直的象征意义。按《说文解字》的解释："律，均布也。""律"是指古代校正音律的工具，说明法律具有规范人的行为的作用。秦汉时期，"法"与"律"已同义，商鞅变法后，改法为律，直到清代，中国古代法律一般称作"律"。"法""律"用作合成词，是在清末由日本输入的。因此，"法律"一词在我国实为近现代的用法。

西文中，只有英语 law 一个词同汉语中的"法律"对应，而欧陆各国语言一般使用两个词将"法"与"法律"分别表达，像拉丁文 jus 和 lex，德语 recht 和 gesetz，法语 droit 和 loi，意大利语 diritto 和 legge 等。"法"往往指普遍的、永恒的正义原则和道德公理；而"法律"往往指国家机关制定公布的行为规范。前者被称为"主观法"，后者则被称为"客观法"。相比之下，"法"具有比"法律"更深刻、更广泛、更丰富的意蕴。这体现了西方法二元论的法律文化。

**二、关于法的定义的主要观点**

在人类的法律思想史上，不同时代、不同民族的思想家、法学家站在不同的角度看待法律，对法律的理解和认识是多种多样的。"在与人类社会有关的问题中，没有几个像'什么是法律'这个问题一样，如此反反复复地被提出来并且由严肃的思想家们用形形色色的、奇特的甚至反论的方式予以回答。"[1] 古今中外，人们对法律的观察形成了各式各样的法律观。

（一）意志说

意志说又分为神意说和人意说：

1. 神意说。神意说认为，法出自神或上帝的意志，是神意的体现。中国古代夏、商就有"天命""天罚"观念，如夏启在讨伐有扈氏时以代行天罚的身份称："天用剿绝其命，今予恭行天之罚。"[2] 不独中国如此，古巴比伦的《汉谟拉比法典》也是假借神的意志而颁布的。在中世纪的西欧，托马斯·阿奎那的神学法思想最为系统，在他看来，上帝是万物的创造者，又是智慧的化身，神的智慧本身具有法律性质。

2. 人意说。近代以来，法律往往被认为是人的意志的体现。例如，古典自然法学派的代表人物之一卢梭强调法律的感情因素，认为人定法是人的主观意志，法律就是公共的意志，是公意的行为。[3]

（二）理性说

理性说认为，法律是人类理性的体现。这种学说在西方法学历史上具有很大的影响，如古罗马哲学家西塞罗认为："真正的法律是与本性相合的正确的理性；它是普遍适用的、不变的和永恒的；它以其指令提出义务，并以其禁令来避免做坏事。"[4] 古典自然法学派代表人物之一格劳秀斯认为："自然法是正当的理性准则，它指示任何与我们理性和社会性相一致的行为就是道义上公正的行为；反之，就是道义上罪恶的行为。"[5] 早期的马克思也认为，法律最基本的涵义是理性，是"人的行为本身的内在的生命规律"，人们服从法律"也就是服从他自己的理性即人类理性的自然规律"。[6]

（三）命令说

命令说认为，法律是一种命令。英国哲学家霍布斯认为，法是国家对人民的命令，用以辨别是非、指示从违。[7] 功利主义法学创始人边沁认为，法律是国家行使权力处罚犯罪的恐吓性命令。分析法学创始人奥斯丁认为，法律就是主权者的命令，法律是一种要求个人或群体必须这样或那样的命令，法律和其他命令被认为是优势者宣布的，而且用来约束或责成劣势者。[8]

（四）规则说

规则说认为，法律是一种规则或规范。我国古代的思想家管仲认为："法律政令者，吏民

〔1〕［英］哈特：《法律的概念》，张文显等译，中国大百科全书出版社1996年版，第1页。

〔2〕《尚书·甘誓》。

〔3〕［法］卢梭：《社会契约论》，何兆武译，商务印书馆1990年版，第206页。

〔4〕［古罗马］西塞罗：《国家篇·法律篇》，沈叔平、苏力译，商务印书馆1999年版，第101页。

〔5〕法学教材编辑部《西方法律思想史》编写组编：《西方法律思想史资料选编》，北京大学出版社1983年版，第138页。

〔6〕《马克思恩格斯全集》（第1卷），人民出版社1995年版，第176、228页。

〔7〕［英］霍布斯：《利维坦》，黎思复、黎廷弼译，商务印书馆1985年版，第44页。

〔8〕［英］奥斯丁：《法理学的范围》，刘星译，中国法制出版社2002年版，第13～14页。

规矩绳墨也。"[1] 在近现代的西方，这一学说曾长期在法学界占据统治地位。例如，纯粹法学的创始人凯尔森认为，法律是一种行为规范，并详细分析了法律规范的等级体系。新分析法学派的重要代表人物哈特认为，规则观念是理解法律的基本观念。法律就是第一性规则（设定义务的规则）和第二性规则（授予权利的规则）的结合。[2]

**（五）民族精神说**

民族精神说首先兴起于德国。著名法学家萨维尼认为，法律像语言、风俗、习惯一样，具有民族特性，是民族精神的体现，它"随着民族的成长而成长，随着民族的壮大而壮大，最后，随着民族的丧失而消亡"[3]。

**（六）社会控制说**

社会控制说主要是从社会学的视角来看待法律，以社会法学派为主要代表。社会法学派力求从社会生活中发现法的本质，注重探讨法律在社会中的实际运作，把法律作为社会控制的工具，强调法律保障社会利益的作用。例如，奥地利法学家埃利希认为，法发展的重心不在立法、不在法学、也不在司法判决，而在社会本身。[4] 美国法社会学家庞德认为，法律是社会控制的一种工具，是社会工程的一个组成部分。通过法律这种工具能够对人的自我扩张的本性加以控制，从而保证和实现社会利益、实现正义。[5]

当然，除了上述法律观之外，还有其他关于法的定义的观点，此处不予一一列举。

**三、法的定义的表述**

法是个复杂的有多方面联系的现象，因此，法的定义也包括极丰富的内容。从马克思主义的角度去认识法，结合新的历史条件和国内外研究现状，我们认为，对法的定义可基本表述为：法是由国家制定或认可并由国家强制力保证实施的，以权利和义务为内容，反映由特定物质生活条件所决定的统治阶级意志的行为规范体系。

这一定义科学地反映了法的几个最基本的方面，即法的内容、法的本质和法的特征。下面将以这一定义为基础，进一步深入分析法的本质和基本特征。

# 第二节 法的本质

法的本质问题是法理学领域最具根本性的一个问题。不同时代的思想家、法学家都曾对这个问题进行过认真的思考。由于探讨的角度不同，人们对于法的本质的看法众说纷纭。马克思主义法学以辩证唯物主义和历史唯物主义为指导，深入分析了法与社会生活条件之间的相互联系，揭示了法与统治阶级意志之间的内在联系，强调法是被奉为统治阶级意志的法律，从而科学地揭示了法的本质。在《德意志意识形态》中，马克思和恩格斯指出，在一定的物质生产中"占统治地位的个人除了必须以国家的形式组织自己的力量外，他们还必须给予他们自己的由这些特定关系所决定的意志以国家意志即法律的一般表现形式"。"由他们的共同利益所决

〔1〕《管子·七臣七主》。

〔2〕［英］哈特：《法律的概念》，张文显等译，中国大百科全书出版社1996年版，第83页。

〔3〕［德］萨维尼：《论立法与法学的当代使命》，许章润译，中国法制出版社2001年版，第9页。

〔4〕转引自张文显：《二十世纪西方法哲学思潮研究》，法律出版社1996年版，第132页。

〔5〕［美］罗·庞德：《通过法律的社会控制 法律的任务》，沈宗灵、董世忠译，商务印书馆1984年版，第9～10页。

定的这种意志的表现，就是法律。"[1]

在认真总结马克思主义有关法的本质论述的基础上，我们认为，法的本质即为由一定社会的物质生活条件所决定的统治阶级意志的体现，是阶级意志性与物质制约性的统一。

**一、阶级意志性：法是统治阶级意志的体现**

马克思主义者认为，自人类进入文明社会以来，始终分化为不同的阶级。不同阶级之间的意志和利益也是不同的，有时甚至是根本对立的。统治阶级凭借其掌握国家政权这一优势，有必要也有可能将阶级的意志上升为国家意志，然后体现为国家的法律。在阶级专政的社会里，特别是阶级矛盾异常尖锐、复杂的时候，统治者总是利用法律来维护自己的利益，将本阶级的意志体现为法的要求与法的规则。正如马克思、恩格斯在《共产党宣言》中所说："你们的观念本身是资产阶级的生产关系和所有制关系的产物，正像你们的法不过是被奉为法律的你们这个阶级的意志一样。"[2] 由此可见，意志表面上是自由的、随意的，但其实质必须体现一个阶级的根本愿望与根本要求，也正因如此，法才成为统治阶级的"护身符"，使其在阶级对抗中能借助国家权力镇压敌对阶级的反抗。

法律所体现的统治阶级意志具有整体性，即法律所体现的统治阶级意志不是统治阶级内部成员意志的简单相加，也不是个别统治者的任性，而是统治阶级的整体意志、共同意志或根本意志，是统治阶级作为一个整体在政治、经济上的根本利益的反映。或者说，是统治阶级作为一个整体在根本利益一致的基础上所形成的共同意志，是统治阶级内部各个成员的意志相互作用而产生的"合力"。正如恩格斯所指出的："最终的结果总是从许多单个的意志的相互冲突中产生出来的，而其中每一个意志，又是由于许多特殊的生活条件，才成为它所成为的那样。这样就有无数互相交错的力量，有无数个力的平行四边形，由此就产生出一个合力，即历史结果，而这个结果又可能看作一个作为整体的、不自觉地和不自主地起着作用的力量的产物……每个意志都对合力有所贡献，因而是包括在这个合力里面的。"[3] 也就是说，法所反映的统治阶级的意志（合力）是在吸收、舍弃、平衡每个内部成员的意志基础上形成的共同意志、整体意志。

需要指出的是，法律反映统治阶级的意志，要经历一个复杂的过程。它既取决于统治阶级内部各阶层、集团或个人的矛盾和斗争，也取决于统治阶级与被统治阶级的斗争状况。法律的内容应对全社会有利，不同程度地反映全社会各阶级、阶层的共同利益（如各种技术法规）。另外，在阶级斗争激烈对抗的条件下，统治阶级为了缓和与被统治阶级的某些矛盾，把被统治阶级的反抗控制在一定的范围和限度内，在立法中对被统治阶级作出一定的让步，规定一些符合被统治阶级利益的内容。比如，在资产阶级法律中，往往有一些保护劳动人民利益的条款，如限制劳动时间、劳动保护、最低工资、失业救济和罢工自由等，但这些规定从本质上而言，只不过是统治阶级为保障其基本利益（财产与政权）的安全而被迫作出的让步，是为了"建立一种'秩序'"，使阶级压迫"合法化、固定化"而已。

**二、物质制约性：法的内容是由统治阶级所处的社会物质生活条件所决定的**

马克思主义法学指出，不同时代的法律之所以拥有不同的内容，关键就在于它反映了不同时期的物质生活条件，体现了社会生产力对法的根本要求。"人们在自己生活的社会生产中发生一定的、必然的、不以他们的意志为转移的关系，即同他们的物质生产力的一定发展阶段相

---

[1]《马克思恩格斯全集》（第3卷），人民出版社1960年版，第378页。
[2]《马克思恩格斯选集》（第1卷），人民出版社1995年版，第289页。
[3]《马克思恩格斯选集》（第4卷），人民出版社1995年版，第697页。

适合的生产关系。这些生产关系的总和构成社会的经济结构，即有法律的和政治的上层建筑竖立其上并有一定的社会意识形态与之相适应的现实基础。物质生活的生产方式制约着整个社会生活、政治生活和精神生活的过程。不是人们的意识决定人们的存在，相反，是人们的社会存在决定人们的意识。"[1] "法的关系正像国家的形式一样，既不能从它们本身来理解，也不能从所谓人类精神的一般发展来理解，相反，它们根源于物质的生活关系。"[2] 法律是统治者为了调整社会而制定的，虽然表面上看是统治者意志的体现，但是，这种主观意志必然要受到客观的外在条件的制约。因此，马克思主义揭示的重要原理即物质生活条件，尤其是其中的生产方式，是制约法的内容的决定性因素。社会物质生活条件既培植了人们的法律需要，又决定着法的本质。

统治阶级的物质生活条件所指相当广泛，一般是指与人类生存相关的地理环境、人口和物质资料的生产方式等方面，其中主要是指统治阶级赖以建立其政治统治的经济基础，即物质资料的生产方式。从根本上说，法律决定于一定的经济关系，法律的产生、变更和消灭都取决于一定的经济关系。马克思主义认为："以往的全部历史，除原始状态外，都是阶级斗争的历史；这些互相斗争的社会阶级在任何时候都是生产关系和交换关系的产物，一句话，都是自己时代的经济关系的产物；因而每一时代的社会经济结构形成现实基础，每一个历史时期的由法的设施和政治设施以及宗教的、哲学的和其他的观念形式所构成的全部上层建筑，归根到底都应由这个基础来说明。"[3] 可见，任何统治阶级都不能不顾一定经济条件的要求而任意立法，任何法也都是体现一定生产关系要求的一定社会经济形态的法。因此，马克思曾深刻地指出："只有毫无历史知识的人才不知道，君主们在任何时候都不得不服从经济条件，并且从来不能向经济条件发号施令。无论是政治的立法或市民的立法，都只是表明和记载经济关系的要求而已。"[4] 法律不是统治阶级任性和专横的表现，它不应当违背客观历史条件。

当然，法的物质制约性是从终极性、整体性意义而言的，并不意味着法律与其他因素无关。法的物质制约性表明，法的内容及其发展变化受物质生活条件的制约，特别是受经济基础的制约，但不能因此就认为法律不受其他因素的影响或者与其他社会现象无关。应当说明的是，除了物质生活条件外，政治、思想、道德、文化、历史传统、民族、科技等因素也对统治阶级的意志和法律制度产生不同程度的影响。恩格斯晚年曾专门指出："……根据唯物史观，历史过程中的决定性因素归根到底是现实生活的生产和再生产。无论马克思或我都从来没有肯定过比这更多的东西。如果有人在这里加以歪曲，说经济因素是唯一决定性的因素，那么他就是把这个命题变成毫无内容的、抽象的、荒诞无稽的空话。"[5] "政治、法律、哲学、宗教、文学、艺术等的发展是以经济发展为基础的。但是，它们又都互相影响并对经济基础发生影响。并不是只有经济状况才是原因，才是积极的，而其余一切都不过是消极的结果。"[6] 在恩格斯看来，在复杂的历史过程中，经济状况是基础，但政治、法律、哲学、宗教等上层建筑诸多因素之间也是相互作用的。可见，政治、哲学、宗教、道德、习俗、民族传统、国际形势等物质生活条件以外的因素也都在影响着法律的内容和发展。比如，宗教观念对当代西方法的影

〔1〕《马克思恩格斯选集》（第2卷），人民出版社1995年版，第32页。
〔2〕《马克思恩格斯全集》（第13卷），人民出版社1962年版，第8页。
〔3〕《马克思恩格斯全集》（第25卷），人民出版社2001年版，第392～393页。
〔4〕《马克思恩格斯选集》（第4卷），人民出版社1995年版，第121～122页。
〔5〕《马克思恩格斯选集》（第4卷），人民出版社1995年版，第695～696页。
〔6〕《马克思恩格斯选集》（第4卷），人民出版社1995年版，第732页。

响就足以说明，只有对影响法的各种因素进行综合分析，才能真正认识法的本质。如果不综合考虑这些因素对法的作用，也就无法合理地解释为什么相似的物质生活条件所决定的法律制度之间会有很多差别。因此，对于法律来说，经济基础并非唯一的决定性因素，上层建筑的诸多因素有时也对法律的发展起着某种决定性作用。当然，从终极性意义上说，上层建筑诸多因素对法的作用还是要通过经济基础来展开。

综上所述，法的本质是阶级意志性与物质制约性的有机统一，不能把它们割裂开来。只有全面理解它们的关系，才能正确理解法的本质。统治阶级的意志是法的初级本质，社会的物质生活条件（物质制约性）是法的深层本质，不能把二者截然对立，也不能用一个否定另外一个。我们在认识法的本质时，必须始终把握住法的本质的多层次性，避免把法的本质归结为某种单一的属性。

# 第三节　法的特征

任何事物的特征都是在与其他事物的比较中体现出来的。我国法理学界一般通过将法与其他规范（如道德、习惯、宗教、政策等）进行对比，分析法区别于其他规范的显著之处，并将它们概括为法的基本特征。法的特征是法本身所固有、确定的东西，是使法区别于其他社会规范的象征和标志所在。法的特征是多层次的，我们以马克思主义法的定义为基础，总结前人的认识，将法的特征归纳为四个方面：特殊规范性、国家意志性、权利义务性、国家强制性。

**一、特殊规范性：法是调整人的行为关系的规范**

1. 法律是一种行为规范，它通过调整人们的行为而不是思想来调整社会关系。因为社会关系的形成有赖于行为，只有人们的行为才使得人与人之间的社会关系得以建立和存在。马克思曾十分强调人的行为在法律上的重要性。"我只是由于表现自己，只是由于踏入现实的领域，我才进入受立法者支配的范围。对于法律来说，除了我的行为之外，我是根本不存在的，我根本不是法律的对象。我的行为就是我同法律打交道的唯一领域，因为行为就是我为之要求生存权利、要求现实权利的唯一东西，而且因此我才受到现行法的支配。凡是不以行为本身而以当事人的思想方式作为主要标准的法律，无非是对非法行为的公开认可。"[1] 法律是针对人的行为而设立的规范，而不调整人的内在思想。这是法律区别于其他社会规范的重要特征之一。例如，道德规范主要通过思想引导和舆论压力来调整社会关系，政党规范主要通过思想控制和组织控制来调整社会关系，宗教教规是通过信仰来完成社会调整的，而法律只针对人的行为，除了人的行为之外，法律不调整其他方面。

2. 法律是一种特殊的社会规范，通过特殊的方式对人的行为以及由此形成的社会关系进行调整。法律的特殊规范性体现在三个方面：①法对人们如何行为提出了明确的指示。法律通过告知人们可以做什么、禁止做什么、必须做什么，对人们的行为进行规范和指引。②法的内容具有一般性和概括性。法不是针对某个人、某件事而立的，而是针对一类人、一类事而立的。法对行为的调整表现为一种规范性调整，而非个别性调整。③法是反复适用的。法不是仅适用一次，而是在其生效期限内对其指向的对象反复适用。[2] ④法律作为一种特殊的社会规范，其特殊之处还表现在它有着独特的、严密的逻辑结构，即假定、行为模式和法律后果三个

---

〔1〕《马克思恩格斯全集》（第1卷），人民出版社1956年版，第16～17页。
〔2〕参见张文显主编：《法理学》，高等教育出版社2003年版，第62页。

部分（详见本书第五章第三节"法律规则的逻辑结构"）。这是法律同其他社会规范的显著区别，一般的社会规范都不具有这种严密的逻辑结构。

## 二、国家意志性：法是由国家制定或认可的规范

法与国家有着极为密切的联系。任何时代的国家都是通过创制法律为社会民众提供基本的行为规则，从而确认社会成员的行为界限，维持统治秩序。法是由国家制定、认可的规范，因而具有国家意志性，这是法区别于其他社会规范的重要特征。其他社会规范都不具有国家意志性。比如，习惯和道德往往是人们在长期的共同生活中自发形成的，宗教教规是由各种宗教组织制定的，政党规范是由政党制定的，等等。

制定和认可是国家创制法律的两种主要途径。所谓法的制定，是指拥有立法权的国家机关根据法定权限，依照法定程序创制法的活动。通过这种途径产生的法律，称为制定法或成文法。所谓法的认可，是指拥有立法权或司法权的国家机关承认和赋予社会上已经存在的行为规范（如风俗、习惯、判例、政策等）以法律效力的活动。通过这种途径形成的法律，称为不成文法。法律认可的形式多种多样，其目的是弥补制定法的漏洞、空白，克服制定法的局限性，使法律不断地适应变化的社会现实。国家认可法律的形式通常有以下四种：①对社会上业已存在的习惯、风俗、道德、宗教等规范加以承认并赋予其法律效力，这是最常见的一种认可形式；②通过加入国际组织、承认或加入国际条约等方式认可国际法规范；③在实行判例法的国家，通过对具体案件的分析、裁决作出概括而形成一定的规则或原则，并赋予其法律效力，作为日后法律适用的根据；④赋予权威法学家的学说以法律效力，即在法律没有明文规定的情况下，允许援引权威法学家的学说作为处理案件的依据。[1]

## 三、权利义务性：法是规定权利和义务的规范

法是以权利和义务为主要内容的行为规范体系，通过规定权利义务来指引人们的行为，从而实现对社会关系的调整。

权利和义务是法学的一对核心范畴。权利意味着人们可以作或不作一定行为，以及可以要求他人作或不作一定行为；义务则意味着人们必须作或不作一定行为。权利和义务及其关系是社会关系的内容和界限。在社会生活中，一般说来，法律上的权利和义务是对等的，有什么样的权利就有什么样的义务，有什么样的义务就会享有什么样的权利。法律对人们行为的调整主要是通过权利义务的设定和运行来实现的，法律的内容也主要表现为权利和义务。

## 四、国家强制性：法是由国家强制力保证实施的规范

国家强制力的保证实施是法区别于其他社会规范的重要标志。法是由国家强制力保障实施的规范，如果没有国家强制力作为后盾，那么法律在许多方面就会失去意义，如法律所体现的意志得不到贯彻和保障，违反法律的行为也得不到处罚等。其他社会规范在实施上也有一定的强制性，例如，习惯的实施主要靠传统力量的强制，道德的实施主要靠社会舆论的强制，但这些社会规范的强制性所凭借的是社会资源或人们的良心与自律，仅仅是一般的强制性，而不是国家的强制性。

所谓国家强制力，是指为实现一定的统治目的而建立起来的国家暴力，主要包括军队、警察、法庭、监狱等。国家强制力是由专门的国家机关按照法定程序来运用的国家暴力，是任何组织、个人都无法抗拒的。国家强制力具有权威性，它对于国家和社会的稳定与发展具有一定的积极作用，有助于形成良好的社会秩序。法律的实施借助于国家强制力，每一个社会成员都

---

[1]　参见孙笑侠主编：《法理学》，中国政法大学出版社1996年版，第3页。

要严格遵守法律，否则就会受到法律的制裁。

　　法律由国家强制力保证实施，具有权威性，但并不意味着法律的权威性就是以纯粹的暴力为支撑的，它的权威性还在于法律自身的合理性与公正性。另外，值得一提的是，法律虽以国家强制力为后盾，但并不意味着法实施的全过程都必须直接依赖国家强制力。国家强制力具有潜在性和间接性。一般而言，人们遵守法律的时候，并不直接发生强制力的问题。此时，法律的强制力只是间接地影响人的行为，使人们因恐惧法律的制裁而守法。只有当出现违法行为时，国家强制力才开始介入，对违法者进行制裁。最后，还应注意的一点是：国家强制力不是法律实施所依靠的唯一保证力量。如果一个国家的法仅仅依靠国家政权及其暴力系统来维护，那么法就成为纯粹的暴力了。实际上，在社会生活中，法律的实施还可以通过政治、经济、宗教、文化等途径来实现。[1]

### 案例分析

　　2001 年 8 月，原告史广清以被告史广文（原告大哥）在父亲死亡后，未通知自己，便独自料理后事，致使其在父亲死亡三年半后才得知此事，使其丧失了对父亲进行悼念的权利为由，将被告起诉到法院。史广清与史广文自 1979 年后断绝往来，双方都未互留地址和其他联系方式。兄弟俩的父亲史成斌因脑血栓住进医院。1997 年 1 月，史成斌因心肌梗塞在史广文家死亡。2000 年 7 月，弟弟史广清从大姐夫口中得知父亲的死讯。为此，史广清将其大哥史广文起诉至法院。在审理中，史广清承认：父亲在世时，其除 1991 年和 1996 年看望过父亲两次，再未对父亲尽过其他义务，也未向其他亲属询问过父亲的病情。

　　法院认为：按照我国传统的道德伦理和习惯，原告作为死者的子女，确有权对死者进行悼念和哀思。但鉴于我国目前的法律对于该项权利的相对义务人未作规定，因此被告的不作为不具有违法性。故在被告对其父亲尽了主要赡养义务且与原告多年互不联系的情况下，原告以丧失悼念权为由，起诉要求被告独自承担未尽通知义务的责任，没有法律依据，同时也不符合民事法律中的公平原则。据此，判决驳回了弟弟史广清的诉讼请求。

　　**【评析】** 作为传统习惯的"悼念"在法律中没有规定，只是存在于道德伦理和习俗之中。道德伦理和风俗与法律的不同之处在于：前者更多是对人们的义务性规定，如尊老爱幼、见义勇为等，而后者有权利性和义务性两种规定，如公民享有各种权利。在此案中，"悼念"体现了一种孝敬父母的良好伦理规范，是传统伦理对子女的要求和约束，是子女伦理上的"义务"而不是法律上的"权利"。史广清多年未与其父联系，致使其父病故而自己一无所知，理应受到道德谴责，而不受法律调整和规制。

### 本章小结

　　法的定义是个重要、复杂而又缺乏统一认识的问题。不同时代、不同国家的思想家、法学家关于法的定义各不相同，因此形成了不同的法律观，主要包括意志说、理性说、命令说、规则说、民族精神说、社会控制说等。从马克思主义的角度认识法是比较客观、科学的。马克思主义法学认为，法的定义可以概括为：法是由国家制定或认可并由国家强制力保证实施的，以权利和义务为内容，反映由特定物质生活条件所决定的统治阶级意志的行为规范体系。

---

〔1〕　参见律政文化组编：《法理学配套辅导》，中国方正出版社 2006 年版，第 28 页。

　　这一法的定义也科学地揭示了法的本质和特征。法的本质即法是由一定社会的物质生活条件所决定的统治阶级意志的体现，是阶级意志性与物质制约性的统一。法的特征则体现在以下四个方面：特殊规范性，即法是调整人的行为关系的规范；国家意志性，即法是由国家制定或认可的规范；权利义务性，即法是规定权利和义务的规范；国家强制性，即法是由国家强制力保证实施的规范。

 **思考题**

### 一、名词解释
马克思主义法学关于法的定义

### 二、简答题
1. 人类法律思想史上形成了哪些主要的法律观？这些法律观的优点和缺陷有哪些？
2. 你对法的特殊规范性是如何理解的？

### 三、论述题
1. 法是统治阶级意志的体现，是否意味着它完全不反映被统治阶级的意志？
2. 如何理解物质生活条件对法的制约性及其相对性？
3. 法是由国家强制力保障实施的，是否意味着法的权威性是以纯粹的暴力为支撑的？

 **主要参考文献**

1. 《马克思恩格斯选集》（第4卷），人民出版社1995年版。
2. ［德］拉德布鲁赫：《法学导论》，米健、朱林译，中国大百科全书出版社1997年版。
3. ［英］哈特：《法律的概念》，张文显等译，中国大百科全书出版社1995年版。

第 五 章

# 法的要素

【本章概要】法的要素是指构成法这个系统的各个组成部分，是法理学研究的一项重要内容。本章在介绍西方学者关于法的要素构成模式论的基础上，将法的要素概括为法律概念、法律规则和法律原则三个部分。法律概念是整个法律体系的基石，也是法律规则与原则适用的前提；法律规则是构成法的最主要的要素，有其自身的特点和逻辑结构；法律原则是直接体现法律精神和社会活动规律的要素，在创制和实施法的过程中具有不可替代的作用。

【学习目标】通过本章的学习，了解构成法的要素的各种学说以及我国关于法的要素构成的理论。在此基础上，进一步掌握法律概念、法律规则和法律原则这三个要素的概念、作用和分类情况，从而对法的要素问题有整体上的认识和理解。

## 第一节　法的要素概述

### 一、法的要素的概念

在系统论中，系统是诸多相互联系、相互作用的要素所构成的整体；要素则是构成系统整体的基本结构或功能单位。法的要素问题，是将系统论的原理运用到法学中，对法律的结构进行分析，从而将复杂、综合的法律现象归结为某些简单的构成要素，是人们为了便捷地认识和解释法律，从形式与技术上对法律及其现象所做的简化和抽象化的形式。

具体说来，法的要素就是指构成法这个系统的各个组成部分，或者说构成法律的元素、因素。法律是一个系统，是由一系列相互联系、相互依存、相互作用的要素组合而成的具有特定功能的整体。在这个系统中，各个要素既相互独立又相互联系，缺少其中任何一个要素，法的系统都不够完整，系统的作用也难以发挥。

### 二、西方学者关于法的要素的学说

在西方法学史上，法的要素是一个重要的理论范畴。但是，对于法究竟由哪些要素构成，即法的要素的模式问题，不同的学者有不同看法，而且在不同时期，对法的要素范围的认识也不同。归纳起来，大致有如下几种代表性学说：

（一）命令模式论

命令模式论是由 19 世纪英国分析法学的创始人奥斯丁提出的。奥斯丁是西方法学史上最先对法律进行要素分析并概括出较系统的法的模式理论的法学家。奥斯丁将法律归结为单一的"命令"要素，认为法律就是由命令构成的，法律是主权者的命令。"任何法律或规则（在最大意义上可称为严格的法律）都是命令。或者说，所谓严格的法律都是某项命令。"[1] 这种模式把法所包含的众多要素全部归结为以制裁为后盾的命令。

---

[1]　J. Austin, *Lectures of Jurisprudence, or the Philosophy of Positive Law*, London: Scholarly Press, 1977, p. 5.

（二）规则模式论

规则模式论是由英国新分析法学派的代表人物哈特倡导的。哈特在批判奥斯丁的命令模式论的基础上建立了规则模式论。他认为，"法律命令说"是"一个关于法的失败的记录"，"失败的根本原因在于：该理论由以建构起来的那些要素，即命令、服从、习惯和威胁的观念，没有包括，也不可能包括由它们的结合产生出规则的观念，而缺少这一观念，我们就没有指望去阐明哪怕是最基本形式的法律"[1]他认为，作为一种规则体系，法律是由主要规则和次要规则组成的，其中主要规则是设定义务的规则，次要规则是授予权利或权力的规则。法是由主要规则与次要规则两类要素结合而形成的规则体系。哈特的规则模式论把法律视为由一系列规则所组成的一套制度，并把主要规则与次要规则的结合当作理解法的概念的关键。

（三）规则—原则—政策模式论

规则—原则—政策模式论是美国新自然法学派主要代表人物德沃金在批判哈特"规则模式论"的基础上提出的。他认为规则模式论过于简单，与法律实践的复杂性不相符合。他认为，法律是由规则、原则和政策三要素组成的。"当法学家理解或者争论关于法律上的权利和义务问题的时候，特别是在疑难案件中，当与这些概念有关的问题看起来极其尖锐时，他们使用的不是作为规则发挥作用的标准，而是作为原则、政策和其他各种准则而发挥作用的标准。"[2]原则是有关尊重和保障个人（或由若干人组成的集团）权利的一种政治决定。政策是旨在促进或保护整个社会的某种集体目标的一种政治决定。例如，反对种族歧视，主张少数民族享有平等的权利就是一项原则；为加强国防而对飞机制造商提供政府补贴就是一项政策。德沃金认为，在立法和司法中，政策和原则的作用是不同的。在立法中，一般地说，任何复杂的立法法案都需要考虑政策和原则两个因素；在司法中，则更多依靠原则而不是政策。而且在疑难案件的处理过程中，后两种成分往往起着更重要的作用。

（四）律令—技术—理想模式论

律令—技术—理想模式论是由美国社会法学派主要代表人物庞德提出的。他将法律归结为律令、技术、理想三要素。"律令"本身又包括规则、原则、概念和标准。规则是对一个具体的事实状态赋予一种确定的后果的律令，构成律令的主要部分；原则是用来进行法律推理的权威性出发点；概念是可以容纳某些情况的权威性范畴；标准则是根据每个案件具体情况加以适用的行为尺度。"技术"是指解释和适用法的规定、概念的方法和在权威性法的资料中寻找审理特殊案件的根据的方法。"理想"是指公认的权威性法律理想，它归根结底反映了一定条件下的社会秩序的理想图画，反映了法律秩序和社会控制目的的法律传统，并成为解释和适用法令的背景。总之，法律是一个复杂的概念，不能简单地把法律归结为权威性律令这一种要素。

这些学说各有合理因素，亦有局限之处，对于我们研究法的要素问题有一定的借鉴意义。

在总结西方关于法的要素的学说的基础上，参照中国法理学界近年来的研究成果，我们将法的要素归结为三种：法律概念、法律规则和法律原则。

---

〔1〕　〔英〕哈特：《法律的概念》，张文显等译，中国大百科全书出版社1996年版，第82页。
〔2〕　〔美〕罗纳德·德沃金：《认真对待权利》，信春鹰、吴玉章译，中国大百科全书出版社1998年版，第40页。

## 第二节  法律概念

### 一、法律概念的涵义

法律概念是对具有法律意义的现象和事实进行理性概括和抽象表达而形成的一些权威性范畴。它是人们对于具体的法律事实状态予以定性识别的一种法律工具。

法律概念是具有法律意义的概念，虽然它大量来自于日常生活，但与日常生活用语中的概念不同，具有自身的特性，即法律性，具体表现在以下几个方面：①从表现方式看，法律概念必须存在于一定的法律制度中，如果一个概念没有进入一定的法律制度领域，它就不是法律概念；②从指称的对象来看，法律概念指称的对象必须是法律所调整的，亦即具有法律意义的人、事、物及其行为或关系的概念；③从法律适用的角度看，法律概念具有权威性，其内涵和外延通常具有明确的规定，任何人不得随意改变。

### 二、法律概念的作用

在法的要素中，法律概念具有独特的功能，是整个法律体系的基石，对于法律的运作以及法学研究都具有重要意义。正如美国法学家博登海默所言："没有概念，我们便无法将我们对法律的思考传达给他人。如果我们试图完全摒弃概念，那么整个法律大厦就会化为灰烬。"[1]法律概念的作用具体表现在以下几个方面：

1. 法律概念是对某种社会现象所进行的一种具有法律意义的表达与陈述。比如，对几个人共同投资的现象进行概括，根据投资方式的关键特性可以得出合伙、公司等概念。正是通过概念把某种特定的社会现象表达出来，人们才能非常清晰地把不同的社会现象或者近似的社会现象区分开来。

2. 法律概念具有一定的工具性。法律概念对法律事实状态进行定性，确定人物、事件、行为的法律性质。同时，法律概念也对法律原则、规则的适用作出了限制。例如，对一行为适用"无因管理"的规则，必须确认该规则是否属于"无因管理"，利用概念对其进行定性分析后，才能决定规则是否可以适用。另外，法律概念一旦被立法确定下来之后，就具有相对的稳定性，人们在实施某种行为时，就可知道该行为在法律上的意义。如故意或过失犯罪、遗嘱继承等。

3. 法律概念具有改进法律、提高法律科学化程度的功能。丰富、明确的法律概念可以提高法律的明确化和专业化程度，使法律成为专门性的工具，使法律工作成为独立的职业。由于法律概念的差异，相同法律规则可能表达完全不同的意义，而表面上不同的法律规则或法律原则却可能是相同的。比如，"法律面前人人平等"原则的核心内容是"平等"，赋予"平等"不同的涵义就足以改变这一原则本身。美国宪法第十四修正案的"平等保护"原则至今未变，但直到1865年美国才完全废除奴隶制。之后，这一原则长期被理解为"隔离而平等"，直到20世纪60年代随着美国民权运动的兴起，才将种族、性别的歧视视为"不平等"。可见，"平等"这一概念的涵义的变化，直接导致这一原则的变化，[2]由此改进、提高法律科学化程度。

### 三、法律概念的分类

法律概念数量众多，纷繁复杂。因此，要精确理解法律概念，就要对其进行分类。依照不

---

〔1〕 ［美］E. 博登海默：《法理学：法律哲学与法律方法》，邓正来译，中国政法大学出版社1999年版，第486页。

〔2〕 参见张文显主编：《法理学》，高等教育出版社2003年版，第90页。

同的标准，可将法律概念分为不同的种类。

（一）依照法律概念所涉及的内容，将其分为涉人概念、涉物概念和涉事概念

1. 涉人概念是关于法律上的人的概念，是对人的法律地位的描述。例如法人、自然人、债权人、债务人、未成年人、诉讼代理人、辩护人、原告、被告、犯罪嫌疑人等。

2. 涉物概念是关于法律上的物的概念，是对具有法律意义的物品及其质量、数量的描述。例如标的物、违约金、定金、动产、不动产、遗产、有价证券等。

3. 涉事概念是关于法律事件和法律行为的概念，它主要规定一定的法律事实状态和行为方式。例如不可抗力、回避、代理、抵押、留置、正当防卫、犯罪未遂、自首、量刑等。

（二）依照法律概念涵盖面的大小，将其分为一般法的概念和部门法的概念

1. 一般法的概念是指适用于整个法律领域的概念。例如权利、义务、责任、规则、原则等。

2. 部门法的概念是指仅适用于某一法的领域的概念，它的涵盖面比一般法的概念要小。例如犯罪、刑罚、合同、债务、物权、侵权行为等。

（三）依照法律概念所涉及的对象的不同，将其分为主体概念、内容概念、客体概念和事实概念

1. 主体概念是表现法律关系主体的概念。如人、公民、法人、代理人、原告人、预备犯、诉讼第三人、立法机关、司法机关等。

2. 内容概念是表现法律关系主体的权利、义务的概念。这类概念一部分是表现权利的，如所有权、专利权、立法权、请求权、抵押权等；另一部分是表现义务的，如债、履约义务、纳税义务等。

3. 客体概念是表现法律关系客体的概念。如主物、动产、标的、无体物、有体物、不动产、作品、著作、支票、商标等。

4. 事实概念是表现能够引起法律关系产生、变更和消灭的法律事实的概念。如侵权、违约、犯罪、自首、起诉、代理、租赁等。

## 第三节　法律规则

### 一、法律规则的涵义

规则是由权威部门颁行或社会习俗中包含的关于人们行为的准则、标准、规定等，即日常用语中所称的"规矩"。社会中的规则有多种，譬如社交礼仪、道德规则、宗教规则、纪律、行会规则、禁忌等。法律规则是社会规则中的一种。

法律规则，作为构成法的最主要的要素，是指通过一定的结构形式规定权利和义务以及具体法律后果的行为规则。在我国，法律规则常常被称为法律规范，它是法律调整社会行为和关系的主要依据，因此也是法律实施的主要依据，特别是司法和执法活动直接适用的对象。一般说来，司法和执法人员处理案件主要就是运用法律规则。

法律规则与法的其他要素相比，具有自己的特性：

1. 普遍性。普遍性体现在两个方面：①对象的普遍性，即法律规则针对的是抽象的人、

一般的人，而不是具体、特定的人。古希腊亚里士多德认为："法律始终是一种一般性的陈述。"[1] ②适用的普遍性，即法律规范可以反复适用，而不是只适用一次，只要尚未失效，就可无限适用。罗马法学家乌尔比安指出："法律规定不是为个人制定的，而是具有普遍的适用性。"[2]

2. 确定性。法律规则对事实状态和法律后果予以明确规定，并通过书面形式表达出来，因此其内容是确定且具体的。

3. 指导性。法律规则通过权利义务的规定，为人的行为提供了确定的标准和方向，从而对人的行为产生明确的指引作用。

4. 可预见性。法律规则是通过书面的法律条文公布出来的，表达了国家对合法行为或违法行为所持的不同态度。如此，人们在作出行为之前，可据此知道自己和他人的权利、义务并预测行为的法律后果。

5. 可操作性。法律规则的规定明确、具体，逻辑结构完整，法律工作人员可以直接依据其规定，对人的具体行为作出判断，行使其职务。一般人员也可以根据法律规则的规定，选择自己的行为方式，保护自己的利益。

法律规则不同于法律条文，二者是内容和形式的关系。法律规则是法律条文的内容，法律条文是法律规则的表现形式，但二者并不是一一对应的关系，即并不是所有的法律条文都直接规定法律规则，也不是每一个条文都完整地表述一个规则或只表述一个规则。

从表述的内容来看，法律条文可以分为规范性条文和非规范性条文。前者直接表述法律规则的内容，后者只是规定某些法律技术内容（如法律术语的界定、公布机关和时间、法律生效日期等）。非规范性条文不是独立存在的，总是附属于规范性条文的。

从对应的关系来看，法律规则与法律条文的关系大致体现为以下四类情形：一个完整的法律规则由数个法律条文来表述；一个法律规则的内容由不同法律文件的法律条文来表述；一个法律条文表述不同的法律规则；一个法律条文仅表述法律规则的某个部分。

**二、法律规则的逻辑结构**

法律规则通常有严密的逻辑结构。法律规则的逻辑结构是从逻辑的角度对法律规则的组成要素的划分，即法律规则由哪些要素组成以及要素之间的联系。我们认为，法律规则的逻辑结构包括假定、行为模式和法律后果三个部分。

（一）假定

假定是对法律规则适用的条件或事实状态的规定。任何法律规则的适用都有前提、条件或范围，都有时间、空间以及规则调整的行为和主体的限制。例如，《民法总则》第27条第2款规定，未成年人的父母已经死亡或者没有监护能力的，由下列有监护能力的人按顺序担任监护人：①祖父母、外祖父母；②兄、姐；③其他愿意担任监护人的个人或者组织，但是须经未成年人住所地的居民委员会、村民委员会或者民政部门同意。在这一法律规则中，假定事项包括：①监护的对象是"未成年人"；②监护的主体条件是有监护能力的人；③监护发生的事实状态是"父母已经死亡或者没有监护能力的"。可见，任何规则都只能在一定的范围内被适用，也就是说，只有当具备一定的情况时，该规则才能对人的行为产生约束力，而这些"一定

───────────────

[1] 转引自［美］E. 博登海默：《法理学：法律哲学与法律方法》，邓正来译，中国政法大学出版社1999年版，第234页。

[2] 转引自［美］E. 博登海默：《法理学：法律哲学与法律方法》，邓正来译，中国政法大学出版社1999年版，第235页。

范围""一定情况",就是由法律规则中的假定部分来明确的。

（二）行为模式

行为模式是从众多实际行为中抽象出来的行为范式，它规定了人们应如何行为的准则。从行为模式规定的内容来看，可以分为三种：①许可行为模式，即法律允许为一定行为，在法律条文中，往往用"可以""有权"等语词表达；②必须行为模式，即法律要求必须作出一定行为，在法律条文中，往往用"必须""应当"等语词表达；③禁止行为模式，即法律禁止作出一定行为，法律条文中，由"不得""禁止"等语词表述。

（三）法律后果

法律后果是法律规则中对遵守或违反法律的行为予以肯定或否定的评价，分为肯定性法律后果和否定性法律后果。如果行为符合法律规则规定的行为模式，法律规则将给予其积极、肯定性的评价，体现为保护、许可、鼓励等。否则，将给予其消极、否定性的评价，体现为制裁、不予保护、撤销、停止或要求恢复、补偿等。法律后果是法律规则中必不可少的构成要素，没有法律后果的规定，法律规则将无异于道德律条。

上述假定、行为模式、法律后果三要素内在地统一于法律规则，均是法律规则不可或缺的组成部分。

在理解法律规则的逻辑结构时，必须注意以下两个问题：

1. 任何一条完整意义的法律规则都是由前述三种要素按一定逻辑的关系结合而成的。三要素缺一不可，缺少任何一种，不仅意味着该种要素的不存在，也意味着该法律规则是不存在的。例如，一个规则只是规定在任何条件下（假定）不得说谎或杀人（行为模式），但是，对作伪证或杀人的行为却没有规定相应的法律后果，那么，我们就只能说，在这里，没有一条禁止作伪证或杀人的法律规则，倒是可能存在一条禁止如此行为的道德规则或风俗习惯。

2. 在立法实践中，出于立法技术的考虑，为了防止法律条文过于繁琐，在表述法律规则的内容时，常常对某种要素加以省略。但是，省略并不意味着不存在，被省略的要素存在于法律内在的逻辑联系之中，只是没有被明文表述出来而已。因为立法者相信，通过法律推理，这些未加明文表述的规则要素可以较容易地被人们发现。例如，《婚姻法》第 24 条第 1 款规定，"夫妻有相互继承遗产的权利"，其假定和法律后果部分没有被明文表述，但是，该规定只能在妻子或丈夫已死且留有遗产的条件下（假定）才能适用，妻子或丈夫已经合法继承的遗产应得到法律确认和保护（法律后果），这些内容是可以很容易地按照法律内在的逻辑联系推导出来的。另外，还须注意，法律后果部分的省略原则上是不允许的，尤其是其中的制裁性规定绝不可以省略，否则法律就会丧失可操作性，这样一来，它所发布的禁令与道德宣言就没有任何区别了。[1]

### 三、法律规则的分类

对法律规则的分类具有重要的理论和实务意义。从理论上讲，有利于对法律规则进行研究、编排，使其形成一个有机协调的体系；从实务上讲，对法律规则的分类有利于对法律规则的理解，确定其等级、适用范围等。

按照不同的标准，可以把法律规则分为不同的类型，我们主要讨论一些比较重要的分类。

（一）授权性规则、义务性规则和权义复合性规则

根据法律规则的行为模式不同，法律规则可以分为授权性规则、义务性规则、权义复合性

---

〔1〕 参见葛洪义主编：《法理学》，中国人民大学出版社 2003 年版，第 130 ～ 131 页。

规则。

授权性规则是规定人们为一定行为或不为一定行为，以及要求他人为一定行为或不为一定行为的规则。授权性规则承认人们一定的选择自由，人们可以根据该规则选择行使、转让甚至放弃一定的事项。在法律条文中，往往出现"有权""可以""有……自由"等用语。例如，我国《宪法》第 35 条规定："中华人民共和国公民有言论、出版、集会、结社、游行、示威的自由。"这类规则在法律中所占的比重随着法律的进化而递增，在现代法律中居于首要地位。

义务性规则即规定人们不得为或必须为一定行为的规则。相较授权性规则，义务性规则没有选择的自由，具有一定的强制性。根据其内容，义务性规则又可以具体划分为禁止性规则和命令性规则。禁止性规则即规定人们不得为一定行为的规则，在法律条文中往往由"禁止""严禁"等语词表述，例如，《宪法》第 49 条第 4 款规定："禁止破坏婚姻自由，禁止虐待老人、妇女和儿童。"命令性规则即规定人们必须为一定行为的规则，在法律条文中往往由"必须""有……义务""应该"等语词表述，例如，《宪法》第 49 条第 3 款规定："父母有抚养教育未成年子女的义务，成年子女有赡养扶助父母的义务。"

权义复合性规则是指既授予权利又设定义务的规则。这种规则的特点是：其授予的权利同时也是一种义务，具有不可选择和不可放弃性。规定国家机关工作人员职权的规则是典型的权义复合性规则，国家机关工作人员根据该规则可为的行为既是其权利，又是其不可推卸的义务。如《宪法》第 131 条规定："人民法院依照法律规定独立行使审判权，不受行政机关、社会团体和个人的干涉。"审判权既是人民法院依法行使的权力，也是人民法院应当履行的义务。另外，规定公民某些权利的规则同时也会将其设定为公民的义务。如《宪法》第 46 条第 1 款规定："中华人民共和国公民有受教育的权利和义务。"

（二）强制性规则和任意性规则

根据法律规则的强制性程度不同，可以将法律规则分为强制性规则和任意性规则。

强制性规则规定的内容具有确定、强制的性质，不允许人们对规则的事项自行变更或选择。一般来说，刑法、行政法等涉及公共利益的法律中强制性规则较多。例如，我国《刑法》第 102 条第 1 款规定："勾结外国，危害中华人民共和国的主权、领土完整和安全的，处无期徒刑或者 10 年以上有期徒刑。"这一条文所表述的禁止性规则就是一个强制性规则。

任意性规则指允许人们在一定范围内，通过自主选择、协商确定而作出一定行为的规则。任意性规则的内容可由人们在法律许可的限度内通过选择、协商确定。在法律中，调整私人利益的法律，任意性规则较多。例如，我国《合同法》第 61 条规定："合同生效后，当事人就质量、价款或者报酬、履行地点等内容没有约定或者约定不明确的，可以协议补充；不能达成补充协议的，按照合同有关条款或者交易习惯确定。"

（三）调整性规则和构成性规则

根据法律规则的功能，可将法律规则分为调整性规则和构成性规则。

调整性规则是对已有行为方式进行调整的规则，它的功能在于控制行为。在逻辑上讲，该规则所调整的行为先于规则本身，规则的功能在于对行为的模式予以控制、改变或统一。有学者认为，调整性规则的典型例证是交通规则。例如，《道路交通安全法》第 42 条第 1 款规定："机动车上道路行驶，不得超过限速标志标明的最高时速。在没有限速标志的路段，应当保持安全车速。"在产生这种规则以前，人们可以不顾任何车速限制在道路上驾驶车辆。

构成性规则是组织人们按规则规定的行为去活动的规则，在逻辑上讲，规则所指定的行为在逻辑上依赖规则本身。例如，设定某一机构的规则属构成性规则，这一机构的活动有赖于设立机构的组织性规则本身，没有构成性规则的相关组织进行活动是不可想象的。

**（四）确定性规则、委任性规则和准用性规则**

按照规则内容的确定性程度，法律规则可分为确定性规则、委任性规则和准用性规则。

确定性规则，是指内容本已明确肯定，无须再援引或参照其他规则来确定其内容的法律规则。这类规则内容明确，结构完整，可以直接适用。法律条文中规定的绝大多数法律规则属于此种规则。

所谓委任性规则，是指内容尚未确定，只规定某种概括性指示，而由相应国家机关通过相应途径或程序加以确定的法律规则。例如，我国《全国人民代表大会和地方各级人民代表大会选举法》第59条规定："省、自治区、直辖市的人民代表大会及其常务委员会根据本法可以制定选举实施细则，报全国人民代表大会常务委员会备案。"此规定即属委任性规则。

所谓准用性规则，是指内容本身没有规定人们具体的行为模式，而是可以援引或参照其他相应内容规定的规则。例如，我国《刑事诉讼法》第242条规定："第二审人民法院审判上诉或者抗诉案件的程序，除本章已有规定的以外，参照第一审程序的规定进行。"此规定即属准用性规则。

## 第四节　法律原则

### 一、法律原则的涵义

在拉丁文中，"原则"的对应词是"pincipium"，有"开始、起源、基础、原则、原理、要素等涵义"，这跟汉语"原"语义甚近，皆为根本、起初之谓。《牛津法律大辞典》对法律原则的界定是："许多法律推理所依据的前提，不断地、正当地适用于比较特别和具体的规则解决不了或不能充分明确地解决的案件的一般原则。"[1]《布莱克法律辞典》将法律原则释义为："法律的基础性真理或原理，为其他规则提供基础性或本源的综合性规则或原理，是法律行为、法律程序、法律决定的决定性规则。"[2]我们采用《布莱克法律辞典》的释义，即法律原则是指法律的基础性真理或原理，为其他规则提供基础性或本源的综合性原理。

法律原则是法的要素中最直接体现法律精神和社会活动规律的要素，为法律规则提供普遍价值根据。

法律原则有其自身的特点：①抽象性。法律原则反映了法的本质和社会活动规律，是对法的精神和社会事实的提炼，表达为一些精炼的、公理性的语言，具有抽象性。法律原则不对行为模式进行具体设计，缺乏对行为操作环节的指示，只是对人们实际从事的法律行为提出基本的要求。比如，民法中的帝王条款"诚实信用"原则，是高度浓缩的、抽象的原则。②涵盖面广。法律原则是从广泛的社会现实和社会关系中抽象出来的，因而它所覆盖的事实状态及适用范围比较广泛。一条法律原则可以调整几种类型的行为，甚至可以涉及社会关系的各个领域。例如，《民法总则》把"自愿"作为基本原则，可以适用于整个民法领域。③稳定性强。法律原则最直接地体现了法的本质，集中反映了一定时期的社会利益和法律调整目标，因而稳定性较强。一般而言，只要法的本质不变，法律原则就不会发生质的变化，少数公理性的法律原则甚至可以存在于性质完全不同的法律系统之中。如民法上的情势变更原则、公平原则等。

---

[1]　［英］戴维·M. 沃克编：《牛津法律大辞典》，北京社会与科技发展研究所组织翻译．光明日报出版社1988年版，第717页。

[2]　*Black's Law Dictionary*, West Publishing Co., 1983, p. 1074.

④逻辑结构简单。法律原则在结构上比较简单，一般不设定具体的权利和义务，在命题的表达上都是一些陈述性命题，主要体现在序言、总论、修正案、法律原则专章中等。

从法律原则本身的特点可以看出，法律原则与法律规则有着显著的区别：①从内容来看，法律原则不具体，不预设确定的事实状态和具体的法律后果，也没有规定具体的权利、义务和责任，它无法为社会活动主体提供具体的行为准则；而法律规则的内容非常明确、具体。②从适用范围来看，法律原则是一个法律部门甚至整个法律体系通用的准则，其适用范围很广；但法律规则只适用于一类行为。③从适用要求来看，法律规则的适用具有严格、稳定、准确等特点，法律适用者必须严格按照法律规则的内容认定和处理法律行为或法律事件；而法律原则由于其内容具有一定的模糊性和概括性，因此其适用也具有一定的弹性。④法律规则之间往往相互排斥；而法律原则可以相互兼容。因为一个法律规则只能针对一类行为，就意味着其对其他行为的调整无效。在一个事实状态下，适用此法律规则就是否认彼法律规则。而法律原则可能对所有或多种行为有效，几个法律原则在具体的案件中发生冲突时，法律原则之间要进行"强度"较量。某一种法律原则可能比另一种更适合该案，是该案更应该考虑的主要价值，但并不否认另一法律原则的存在。[1] ⑤从逻辑结构上看，法律原则结构较简单；而法律规则的结构较复杂（详见本章第三节"法律规则的逻辑结构"）。

**二、法律原则的作用**

法律原则在法律的创制、实施过程中发挥着极为重要的作用。我们可以从以下几个方面来认识：

（一）在立法过程中的作用

1. 体现和宣告法律的基本精神。法律原则是法律精神最集中的体现，构成了整个法律制度的理论基础。它体现着立法者及其代表的社会群体对社会关系的本质和历史发展规律的基本认识，体现着他们所追求的社会总体图景，体现着他们对各种相互重叠和冲突着的利益要求的基本态度，体现着他们判断是非善恶的根本准则，所有这一切，都以高度凝缩的方式集中在法律制度的原则之内。

2. 维护法律体系的统一。法律原则是法律的灵魂。立法者在创制法律时，往往是从法律的基本原则特别是宪法性原则出发，设定各法律部门应遵循的具体原则，再根据这些原则制定法律规则，明确主体的权利、义务和责任。因此，各项法律原则就如同一条条纽带，把众多的法律规则联系起来，构成一个完整的法律体系，从而基本上保证了法律体系的统一性。

（二）在法律实施过程中的作用

1. 弥补法律规则的漏洞。任何国家的法律规则都存在一定程度的不周延性，加之立法的不健全，法律规则的漏洞是无法根除的。此时，法律原则就成为弥补法律规则漏洞的一种不可替代的手段，它可以对规则空白地带的事项加以调整，也可以防止现有规则的不合理适用。具体说来，当发生法律规则没有规定或者规定不明确的情形时，执法者和司法者只能根据法律原则进行处理。在此意义上，法律原则可直接作为执法、审判的依据，作用与法律规则无异。对守法者来说，当法律缺乏对某一事项的具体规定时，应该把法律原则当作自己的行为准则。

2. 限制法官的自由裁量权。在司法中，法律原则可以将法官的自由裁量权限定和保持于合理的范围。这是司法中消除和限制恣意乃至枉法裁判的一种重要方式。

---

〔1〕 ［美］罗纳德·德沃金：《认真对待权利》，信春鹰、吴玉章译，中国大百科全书出版社 1998 年版，第 43~48 页。

### 三、法律原则的分类

根据不同的标准，我们可以将法律原则分为不同的种类。

**（一）政策性原则和公理性原则**

根据法律原则产生的基础，可以将其分为政策性原则和公理性原则。

政策性原则指国家在一定时期为实现经济与社会发展特定的目标任务，针对社会的经济、政治、文化、国防、生态环境等方面问题作出的决定。如《宪法》中规定的"依法治国，建设社会主义法治国家"原则。

公理性原则是由事物的性质及社会关系的本质中生成并得到社会广泛认同而被奉为公理的法律原则。严格地说，这才是真正意义上的法律原则。公理性原则着眼于正义、平等、善良、公正等道德价值，如果说政策性原则具有明显的针对性、时代性、民族性，那么公理性原则具有极强的广泛性和普适性。如司法独立、诚实信用、法不溯及既往等原则皆为公理性原则。

**（二）基本原则和具体原则**

根据法律原则调整社会关系范围的不同，可以将其分为基本原则和具体原则。

基本原则是整个法律体系中普遍适用的根本原则，体现了法的精神和立法者的根本价值追求，对所有的法律活动都具有指导性。如依法治国原则、人性尊严及平等原则和人权不可侵犯原则等。

具体原则是基本原则派生的，是在基本原则指导下适用于某一法律领域中的原则，是基本原则在特定领域的具体化，其适用范围小于基本原则。如民法上的诚信原则、诉讼法的公开审判原则等。

**（三）实体性原则和程序性原则**

根据法律原则内容的不同，可以将其分为实体性原则和程序性原则。

实体性原则是直接涉及实体性权利、义务分配状态的法律原则。例如，宪法中的民族平等原则、民法中的契约自由原则、刑法中的罪刑法定原则等都是实体性原则。

程序性原则是通过对法律活动程序进行调整而对实体性权利、义务产生间接影响的法律原则。例如，诉讼法上的司法独立原则、回避原则、"谁主张谁举证"原则等都是程序性原则。

 案例分析

#### 案例一 [1]

黄永彬和蒋伦芳是四川省泸州市天伦集团公司 404 分厂的职工，两人于 1963 年结婚，婚后一直未能生育。1994 年，黄永彬与另外一名女子张学英产生感情，在外面租了房子，开始以夫妻名义共同生活，后生育一子。2001 年 4 月，黄永彬在患肝癌晚期的情况下立下了经过公证的遗嘱，将自己依法所得的住房补贴金、公积金、抚恤金以及与蒋伦芳的夫妻共同财产中属于自己的部分遗赠给张学英。黄永彬去世后，张学英请求按遗嘱内容取得财产遭到拒绝，遂将蒋伦芳起诉到泸州市纳溪区人民法院。泸州市中级人民法院终审判决以"损害社会公德、遗赠行为无效"为由，驳回了张学英的诉讼请求。

**【评析】** 本案是全国多年来少数几个直接运用法律原则进行裁判的案件，在法理上具有特殊的理论探讨价值。一般说来，法律原则不可以轻易成为判案的直接依据，因为其表述简约、内涵抽象、可操作性差。如果将法律原则直接作为判案依据，往往只能在下列情形中：①案件

---

[1]　参见朱力宇主编：《法理学案例教程》，知识产权出版社 2006 年版，第 99 页。

必须是有争议的特殊或疑难案件；②没有明确的法律规则作为依据，即法律存在矛盾或漏洞；③必须具备充分的理由，即法官必须为其引用法律原则提供充分的法律论证。

本案中，由于当事人一方特殊的身份"第三者"，确实属于疑难案件。在本案处理过程中，也存在着与案件相对应的法律规则，如《继承法》第16、17条。但是，这些规则的适用结果被法官认为是无法接受的，与社会通行的主流道德相冲突。法官认为，黄永彬无视《婚姻法》规定的夫妻义务与道德规范，长期与他人同居，此行为既属于违法行为，也违背了我国现行的社会道德标准，尤其是其将财产赠与"第三者"的行为，于情于理都不合适。因此，根据我国《民法总则》第8条规定的不得违背公序良俗原则——"民事主体从事民事活动，不得违反法律，不得违背公序良俗"，认定当事人的遗嘱无效。

## 案例二[1]

赵安于1994到2000年间，利用其先后担任中央电视台文艺节目中心和文艺部副主任、主任，中央电视台1995年春节联欢晚会、中央电视台2000年春节联欢晚会总导演等职务之便，多次接受词作者张俊以的请托，使张俊以创作的作品得以在上述晚会及赵安主管的各类文艺晚会上演出，使宣传张俊以的专题片得以在中央电视台播出。为此，赵安收受张俊以给予的人民币11万元及价值50万元的音像设备。2003年12月，北京市第一中级人民法院以受贿罪对其予以判处。赵安不服提出上诉，2004年1月，北京市中级人民法院进行二审。

【评析】本案涉及法律概念在法律适用中的功能问题。法律概念是对某种社会现象所进行的一种具有法律意义的表达与陈述，其功能之一是对法律事实状态进行定性，确定人物、事件、行为的法律性质，也有利于提高法律的明确性和确定性。

在本案中，法院以受贿罪对被告人进行惩罚。我国《刑法》第385条第1款规定："国家工作人员利用职务上的便利，索取他人财物，或者非法收受他人财物，为他人谋取利益的，是受贿罪。"赵安是否构成受贿罪，关键的一个法律概念是"国家工作人员"。一般来说，在国家行政、司法、立法机关担任职务的人员属于"国家工作人员"，但是在电视台这种事业单位工作的人是否属于"国家工作人员"可能存在争议，尤其是此案被告人为了减轻或逃避惩罚可能不愿意承认自己是"国家工作人员"。为防止在受贿罪以及其他国家工作人员职务犯罪的认定上出现问题，《刑法》第93条特别阐述了这一法律概念的涵义："本法所称国家工作人员，是指国家机关中从事公务的人员。国有公司、企业、事业单位、人民团体中从事公务的人员和国家机关、国有公司、企业、事业单位委派到非国有公司、企业、事业单位、社会团体从事公务的人员，以及其他依照法律从事公务的人员，以国家工作人员论。"如此，有利于对受贿行为进行定性和裁决，也提高了法律的明确性。

### 本章小结

法的要素问题，是将系统论的原理运用到法学中，对法律的结构进行分析，从而将复杂、综合的法律现象归结为某些简单的构成要素。法的要素是指构成法这个系统的各个组成部分，它们既相互独立又相互联系，缺一不可。

西方学者关于法的要素问题大致形成了四种代表性学说，即命令模式论、规则模式论、规则—原则—政策模式论和律令—技术—理想模式论。在总结这些学说的基础上，参照中国法理

---

〔1〕　参见朱力宇主编：《法理学案例教程》，知识产权出版社2006年版，第106页。

学界近年来的研究成果，我们将法的要素归结为三种：法律概念、法律规则和法律原则。

　　法律概念是对具有法律意义的现象和事实进行理性概括和抽象表达而形成的一些权威性范畴。法律概念有其独特的功能，是对具体的法律事实状态予以定性识别的一种工具，是整个法律体系的基石。依照不同的标准，可将法律概念分为不同的种类。

　　法律规则是指通过一定的结构形式规定权利和义务以及具体法律后果的行为规则。它是法律调整社会行为和关系的主要凭借，具有自己的特性，如普遍性、确定性、可预见性、可操作性等。法律规则通常有严密的逻辑结构，包括假定、行为模式和法律后果三个部分。按照不同的标准，可将法律规则区分为不同的类型。

　　法律原则是法的要素中最直接体现法律精神和社会活动规律的要素，在创制、适用法律的过程中具有不可替代的宏观指导作用。法律原则有其自身的特点，如抽象性、涵盖面广、稳定性强、逻辑结构简单。根据不同的标准，可以将法律原则分为不同的种类。

### 一、名词解释

1. 法律概念
2. 法律规则
3. 法律原则

### 二、简答题

1. 西方学者关于法的要素问题形成了哪些具有代表性的学说？
2. 法是由哪些要素构成的？
3. 法律规则的逻辑结构包括哪些部分？

### 三、论述题

1. 法律原则与法律规则有何区别？
2. 法律原则的作用体现在哪些方面？

 主要参考文献

1. ［奥］凯尔森：《法与国家的一般理论》，沈宗灵译，中国大百科全书出版社 1996 年版。

2. ［美］E. 博登海默：《法理学：法律哲学与法律方法》，邓正来译，中国政法大学出版社 1999 年版。

3. ［美］罗纳德·德沃金：《认真对待权利》，信春鹰、吴玉章译，中国大百科全书出版社 1998 年版。

## 第 六 章

# 法的渊源、效力与分类

**【本章概要】** 法的渊源、效力与分类是法理学研究的重要问题。在我国，法的渊源一般是指法的形式渊源，即法律源自于哪些基本形式，可分为正式渊源与非正式渊源。当代中国法的渊源以正式渊源即各种制定法为主，其他非正式渊源如习惯、判例等也不容忽视。法的效力仅指规范性法律文件所具有的约束力，主要内容包括法的效力来源、等级、范围等。法的分类是指按照一定的标准，将法划分为若干不同的种类。最主要的一种分类方式是从形式意义上对法进行分类，主要包括法的一般分类和法的特殊分类。

**【学习目标】** 通过本章的学习，了解法的渊源的涵义、种类以及当代中国法的渊源的组成。其中，规范性法律文件的规范化和系统化问题也是应当重点了解的内容，其对于整个法律体系的统一具有重大的意义。关于法的效力问题，具体掌握法的效力的涵义、效力等级及确定效力等级的具体原则、效力范围（包括对象效力、对事效力、时间效力和空间效力）等内容。在法的分类问题上，需要了解法的分类的涵义及其意义，以及法的一般分类方式和特殊分类方式等内容。

## 第一节    法的渊源

### 一、法的渊源的涵义

"渊源"一词，按其本意讲，是指根源、来源。法的渊源（source of law），简称法源，从词源上说来自罗马的 fonts juris，意指法的源泉、来源、源头，可见是一个借用水源的画像性用语而形成的法学概念，属于一种利用生活中具象的存在来比喻概念抽象的存在的表达方式[1]

在我国法学界，法的渊源一般是指法的形式渊源，是指法律出自于哪些创制形式，即法律上承认的法律主要形式，西方学者也有将其称为"法律上的渊源"[2]。这些基本形式可以在法的适用和解释中加以援引，如宪法、法律、法规等。

具体而言，法的渊源涉及两方面的问题：①法律规则的生成方式（制定、认可）；②不同法律规则的外部表现形式，包括这些规则之间的效力等级和相互关系。

### 二、法的渊源的种类

由于社会制度、国家管理形式和结构的不同，以及受各国政治思想、道德状况、历史文化传统、经济发展水平等的影响，在不同国家或不同历史时期，有各种各样的法的渊源，而且其本身也是不断发展的。

根据不同的标准可以将法的渊源分为不同的类别：①根据法律渊源的相对地位，可分为主要渊源与次要渊源；②根据法律渊源的载体形式的不同，可分为成文法渊源与不成文法渊源；③从法律渊源与法律规则的关系的角度，可将法律渊源分为直接渊源与间接渊源，前者包括法

---

〔1〕　参见黄茂荣：《法学方法与现代民法》，中国政法大学出版社 2001 年版，第 1 页。
〔2〕　［英］G. D. 詹姆斯：《法律原理》，关贵森译，中国金融出版社 1990 年版，第 40 页。

律、习惯和法理，后者包括判例、学说等；④根据各种法律渊源在存在形式上的明确程度，可分为正式渊源和非正式渊源，前者包括立法、委托立法、条约和先例，后者包括正义之标准、理性与事物的性质、个别衡平、公共政策、道德和社会倾向、习惯等[1]。

本章把法的渊源区分为正式渊源与非正式渊源，这是法律实践中最主要、最基本的分类形式。当然，这里所作的区分是学理上的。实际上，各国法的渊源状况差别很大，需要做具体分析。

（一）法的正式渊源

正式渊源是指法律上有拘束力的法源，一般指由国家机关制定或认可的法律规则，通常包括制定法、判例法、习惯法、国际条约与协定等。

1. 制定法。所谓制定法，是指由特定国家机关依据法定职权和程序制定的、以规范性文件表现的法律，因此也称成文法。制定法的出现是反对法律神秘主义的产物，防止了特权阶级滥用对法律知识的垄断，因此一般具有明确性、公开性、客观性等属性。无论是在大陆法系国家，还是在英美法系国家，制定法都是重要的法律渊源。尤其在大陆法国家，其重要地位更为突出。

制定法的主要表现形式是法典。但是自 20 世纪以来，各国已较少采用这种形式。制定法采用的名称繁多，如法律、法规、规章、法令、条例等。制定法虽然是法的重要渊源之一，但也不能代替其他法的渊源。

2. 判例法。判例法主要指的是从判例中概括出来的、具有规范意义的规则或原则。确切地说，是一个判决中所含的原则或规则对下级法院或本级法院今后的判决具有一种先例拘束力。判例法产生于诉讼，不是用系统的词语陈述的，而是从判例中概括出来的原则和规则，因此，判例法往往被称为"法官创造的法"，具有浓厚的经验色彩，也具有灵活性、开放性、职业性等特点。司法过程中，判例法的基本原则是"遵循先例"，这就要求法官必须考虑上级法院与本级法院以前存在的类似判决。

众所周知，判例法是英美法系国家的重要法源，大陆法系传统上否定判例法的法源地位。但是自 20 世纪以来，随着两大法系的相互借鉴与融合，判例逐渐受到大陆法系国家的重视，由此形成了一定的判例机制。法院强烈地倾向于遵循先例，尤其是上级法院的判例，如法国的行政法主要是通过行政法院的判例发展起来的。从理论上，在大陆法系国家，判例不具有普遍约束力，但是在实践中却具有较强的说服力。

3. 习惯法。习惯法是指产生于人们长期反复的行为并经国家承认具有法律效力的习惯，是由习惯发展而来的一种法律渊源。在此需要澄清两个概念：习惯与习惯法。首先，习惯是一种事实，习惯法是法律；其次，习惯是社会惯行，而习惯法则为法院所承认；最后，习惯经当事人援引，法官是否采用其作为裁判的大前提，仍有斟酌余地，但习惯法，法官对其则有适用的义务[2]。

人类最早出现的法就是习惯法。习惯法在法律发展史上，尤其是在早期具有重要地位，部落时代的法无一例外地表现为习惯法。随着法律的进化，尤其是自 19 世纪大规模的法典编纂运动以来，习惯法的法源地位从总体上逐渐减弱，成为制定法的补充法源。但是，习惯法依然是当今不少国家的一种重要法源。

[1]　参见［美］E. 博登海默：《法理学：法律哲学与法律方法》，邓正来译，中国政法大学出版社 1999 年版，第 15、16 章。

[2]　参见杨仁寿：《法学方法论》，中国政法大学出版社 1999 年版，第 207 页。

4. 国际条约与国际惯例。国际条约是国际法的最主要法源，它是两个以上国际法主体在原则上按照国际法产生、改变或废止相互间权利与义务的意思表示的一致。[1] 条约对于缔约国和参加国是有拘束力的。但国际条约的规定在各国国内能否得到执行，是以国内法的接受为条件的，即要经过法定程序为一国最高权力机关认可，才能成为一国的法律渊源。

国际惯例，是一种国际行为规范。它是在国际交往中逐渐形成的某一特定领域内的习惯性做法或通例，最初被某些国家反复使用，后来为各国接受并承认其法律效力，一般包括国际外交惯例和国际商业惯例。经过有关国际组织的整理编纂，这些习惯性做法获得系统有序的成文表现方式，进而大大方便了参与国际交往的当事人的适用。

（二）法的非正式渊源

非正式渊源是指虽然不具有明确的法律拘束力，但对法官等职业群体来说有很大说服力与影响力的渊源。虽然法的非正式渊源较之正式渊源处于次要的地位，但由于正式渊源并不能为所有的案件提供裁判依据，因此，在正式渊源缺位的情况下，非正式渊源发挥着重大的作用。非正式渊源通常包括公平与正义的观念、公共政策、习惯、学说等。

1. 公平与正义的观念。当法律或先例没有规定，或者规定模糊，抑或两个实在法原则指向不同方向并导向不同结果，或两个司法先例从逻辑的角度看都可以适用于某个案件时，有关公平与正义的考虑就可以起到决定性的权衡作用。公平与正义的观念作为法律渊源，尤其体现在英美法系中。例如，衡平法就是英国的一个重要法律渊源，衡平法以"衡平"的形式填补其他法源的不足或纠正其不当，其本身就带有追求平等、公正之义。现代许多国家的制定法都作出明确规定或在司法实践中形成了各种吸纳公平与正义观念的制度，如《德意志联邦共和国基本法》第 20 条第 3 款规定："……行政权和司法权受法律和正义的约束。"

2. 政策。政策固然不如法律那样具有确定性、权威性和稳定性，但其灵活性恰好可以弥补法律的滞后性，因而政策不仅对立法具有指导意义，在法律适用中也具有一定的参考价值。在新自然法学派法学家德沃金所提出的"整体性的法律"概念中，不仅包括规则，而且包括原则、政策。可见，政策可以作为法的一项非正式渊源而存在。

3. 习惯。习惯是一种社会规范，是人们在长期的社会生活中自发、逐渐形成的特定的行为方式。习惯具有补充制定法不足的功能。因为社会生活的复杂性和变动性，决定了制定法不可能完全反映社会现实的需要。当制定法有疏漏时，法官的选择之一就是寻找习惯，因此习惯就成为事实上的法源，其功能具有不可替代性。

4. 学说。学说是法学家对法的各种学理性说明、解释和理论阐述。学说虽然系学者个人的见解，没有直接的法律效力，但是在西方尤其是大陆法系，学说对法律的发展进化具有举足轻重的作用，始终被视为一种法的渊源。例如，在古罗马早期，祭司法学就是法律的重要渊源。公元 426 年，罗马皇帝狄奥多西二世颁布《引证法》，明令帕比尼安、乌尔比安、盖尤斯、保罗和莫迪斯蒂努斯五大法学家的著作具有法律效力。在之后的法律发展史上，虽然没有出现过类似现象，但权威学说作为一种法的非正式渊源，一直伴随着西方社会的法律发展。学说的法源地位，被一些国家用法律的形式进行规定。如《意大利民法典》规定：只要法官在用其他法律无法决案时，须"按照本国法学界的一般原理处理"。1907 年《瑞士民法典》要求法官在无法律可用时"接受公认的学说和司法传统的指引"。

相比之下，英美法系不如大陆法系重视学说。但是，英国历史上一些著名的法官和法学

---

[1] 参见李浩培：《条约法概论》，法律出版社 1987 年版，第 1 页。

家，如布拉克顿、柯克、布莱克斯顿等留存下来的权威性典籍，有时仍然被当作现行法的论据来引证。[1] 美国著名法学家霍姆斯、卡多佐、庞德等人的法学著述对美国的法院裁判影响较大。[2]

### 三、当代中国法的渊源

当代中国法的渊源也按照正式渊源与非正式渊源的分类进行分析。法的正式渊源包括制定法和国际条约与国际惯例；法的非正式渊源包括习惯、判例、政策等。

（一）当代中国法的正式渊源

当代中国法的正式渊源主要是制定法。制定法的表现形式主要有：宪法、法律、法规、规章、经济特区法规和规章、军事法规与军事规章、民族自治区域的自治条例与单行条例、特别行政区的规范性法律文件。这些不同的表现形式因制定主体不同而有着不同的法律地位和效力等级。另外，正式渊源中还包括国际条约与国际惯例。

1. 宪法。宪法是国家的根本大法，规定的是国家的基本制度，是当代中国最重要的法律渊源。它是由国家最高权力机关——全国人民代表大会经由特殊程序制定、修改和通过的，综合性地规定了国家、社会和公民生活的根本问题，具有最高的法律效力。

与其他法律相比，宪法具有的特征是：①宪法具有最高效力，是其他法律的立法根据，其他任何法律与宪法冲突都将无效；②宪法的内容比普通法律更重要，因为它规定的是有关公民基本权利和义务以及国家机关权力配置等最重大的法律问题；③制定和修改宪法的程序要求比普通法更严格。

2. 法律。作为制定法的一种，这里仅指狭义的法律，即由全国人民代表大会及其常委会制定和颁布的规范性法律文件。与宪法相比，法律一般只涉及国家和社会生活中重要的某一方面的问题，是仅次于宪法的主要法律渊源。依其制定主体、调整范围的不同，可将法律细分为基本法律和基本法律以外的法律。

（1）基本法律，是由全国人民代表大会制定和修改的，旨在调整国家和社会生活某一方面最基本问题的法律，如《民法总则》《民事诉讼法》《刑法》《刑事诉讼法》《物权法》等。一般说来，基本法律只能由全国人民代表大会制定和修改，但在全国人民代表大会闭会期间，全国人大常委会也可以行使对基本法律的修改权，但修改的内容不得与基本法律的基本原则相抵触。

（2）基本法律以外的法律，是指由全国人民代表大会常务委员会制定和修改的，旨在调整国家和社会生活中某一具体方面的法律，如《产品质量法》《著作权法》《未成年人保护法》等。

3. 法规。法规包括行政法规与地方性法规。

（1）行政法规，是由国家最高行政机关（即国务院）根据宪法和法律以及全国人大及其常委会的授权制定的有关国家行政管理方面的规范性法律文件，其效力仅次于宪法和法律，内容不得与宪法、法律相抵触。行政法规的名称为条例、规定和办法。此外，国务院发布的具有规范性的决议、决定、通知也属于行政法规。改革开放以来，行政法规已经成为我国非常重要的一种法源，它既可以为国务院行使行政管理职权的需要而制定，也可以为执行法律的需要而制定。例如，《土地管理法实施条例》即为实施《土地管理法》而制定的。"行政法规的颁布、修改和废止具有快速的特点。借助于行政法规，法律秩序就可以灵活地适应变化的现实和价值

〔1〕　［日］高柳贤三：《英美法源理论》，杨磊、黎晓译，西南政法学院 1983 年印行，第 64 页。

〔2〕　参见陈金钊主编：《法理学》，北京大学出版社 2002 年版，第 150 页。

观。在社会和技术的频繁变化中，行政法规常常是灵活地执行和补充立法者的原则性决策的唯一工具。"[1]

（2）地方性法规，是由特定地方国家权力机关依法制定和修改，主要为了解决地方问题，并只适用于本行政区域范围内的规范性文件。这是当代中国法的渊源中数量最多的一种，其法律地位和效力低于宪法、法律和行政法规。根据我国《宪法》和《立法法》的有关规定，我国地方性法规主要有以下两种类型：①省、自治区、直辖市的人民代表大会和常务委员会根据本行政区域的具体情况和实际需要，在不同宪法、法律、行政法规相抵触的前提下，可以制定地方性法规；②设区的市的人民代表大会及其常务委员会根据本市的具体情况和实际需要，在不同宪法、法律、行政法规和本省、自治区的地方性法规相抵触的前提下，可以对城乡建设与管理、环境保护、历史文化保护等方面的事项制定地方性法规。

4. 规章。规章包括部门规章和地方政府规章。

（1）部门规章，是指国务院各部、委员会、中国人民银行、审计署和具有行政管理职能的直属机构，根据法律和国务院的行政法规、决定或命令，在本部门权限范围内所制定的规范性法律文件，其规定的事项应该属于执行法律或者国务院的行政法规、决定、命令的事项，效力低于行政法规。没有法律或者国务院的行政法规、决定、命令的依据，部门规章不得设定减损公民、法人和其他组织权利或者增加其义务的规范，不得增加本部门的权力或者减少本部门的法定职责。

（2）地方政府规章，是指省、自治区、直辖市和设区的市的人民政府，可以根据法律、行政法规和本省、自治区、直辖市的地方性法规所制定的规章。地方政府规章可以规定的事项包括：为执行法律、行政法规、地方性法规的规定需要制定规章的事项；属于本行政区域的具体行政管理事项。地方政府规章的法律效力低于宪法、法律、行政法规和地方性法规，并且不得同部门规章相抵触。

5. 经济特区法规和规章。经济特区法规和规章与一般的地方性法规和地方政府规章在立法权限、内容、生效程序甚至效力等方面有着不同之处，属于一类特殊的法律渊源。经济特区的单行经济法规、经济特区法规、经济特区规章这三种法的渊源是经全国人大及其常委会特别授权产生的，1981年第五届全国人大常委会第十一次会议授权广东省、福建省制定所属经济特区的各项单行经济法规；1992年全国人大常委会又通过决定，授权深圳市人大及其常委会和深圳市人民政府分别制定法规和规章。《立法法》第90条第2款规定："经济特区法规根据授权对法律、行政法规、地方性法规作变通规定的，在本经济特区适用经济特区法规的规定。"

6. 军事法规与军事规章。军事法规是中央军委根据宪法和法律制定的规范性文件。军事规章是中央军委各部、军兵种、军区根据法律和中央军委的法规、决定、命令，在其权限内制定的规章。军事法规、规章仅在武装力量内部实施，因此，它构成我国一种特殊的法源。军事法规的法律效力低于宪法和法律，军事规章的法律效力低于军事法规。

7. 民族自治区域的自治条例和单行条例。民族自治区域的自治条例和单行条例是一种重要的法律渊源。根据《宪法》《立法法》《地方各级人民代表大会和地方各级人民政府组织法》《民族区域自治法》的规定，民族自治区域的人民代表大会有权依照当地民族的政治、经济和文化特点，制定自治条例和单行条例。一般说来，自治条例涉及事项范围比较广，而单行条例仅就某一方面事务作出规定。自治区的自治条例和单行条例须报全国人大常委会批准后生效；

---

自治州、自治县的自治条例和单行条例，须报省、自治区、直辖市的人大常委会批准后生效，并报全国人大常委会备案。自治条例和单行条例依法对法律、行政法规、地方性法规作变通规定的，在本自治地方适用自治条例和单行条例的规定。

8. 特别行政区的规范性法律文件。要说明的是：特别行政区基本法（如现有的《香港特别行政区基本法》和《澳门特别行政区基本法》）是由全国人大制定和颁布的，在全国范围内具有效力，因而其本身属于"法律"这一渊源，而不属于本渊源之内。

特别行政区的规范性法律文件是指特别行政区的国家机关根据宪法和特别行政区基本法制定的各种规范性法律文件，是一种特殊的法律渊源。根据宪法和特别行政区基本法，特别行政区可享有依法在本行政区内进行立法的权限，同时，回归前予以保留的法律文件继续有效。例如，根据《香港特别行政区基本法》的规定，香港特别行政区法律主要包括：①1997 年 7 月 1 日以后香港特别行政区立法会制定的规范性法律文件以及其他类型的规范性文件（如行政机关的授权立法以及司法判例等）；②除同香港特别行政区基本法相抵触或经香港特别行政区的立法机关作出修改者外，予以保留的香港原有法律（包括普通法、衡平法、条例、附属立法和习惯法等）。

9. 国际条约与国际惯例。国际条约是指我国同外国缔结或加入并生效的双边和多边条约、协定和其他具有条约、协定性质的文件。它不仅包括以条约为名称的协议，也包括国际法主体间形成的宪章、公约、盟约、规约、专约、协定、议定书、换文、公报、联合宣言、最后决议书等。国际条约本属国际法范畴，但由于它对签约国有约束力，因而凡我国政府签署的国际条约，属于我国的法律渊源。在当代中国法的渊源中，国际条约处于重要地位。《民法通则》第142 条第 2 款中规定："中华人民共和国缔结或者参加的国际条约同中华人民共和国的民事法律有不同规定的，适用国际条约的规定，但中华人民共和国声明保留的条款除外。"

国际惯例是国际上共同适用的习惯法，适用的前提一般是我国法律或国际条约中的明确规定。虽然它的适用范围比较窄，但国际惯例也是我国的法律渊源。《民法通则》第 142 条第 3 款规定："中华人民共和国法律和中华人民共和国缔结或者参加的国际条约没有规定的，可以适用国际惯例。"此外，第 150 条规定："依照本章规定适用外国法律或者国际惯例的，不得违背中华人民共和国的社会公共利益。"

（二）当代中国法的非正式渊源

当代中国，在法律适用的过程中起主要作用的是制定法，但是还有一些非正式的法的渊源，也对法的适用和遵守产生一定影响。因为在法治秩序形成的过程中，社会以及传统的力量不可能完全被忽视。而且，在制定法出现缺失或存在漏洞等情形下，非正式渊源可能发挥重要作用。因此，对当代中国法的非正式渊源问题的研究，应当加以重视。当代中国法的非正式渊源主要包括习惯、判例和政策等。

1. 习惯。在许多国家的法律，尤其是民商法中，都有本法无规定者从习惯之类的规定。我国法律虽没有类似的重要规定，但部分法律也容许在特定情形下认可习惯。如《婚姻法》第 50 条允许民族自治地方人民代表大会依据婚姻法的原则，结合当地民族婚姻家庭的具体情况，制定某些变通的规定。这一规定允许民族自治地方的权力机关以法律的形式确认婚姻家庭方面的习惯，实际上承认了一些民族婚姻方面的习惯在法律上的效力。《合同法》第 61、125 条规定，在一定情况下，应当按照交易习惯确定合同内容和合同条款的真实意思。除了这些情形之外，在正式法律渊源不能提供规范依据或为了确保司法裁判获得社会效果以及伦理意义上的正当性等情形下，法官也可能对民间的风俗习惯进行考量与适用。

2. 判例。我国现行法律没有明文规定判例的法律效力，即判例在我国不是正式的法源，对各级法院没有法律拘束力，但是事实上对法院的裁判起着示范导向作用，具有不可忽视的价值。因为在我国法律体系建设中仍存在许多不够健全和完善的地方，加之法律规则的简约化倾向给具体的法律适用带来了一定技术上的困难，因此，判例对制定法的补充作用和对法律发展的推动作用，在一定程度上受到重视。

在司法实践中，最高人民法院时常通过《最高人民法院公报》发表自己批准的判决或对有些判决加诸评议，内容涉及刑事、民事、行政、经济、海事等法律领域，具有不同方面的代表意义。虽然这些判例对下级法院没有严格意义上的拘束力，但在一定程度上起到了指导、参考的功能。

3. 政策。政策也是一种社会规范，与法律相比，它具有原则性、概括性、针对性、指导性和灵活性等特征。改革开放以前，政策曾长期被视为我国重要的法的正式渊源，尽管人们不把它叫做法，但它事实上却是重要的行为规范和审判依据。这是长期奉行政策治国的必然结果。从总体上看，政策成为主要和正式法源都与法治潮流不符。在法治国家，应当分清制定规则和实施规则两个领域，政策的作用应限制在制定规则的领域，在实施规则的领域，政策的作用应限制到最低。

目前，在我国法治建设进程中，政策的地位和作用已不如制定法重要，但在部分领域中仍然发挥着某种行为规范和审判依据的功能，因此也可视为法的一种非正式渊源。

至于学说是否能作为我国法的非正式渊源，答案是否定的。在我国，目前还不承认学说具有直接的效力，不认为学说是法的渊源。因为我国法学研究起步较晚，学说对我国法律实践的影响也不大。但是，西方法律史的发展已经告诉我们，作为一种科学理论探讨，法理方面的权威性学说对一国法律发展的意义非常重大。法律上很多重要的原则、概念的确立，法律体系的建构，都是经过法理上的反复论证才引入法律领域的。因此，立足我国社会现状，加强法理学研究和强化权威性学说对法律改革发展的影响力意义重大。[1]

### 四、规范性法律文件的规范化和系统化[2]

#### (一) 规范性法律文件规范化和系统化的意义

通过对法的渊源的了解，我们可以看到，法的正式渊源数量庞大，且形成的时间不同，可能会导致不同规则间的冲突，即许多法律规则调整相同事实，却产生不同的、甚至截然相反的法律后果。可见，整个法律体系实际上并没有形成无内部矛盾的统一体，而是存在价值评价矛盾、错误和规则漏洞等。对同样的法律问题必须尽可能地避免法律制度（特别是法院）给出相互矛盾的答案，因为这会有损于法的安定性和公民对司法的信任。[3] 因此，对规范性法律文件进行规范化和系统化，有助于整个法律体系的明确、统一与和谐。另外，通过对规范性法律文件进行规范化和系统化的活动，也有助于人们查阅规范性法律文件，便于人们迅速查明和确定现行法律规范的生效范围，从而有利于法律规范的适用和遵守。

#### (二) 规范性法律文件的规范化[4]

规范性法律文件的规范化，是指为使各种规范性法律文件符合统一的标准和要求，从而形

---

〔1〕 参见汪太贤、胡平仁主编：《法学绪论》，中国人民大学出版社 2004 年版，第 115 页。

〔2〕 法律文件可以分为规范性法律文件和非规范性法律文件。所谓规范性法律文件，指的是具有规范拘束力的法律文件，即针对一般情况、一般人所制定的，能够反复适用的法律文件。我国以制定法为主的几类正式渊源，都属于规范性法律文件。而非规范性法律文件则指的是针对特定情况、特定人发布的，仅以一次适用为目的的法律文件，如判决书、调解书、行政处罚决定书、逮捕证、营业证书、结婚证书等，不属于法的渊源。

〔3〕 〔德〕伯恩·魏德士：《法理学》，丁晓春、吴越译，法律出版社 2005 年版，第 117 ~ 118 页。

〔4〕 参见葛洪义主编：《法理学》，中国人民大学出版社 2003 年版，第 284 ~ 285 页。

成规格严整、等级分明、彼此协调的整体状态而进行的有关活动。规范性法律文件的规范化，有助于建立和谐一致的法律体系，有助于改善立法工作，提高立法工作质量，也有助于提高法律实施的有效性。

在规范化活动过程中，规范性法律文件所遵循和符合的规范性要求具有统一性，这一点是最关键的。这就首先要求国家制定全国性的有关规范化活动的专门法律，对规范性法律文件的制定种类、层次、等级、权限、程序、效力、制定主体等作出明确的规范，并设定专门的机关来监督、审查各规范性法律文件的制定，以法律形式保障实现规范性法律文件的规范化。《立法法》就是这方面的最重要法律，该法以"规范立法活动，健全国家立法制度，提高立法质量，完善中国特色社会主义法律体系，发挥立法的引领和推动作用，保障和发展社会主义民主，全面推进依法治国，建设社会主义法治国家"为目的，适用于"法律、行政法规、地方性法规、自治条例和单行条例的制定、修改和废止"。

规范性法律文件的规范化活动所要遵循和符合的要求是多方面的，主要表现在以下几个方面：①制定权限的规范化，即国家机关依照法定权限制定规范性法律文件，不得越权制定或怠权；②法律效力的规范化，即不同层次的规范性法律文件的相应法律地位、法律效力及其相互关系均应得到确定；③法律名称的规范化，即各级规范性法律文件的专有名称应规范、统一；④法律术语的规范化，即规范性法律文件所采用的法律术语以及条文的文字表述都应当严谨、明确和统一；⑤格式结构的规范化，这包含各种具体的技术要求，比如须注明制定、修改和通过的机关以及日期，法律条文在结构上应具有合理的安排，不可遗漏必要的条款（如有关法的生效时间的规定），等等。

（三）规范性法律文件的系统化

规范性法律文件的系统化，是指以有序化为目的，对已经制定的规范性法律文件根据一定的要求和规则进行专门的系统整理、分类等各项活动，从而使规范性法律文件成为形式规范、内容协调的系统。如果说规范性法律文件的规范化是对正在制定或起草的规范性法律文件提出要求的话，那么，规范性法律文件的系统化则是对已制定的各种规范性法律文件进行新的整理、归类，并使之系统化的一种活动。对规范性法律文件进行系统化的方式主要有三种：法律汇编、法律编纂、法律清理。

1. 法律汇编。法律汇编是指按照一定的目的和标准，对现行的各种规范性法律文件进行系统的整理编排并汇集成册的活动。法律汇编并不改变规范性法律文件的内容，不对其进行加工，因此，法律汇编本身不属于法律的创制活动，仅仅是一项技术性的整理和归类活动。常见的法律汇编一般是首先按照效力层次将规范性法律文件分为几类，然后再按内容或颁布的时间顺序进行编排。

法律汇编的种类很多，根据不同的标准可以分为不同的种类。根据主体的不同，可以分为官方的法律汇编和非官方的法律汇编；也可根据法的效力等级来分类，如行政法规汇编、地方性法规汇编等；还可以按照法律部门来分类，如民事法律汇编、刑事法律汇编、诉讼法律汇编等。

2. 法律编纂。法律编纂是指对某一类或某一部门法的全部规范性法律文件进行整理、审查、补充、修改，使之形成系统的法，或者在此基础上编制一部新的法典的活动。从性质上讲，法律编纂属于一种立法活动，因此只能由有权立法的机关依法定程序进行。从内容上看，法律编纂一般包括三个方面：①删除原有规范性法律文件中已经过时或不合适的部分；②消除互相重叠、矛盾的部分；③增加新的条款和规范，填补法律空白。

法律编纂与法律汇编既有区别又有联系。两者的区别体现在：①前者属于法律创制活动，而后者属于一项技术性整理和归类活动，这是两者最主要的区别；②前者的主体仅限于依法有权制定法律的国家机关，而后者的主体则具有非限定性；③前者是对同样内容性质的某一类或某一部分法的全部规范性法律文件所进行的系统化活动，后者仅以特定的主题特征，如时间效力、空间效力，对规范性法律文件进行外部系统化。[1] 两者的联系主要体现在：法律汇编有助于法律编纂活动的进行，是法律编纂活动的前提和基础。

3. 法律清理。法律清理是指有权的国家机关按照一定的程序或统一安排的要求，对一定时期和范围内的规范性法律文件进行审查和清理，从而重新确认其法律效力的专门活动。从主体上看，法律清理只能由有权的国家机关，即享有立法权的国家机关或其授权的机关按确定的程序进行。从性质上讲，法律清理不是立法活动，它既不制定新的法律规则，也不修改原来的规则的内容，其主要目的是重新确认被清理法律的效力。从功能上说，法律清理有助于促进立法与社会需求之间的和谐，有助于总结立法经验教训以促进立法的进一步发展，有助于实现法的系统化、科学化，意义重大。

法律清理活动的结果大致有三种：①完全失效；②有待修订；③继续有效。对于完全失效的法律法规，可通过法定程序进行公告，对于需要修订的法律法规，可责成或建议有关创制机关按一定要求（目的、时限等）进行修改，而对于继续有效的法律法规，则要明确其继续有效的状况。

## 第二节　法的效力

### 一、法的效力的涵义

从广义的角度来看，法的效力通常指法所具有的约束力，即法对主体所具有的普遍约束作用。它既体现为规范性法律文件的效力，即凡是由国家制定和颁布的法律，都对人的行为具有一种普遍性的法律上的约束力和强制力，也体现为非规范性法律文件的效力，例如判决书、调解书、逮捕证、许可证、合同等，都对特定的人和事具有法律约束力。从狭义的角度来看，法的效力仅指规范性法律文件对主体所具有的普遍约束力。本节所涉及的法的效力仅指狭义的法的效力。

对于法的效力问题，主要从两个方面来分析和理解：法的效力等级和法的效力范围。

### 二、法的效力等级

法的效力等级也称法的效力层次或法的效力位阶，是指一国法律体系中不同的法律渊源在效力方面的等级差别。一般而言，一个国家中有权创制法律的国家机关很多，但不同国家机关创制出来的法律效力是不同的，因此不同的法律之间发生效力冲突的情况时有发生。确定法的效力等级，既可以解决法律冲突时的法律适用问题，也有利于保障国家法制的统一。

以法律的制定主体、形成时间、适用范围等不同因素为依据，确立法的效力等级需要遵循以下几个原则[2]：

（一）上位法优于下位法原则

这一原则是指上一级法律的效力均高于下一级任何法律的效力，当上位法与下位法发生冲突时，优先适用上位法。这一原则的初衷是保证法律体系内部的和谐。一般而言，法律制定机

---

〔1〕　〔俄〕B. B. 拉扎列夫主编：《法与国家的一般理论》，王哲等译，法律出版社1999年版，第153页。
〔2〕　参见周永坤：《法学》，法律出版社2004年版，第112~114页。

关的地位越高，法律的效力等级也越高。等级较高的国家机关制定的法律，就是上位法，等级较低的国家机关制定的法律就是下位法。上位法的效力一般高于下位法的效力。例如，宪法的效力高于法律，法律的效力高于法规，行政法规的效力高于地方性法规，而地方性法规的效力又高于地方性规章等。但是这里有一个例外，即当上位法作出特别规定，允许下位法作出灵活的或自治性的规定时，优先适用下位法中灵活的或自治性的规定。例如，在我国实行民族区域自治的地方和经济特区，在国家法律允许的范围内，可以优先适用民族自治地方和经济特区的法律。

（二）特别法优于一般法原则

这一原则是指当同一位阶的特别法和一般法产生冲突时，优先适用特别法。适用此原则的前提是竞争的法律处于同一位阶，且特别法不违背一般法的基本原则。之所以采用这一原则，是因为特别法是针对特别的人、事、地域而专门制定的或者在特定的时间制定的，它规定的内容是一般法没有作出规定，或者是一般法虽已有相关规定，但仅是原则性的、抽象笼统的规定。"特别"和"一般"可以从四个方面加以对照：①时间上，特定时期生效的法优于平时生效的法，例如，在战时，战时法优于平时法；②空间上，在特定区域生效的法优于在普通区域生效的法，例如，在民族区域范围内，民族自治条例或单行条例优于在全国生效的法律；③对人上，对特定人生效的法优于对一般人生效的法，例如，对于军人，规范军人的法优于规范一般民众的法；④对事上，规范特定事项的法优于规范一般事项的法，例如在劳动关系方面，劳动法优于普通民法。

（三）新法优于旧法原则

这一原则是指当同一位阶的新旧法律发生效力冲突时，优先适用新法。适用这一原则的前提是冲突的法律处于同一位阶。也就是说，在同一主体按照相同的程序，先后就同一领域的问题制定了两个以上的法律时，如果依据上述诸项原则仍难以认定其法律效力上的相互关系，则可以依据法律制定的时间先后来确定其优先顺序，即新法优先适用。此外，这一原则还可以指具有传承关系的两项法律，一旦新法成立、生效，便自然取代旧法的效力。这种情况既可以由新法的规定予以说明，也可以是没有明文规定的自动表示。

（四）国际法优于国内法原则

国际法优先原则的基本内涵是：主权国家缔结或参加的国际条约、所认可的国际惯例，对主权国家具有约束力，当国内法的有关规定与这些国际条约或国际惯例发生冲突时，后者具有优先适用的效力，当然，主权国家声明保留的国际条约的有关条款和拒绝承认的国际惯例则不适用这一原则。如我国《民法通则》第 142 条第 2 款规定："中华人民共和国缔结或者参加的国际条约同中华人民共和国的民事法律有不同规定的，适用国际条约的规定，但中华人民共和国声明保留的条款除外。"

另外，还需要说明的一点是：上述前三项原则并不是处在同一平面上，它们相互之间也会发生竞争。例如，一项高位阶的法律与一项低位阶的但是又是新的、特别的法律发生冲突时，在选择法律过程中适用上述三个原则的结果会不同，这里就会产生三个原则谁先适用的问题。对这一问题的处理方法通常是：上位法优先原则处于第一位，特别法优先原则处于第二位，新法优先原则处于第三位。

三、法的效力范围

法的效力范围是指法律约束力所及的范围，也称法的生效范围或适用范围，即法律对什么人、什么事、在什么地方、什么时间有约束力。纯粹法学派的代表人物凯尔森将法的效力范围分为属时的效力范围、属地的效力范围、属人的效力范围和属事的效力范围。[1] 据此，我们认为，我国法的效力范围具体包括法的对象效力、法的对事效力、法的时间效力和法的空间效力。

（一）法的对象效力

法的对象效力通常是指法对什么主体有效，也称法对人的效力，即法律适用于哪些人。这里的"人"，既包括普通意义上的自然人，也包括法律拟制的人（法人、非法人组织等法律主体）。

1. 在如何确定法律的对人效力的问题上，由于历史发展阶段和国情不同，各国在法律实践中先后确立过以下四种原则：

（1）属人主义原则。这一原则是以人的国籍为标准来确定该国法律是否对其适用。具体内容是：一个国家的法律只对自己国家的公民具有效力，即凡是本国人，不论其在国内还是在国外，都受本国法律的约束，而非本国人，即便是在该国领域内，该国法律也不对其适用。

（2）属地主义原则。这一原则以地域为标准，而不区分有关当事人的国籍。具体内容是：一国的法律对其主权管辖范围内的一切人均有效，包括本国人、外国人和无国籍人。本国人在本国领域外则不受本国法律的约束。

（3）保护主义原则。这一原则是以维护本国利益作为是否适用本国法律的依据，即以保护本国利益为目的，任何人只要损害了本国利益，不论其国籍和所在地域，该国法律都对其有效。

（4）折中主义原则。这一原则的具体内容是：以属地主义为主，兼采属人主义和保护主义原则。这是近代以来大多数国家所普遍采用的原则。我国也采用这一原则，既维护本国主权，保护本国利益，又能尊重他国主权，并照顾到了法律适用中的实际可行性。

2. 根据我国法律的有关规定，我国法的对象效力包括两个方面：

（1）对中国人的效力。分为以下两种情形：①中国人在中国领域内的效力。我国宪法和法律规定，我国法律适用于中国领域内的所有公民、国家机关、武装力量、政党、社团、企事业单位，法律面前人人平等。②中国人在中国领域外的效力。这个问题比较复杂，原则上中国人在中国领域外仍受中国法律的保护，并履行中国法律所规定的义务。但由于各国法律规定不同，既要尊重所在国司法主权，又要遵守国际条约或惯例，因此往往发生法律适用的冲突。对此，既要维护中国的主权，又要尊重他国主权，原则性与灵活性相结合，协商解决。如我国《民法通则》第143条规定："中华人民共和国公民定居国外的，他的民事行为能力可以适用定居国法律。"我国《刑法》第7条第1款规定："中华人民共和国公民在中华人民共和国领域外犯本法规定之罪的，适用本法，但是按本法规定的最高刑为3年以下有期徒刑的，可以不予追究。"

（2）对外国人的效力。分为以下两种情形：①外国人在中国领域内的效力。根据国家主权原则，外国人和无国籍人在中国领域以内的，除法律另有规定外，一律适用中国法律。如我国《宪法》第32条第1款规定："中华人民共和国保护在中国境内的外国人的合法权利和利益，在中国境内的外国人必须遵守中华人民共和国的法律。"我国法律既保护其在中国的法定权利与合法利益，又追究其违法责任。当然，也存在例外情况，即法律另有规定的情况，一般是指法律明确规定不适用中国法律的情形，例如我国《刑法》第11条规定："享有外交特权

---

[1] ［奥］凯尔森：《法与国家的一般理论》，沈宗灵译，中国大百科全书出版社1996年版，第45页以下。

和豁免权的外国人的刑事责任，通过外交途径解决。"②外国人在中国领域外的效力。外国人和无国籍人在中国领域之外的，如果侵害了我国国家或公民的权益，或者与我国公民发生法律交往，也可适用我国法律。如《刑法》第 8 条规定，外国人在中国领域外对中国国家或公民犯罪，最低刑为 3 年以上有期徒刑的，可以适用中国刑法，但按照犯罪地的法律不受处罚的除外。这是根据国家主权原则作出的规定，它对于保护国家利益，保护驻外工作人员、留学生、侨民的合法权益是必要的，同时也尊重了他国主权。

（二）法的对事效力[1]

法的对事效力通常是指法对主体所进行的哪些行为、事项、社会关系有效力。确定法的对事效力应遵循以下几个原则：

1. 事项法定原则。即法律的对事效力应以法律明文规定的事项为限，即法律仅对它所规定的事项发生效力，而不适用于不属于法律所规定的事项。例如《刑法》第 3 条规定："法律明文规定为犯罪行为的，依照法律定罪处刑；法律没有明文规定为犯罪行为的，不得定罪处刑。"这一规定体现了罪刑法定原则的精神与要求，明确了我国《刑法》所应适用的事项范围。

2. 一事不再理原则。即法院就某一法律关系作出判决后，除上级法院发回重审和符合审判监督程序的情况以外，不得对同一法律关系重新进行审理。这一原则，既维护了法院审判的严肃性和权威性，也是对法的对事效力范围的一种限定。

3. 一事不二罚原则。即行为人不得因同一违法为而受到两次或两次以上的处罚，体现了法律责任与违法行为相适应的要求，是法律公正精神的具体体现。这里需注意：一事不二罚原则与对同一违法行为并处多种处罚并不矛盾。我们虽不能多次处罚同一违法行为，但可以根据法律责任的性质与大小对同一违法行为并处多种处罚。例如，根据我国《刑法》的有关规定，在对犯罪行为人的同一犯罪行为适用主刑的同时可以并处附加刑；我国《民法总则》第 179 条第 1 款列举了承担民事责任的 11 种主要方式之后，第 3 款接着规定："本条规定的承担民事责任的方式，可以单独适用，也可以合并适用。"

（三）法的时间效力

法的时间效力通常指法律在什么时间内生效、有效，包括法律何时生效、何时失效以及法律的溯及力三个问题。

1. 法的生效时间。即法律在什么时间具有约束力和强制力。确定法的生效时间通常有三种方法：

（1）法自公布之日起生效。这是较常用的方法，在实践中具体表现为两种情况：①由法律自身明文加以规定，如 2007 年 10 月 28 日第十届全国人民代表大会第三十次会议通过的《中华人民共和国民事诉讼法》第 284 条规定："本法自公布之日起施行……"②法律本身并没有对其开始生效的时间明文加以规定，而是由其他法律文件来宣告其开始生效，我国 1982 年 12 月 4 日通过的《宪法》本身没有规定开始生效时间，是由同日通过的全国人大公告"公布施行"。

（2）法律规定具体生效时间。如 1997 年 3 月 14 日第八届全国人民代表大会第五次会议修订的《中华人民共和国刑法》第 452 条规定："本法自 1997 年 10 月 1 日起施行。"

（3）法律在公布后达到一定期限开始生效。采取这种形式主要是考虑各地区距离立法主

---

[1]　参见陈金钊主编：《法理学》，北京大学出版社 2002 年版，第 218～220 页。

体所在地远近不同，交通、通信条件有别，法不能同时送达各地。

2. 法的失效时间。法的失效时间是指法律效力的消灭时间，即法律被废止的时间。在实践中，法的废止通常有明示的废止和默示的废止两种。

（1）明示的废止，是在新法或其他法规中明文规定对旧法加以废止。这种方式直接用语言文字明确表示，被称为"积极的表示方式"，是当今各国普遍采用的方式，也是我国废止有关旧法的通常做法。例如《合同法》第428条规定："本法自1999年10月1日起施行，《中华人民共和国经济合同法》、《中华人民共和国涉外经济合同法》、《中华人民共和国技术合同法》同时废止。"

（2）默示的废止，是不以明文规定的方式废止原有的法律，而是在适用法律的过程中，当新法与旧法冲突时适用新法，从而实际上废止了旧法。采用这种方法，往往是由于立法机关所制定的新法与旧法有矛盾，而对于如何处置旧法又没有明确规定，导致在司法实践中产生新法与旧法之间的矛盾。在这种情况下，应当遵循"新法优于旧法"的原则适用新法，从而使旧法被新法"默示地废止"。例如，我国1982年《宪法》公布施行后，1978年《宪法》就失去了效力。

3. 法的溯及力。法的溯及力是指法律溯及既往的效力，即法律颁布施行后，对其生效前所发生的事件和行为是否适用的问题。如果适用，该法律就有溯及力；如果不适用，该法律就不具有溯及力。

在法的溯及力问题上，一般情况下，各国通常都遵循"法不溯及既往"的原则，即法律只适用于其生效以后所发生的事件和行为，而不适用于其生效以前所发生的事件和行为。因为法律是规范和指引人们的现时行为的准则，在它未公布前，人们不可能了解将来法律的规定，也不可能按照尚未制定的法律做出行为。因此，一般说法律只适用于生效后发生的行为，不适用于生效前的行为，不应有溯及既往的效力，否则人们便会陷入一种不确定性的恐惧之中。最先规定不得制定有溯及力的法律的宪法是美国1787年宪法，随后在19世纪的立宪运动中，许多国家宪法都作了类似规定。现在，法不溯及既往已经成为公认的法治原则。但是这一原则不是绝对的，为了维护特定的利益或由于特定形势的需要，立法机关在某些法律中也会作出法律有溯及力或有限制地具有溯及力的规定。

我国所颁布的法律只适用于法律开始生效后所发生的事件和行为，而不适用于法律开始生效前所发生的事件和行为。但这一原则不是绝对的，在特定的形势下，为了维护广大人民群众的根本利益，我国立法机关在某些法律中也作出法律具有溯及力或有限制地具有溯及力的规定。

以刑法为例，现代各国刑法大多采用从旧兼从轻原则，我国也采用这一原则。从旧兼从轻原则，即原则上肯定新法不具有溯及力，但如果新法不认为该行为是犯罪或对犯罪人的处罚较轻，就适用新法。如我国《刑法》第12条第1款规定："中华人民共和国成立以后本法施行以前的行为，如果当时的法律不认为是犯罪的，适用当时的法律；如果当时的法律认为是犯罪的，依照本法总则第四章第八节的规定应当追诉的，按照当时的法律追究刑事责任，但是如果本法不认为是犯罪或者处刑较轻的，适用本法。"这种做法既符合罪刑法定原则的要求，又能适应司法实践中处理复杂情况的需要。

（四）法的空间效力

法的空间效力是指法生效的地域范围，即法在哪些领域内有效。从一国法律的整体情况来说，根据国家主权原则，一国的法律在其主权管辖的全部领域有效，包括这个国家的领土、领海、领空。此外，还包括延伸意义上的领土，即本国驻外大使馆、领事馆，在本国领域外的悬挂本国国旗的船舶和飞行器。从一国具体的部门法而言，由于制定机关和法的内容不同，其空间效力也有所不同，一般将其分为法的域内效力和法的域外效力两个方面。

1. 法的域内效力。即法在本国主权管辖领域内的效力，这具体又可分为两种情况，即法在全国范围内有效和法律在国家部分区域内有效。

（1）法在全国范围内有效。在我国，全国人民代表大会、全国人大常委会和国务院制定的宪法、法律和行政法规等在全国范围内有效。

（2）法在国家部分区域内有效。这又具体表现为两种情况：①我国的地方性法规只能在地方权力管辖的范围内生效；②有些法律虽然是我国有关中央国家机关制定的，但已指定在特定的地区适用，因而只在指定的地区内有效，例如《香港特别行政区基本法》和《澳门特别行政区基本法》。

2. 法的域外效力。即法不仅在本国主权管辖的领域内有效，而且在特定条件下在本国主权管辖的领域外也具有一定的效力。一般而言，一国法律在其管辖地区之外没有效力。但当今世界，各国间经济、贸易、文化等方面的交往日趋频繁，涉外法律关系也日益增多，同时也面临着许多新的涉外法律问题，许多国家为了维护自己的主权、保护本国国家和公民的利益，规定自己的某些法律具有一定的域外效力。例如，我国《刑法》第7条规定："中华人民共和国公民在中华人民共和国领域外犯本法规定之罪的，适用本法，但是按本法规定的最高刑为3年以下有期徒刑的，可以不予追究。中华人民共和国国家工作人员和军人在中华人民共和国领域外犯本法规定之罪的，适用本法。"此外，我国的民事法律和经济法律，在特定条件下也具有一定的域外效力。如我国《民法通则》第146条第2款规定："中华人民共和国法律不认为在中华人民共和国领域外发生的行为是侵权行为的，不作为侵权行为处理。"

## 第三节 法的分类

### 一、法的分类

法的分类是指按照一定的标准，将法律划分为若干不同的种类。

法的分类标准是多元的，人们为了研究和实践的需要可以从不同角度对法作出分类。例如，以国度为划分标准，可以将法划分为中国法、英国法、美国法、德国法等；以内容为标准，可以将法划分为宪法、民法、刑法等。另外，法的渊源、法律部门、法的历史类型等也都是从一定的角度，按照一定的标准对法进行的分类。但本章所涉及的内容，是侧重于从形式意义上对法进行分类，主要包括法的一般分类和法的特殊分类。

### 二、法的一般分类

法的一般分类，是指世界上大多数国家都可适用的分类方式，主要有下列几种类型：

（一）成文法与不成文法

根据法律的创制方式和表现形式不同，可以将法分为成文法与不成文法。成文法是指由特定国家机关制定和公布，并以规范系统的条文形式表现的法律，故又称制定法。如我国的宪法、民法、刑法等都是成文法。不成文法是指由国家认可的、不具有规范性的条文表现形式的法，其主要表现形式包括习惯法、判例法等。不成文法既可以是没有文字记载而通过耳口相授的法律，也可以是用文字表达的法律，如判例法。成文法与不成文法的区别是：成文法一般专指立法与行政机关制定的法律与法规，常常表现为规范性文件，通过文字条文形式来表现，一般有"编""章""节""条""款""项""目"的形式体系结构，有的丞编纂为统一的法典文本形式。而不成文法如判例法则是由法院通过判决所创制的法律，虽以文字形式表现出来，却不是规范性法律文件，也没有条文表达形式以及法典文本形式。

（二）一般法与特别法

根据法的适用范围不同，可将法分为一般法和特别法。一般法是指在一国范围内，针对一般主体、一般事项、在不特别限定的地区和期间有效的法。特别法是针对特定主体或特别事项、在特定区域和特定时间有效的法。

具体说来，一般法与特别法的区分可以从以下几个角度来分析：①以人为标准划分，一般法适用于一般或所有的人，如民法、刑法、诉讼法等对一般人生效；特别法仅适用于特定身份的人，如国家公务员法、法官法、教师法等。②以事项为标准划分，一般法广泛适用于一般事项，如民法调整一般的民事法律关系；特别法仅适用于特别事项，如合同法仅调整合同法律关系。③以区域为标准划分，一般法原则上在全国地域范围内生效，如选举法、劳动法；特别法仅适用于一国特定地域范围，如民族区域自治法、特别行政区基本法。④以时间为标准划分，一般法在实施期限上一般不作限制，如民法、刑法；特别法仅在特定时间内有效，如戒严法。

当然，一般法与特别法的区分也是相对的，在不同的参照关系中，一项法律可能是一般法，也可能是特别法，如全国人大常委会《关于惩治骗购外汇、逃汇和非法买卖外汇犯罪的决定》相对于刑法典而言是特别法，相对于战时法而言则是一般法。

（三）根本法与普通法

根据法律的地位、效力、内容和制定主体、程序的不同，可将法律分为根本法和普通法。根本法即宪法，它规定了国家的基本政治制度和社会制度、公民的基本权利和义务、国家机关的设置和职权等内容，因此在一个国家中具有最高的法律地位和效力。宪法的制定主体、制定程序及修改程序也不同于普通法，通常有更为严格的要求，以保证其严肃性和稳定性。普通法指宪法以外的法律，其内容通常只涉及国家的某项制度或调整某一方面的社会关系，如合同法、军事法等，其法律地位和法律效力低于宪法，制定程序也没有宪法那样严格和复杂。这种分类方法实际上涉及的是法的源流关系，故有的学者又以"母法"和"子法"来指称二者之间的关系。根本法和普通法的划分对于成文宪法的国家很重要，对于不成文宪法的国家却不那么重要。

应当注意的是：这里的普通法是相对根本法而言的子法，例如民法、刑法等，有别于英美法系中与衡平法相对应的普通法，也不同于欧洲大陆德国等国家与地方习惯相对应的普通法。德国等国的普通法毋宁译作"共同法""普遍法"。

（四）实体法与程序法

根据法律规定的内容不同，可以将法分为实体法和程序法。实体法是以规定和确认权利和义务为主的法律。例如，宪法规定公民的基本权利和义务，民法规定平等主体间的人身和财产方面的权利和义务。程序法是以保障实体权利和义务得以实现的有关程序为主的法律。例如，民事诉讼法是关于实现民事权利、义务的程序的法律。

实体法和程序法的关系十分密切，实体法规定权利、义务的内容，程序法规定权利、义务得以实现的程序。实体法是程序法存在的目的；程序法是实体法规定的内容得以实现的方法和保障，是服务于实体法的。因此，适用实体法时，程序必须正确，才能保证实体内容的实现；在适用程序法时，更应该结合作为其本源的实体法的目的，才能发挥其辅助性作用。

近年来关于程序和程序法的研究在内容上有了重大变化，主要体现在三个方面：①程序和程序法的范围扩大。程序不仅指诉讼程序，还包括国家权力参与并主导其间的其他程序，如选举程序、决策程序、立法程序、行政程序、监督程序等，也包括普通社会主体间进行一定法律活动的程序，如签订合同、订立遗嘱、婚姻缔结与解除的程序等。因此，所谓的程序法也不仅指诉讼法，而是包括对如上所有程序进行规定或认可的法。②程序和程序法的独立地位和价值被认同和强调。程序特别是现代程序，除具有工具性价值，即在形成正义、安全或秩序等外在结果方面有用和有效以外，它自身还具有独立的价值。程序的正当性、合理性可以独立于程序的结果，与结果的公正性价值具有同等意义。故程序法本身也具有独立于实体法的价值和评判标准。这种对程序和程序法独立地位、价值的强调，不只是对中国长时期来"重实体、轻程序"乃至程序无用主义、虚无主义态度和现象的反驳，也是对现代程序与法治内在关系的强调。庞德曾指出："程序是法治的核心，是法治从法律形态到现实形态的必不可少的环节。"〔1〕具有正当性、合理性内在价值的现代法律程序，不只是法治的衡量尺度，也不只是法治的实现方式，更是法治实实在在的过程本身。③对程序功能的解释越来越与法治、民主、自由、人权、正义等一些价值目标紧紧联结，而这种联结的关键点在于现代程序所具有的抑制权力滥用以保障和实现人权的功能指向。程序限制恣意又不排斥理性自由选择的特性和机制，体现了程序抑制权力滥用、保障和实现人权的功能意义。〔2〕

（五）国内法与国际法

按照法律的创制主体和适用范围的不同，可将法律分为国内法和国际法。国内法是指特定国家法律创制机关创制的，并在本国主权所及范围内适用的法律。例如，我国的民法、民事诉讼法、婚姻法、行政法等都是国内法。国内法的主体一般是公民、社会组织和国家机关，而国家仅在特定法律关系中（如作为国家财产所有人和国家赔偿等法律关系）成为主体。国际法则是指在国际交往中，由不同主权国家通过协议制定或认可的，并适用于国家之间的法律，其表现形式一般是国际条约和国际协定等。例如，《联合国国际货物销售合同公约》《关于解决各国与其他国家国民之间投资争端的公约》等。国际法的主体主要是国家，即国际法仅对加入或签订条约、协定的国家和地区有效。国际法一般多指国际公法，但在特殊情况下也包括国际私法和国际经济法。

国际法和国内法是两个相对独立的法律体系，国际法在一定情况下具有优先地位，但主权国家声明保留的条款除外。

**三、法的特殊分类**

法的特殊分类，是指仅适用于某一类和某一些国家的分类，主要有以下三种类型：

（一）公法与私法

一般认为，公法是调整非平等的国家与公民、社会组织之间关系的法律，以权力为中心，以维护公共利益为主要目的，例如宪法、刑法、诉讼法等。私法是调整平等的公民、社会组织之间关系的法律，以权利为中心，以保护私人利益为主要目的，例如民法、商法等。

公法与私法的划分主要适用于大陆法系的一些国家。这种分类方式源于古代罗马法，当时的法学家乌尔比安认为，"有关罗马国家的法为公法，有关私人的法为私法"〔3〕，其意在把公共团体及其财产关系的法律区别于私人及其家庭方面的法律。此后，划分公法和私法的传统被大陆法系承袭。与此相应，大陆法系国家一般还设立行政法院和普通法院两类法院体系，前者处理公法案件，后者处理私法案件。但英美法系曾长期不承认这种划分。在英美学者看来，法律只有一个，国家机关和公民遵守同一的法律是法治和自然公正的要求，划分公私法意味着政

〔1〕　［美］罗·庞德：《通过法律的社会控制　法律的任务》，沈宗灵、董世忠译，商务印书馆1984年版，第22页。
〔2〕　参见葛洪义主编：《法理学》，中国人民大学出版社2003年版，第117～118页。
〔3〕　［意］桑德罗·斯奇巴尼选编：《正义和法》，黄风译，中国政法大学出版社1992年版，第35页。

府追求自己的特权，企图与人民受制于不同的法律。这实际上是对划分公私法的误解。大陆法系的公法恰恰是对政府权力的限制而不是保护。19世纪末20世纪初英美行政法发展起来以后，英美法学界也逐渐承认了公私法的划分。

自新中国成立以后，由于受苏联法学的影响，我国很长一段时间内不承认公私法的划分。近年来，大多数学者逐渐认识到划分公私法的意义，开展了有益的研究。应当肯定的是，私域的存在实在是人的自由与解放的基本前提。公法与私法的划分不仅具有理论意义，而且对立法和司法具有实践意义：①有助于明确和强调两种不同的调整方式和理念，避免把公法领域的强制性原则和方法运用于平等互利的私法领域；②有助于明确私权的独立地位和不可侵犯性，确认私人权利和义务的协商性，以有效保护公民和法人在经济和社会生活方面的权利；③有助于树立私法是公法乃至整个法治的基础的理念，使私法中的人权、财产权、平等权、自由权成为现代权利体系的核心和基础。[1]

（二）普通法与衡平法

普通法与衡平法的划分主要是适用于英美法系国家的一种特殊分类方法。这里的普通法，不同于前述法的一般分类中的普通法概念，而是专指英国在11世纪后通行于全英格兰，以国王的令状为基础，综合了各地的习惯法，通过司法审判的形式形成的法律，其表现形式是判例法。衡平法是指英国在14世纪后根据公平正义原则和规则对普通法的修正和补充而出现的一种判例法，旨在弥补英国普通法的僵化性和机械性，救济那些依照普通法无法得到公正判决的当事人。衡平法的运用并不依照严格的规则，而是依靠法官的良心、道德和对公平正义的理解来进行审判。

普通法与衡平法的划分有助于协调立法和司法之间的关系。在英国长期存在普通法院和衡平法院双重法院体制。1873年的司法改革将两种法院合并，但这两种法律仍然存在。在我国香港特别行政区也存在着这两种法律渊源。

（三）联邦法与联邦成员法

联邦法与联邦成员法的划分主要是适用于联邦制国家的一种特殊分类，单一制国家没有这一分类。联邦法是指由联邦立法机关制定，在全联邦实施的法律。联邦成员法是指由联邦成员国立法机关制定，在该成员国内部实施的法律。由于各联邦制国家的内部结构、法律关系各不相同，因此，有关联邦法和联邦成员法的法律地位、适用范围和效力等均由各联邦制国家宪法和法律规定，没有一种统一的模式。

值得注意的是，任何一种法的分类都是相对的，因此法律的类别也可能是相互交叉的，如法律分为国际法和国内法就与法律分为公法和私法相互交叉，即国际法中包括国际公法和国际私法，国内法亦然；公法中包括国际公法和国内公法，私法亦然。此外，某一法律可以同时属于不同的类别，例如，刑法既是成文法，也是公法、实体法等。

案例分析

**案例一**[2]

2003年5月，洛阳市中级人民法院在审理一起种子赔偿纠纷案时，发生法律适用冲突问题。在庭审中，就赔偿损失的计算办法原、被告争议激烈。原告主张适用《中华人民共和国种

---

〔1〕　参见葛洪义主编：《法理学》，中国人民大学出版社2003年版，第121页。
〔2〕　参见朱力宇主编：《法理学案例教程》，国家知识产权局知识产权出版社2006年版，第201页。

子法》，以"市场价"计算赔偿数额；被告则要求适用《河南省农作物种子管理条例》，以"政府指导价"计算。面对法律抵触问题，承办该案的女法官李慧娟在院审委员会的同意下，支持了原告的主张，并在判决书中作了"《种子法》实施后，玉米种子的价格已由市场调节，《河南省农作物种子管理条例》作为法律位阶较低的地方性法规，其与《种子法》相抵触的条（款）自然无效"的表述。

**【评析】** 本案涉及解决上位法和下位法冲突的问题。《立法法》第78~83条[1]对于不同位阶的法律、法规之间的效力作了具体规定，2004年3月《最高人民法院关于河南省汝阳县种子公司与河南省伊川县种子公司玉米种子代繁合同纠纷一案请示的答复》如此解释：《立法法》第79条规定："法律的效力高于行政法规、地方性法规、规章。行政性法规的效力高于地方性法规、规章。"《最高人民法院关于适用〈中华人民共和国合同法〉若干问题的解释（一）》第4条规定："合同法实施以后，人民法院确认合同无效，应当以全国人大及其常委会制定的法律和国务院制定的行政性法规为依据，不得以地方性法规、行政规章为依据。"根据上述规定，人民法院在审理案件过程中，认为地方性法规与法律、行政法规的规定不一致时，应当适用法律、行政法规的相关规定。本案中，法官为解决当事人争议，面对相互冲突之法律作出选择，选择了全国性法律，并据此宣告地方性法规的某些条文无效。

### 案例二[2]

李某系某国有外贸公司经理，1998年因涉嫌犯罪被捕。李某具有以下涉嫌犯罪的事实：1995年6月，在一外贸业务中，李某轻信外商，擅自变更结算方式，使公司数百万元货物被骗，导致国家利益遭受特别重大的损失。对李某应作何判决？

**【评析】** 本案涉及法的溯及力问题。即法律溯及既往的效力，具体是指法律颁布施行后，对其生效前所发生的事件和行为是否适用的问题。一般情况下，各国通常遵循"法不溯及既往"的原则，即法律只适用于其生效以后所发生的事件和行为，而不适用于其生效前所发生的事件和行为。我国刑法在此问题上采取的是"从旧兼从轻"原则，即原则上肯定新法不具有溯及力，但如果新法不认为是犯罪或对犯罪人的处罚较轻时，适用新法。

我国《刑法》于1997年作出重大修订，此前适用的是1979年《刑法》。如果根据1979年《刑法》，李某的行为并不构成犯罪，但根据1997年《刑法》，李某作为国有外贸公司经理，在签订、履行合同中因过失而受骗，致国家利益遭受特别重大损失的行为，属于签订、履行合同失职被骗行为，构成犯罪。本案中，李某虽然在1998年被捕，但其在外贸业务中被骗的行为发生于1995年。因此，根据"从旧兼从轻"的原则，对李某的行为应当适用当时的刑法，即1979年《刑法》，其行为不构成犯罪。

### 本章小结

法的渊源这一概念有着多种涵义。在我国，法的渊源一般是指法的形式渊源，即法律源自哪些基本形式。在不同国家或不同历史时期，有各种各样的法律渊源。本章将法的渊源区分为正式渊源与非正式渊源，这是法律实践中最主要、最基本的分类形式。当代中国法的正式渊源主要是制定法，制定法的不同表现形式有着不同的法律地位和效力等级；还有一些非正式的法

---

[1] 2015年修正后为第87~92条有关内容。下文第79条为2015年修正后的《立法法》第88条有关内容。
[2] 参见1999年律师资格考试试卷四。

的渊源，主要包括习惯、判例、政策等。由于法的渊源具有复杂性，因此有必要对规范性法律文件进行规范化和系统化。

法的效力，从狭义的角度来看，仅指规范性法律文件对主体所具有的普遍约束力。法的效力问题主要涉及两个方面，即效力等级和效力范围。法的效力等级是指一国法律体系中不同的法律渊源在效力方面的等级差别。确定法的效力等级有利于解决法律冲突时的法律适用问题，也有利于国家法制的统一。法的效力范围是指法律规则的约束力所及的范围。我国法的效力范围包括法的对象效力、对事效力、时间效力和空间效力。

法的分类是指按照一定的标准，将法律划分为若干不同的种类。本章侧重于从形式意义上对法进行分类，主要包括法的一般分类和法的特殊分类。法的一般分类，是指世界上大多数国家都可适用的分类，如成文法与不成文法的划分；法的特殊分类，是指仅适用于某一类和某一些国家的分类，如公法与私法的划分。

## 思考题

### 一、名词解释

1. 法的渊源
2. 法的溯及力
3. 法的效力范围

### 二、简答题

1. 法的正式渊源和非正式渊源分别包括哪些？
2. 当代中国法的渊源有哪些？
3. 如何认识政策在法的渊源中的地位？
4. 规范性法律文件的规范化与系统化有何重要意义？
5. 规范性法律文件系统化的形式有哪些？其性质如何？
6. 确立法的效力等级需要遵循哪些原则？

### 三、论述题

1. 如何看待我国司法实践中最高人民法院发布的判例的法律性质？
2. 试述公法、私法的划分及其意义。

 主要参考文献

1. 朱景文：《比较法总论》，中国人民大学出版社 2004 年版。
2. 周永坤：《法理学——全球视野》，法律出版社 2000 年版。
3. ［美］罗斯利·庞德：《通过法律的社会控制　法律的任务》，沈宗灵、董世忠译，商务印书馆 1984 年版。
4. ［德］伯恩·魏德士：《法理学》，丁晓春、吴越译，法律出版社 2005 年版。

第 七 章

# 法律关系

【本章概要】法律关系是指法律在调整社会关系过程中形成的人与人之间的权利义务关系，是法律确认和调整社会生活关系的结果。本章详细介绍了法律关系的概念、特点、分类，法律关系构成要素中的主体、客体，以及法律关系的产生、变更、消灭及其条件。通过对法律关系的全面了解，揭示了法在社会中的运行方式和途径。

【学习目标】通过本章的学习，了解法律关系的概念、特征及其分类情况，法律关系主体的概念、种类、构成资格，法律关系客体的概念、种类，法律关系产生、变更、消灭的条件以及法律事实的概念、分类等内容。

## 第一节　法律关系概述

### 一、法律关系的概念

法律关系是法学中的重要概念，其他法律概念（如法律规则、法律主体、法律行为、法律责任和法律制裁等）都与法律关系有直接或间接的联系。同时，法律关系也是现代社会中十分重要的一种社会关系，法律的功能只有通过各种具体的法律关系才能在社会生活中实现。因此，研究法律关系问题不仅具有重要的理论价值，还具有很强的实践意义。

在我国，对法律关系问题的研究曾受德国、日本和苏联法学的影响，并逐步成为我国法理学研究的一个重要领域。对于法律关系概念的界定，我国法理学界通说认为：法律关系是指法律在调整社会关系过程中形成的人与人之间的权利义务关系，是法律确认和调整社会生活关系的结果。

### 二、法律关系的特征

作为一种重要的社会关系，法律关系与其他社会关系相较而言，有其自身的特点，具体表现为以下三个方面：

（一）法律关系是人与人之间的社会关系

这是法律关系在主体方面的特征。

1. 作为法律关系主体的"人"，不仅指单个的自然人，也指人的集合体或"拟制"的人，例如公司、企业、国家、国家机关、国际组织等。

2. 法律关系强调的是人与人之间的关系，不是人与物、更不是物与物之间的关系。例如，物权关系是人与物之间的关系，还是人与人之间的关系，就是个有争议的问题。19 世纪的法学家萨维尼曾把物权看作人与物之间的关系。我们认为，物权虽然规定人对物享有的权利，但是法律关系中的权利是对其他人而言的，就法律关系中的物权内容而言，实质是人际关系，规定他人对物之所有人的义务。

3. 法律关系是人与人的关系还指法律关系不包括人与想象中的社会主体的关系。例如，人与祖宗的关系，人与上帝的关系，人与某种思想的关系，这些属于神学或哲学范畴。[1]

（二）法律关系是以法律为前提而形成的社会关系

这突出地表现在参加法律关系的主体由法律加以规定，法律关系的内容、客体也是由法律加以规定的，引起法律关系产生、变更、消灭的事实还是通过法律加以规定的。由此可见，法律是产生法律关系的前提，如果没有法律，就不可能有法律关系。某一社会关系之所以能够成为法律关系，是因为有规范和调整这种社会关系的法律的存在。法律关系是具有法律意义的社会关系，不具有法律意义的单纯的社会关系不是法律关系。例如，家庭生活中父母与子女的关系、婚姻关系，以及劳动生产中的协作关系、分配关系等，只有在法律来调整这些社会关系时，这些社会关系才具有了法律关系的性质。因此，可以说，所有法律关系的产生都是以法律的存在为前提的。

（三）法律关系是以权利和义务为内容的社会关系

这是法律关系在内容上的特征，也是它区别于其他社会关系的关键所在。法律关系中的权利义务内容，是由法律明文加以规定的，也是任何其他社会关系所不具有的。法律所确认的人与人之间的关系表现为法律上的权利义务关系，权利义务关系就构成了法律关系的内容（详见本书第十章"权利与义务"）。

**三、法律关系的分类**

研究法律关系的分类，有助于更好地认识不同法律关系的性质、构成方式和特征。根据不同的标准，可以对法律关系进行不同的分类。我们主要介绍以下几种分类方式：

（一）绝对法律关系和相对法律关系

根据构成法律关系的主体是否具体化、特定化，可将法律关系划分为绝对法律关系和相对法律关系。

绝对法律关系是主体单方具体化、特定化的法律关系，它的特点是主体一方是特定的，而另一方则是不特定的、不具体的。绝对法律关系以"一个人对一切人"的形式表现出来，即一个特定的人与其他可能出现的人之间的法律关系，因此也有人将其称为"对世法律关系"。典型的绝对法律关系是所有权关系。例如，某人享有一项专利所有权，那么其他一切人在未经其允许时都负有不得使用该专利技术的义务。

相对法律关系是存在于特定的权利主体和义务主体之间的法律关系。特点是参加法律关系的双方或多方主体都是特定的、具体的，其表现形式是"某个人对某个人"，因此也有人称其为"对人法律关系"。如合同关系、买卖关系、婚姻关系等，谁享有权利、谁承担义务都是确定的，权利的享有者有权要求义务的履行者履行义务。

（二）调整性法律关系和保护性法律关系

按照法律关系产生的依据、执行的职能和是否存在法律责任的不同，可分为调整性法律关系和保护性法律关系。

调整性法律关系是基于人们的合法行为而产生的、执行法的调整职能的法律关系，它构成正常法律秩序的内容。在这种法律关系中，主体能够依法行使权利和履行义务，不会被追究法律责任，不需要适用法律制裁，如各种依法建立的合同关系等。

保护性法律关系是基于人们的违法行为产生的法律关系，是法律实现的非正常形式，其典型特征是一方主体（国家）适用法律制裁，另一方主体（违法者）必须承担法律责任，如侵

---

[1] 参见周永坤：《法理学》，法律出版社 2004 年版，第 129 页。

权法律关系、刑事法律关系等。保护性法律关系的作用在于恢复受损的权利和追究违法者的责任。就整个社会而言，保护性法律关系越少，社会的法治秩序就越稳定和正常。

（三）平权型法律关系和隶属型法律关系

按照法律关系主体法律地位的不同，可将法律关系划分为平权型法律关系和隶属型法律关系。

平权型法律关系（横向法律关系），是指主体地位平等的法律关系，相互间没有权力方面的服从关系，即相互间没有隶属关系，且权利义务的内容具有一定程度的任意性。所谓的法律地位平等，是指法律关系主体之间没有隶属关系或职务上的上下级关系，也不存在一方当事人依据职权支配对方的情形。由于双方当事人的地位平等，因此强调自愿和协商，不允许任何一方将自己的意志强加于对方。这种关系的典型形式是民事法律关系。

隶属型法律关系（纵向法律关系），是指在不平等的法律关系主体之间所建立的权力服从关系。其特点是：①主体法律地位不平等，一方享有职权，而另一方则隶属于对方，这种法律关系反映了双方当事人之间的管理和被管理关系，管理的一方具有主动性，被管理的一方具有被动性，一方当事人能够强制另一方；②法律关系主体之间的权利与义务具有强制性，既不能转让，也不能放弃。隶属型法律关系存在于有职务关系的上下级之间，也存在于国家机构与其管辖范围内的各主体之间。典型的隶属型法律关系是行政机关内部的管理关系、监督关系等。

（四）第一性法律关系和第二性法律关系

根据法律关系之间因果联系与相互间地位的不同，可将法律关系划分为第一性法律关系和第二性法律关系。

第一性法律关系，也称主法律关系，是人们之间依法建立的不依赖其他法律关系而独立存在的或在多向法律关系中居于支配地位的法律关系。第二性法律关系，又称从法律关系，它是在第一性法律关系受到干扰、破坏的情况下对第一性法律关系起补救、保护作用的法律关系。也就是说，第一性法律关系是第二性法律关系产生的原因，因而第二性法律关系居于从属地位。第二性法律关系越少，越表明权利和义务的实现是良性的，但第二性法律关系也是必要的。

除了上述主要的分类方式外，还可依据其他标准对法律关系进行分类。比如，按照法律关系据以形成的法律规则所属法律部门的不同，可将法律关系划分为宪法法律关系、民事法律关系、刑事法律关系、行政法律关系、经济法律关系、诉讼法律关系等；按照法律关系的表现形态，可将其划分为抽象法律关系和具体法律关系；按照法律关系主体的多少及其权利义务内容是否一致，可将其分为单向法律关系、双向法律关系和多向法律关系；按照权利义务内容的不同，可分为实体性法律关系和程序性法律关系等。

# 第二节　法律关系的主体

法律关系的主体是法律关系的参加者，是法律关系的要素之一。所谓法律关系的要素，是指构成法律关系的必不可少的元素或因素。法律关系到底由哪些要素构成，我国法学界主要是借鉴苏联法学的理论。一般而言，法律关系具有三个基本构成要素：法律关系的主体、客体和内容。缺少任何一个要素，法律关系都不能存在。三个要素中，法律关系的内容（即权利和义务）将在本书第十章"权利与义务"作详细介绍，本章着重介绍的是法律关系的主体和客体。

### 一、法律关系主体的概念

法律关系主体制度发源于古罗马，最初只具有民法意义，后来随着社会的发展，这种制度扩展到整个法律领域。

法律关系的主体是指法律关系的参加者，即法律关系中权利的享有者和义务的承担者。从理论上讲，凡是能够参与一定法律关系的任何人和组织，都可以是法律关系的主体。在现实生活中，法律关系的主体是多种多样的。在每一具体的法律关系中，主体的多少各不相同，但大体上都归属于相对应的双方，一方是权利的享有者，称为权利人；另一方是义务的承担者，称为义务人。

### 二、法律关系主体的种类

什么人或组织能够成为法律关系的主体？这就涉及法律关系主体的种类问题。在我国，根据法律的规定，能够参加法律关系的主体包括：

（一）自然人

在法学领域，自然人应指有生命的、具有法律人格的人，具体包括本国公民、外国公民和无国籍人。

在我国，公民是自然人中最基本、数量最多的法律关系主体。凡是具有中华人民共和国国籍的人都是中国的公民，可以作为我国法律关系的主体，参加政治、经济、文化生活等各方面的法律关系。另外，居住在我国境内的外国人和无国籍人，根据我国有关法律和我国参加、签订的国际条约以及国际惯例，可以成为我国某些法律关系的主体。

（二）法人

法人有广、狭义之分。广义的法人，是指具有法律人格、能够以自己的名义独立享有权利和承担义务的组织；狭义的法人，是指具有民事权利能力和民事行为能力，依法独立享有民事权利和民事义务的社会组织。法理学上讨论的作为法律关系主体的法人是广义的。法人不仅参加民事法律关系，而且参加行政法律关系、劳动法律关系和各种诉讼关系，法人在特定情况下还可成为犯罪主体。根据不同标准，法人可以分为不同的类别。根据《民法总则》的规定，在我国，法人分为"营利法人""非营利法人""特别法人"三类。营利法人，主要是指以取得利润并分配给股东等出资人为目的成立的法人，包括有限责任公司、股份有限公司和其他企业法人；非营利法人，主要是指为公益目的或者其他非营利目的成立，不向出资人、设立人或者会员分配所取得利润的法人，包括事业单位、社会团体、基金会、社会服务机构等；特别法人，包括机关法人、农村集体经济组织法人、城镇农村的合作经济组织法人、基层群众性自治组织法人。

（三）非法人组织

非法人组织是指不具备法人资格的享有权利、承担义务的组织体。这是一类特殊的组织体，它不具备法人资格，但是能够以自己的名义依法从事民事活动，享有某些权利并承担某些义务。现代许多国家都承认非法人组织的主体资格，即承认非法人组织具有权利能力、行为能力和诉讼能力。非法人组织与法人的差别在于不具备完全的民事责任能力，即不具有独立承担民事责任的能力。法人以其全部财产独立承担民事责任，而非法人组织的财产不足清偿债务时，其出资人或设立人承担无限责任。在我国，非法人组织包括个人独资企业、合伙企业、不具有法人资格的专业服务机构等。

（四）国家

从法律上说，国家其实可以算作是一类特殊法人，但其具有特殊性，因此将其单独列为一种法律关系的主体加以阐释。特殊情况下，国家可以作为一个整体参与到法律关系中，成为法律关系的主体。国家作为主体，具有双重人格。一方面，国家是国际法上的主体，是国际法律关系中最重要的参加者。此时，国家以自己的名义参与到国际法律关系中，享有国际法上的权利，同时承担国际法上的义务和责任。另一方面，国家也是国内法上的主体，在享有权利的同时承担民事义务和责任。例如，发行公债和履行债务，对公民和法人承担各种赔偿责任。在很多情况下，国家作为国内法上的主体，是由国家机关或者授权组织作为代表参与到法律关系中。

### 三、法律关系主体的构成资格

法律关系主体的构成资格，即主体的能力问题。法律关系主体与主体的能力不可分。若要成为法律关系的主体，就必须符合法律规定的主体能力，即必须具有一定的意志自由和独立人格，能以自己的名义享有权利并承担义务。这种意志自由和独立人格在法律上就表现为主体的权利能力和行为能力。

（一）权利能力

权利能力，是指主体所具有的能够参加一定的法律关系，依法享有权利和承担义务的能力。换言之，就是指作为法律上的人的资格，也可理解为法律人格。它是法律关系主体实际取得权利、承担义务的前提条件，也就是说，各种具体权利的产生必须以主体具备权利能力为前提。比如，只有具备民事权利能力，才能享有各种具体的民事权利。

权利能力按照不同的标准可以有不同的分类。我国法学界主要按照主体性质不同，将权利能力分为自然人的权利能力和法人的权利能力。

自然人的权利能力又可根据不同的标准进行分类，最主要的一种就是根据主体范围的不同，将其分为一般权利能力和特殊权利能力。一般权利能力又称为基本权利能力，是所有公民都普遍具有的权利能力，而且是公民自出生至死亡都能享有的权利能力，不能任意剥夺或解除。如我国《民法总则》第13条规定："自然人从出生时起到死亡时止，具有民事权利能力，依法享有民事权利，承担民事义务。"特殊权利能力是公民在特定条件下才能享有的法律资格，这种资格不是每个公民都有的，而是授予某些特定的主体，如国家机关的工作人员行使职权的资格就是特殊的权利能力。

法人的权利能力是法人享有权利、承担义务的资格或能力。与自然人的权利能力有所不同，法人的权利能力没有上述的类别划分。一般来讲，法人的权利能力范围是由法人成立的宗旨和业务范围决定的，超出业务范围就不能再有其他权利能力。法人的权利能力产生于法人成立之时，终止于法人解体之时。

（二）行为能力

行为能力是主体的意志能力在法律上的反映，具体是指法律关系的主体能够通过自己的行为实际取得权利和承担义务的能力。行为能力不仅意味着主体能够以自己的名义参加到法律关系中，而且意味着主体能够理解自己行为的性质、意义和后果，并通过自己的意志独立地实现权利和承担义务。行为能力是成为法律关系主体的必要条件。但是，行为能力必须以权利能力为前提，无权利能力就根本无从谈行为能力。

行为能力也分为自然人的行为能力和法人的行为能力。

1. 自然人的行为能力。自然人的行为能力是指自然人以自己的行为享有权利、承担义务和责任的能力。自然人行为能力的有无、大小均由法律规定。确定自然人有无行为能力的依据和标准是：①能否认识自己行为的性质、意义和后果；②是否能够控制自己的行为并对行为负责。这就要求主体必须能够对自己的行为具备独立的理解力和判断力，能够意识到自己行为的后果。而这种理解和判断能力则主要取决于主体的年龄和健康状况。法律对自然人的年龄和健康状况都有规定，据此我们可以将自然人分为完全行为能力人、限制行为能力人和无行为能力人。

（1）完全行为能力人，是指达到法定年龄、智力健全、能够对自己的行为负完全责任的自然人。例如，我国民法认定年满18周岁的公民以及16周岁以上以自己劳动收入为主要生活来源的未成年人、刑法认定年满16周岁的公民都是完全行为能力人。

（2）限制行为能力人，是指行为能力受到一定限制，只有部分行为能力的人。例如，我国民法将年满8周岁以上的未成年人和不能完全辨认自己行为的成年人视为限制民事行为能力人；我国刑法将年满14周岁不满16周岁的人和不能完全辨认自己行为的成年人人视为限制行为能力人。

（3）无行为能力人，是指不能以自己的行为行使权利、履行义务的人。例如，我国民法将不满8周岁的未成年人和不能辨认自己行为的成年人视为无民事行为能力人；刑法将不满14周岁的未成年人和不能辨认自己行为的成年人视为无行为能力人。

另外，还须说明的是，对自然人而言：有权利能力不一定就有行为能力，行为能力丧失并不一定意味着其权利能力的丧失。这表明，自然人的权利能力和行为能力不是完全一致的，它们可能是统一的，也可能是分离的。

2. 法人的行为能力。法人也具有行为能力，而且由于法人作为法律拟制的人，不存在年龄和健康状况的问题，因而具有完全行为能力。一般来讲，法人的行为能力与其权利能力是一致的，都始于法人成立之时，终于法人撤销或解散之时。也就是说，法人的权利能力和行为能力同时产生、同时消灭。但是法人的行为能力是有限的，由其成立宗旨和业务范围所决定。

# 第三节　法律关系的客体

## 一、法律关系客体的概念

（一）法律关系客体的概念

客体与主体相对，指的是主体的意志和行为所指向、影响、作用的客观对象。法律关系的客体是指法律关系主体之间权利、义务所共同指向的对象，它是将法律关系主体间的权利和义务联系在一起的客观基础。如果没有客体，作为法律关系内容的权利和义务就失去了目标，成为无实际内容的东西，也就不可能形成法律关系。因此，法律关系的客体是法律关系的必备要素。

（二）法律关系客体的特点

法律关系的客体，不同于一般意义上的客体，有其自身的特点。这也是判断法律关系客体的标准所在，具体表现为以下几个方面：

1. 客观性。法律关系的客体必须是客观的，独立于主体之外。其表现形式是多样的，它既可以表现为人们的感官直接感觉到的物体，也可以表现为非物质形态，还可以表现为行为。

2. 需求性。法律关系的客体必须能够满足人们的某种需要，既可以满足人们的物质需要，也可以满足人们的精神需要。任何外在的客体，一旦它存在某种利益，就可能会成为法律关系的客体。

3. 可控性。法律关系的客体必须是人类已经能够认识和把握的事物。人类不能认识和把握的事物，即使具有满足主体需求的利益，也无法成为法律关系的客体。任何事物只有被主体为一定目的而占有和利用，同时用一定方法和标准进行量化，才能进行交换或流通，才能够成为法律关系的客体。

4. 法律性。法律关系的客体必须是通过法律规定和调整的客体。随着社会的进步和人类的发展，法律关系的客体范围越来越广，但哪些客体能够成为法律关系的客体，必须由法律严格限制。

**二、法律关系客体的种类**

法律关系客体的种类随着社会历史的不断发展也在不断地变化着。由于权利和义务类型的逐渐丰富，法律关系客体的种类有不断扩大和增多的趋势，其表现形式已多种多样，主要有以下几类：

（一）财产

财产是人类生存的基础，也是最古老、最常见的法律关系客体，大致可分为物和非物质财富两大类。

1. 物。作为法律关系客体的物，是指在法律关系中可以作为财产权利对象的物品或其他物质财富。大多数民事、经济法律关系都是以物为客体的。物的表现形式是多样的，它既可以是天然物（如天然宝石、森林、矿产等），也可以是人造物（如书画、古玩等）；既可以是活动物（如汽车等），也可以是非活动物（如房屋等）；既可以是有体物（如服装、石油等），也可以是无体物（如光、电、热等）。至于哪些物可以作为法律关系的客体或可以作为哪些法律关系的客体，应由法律予以具体规定。

2. 非物质财富。非物质财富亦称精神财富，是指法律关系主体通过其智力活动所取得的精神财富或者在社会活动中所取得的精神财富，包括智力产品和荣誉产品。

智力产品包括各种科学发明、商标设计、文艺作品、技术成果、学术成果等，它是一种与人身相联系的非物质财富。如著作权法律关系中的署名权，就不能由主体任意变更和消灭，主体因此而取得的荣誉也不能随便转让。此外，在知识经济时代，信息是一种有意义的资源和利益载体，它包括一切有价值的情报或资讯，如国家秘密、商务情报等。信息不是特定的人通过智力活动创造的，但行为人在收集和整理信息过程中往往要付出智力劳动，因而信息应作为一种客体，其持有人的权利也应受到法律保护。

荣誉产品是指法律关系主体通过其社会活动而获得的物化或者非物化的荣誉价值，如主体被授予的荣誉称号、奖章、奖品等，它们是荣誉权的法律关系客体。

（二）非财产利益

非财产利益，是指各种无财富价值的利益。随着社会的文明和进步，非财产利益的客体的重要性日益明显。非财产利益可以分为三个层次：①全人类的总体利益，即人类的和平与发展，这是与基本人权有关的法律关系的客体。如对恐怖分子、战争罪犯、劫机犯、种族灭绝行为的处罚所保护的就是这种客体，环境法对全球生态环境的保护也是这类客体。②在国家层面上的利益，如国家安全、主权完整、国内和平与秩序等。刑事法律关系所保护的许多客体正是这类客体。③个体的非财产利益，如个人的言论自由、通讯秘密、隐私、精神利益和人格利益等。对个人非财产利益的侵犯常以金钱补偿，而对全人类和国家层面上的非财产利益的侵犯往往会受到刑罚以及国际社会的制裁。[1]

（三）行为

行为是法律关系主体的权利和义务共同指向的作为或不作为。作为是指积极行为；不作为

---

[1] 参见周永坤：《法理学》，法律出版社2004年版，第141页。

是指消极行为，是对一定活动的抑制。在很多法律关系中，其主体的权利和义务所指向的对象都是行为。如劳务合同中雇主的权利、家庭关系中子女得到抚养教育的权利等所指向的对象都是积极行为，而行政处罚中的停产停业处罚所指向的对象就是被处罚人在一定期限内不得作为的消极行为。

## 第四节　法律关系的产生、变更与消灭

### 一、法律关系的产生、变更与消灭及其条件

法律关系的产生是指在主体间形成了权利义务关系，变更是指主体间的权利义务发生了变化，消灭是指主体间的权利义务完全终止。法律关系是法律在调整社会关系的过程中形成的特殊的社会关系，而社会关系本身随着社会生活的变化而不断发展变化，因此法律关系也就处在不断变化发展的动态过程中。本节就是从动态角度对法律关系加以认识的。

法律关系的产生、变更和消灭需要具备一定的条件，即法律规则的存在和法律事实的出现。法律规则的存在是法律关系产生的前提和依据，没有法律规则就不会产生相应的法律关系。比如，没有婚姻法，就不会有婚姻法律关系，虽然社会上存在婚姻关系，但这些关系如果没有法律加以规定，就不是法律关系。法律事实的出现是法律关系产生、变更和消灭的直接条件，它是法律规则中假定部分所规定的情况。比如，婚姻法不会自动产生婚姻法律关系，只有当行为人按婚姻法的要求去登记结婚时，才能引起婚姻法律关系的出现。因此，归结而言，法律关系产生、变更和消灭的条件就是法律规则规定的法律事实的出现。

法律事实的出现为法律关系的产生、变更和消灭提供了现实性条件，本节将予以重点介绍。

### 二、法律事实及其种类

法律事实是由法律规定的、能够引起法律关系产生、变更和消灭的各种事实的总称。法律事实是多种多样的，从不同的角度，按照不同的标准，可以将其分为不同的类别。

（一）肯定性法律事实和否定性法律事实

根据法律事实的存在形态可将法律事实分为肯定性法律事实和否定性法律事实。

1. 肯定性法律事实，也称确认式法律事实，是指法律规定该事实存在时才能引起法律关系产生、变更和消灭的事实，如果没有这种法律事实，就不能引起法律关系的产生、变更和消灭。肯定性法律事实对法律关系的影响力取决于它的"存在"。大量的法律事实是肯定性的法律事实，例如，人的出生和死亡、签订合同、作出行政决定等。

2. 否定性法律事实，也称排除式法律事实，是指对于一定法律关系的产生、变更和消灭来说必须排除的法律事实，如果有此事实，就不能引起法律关系的产生、变更和消灭。否定性法律事实对法律关系的影响力取决于它的"不存在"。比如，结婚要求排除直系血亲和三代以内的旁系血亲，那么直系血亲和三代以内的旁系血亲对于婚姻法律关系的产生来说，就是否定性法律事实。

（二）单一的法律事实和事实构成

根据法律关系产生、变更和消灭所要求的法律事实的数量标准，法律事实可分为单一的法律事实和事实构成。

1. 单一的法律事实，是指无需其他法律事实同时出现就能单独引起一种或者多种法律关系的产生、变更和消灭的法律事实。比如，出生这一事实就能引起父母子女间抚养关系的产

生，死亡这一事实就能引起抚养关系、婚姻关系的消灭，那么出生、死亡都是单一事实。

2. 事实构成，是指按法律规定能够引起一定法律关系产生、变更或消灭的两个或两个以上的事实群。例如，房屋买卖关系的成立，就同时需要订立合同、交付房价款、交付房屋、过户登记等多个法律事实。又如，婚姻法律关系的形成需要双方达到婚龄、双方自愿、没有直系血亲和三代以内的旁系血亲关系以及没有不宜结婚的疾病等一系列法律事实，这就是事实构成。

（三）法律事件和法律行为

根据法律事实是否以主体的意志为转移，可将其划分为法律事件和法律行为。这是学界最普遍、也是相对比较重要的一种分类方式。

1. 法律事件。法律事件是由法律规范规定的、不以当事人的主观意志为转移而引起法律关系产生、变更和消灭的客观事实。法律事件又可以按照是否由人们的行为而引起，分为自然事件和社会事件。自然事件是由于某种自然原因而引起的事件，如人的出生、成长、自然死亡、自然灾害等。社会事件是指由人的行为引起的，但它的出现不以人的意志为转移，如战争、动乱、政策、法律的变化等现象。这些事实都是不以人的意志为转移的客观事实，但由于它们的发生，有关当事人就取得了一定的权利，承担一定的义务或责任，或丧失权利解除义务，也就是说，引起了一定法律关系的产生、变更或消灭。

2. 法律行为。法律行为是指法律规则规定的，行为人在一定意志支配下的、能够引起法律关系产生、变更和消灭的行为。大量的法律事实都属于法律行为，都与当事人的意志有关，法律行为与法律事件的不同之处就在于当事人的主观因素成为引发此种事实的原因。因此，当事人既无故意也无过失，而是由于不可预见的原因引起了某种法律后果的行为，在法律上不被视为行为，而视为意外事件。

法律行为有其自身的特点：①法律性。法律行为是由法律规定和调整的行为，是发生法律效果的行为。正如纯粹法学派的代表人物凯尔森所说，"行为之所以成为法律行为正因为它是由法律规范所决定的"[1]。②行动性。法律行为必须是人的行动，包括语言和身体行动，而不是内心活动或思想。③意志性。法律行为是受人的意志所控制的活动，是人们有目的、有意识进行的。独立的意思表示和按照自己的意志确定并实现行为内容，这是法律行为成立的基本要素。无意识的举动（如精神病患者的举动）在法律上不被视为行为。

法律行为的基本分类，是根据不同的标准对法律行为进行分类，有利于我们从不同侧面全面认识法律行为。根据行为主体性质和特点所作的分类，分为个人行为、集体行为与国家行为；单方行为与多方行为；自主行为与代理行为。根据行为的法律性质所作的分类，可以分为合法行为与违法行为、公法行为与私法行为。根据行为的表现形式与相互关系所作的分类，可以分为积极行为与消极行为、主行为与从行为。根据行为构成要件所作的分类，可以分为表示行为与非表示行为、要式行为与非要式行为、完全行为与不完全行为[2]。最后需要强调的是，在研究法律事实的问题时，我们应当注意这样一些复杂的情况，也就是同一个法律事实可能引起多个法律关系的产生、变更和消灭，同一法律关系可能是因多个法律事实的出现才产生、变更和消灭的。我们不能认为一个法律事实只能产生一个法律关系，也不能认为一个法律关系就是由一个法律事实所引起的。

---

〔1〕 ［奥〕凯尔森：《法与国家的一般理论》，沈宗灵译，中国大百科全书出版社 1996 年版，第 42 页。
〔2〕 参见张文显主编：《法理学》，高等教育出版社 2003 年版，第 127～129 页。

### 案例分析 [1]

德国人施米特今年某日持所购京剧票去北京某剧院观看京剧《空城计》，不料因该剧几位主演尚在外地演出未能返京，该剧院被迫安排了一场交响乐，施米特以该剧院违约为由向北京某区法院提出诉讼。本案提出的问题有两个：①施米特与该剧院先后形成几种法律关系？分别属于哪些种类？②施米特因购京剧票与该剧院形成的法律关系的客体及其内容是什么？

【评析】本案涉及法律关系的种类及其客体的问题。本案中，施米特与该剧院形成了两种法律关系：施米特因购京剧票与该剧院形成的民事合同法律关系；施米特向法院起诉该剧院形成的民事诉讼法律关系。根据本章关于法律关系的分类，施米特与剧院形成的民事合同法律关系和民事诉讼法律关系都属于相对法律关系、平权型法律关系，同时，民事合同法律关系还属于调整性法律关系和第一性法律关系，民事诉讼法律关系还属于保护性法律关系和第二性法律关系。

本案中，施米特与该剧院的合同法律关系以及诉讼法律关系的客体是剧院依合同应为的表演行为，而不是财产和非财产利益。

### 本章小结

法律关系是法学中的重要概念，其他法律概念都与法律关系有直接或间接的联系。法律关系是指法律在调整社会关系过程中形成的人与人之间的权利义务关系，是法律确认和调整社会生活关系的结果。法律关系与其他社会关系相较而言，有其自身的特点，即它是人与人之间的社会关系，是以法律为前提而形成的社会关系，是以权利和义务为内容的社会关系。根据不同的标准，可将法律关系分为不同的类别，如绝对法律关系和相对法律关系、平权型法律关系和隶属型法律关系等。

法律关系的要素，是指构成法律关系的必不可少的元素或因素。一般而言，法律关系是由三个要素构成的：法律关系的主体、客体和内容。法律关系的主体是法律关系的参加者，即在法律关系中权利的享有者和义务的承担者，包括自然人、法人、非法人组织、国家。法律关系的客体是指法律关系主体之间权利、义务所共同指向的对象，其种类有不断扩大和增多的趋势，表现形式也多种多样，主要有财产、非财产利益、行为。

法律关系的产生、变更与消灭是从动态角度对法律关系加以认识的。法律关系的产生、变更和消灭需要具备一定的条件，即法律规则的存在和法律事实的出现。法律规则的存在是法律关系产生的前提和依据，法律事实的出现为法律关系的产生、变更和消灭提供了现实性条件。法律事实是由法律规定的、能够引起法律关系产生、变更和消灭的各种事实的总称。从不同的角度，可以将其分为不同的类别。

### 思考题

**一、名词解释**

1. 法律关系
2. 主体的权利能力和行为能力

---

[1] 参见中国政法大学 2006 年法学硕士研究生入学考试试题。

3. 法律事实

4. 法律行为

## 二、简答题

1. 法律关系与其他社会关系相比有何特点？

2. 简述法律事实及其分类。

3. 简述法律关系的客体及其种类。

## 三、论述题

1. 根据不同的标准和认识的角度不同，法律关系可作哪些分类？

2. 论法律关系产生、变更和消灭的前提。

 主要参考文献

1. 周永坤：《法理学》，法律出版社 2004 年版。

2. ［古罗马］查士丁尼：《法学总论》，张企泰译，商务印书馆 1989 年版。

3. ［美］理查德·A. 波斯纳：《法理学问题》，苏力译，中国政法大学出版社 2002 年版。

第八章

# 法律体系

【本章概要】法律体系，是指由一个国家现行的全部法律规则按照不同的法律部门分类组合而形成的统一整体。它是法律部门的总和。法律部门是指按照法律调整社会关系的领域和方法所划分的一国同类法律规范的总称。我国法律部门划分的主要标准是调整对象，辅助标准是调整方法。当代中国的法律体系是一个由宪法统率的各个法律部门组合而成的有机统一的整体。

【学习目标】通过本章的学习，了解法律体系的概念、特点。另外，划分法律体系的标准为法律部门，是理解法律体系的关键因素。因此，还需了解法律部门的概念、划分标准、划分原则等内容。在此基础上，掌握当代中国法律体系的构成情况。

## 第一节　法律体系的概念

### 一、法律体系的概念

体系，通常是指由若干事物或某些意识互相联系而构成的一个整体，强调整体的和谐与层次性。法律体系，又称"法的体系"，是指由一个国家现行的全部法律规范按照不同的法律部门分类组合而形成的统一整体。法律体系既反映一个国家或地区法律的整体面貌，也反映了现行法律与复杂的社会系统之间的关系。因此，研究法律体系不仅对建立、完善、统一法律体系具有重要意义，而且对于科学地进行立法预测、立法规划以及协调法律部门之间的关系、消除法律冲突、合理适用法律都有重大意义。

### 二、法律体系的特点

从法律体系的概念来看，法律体系有以下几个特点：

1. 法律体系是由一个国家的国内法构成的系统。它既不是几个国家，也不是一个地区或几个地区的法律构成的整体，而是特指一国的法律构成的整体。它通常不包括完整意义上的国际法，因为国际法在创制方式、实施方式、渊源形式、法律关系主体等方面与国内法有明显的区别，故二者分属于不同的法律系统。

2. 法律体系是一个国家的全部现行法律构成的整体。构成法律体系的法律只能是本国的现行法，它反映的是一国法律的现实状况，既不包括本国历史上宣布废止和失效的法律，也不包括尚未制定或已经制定但尚未生效的未来的法。

3. 法律体系是一个由法律部门分类组合而形成的呈体系化的有机整体。这是法律体系结构上的特征。法律体系以法律部门为构成单位。法律部门按照一定标准和原则进行区分，各自独立，分别调整特定的社会关系；同时，各法律部门又内在地统一于法律体系内部，相互协调一致，和谐、全面地反映和调整整个社会关系。

## 第二节　法律部门的划分

### 一、法律部门的概念

法律部门，又称"部门法"，是指按照法律调整社会关系的领域和方法所划分的一国同类法律规范的总称。如宪法、行政法、民法、刑法、经济法等法律部门。法律部门是法律体系的基本组成要素，体现了法律体系的内部结构。

在理解法律部门的概念时，要注意区分法律部门和组成该部门的规范性法律文件。有时，法律部门的名称是用组成该部门的基本规范性法律文件的名称来表述的，例如在我国，刑法法律部门是用"刑法"这一规范性法律文件的名称来命名。但是，二者在本质上是不同的。在以制定法为主要法源的国家，法律部门是同类规范性法律文件的总和，它既包括与法律部门名称相同的规范性法律文件，也包括与法律部门名称不相同的其他规范性法律文件。例如，在我国，宪法法律部门既包括与其名称相同的宪法，也包括组织法、选举法、特区基本法等，甚至有些宪法习惯也是宪法法律部门的组成部分。除此以外，分散在其他调整同类社会关系的不同规范性法律文件中的一些法律条文，同样也是法律部门的组成部分。例如，刑法法律部门除了刑法典以外，也包括单行的刑事法律，还包括非刑事法律中的刑事条款。另外，还有些法律部门则干脆没有基本的规范性法律文件，而全部由单行的规范性法律文件和散见于其他规范性法律文件中的法律规范构成，如行政法法律部门和经济法法律部门。由此可见，法律部门不能和名称相同的规范性法律文件等同起来，也不能认为法律部门就是由一个规范性法律文件构成的，它是由同类规范性法律文件构成的集合。

另外，还要注意几个问题：①法律部门是由同类法律规范构成的。法律规范多种多样，它们分别调整不同的社会关系，只有调整同类社会关系的法律规范才能构成某一法律部门。例如，民法法律部门是由调整民事关系的法律规范构成的，劳动法法律部门是由调整劳动关系的法律规范构成的。②法律部门还可以进一步划分为若干的子部门。子部门是由构成法律部门的法律规范中的一些特殊法律规范构成的，它属于某一法律部门的分支。例如，立法法、组织法、选举法等是宪法法律部门的子部门；合同法、物权法、知识产权法等是民法法律部门的子部门。③法律部门之间也存在着交叉。虽然法律部门之间都是彼此独立的，但是它们之间又存在着联系和交叉。例如，经济法法律部门、劳动法法律部门和民法法律部门中的某些法律规范也属于行政法法律部门调整的范围。④法律部门的形成是不断变化和发展的。新的法律部门会随着一国的立法和社会关系的变化而不断涌现。有的会从其所属的法律部门中分离出来而成为一个独立的法律部门，如劳动法法律部门；有的随着法律规范的增多以及在社会关系中地位的提高，逐渐形成独立的法律部门，如环境保护法法律部门。[1]

### 二、法律部门的划分标准

如何划分法律部门对于法律体系的建立、发展而言非常重要。我国关于划分法律部门的标准问题是从苏联引进的。我国法学界早先承袭了苏联法学界 20 世纪 40 年代的看法，主张法律规则依照它们所调整的社会关系的不同而划分为各个法律部门，即一种标准说。后来，随着对此问题的不断深入研究，将划分法律部门的标准发展为两种，即调整对象和调整方法。

---

[1]　参见葛洪义主编：《法理学》，中国人民大学出版社 2003 年版，第 139 页。

（一）法律的调整对象

法律的调整对象即社会关系。法律是调整社会关系的行为准则，不同的法律调整的社会关系不同，据此形成不同的法律部门。因此，法律所调整的社会关系即法律的调整对象是划分法律部门的首要标准。社会关系随着社会的不断发展越来越复杂，范围也极为广泛，分属不同的领域，包括了人类生活的政治、经济、文化、教育、家庭、宗教等，这就需要有不同的法律规范去调整。例如，平等主体之间的人身和财产关系要由民事法律规范来调整；与行政权有关的各种行政关系要由行政法律规范来调整；用人单位和劳动者之间的劳动关系以及和劳动关系密切联系的其他社会关系要由劳动法律规范来调整。如此，将调整同一类社会关系的法律规范归为一类，形成一个法律部门，如民法、行政法、劳动法法律部门等。

（二）法律的调整方法

法律的调整对象虽然是划分法律部门的首要标准，但以此作为唯一的标准还是不够的。在许多情况下，如果仅仅使用调整对象这个标准，很难划分法律部门。比如，刑法的调整对象十分广泛，涉及民事、行政、经济等各种社会关系，如果只按照调整对象的标准就很难将其列入哪一个法律部门。另外，社会关系极为复杂，有时对于同一社会关系需要由不同的法律部门来调整。例如，国家所有权关系需要由宪法、民法、经济法、刑法、行政法等不同法律部门来调整。如此看来，法律调整对象并不能把一切法律部门区别开来，划分法律部门还需要另一个标准，即法律的调整方法。

法律调整的方法是指法律在调整社会关系时用以影响社会关系的方式和手段。不同的法律部门调整的方法不同，例如，民法是采取平等、自愿、等价有偿、诚实信用等原则指导下的意思自治的调整方法；行政法采取的是以行政许可、行政命令、行政合同、行政指导等为主要内容的调整方法。对违法行为，刑法是以刑罚制裁手段作为调整方法；民法是以民事制裁手段作为调整方法；行政法则运用行政处罚和行政处分等调整方法。由此可见，根据不同的调整方法也可划分不同的法律部门。

法律的调整对象与调整方法是划分法律部门的两个主要标准，一般来说，调整对象处于根本的和首要的地位，因为许多调整方法的不同事实上也是由调整对象不同决定的。不过，法律的调整方法也具有很重要的作用，有时甚至主要应该考虑法律的调整方法。

# 第三节　当代中国法律体系

当代中国的法律体系是一个由不同的法律部门组合而成的统一整体。各个法律部门在法律体系中占据不同的地位，彼此间有着复杂的相互关系，而不是简单地罗列与相加。至于如何划分当代中国的法律体系，也就是说它到底由哪些法律部门组成，我国法学界目前尚未形成统一的认识。2001年3月，第九届全国人大第四次会议上宣布，中国特色社会主义法律体系已经形成，包括七大法律部门：

## 一、宪法及宪法相关法法律部门

宪法及宪法相关法法律部门是我国法律体系中居于核心与主导地位的法律部门，它规定了国家的政治、经济、文化等根本制度，国家的各种基本原则、方针，公民的基本权利和义务，以及国家机关的组织和活动的基本原则等内容。它不但反映了当代中国法的本质和基本原则，也确定了其他法律部门的指导原则，是整个法律体系的基础。

该法律部门的主导性法律是《宪法》及其修正案。除此之外，还包括一些其他宪法性法律：规定国家基本制度、原则、方针、政策、公民基本权利和义务的法律；有关国家机关的组织、地位、职权和职责的法律，以及规定民族自治区、特别行政区的法律等。具体表现形式主要有：

1. 国家机关组织法，主要包括《全国人民代表大会和地方各级人民代表大会代表法》《全国人民代表大会组织法》《全国人民代表大会议事规则》《地方各级人民代表大会和地方各级人民政府组织法》《人民法院组织法》《人民检察院组织法》《国务院组织法》等。

2. 选举法，主要包括《全国人民代表大会和地方各级人民代表大会选举法》《中国人民解放军选举全国人民代表大会和县级以上地方各级人民代表大会代表的办法》等。

3. 民族区域自治法。

4. 特别行政区基本法，主要有《香港特别行政区基本法》和《澳门特别行政区基本法》。

5. 立法法和授权法，主要包括《立法法》以及全国人大及其常委会授权国务院或其他国家机关制定某种规范性法律文件的法律，如《关于授权国务院改革工商税制发布有关税收条例草案试行的决定》（现已失效）等。

6. 国籍法。

7. 国旗法和国徽法。

8. 公民基本权利和义务法，主要包括《义务教育法》《未成年人保护法》《老年人权益保障法》《妇女权益保障法》《集会游行示威法》等。

9. 其他附属法律和规范性法律文件，主要包括《缔结条约程序法》《外交特权与豁免条例》《城市居民委员会组织法》《村民委员会组织法》等。

## 二、民法商法法律部门

民法商法法律部门是调整平等主体之间的财产关系和人身关系以及商事关系的法律部门，其调整的特点是遵循自愿、平等、等价有偿、诚实信用等原则。在建设社会主义市场经济的过程中，民商法法律部门在法律体系中起着举足轻重的作用。

民法商法法律部门是由民法部门和商法部门合成的一个法律部门。民法部门调整的是平等主体之间的财产关系和人身关系，商法部门调整的是商事关系和商业活动。

我国目前还没有较完整的民法典和商法典，属于民法法律部门的主要法律包括《民法总则》《婚姻法》《继承法》《收养法》《合同法》《著作权法》《专利法》《商标法》等；属于商法法律部门的主要法律包括《海商法》《公司法》《保险法》《票据法》《对外贸易法》等。

## 三、行政法法律部门

行政法法律部门是调整国家行政管理活动中形成的社会关系的法律的总和。由于国家行政管理活动的分散和广泛性，行政法法律部门没有一部主导性的、统一概括的法律，而是由许多单行的法律、法规等组成，数量非常多，居所有法律部门之首。

行政法法律部门主要由三个部分组成：

1. 行政组织法。行政组织法主要调整内部行政关系，包括《国务院行政机构设置和编制管理条例》《地方各级人民政府机构设置和编制管理条例》《公安机关组织管理条例》等。

2. 行政行为法。行政行为法又分为一般行政法和特别行政法。一般行政法对一般行政关系加以调整，这方面的法律规范比较少，包括《行政处罚法》等；特别行政法对特别行政关系进行调整，包括《治安管理处罚法》《外国人入境出境管理法》《海关法》，以及分散在其他规范性法律文件中关于规定行政处罚或行政许可等行政行为的规则等。

3. 行政监督和救济法。行政监督和救济法主要调整行政监督关系，包括《行政复议法》《行政诉讼法》《行政监察法》《国家赔偿法》等。

#### 四、经济法法律部门

经济法法律部门是调整宏观经济调控关系和市场规制关系的法律的总和。虽然民法、商法等法律部门中都存在调整经济关系的法律规则，但经济法调整的经济关系是在国家干预下形成的，有其自身的独特性，其调整的范围主要包括：①国家在国民经济管理中的纵向经济关系；②各种社会组织在经济活动中的横向经济关系；③各种社会组织内部活动中的经济关系。

该法律部门是由许多单行法律、法规组成的，主要包括《合伙企业法》《会计法》《预算法》《产品质量法》《消费者权益保护法》《个人所得税法》《反不正当竞争法》《反垄断法》等。

#### 五、社会法法律部门

社会法法律部门是调整劳动关系、社会保障、社会福利和环境保护关系的法律的总和。具体可以分为三个子法律部门：

（一）劳动法法律部门

该子部门是调整劳动关系以及与劳动关系有密切联系的其他社会关系的法律的总称。它包括劳动就业、劳动合同、劳动时间、劳动报酬、休假、劳动安全、劳动卫生、女职工和未成年工保护、劳动纪律、劳动争议处理等问题的法律调整和规定。该子部门的主要法律是《劳动法》。除此之外，还包括《工会法》《矿山安全法》《工资支付暂行规定》《集体合同规定》《女职工劳动保护特别规定》等。

（二）社会保障法法律部门

该子部门是调整有关社会保障与社会福利关系的法律的总和。它主要规定对于年老、患病、残疾等丧失劳动能力者进行物质帮助的各种措施，包括劳动保险、失业保险、生活困难以及农村中的"五保"等社会保险和对于社会成员福利的法律规定。其主要法律包括《保险法》《关于建立统一的企业职工基本养老保险制度的决定》《失业保险条例》《关于工人退休、退职的暂行办法》等。

（三）环境与资源保护法法律部门

该子部门是关于保护环境和自然资源、防治污染和其他公害的法律的总和。近年来，随着人们环保意识的增强，我国自然资源和环境保护的法律原则和规则大量增加，逐渐成为一个独立的法律部门，包括环境保护法和自然资源法两个部分。

环境保护法是指保护环境、防治污染和其他社会公害的法律的总称，主要包括《环境保护法》《城乡规划法》《海洋环境保护法》《环境影响评价法》《水污染防治法》《清洁生产促进法》《大气污染防治法》《风景名胜区条例》等。

自然资源法是指调整各种自然资源的规划、合理开发、利用、治理和保护等行为的法律的总称，主要包括《森林法》《草原法》《渔业法》《水土保持法》《土地管理法》《矿产资源法》《水法》等。

#### 六、刑法法律部门

刑法法律部门是最古老、历史最悠久的法律部门，古代最重要的法律就是刑法。现代社会，刑法部门是以其独特的法律调整方法即刑罚作为标准划分的法律部门，是有关犯罪和刑罚的法律的总称。刑法调整的范围十分广泛，在我国法律体系中的地位也非常重要。

刑法法律部门主要是由《刑法》构成的，还包括一些刑事方面的单行法规、条例，如《国家安全法》等。另外，在其他法律中也包括一些刑事法律规则，例如《文物保护法》《专利法》等法中规定的"依照""比照"刑法的有关规定追究刑事责任的条款等。

### 七、诉讼与非诉讼程序法法律部门

诉讼法法律部门是规定诉讼程序及参加诉讼的各方权利义务关系的法律、非诉讼程序及参加非诉讼程序的各方权利义务关系的法律的总称。它在整个法律部门中占有极其重要的地位。前述六个法律部门侧重从实体上规定权利和义务关系，而诉讼与非诉讼程序法的功能在于确认实体权利义务在具体当事人中是否存在、排除实体权利义务关系实现的障碍，也就是说，它侧重于从诉讼与非诉讼程序方面保证实体法的正确实施。另外，诉讼与非诉讼程序法也具有自身独立的法律价值，对于保障司法公正与效率具有极为重要的意义。

该法律部门的主要法律包括《刑事诉讼法》《民事诉讼法》《行政诉讼法》。另外，诉讼法部门还包括若干其他方面的子部门法，主要有：《律师法》《公证法》《仲裁法》《人民调解法》《监狱法》等。

#### 案例分析 [1]

1994 年 9 月，田永考入北京科技大学，取得本科生学籍。1996 年 2 月，田永在参加电磁学课程补考过程中，随身携带纸条，被监考老师发现，当即停止了田永的考试。同年 3 月，北京科技大学按照校规认定田永的行为是考试作弊，决定对田永按退学处理，4 月 10 日填发了学籍变动通知，但未直接向田永宣布处分决定和送达变更学籍通知，也未给田永办理退学手续。田永继续在该校以在校大学生的身份参加正常学习及学校组织的活动。1998 年 6 月，北京科技大学以田永不具有学籍为由，拒绝为其颁发毕业证和学位证。同年 10 月，原告田永以被告北京科技大学拒绝颁发毕业证和学位证为由，诉至北京市海淀区人民法院。一审判决原告胜诉。北京科技大学提出上诉，二审法院驳回上诉，维持原判。

【评析】　本案涉及法律部门的划分问题。法律部门的划分标准：一是调整对象，即法律所调整的社会关系；二是调整方法，即法律在调整社会关系时用以影响社会关系的方式和手段。法律关系性质的认定决定法院审理本案所采取的程序和原则。

本案中，田永与北京科技大学之间关于颁发毕业证与学位证纠纷的法律关系属于哪个法律部门，是属于民事法律关系（平权型）还是行政法律关系（隶属型），是本案的难点问题之一。北京市海淀区人民法院认为，在我国目前情况下，某些事业单位、社会团体，虽然不具有行政机关的资格，但是法律赋予它行使一定的行政管理职权。这些单位、团体与管理相对人之间不存在平等的民事关系，而是特殊的行政管理关系。他们之间因管理行为而发生的争议，不是民事诉讼，而是行政诉讼。另外，根据我国《教育法》第 21、22 条和《学位条例》第 8 条的规定，学业、学位证书由经国家批准设立或者认可的学校及其他教育机构按照国家有关规定予以颁发。本案被告北京科技大学是从事高等教育事业的法人，其对受教育者颁发学业、学位证书的行为是经国务院授权、代表国家行使行政权力的行为。因此，原告田永与其发生的争议属于行政争议，可以适用《行政诉讼法》予以解决。

#### 本章小结

法律体系是法的内在结构，是指由一个国家现行的全部法律规范按照不同的法律部门分类组合而形成的统一整体。法律体系既反映一个国家或地区法律的整体面貌，也反映现行法律与

---

〔1〕　参见北京市高级人民法院编：《人民法院裁判文书选》（北京 2000 年卷），法律出版社 2001 年版，第 815 页。

复杂的社会系统之间的关系。因此，研究法律体系不仅对建立、完善、统一法律体系具有重要意义，而且对于科学地进行立法预测、立法规划以及协调法律部门之间的关系、消除法律冲突、合理适用法律都有重大意义。法律部门，是指按照法律调整社会关系的领域和方法所划分的一国同类法律规范的总称。法律部门是法律体系的基本组成要素，体现了法律体系的内部结构。在不同的国家，法律部门的划分标准与方式不同，所形成的法律体系也就不同。我国划分法律部门的主要标准是调整对象，辅助标准是调整方法。当代中国的法律体系是一个由不同的法律部门组合而成的统一整体，主要包括宪法及宪法相关法、民法商法、行政法、经济法、社会法、刑法、诉讼与非诉讼程序法八个法律部门。

 **思考题**

### 一、名词解释

1. 法律体系
2. 法律部门

### 二、简答题

1. 法律部门划分的标准有哪些？
2. 法律体系的特点有哪些？
3. 当代中国法律体系包括哪些法律部门？

 主要参考文献

1. 朱景文：《比较法社会学的框架和方法——法制化、本土化和全球化》，中国人民大学出版社 2001 年版。

2. 周旺生：《立法学》，法律出版社 2004 年版。

3. J. H. Merryman, *The Civil Law Tradition*, Stanford University Press, 1985.

第 九 章

# 法律责任

【本章概要】法律责任是因违法、违约行为或其他法律规定的事实而应当承担的某种具有强制性的不利后果。对法律责任的研究具有十分重要的理论与实践意义。本章详细阐述了法律责任的概念、特点、本质、作用、种类及其构成要件。在此基础上，还阐述了归责（法律责任的归结）和归责应当遵循的原则、免责（法律责任的免除）和免责的条件等内容。

【学习目标】通过本章的学习，了解法律责任的涵义、特点、本质及其作用、分类等内容。法律责任的构成要件是理解法律责任的关键知识点，包括责任主体、主观过错、违法或违约行为、损害事实和因果关系。另外，法律责任的归结及其原则，法律责任的免除及其条件等内容也要予以掌握。

## 第一节　法律责任的概念

### 一、法律责任的概念

在现代汉语中，"责任"一词在不同的语境下有不同的涵义，大致可以在两种意义上使用：①积极意义上的责任，既可以指分内应做之事，如职责、岗位责任等，又可以指特定人对特定事项的发生、发展、变化及其成果负有积极的助长义务，如担保责任、举证责任等。②消极意义上的责任，是指因没有做好分内的事情或没有履行助长义务而应承担的不利后果或强制性义务，如违约责任、侵权责任、渎职责任等。可见，"责任"与"义务"密不可分。

法律责任与法律义务也是密不可分的。由此，在我国法学界，对于法律责任通常有两种解释：①广义的解释，将法律责任等同于法律义务，比如通常说到的国家机关执行法律的责任、公民保卫祖国的责任、控告人的举证责任等，这些责任与义务相同；②狭义的解释，认为法律责任是因违法、违约行为或因其他法律规定的事实而应当承担的某种具有强制性的不利后果。本章我们所要研究的法律责任，指的是狭义的法律责任。

通过法律责任的概念，我们可以了解法律责任产生的原因：①违法或违约行为，即行为主体因自己的违法或违约行为而应当承担的法律上的不利后果；②法律规定的其他事实，比如，《侵权责任法》第九章规定的承担"高度危险责任"的事实，如从事高空、高压、易燃、易爆、剧毒、放射性、高速运输工具、民用航空器、民用核设施等对周围环境有高度危险的作业造成他人损害的，应当承担民事责任。

### 二、法律责任的特点

法律责任与其他的社会责任（如道德责任、纪律责任、政治责任等）相比，有其自身的特点：

1. 法律责任具有法律性，即法律是承担法律责任的唯一依据。这不仅表现在法律责任的产生原因上，即由法律规定的违法、违约行为或其他事实而引起的，也表现在法律责任的认定与追究上，即认定与追究法律责任的依据是法律，法律责任的性质、范围、大小、期限等都是由法律明确规定的。

2. 法律责任具有国家强制性，即法律责任是由国家强制力保证实施的。法律责任的追究和执行是有关国家机关依照法定职权和程序采取强制手段予以实施的，是以警察、法院、监狱等一套国家机器保证实现的，因此具有国家强制性。如果不对违法者追究法律责任，法律的神圣性和权威性就会受到巨大的挑战，甚至法律本身也会化为乌有。

3. 法律责任具有不利性，即法律责任是行为人要承担的不利后果。法律责任是由违法、违约行为或法律规定的其他事实而引起的，这些行为或事实都是法律明确禁止、反对或不希望发生的，因此，对行为人来讲，势必要承担不利的后果，即要么是其预期利益得不到法律的承认或保护，要么为此付出相应的代价。

### 三、法律责任的作用

法律责任的作用是从动态角度来认识法律责任，具有非常重要的理论与实践意义。法律责任的作用主要体现在以下几个方面：

（一）惩罚作用

绝大多数的法律责任形式都具有制裁性，它通过限制责任人的人身自由、剥夺责任人的财产权和其他法律资格等方式来惩罚违法行为，使责任人充分认识和体验到法律的严厉性，认识到违法、违约行为的社会危害性。惩罚作用也体现为社会对违法、违约行为的一种反击。如果离开这种惩罚性，法律的力量就大为减损，社会上的不法之徒就会更加有恃无恐地从事违法、违约行为。

（二）救济作用

法律责任的救济作用是指通过设定一定的责任制度，赔偿或补偿在一定的法律关系中受到侵犯的权利或者受到损失的利益。因为任何需要追究法律责任的行为都在不同程度上破坏了现存的社会秩序，给他人、社会或国家的利益造成损害。通过对这种行为追究法律责任，强制责任人履行一定的行为或交付一定的财产和金钱，一是对受损的社会关系的补偿，使被扰乱的社会关系、社会秩序得以恢复常态；二是对受到违法、违约行为侵害或因法定事件而受到损害的人进行财产和精神上的补偿，使其失去的利益获得全部或部分补救，包括物质补偿和精神补偿。法律责任的救济形式主要有停止侵害、排除妨害、恢复原状、赔偿损失等。

（三）预防和教育作用

法律责任通过设定违法犯罪和违约行为必须承担的不利的法律后果，表明社会和国家对这些行为的否定态度。这不仅对违法犯罪者或违约者具有教育、震慑作用，也可以教育其他社会成员依法办事，不做有损于社会、国家、集体和他人合法利益的行为。

## 第二节　法律责任的分类

为了充分认识法律责任的复杂性和多样性，有必要依据一定的标准对法律责任进行分类。依据不同的标准，可将法律责任划分为不同的种类，本节主要介绍以下几种分类方式：

### 一、刑事责任、民事责任、行政责任和违宪责任

这是按照法律责任所依据的法律部门不同而对法律责任所做的分类，也是最常见的分类方式。这种分类是以法律的高度发达和法律部门的分化为条件的。

（一）刑事责任

刑事责任是指因刑事违法行为而导致的受刑罚惩罚的不利后果，其唯一内容是制裁，是处

罚性质与程度最严厉的一种法律责任。

承担刑事责任的主体主要是公民，但也有单位、法人、社会组织等。如我国《刑法》第30、31条规定："公司、企业、事业单位、机关、团体实施的危害社会的行为，法律规定为单位犯罪的，应当负刑事责任。""单位犯罪的，对单位判处罚金，并对其直接负责的主管人员和其他直接责任人员判处刑罚。……"

刑事责任的表现形式是刑罚，分为主刑和附加刑两类，包括自由刑、生命刑、资格刑和财产刑。主刑包括管制、拘役、有期徒刑、无期徒刑和死刑；附加刑包括罚金、剥夺政治权利、没收财产等。

（二）民事责任

民事责任是指由于民事违法行为或某些法律事实的出现所导致的不利后果。但有时刑事违法行为和行政违法行为也会引起民事法律责任，例如刑事诉讼案件附带民事赔偿的情况。

民事责任不同于其他法律责任，有其自身的特点，主要体现为以下几个方面：

1. 民事责任主要是财产责任。财产责任承担的主要形式是赔偿或补偿损失，大多数情况下不具有惩罚性。

2. 民事责任的承担，既可以由法律直接规定，也可以由民事主体双方依法约定，协商解决。这一点是民事责任与刑事责任的重要区别。刑事责任是犯罪人向国家所负的一种法律责任，在一般情况下，不允许犯罪人与被害人之间协商解决。

3. 民事责任主要是一种救济责任。民事责任的功能主要在于救济当事人的权利和利益，赔偿或补偿当事人的损失。

民事责任的承担主体主要是自然人和法人，但在法律规定的某些条件下，国家也可以成为民事责任的承担主体。

民事责任的表现形式主要包括：停止侵害；排除妨碍；消除危险；返还财产；恢复原状；修改、重作、更换；继续履行；赔偿损失；支付违约金；消除影响、恢复名誉；赔礼道歉。

（三）行政责任

行政责任是指由于行政违法行为或某些法律事实的出现所引起的不利后果。行政责任主要包括两方面内容：

1. 职务过错责任，是指行政机关及其公职人员因没有依法行政而产生的法律责任。即行政机关及其工作人员在行政执法中的违法、不当或超越权限的行为导致行政相对人合法权益受到侵犯而引起的法律责任，如公安机关不根据举报采取措施制止歹徒行凶而导致当事人伤害的结果，或公安机关对违法经营者作了本应由工商行政管理机关作的吊销营业执照的处罚等。

职务过错责任的表现形式主要是行政处分，主要有警告、记过、记大过、降级、降职、撤职、留用察看、开除等。

2. 行政过错责任，是指公民、法人或其他组织违反行政管理法规而产生的法律责任。如工商企业超越了营业执照核准登记的经营范围或纳税义务人不缴纳税款等。

行政过错责任的表现形式主要是行政处罚，主要有警告、罚款、没收违法所得、责令停产停业、暂扣或者吊销许可证、行政拘留等。

（四）违宪责任

违宪责任是指由于违宪行为而引起的不利结果，即由于有关国家机关制定的某种法律、法规和规章，或者有关国家机关、社会组织或公民从事的活动与宪法规定相抵触而产生的法律责任。宪法是国家的根本大法，是民主制度法律化的基本形式，是所有其他法律的立法依据和效力来源。维护宪法尊严、保证宪法实施，对于社会的稳定与发展具有特殊重要的意义。违宪责任是与破坏、违反宪法的行为做斗争的有力的法律武器。

世界上许多国家都设有专门的机构和制度来确认违宪行为，追究违宪责任。在我国，全国人民代表大会及其常务委员会负责监督宪法实施，认定违宪责任。违宪责任的基本形式有：撤销同宪法相抵触的法律、法规，使之归于无效；罢免国家机关的领导人员；确认某个国家机关的公权行为以及公民的特定宪法活动因违反宪法而无效等。

**二、公法责任和私法责任**

这是根据违法行为所违反法律的性质所做的分类。

一般认为，私法责任是因违反私法而应承担的法律责任，主要是民事责任；公法责任是因违反公法而应承担的法律责任，包括刑事责任、行政责任和违宪责任等。私法责任以功利性补偿为主，公法责任以道义性惩罚为主，两者的差别表现在：①归责的基础不同。私法责任着重于行为主体的客观损害后果；而公法责任则着重考虑行为主体的主观恶性程度。②私法责任中，行为人的主观过错因素对于责任方式并无太大意义和影响；而公法责任中，过错及其程度对于责任方式具有重大意义和影响，没有过错也就没有责任。③私法责任体现了私法自治原则，被害一方当事人对责任承担方式享有高度的选择权；而公法责任的承担方式是不允许当事人任意选择的。

私法责任与公法责任的上述差别，是基于公法与私法是两种性质不同的法律，两者调整的社会关系不同，因而必须运用不同的法律责任方式才能实现对社会关系的有效调整，从而使相应的社会关系达到良好的秩序状态。

**三、财产责任和非财产责任**

按照责任承担的内容不同，法律责任可以分为财产责任和非财产责任。

财产责任指的是以财产为主要内容的一种法律责任，其目的是弥补当事人所遭受到的财产损失，因而这种责任追求等价性、功利性，如民事责任中的赔偿损失、返还原物，行政法律责任中的罚款等都属于财产责任。

非财产责任指的是违反了非财产上的义务，不以财产为责任承担内容，而是以人身、人格、行为等为责任承担内容的法律责任。非财产责任不以等价性为原则，而是以道义性惩罚为目的，如刑事责任中的拘役、徒刑，行政责任中的拘留、训诫等都属于非财产责任。[1]

除了上述分类情况外，还可依据其他标准对法律责任进行分类。例如，按照承担责任的主体不同，法律责任可以分为自然人责任、法人责任和国家责任；按照责任的承担程度，法律责任可以分为有限责任和无限责任；按照责任实现形式的不同，法律责任可以分为惩罚性责任和补偿性责任；按照引起责任的法律事实与责任人的关系不同，法律责任可以分为直接责任、连带责任和替代责任；按照归责原则的不同，法律责任可分为过错责任、无过错责任和公平责任；按照行为主体的身份和名义不同，法律责任可分为职务责任和个人责任等。

## 第三节　法律责任的构成

法律责任的构成是指法律规定的、决定某一行为承担法律责任所必须具备的条件和因素。它是行为人承担法律责任的归责要素，也是国家机关要求行为人承担法律责任所依据的判断标

---

[1]　参见陈金钊主编：《法理学》，北京大学出版社2002年版，第268页。

准和尺度。符合这些条件和因素，行为人就要承担法律责任，国家也有义务令其承担。由于法律责任会给责任主体带来法定的不利后果，表明社会对责任主体实施的道德非难和法律惩罚，因此，必须科学、合理地确定法律责任的构成。

根据法律责任的一般原理和国内大多数法理学家的主流观点，将法律责任的构成要件概括为五个方面：责任主体、主观过错、违法或违约行为、损害事实和因果关系。当然，这五个要件是在一般情况下针对绝大多数法律责任的构成而言的，对于某些特殊的责任形式，并不完全适用，我们会在下面的分析论述中进行解释。

## 一、责任主体

责任主体就是承担法律责任的人，它要解决的是法律责任由谁承担的问题，这是法律责任归结的中心问题。任何法律责任最终都要确定其承担者，否则法律责任就无从落实。没有责任主体，也就失去了归结法律责任的必要性和可能性。因此，责任主体是法律责任构成中的首要因素。

责任主体大致可分为两类：①自然人，这是最普遍和最经常的责任主体；②法人和其他社会组织。我国法律对这两类责任主体都提出了明确的要求。就自然人而言，只有达到法定年龄，具有理解、辨认和控制自己行为的能力的人，才能成为责任主体，对自己的行为承担法律责任。没有达到法定责任年龄和不能理解、辨认和控制自己行为的成年人，即使他们的行为造成了社会危害，也不构成违法，不能承担法律责任。如根据我国《刑法》规定，不满 14 周岁的人不管实施何种危害社会的行为，都不负刑事责任。就法人和其他社会组织而言，它们也可以作为法律责任的承担者，其承担法律责任的能力，自成立时开始。

还需说明的是，责任主体在绝大多数情形下与违法主体是一致的，违法主体就是法律责任的承担者，这符合法律责任的责任自负原则。但在特殊情况下，也存在责任主体与违法主体相分离的情形。例如，在未成年人违法案件中，未成年人是违法主体，而相应的法律责任则由其监护人承担；在法人犯罪中，法人是犯罪主体，却由其法定代表人或直接责任人员承担相应的法律责任。违法主体与责任主体的这种分离，为特定情形下归结法律责任提供了可能性。

## 二、主观过错

主观过错表明行为主体的心理状态，与其是否应承担法律责任和承担何种法律责任有着密切的关系。因此，主观过错是法律责任的重要构成要件。它具体是指行为主体的主观故意或过失。故意是指明知自己的行为会发生危害社会的结果，希望或者放任这种结果发生的心理状态；过失是指应当预见自己的行为可能发生损害他人、危害社会的结果，但因为疏忽大意而没有预见，或者已经预见但轻信能够避免，以致发生损害结果的心理状态。无论是故意还是过失，都体现出行为人对其行为结果的可责难性，体现出行为人的主观恶性及其程度，据此确定行为人的法律责任。这在实质上反映了法律责任制度的合理性和人道性，在一般情况下排除了无过错行为者承担法律责任的可能性。

主观过错在一般情况下是认定和承担法律责任的主观构成要件，无过错则无责任，但也存在特殊情况。如在刑事领域，主观过错是责任主体承担刑事责任的必要条件之一，没有主观恶性则排除其承担刑事责任的必要性，而且主观过错中故意和过失的区分对于认定、衡量刑事责任的性质、大小等都有重要作用；而在民事领域，故意或过失的区分对行为人的民事责任承担影响不大，而且有时民事责任的承担还不以过错为前提条件，只要法律作出明文规定，即使无过错也要承担相应的法律责任。如《侵权责任法》第 7 条规定："行为人损害他人民事权益，不论行为人有无过错，法律规定应当承担侵权责任的，依照其规定。"

### 三、违法或违约行为

行为始终是法律责任研究的中心。违法行为或违约行为在法律责任的构成中居于重要地位，是法律责任的核心构成要素。

违法行为，也就是侵权行为，是指违反法律规定，不履行法定义务，侵犯他人权利，给他人或社会造成危害的行为，是行为人在自己意识支配下完成的。对违法行为追究法律责任的关键在于它在不同程度上侵犯了法律所保护的某种社会关系和社会利益。违约行为，是指违反合同约定，没有履行一定法律关系中的作为义务或不作为义务。违约行为是产生民事法律责任的重要原因。

一般情况下，有违法或违约行为才有法律责任，没有违法或违约行为也就无从谈论法律责任问题。但也有例外情况，在某些情形下，即使没有违法行为或违约行为，但由于法律的特别规定，当事人也需要承担相应的法律责任。如侵权责任法中的无过错责任、公平责任，行政法上的行政补偿责任，保险法中的赔偿责任，都是当事人在没有进行违法或违约活动的情况下承担的法律责任，其责任的依据要么是双方的约定，要么是法律的规定。之所以在没有违法或违约行为的情况下也要承担责任，是因为：虽然某种损害结果的发生并非人们故意所为，而是自然原因或非人为原因所致，但是法律基于社会公共利益和公平原则的考虑，合理地确定相关关系人承担部分或约定份额责任，有利于社会风险分担，从而弥补由当事人所造成的损失。

### 四、损害事实

损害事实，是指因违法行为、违约行为或法律规定的其他特别行为导致的损失或伤害，既包括损害、丧失的实际所得利益，也包括预期可得利益。损害的形式主要有人身损害、财产损害、精神损害和其他方面的损害。这是承担法律责任的重要条件。

损害事实具有侵害性，因为它表明法律所保护的合法权益遭受了侵害。更重要的是，损害事实必须具有确定性，它是违法、违约行为或其他法律特别规定的行为已经实际造成的侵害事实，是能够通过客观化的手段和方式计算和测量的，而不是推测的、臆想的、虚构的、尚未发生的情况。损害事实的测定，是根据法律、技术、社会普遍认识、公平观念并结合社会影响、环境等因素对损害事实进行测定。如果超出现代法律技术可以测量的范围，则当事人所主张的损害事实就不能够获得法律上的确证，也就不能作为承担法律责任的事实依据。

但是也有例外，即在有些情况下，行为造成了某种危险状态而所追求的违法结果尚未实际出现，这种危险状态也是损害事实的表现形态，它构成了对法律秩序的现实威胁，因而行为人也需为此承担法律责任。如我国《刑法》分则第一章规定的危害国家安全罪，只要行为人实施了危害国家安全的行为（如分裂、破坏国家统一的行为），无论是否造成了危害国家安全的损害事实，都要承担相应的刑事责任。

### 五、因果关系

因果关系是违法行为或违约行为与损害事实之间的直接必然联系。法律上的因果关系是特殊的因果关系，它不仅要求两种或多种事物、现象之间存在一般的时空联系，而且要求一方导致或必然引起另一方的产生。因果关系是认定和归结法律责任的基础和前提，对于确定行为主体、认定责任主体、决定责任性质和范围都具有重要意义。

因果关系具有客观性，它表现为行为与其引起、产生或造成的损害之间的客观联系，行为是因，损害是果，两者存在着不以人的意志为转移的内在联系，这种客观性联系为司法人员运用证据以及案件材料去证实违法或违约行为提供了可能性。同时，因果关系也具有复杂性，它会表现为一因多果或一果多因，在这种情况下就要通过科学的调查分析，揭示出行为与损害之间究竟存在什么样的联系，以恰当地确定行为人是否需要以及在多大程度上承担法律责任。

## 第四节　归责与免责

### 一、归责及其原则

纯粹法学派的代表人物凯尔森认为："归责的概念指的是不法行为与制裁之间的特种关系。"[1] 具体说来，归责即法律责任的归结，是指国家机关或其他社会组织根据法律规定和法定程序判断、认定、归结法律责任的活动。

归责是一个复杂的责任判断和责任归结过程，应当由特定的主体依照法定程序进行，不能随心所欲。其中，特定的主体是指具有法定归责权的国家机关，如司法机关、行政机关等。此外，企事业组织、仲裁机构、调解组织等社会组织根据法律规定并由国家机关授权，也可以认定和归结法律责任。其他组织或个人都无权认定和归结法律责任。

归责活动是实现法治的基本要求，是法律调整社会关系，维护社会秩序，保护国家、集体和个人合法利益的要求，因此必须遵循科学、合理的原则。在我国，依据法律的基本规定与基本精神，归责活动一般应遵循以下几个原则：

（一）依法归责原则

依法归责原则，是指严格按照法律规定认定、归结法律责任。这是法治的基本要求，也是法治原则在归责问题上的具体运用。依法归责原则是对责任擅断、非法责罚等行为的否定和摒弃，强调"法无明文规定不为罪""法无明文规定不处罚"的内容。

具体说来，依法归责原则意味着：①法律责任应当由法律规则预先规定；②违法行为或违约行为发生后，应当按照法律事先规定的性质、范围、程度、期限、方式追究违法者、违约者或相关人的责任；③无法律授权的任何国家机关和社会组织都不能进行归责活动，要求责任主体承担法律责任；④有权从事归责活动的国家机关和社会组织都不能超越权限追究责任主体的法律责任，也无权向责任主体追究法律明文规定以外的责任，无权向公民、法人实施非法责罚。

（二）责任平等原则

责任平等原则是"法律面前人人平等"原则在归责活动中的体现，是指在确认追究法律责任时，不能因责任主体的种族、民族、性别、职业、文化程度、财产状况等方面的不同而有所区别对待，应一律平等地追究责任。它坚持同罪同罚、相同情况同样对待，绝不允许任何组织和个人享有规避法律、超越法律之上的特权，尽量减少同罪异罚、差别对待的现象。

平等，可以分为形式平等与实质平等两类。简单说来，形式平等意味着机会平等，即人们获得生存与发展的机会是平等的，强调同等情况同样对待；实质平等意味着结果平等，即人们参与社会活动后获得的待遇、分配等结果具有公正性，是人们追求公平的根本目的。社会和法律的发展不能简单地停留在形式平等，而应在一定程度上兼顾实质平等，将平等的双重维度予以全面体现，才能实现平等的真正目标。

责任平等原则，并不否认合理的差别对待。合理的差别对待，是追求实质平等的一种表现，即法律对弱势群体予以特殊保护。例如，在刑事责任的归结过程中，对部分弱势群体在定罪量刑方面予以特殊的保护，如对未成年人、精神病人、功能障碍者、怀孕或处于哺乳期的妇

---

〔1〕　〔奥〕凯尔森：《法与国家的一般理论》，沈宗灵译，中国大百科全书出版社 1996 年版，第 104 页。

女、老年人等的特殊照顾。

（三）责罚相当原则

责罚相当原则，又称责任均衡原则或责任相适应原则，是指法律责任的性质、种类及轻重应与责任主体的违法或违约行为及其造成的后果的性质和危害社会的严重程度相适应。责罚相当原则是法律公正精神在归责活动中的体现。坚持这一原则，有利于发挥法律责任的积极功能，教育违法、违约者和其他社会成员，预防、减少违法或违约行为的发生。

具体说来，责罚相当原则的内容包括以下几方面：①法律责任的性质与违法行为或违约行为的性质相适应。不同性质的违法行为或违约行为表明了不同的社会危害程度，因而决定了法律责任的性质和大小。例如，民事违法行为比刑事违法行为的社会危害性要小，因此应当对民事违法行为承担民事责任，而不能用刑事责任来追究民事违法行为。②法律责任的种类和轻重与违法行为或违约行为的具体情节相适应。不同的情节反映了不同的社会危害程度，因而在法律责任的归结方面就应有所不同。③法律责任的种类和轻重与行为人的主观恶性相适应。行为人的主观方面的故意、过失以及平时品行、事后态度等因素，对法律责任的归结都有一定影响。[1]

（四）责任自负原则

责任自负原则是指认定和归结法律责任时只能针对责任主体进行，不得株连与其仅有亲戚、朋友、邻居等关系而无违法或违约事实的人的责任。实行责任自负原则，是现代法治民主性和公正性的体现。

责任自负原则的具体内容包括：①实施了违法或违约行为的人，应当对自己的行为负责，独立承担法律责任；②没有法律依据，不得追究与违法或违约行为人虽有血缘等关系但无违法或违约事实的人的责任，防止株连或变相株连。

责任自负原则也不是绝对的，在某些特殊情况下，为了保护社会利益，也会产生责任转移承担的问题，如监护人对被监护人、担保人对被担保人承担替代责任等。

**二、免责及其条件**

免责，即法律责任的免除，是指责任主体具备了承担法律责任的条件，但由于出现了法律规定的某些情形或事由，致使其法律责任可以被部分或全部免除。但免责并不意味着特定的违法或违约行为是合理的、是法律允许的或法律不管的，更不意味着这些行为是法律赞成或支持的。事实上，法律对这些被免责的行为还是予以否定性的评价，只不过为了维护法治秩序的运行与稳定，规定了在某些特定情形下对法律责任予以部分或全部免除而已。另外，免责与"不负法律责任""无法律责任"也有区别。免责以法律责任的存在为前提，而"不负法律责任""无法律责任"则指法律责任根本不存在，虽然行为人形式上或事实上违反了法律，但因其不具备法律上应负责任的条件，故没有法律责任。比如，刑法中的正当防卫或紧急避险的行为以及无行为能力或无责任能力的人从事的犯罪行为，都是不负刑事责任的。

免责条件即免除法律责任的条件或理由，是指当出现某种应当归责的状态时作为例外而不承担法律责任的理由。在我国，从法律规定和司法实践看，免责条件主要有以下几种情况：

1. 时效免责。时效免责即违法或违约行为人在其违法或违约行为发生一定期限后不再承担强制性法律责任。如我国《刑法》第87条规定了追诉时效期限："犯罪经过下列期限不再追诉：①法定最高刑为不满5年有期徒刑的，经过5年；②法定最高刑为5年以上不满10年有

---

〔1〕　参见张文显主编：《法理学》，高等教育出版社2003年版，第152～153页。

期徒刑的，经过 10 年；③法定最高刑为 10 年以上有期徒刑的，经过 15 年；④法定最高刑为无期徒刑、死刑的，经过 20 年。如果 20 年以后认为必须追诉的，须报请最高人民检察院核准。"《民法总则》第 188 条规定："向人民法院请求保护民事权利的诉讼时效期间为 3 年。法律另有规定的，依照其规定。诉讼时效期间自权利人知道或者应当知道权利受到损害以及义务人之日起计算。法律另有规定的，依照其规定。但是自权利受到损害之日起超过 20 年的，人民法院不予保护；有特殊情况的，人民法院可以根据权利人的申请决定延长。"这些关于追诉时效的规定都属于时效免责的情况。

时效免责初看起来不公平，但实际上它体现了合理性原则，反映了法律的及时性和效益性，对于督促法律关系主体及时结清权利义务关系或寻求法律救济、维护社会秩序的稳定、提高司法效率和质量、促进社会经济的发展都具有现实意义。

2. 不诉免责。不诉免责即所谓"告诉才处理""不告不理"。在我国，民事责任的归责一般以此为原则，有些轻微的刑事责任或行政责任的归责也采取此原则。"不告不理"意味着当事人不主张司法救济，国家就不会对责任人科以责任，也就是说，责任人实际上被免除了法律责任。必须注意，作为免责条件的"不告诉"必须是出于被害人及其代理人的自由意志。如果"不告诉"是在某种压力或强制环境下作出的，则不构成免责的条件。

在法律实践中，还有一种类似不诉免责的免责方式，即在国家机关宣布有责主体须承担法律责任的情况下，权利主体自己主动放弃执行法律责任的请求。

3. 协议免责或意定免责。协议免责或意定免责即双方当事人（受害人与责任人）在法律允许的范围内协商同意的免责。在这种场合，责任人应当向受害人承担法律责任，但法律将追究责任的决定权交给受害人。这种免责只存在于私法领域，是私法"意思自治"原则的体现。比如，合同法律关系中，一方当事人违约应当向另一方承担违约责任，但是双方可以就此问题进行协商，部分或全部免除违约方应当承担的法律责任。这种免责一般不适用于公法领域的违法行为，如犯罪行为和行政违法行为等。

4. 责任主体消亡免责。责任主体消亡免责即责任主体死亡而导致法律责任的消灭。

5. 自首、立功免责。在责任主体应当承担法律责任的前提下，若具备自首、立功的情节，可部分或全部免除其法律责任。这体现了对违法者重在教育改造的方针，使其有将功补过、重新回归社会的机会。比如，我国《刑法》第 68 条规定："犯罪分子有揭发他人犯罪行为，查证属实的，或者提供重要线索，从而得以侦破其他案件等立功表现的，可以从轻或者减轻处罚；有重大立功表现的，可以减轻或者免除处罚。"

6. 补救免责。补救免责即在国家机关归责之前，责任主体对由于其违法或违约行为造成的损害及时采取补救措施，则可免除其部分或全部责任。

7. 自助免责。自助免责是对自助行为所引起的法律责任的免除。所谓自助行为，是指权利人为保护自己的权利，在情事紧迫而又不能及时请求国家机关予以救助的情况下，对他人的财产或自由施加扣押、拘束或其他相应措施，而为法律或社会公共道德所认可的行为。自助行为可以免除部分或全部法律责任。

8. 人道主义免责。人道主义免责即在责任主体没有能力履行责任或覆行全部责任的情况下，国家机关或权利主体可以出于人道主义考虑，免除或部分免除有责主体的法律责任。这种免责条件主要适用于损害赔偿责任中。例如，在损害赔偿的民事案件中，人民法院在确定赔偿责任的范围和数额时，应当考虑到有责主体的财产状况、收入能力、借贷能力等，适当减轻或者免除责任，而不应使有责主体及其家庭因赔偿损失处于无家可归、不能生计的状态。因为在有责主体无履行能力的情况下，即使人民法院把法律责任归结于他并试图强制执行，也会因其不能履行而落空。

　　还需说明的是：免责条件往往因为法律责任性质的不同而有所区别。民事责任因其私法的功利性与补偿性而倾向于"意思自治"的免责，如协议免责、不诉免责等；而刑事责任因其公法的惩罚性而倾向于法定免责，即免责需由法律规定或国家机关认定，如自首、立功免责等。

### 案例分析 [1]

　　2004 年 5 月，某地未成年人杨某与同学陆某、王某 3 人相约到同村范某的竹林里挖笋，被范某发现，将 3 人的锄头暂扣于其脚踏三轮车内，并告诉杨某 3 人叫其家长来取锄头。范某骑车回家的路上，杨某追上车子想拿回锄头，造成范某车子不稳摔倒在地，导致右腿骨折，花费医疗费 8000 余元。当地司法所组成调解庭，对 3 个未成年人家长做思想工作，使其认识到自己对子女的监护不力而造成范某身体伤害，应该承担相应的民事赔偿责任。最后达成由主要责任人杨某的父亲支付赔偿费 6000 元，陆某和王某的父亲各自支付赔偿费 1000 元的调解协议。

　　【评析】　本案涉及法律责任构成要件中责任主体的认定问题。责任主体就是承担法律责任的人，任何法律责任最终都要确定其承担者，否则责任就无从落实。责任主体在绝大多数情况下与违法主体是一致的，违法主体就是法律责任的承担者，这符合法律责任的责任自负原则。但在特殊情况下，也存在责任主体与违法主体相分离的情形。例如，在未成年人违法案件中，未成年人是违法主体，而其监护人则是责任主体，承担相应的法律责任；在法人犯罪案件中，法人是犯罪主体，却由其法定代表人或直接责任人承担相应的法律责任。违法主体与责任主体的这种分离，为特定情形下归结法律责任提供了可能性。本案中，3 个未成年人是实施违法行为的违法主体，但其不具有责任能力，而由其父亲承担赔偿责任，构成法律责任主体。这属于典型的责任主体与违法主体分离的情形。

### 本章小结

　　法律责任有广义与狭义之分，本章仅从狭义角度来研究法律责任。法律责任是指因违法、违约行为或因其他法律规定的事实而应当承担的某种具有强制性的不利后果。法律责任有其自身的特点：法律责任具有法律性、国家强制性、不利性。法律责任具有惩罚作用、救济作用、预防和教育作用。依据不同的标准，可将法律责任划分为不同的种类。要全面理解法律责任，还必须了解法律责任的构成。法律责任的构成要件包括五个方面：责任主体、主观过错、违法或违约行为、损害事实和因果关系。

　　归责，即法律责任的归结，是指国家机关或其他社会组织根据法律规定和法定程序判断、认定、归结法律责任的活动。归责活动一般应遵循以下几个原则：依法归责原则、责任平等原则、责罚相当原则和责任自负原则。免责，即法律责任的免除，是指责任主体具备了承担法律责任的条件，但由于出现了法律规定的某些情形或事由，致使其法律责任可以被部分或全部免除。免责条件主要有下列几种情况：时效免责，不诉免责，协议免责或意定免责，责任主体消亡免责，自首，立功免责，补救免责，自助免责和人道主义免责等。

---

〔1〕　参见律政文化组编：《法理学配套辅导》，中国方正出版社 2006 年版，第 88 页。

 **思考题**

## 一、名词解释

1. 法律责任

2. 归责

3. 责罚相当原则

## 二、简答题

1. 法律责任的作用体现在哪些方面?

2. 最常见的划分法律责任的方式是什么?

3. 法律责任的构成要件包括哪些方面?

4. 归责活动应当遵循哪些原则?

5. 简述可以免责的条件。

## 三、论述题

如何理解公法责任与私法责任的划分及其意义?

 **主要参考文献**

1. 陈金钊主编:《法理学》,北京大学出版社 2002 年版。

2. [奥] 凯尔森:《法与国家的一般理论》,沈宗灵译,中国大百科全书出版社 1996 年版。

第十章

# 权利与义务

【本章概要】权利与义务是法的核心内容，是法律现象区别于其他社会现象的关键。权利与义务又是法学的中心范畴，是理解法律现象的关键点。本章通过对权利义务概念的了解，系统阐释权利义务的性质和分类，揭示两者之间的相互关系。

【学习目标】通过本章的学习，学生应该掌握法律权利与法律义务的涵义和特征，了解法律权利与法律义务的基本分类，明确权利义务在法律中的地位以及权利义务之间的相互关系。

## 第一节 权利与义务的概念

### 一、法律权利概述

（一）中外法学对权利的界定

法律意义上的权利概念最早发端于罗马法。在罗马帝国时期，存在于希腊社会的希腊人与野蛮人、自由民与奴隶、公民与被保护民、罗马公民与罗马臣民等之间的区别逐渐消失，只剩下自由民与奴隶之间的区别，这样，"至少对自由民来说产生了私人的平等"[1]，正是在这种平等的基础上产生了罗马法的权利概念。不过罗马法中权利概念的外延只是私人权利或个人权利，而且核心是"财产权"。

权利概念产生以后，历代思想家都希望对此作出最普遍、合理的解释。但是由于他们从不同的角度、方面以及独特的价值取向去阐释权利，所以难免产生众说纷纭的局面。概括起来，西方国家关于法律权利意义或本质的学说主要有：

1. 权利即自由，认为权利就是法律保护的自由，凡是在自由范围内的行为，即为权利，即法律允许的自由——有限制、但受到法律保护的自由。每一个真正的权利就是一种自由，包括权利主体的意志自由和行动自由，主体在行使权利时不受法律上的干涉，主体做或不做一定行为不受他人的强制。

2. 权利即资格，认为权利等同于资格，即去行动的资格、占有的资格或享受的资格。按照这种理解，权利意味着"可以"，义务意味着"不可以"。一个人只有被赋予某种资格，具有权利主体的身份，才能够向别人提出作为与不作为的主张，也才有法律能力或权利不受他人干预地从事某种活动。

3. 权利即主张，把权利理解为具有正当性与合法性、可强制执行的主张，即以某种正当的、合法的理由要求或吁请承认主张者对其物的占有，或要求返还某物，或要求承认某事实（行为）的法律效果。按照这种理解，义务就是被主张的对象或内容，即义务主体适应权利主体要求而作为或不作为。

4. 权利即利益，可以把权利理解为法律所承认和保障的利益。不管权利的具体客体是什

---

〔1〕《马克思恩格斯选集》（第3卷），人民出版社1972年版，第143页。

么，上升到抽象概念，对权利主体来说，它总是一种利益或必须包含某种利益。而义务则是负担或不利。这里的利益不仅指狭义的物质利益，还包括一切非物质利益。

5. 权利是一种法律上的"力"，可以把权利理解为法律和国家权力保证的、人们为某种利益而从事活动或改变法律关系的能力和权力。这种法律上的"力"就是法律许可的权利主体的一种享有或维护特定利益的力量。义务则是对这种法律上的力的服从，或为保障权利主体的利益而对一定法律结果所应承受的影响，或一个人通过一定行为或不行为而改变法律关系的能力。

6. 权利即可能性，认为权利是权利人做出一定行为的可能性，要求他人做出一定行为的可能性以及请求国家强制力量给予协助的可能性。这种可能性受到由法律规范所责成的他人相应义务的保障。义务是法律所决定的、用国家强制力来保证的一定行为的必要性。

7. 权利即行为尺度，认为权利是法律所保障或允许的能够做出一定行为的尺度，是权利主体能够做出或不做出一定行为，以及要求他人相应地做出或不做出一定行为的许可与保障。与此相应，义务被解释为法律为满足权利人的权利需要而要求义务人做出必要行为的尺度，其未履行该行为构成法律制裁的理由或根据。

8. 权利即选择自由，认为权利意味着在特定的人际关系中，法律承认权利人的选择优于义务人的选择，权利就是主体的自由选择。换言之，某人之所以有某项权利，取决于法律承认它关于某一标的物或特定关系的选择优越于他人的选择。正是法律对个人自由和选择效果的承认构成了权利观的核心。

解析上述观点，我们发现这些观点均有合理因素，也都有缺点和不足。其共同的不足在于片面性，突出表现在法律规范、法律关系、权利和义务的价值、权利主体和权利之间缺乏一种关系上的揭示，而这种揭示又是必不可少的。我国法学界关于权利的解释主要沿袭苏联权利理论，但也或多或少受到西方权利理论的影响。

综合上述理解，我们着重从内部和外部关系、权利的法律功能和社会价值角度，把法律权利解释为：规定或隐含在法律规范中、实现于法律关系中、主体以相对自由的作为或不作为的方式获得利益的一种手段。

（二）法律权利的特征

法律权利是指社会主体享有的法律确认和保障的以某种正当利益为追求的行为自由，法律权利须具有以下特征：

1. 法律权利的法律性。法律权利并不等于社会权利，它仅是社会权利的一部分。它与其他社会权利的重大不同在于法律权利是法律化了的社会权利。法律权利的法律性首先表现在它是以国家的法律确认为前提的，没有相应的法律规定，没有国家对某种行为的许可和保障，就没有相应的权利。离开法律的社会权利，只具有伦理上的意义。其次，表现在法律对权利的保障上。当人们的权利受到侵犯时，法律通过制裁侵权行为，以扫除权利主体享受权利的障碍。凡是法律许可和保障的行为，任何国家机关、社会组织和个人均不得干涉，否则将会带来否定性的法律后果。法律对权利的这种潜在保障，往往是权利由可能性转化为现实性的必备条件。再次，法律权利的法律性也表现在法律为权利的实现提供必要的法定程序。最后，法律权利的法律性还表现在权利的产生、变更和消灭必须有一定的法律根据，国家或社会组织不能随心所欲规定、变更或取消某项权利。

2. 法律权利的自主性。法律权利不仅是国家许可和保障的行为，而且是可以按照权利主体自己的愿望来决定是否实施的行为。也就是说，对法律规定的可以做出的行为，权利主体有可为或可不为的决定自由。当主体选择实施某种行为时，作为权利，他人不应当干涉、阻碍，当主体选择不实施某种行为时，他人也不应当干涉阻碍。正是由于主体可以在做或不做之间进行自由选择，所以法律权利可以体现主体的自主性。正由于主体可以进行选择，并且在进行选择时他人都不应当阻碍，所以法律权利体现了主体的意志自由和行为自由。如果有人阻碍法律权利主体的自由选择，即用暴力、胁迫或欺诈等手段强迫或欺骗权利主体做出行为选择，这将因为违背法律权利的自主性而受到法律的追究。

3. 法律权利的可为性。法律权利作为法律认可和保障的行为自由，它不是抽象的而是具体可行的。这是因为法律本身是由明确、具体的规范决定的。一种权利是否可以切实享受，往往也是法律权利与其他权利的区别之一。法律权利有两种存在状态：①已经转化成现实的权利；②还未能转化成现实的权利。已转化成现实的权利，是对法的可行性的检验和实证；而还未转化成现实的法律权利，则以是否可行为条件，即必须是在一定范围内、一定条件下，权利主体可以做出的行为，或可兑现的行为。法律权利的可兑现性正是它价值的表现，没有实现可能性的权利不是真正的法律权利。

4. 法律权利的求利性。权利本身并不等于利益，权利活动结果也不完全表现为利益。然而，任何法律权利的行使都与一定利益密切相关，它都以追求和维护某种利益为目的。当然，这里的利益可能是个人的，也可能是社会或国家的；既可能是权利主体自己的，也可能是与权利主体有关系的他人的；既可能是物质的，也可能是精神的。现实中人们行使权利的结果，既可能产生某种利益，也可能不产生任何利益，甚至还可能带来不利后果。但从权利行使者的角度来说，它是把权利看作追求某种利益而采取的行为，该行为又是他追求利益的手段，行为的目标是某种利益，至于结果是否一定表现为某种利益，则不完全由权利人自己决定。同时，也不能因为结果不表现为利益就否认权利人的权利追求是以利益为目的的。

## 二、法律义务概述

### （一）法律义务的涵义

广义上的义务，是指社会主体对他人和社会所承担的必须作为或不作为的责任。这里的社会主体既指个人，也指一定的组织，在特殊情况下还可以指国家。由于社会主体在广泛的社会关系中不得不受多种规范的约束，因而它的义务是多方面的，有道德义务、宗教义务、法律义务等。其中，法律义务往往备受重视。

法律义务是社会主体根据法律的规定必须承担的作为或不作为的责任。法律义务是对人们行为（而非思想）提出的要求，要求人们的行为不能妨碍对方的权利，而应有助于对方权利的实现。首先，没有他人法律义务的履行，自己的法律权利就形同虚设；其次，自己履行法律义务也是实现自身权利的前提。法律义务的积极意义不仅表现在对法律权利的保障，还表现在对整个社会良好风尚的树立和良好秩序的建立上。"义务能够促进公民养成有益于社会的品质和习惯，同权利一起作为人们和集体进行社会协调的一种特殊方式，确定社会必要活动的方向，确定从国家利益的观点上看需要的、应该的和有益的行为的具体种类和尺度（界限）。"[1]

我们把法律义务理解为设定或隐含在法律规范中、实现于法律关系中的、主体以相对被动的作为或不作为的方式保障权利主体获得利益的一种约束手段。

### （二）法律义务的特征

与法律权利和其他义务相比，法律义务有如下特征：

1. 法律义务的法定性。法律义务是法律对社会主体的行为提出的要求，是法律具体明确

〔1〕 ［苏〕H. И. 马图佐夫、Б. M. 谢卖涅科："关于苏联公民法律义务问题研究"，李文祥译，载《法学译丛》1981年第 3 期。

规定的义务。没有法律明确规定的社会义务，都不能称为法律义务。法律义务的法定性是法律义务与其他义务的重要区别之一。法律义务的法定性表现在法律义务的形成方式上：①由法律直接为社会主体创设某一项义务。新义务的创设不是随意的，它一般是根据权利实现的要求，为保障权利能最大限度地实现创造条件。当然，通过创设义务作为实现权利的条件不是绝对的和普遍的，只有在必要之时才采用。如为了保障病人的权利实现，法律为医生创设的一些义务。②由法律认定其他社会义务。在法律义务中，有很大一部分都是采用此方式形成的。它们在被法律认定之前，可能是政治义务，也可能是道德义务或宗教义务，但一旦被法律认定以后就转化为法律义务。值得注意的是，法律义务必须是法律明文设定的，以法律规范形式存在的义务。与法律权利不同，法律义务一般限于明文规定，不能扩大推定。

2. 法律义务的国家强制性。任何义务都有一定的强制性。如果义务人不履行义务，必然会产生某种社会压力。但法律义务与其他义务不同：①强制的来源不同。法律义务的强制来源于国家，是一种外在强制，而其他义务的强制可能来自于社会或某一组织。道德义务还受制于内心，任何对道德义务的强制性要求都必须通过义务人内心发生作用。②强制的力量不同。法律义务的强制力量是国家强制力，如不履行法律义务将受到国家强制力的制裁，包括剥夺生命、政治权利、财产，限制自由等。其他义务的不履行，义务人所受到的强制皆不是国家强制力的强制。

3. 法律义务的从属性。法律义务总是从属法律权利而存在。脱离法律权利而孤立存在的法律义务是没有意义的。法律义务对法律权利的从属主要表现在：①义务人履行义务的内容由权利人的权利内容决定。一方面，义务主体应根据权利主体的合法要求做出一定的行为，以其给付、协助等行为使特定权利主体的利益得以实现；另一方面，义务主体根据权利主体的要求不做出一定行为，来保证权利人权利的实现，例如，任何人不得损害国家的独立、安全，不得侵犯其他公民的人身自由。②义务人履行义务的方式、程度是由它相对应的权利所决定的，例如，债务的履行方式和程度完全由债权本身决定。

4. 法律义务的必为性。法律权利意味着主体有行为自由，它可以行使其权利，也可以不行使其权利，甚至放弃权利。主体这种行为选择自由在法律义务中就不存在了。法律义务意味着主体必须从事某种行为或不从事某种行为。如果法律义务是必须从事某种行为，主体的行为就只有一种选择——积极去完成；如果法律义务是必须不做出某种行为，主体也只有唯一的选择——消极对待。法律义务是义务主体必须做出的行为，包括必须的作为和不作为，不能迟延履行，更不能拒绝履行。

## 第二节　权利与义务的关系

权利与义务的关系是权利义务理论的基本内容。法律关系主体所拥有的全部权利，一部分因他人履行义务而获得，一部分因自己履行义务而获得，除此之外没有第三种形式。从这一理论出发，权利义务关系对同一主体就形成了两种形式：当他人履行义务而自己是单纯的权利主体时，权利义务是以分离的形式统一于一组关系中的；当该主体既享有权利又履行义务而具双重性时，权利义务是以相合形式统一于一组关系中的。权利义务关系对同一主体两种形式的结论，来自于马克思关于"没有无义务的权利，也没有无权利的义务"的思想，权利义务的关系可以概括为对立统一关系。

### 一、法律关系中的对应关系

法律权利和法律义务的对应关系是指任何一项法律权利都有相对的法律义务存在。二者共同处于法律关系的统一体中。

1. 在任何法律关系中，一方主体有法律权利，对方主体就必须承担相应的法律义务，任何一项权利都必然伴随着一个或几个保证其实现的义务，而不管这个义务是权利人自己的还是他人的，有其一，必有其二，无其二，其一便毫无存在意义；反之亦然。

2. 在一般的法律关系中，每一主体在享有权利时都对应承担一定的义务，即权利以义务的存在为条件，义务以权利的存在为条件，缺少一方，他方便不复存在。例如，买卖法律关系、租赁法律关系、借贷法律关系等的主体从事权利活动之时，都要对自己的权利承担相应的义务；再如，婚姻关系中的男女，缺少任何一方，其夫妻关系便无法结成，夫为妻而存，妻为夫而存。

在任何法律关系中，一方享有权利，另一方必然负担义务；反之亦然。例如，法官必须依照法定权限和程序依法审理案件。当事人享有诉讼权利的同时，法官必须履行国家机关依法应该承担的诉讼义务。违反审判程序，当事人有权上诉或申诉，违法审判造成当事人损失的，国家负有依法赔偿的责任。可见，在法律关系中，权利义务是相关联的。按黑格尔的说法，每一方只有在它与另一方的联系中才能获得它自己的（本质）规定，此一方只有反映了另一方，才能反映自己；另一方也是如此。所以，每一方都是它自己对方的对方。权利义务相互联系、相互包含并在一定条件下相互转化，具有相关性。

### 二、社会生活中的对等关系

马克思早就告诉人们"没有无义务的权利，也没有无权利的义务"。这一基本原理告诉人们，社会中的权利和义务是对等设置的，社会的权利总量与义务总量存在数量上的等值关系，有某种权利就有相应的义务伴随。社会生活中权利义务的对等关系主要表现在：①社会生活中的权利总量与义务总量是基本对等的。如果权利的总量大于义务的总量，那么有些权利就是虚设的，因为没有相应的义务去兑现它。如果义务的总量大于权利的总量，社会必然产生特权。②在有的具体法律关系中，权利与义务也是对等的。当权利义务主体处于分离状态时，一方享有权利的量，与对方承担义务的量是对等的。比如，债的关系中，债权与债务是对等、等量的。当权利义务主体处于统一状态时，一方享有权利的量不仅与对方义务的量对等，还与自己承担义务的量相等。

社会生活中法律权利与法律义务的对等关系并不是自有法律以来就存在。在早期，法律义务的设置从量上来讲要超过法律权利，这是社会以义务为重心的价值取向所致。正是因为社会权利与义务在总量上的不平衡才直接导致了社会处处出现不平等的现象。只有到了后来，权利和义务受到同等强调和重视而处于平等地位，权利与义务才真正从总体上趋于平衡，大体相当。这时候人们提到权利，必然是作为义务的对应物而提出的；而提到义务，又必然是作为权利的对应物提出来的。此时法律的公平性才真正体现出来。

法定权利和义务在数量上是等值的、平衡的，表现在一个社会的权利总量与义务总量是相等的。在一个社会中，法律对权利义务的规定虽然可能存在一些不平等、不均衡的地方，如社会成员之间具体享受的权利和承担的义务可能是不同的，法律形式上的平等往往是以牺牲事实上的平等为前提的，何况形式上的法律平等还是特定历史条件的产物。所以，总会存在各种形式的社会成员权利义务的不平等。在法律条文的数量上，关于权利义务的法律规定，也会存在一定的数额差异。但是在社会总的数量关系上，权利和义务总是等值或等额的，如果既不享有权利也不履行义务可以表示为零的话，那么权利和义务的关系就可以表示为：以零为起点向相反的两个方向延伸的数轴,权利是正数,义务是负数,正数每扩展一个刻度,负数也一定扩展一个刻度,而正数与负数的绝对值总是相等的。权利的绝对值总是等同于义务的绝对值。该关系式的原理可适用于每一社会主体。一个为社会履行义务量多的人,社会必然应赋予其更多量的权利,这种量的对等关系是社会公正与正义的基本标准。如果允许没有贡献的权威存在,允许没有劳动的财富存在,那么必定是做了贡献的人反而受制于人,付出劳动的人反而成为愈加贫穷的人,这种社会便是容忍罪恶存在。虽然社会权利的总量与义务的总量不因罪恶而失衡,但总量平衡关系在具体主体身上的不公却能证明社会实体的不正义。

在具体法律关系中,权利隐含着义务,义务隐含着权利;权利指向义务,义务也指向权利。权利义务总是处于一种对等的关系中。每一项权利的宣告,都给定了相应的义务的范围和内容;而每一项义务的设定,都界定了国家所认可的权利的限度。一定量的权利,需要一定量的义务予以满足,而一定量的义务又肯定满足了一定量的权利。权利义务互相界定、互相包容,互以对方为自己的尺度。所以,法律实践中,往往要通过对履行义务行为的判断来确定权利是否受到尊重;同时又可以通过对权利人履行义务的情况的判断,来确定他享有权利的合法性、正当性。权利义务之间在数量上总是相当的。

**三、功能发挥中的互动关系**

功能发挥中的互动关系表现为价值的一致性与功能的互补性。价值的一致性是说无论是权利还是义务,其设立的目的都等于立法目的。权利和义务都是主体所需要的,它们是主体所执的左右两柄,共同构成了主体支配客体的手段。功能的互补性是说权利与义务对同一主体同时贡献着启动与抑制、激励与约束、主动与被动、受益与付出两种机制。以社会需要而言,当活力与创造及革新为人们所追求时,权利的功能就会被人们格外重视;而当稳定、秩序与安全为人们所珍视时,义务的功能更能满足人们的要求。

从法律技术角度来看,权利和义务是调节社会关系的两种不同的技术。作为规范人的行为的法律,就是通过设定权利义务的方式调节社会关系。直接的权利宣告一般采用授权性规范,以"可以(可)……""有权……""享有……权利(权)"等方式表示国家保护或认可的行为。如我国《民法通则》第 65 条第 1 款规定:"民事法律行为的委托代理,可以用书面形式,也可以用口头形式……"而直接的义务约束则一般采用义务性规范,以"必须……""应当(应该)……"等方式表示国家所不赞成、反对或禁止的行为。如我国《民法通则》第 63 条第 3 款规定:"依照法律规定或者按照双方当事人约定,应当由本人实施的民事法律行为,不得代理。"授权性规范意味着权利主体行为选择的可能性,因此,它对人的行为的指引具有一定的不确定性,即从法律规定上,人的行为是不特定的;而义务性规范则意味着人的行为无可选择,所以是一种确定的指引。它们都是对人的行为的指引。义务性规范可以帮助授权性规范确定明确的行为界限;授权性规范可以弥补义务性规范的消极方面,使法律能够适应以个体创造性为基础的社会的发展需要。立法者根据所要调节的社会关系的不同,或选择义务性规范,或选择授权性规范,根本目的是选择对实现自己立法意图的最有利的表述形式。

**四、价值选择中的主从关系**

在权利和义务关系中,是遵循权利义务守恒定律的。该定律表现为权利义务在不同关系中的三大比例关系:①在权利义务总量不变的前提下,私权利义务与公权利义务间成反比例关系;②私权利主体间的权利义务成等比例关系;③权利义务相对于一国经济、社会文化及民主的状况成正比例关系。

用权利义务守恒的定律来分析公民与国家间的关系,可以发现两种不同本位的对立。以国家权利(权力)为标准,强制公民只有服从的义务,该类型的法律便是义务本位的法,资本主义以前的法都具有这一特征。反之，以公民权利为标准，以此判断国家是否以服从于公民权利为根本义务，该类型的法律便是权利本位的法。民主制的法必定是权利本位的法。权利义务关系如果从价值主次上分析，也可得出相同的结论。

法律价值是人通过法律所体现的自己的价值需求。从价值角度看，权利义务之间存在主次关系，这也就是所谓的法律本位问题。法律本位是人对法律的终极关怀，是指在两个或两个以上可供选择的价值目标中，人们通过法律所进行的选择。历史上，法律要么是以权利为本位，要么是以义务为本位。古代社会基本上都是倾向义务本位，而现代社会基本上倾向于权利本位。法律的发展规律之一就是由义务本位向权利本位演进。

## 第三节　法与权利和义务

法是以权利和义务为机制调整人的行为和社会关系的。权利和义务贯穿于法律现象逻辑联系的各个环节、法的一切部门和法律运行的全部过程。

1. 权利和义务是从法律规范到法律关系再到法律责任的逻辑联系的各个环节的构成要素。权利和义务是法律规范的核心内容，一个标准之所以被称为法律规范，就在于它授予人们一定权利，告诉人们怎样的主张和行为是正当的、合法的、会受到法律的保护；或者给人们设定某种义务，指示人们怎样的行为是应为的、必为的、禁为的，在一定条件下会由国家权力强制履行或予以取缔。权利和义务是法律关系的关键要素，某一社会关系之所以是法律关系，就在于它是依法形成的、以权利和义务相互联系和相互制约为内容的社会关系。至于法律责任，则是由于侵犯法定权利或违反法定义务而引起的、由专门国家机关认定并归结于法律关系主体的、带有直接强制性的义务，亦即由于违反第一性义务而导致的第二性义务。

2. 权利和义务贯穿于法的一切部门。例如，作为国家根本大法和总章程的宪法，规定国家的政治制度、经济制度、文化教育制度和法律制度，实际上就是确认和规定社会上各个阶级、阶层、集团、民族等社会基本力量在国家生活中的权利和义务，并以此为基础，规定了公民的基本权利和义务，以及国家机关及其公务人员的职权和职责。行政法规定国家行政机关在组织实施国家职能的日常活动中所拥有的权利（权力、职权）和义务（职责），以及在政府与公民、法人等行政相对人的关系中双方各自的权利和义务。民法调整平等主体之间有关财产关系和人身关系的权利和义务，规定解决因侵权或违约而发生的权利和义务纠纷的准则。经济法调整国家在管理经济活动中所发生的国家与经济组织之间、经济组织与经济组织之间的权利和义务。刑法规定何种行为是极端的、超过社会容忍极限的侵害个人、集体和国家权益的行为以及对这种行为所应采取的取缔和惩罚措施，以此敦促或强制罪犯履行法定义务，保护人们的法定权利。诉讼法则规定着诉讼过程中诉讼当事人及其代理人、国家审判机关、检察机关等诉讼主体的权利和义务。国际法也是以权利和义务为构成要素的，不过它是通过条约和协定、惯例等形式确定下来的国家之间的权利和义务。其他法律部门也都是确定人们在某种社会生活领域和社会关系中的权利和义务。

3. 权利和义务贯穿于法的运行和操作的整个过程中。法的运作以立法为起点，以执法、守法、司法、法律监督为主要环节。任何国家的立法，都是统治阶级通过立法机关，根据本阶级的根本利益、实际的阶级力量对比以及民族文化传统等条件，确定人们的权利和义务，并使之规范化和制度化的过程。执法就是国家行政机关在管理社会的活动中，依靠国家权力，落实法定权利和义务的过程。守法就是公民、法人及其他社会组织正确行使法定权利，忠实而又积极地履行法定义务。与守法相对的违法则是超越法定权利边际滥用权利，或者规避或疏于履行法定义务。司法就是通过国家的审判活动和各种诉讼程序，确认被模糊的当事人的权利和义务，恢复被搁置、被破坏的权利和义务关系。法律监督就是国家法律监督机关对国家机关工作人员、社会团体、法人和公民个人行使权利和履行义务的情况实行监督，追究违法者的法律责任。

4. 权利和义务全面地表现和实现法的价值。权利、义务是法的价值得以实现的方式，正是通过权利和义务的宣告与落实，统治阶级把自己的价值取向和价值选择变为国家和法的价值取向和选择，并借助于国家权威和法律程序实现。权利与义务的关系（结构），反映着法的价值的变化。通过分析不同历史类型的法律制度中权利和义务的关系（结构），可以透视不同法律制度的价值取向和价值序列。在前资本主义社会，总体而言，法律重义务、轻权利，以义务为本位来配置义务和权利。显然，它的首要的、甚至唯一的价值在于建立奴隶主阶级、封建地主阶级在经济、政治和思想上的统治秩序。现代社会的法是充满活力的调整机制，它以权利为本位或重心配置权利和义务，赋予人们各种政治权利、经济权利、文化权利和社会权利，给人们以充分的、越来越大的选择机会和行动自由，同时，为了保障权利的实现，规定了一系列相应的义务。这使现代社会的法（特别是社会主义法）的价值显然不限于秩序，而是扩大到了促进经济增长、政治发展、文化进步、个人自由、社会福利、国际和平与发展、生态平衡等领域。

正因为如此，许多法学家认为，权利和义务是法的核心内容，也是法学的基本范畴，进而主张法学应是权利义务之学，应以权利和义务为基本范畴建构当代中国的法学理论体系。

## 第四节　权利与义务的分类

权利和义务是极其复杂的法律内容，为了深入理解权利和义务，更为了在社会经济生活、政治生活、文化生活中正确、积极地行使权利，正确、忠实地履行义务，有必要对权利和义务加以分类。对权利和义务，可以从不同的角度、按照不同的标准进行分类。

**一、应有、习惯、法定、现实权利和义务**

这种划分是以权利、义务的存在形态为标准进行的。应有权利是权利的初始形态，它是特定社会的人们基于一定的物质生活条件和文化传统而产生出来的权利需要和权利要求，是主体认为或被承认应当享有的权利。由于应有权利又往往表现为道德上的主张（以道德主张出现），所以也被称为"道德权利"。应有义务是虽未被法律明文规定，但根据社会关系的本质和法律精神应当由主体承担和履行的义务，通常以"道德义务"的形式存在，但不是纯粹的道德义务。

习惯权利是人们在长期的社会生活过程中形成的或从先前的社会传承下来的，表现为群体性、重复性自由行动的一种权利。习惯权利也是法外权利，如中世纪西欧各国贵族对农奴新娘的初夜权。被统治阶级的习惯权利则是被剥削、被压迫的劳动人民为了维护生存而争取和保存下来的权利，例如，捡拾收割后散落在地里的麦穗，采集林内野果，在大街上乞讨施舍物。在剥削阶级社会，穷人承担着数不尽的习惯义务。在社会主义条件下，与旧的剥削制度相连的习惯义务（如进贡、差役）被宣布为非法，但并没有根除。

法定权利是通过实在法律明确规定或通过立法纲领、法律原则加以宣布的、以规范与观念形态存在的权利。在重视法治和人权的国家，法定权利是权利的主要存在形态。法定权利不限于法律明文规定的权利，也包括根据社会经济、政治和文化发展水平，依照法律的精神和逻辑推定出来的权利，即"推定权利"。法定义务是根据国家制定的法律所规定的必须做出一定行为或不得做出一定行为的约束。

现实权利，即主体实际享有与行使的权利，亦称"实有权利"。现实权利是权利运行的终点，又是新权利运行的起点。因而现实权利是法定权利的另一种参照和评价标准。法定权利只有转化为现实权利，才能成为或再现生活的事实，才对主体有实际的价值，才是真实的和完整的；对于国家来说，才算实现了统治阶级的意志和法律的价值。从法定权利到现实权利是一个决定性的转变。现实义务或实有义务是由主体实际承担和履行的义务，是法定义务的现实化。现实义务与法定义务的关系实际上就是法律的实效与法律的效力的关系。

### 二、基本权利义务与普通权利义务

这种划分是根据权利、义务所体现的社会内容（社会关系）的重要程度，亦即它们在权利义务体系中的地位、功能及社会价值为标准进行的。

基本权利义务是人们在国家政治生活、经济生活、文化生活和一切社会生活中的根本权利和义务，是人们应该享有和必须履行的并且不可转让的权利和义务。这类权利义务的基本性和根本性体现在：它们源于社会关系的最根本的内容，是人们之间社会联系与交往的基础，是人作为人而存在必不可少且为社会所认可的有关社会关系主体的生存、发展、谋求幸福方面的权利义务。这些权利义务在不同社会中具有不同的法律表现，但法律表现的不同却不能影响这些权利义务本身的存在。换句话说，在任何社会中，无论法律是否承认，社会关系主体的基本权利义务都是存在的，它们是不可剥夺、不可转让的人作为人的根本所在。在现代各国法律中，一般都通过基本法、根本法、宪法的方式对这类权利义务加以确认，以作为各类立法和法律实践的基础。对这类权利义务的确认和保护的程度，也是一国法律文明发展程度的标志。

普通权利义务是社会关系主体在日常社会生产、生活中所享有和必须履行的，由基本权利义务决定的，不同于基本权利义务的权利义务。普通权利义务的普通性在于：它们是基本权利义务的具体化和具体表现。

基本权利义务的规定一般比较概括和抽象，它们的实现通常是借助两种形式：①司法确认和保护，即通过法官在司法活动过程中阐明、说明宪法、基本法、宪法性文件有关基本权利义务的规定，并加以维护，如美国和英国；②立法主导，即由立法机关进一步的具体立法，对基本权利义务的具体内容加以明确，如我国。

在一个国家的法律体系中，基本权利义务一般是由宪法（基本法、根本法）或宪法性法律规定的；普通权利义务主要是由普通法（与根本法对应的法律）规定的。而普通法直接或间接地都是以实现根本法为目的。所以，这类权利义务的设定和实践应该有助于基本权利义务的实现，而不是削弱、限制基本权利义务。在我国，法律规定的基本权利义务有：公民的平等权、参政权、人身自由权等基本权利，以及依法纳税、计划生育、维护国家统一等基本义务；普通权利义务有：民法中的物权、债权、人身权、继承权、知识产权等五类权利，诉讼法中的犯罪嫌疑人的诉讼权利等，以及这些权利所对应的义务。

### 三、一般权利义务与特殊权利义务

根据权利和义务对人们的效力范围，可划分为一般权利义务与特殊权利义务。一般权利亦称"对世权利"（也有的称为绝对权利），其特点是权利主体无特定的义务人与之相对，而以一般人（社会上的每个人）作为可能的义务人。它的内容是排除他人的侵害，通常要求一般人不得做出一定的行为。国家的安全权、独立权、公民的各项自由权、财产权等均属于此类。一般义务亦称"对世义务"，其特点是无例外地适用于每个人，每个义务主体无特定的权利人与之相对。一般义务的内容通常不是积极的作为，而是消极的不作为。例如，任何人不得损害国家的独立和安全，不得损害其他公民的人身自由。

特殊权利亦称"相对权利""对人权利""特定权利"，其特点是权利主体有特定的义务人与之相对，权利主体可以要求义务人做出一定行为或抑制一定行为。特殊义务亦称"对人义务"或"特定义务"，其特点是义务主体有特定的权利主体与之相对，义务主体应当根据权利主体的合法要求做出一定行为，以其给付、协助等行为使特定权利主体的利益得以实现。经济合同关系中的权利和义务，婚姻家庭关系中夫妻之间、父母与子女之间的权利和义务等均属于此类。

一般地说，绝对权利义务是相对权利义务的基础，如物权是发生债权的前提，婚姻自由权、继承权是以自由权、生存权为前提的。从理论的角度看，绝对权利义务与相对权利义务之间在一定条件下是可以转化的、相辅相成的。而从实践的角度看，这种划分无疑显示了法律调整的技术发展，因为，绝对权与相对权具有不同的标准、规格和要求，在法律实践的过程中，两者的地位也是不同的（例如通常所说的物权优先原则），所以，绝对权与相对权是在不同的法律条件下实现的。

### 四、第一性权利义务与第二性权利义务

根据权利之间、义务之间的因果关系的不同，可划分为第一性权利义务与第二性权利义务。

1. 第一性权利亦称"原有权利"，是直接由法律赋予的权利或由法律授权的主体依法通过其积极活动而创立的权利，如财产所有权、缔约权、合法契约中双方当事人的权利。第一性义务与第一性权利相对，是由法律直接规定的义务或由法律关系主体依法通过积极活动而设定的义务，其内容是不许侵害他人的权利，或适应权利主体的要求而做出一定行为。义务主体以自己的作为或不作为满足权利主体的合法主张。如宪法中规定的公民的纳税义务、服兵役义务等。

2. 第二性权利亦称"补救权利"（或救济权利），是指在第一性权利受到侵害时产生的要求获得合法的赔偿、补偿、恢复权利等救济性的权利及与之相应的义务。第二性权利义务以第一性权利义务的存在及其被损害为前提，如侵权之诉权以财产所有权、人身权、人格权、知识产权等权利的存在及被侵犯为前提，合同之诉权以有法律效力的合同约定的权利或合法行为的权利为条件；同时，第二性权利义务还要根据第一性权利义务的损害程度、性质、范围等加以确定。如民事权利的被侵犯、民事义务的不履行，适用的只能是民事救济权利，而行政侵权适用的只能是行政侵权后的诉讼权利义务。而且，救济性权利义务的性质与范围也是按照第一性权利义务确定的。所以，在两类权利义务之间的关系上，需要特别强调第二性权利义务的合法性和适当性。

### 五、行动权利、消极义务与接受权利、积极义务

这种划分是根据权利主体依法实现其意志和利益的方式来进行的。行动权是使主体有资格做某事或以某种方式采取行动，接受权是使主体有资格接受某事物或被以某种方式对待。选举权和被选举权就是一对典型的行动权和接受权。与行动权和接受权对应的是消极义务和积极义务。消极义务的内容是不作为，积极义务的内容是作为。当权利主体有资格做某事或以某种方式做某事时，义务主体处于避免做任何可能侵犯权利主体行动自由之事的消极状态，即不得干预、阻止或用可怕的结果威胁权利主体。当权利主体拥有接受权时，义务主体处于给付某物或做出某种对待的积极行动状态。

### 六、个体、集体、国家、人类权利和义务

这种划分是根据权利、义务主体的不同来划分的。个体权利是自然人依法所享有的政治权利、经济权利、文化权利和社会权利，通常叫作公民权利。个体义务是自然人依法承担的义务，其中包括对其他个体的义务、对集体的义务和对国家的义务。集体权利是社会团体、企事业组织、法人等集体所享有的各种权利；集体义务则是它们依法承担的义务。国家权利是国家作为法律关系的主体以国家或社会的名义所享有的各种权利，比如对财产的所有权、审判权、检察权、外交权等。国家义务是国家依法承担的义务，如保护公民的合法权益，为老人、病人或丧失劳动能力的人提供物质帮助，对因遭受国家机关和国家工作人员的侵犯而蒙受损失的公民给予赔偿的义务等。人类权利是指人类作为一个整体或地球上的所有居民共同享有的权利，如环境权、和平权、发展权等。人类义务是指人类每个成员、每个群体、每个国家都应承担的义务，如尊重人格，不互相伤害，禁止种族歧视和迫害，维护世界和平、维护生态平衡等。

### 七、私权利和公权利

以权利主体为标准，还可以将权利分为私权利和公权利两类。由公法类法律设定的权利义务称为公法上的权利义务；由私法类法律设定的权利义务称为私法上的权利义务。公法与私法的划分在成文法国家比较普遍，但是公私法的划分标准却一直未能统一。尽管如此，大体上可以认为公法是调整国家与社会、个人之间政治关系、国家关系的法律部门。根据公法确定的法律关系一般是纵向的隶属型法律关系，该法律关系的主体一般是不平等的。公法上的权利义务可以分为两类：一类是国家及国家机关的权利义务，如行政权、审判权、检察权等，这类权利义务由于直接代表着社会力量，不同于一般所说的权利义务，所以，通常又称为职权与职责；另一类是公民、法人在与国家及国家机关的关系中享有的权利和必须履行的义务，由于在这类法律关系中，公民、法人处于弱势地位，通常法律都要通过一些特殊的手段对其权利义务加以保障。私法一般是指调整平等主体之间民事关系的法律部门。私法上的权利义务与独立的民事主体相连。由于私法上的主体之间是平等关系，所以，私法上的权利义务也是以平等为其特征的。公法上的权利义务与私法上的权利义务的分类，主要用来解决基于公私两大法律门类之间的不同而形成的权利义务关系的区别。在这两类权利义务关系各自的内部，权利主体之间、权利义务之间的法律联系存在相当大的差异。

私权利通常是指以满足个人需要为目的的个人权利。公权利则是指以维护公益为目的的公共团体及其责任人在职务上的权利，也叫权力。权利与权力之间存在着差别，主要表现为：①权力的拥有者只能是表现出强制力和支配力的专门机关、执行职务的公职人员或对内的社会集团的代表，公民不能充当权力主体；而权利主体却是公民个人，国家或集团在成为权利主体的时候，已是与公民平等的在法律上被人格化了的"人"。②权力的内容重在"力"上，表现为某种形式的强制或管理；权利的内容则侧重于"利"，表现为权利人要求实现的价值。③指向对象的确定程度不同。权力的指向对象是特定的，管理活动与支配行为必定有具体的承担人，且权力拥有者与权力对象地位不平等；权利指向的对象，在一部分法律关系中是特定的，而在另一部分法律关系中又是不特定的，权利关系中的权利人与义务人地位是平等的，不像权力关系那样存在着服从与被服从的关系。④法律对权力与权利的要求不同。权力与职责相对应，职务上的责任是公权力的义务，法律要求权力变为职责，职责是不能放弃的，弃置权力将构成渎职；权利与义务相对应，法律准予权利的能动性，使权利人对权利获得了随意性，放弃权利被认为是行使权利的表现。私权利和公权力在运行的时候经常发生冲突，当这种情况出现时，就需要否定其中的一个，谁超越了法定界限谁就将成为被否定的对象。

此外，还有一种分类也值得注意——明示的和推定的权利义务（以法律是否明文规定为标

准进行的分类）。明示的权利义务，是指由国家实在法以明确条文形式规定的权利义务。推定的权利义务，是指根据法律规定的原则、法律精神和法律的逻辑关系推导出来的权利义务。从立法技术角度看，法定权利义务的存在有两种方式：①明示的权利义务，即以罗列可以享受的权利和必须履行的义务的种类的方式宣告的权利义务；②默示的权利义务，是指主要确定必须履行的义务的范围，根据义务推定该义务隐含的相应的受保护的权利；或规定应受保护的权利，然后推定该权利隐含的关系人的义务。更为重要的是，由于法律不可能将所有的权利义务罗列出来，而且在一个文明的法律制度中，也不能将应该享受的权利限制在法律明文规定的范围内。因此，通常采用权利推定的方式最大限度地维护权利。具体办法为：推定法律规则或原则未加禁止的行为具有当然的合法性，人们有权利去作为或不作为。例如，英国 1215 年的《大宪章》，只规定了对王权的限制，未规定人民权利，但却被认为是最早的权利立法；再如，刑法中“法无明文规定不为罪，法无明文规定不处罚”等，都是相同原理，值得注意的是，这种规定普遍适用于权利推定，但对于义务来说，刑事领域则不得推定义务。因为义务是一种法律负担，除非事先明确规定，否则不得适用这种推定方式。民事领域情况则有所不同。由于在私法领域，原则上法官不得拒绝审判，因此，在法无明文规定的情况下，根据法律的精神、原则推定相应的义务，也是必要的和常见的。这是权利推定的一个合乎逻辑的结果。

 案例分析

## 案例一[1]

江苏一纺织女工钱婉玲脾动脉破裂，已经大出血 4000 毫升以上，只有输血才能保住生命，但是卫生院没有备用血浆及血浆代用品，离卫生院最近的扬州市中心血站有 25 公里，不可能在 10 分钟内赶到，患者家属纷纷要求将自己的 O 型血用于急救。卫生院坚持按照《献血法》和《医疗机构临床用血管理办法》的要求，认为不能非法抽取亲属的血挽救钱婉玲的生命。一小时后，钱某因失血过多而死，此时，血站的血液刚刚送到。患者家属认为卫生院的行为是见死不救。医院辩解该院没有在短时间内检查出丙肝、艾滋病的条件，不具备自采自供血液的条件，不能冒险违反规定自行采供血液。

【评析】本案例涉及权利的冲突问题：①钱婉玲生命健康的权利；②钱婉玲亲属健康的权利；③卫生院医生依法采供血的权利。这三个权利都是法律所保护的合法权利，然而，在面临钱婉玲生命健康权利受到严重危害的紧急状况，首先应该比较三种权利的重要性，显然，生命是最宝贵的，保障生命健康权应该是第一位的。

当然，我们也不能断定医生的行为是错误的，医生的行为并没有违反法律，相反，其恰恰是严格依照法律来规范自己行为的。这里实际涉及我国法律制定的问题，如何完备我们的法律，才能使各种特殊的情况下都能“有法可依”，这是我国法制建设的基础性条件。

## 案例二[2]

东北某建设银行的营业员姚丽，在储蓄所遭遇两名歹徒抢劫时，曾两次按下报警器，但皆因报警器失灵而失败，最终歹徒从姚丽的钱箱抢走 1.3 万元人民币。事发之后，姚丽从自家拿出 1.3 万元弥补单位的损失。银行则给予姚丽开除公职、开除党籍的处分。姚丽不服，遂向劳动仲裁委员会申述，劳动仲裁委员会裁定银行的行政处分决定无效。银行向区法院起诉，区法院

〔1〕 转引自朱力宇主编：《法理学原理与案例教程》，中国人民大学出版社 2007 年版，第 140 页。
〔2〕 参见“谁的责任”，载《北京青年报》2000 年 6 月 20 日。

判决银行败诉,银行又向市法院上诉,市法院的终审判决仍然是银行败诉,之后,银行重新作出决定:在开除姚丽党籍的前提下给予行政记大过处分,并由姚丽补偿单位损失的 1.3 万元。

【评析】在本案中,银行、姚丽作为双方当事人,由于权利义务分配的立场不同,导致各自的主张不同,本案涉及权利义务一致性的问题。本案中,银行的权利是通过从业人员的工作维持机构的正常运转,姚丽的义务是履行自己的工作职责。银行享受机构正常运作权利的同时,要承担提供员工正常工作条件的义务,工作人员在履行工作义务的同时享有银行提供正常工作条件的权利。正常的工作条件除了工资给付外,还包括安全的工作环境等必要的进行工作的要素。抢劫事件的发生破坏了双方权利义务的正常状态,在抢劫发生的情况下,根据双方权利义务的范围,银行将承担损失的义务转嫁到姚丽的身上是不恰当的。况且,抢劫发生时,报警器的失灵属于银行履行义务的瑕疵,姚丽在抢劫状态下的义务应仅限于报警或力所能及的抵抗,要求以生命为代价保护银行的财产,超出了一个普通金融工作人员的职责范围。在这里,权利义务指向的客体是工作人员的工作行为,是工作人员的劳动能力而非生命,因此,姚丽没有承担银行损失的义务。所以,银行的做法不妥当。

 **本章小结**

本章系统阐释了法律权利和法律义务的主要内容,法律权利是社会主体享有的法律确认和保障的以某种正当利益为追求的行为自由;法律义务是社会主体根据法律的规定必须承担的作为或不作为的责任。应该坚持"没有无义务的权利,也没有无权利的义务"的思想。权利义务的关系可以概括为对立统一关系,包括法律关系中的对应关系、社会生活中的对等关系、功能发挥中的互动关系、价值选择中的主从关系。法是以权利和义务为机制调整人的行为和社会关系的,权利和义务贯穿于法律现象逻辑联系的各个环节、法的一切部门和法律运行的全部过程。我们同时也看到,权利义务是极其复杂的法律内容,对权利和义务,可以从不同的角度、按照不同的标准进行分类。

 **思考题**

### 一、名词解释

1. 法律权利
2. 法律义务

### 二、简答题

1. 法律权利与法律义务的特征有哪些?
2. 权利与义务在法律中的地位如何?
3. 权利与义务的分类有哪些?

### 三、论述题

论述权利与义务的关系。

**主要参考文献**

1. [美] 罗纳德·德沃金:《认真对待权利》,信春鹰、吴玉章译,中国大百科全书出版社 1998 年版。

2. ［美］埃尔斯特、［挪］斯莱格斯塔德编：《宪政与民主——理性与社会变迁研究》，潘勤、谢鹏程译，生活·读书·新知三联书店 1997 年版。

3. 张文显：《法学基本范畴研究》，中国政法大学出版社 1993 年版。

4. 程燎原、王人博：《赢得神圣：权利及其救济通论》，山东人民出版社 1993 年版。

# 第三编　法的演进

# 第十一章

# 法的起源

【本章概要】本章介绍了法的起源的基本情况，原始社会的社会规范，法律起源的一般规律，原始社会规范与法律规范的区别，法律起源的几种形式。在法的起源、法与社会规范的问题上，人类学家与多数法学家的观点并不一致，人类学家从广义的角度来理解法，认为原始社会的社会规范就是法，而多数法学家认为人类社会经过了相当长的时间才逐步制定出法律，法律是随着阶级与国家的出现而出现的。

【学习目标】通过本章的学习，了解法的起源问题上的各种不同观点，而对这个问题的不同回答，又涉及包括法的本质在内的相关问题；知道法律的起源及其发展主要受到哪些因素的影响；了解法律发展的一般规律，法律与宗教、道德之间的联系与区别。

法律是自有人类社会以来就产生了，还是经过了若干时期的历史发展而逐步产生的呢？传统的观点是：法不是从来就有的，而是人类社会发展到一定历史阶段才出现的社会现象。它是在原始社会逐渐解体的基础上，取代氏族社会世代相传的习惯而产生的。到底情况怎样，就需要我们对原始社会及其发展有一个基本的了解。

## 第一节　法的起源概述

在法的起源问题上，不同的学者观点不同。原始社会经过了几百万年的时间才进入文明社会，人类从进入文明时期直到现代也不过仅仅几千年的时间。那么，原始社会里有没有法与法律呢？要回答这样的问题需要认真地思考：首先，我们要弄清楚什么是法？什么是社会规范？法律与规范的关系是什么？其次，我们是站在什么样的学科基础上来回答这样的问题？不同学科的学者由于研究的领域、范围不相同，他们对这个问题的回答也并不完全一样。

按照马克思主义的理解，人类社会经历了五种社会形态，原始社会是第一个阶段。在原始社会，生产力极其低下，在大自然面前人们只有依靠集体的力量才能维持自身的生存。这决定了原始公社的生产关系是以生产资料公有制为基础的，并决定了原始公社没有私有制、剥削、阶级划分，也没有国家和法。当时的社会组织和行为规范主要是氏族习惯。恩格斯曾对原始社会做过赞美："这种十分单纯质朴的氏族制度是一种多么美妙的制度呵！没有军队、宪兵和警察，没有贵族、国王、总督、地方官和法官，没有监狱，没有诉讼，而一切都是有条理的。"[1] 但是，恩格斯也认为，随着社会的发展与进步，这种制度也注定是要灭亡的。

恩格斯的《家庭、私有制和国家的起源》是在吸收摩尔根《古代社会》研究成果的基础上撰写而成的，在许多方面继承了摩尔根的观点。后来的不少学者在法的起源问题上之所以产生错误的理解，认为原始社会有氏族制度、氏族习惯，而没有法律，社会的运转依靠大家共同遵守的氏族习惯来保证，一个重要的原因就是将国家的产生与法律的产生等同起来。事实上，法律的产生要早于国家的产生。恩格斯指出："在社会发展的某个很早的阶段，产生了这样一种需要：把每天重复着的生产、分配和交换的行为用一个共同规则概括起来……这个规则首先表现为习惯，后来变成了法律，随着法律的产生就必然产生以维护法律为职责的机关——公共权力，即国家。"[2]

由氏族习惯、习惯法再到成文法的变化有一个非常缓慢的发展过程。恩格斯这里所谓的法律，当然还不是我们后来意义上的国家法律，在进入国家社会之前，这种所谓的法基本上还停留在习惯法的层面上。大家都应该遵守习惯法，违反了就应该受到公共机构的制裁，这个公共机构不是国家，而是其他族群组织。传统的马克思主义法学家（也包括许多西方非马克思主义法学家）认为，氏族的习惯法不是法，法有社会性、国家意志性、强制性，而习惯法并不具备这些属性，这是习惯与法的一个重要区别。事实上，要辨析习惯与法的问题还要回答另外一个问题，那就是法与法律是否能够等同起来。

从词源意义来看，法与法律也不是一个同质的概念。拉丁文中的"Jus"与"Lex"的涵义不同，前者指公平、正义、权利，比"Lex"的涵义更为宽泛，后者则指经过官方权力机构等制定出来的法。[3] 意大利文、德文、西班牙文都对法与法律作了区分。可见，法是人们从社会现实当中抽象出来的一个带有主观色彩并具有价值判断属性的概念，法的这种属性与自然法有相通的一面，而与实证法有很大的不同。如果将法与法律这样区分开来，那么我们可以说原始社会有法（原始规范、习惯），但是没有法律。

关于法的起源问题，中西方学者很早就进行了探讨。春秋战国时期，法家对法的产生从各个不同的角度进行了阐述。西方对法的起源问题早在古希腊时期就有了比较深入的分析与探讨，他们从自然、理性等多维角度对法的起源、性质等法的诸多方面进行了研究，并对后世产生了深远的影响。

中华人民共和国成立以来，由于受到各种因素的影响，很多法学家认为法律是随着阶级、国家的产生而产生的。他们从马克思、恩格斯的著述中寻找有关法的定义或者依据他们有关法的相关论述进行推理，得出了一个结论，法律是随着阶级、国家的出现而出现的，换言之，要是没有阶级、没有国家，法律就不会产生。但是这种理论越来越受到质疑与批评，认为这个结论仅是一些马克思主义法学家根据马克思、恩格斯的一些论断片面推论出来的。[4]

---

〔1〕 《马克思恩格斯选集》（第4卷·上），人民出版社1972年版，第92页。
〔2〕 《马克思恩格斯选集》（第2卷·下），人民出版社1972年版，第538~539页。
〔3〕 参见黄风编著：《罗马法词典》，法律出版社2002年版，第138、154页。
〔4〕 有关该问题的讨论，参见周永坤：《法理学——全球视野》，法律出版社2000年版，第472~476页。

## 第二节  法的起源的各种理论与学说

近现代以来随着学科的不断发展，尤其是人类学、民俗学、考古学等学科的发展，对原始社会的研究取得了很大的成绩，呈现出繁荣的局面。

### 一、古希腊、古罗马有关法的起源的学说

古希腊与古罗马是欧洲较早进入文明社会的地区之一，他们在探索宇宙奥秘的同时，也对民主政治进行了广泛的探讨，包括对法的起源问题的探讨。古希腊学者众多，他们的理论也并不一致。例如，智者学派的普罗泰戈拉就认为，哲学的主要问题是人的问题，人是万物的尺度，法律来源于人，是人的智慧活动的产物，是人类为了避免灾难与痛苦所做出的选择。斯多葛派则强调理性与德行，认为宇宙是神圣理性的体现。柏拉图认为善、理念是万事万物的源泉，当然也是法律的来源。亚里士多德认为法律可以分为伦理意义上的法与实在意义上的法，伦理意义上的法就是自然法，实在意义上的法是人类社会的规则。实在意义上的法律要符合伦理意义上的法，从这里我们可以看出，他的法律起源论实质上是与自然正义联系在一起的。西塞罗与其后的罗马法学家认为法律来源于自然，来源于神的理性。

### 二、近代西方关于法的起源的理论

近代法学流派众多，这里不可能一一论及，下面仅仅就自然法学派、历史法学派、分析实证主义法学派关于法的起源的基本理论进行简单的介绍。古典自然法学派的学者，如格劳秀斯、洛克、霍布斯、孟德斯鸠、卢梭等人鼓吹自然与理性，虽然他们的观点并不完全一样，但是他们都继承了古典的传统，大多根据自然——社会契约的理论来阐述法律的起源，认为法律是理性的体现，如孟德斯鸠认为，法是由事物的性质所产生出来的必然关系，一切事物都有其自身的法则。[1] 法律受到来自气候、土壤、文化、宗教等各个方面的影响。卢梭认为，人们对私有财产的占有是不平等产生的直接原因，也是社会、国家产生的原因，[2] 法律也因此而产生。历史法学派的学者则根据法的历史传统与民族性方面来思考法的起源。德国历史法学派的代表萨维尼认为，每个民族都有自己的特性，法律是民族精神的体现，而习惯是法的基本渊源。英国历史法学派的代表梅因根据自己在印度工作的经历，对印度、罗马以及其他民族的法律的起源与发展进行认真细致的考察，他认为由"地美斯弟"到习惯法，由习惯法再到法典是法律发展的基本逻辑过程。分析实证主义法学派则强调统治者制定规则的重要性，认为统治者的命令就是法律。

### 三、现代学者关于法的起源的争论

事实上，关于法的起源方面的真正争论应该是最近一百年来的事。无论是古希腊的自然主义、中世纪的神权理论，还是近代各法学学派关于法的起源理论，基本上都是单线发展的，即使有所争论也并不严重。但是近一百年来，随着学科的不断发展，形成了不同的观点、产生了不同的派别。这个问题可以从两个方面进行介绍：①马克思主义学者关于法的起源的基本理论所引起的争论。马克思、恩格斯根据辩证唯物主义、历史唯物主义与进化论的观点，认为人类社会经过了漫长的发展阶段，法律正是随着社会生产的不断发展而逐步产生的。虽然马克思、恩格斯并没有武断地宣称法律是随着阶级与国家的产生而产生，但是仍然有不少学者，尤其是

---

〔1〕 ［法］孟德斯鸠：《论法的精神》（上），张雁深译，商务印书馆 1995 年版，第 1 页。
〔2〕 ［法］卢梭：《论人类不平等的起源和基础》，李常山译，商务印书馆 1962 年版，第 194 页。

我国的马克思主义法学者,在诸多场合、诸多领域坚持法律是阶级社会的产物,是随着国家的产生而产生的。他们认为,在人类社会早期,由于共同的社会生活,逐渐形成了共同遵守的原始习惯,在生产力进一步发展的情况下,产生了阶级与国家,习惯也因此打上了阶级的烙印,国家将最初的习惯加以确认并使之成了最初的法律。这种理论的许多方面有其科学的成分,但是其最终的结论却是原始社会没有法,因此,受到了来自人类学、社会学等学科领域学者的批判。②随着学科的不断发展,尤其是人类学学科的出现,形成了与包括马克思主义法学在内的有关法的起源理论的不同观点。法人类学家通过对原始部落的研究,得出了原始社会有法的结论。尽管法人类学自己也有不同的观点,但是总的来看,他们一般都认为原始社会有法。这种观点与原始社会没有法律的观点产生了差异,争论也在所难免。但是国内的争论明显比国外学者之间的争论来得激烈与持久。〔1〕

## 第三节 原始社会的社会规范

摩尔根的《古代社会》将原始社会分为蒙昧与野蛮两个阶段,每个阶段又可以分为低级、中级、高级三个阶段。野蛮时代的高级阶段是原始社会向文明社会的过渡阶段。法律就是在这个漫长的时段里逐步地产生出来的。虽然,关于原始社会有没有法律一直存在争论,到目前为止,似乎仍然没有定论。但是,可以肯定的是,大多数学者并没有否认原始社会存在社会规范。考古学家、人类学家、民族学家通过对地球上仅存的几个原始人群的长期的考察与研究,认为最早的原始规范就是禁忌,禁忌是原始习惯的基础,也是以后法律得以产生的一个重要方面。穗积陈重认为,禁忌是人类最原始的规范。"故原始的民族,获国家生活之习性,发生彼等间之法律观念者,实多起源于禁忌也。"对于触犯禁忌者,常常由政治领袖或酋长、僧侣施以神罚。这种惩罚,兼具宗教与法律的双重性质。所以说,"禁忌者,法律前之公的规范也"〔2〕

"图腾"一词直到18世纪末期才在民族志的文献中首次被使用,麦克伦南企图将这个原本在个别领域与范围内适用的概念扩大适用到整个人类的历史。〔3〕由图腾而对事物的敬畏产生了禁忌。由于生产力低下,人们普遍认为本氏族一定从属于某一动植物,他们就是某种动植物的化身,由此而导致的禁忌,我们常常称为图腾禁忌。

大多数禁忌是在原始人群时代产生的。〔4〕人类社会早期由于对自然的认识与改造自然的能力有限,就必然对禁忌之物产生敬畏并自觉地加以遵守,否则,他们认为将会产生非常严重的后果。

禁忌是一切社会规范中最古老的规范,所有的规范最初都由禁忌转变而来。禁忌在发展过程中逐渐产生了各种情形,禁忌的种类比较广泛,包括性的禁忌,禁止氏族成员内部的婚姻行为,婚姻的行为只能在不同的氏族之间进行;语言的禁忌,包括亲戚名字、死者名字的禁忌,也包括国王以及其他圣人、圣物名字的禁忌;人的禁忌,包括酋长与国王的禁忌、妇女的禁

〔1〕 二十世纪八九十年代,有关法的阶级性以及原始社会是否有法的争论,通过中国知网的检索便可以知道。
〔2〕 [日]穗积陈重:《法律进化论》,黄尊三等译,中国政法大学出版社1997年版,第312~315页。
〔3〕 [法]爱弥尔·涂尔干:《宗教生活的基本形式》,渠东、汲喆译,上海人民出版社1999年版,第114页。
〔4〕 [苏]谢苗诺夫:《婚姻和家庭的起源》,蔡俊生译,中国社会科学出版社1983年版,第78页。

忌、杀人与狩猎的禁忌；此外，还包括食物的禁忌、与陌生人交往等行为方面的禁忌；等等。[1]

除了禁忌之外，原始社会在共同的生活中还发展出来一些普遍遵守的社会规范，如财产的氏族共同继承制度、氏族与军事首领的民主选举制度，以及对外实行血族复仇制度等。

一些禁忌在以后逐渐地转变为习惯，最初禁忌所具有的神秘性、敬畏性也渐渐淡化。虽然这些习惯也是部落成员必须遵守的，但是毕竟与其最初所具有的严格性相比有所下降，与禁忌相比，氏族、部落成员受到习惯法处罚的概率也有所加强，这大致反映了作为原始社会规范由禁忌到习惯的变化过程。这是一个非常缓慢的发展过程。至于哪些禁忌先变成习惯，哪些禁忌经过了很长的历程、直到文明时期才逐渐变成习惯，则是一个复杂的问题，需要我们进一步研究才能回答。

笼统地说，原始社会的规范都可以用习惯或习惯法来表示，但是习惯与习惯法到底是不是能够等同，还必须进行仔细的分辨。习惯法是一个非常不确定的概念，而且风俗、习惯、习惯法之间的界限非常模糊。学者们对什么是习惯法理解不一，其定义也千差万别。[2] 传统的看法是法律规范是在习惯法的基础上由国家加以承认而发展起来的，而习惯法又是在各地习惯的基础上提升而来的。随着氏族部落的不断扩张，本部落的习惯逐渐成为被统治氏族（阶级）的习惯，到国家形成之际，这种习惯法便成了法律。

## 第四节　法律起源的一般规律

遵照前述，原始社会有法，但是没有法律。随着社会生产力的不断发展，出现了剩余商品，一部分人可以利用自己的条件而占有该剩余产品，这些情形为法律的诞生提供了条件。虽然不同的氏族在其法律内容与产生时间上存在一定的差异，但是综观法律发展的历史，我们可以看出他们在法律产生的原因、过程等方面有着共同的要素。

### 一、社会生产力的不断发展最终导致法律的产生

虽然有法人类学家认为原始社会就已经产生了法律，如霍贝尔认为法律是文化的一个部

---

〔1〕 详细的情况可参见［英］詹姆斯·乔治·弗雷泽：《金枝——巫术与宗教之研究》，徐育新、汪培基、张泽石译，大众文艺出版社1998年版，第19~22章。

〔2〕《中国大百科全书·法学卷》（中国大百科全书出版社1984年版，第87页）对此所作的定义为："习惯法是指国家认可和由国家强制力保证实施的习惯。"《法学词典》（增订版，上海辞书出版社1984年版，第52页）同样认为习惯法是"国家认可并赋予法律效力的习惯"。《布莱克法律词典》（1979年第5版，第347页）与《牛津法律大辞典》（光明日报出版社1988年版，第236页）认为，通行的习惯、惯例被广泛采纳或默认并具有相应的约束力时就成了习惯法，这两部词典对国家认可或强制力并未提及，这是从最广泛的意义上来看待习惯法的。而前两部国内编写的辞书，则明显地带有那时代所特有的"气息"。学者关于习惯法的看法也不一样，梁治平认为，习惯法是一种不同于国家法的另一类知识传统，它是乡民在长期的生活与劳动过程中所形成的并被用来分配他们之间的权利义务的一套地方性法规。他将习惯法看成民间法的一种（见梁治平：《清代习惯法：社会与国家》，中国政法大学出版社1996年版，第1、34页）；高其才认为，习惯法并不必然地与国家相联系（见高其才：《中国少数民族习惯法研究》，清华大学出版社2003年版，第3~6页）；俞荣根认为，习惯法是维持和调整某一社会组织或全体及其成员之间关系的习惯约束力量的总和，是由该组织或群体的成员出于维护生产和社会需要而约定俗成的，适用于一定区域的带有强制性的行为规范（见俞荣根主编：《羌族习惯法》，重庆出版社2000年版，第7页）。另外，还有其他学者（包括文化人类学、社会学等）及一些法理学教材也分别就习惯与习惯法作出了定义，兹不拟列举。

分，它在原始社会就已经存在，由一定的社会机构或个人保证法的实行。换言之，氏族会议或酋长或部落首领决定法律的执行。这种法律的强制性绝非后人所想象或认为的只有国家才能执行，或者说国家是法的强制力的唯一来源。很明显，霍贝尔等人是从广义的角度来看待法的起源与发展的。

人类社会是一个不断发展的过程，法律也是随着社会的不断发展而逐渐进步的。这里一个非常重要的方面就是社会生产力的发展。生产力的发展不断推动社会向前发展，物质产品越来越丰富，一些部落首领通过攫取剩余产品从而导致阶级的产生，阶级的产生又为国家的最终产生提供了基础。一些在部落战争中取得胜利的氏族部落成为统治阶级，他们将本民族的习惯转化为各部落共同遵守的习惯，最后随着统治地位的巩固，将他们自己的习惯法上升为法律。

社会生产力发展的标志是铁器等金属工具在社会生产当中的运用。不断发展的社会生产力最终有力地推动了社会的分工。原始社会进入文明社会以前共经历了三次大的社会分工：①畜牧业与农业相互分离，有利于农业的发展，使人类有机会获得更多的粮食食品，避免饥饿与死亡；②手工业与农业的分离，手工业的独立发展有利于社会向更加职业化与专业化的方向发展；③商业阶层的出现，使社会分工更加精细，社会财富日渐积累，推动了整个社会向前发展。

这里必须指出的是，在法的起源问题上，无论是原始社会起源说，还是阶级国家起源说，都离不开社会生产力的发展。原始社会的禁忌、习惯等社会规范都是伴随着生产力的发展而向前发展的。阶级与国家的出现本身就是社会生产不断向前发展的结果，它们为法律的发展提供了更加广阔的空间。

**二、法律的发展一般经历了由禁忌、习惯到习惯法再到成文法的发展过程**

我们可以将禁忌、习惯看成原始社会的法，将成文法看成文明社会的法，而习惯法则是介于原始社会与文明社会之间的法或规范。按照人类学家摩尔根的论述，蒙昧时期与野蛮时期占据了人类社会的漫长岁月，文明时期相对比较短暂。由于氏族部落的社会发展程度不同，他们的规范与法的发展程度也不一样。我们不能简单地将禁忌、习惯、习惯法同人类社会发展的基本形态对应起来，而只能对社会规范与法的发展过程做一个大致的描述。从我们现在所能够接触到的材料来看，原始社会进入文明社会后所留存下来的所有法典——无论是《汉谟拉比法典》《摩西戒律》还是《十二铜表法》——都是对原始社会规范的一种总结与记录，由此我们可以大致推断出法律规范的一般发展历程。

**三、法律的发展常常与宗教、道德相伴而生**

虽然各个氏族部落的历史发展与文明的进程并不一样，但是每个原始氏族与部落在法的起源与发展方面都有一个相似的方面，那就是原始社会法的产生与发展离不开宗教与道德。

1. 法的起源与宗教不可分离。到目前为止，我们还没有发现纯粹世俗的原始法律规范，换言之，原始的法律规范常常与宗教相伴而生。人类学、民族学与考古学的研究发现，原始社会的规范与宗教相互影响，比如人们对自然的崇拜，图腾以及由此所带来的禁忌，巫师与巫术的（参与和）行使，等等，表明原始社会法的产生与发展离不开法所诞生的原始宗教崇拜，以及该宗教所形成的社会环境。霍贝尔说："对全部原始法律和社会制度来说，有一个压倒一切的重要假设，这就是魔术宗教的力量对于人们是一种至高无上的存在物……另一方面，通过神谕、占卜、传统的咒语与契约，以求助于超然力量来解决问题的，又几乎是最常使用的一种法律手段。"[1]

2. 原始社会法的起源与道德也有十分密切的联系。法的发展无法脱离道德的约束，原始法的发展建立在氏族部落的道德观念与宗教观念的基础之上，原始法的重要目的就是维护业已建立的社会秩序——很大程度上我们可以称之为道德与宗教秩序。正如庞德所言，"分析意义上的法律产生于从血亲组织社会向政治社会控制的转型期间，或者说产生于宗教社会控制向政治社会控制的转型期间……所以，部落社会的观念和制度以及在宗教基础上组织起来的社会观念与制度也就变成了法律观念和法律制度"[2]。事实上，宗教也可以看成氏族成员的一种道德。原始道德就在原始宗教的戒律以及由禁忌所形成的规范当中逐步发展起来。

法的发展与宗教、道德的发展相经纬，共同维护着氏族社会的社会生活秩序。

**四、法律的发展还经历了一个从简单到复杂的发展过程**

原始社会的发展经历了从简单到复杂、从个别到一般的发展过程。早期的法律规范比较简单，随着阶级的出现、国家的建立，原始的社会规范已经不能适应社会的发展，比如，随着社会分工的细化，一些原先在氏族部落中运行的规范无法适应社会已经发生的变化或出现的新的情况，于是一些新的规范就诞生了。起初，这些法规可能还具有社团性与地域性，但是随着社会的发展与变化，其功能日渐为阶级与国家所替代。也就是说，法律的复杂性是由社会生活的日益复杂化所决定的。不仅如此，法律的发展还经历了从个别到一般的发展过程。原来的法律可能是具体的、个别的，但是随着社会的发展，法律逐渐地由具体、个别走向了一般。部落统一的过程也就是法律统一的过程。

## 第五节　原始社会的社会规范与国家成文法的区别

按照人类学家的理解，原始社会就存在法律。但是，我们现代的许多法理学教材都认为，法律随着阶级与国家的出现而出现，原始社会的"法"仅仅是一种规范，我们经常称之为原始习惯，它不是我们所谓的"国家"成文法。事实上，这涉及我们如何对法进行定义的问题。作为一种规范，无论是原始社会的规范，还是阶级社会的规范，都具有维护社会秩序等方面的基本功能，但是原始社会的规范毕竟与进入阶级社会后由国家所制定的成文法有所不同，原始社会的规范与氏族部落的信仰、图腾、禁忌相联系，国家的成文法则与具有地域概念的国家统治相联系，国家的成文法也不是原始社会习惯的简单延续。

**一、产生方式不同**

原始社会的社会规范是在漫长的社会演化中逐渐从氏族组织当中自发产生出来的，而在阶级社会形态中，国家的法律是在不断的征服过程中，逐渐由统治阶级将本部落的习惯经过改造——吸收其他部落的习惯——制定而成的，体现了统治阶级的意识性与自觉性。在国家所辖地域范围内，全体人员都必须遵循该法律。

**二、体现的意志不同**

原始规范建立在生产资料公有制的基础之上，体现了本部落全体成员共同的信仰，各氏族成员地位平等，利益一致，没有明显的冲突，反映了部落成员的共同意志。而成文法是国家在征服其他部落的基础上将本阶级的意志上升为国家的意志，并将自己的意志凌驾于其他部落之

---

〔1〕 ［美］霍贝尔:《原始人的法》，严存生等译，贵州人民出版社1992年版，第254页。
〔2〕 ［美］罗斯科·庞德:《法理学》，邓正来译，中国政法大学出版社2004年版，第373页。

上形成的，全体成员都必须遵守。

### 三、适用的范围不同

原始社会的规范适用于具有统一血缘关系、长期共同生活的氏族、部落成员之间，与地域无关，适用的是法的"属人主义"。国家成文法适用于统一地域中的所有成员，与血缘无关，适用的是法的"属地主义"。

### 四、调整的内容不同

国家成文法的一个最重要的内容就是对权利与义务作出明确规定，法律关系就是权利与义务的关系。虽然不同的社会形态之下，人们的基本权利义务关系会有所不同，但是，处于国家统治之下的公民个人从出生到死亡都无法与权利义务相分离。原始社会的法律规范并没有像国家成文法律那样，明确规定了人们的权利义务关系，权利义务是在阶级社会中，国家根据不同的阶级在社会阶层中所处的地位的不同，对社会资源所做的一种分配，由于原始社会没有阶级、没有国家，所以也就不存在权利义务的划分。

### 五、实施的方式不同

原始社会的社会规范主要靠氏族成员自觉地遵守。由于没有阶级的划分，氏族成员共同占有生产资料，大家共同劳动，也共同享有劳动成果。氏族的事务与每个成员都有关，遇有重大问题，大家共同商讨决定，当然，氏族所有的禁忌、习惯等规范每个成员也必须自觉地遵守，否则将给整个氏族带来重大的灾难。在阶级社会里，由于各社会阶层所处的社会地位不同，国家通过法律分配给他们的权利义务也不同，社会利益占有的不平衡使得一些阶级起来与统治阶级反抗、斗争，这样，国家的成文法并不能保证每个社会成员都能自觉遵守，国家就需要动用国家机器来保证业已确定的利益关系，或者重新分配权利义务关系。当然，随着时代的发展，各社会阶层会通过妥协的方式来降低社会成本，减少对国家机器的运用，以最大限度地保证公民个人能够自觉地遵守法律。

### 📖 案例分析

法学家 A、B、C 在某大城市的咖啡室里讨论法的起源问题。

法学家 A：关于法律的起源问题，我看应该到上帝的意志中去寻找。上帝的意志就是法律。希伯来圣经（旧约）中的《出埃及记》与《申命记》提出了希伯来人与上帝立约之事，《摩西十诫》就是耶和华告诉犹太人的生活戒律。人类最初没有法律，由于亚当与夏娃偷吃禁果，被逐出伊甸园，产生了"原罪"，才需要法律来控制由于堕落而产生的各种欲望。人类制定的法律必须服从神法。

法学家 B：法律是人类理性的产物。符合自然与理性的法则才是公平正义的法则。法律的发展正是人类对自然、社会的理解与思考而逐步总结与归纳出来的，并随着社会政治、经济、文化的发展而进步。即便是中世纪的神权统治时代，神学家也要将古希腊哲学中的自然理性置于神学的框架中，对神权理论予以支撑与补充。文艺复兴后，理性成为资本主义法律反对神权的重要工具。

法学家 C：我认为凡不是经过国家统治阶级制定出来的规范都不能称其为法律。从这个意义上来看，原始的习惯、国际法、村规民约等都不是法律，法律只能是随着阶级与国家的产生而产生，动用国家机器来保证法律规范实施是它的一个重要特征。所以，法律的产生只能是随着阶级与国家的产生而产生。

【评析】这是随机组合的一个自编案例。事实上，我们还可以安排更多不同观点的法学家在咖啡厅、茶楼讨论同一个问题。法学家 A 有唯神论的倾向，有可能是一位神学法学家。但是神学法学家有多种类型，他们所处的时代不同，其观点也就不同。法学家 B 是一个典型的自然法学家，认为法律来源于人类的理性。法学家 C 认为法律是主权者的命令，劣势者必须服从优势者，因此，他似乎是一个法律实证主义者。但是，必须指出的是，20 世纪以来，法学流派众多，一个流派的学者也有可能兼有其他学派的思想，情况复杂，这里为了研究与叙述的方便，我们采取了简单化的手段。主要目的是让学生自己思考法起源的相关问题，如法的起源与哪些因素有关？为什么有些学者认为原始规范是法律，而另外一些学者则予以否定？从图腾禁忌到原始习惯法再发展到成文法，其遵循的路径到底怎么样？世界上的所有民族与国家是不是经历了一个统一的过程与方式？

 **本章小结**

法的起源介绍法的产生与发展问题。原始社会，由于产生的历史环境与文化背景有很大的差异，因此不同的氏族部落有不同的规范。法的起源与原始社会的宗教、道德伦理以及氏族习惯有着天然的联系，但是不同的学者对这些问题的看法并不一样。随着学科的发展、研究的深入与视角的多元，形成了不同的观点。但是我们也应该注意原始社会在向阶级社会发展的过程中，不同的氏族部落存在着许多共同的方面，如法律的起源与发展都受到原始宗教、习惯等方面的影响，随着社会生产力的进一步发展，法律也都逐渐由习惯或习惯法走向成文法。学习过程中，必须注意原始社会的习惯与成文法、习惯与习惯法的联系与区别，也要注意法律的发展过程中，原始宗教与原始伦理道德对法律起源产生的作用与影响。

 **思考题**

#### 一、简答题

1. 法的起源受哪些因素的影响？
2. 人类学是如何看待法律起源问题的？
3. 原始规范与成文法有哪些区别？

#### 二、论述题

你是如何思考法律起源问题的？

 **主要参考文献**

1. ［英］梅因：《古代法》，沈景一译，商务印书馆 1959 年版。
2. ［英］约翰·希克：《宗教哲学》，何光沪译，生活·读书·新知三联书店 1988 年版。
3. ［奥］西格蒙德·弗洛伊德：《图腾与禁忌》，赵立玮译，上海人民出版社 2005 年版。
4. Mark Tebbit, *Philosophy of Law：An Introduction*, 2nd Edition, Routledge, Taylor & Francis Group, 2007.

第十二章

# 法的历史形态

【本章概要】本章介绍了法律发展的几种历史形态。法的历史形态与社会形态有着密切的联系。但是，社会形态问题这些年来已经在中国引起了争论。按照传统中国马克思主义的观点，人类社会经历了五种社会形态，那么法律也就有相应的五种形态，按照传统的理论，原始社会虽然有规范，但是没有法。因此，我们这里仅仅介绍奴隶社会、封建社会、资本主义社会与社会主义社会的法。

【学习目标】通过本章的学习，了解法的历史形态的基本概念以及各历史形态的基本特征，从而大致了解法的历史形态发展的基本过程。重点思考每个社会形态下法律的不同与相同点，产生这些差异的原因何在？尤其注意资本主义法律制度及其所确立的基本法律价值观，正确评价资本主义法律制度。

## 第一节 法的历史形态概述

法的历史形态是与社会形态有着密切联系的一个概念，一些教材与辞典认为，社会形态是指人类社会发展到一定历史阶段以一定的生产关系为基础的社会，是建立在一定生产力之上的经济基础与上层建筑的具体的历史的统一。人类社会到目前为止已经出现过原始社会、奴隶社会、封建社会、资本主义社会与社会主义社会（共产主义社会的低级阶段）等五种社会形态。[1] 社会形态事实上是指社会呈现出来的样式，这种样式由其特定的社会条件与社会结构决定，情况复杂。根据不同的标准，我们可以对社会形态的演进模式进行分类。社会形态的模式，国内学者现在一般认为有经济社会形态与技术社会形态二种模式。在经济社会形态范围内，又有五种演进模式与三种演进模式之分。五种模式说是以生产关系的不同性质作为标准来划分的，三种模式说是以人的发展状况与历史上依次存在的三种经济运行方式为标准进行划分的。[2] 五种模式说根据人们在生产过程中形成的关系为标准，认为人类社会经历了五种社会形态，即原始社会、奴隶社会、封建社会、资本主义社会与社会主义社会，[3] 法律的发展也必然要经历这几种形态。所以，国内的法理学教材几乎都是依照这种理论来阐述法的历史形态的。也就是说，人类历史上存在过原始社会的法、奴隶社会的法、封建社会的法、资本主义社会的法和社会主义社会的法。事实上，马克思主义并没有直接论及五种模式或三种模式，这些模式是后人根据马克思、恩格斯的经典著作推导出来的。

根据上述观点，我们可以将法的历史形态表述为：法的历史形态是指在一定的社会形态下

〔1〕 辞海编辑委员会编：《辞海》，上海辞书出版社1989年版，第1781页。
〔2〕 参见金炳华主编：《马克思主义哲学大辞典》，上海辞书出版社2002年版，第319页。
〔3〕 针对这种说法，也有学者持不同意见，如段忠桥就认为马克思并没有讲过人类社会必然按照这五个阶段依次更替。参见段忠桥："马克思从未提出过'五种社会形态理论'——答赵家祥教授"，载《中国人民大学学报》2006年第5期。

形成的、由构成该社会形态的经济基础与上层建筑所决定而产生的法的样式与风貌。有什么样的社会形态就有什么样的法的历史形态，法的历史形态无法超越其社会形态。

一般认为，社会是一个不断进步与发展的过程，法律也是随着社会的进步而不断发展的，从原始社会过渡到现代社会，经历了一个从低级到高级、由简单到复杂的发展过程。

为什么会产生这个过程？其原因在哪里？由哪些因素决定其发展的进程？这是我们应该思考的问题。社会生产力的发展是法律发展的最基本因素，也是法的历史形态变化的根本原因。一个社会形态代替另外一个社会形态，法律也随之发生变化。按照马克思主义的基本观点，社会基本矛盾的运动是一个社会形态代替另外一个社会形态的直接原因，与社会形态相适应的法律也必然会随着社会形态的变化而发生变化。矛盾无处不在，时时皆有。社会发展也处在矛盾的运动过程之中。但是，在诸矛盾中有决定事物发展变化的基本矛盾，那就是生产力与生产关系、经济基础与上层建筑之间的矛盾。按照马克思主义的观点，社会生产力是最活跃的因素，生产关系是在一定社会生产力的前提下形成的人与人之间的关系。生产关系相对比较稳定，当生产力发展到一定程度，要求生产关系进行变革，而生产关系维持现状时，两者之间就会发生严重的冲突，当这种冲突无法在一个双方都能接受的框架之下得以解决时，一种适应新生产力发展的生产关系就会诞生。经济基础决定上层建筑，经济基础发生了变化，作为上层建筑之一的法律也必然会随之发生变化。经济基础是社会生产关系的总和，所以经济基础也是由社会生产力来决定的。经济基础发生变化，也就是生产关系发生变化，那么构成社会生产关系要素的人与人之间的关系、生产资料的占有与产品的分配形式都会发生相应的变化。每一个社会形态初期的生产力与生产关系总是相对稳定的，生产力决定了与它相应的生产关系。但是，生产力是不断发展的，当其发展到一定程度，旧的生产关系就有可能不能适应生产力的发展，最终，一种新的能够适应生产力发展要求的生产关系就会建立起来。如此循环往复，社会形态也就不断地更替，由低级向高级形态过渡。

这里必须说明的是：有些教材将古代社会、近现代社会的法律制度与社会主义法律制度并提，在逻辑上存在问题，古代、近现代是按照历史时期分类，而资本主义、社会主义是按照社会形态来分类的。这里，我们根据生产关系标准，仍然按照传统的分类方法进行分类。

## 第二节　奴隶社会的法律制度

按照传统马克思主义学者的观点，奴隶社会是原始社会之后的第二个社会形态。原始社会后期，随着生产力的发展，剩余劳动产品越来越多，部落的首领凭借自身的优势占有部落的剩余产品，公共劳动产品变成私人的产品，阶级就这样产生了。奴隶社会最基本的阶级是奴隶与奴隶主两大阶级。在这个社会形态中，社会生产力虽然有所发展，但是从总体上看，由于社会生产力低下，人们征服与战胜自然的能力仍然非常有限，所以奴隶社会保留了诸多原始社会的残余。与原始社会相比，奴隶社会的法律制度有以下几个方面的特征：

**一、维护奴隶制的占有关系，否认奴隶的法律主体资格**

奴隶社会承认奴隶主的生产资料所有制，维护奴隶主对奴隶的绝对占有，奴隶主可以任意处置奴隶，奴隶没有人身自由，只是会说话的一种工具。奴隶也是法律关系的客体，奴隶像其他物品一样，可以通过市场买卖。但是，由于宗教文化的传统与价值方面的差异，奴隶制度在不同的社会有着不同的表现，奴隶在各自的社会中的处境也存在一定的差异。比如，美索不达米亚奴隶的处境比罗马的奴隶要好，奴隶可以拥有自己的财产，可以出席法庭，甚至可以与自由人结婚。[1] 从业已存在的社会形态来看，奴隶社会的阶级等级特别明显，虽然在一些东方社会，奴隶并没有被看作"东西"或财产，但是这并不表明奴隶能够得到与自由民平等的待遇。在奴隶主与奴隶或自由民与奴隶发生冲突与纠纷时，法律总是照顾奴隶主或自由民。奴隶处在社会的最底层，不仅没有什么实质性的权利可言，就连生命也时常处在危险状态之中。法律规定奴隶主可以直接杀死那些不服从管理或私自逃离的奴隶。

### 二、刑罚特别残酷，严格维护等级制度

奴隶社会是原始社会之后的第一个阶级社会。它不可避免地带有原始社会野蛮残酷的特性。奴隶社会的奴隶被认为是会说话的工具，为了维护奴隶主阶级的统治，奴隶主可以随意处罚奴隶。从已知的原始材料来看，奴隶社会的刑罚特别残酷，奴隶经常遭受到肉体的处罚，甚至失去生命。

在奴隶社会的早期，奴隶与奴隶主的差别待遇并不太明显。据说，初期的罗马人与奴隶一块儿生活、劳动、吃饭，对待奴隶宽厚公平。当罗马强盛起来的时候，奴隶与奴隶主的关系就发生了变化，奴隶的地位逐渐下降，他们成了奴隶主的敌人，奴隶主通过法律来严格限制奴隶的活动。《细拉尼安元老院法令》与当时其他相关的法律规定，如果一个主人被暗杀，则所有在他家居住或者在邻近听得到一个人的叫唤的地方，一切奴隶都应不加区别地处以死刑。[2]《汉谟拉比法典》也规定自由民与奴隶的处罚不一样。同等自由民之间的相互打斗，用赔偿的方法就可以解决，但是自由民的奴隶如果对自由民的子女有所侵犯，即使仅仅是打了他（她）的脸颊，也应该割去奴隶的一只耳朵。[3] 中国的商朝法律特别残酷，在商纣王时，利用炮烙、醢、脯、劓、剖腹等各种刑罚手段来维护其阶级统治。但是，应该注意的是，并不是所有的法律都是用来对付奴隶的，对待自由民也一样，只是程度上有所差异罢了。

在统治阶级内部，奴隶主与自由民以及自由民之间的法律地位也存在一定的差异，下与上、贱与贵层次不同，其权利义务也不一样，法律严格维护社会各阶层之间的差异。在古代的法典当中，无论是罗马、两河流域、印度还是中国都存在等级制度的问题，法律严格维护这种等级之间的差异，等级、地位越高，其享有的权力也就越大。

这里还有两个问题必须注意：①有的氏族部落可能直接从原始社会过渡到封建社会，如日耳曼部落。按照历史学家的说法，日耳曼部落就是在军事民主制的基础上直接向封建制度过渡，并没有经过奴隶社会。②现代有一些学者怀疑奴隶社会的普遍性。奴隶社会作为一个社会形态，奴隶在数量上要占据一定的比例。如果依照这个标准来衡量，那么奴隶社会的普遍性确实存在问题。我们认为，古代社会不是千篇一律的，大致存在奴隶与奴隶主（包括自由民）两大阶级，法律规定了他们的权利义务。当然，这种权利义务并不具有对称性，奴隶可能仅仅尽义务而没有权利可言。至于是不是所有的社会当时都经历了马克思主义所设想的那种典型的奴隶社会，我们还可以做进一步的研究。

### 三、法律明显带有原始社会的某些残余

按照马克思主义的社会进化观，奴隶社会脱胎于原始社会，原始社会在漫长的演化过程中逐渐形成了本氏族、本部落的社会规范，这些长期形成的生活习惯在进入阶级社会以后，由国家加以认可变成了法律。奴隶社会的法律几乎都是从原始社会的习惯、习惯法转变而来的，所以奴隶社会的法律不可避免地带有原始社会的残余。在从原始社会向奴隶社会转变的过程中，

---

〔1〕　丘日庆主编：《各国法律概况》，知识出版社 1981 年版，第 13 页。
〔2〕　［法］孟德斯鸠：《论法的精神》（上），张雁深译，商务印书馆 1995 年版，第 253 页。
〔3〕　日知选译：《古代埃及与古代两河流域》，商务印书馆 1962 年版，第 18～119 页。

法律在继受传统方面既有常态也有变态，也就是说，既有共性，也有变性与差异。例如，在法律责任承担方面，常常要求集体承担；在对待侵害问题上，常常鼓励同态复仇。这些似乎是一些共同的方面。而在土地分配、商业与贸易方面就存在一定差异，尤其是东西方之间，由于文化传统本身的差异，差别更大。这些共通性与差异性也值得我们继续研究。

## 第三节　封建社会的法律制度

封建社会是奴隶社会之后的一个社会形态，与奴隶社会相比较，由于封建社会生产力的发展，社会生产能力的提高，法律也发生相应的变化，逐步从野蛮向文明迈进。农民对地主而言，人身的依附关系有所减轻，农民获得了相对的自由，基本的权利也有所扩大。但是总体上看，封建社会的生产力并不高，人们活动的空间仍然有限，不少方面还保留了奴隶社会的印记。

由于东西方的历史发展进程不一样，他们的法律制度也存在不少差异。这里准备从以下几个方面来探讨封建法律制度的一些基本特征。

**一、肯定人身依附关系**

就西方来看，中世纪的农奴虽然不像奴隶社会那样可以被领主随意杀害，但是他们依然被束缚在庄园与农地，人身自由受到了领主的限制，也不具备完整独立的人格，他们在相当程度上仍然是领主的私有财产，可由领主随意买卖与转让。封建社会比奴隶社会进步，人身依附关系有所减轻，人们获得了相对的自由，但是人身依附关系仍然存在，即使是自由人在不能偿还债务的前提下，也有可能转变为农奴。

在中国，自耕农有很大的比例，人身也相对比较自由。他们耕作国家分配或历史上继承下来的土地，在一定时期也请一些雇佣劳动者，但是雇佣者人身相对也比较自由，去留之间并没有严格限制。虽然历史上存在过像董永那样因为还不起债而"卖身"为奴、"役身折酬"的个案，但并不具有普遍性。

**二、维护封建等级制度**

等级制度在不同的社会其表现形式是不一样的，奴隶社会维护奴隶制的等级关系，封建社会维护封建制的等级关系。由于身份上的变化，封建社会维护的是封建领主、庄园主对农奴的剥削关系，农奴被束缚在土地上。封建社会主要有地主（领主）与农民（农奴）两大基本阶级，每个阶层还可以做进一步的划分，如统治阶层可以划分为国王、领主（事实上，国王可以被看成大领主），如果按照爵位来划分，还可以划分为公爵、侯爵、伯爵、子爵、男爵等，社会中下层又可以大致分为自由农、佃农、农奴等。欧洲各地的情况并不完全一样，但是大致可以做上述的分类。各阶层的社会地位、权利义务是不同的，法律严格维护这种等级结构。

中国的情形与西方大致相似，但是战国以来"世卿世禄"受到了打击，有学者认为中国魏晋时期的门阀等级制度逐渐松弛，自唐宋开始已经向平民化的社会过渡。虽然等级制度并不像西方那样特别强调身份，而且自隋唐以后，下层人士也可以通过科举考试步入仕途，但是我们仍然可以看到历代的法律制度对贵族、官员等特权阶层"无微不至"的照顾，如官当（明清废除）、（上）请、减（免）、赎（罪）等。

**三、强调君主集权**

欧洲中世纪的社会是一个分散的社会，缺乏可以控制整个欧洲社会的中央集权，即使有也非常短暂。法律维护领主利益。国王领主之间的关系依靠契约而定，国王常常也不能控制领主。西方中世纪有句谚语，我的领主的"领主"不是我的领主，领主对下属的下属没有统领关系。从这里可以看出王权有限，不仅如此，王权还受到了法律的约束。英国谚语说，国王在万人之上，但是在法律之下。在整个中世纪，西方的君主集权并不明显，他们的权力受到了来自教会等其他社会阶层的制约与控制。在东方国家，如中国，皇帝的权力至高无上，虽然法律规定各职能部门的法律权限，但是君主对从立法、行政到司法的每一个环节都可以介入，反映出君主的集权与专制。在这种高度集权的社会里，君主的人格魅力非常重要，个人对社会的影响特别大，国家乃至民族的希望都集中在君主个人而不是制度建设上。法律竭力维护君主及其所代表的地主官僚阶层的利益，打击一切违反他们利益的行为，从而保证君主集权的实现。

**四、刑罚残酷**

欧洲中世纪的法律特别残酷，从目前所收集到的材料来看，刑罚手段应有尽有，包括了割去鼻子、耳朵，挖眼，断指、断腿乃至烹、煮、绞、剖腹等各种情况，宗教裁判所还有专门针对异端的火柱刑。中国古代的刑罚也毫不逊色，除了上面提到的一些常见的酷刑之外，有族诛、凌迟、剥皮楦草等手段。虽然封建社会的刑罚比原始社会有所进步，就中国来看，奴隶社会的五刑逐渐向封建社会的五刑转变，肉刑也逐渐为"常刑"所代替。但是，这并不能否定封建社会刑罚的残酷性。

# 第四节 资本主义社会的法律制度

资本主义是在封建社会后期随着生产的不断发展、资本的不断积累而产生的一个社会形态。在封建社会后期，随着生产力的不断发展，要求一种新的生产关系来调整社会秩序，但是原有的生产关系竭力维护传统，这样就导致了生产力与生产关系的严重冲突，资产阶级通过革命形式推翻了封建社会，最终用新的生产关系取代了旧的生产关系。与前面两种社会形态相比较，资本主义具有明显的优越性与社会进步性。

**一、私有财产神圣不可侵犯原则**

现代社会对私有财产的保护有明确的法律规定，这种规定是在资产阶级革命战胜封建势力以后才正式开始确立的。最早保护财产权的法律是1789年法国的《人权宣言》。《人权宣言》第17条规定："财产是神圣不可侵犯的权利，除非当合法认定的公共需要所显然必需时，且在公平而预先赔偿的条件下，任何人的财产不得受到剥夺。"这条原则后来被各资本主义国家所继承，不少国家将其作为重要的内容写进了宪法当中。

私有财产神圣不可侵犯，标志着人类社会对财产认识问题有了重大的突破。此前财产并没有达到"神圣"的程度，意味着财产随时都有受到侵犯的可能，也正是由于资产阶级的财产随时都有受到侵害的可能，所以取得胜利的法国资产阶级将其作为重要的内容写进了这部宪法性文件当中，并对后世产生了深远的影响。

财产神圣不可侵犯原则对于个人财产的保护与资本主义的发展起到了巨大的作用。但是，我们也应该看到任何事物都有其相对性，自由资本主义时期的财产神圣不可侵犯原则使得财产权被滥用，绝对的私有不可避免地与社会发生冲突，所以，20世纪以来，资本主义国家对绝对所有权的使用都给予了一定的限制。

**二、契约自由原则**

契约自由是资本主义国家的重要原则之一，强调契约签订的自主性与平等性。任何自由人在法律规定的范围内都被赋予签订契约的自由。这一规定有其重要的历史意义与现实意义。该原则承认了公民作为契约主体的平等性。签订契约的双方当事人之间地位平等，这是契约的精神所在。这项原则与资本主义的其他基本原则交相辉映。契约自由的规定事实上是在承认公民乃至社会团体都有交换自己的劳动产品的自由，也就是承认人格的独立与自由，双方当事人在法律规定的范围内建立权利义务关系，可以在合意的前提下，改变权利义务关系。

契约自由是商品经济发展的必然要求。封建社会由于等级关系的作用，人们不可能建立真正的契约关系，即便有契约也是占有与被占有、奴役与被奴役的关系。封建社会后期由于社会生产力的发展，封建社会的生产关系已经无法容纳先进的社会生产力，于是资本主义通过革命取代了封建社会，用资本主义的生产关系代替封建的生产关系。资本主义社会建立在资本运用的基础之上，而资本本身具有扩张的功能。资本主义经济建立在资本扩大再生产的前提之下，这种经济不再是自然经济，而是发达的市场经济。自然经济一般不需要交换，生产出来的产品基本上都用来自我消费。但是商品经济就完全不一样了，商品主要用来交换，交换又必须在一个自由平等的基础之上。资产阶级革命以后，资产阶级竭力将这种平等自由的契约关系用法律的形式规定下来，以免他们的权利受到侵犯。

契约自由原则的确立是对人身依附关系、等级特权的一种反动。表面上看，规定的是契约自由，实际上它是对人格主体的一种尊重，是对过去人身不自由、人格不平等的一种否定，并赋予人格主体以新的价值与内涵。资本主义的一切关系都建立在契约关系的基础之上，没有契约的社会是不可想象的。

当然，在国家行政权力日益膨胀的今天，自由资本主义时期的契约自由受到了很大的限制，格式合同大量出现，人们可供选择的余地大大减少，绝对的契约自由受到了一定程度的限制。

### 三、法律面前人人平等原则

美国的《独立宣言》陈述："我们认为下述真理是不言而喻的：人人生而平等，造物主赋予他们若干不可让与的权利，其中包括生存权、自由权和追求幸福的权利。"他们将人人平等看成真理，生存权、自由权、追求幸福的权利都建立在平等权的基础之上。法国的《人权宣言》第1、6条也规定，"在权利方面，人们生来是而且始终是自由平等的。只有在公共利用上面才显出社会上的差别"，"在法律面前，所有的公民都是平等的，故他们都能平等地按其能力担任一切官职，公共职位和职务，除德行和才能上的差别外，不得有其他差别"。这些最初的宪法性文件所规定的平等原则对后世资本主义产生了深远的影响，现代所有的资本主义国家都将这条原则载入宪法。不仅如此，社会主义国家的宪法也宣布法律面前人人平等原则，可见这是全人类共同的文化遗产。

法律面前人人平等原则主要包含了以下几个方面的内容：首先是平等的尊重。在资本主义以前的社会，阶级差别非常明显，法律也在保护这种等级制度。奴隶社会的奴隶没有人格可言，封建社会的农奴虽然随着经济生活的改善，其政治地位有所改善，但是，他们的人格权受到限制，封建领主享有各种权利，而农奴等社会下层则须尽纳税、服役等各种义务。不仅在不同的社会阶层之间人格上存在差别与歧视，就是在家庭内部也存在这种情况，如父子之间、夫妻之间，这一点在东方国家尤其明显。中国的唐律明确规定，父母在，子女不能"别籍异财"。资产阶级革命以后，人们虽然有德行与才能的差异，但是他们在法律面前是平等的，换言之，法律并不因为人们的德行、才能以及肤色、种族、宗教信仰的不同而有差别。公民的人格得到了充分的尊重，而这也恰恰是契约自由原则得以实现的前提条件。其次是平等的保护。在前资本主义社会，法律对人身与财产的保护也因其社会地位的差异而有所不同，不同的社会阶层，受到的法律保护是不同的。等级越高，特权越大，受到的保护也就越充分；而广大的社会下级阶层由于地位低下，所尽的义务越来越多，所享有的权利却越来越少。大量的历史资料表明，奴隶社会与封建社会法律对于不同的阶级采取了不同的保护措施。资产阶级革命以后，鉴于阶级的压迫性，所以他们竭力提倡平等原则，强调法律对所有的人采取同样的保护，并将其写进宪法与法律之中。最后是平等的处罚。前资本主义的法律由于地位不同，保护也就不同，自然其处罚也会因为身份与地位的不同而存在相当程度的差异。如前所述，中国古代的官吏有官当、请、减、赎等方面的规定，就是特权阶层在处罚上受到优待的突出表现。

虽然资本主义并不能保证这项原则在任何时期、任何地点与场合都能够得到充分的实现，但是资本主义的法律都对此作了明确的规定，法律文本上的这些严格规定，实现了形式上的公平与正义。这项原则宣告了等级集权社会与专制国家的不合理性，也是古代法律向现代法律转变的一个重要标志。

除了上述三项基本原则之外，资本主义还有许多方面的原则，如人民主权、普遍选举、宪法至上、有限政府、权力制衡、代议制等。这些原则对于推动资本主义的发展、维护社会秩序、保护私人财产不受侵犯、保障公民基本权利的实现等发挥了积极的作用，产生了深远的影响。

## 第五节　中国社会主义社会的法律制度

我们的社会主义是在新民主主义的基础上诞生出来的，经历了一个曲折的发展过程。在新民主主义阶段，中国共产党领导的革命根据地及其解放区制定了若干纲领性文件，如《中华苏维埃共和国宪法大纲》《陕甘宁边区施政纲领》《中国土地法大纲》，为后来中华人民共和国的法制建设奠定了基础。

中华人民共和国成立前夕，《中国人民政治协商会议共同纲领》起到了临时宪法的作用，1954 年，中国颁布了第一部宪法。1956 年，我国对农业、手工业、资本主义工商业的社会主义改造基本完成，实现了由新民主主义向社会主义转变，标志着社会主义的基本确立。但是，由于社会主义改造的任务繁重，我们仅仅颁布了宪法、婚姻法以及其他少数单行法规，这些法规表明了社会主义法律制度的确立。但是这一时期法规不仅数量少，而且内容比较简单。

从社会主义改造基本完成一直到"文化大革命"的这段时期，虽然在前十年我们颁布了不少单行条例、行政法规，但是在许多方面我们用党的政策代替法律，法制建设的程度非常缓慢。"文化大革命"的爆发，彻底砸烂了公检法，法制建设基本停顿下来。

十一届三中全会后，我们纠正了错误，对历史问题进行了反思，坚持实事求是的思想路线，法制建设步入了一个新的历史时期。经过 40 多年的努力，我们初步建立起以宪法、法律和行政法规、地方性法规等为内容的门类齐全、结构合理的社会主义法律体系与框架。

当代中国属于社会主义历史类型，其法律制度当然也属于社会主义历史类型。按照马克思主义的理解，社会主义是在资本主义之后的一个社会历史形态，从制度属性来看，比资本主义更加优越。法律体现了广大人民的意志，而这个意志通过民主的程序最终以国家意志体现出来。社会主义最根本的任务是解放生产力、发展生产力，消灭阶级与差别，最终实现人类的共同富裕。虽然，我们的总体目标明确，法律也为这个总体目标服务，但是我国的社会主义是在半殖民地半封建的基础上由新民主主义转变过来的，没有经过资本主义这一阶段，我国情况比较特殊，建设社会主义也必须考虑我国社会主义还处在初级阶段，目前的社会生产力还不发达，因此，在我国建设社会主义必定会遇到各种困难。同发达的资本主义国家相比，我国目前的经济仍然比较落后，文化方面仍然受到封建专制意识等方面的影响，公民的法治意思不强，这些方面大大影响了我们的现代化进程。资本主义作为一种社会形态、一种制度，必然有其灭亡的一天，但是我们也应该看到在相当长的时期里，资本主义会调整各种社会矛盾，使生产力与生产关系在一个双方都能接受的框架下继续运行，资本主义社会甚至在相当长的时期里仍然会继续向前发展。因此，我们要正视这些现实。只有这样，我们才能进一步解放思想，发展生产力，大胆地借鉴与学习资本主义国家的经济、政治与文化，才能超越并最终取代资本主义社会。

与现行社会制度相适应，我们的社会主义法具有以下几个特征：

1. 解决社会主要矛盾，大力发展社会主义市场经济。我国处于社会主义初级阶段，法律必须保证初级阶段主要任务的实现，大力发展社会生产力，着力解决社会主义社会初级阶段的突出矛盾与老百姓关注的社会问题。

2. 加强法制教育，提高公民的法律意识。我国处于社会主义初级阶段，公民的文化程度不高，所受到的法制教育非常有限，因此，我们必须大量推进法制教育，让更多的人知法、懂法与守法。

3. 一个国家两种制度。由于历史的原因，香港、澳门回归中国之后，继续实行资本主义制度。这种"一国两制"的模式在世界法律制度史上也并不多见。

4. 法理与国情的结合。我国仍处于并将长期处于社会主义初级阶段是我国的基本国情，初级阶段有初级阶段的矛盾与主要任务，法理的基本原则与理念必须立足于初级阶段，并为初级阶段的主要任务服务。各国社会形态不同，政治法律制度不同，经济发展的速度不一，文化传统与价值观念也有很大的差异，所以，法律的基本理念、世界的公理也必须与本国的国情结合起来才能促进社会的发展，否则我们只能是惑于法理，流于清谈，看不见社会的现实与矛盾，从而出现本本主义与教条主义的错误。

### 案例分析

学生 A 与学生 B 在寝室讨论资本主义法律制度与社会主义法律制度：

学生 A：社会主义法律制度明显不如资本主义法律制度。资本主义的法律的完善，我们从电视、电影与报刊上完全可以感受到，但是，我们现在的法制不彰、权力膨胀、腐败滋长，让人难以接受。

学生 B：现在社会确实存在一些如你所说的种种现象，但是我不相信社会会一直如此，更何况也不是你所想象的那样糟糕，正义也随处可见。

【评析】上述学生 A、B 之间的争论涉及法的历史形态与社会形态问题。评价法律制度的好坏，首先要看决定该法律制度的社会形态。按照马克思主义的社会递进与进化理论，资本主义必然被社会主义所代替，但是目前社会主义却没有替代它，原因是多方面的。资本主义制度已经存在几百年了，资本主义制度没有消亡，一是由于其不断地调整政策与策略以解决社会各种矛盾，使其能够在一个有效的范围内运转，社会基本矛盾没有发生巨大的、不可调和的冲突。资本主义也由最初的个人主义向社会本位转变，个人与社会兼顾，强调社会福利；二是一些社会主义国家并不是在发达的资本主义生产关系的基础上建立起来的。

就中国来看，社会主义是在半殖民地半封建的基础上建立起来的，没有经历资本主义这一发展阶段，当然也没有资本主义法制建设的经验。经济基础很薄弱，旧制度下的官僚主义、集权主义意识残存。在这种基础上建设社会主义，必然会遇到很多困难。我们要超越资本主义，首先，必须要发展生产力；其次，必须学习资本主义社会政治制度、经济制度与文化制度方面的经验。

当然，社会主义要取代资本主义，必须要在诸多方面超越了资本主义才有可能。如果社会主义不能发展生产力，不能对资本主义制度的成功经验加以借鉴，不能对旧制度下残存的意识加以改造，这种所谓的"社会主义"是不可能取代资本主义的。

学生 A 看到了社会存在的一些问题，法制建设方面的不足。但是法制的建设需要具备许多基础设施与良好的外部环境，而这一点恰恰是中国社会所缺乏的。因此，我们必须要发展生产力，进行各项社会改革，解决社会矛盾。在法制建设方面学习西方的成功经验，如权力的分配与制约、舆论的监督、选举制度的改革等。如此，社会主义制度才有可能取代资本主义制度。

 **本章小结**

本章对法的历史形态做了简单的介绍。法的历史形态是与社会形态相对应的，有什么样的社会形态就有什么样的法的历史形态。也有教材将奴隶社会时期的法与封建社会时期的法合并为古代社会的法。但是按照马克思主义关于意识形态的观点，这种分类避免了阶级意识，淡化了法的本质属性。不同的社会形态，法的本质也不相同。奴隶社会的法就不同于封建社会的法，虽然在许多方面他们仍然具有不少相同之处，但是无论从哪一个方面来看，封建社会的法都比奴隶社会的法进步，资本主义的法也比封建社会的法进步。人类社会在不断发展，法律在进步，这是马克思主义关于社会进化论的观点。我们也应该注意，法律有其继承性，有一些原则与观念是在任何社会形态中都存在的，如美德、善良、诚信等。学习本章时，必须注意我国的社会主义脱胎于半殖民地半封建社会，尚处于初级阶段，在社会主义法治建设过程中会出现许多问题与矛盾，我们要以正确的观点理解与看待，任何悲观主义、冒险主义与激进主义都是错误的。

 **思考题**

**一、名词解释**

法的历史形态

**二、简答题**

1. 什么是契约自由？
2. 资本主义社会的法有哪些特点？
3. 如何理解法律面前人人平等原则。

**三、论述题**

如何评价资本主义的法律制度。

 **主要参考文献**

1. ［奥］路德维希·冯·米瑟斯：《社会主义——经济与社会学的分析》，王建民、冯克利、崔树义译，中国社会科学出版社 2008 年版。

2. ［美］史蒂文·克雷默：《西欧社会主义——代人的经历》，王宏周等译，东方出版社 1992 年版。

3.〔美〕约翰·R. 康芒斯:《资本主义的法律基础》，寿勉成译，商务印书馆 2003 年版。

4.〔法〕布洛克:《封建社会》，谈谷铮、何百华、谢依群译，桂冠图书股份有限公司 1995 年版。

5.〔日〕幸德秋水:《社会主义神髓》，马采译，商务印书馆 1985 年版。

6. Ernesto Screpanti, *The Fundamental Institutions of Capitalism*, Routledge, Taylor & Francis Group, 2001.

第十三章

# 法 系

【本章概要】法系是一个涉及历史与文化传统的概念。关于这个概念，不同时代、不同学者的理解是不一样的。这里我们介绍几种常见的分类及其基本内容。大陆法系与英美法系是资本主义世界的两大法系，分布广泛，现在虽有相互靠拢的趋势，但是在一个比较长的时期内，二者仍然将存在巨大的差异。伊斯兰法系主要分布于阿拉伯半岛，涉及广大的穆斯林教徒。中华法系与印度法系是在古代印度与中国传统文化的基础上产生发展起来的，但是作为法系，现在它们已经不存在了。

【学习目标】通过本章的学习，了解法系的基本概念、分类以及基本内容。着重了解大陆法系与英美法系。大体了解这两大法系是如何形成、发展的，对当今世界各国的法律有什么影响，它们之间有何联系与区别。对这些问题的把握有助于我们更好地理解各国法律的传统与变化。

## 第一节　法系概述

法系，英语称为 families of laws 或者 legal systems，它是依据法的历史渊源、文化传统以及由此而形成的不同的法律运行方式与存在样式，对现行的法律以及历史上业已存在过的各种法律所做的一个分类。凡是具有相同的存在样式与运行方式的法律都可以划归一个类型，我们将其称为一个法律家族，或者叫法系。

法系这个概念是随着研究视野的扩大、比较研究方法的广泛运用而产生的。在交通不便、信息闭塞的社会，人们常常将自己所运用的法律作为普遍意义上的法来看待。19 世纪以来，随着民族国家的逐渐产生，国家立法越来越多。国家不同，其法律制度也常常不同。随着研究视野的进一步扩大，比较的方法被运用到了各个方面，比较法学也随之诞生。法系就是不同国家之间的法律进行比较时所产生的一个概念。一些比较法学家经过研究发现，虽然世界上存在一百多个国家，但是他们的法律制度并不是完全不同，许多国家有着相同的法律原则与精神。法学家对这些共同的方面进行研究，得出这样的结论，"当代世界上的法，虽然为数众多，但却可以分成数目有限的法系，因此，我们不必阐述每一法的细节，而只阐述这些法分属的几个法系的一般特征，就能达到自己的目的"[1]

法系的分类是一个重要的问题，社会制度不同、文化传统不同，所做的分类也就不同。与许多法理的基本概念一样，法系可以从不同的角度做各种各样的分类，如按照社会制度的不同，可以划分为社会主义的法系与资本主义的法系；按照历史渊源与文化传统的不同，又可以划分为印度法系、伊斯兰法系、中华法系等；按照地理方位的不同，又可以划分为东方法系与西方法系；等等。标准不同，分类也就不一样。但是，20 世纪以来，法学的研究受到来自文化学、人类学、历史学方面的影响，现代很多学者都是将历史与文化传统作为参照系来对法律

[1]　[法] 勒内·达维德：《当代主要法律体系》，漆竹生译，上海译文出版社 1984 年版，第 22 页。

进行分类的。如美国法学家威格莫尔，将历史上存在过的法律划分为 16 种类型：埃及法系、美索不达米亚法系、希伯来法系、中国法系、印度法系、希腊法系、罗马法系、日本法系、伊斯兰法系、凯尔特法系、斯拉夫法系、日耳曼法系、海商法系、教会法系、大陆法系、英美法系〔1〕勒内·达维德则将法系分为罗马—日耳曼法系、社会主义法系、英美法系与其他法系（伊斯兰法系、印度法系、远东各国法系、马达加斯加与非洲各国法）。穗积陈重则将法系分为印度法系、伊斯兰法系、中华法系、英国法系（英美法系）与罗马法系（大陆法系）。

必须指出的是，法系这个词除了上述 families of laws、legal systems 之外，英语中还有 legal circle、legal style、legal tradition、legal groups、legal genealogy 等词来表达，这些词语涵义并不完全一样，在不同的语境中涵义也有明显的差异。比如 legal system，除了指称法系之外，还有法律体系、法律制度方面的涵义。

法系的研究对于理解法的历史类型与民族国家的法律传统具有重要的意义。如前所述，法系是与历史传统紧密联系在一起的，而历史传统与民族、语言、地理环境、文化传统等因素密切相关。虽然国家众多，但是有许多国家的民族、语言、地理环境、文化传统等方面一脉相传，可以划分在一个大的法律传统之内，这样，我们一方面可以就不同的法系进行认真的研究，分析法系之间的差异以及这些差异形成的真正原因，另一方面还可以就相同法系之间的法律进行比较，考察二者之间的传承与发展，真正了解人类法律的发展与变化。法系概念的提出不仅仅丰富了法学的内涵，使我们能够从更为广阔的历史文化领域把握法的属性，而且拓宽了法学研究的空间，使法律本质问题的研究在比较过程中得到理解与认识。

法系与法律体系是两个不同的概念：法系是依据法的历史传统以及法的外部形态对法所做的一个大致的划分，而法律体系是指一个国家所有现行法律按照一定的标准分类组合而成的一个有机的整体。

本章根据传统的划分方法，将世界法系分为中华法系、印度法系、伊斯兰法系、大陆法系与英美法系。

## 第二节　中华法系

中华法系是指历史上存在过的、以中国古代法律传统为内容并对东南亚法律产生过重大影响的法律文化圈。中国是一个历史悠久的文明古国，具有数千年的文化传统，对东亚、东南亚国家的法律产生了深远的影响，所以不少学者认为以中国法文化传统为基础发展起来了法律圈，其因为独特的文化特征而被划为同一个法律家族，这个家族就是中华法律文化家族，我们通常称为中华法系。

按照传统的观点，中华法系是世界五大法系之一，形成于秦朝，到隋唐时期成熟。唐朝是中国古代社会的鼎盛时期，其经济、政治、文化都达到了一定的高度，取得了辉煌的成就。在法律制度史上，以唐律为代表的法律制度不仅影响了唐代以后的中国古代社会，而且对古代日本、朝鲜和越南的法制也产生过重要的影响。中华法系根源于中国传统文化，它有以下几个方面的特征：

---

〔1〕　参见［美］约翰·H. 威格莫尔：《世界法系概览》，何勤华等译，上海人民出版社 2004 年版。

## 一、儒家伦理是基础

儒家伦理既是一种哲学基础，也是一种文化模式。一般来说，法律与道德在原始社会里结合得比较紧密，随着社会的发展，二者逐渐分离开来。但是，中国古代的情况却是一个例外。儒家学说在汉代以前与其他诸子百家并列，并没有什么特别之处。孔子，儒家创始人，继承了西周以来的"礼治"和"明德慎罚"思想，提出了"为国以礼""为政以德""为政在人"的礼治论、德治论与人治论，孟子、荀子进一步发扬。在当时，他们的法律观点并没有成为法制的理论基础，甚至受到了来自墨家以及后来法家的批判。到了汉代，为了加强思想领域的控制和解决社会矛盾，汉武帝采纳了董仲舒提出的"罢黜百家、独尊儒术"的建议。董仲舒提出的儒家思想已经不同于原始儒家，董仲舒的理论虽仍以儒学为主体，但广泛吸收了阴阳、法、道诸家学说，是一种全面、系统的以儒为主、结合其他学派而形成的政治理论。这种理论在强调君主集权的前提下，提倡德治、礼治与人治。这些理论对后世产生了深远的影响，自此以后，儒家思想成为中国古代法律的指导思想，支配中国达两千年之久。

中国古代的法律是建立在儒家伦理基础之上并为维护这种理论服务的，因此法律道德化的色彩浓厚。所谓法律的道德化，就是将本来应该由道德调整的事项由法律来代替，这事实上扩大了法律调整的范围，提高了法律运行的成本。

## 二、皇权至上

中国的皇帝权力极大，不受任何约束，关键在于其权力被董仲舒神圣化了。皇帝被赋予极大的权威，皇帝不仅是最高的立法者，也是最终的裁决者。法律严格保护这种皇权不受侵犯，任何对抗皇权统治的行为都将受到严厉的惩罚，所谓"君亲无将，将而必诛"。秦汉以来，对皇权的保护可谓无微不至。唐律"十恶"中的谋反、谋叛、谋大逆、大不敬等，都是有关侵害皇权利益的犯罪。

## 三、礼法结合与"德主刑辅"

礼，原本是氏族社会末期的宗教仪式，后来转变为国家的政治活动。礼的主要内容就是由祭祀仪式逐渐演变为包括维护宗法血缘关系、维护等级制度在内的制度性规范。中国古代的法主要指刑法，礼与法的结合，就是将礼与法有机地结合起来。中国古代的"礼"经过周公的整理，逐渐地规范化与系统化，涉及社会生活的方方面面。自从董仲舒提出"独尊儒术"以来，礼与法日益结合。礼本来是道德规范，强调等级制度，维护等级特权，但是古代中国由于突出道德的因素，许多违反道德的行为都采用刑罚的手段来制裁，所谓"礼禁于前，刑罚于后，出礼则入刑"。唐律更是"一准乎礼"，礼与法的结合在唐朝达到了前所未有的高度。

与礼法结合相适应，在德刑关系方面强调"德主刑辅"，强调德性的重要性，所以，中国古代的官员在处理矛盾、解决问题的时候常常是将"德"放在首要的位置，着重教育与感化，法律处处体现着道德化、伦理化的色彩。纲常名教为中国古代法律深深地打上了伦理化的烙印。

## 四、家族本位

儒家伦理中，家族在整个社会中占据主要的地位，在国与家的关系中，可以说，除了国，就是家。家族本位是与个人本位相对应的一个概念，强调家族本位意味着个人在家庭与家族中的地位卑微。中国古代宗法伦理精神渗透到了社会各个领域，名分与等级是基础，法律竭力维护父权与夫权。唐律"十恶"的后面几项集中维护家族的权益，如恶逆、不孝、不睦、不义、内乱都是维护家族伦理方面的规定。另外，法律还规定，父母健在时，子女不得拥有财产权，子女对长辈不得实行正当防卫，等等，说明了法律是为全面维护家族利益与纲常名教服务的。

## 第三节　印度法系

古代印度法是指公元 5 ~ 7 世纪以前古代印度奴隶制法，印度法系就是以古代印度法为基础，包括受到古代印度法影响的古代缅甸、锡兰（今斯里兰卡）、暹罗（今泰国）、菲律宾等国法律的总称。[1] 印度法系与印度古代独特的宗教文化传统有着密切的联系。婆罗门教、佛教、印度教先后在印度传播，对印度法律产生了巨大的影响。虽印度民族众多、语言复杂，社会各阶层差异较大，但是现在印度教徒占据印度人口的绝对多数，印度的法律自然主要反映了这个社会阶层的要求。印度法系有以下几个主要特征：

**一、古印度法与印度教不可分离**

印度法是在印度教的基础上发展起来的，而印度教又是经过改造了的婆罗门教，吸收了包括佛教与耆那教在内的诸多因素，所以，原婆罗门教、佛教、耆那教的基本教义、典籍都是印度教法的基本渊源。《摩奴法典》（Manu – smrti）是古印度法的代表，其中不少条文既是宗教教义又是法律规范。

**二、古印度法是属人法**

古代印度，不同的民族有不同的法律。但是，印度教徒在任何历史时期都占据人口的多数，所以印度教法实际上是印度教徒的法，至今仍发挥着很大作用，1947 年印度独立后编纂的《印度教法典》仍以《摩奴法典》为基础，而上述缅甸等各国在习惯中也还保留有一些古印度法的痕迹。

**三、古印度法是种姓制法**

印度教法的一个最基本的特征就是种姓制度，这也是我们理解古印度法的一把钥匙。自雅利安人入侵以来，他们利用肤色之间的差异，建立了婆罗门教，宣称婆罗门教的三大主神之一梵天用嘴、手、腿、脚分别创造了婆罗门、刹帝利、吠舍、首陀罗四个等级，不同的种姓享有不同的权利，这种根据种姓来划分等级的制度一直影响到现代。

英国入侵印度以后，古印度法系已经不复存在，现在已被认定为"死法系"，但是印度宗教法与种姓制法在精神上依然保留与存在，它活在人们的心里，左右着人们的行为。

## 第四节　伊斯兰法系

伊斯兰法系，又称阿拉伯法系，是信奉伊斯兰教的阿拉伯各国和其他一些穆斯林国家法律的总称。伊斯兰法是随着伊斯兰教的产生而逐渐产生的，内容极为广泛，涉及穆斯林宗教、社会、家庭等各方面。《古兰经》（亦译为《可兰经》）是伊斯兰教法的最主要渊源，也是伊斯兰教法最重要的法源。伊斯兰法兼具宗教和道德规范性质，同伊斯兰教教义有密切联系，是每个伊斯兰教徒所应遵守的基本生活准则。伊斯兰法是随着阿拉伯帝国的不断扩张逐渐传播开来的，随着阿拉伯帝国的不断扩张，伊斯兰法也越出阿拉伯半岛，达到了全盛时期。目前，伴随着伊斯兰教的广泛传播，伊斯兰法系也分布在世界的广大地区，包括西亚、北非、南亚、东南

---

〔1〕　中国大百科全书总编辑委员会编：《中国大百科全书·法学卷》，中国大百科全书出版社 1984 年版，第 707 页。

亚、南部非洲及其他地区。

阿拉伯国家在西方殖民统治期间也毫无例外地受到西方法律的影响，不少国家制定了法典，传统的伊斯兰法受到很大的冲击。但是由于他们崇奉真主安拉，在婚姻家庭等传统的私法领域并没有产生多大的变化，所以不像古代中国，传统的儒家伦理在国家的政治生活中已经没有实质性的影响，全新的国家法律代替了传统的伦理与宗教规范。更为重要的是，二十世纪六七十年代以来，阿拉伯国家产生了一股复兴伊斯兰文化的思潮，我们称之为"原教旨主义运动"，他们强调恢复传统，认为国家的法律应该符合《古兰经》规定的基本教义，这些活动对伊斯兰国家产生了很大的影响，所以有的学者认为伊斯兰法系是"半死半活"的法系。

伊斯兰法有以下几个特征：

1. 伊斯兰法是属人法，凡是穆斯林，都适用伊斯兰法。《古兰经》所规定的生活准则是每个穆斯林都必须遵守的义务。但是，现代的公法领域，自受西方影响以来就有所改变，各个国家的法律不同，其调整的范围也有所差异。我们所说的属人法，主要侧重于私法领域。

2. 伊斯兰法是政教合一的法律。古代阿拉伯国家实行政教合一，《古兰经》既是穆斯林的政治纲领，又是穆斯林的生活准则。伊斯兰法与伊斯兰教密不可分。伊斯兰法也随着伊斯兰教的传播而不断发展。

3. 伊斯兰法是神启的法。伊斯兰法不是由国家立法机关制定出来的，而是神启的，穆罕默德去世后，法律的发展由教法学家通过公议、类比的方式推动伊斯兰法的不断向前发展。

## 第五节 大陆法系

大陆法系，又称民法法系（Civil Law System）、罗马法系或罗马—日耳曼法系、成文法系、法典法系，是以罗马法为基础，以 1804 年《法国民法典》和 1896 年《德国民法典》为代表的法律制度以及其他国家或地区仿效这种制度而建立起来的法律制度的总称。大陆法系是与英美法系并列的两大西方法系之一，对世界其他国家产生了深远的影响。

罗马帝国灭亡后，欧洲进入封建社会。封建社会早期，由于受到落后的生产关系的影响，日耳曼人在相当长的时期里并不关心社会经济问题，因此，城市衰败，经济凋敝，商品经济为封建经济所取代。公元 9 世纪后，生产力水平有了比较大的提高，城市逐渐产生或复苏，商品经济也有较大的发展。商品经济的发展与城市的出现需要新的法律来进行调整与保护，原有的日耳曼习惯法无法满足日益发展的社会需要，罗马法正好适应了时代的需要。罗马法遗稿（文本）的发现与大学的兴起带来了罗马法的复兴。为配合与促进商品经济的发展，法学家先是对罗马法文本进行注释，为商品生产的各种法律关系提供了比较详细的规定，使代表市民等级利益的世俗法学家阶层从神学中分离出来。后来随着经济的进一步发展，原来对文本进行注释的方法已不能满足日益发展的社会需要，所以，自 15 世纪开始，法学家配合人文主义思潮积极探索罗马法的人文精神，反对神权政治。11 ~ 16 世纪，欧洲大陆先后产生了注释法学派与人文主义法学派，这些法学派对于传播罗马法、促进商品经济的发展发挥了重要的作用。这样，法律保护与商品经济的发展相互促进，城市规模进一步扩大，经济贸易进一步繁荣。随着文艺复兴与宗教改革的推进，最终产生了资产阶级革命，资本主义社会代替了封建社会。欧洲大陆资产阶级革命以后，首先将自由、平等、财产权等一系列最基本的权利用宪法的形式规定下来，随后，各国又制定了民法典以保护私人财产、促进公平贸易与自由竞争。法国与德国先后制定了《法国民法典》和《德国民法典》，之后，其他国家也分别参照这些法典制定了适合本国政治经济文化需要的民法典。随着欧洲殖民统治的扩张，这些法律又被移植到了殖民地国家，从而形成了一个庞大的法律"家族"，这就是大陆法系。

大陆法系涉及拉丁美洲、非洲、亚洲等地。由于源流不同，大陆法系大体又可分为法、德两个支系，法国、比利时、荷兰、意大利、西班牙和拉丁美洲各国属于前者；德国、奥地利、瑞士和日本等国则属于后者。

大陆法系由于受罗马法的影响，带有罗马法所具有的一些特点，同时也反映了资产阶级对私有财产的保护和对促进商品经济发展的要求。总的来看，有以下几个方面的特征：

1. 受罗马法的影响较大。大陆法系是在古罗马法的基础上发展起来的，无论是技术风格、概念术语等形式方面，还是法律保护的对象、内容与基本原则等精神实质方面，都明显地受到了罗马法的影响。没有罗马法就不会有大陆法系。

2. 通过法典的形式表现出来。这也是大陆法系与英美法系的一个重大区别，法律是成文化的，并通过法条的形式表现出来。所以，我们经常也将大陆法系称作法典法系。

3. 立法与司法的分工明确。大陆法系强调成文法典的权威性。法官虽然也被赋予一定的自由裁量权，但法官没有造法功能，立法是议会的权限，法官只能适用法律，也只能援引制定法进行裁判，不能以判例作为依据。

4. 注重法典的体系排列，讲求法律的逻辑性、概念的明确性和语言的精练性。由于法官只能依据明确的法律进行判（裁）决，所以法律必须明确，不能含糊，上下位阶不能出现混乱，更不得颠倒，下位法必须符合与服从上位法。

5. 公法与私法有严格的划分。公法与私法的划分在古罗马就已经存在，公法是指有关国家组织方面的法，私法是涉及平等主体之间权利义务的法。资产阶级革命以后，继承了这种划分方式。

6. 演绎法是法律推理与运行的主要方法。法官审理案件运用演绎推理的方法，注意大前提、小前提与结论之间的内在联系。也就是将个案与法条结合起来，进而得出合乎逻辑的结论。

## 第六节　英美法系

英美法系，又称普通法系（Common Law）、英吉利法系、判例法系或者海洋法系，是指英国从 11 世纪起，主要以源于日耳曼习惯法的普通法为基础，逐渐形成的一种独特的法律制度以及仿效英国的其他一些国家和地区的法律制度的总称。

1066 年以前，英国各地适用的是分散的盎格鲁—撒克逊习惯法，在丹麦人长期占据过的地方则适用北欧条顿习惯法。威廉征服英国以后，设立御前会议，建立巡回审判制度，加强中央集权。经过亨利一世、亨利二世的改革，英国各地分散的习惯法逐渐统一起来，所以称为普通法，又由于它是以判例为基础发展起来的，所以又称为判例法。

14 世纪以后，原有的普通法由于其僵化与形式主义无法满足商品经济日益发展的需要，许多案件由于找不到适合的令状而无法进行审理，因此，国王同意凡是在普通法院无法得到救济的案件可以由大法官根据公平正义的原则进行审理，衡平法院得以诞生。衡平法院审理案件不需要令状，不拘泥于形式，也不实行陪审，大大简便了审理程序，适应了时代的发展。

19 世纪以后，受法典化与大陆法系的影响，英国的制定法逐渐增多，但是英国议会所立之法常常程序与实体兼顾，民事与刑事不分，而且部门法律大多是单行法规，并不存在法典化的问题。

英美法系是在盎格鲁—撒克逊习惯法的基础上发展起来的，所以受罗马法的影响较小。衡平法大法官多数来自僧侣，运用罗马法的原则审理案件，在遗嘱继承、婚姻和海事等方面接受了罗马法的某些影响，在近代由于资本主义的发展而吸收了更多来源于罗马法的原则，例如侵权赔偿、抵押回赎权等。但是，与欧洲大陆相比，英国是较早建立中央集权的封建国家，11世纪后期就已经形成自己的普通法体系，并且存在大批深谙普通法的律师，因此，受罗马法的影响不大。

17世纪起，随着英国的对外扩张，英国法也传播和移植到各殖民地国家。这些国家在独立后大都根据英国法原则，按照其各自的特点和习惯，适应其政治、经济和文化发展的需要，或多或少地做了修改，以建立自己的法律制度。目前，属于英美法系的国家，除美国外还包括大部分英联邦国家以及一些原属英国殖民地或附属国的亚洲、非洲、大洋洲和加勒比海地区的国家。

英美法系有以下几个方面的特征：

1. 以盎格鲁—撒克逊习惯法为基础。如上所述，英美法系是在盎格鲁—撒克逊习惯法的基础上发展起来的。虽然在一些方面受到罗马法的影响，如契约、商法、遗嘱等，但是从法学发展的整个过程来看，英国法律的发展完全走上了一条自己独特发展的道路。他们以判例为基础，根据法律的基本精神与基本原则处理法律事务；法官有较大的自由裁量权，并不像大陆法系那样完全按照罗马法的精神与框架，在严格的法条下解决问题。

2. 判例是英美法系的重要渊源。英美法系的渊源除了判例外，还有衡平法、制定法，但是判例是英美法系的最重要的渊源。遵循先例不仅是普通法的重要原则，也是衡平法所应该遵循的基本原则。衡平法在开始的时候并不需要遵循先例，但是以后逐渐接受了这一原则。19世纪以来，制定法大量增加，但是制定法的材料来源于判例，是对判例的补充与完善，制定法无法真正脱离判例。没有制定法，英美法系照样存在，但是如果没有了判例，那么英美法系就不存在了。

3. 法官造法。英美法系法官的地位非常重要，他们的地位不仅仅是在解决纠纷中得以确立，如果这样，那么他们与大陆法系的法官就没有什么不同，更为重要的是，也可以说与大陆法系不同的是，英美法系的法官能够造法，法官崇高的地位就是在造法的过程中确立起来的。大陆法系的法官只能严格按照法律的规定操作，法律虽然赋予法官一定的自由裁量权，但是，法官的裁量必须是在法律没有明文规定的情况下，按照法律的原则与精神来决定裁量。英美法系法官虽然要遵循先例，但是如果没有先例可循，法官就根据法治的原则与精神制造一个新的判例。对制定法的理解与解释也离不开法官，法官在整个法律活动中占有重要的地位，法官有"造法"的功能。

4. 没有公法与私法的划分。大陆法系自罗马法以来就有所谓公法与私法的划分。但是在英美法系中没有公法与私法的概念，所有法律都一样，也没有将法律划分为公法与私法部门，自然也就不存在公法与私法的划分。他们没有特别的行政法院，也没有统一的民法部门。虽然一些学者为了研究上的方便，也将法律划分为公法与私法部门，但是在实际的法律运行中，并没有这种严格的区分。

5. 归纳法是法律推理与运行的主要方法。与判例和法官造法相适应，英美法系思维的逻辑方法主要是归纳法。他们通过大大小小的个案分析，归纳、概括出法律的一般原则，再将这些原则投入到比较具体的案件当中进行分析运用。法学院的学生通过案例教学方法，将大量的判例与通过判例归纳出来的原则相结合，促使学生像律师那样思考问题。

 案例分析

　　美国学者威格莫尔、法国学者勒内·达维德与日本学者穗积陈重在一个会议室里讨论法系问题：

　　威格莫尔：我认为法系应该分得细一点，粗线条的划分会遗漏一些具有独特文化系统的法律家族圈。因此，我尽可能地将世界的法律划分为十几类，像埃及法、凯尔特法、海商法已经被一些学者归类到其他法系中去了。但是，我仍然认为它们是独特的法律家族。

　　勒内·达维德：我的看法是罗马法与英美法比较重要，影响最广，当然，我们这个时代，社会主义作为与资本主义并存的一个社会制度，其法制也不容忽视，所以我将法系分为：罗马—日耳曼法系、社会主义法系、英美法系与其他法系（伊斯兰法系、印度法系、远东各国法系、马达加斯加与非洲各国法）。

　　穗积陈重：达维德先生，你这个分类不太科学，不符合逻辑。社会主义法系应该与资本主义法系对应，而不是罗马—日耳曼法系、英美法系。威格莫尔先生的分类又有烦琐之嫌，将本应该归类到其他法系的法单独列出。事实上，埃及法、凯尔特法、海商法、希腊法完全可以归类到相关法系。我是根据历史文化传统进行分类的，共有五大法系。

　　【评析】威格莫尔（1863~1943）、穗积陈重（1855~1926）、勒内·达维德（1906~1990）并不是同一代的人，达维德要小得多。编撰这么一个案例，主要是为了说明他们之间对于法系的理解。从上面的争论可以看出，穗积陈重的分类比较科学，符合法系分类的基本要素。由于这种分类比较科学，所以也就为大多数法理学教材所接受与采纳。

　　 本章小结

　　本章对法系问题进行简单的介绍，分析了世界上已经存在或正存在的法系。通过介绍我们知道，法系实际上是与历史文化传统紧密相连的一个概念。虽然现在世界上有一百多个国家，但是法系只有几个或十几个。共同的法系表明他们有共同的传统，虽然法系内部有不少差异，但是并不影响他们共同存在于一个法系当中。

　　法系是比较法学与法律史、法律文化领域中的一个重要的方面，通过不同法系的研究，我们可以发现不同法系之间的实质差异及其内在成因。

　　 思考题

### 一、名词解释

法系

### 二、简答题

1. 什么是法系？
2. 中华法系的基本特征是什么？
3. 比较印度法系与伊斯兰法系。
4. 比较英美法系与大陆法系。

### 三、论述题

你是如何看待法系问题的？

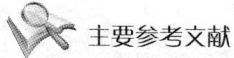 主要参考文献

1. 李钟声:《中华法系》,华欣文化事业中心 1985 年版。

2. 〔德〕K. 茨威格特、H. 克茨:《比较法总论》,潘汉典等译,贵州人民出版社 1992 年版。

3. 〔印〕A. L. 巴沙姆主编:《印度文化史》,闵光沛等译,商务印书馆 1997 年版。

4. 〔英〕诺·库尔森:《伊斯兰教法律史》,吴云贵译,中国社会科学出版社 1986 年版。

5. B. Bhansali, *Legal System in India*, Vol. Ⅰ. Ⅱ. , University Book House,1992.

第十四章

# 法律的发展

【本章概要】本章以法律发展概念为切入点，系统阐释法律发展的涵义及法律发展的途径。通过对法律继承、法律移植概念及特征的诠释，以及对两者所涉内容的分析，提出我们进行法制改革的具体构想。

【学习目标】通过本章的学习，学生应该在掌握法律继承、法律移植、法律发展几个基本概念的基础上，了解世界法律发展的历史进程与存在过的发展模式，进而能够正确分析和认识中国法律发展的历史趋势，明确中国进行发展改革的历史意义。

## 第一节    法律发展概述

与经济、政治、文化的发展相适应、相协调，人类的法律处于不断变革和发展的历史过程中。在近现代社会，法律发展概念有其特殊的意义，它意味着从传统型法制向现代型法制的历史变革过程。法律的这一历史转型和变革过程，又称为法制现代化。科学地揭示和把握法律的历史发展过程及其规律，特别是法制现代化的历史过程及其规律，是法理学的重要课题和任务。

### 一、法律发展概念的缘起

"法律发展"这一概念起源于"二战"之后，特别是 20 世纪 60 年代西方国家的法律与发展研究。当时，以美国为首的西方发达国家的政府及其所支持的国际组织机构和基金会，为了推行西方国家的价值观念、经济模式和政治模式，保持和加强对发展中国家的影响和控制，支持和资助学术机构、学术团体和学者开展关于发展问题的研究，着重研究经济发展和政治发展，包括市场经济和宪政等。关于发展问题的研究不可避免地涉及一系列法律问题（包括法律上的困惑），于是，"法律与发展"作为整个发展研究的内容被提出来了。

从 20 世纪 60 年代开始，一大批法学家参与到法律与发展的研究项目中。法律与发展研究的重要课题之一是法律自身的发展。法律发展既是社会发展的内容，又是社会发展的制度推动和保证。不过，法律与发展研究很快就陷入误区，因为研究者试图把西方国家"先进的"法律制度原封不动地移植到发展中国家。陷入误区必然导致失败。他们失败的原因在于：他们的研究脱离了发展中国家的经济、文化和政治状况，企图用体现西方价值观念和行为方式的法律制度取代发展中国家根深蒂固的民族法。要知道，这样的法律无论多么美妙，都因其与发展中国家人民的生活习惯和价值观念相冲突而不可能得到民众的广泛认同；这样的法律无论多么符合理性，都因其与固定化的社会生产方式和生活方式相冲突而不能有效地调整稳定与发展的关系，致使发展与稳定出现失衡和关联负值，造成社会的无序和震荡；这样的法律无论多么先进，都因其不是在稀释历史沿袭下来的习惯法，使习惯法与外来的法律融合（而是用急流冲击它）而导致整个法律生活的突然断裂。西方后现代法学家对此有过深刻的分析和批判。西方学者的法律发展研究总体上是失败的，但他们提出的问题以及围绕这些问题的各种论题却是富有启发意义的。

中国法学界关于法律发展问题的探讨始于 20 世纪 80 年代中期，尽管直到 90 年代中期以后才明确采用和系统阐释"法律发展"这一概念。法律发展研究在中国的兴起和发展是历史的必然、时代的需要。从 1978 年至今、以改革开放为主旋律的三十多年，是中国历史上近几百年来少有的社会全面发展的黄金时期。从法律和法学的角度看，近三十多年的发展实践乃是一场活生生的、深层次的法律与社会共同发展的运动。近三十多年来，社会的发展呼唤并驱动法律的发展，法律的发展回应并促进社会的发展。正是在这样的历史背景下，法律发展研究很快就成为中国法学理论研究的热点及重点领域。

在中国，法律发展研究的领域非常广泛，大致可以分为两大部分：①宏观层面的基本理论研究，主要论题包括：法律发展的模式、道路、途径、动力；法制现代化的内容和基本标准；法治国家的基本特征、构成要件；中国传统法律文化、西方法律文化、苏联法律文化与中国法律发展的关系；法律发展与市场经济、民主政治和精神文明发展之间的结构性关联与互动。这些问题主要为理论法学领域的学者所关注和研讨。②微观层面的具体问题研究，包括：立法、行政执法、司法、法律监督等法律运行各环节的改革与发展；宪法、行政法、民法、刑法等部门法的完善与发展；法律职业、法律教育的改革与发展。这些问题已经引起了法学各分支学科的学者和广大法律实务工作者的普遍关注和热烈讨论。

中国法律发展研究的广泛开展与深入推进，不仅为当代中国的民主法制建设提供了强有力的理论服务和智力支持，也将对世界的法律发展研究产生重要的影响。西方学者对发展中国家所进行的法律发展研究，必然要受其所属社会的经验、价值观和理论的制约。而中国学者的法律发展研究乃是发展中国家自己的学者对本国法律发展所作的饱含真情实感的研究，在很多方面都不同于西方学者以观察者身份所进行的外在研究。因此，中国学者的法律发展研究有可能为整个世界的法律发展研究增添新经验、新理论、新方法。

**二、法律发展的涵义**

（一）发展的涵义

理解和解释"法律发展"，首先要理解和解释"发展"。发展是一个内涵极其丰富的概念。美国经济学家托达罗关于发展的一段论述揭示了发展的丰富内涵。他说："每个国家都在为发展而奋斗。虽然经济进步是基本的部分，但它不是唯一的部分。发展不纯粹是一个经济现象。从最终意义上说，发展不仅仅包括人民生活的物质和经济方面，还包括其他更广的方面。因此，应该把发展看作包括整个经济和社会体制的重组和重整在内的多维过程。除了收入和产量的提高外，发展显然还囊括制度、社会和管理结构以及人们的态度的基本变化，在许多情况下甚至还有人们习惯和信仰的基本变化。最后，虽然通常是从国家范围来看发展的，但发展的普遍实现也可能使得对国际经济和社会体系进行根本性修正成为必要。""我们必须把发展看成是涉及社会结构、人的态度和国家制度以及加速经济增长、减少不平等和根除绝对贫困等主要变化的多方面过程。发展从其实质上讲，必须代表全部范围的变化。通过这个变化，整个社会制度（在这个制度内变成了个人和社会集团的多样化基本需求和欲望）把人们普遍不满意的生活条件变成被认为物质上和精神上都更好的生活状况或条件。"[1]　总之，发展是从落后到先进、从贫困到富裕、从封闭到开放、从专制到民主、从人治到法治、从奴役到自由、从野蛮到文明的进步过程及趋势。

---

[1]　[美]迈克尔·P. 托达罗：《经济发展与第三世界》，印金强、赵荣美译，中国经济出版社 1992 年版，第 50～51、79 页。

## （二）法律发展的涵义

与发展的一般意义相对应，法律发展是指与社会经济、政治和文化发展相适应、相协调，包括制度变迁、精神转换、体系重构等在内的法律进步或变革。用"法律进步""法律变革"指称"法律发展"，显示了法律发展的核心和实质，也揭示了法律发展研究的价值。法律发展在基本内涵上与法制现代化是等值的。法制现代化研究的著名学者公丕祥指出：在现代社会，法律发展具有特殊意义，它意味着从传统型法制向现代型法制的历史变革过程。……在这种特殊意义上的法律发展概念，实际上是同法制现代化概念内在契合的。这是因为，在现代社会条件下，"法律发展"一词表征一种新的法律意识形态，它反映出各国政府主动关心各自社会法律变革，以及通过法律实现社会发展目标、推动社会现代化的时代潮流。在这一概念框架下，法律发展成了法律变革或法制现代化的代名词。……法律发展的本质性意义就在于：伴随着社会由传统向现代的转变，法律也同样面临一个从传统型向现代型的历史更替。法律的这一转型与变革过程，就是法制现代化的过程。法制现代化所关注的事物，恰恰是法律发展所执意追求的目标。法制现代化的基本内涵与现代社会法律发展之意蕴，无疑是相通的。

## （三）法律发展与社会发展是互相适应的

从上述发展的定义可以看出，法律发展是包容在社会整体发展之中的，并且是与社会发展互动的。一方面，法律发展由社会发展所驱动，是社会发展的结果，没有经济的发展、政治的发展和文化的发展，法律的发展既不需要，也不可能。例如，假设没有改革开放以来商品经济和市场经济的发展，就不可能有民商法、经济法以及相关法律的出现和不断完善；没有政治体制改革和民主政治建设，就不会有日益健全的民主政治立法和政治法律体系；没有人民的主体精神、权利意识、法治信仰的高涨，就不可能有以保障人民权力和公民权利为基调的 1982 年宪法和以宪法实施为内容的宪政。另一方面，法律发展对社会发展起着引导、保障和推动的作用。社会需要法律，社会发展需要发展的法律，正是法律的发展才使社会发展能健康、有序、富有生机地进行。

### 三、法律发展的途径

#### （一）法律发展史上的建构论与进化论

在社会发展的途径问题上，历来存在着两种不同的基本思路：①建构论，即主张以人的理性认识为基础，摧毁旧事物、旧秩序，建构新事物、新秩序。简单地说，就是破旧立新。持有理性主义—激进主义立场的思想家或政治家往往赞成这种思路。②进化论，即主张从旧事物、旧秩序中演化出新事物、新秩序。简单地说，就是推陈出新。持有历史主义—保守主义立场的思想家或政治家往往赞成这种思路。在法律发展的途径问题上，法学界也存在建构论和进化论两种理论。

1. 建构论者热衷于建构理想的社会。伴随近代科学革命和工业革命而兴起的理性主义思潮，高度肯定与推崇人类理性的力量，表现出强烈的建构论倾向。新兴的自然科学的产生使人们发现，宇宙并不是一个神秘莫测的实体，而是一个按照可用数学方式表达的普遍规律运动的物理体系，因而，是能够为人所认识的。与科学革命相伴随的工业革命则进一步昭示，人类完全可以凭借自己对自然界的理性认识，而对其进行实际的驾驭和改造。在认识与征服自然的巨大战果面前，人们确信人类社会也是可以为人类理性所认识和改造的领域。与科学革命、工业革命相伴随的启蒙运动正是这样一场高举理性主义旗帜的思想解放运动。18 世纪被称为启蒙时代，或理性的时代。在这一时期，一批知识精英表现出对理性力量的最大信任，力图对欧洲的制度和信仰做出理性的分析。科学革命表明，宇宙间的秩序和可用数学加以证明的法则在自然界中起着作用。启蒙运动的思想家们（又称哲学家）则认为，用类似的法则和理性来审视人类社会也是可能的。他们由衷地相信，人类可以依靠自己的理性去建构一个更加符合自己需要的理想社会。对理想社会的憧憬和向往，必然导致对社会现实的不满，对历史传统的批判。这两个方面是连为一体，共同消长的。具有理性主义—激进主义立场的思想家、政治家往往把传统视作社会进步的绊脚石，主张彻底地否定传统，建构他们理想中的新社会。17、18 世纪的启蒙思想家就是这样。他们在高扬理性、科学、进步大旗的同时，对传统大加指责和批判。他们指责在历史中累积起来的传统未经过理性与经验科学的证实，因而不具有合理性。恩格斯在评论法国启蒙思想家的理性主义时曾指出："在法国为行将到来的革命启发过人们头脑的那些伟大的人物，本身都是非常革命的。他们不承认任何外界的权威，不管这种权威是怎么样的。宗教、自然、社会、国家制度，一切都受到无情的批判；一切都必须在理性的法庭面前为自己的存在做辩护或放弃存在的权利。"启蒙运动号召人们弃传统之黑暗，投理性和科学之光明。在理性和科学的光明取代了传统的黑暗之后，传统中所包含的邪恶也将随之消失。因此，在社会发展途径问题上，为了彻底地摧毁传统的社会及其秩序，迅速地建构理想的社会及其秩序，理性主义者往往主张进行激进的改革甚至革命，理性主义与激进主义是硬币的两面，理性主义是激进主义的思想基础，激进主义是理性主义的政治表达。

2. 进化论者强调传统的意义。与理性主义思潮针锋相对的保守主义坚持进化论的立场。保守主义者并不否定人类理性的力量，但他们强调人的理性能力是有局限的，也是有缺陷的。在人性的诸多成分中，理性并不是国王，反而常常成为欲望和情绪的奴婢。而这个世界又极其复杂，非人类的理性能力特别是少数人的理性能力所能全面掌握。因此，任何人都不可能通晓一切，或是把握终极真理。保守主义对那些抽象的观念、系统的思想及救世主般的政治领袖持有深深的怀疑态度。在保守主义看来，社会的制度和秩序不是由任何人设计出来的，而是以一种演化的方式发展起来的。他们反对按照个别人或少数人的理论或理想对社会进行彻底的改造或激进的革命，而主张从传统的制度和秩序中演化出新制度和新秩序。保守主义者极为强调传统的意义。在他们看来，传统是千百年来人们的理性、智慧和经验的历史积累，传统是一代代人储存于历史中并留给后代的文明的储蓄。任何一代人都不可能完全创造出自己所思、所言、所行、所用的一切。传统构成了新一代人思想和实践的历史起点，新一代人必然继承传统中所凝聚的先辈的智慧。保守主义认为，传统是在过去的岁月中经受过社会实践的反复检验和无数代人的反复筛选的东西。因而，来自于历史和传统的事物，比建立在纯粹的理性和抽象的推理基础上的事物更具可靠性和可行性。因为来自于历史和传统中的事物不是建立在一个人，而是许多人的聪明才智之上，不是在一代人之内，而是经历了数个世纪的漫长时期，以及许多代人的努力才建成的。在这种意义上说，建立在传统基础上的事物，要比建立在一个人或少数人的思想上的事物要"民主"得多，因为在前者身上，历史上众多智者的正确意见、经验和智慧发生了作用，而后者则排斥包含在传统中的众人的智慧，而只遵奉个人的意见。

（二）中国法律发展中的建构论与进化论

在中国的法律发展问题上，中国法学界亦存在建构论和进化论两种倾向。

1. 中国的建构论者热衷于设计理想的法治国家。在建构论者看来，古代的法律文化在很大程度上是建设现代法治国家的障碍，顶多也只是一个在建构理想的法治大厦时可以利用的废旧物品储存库。建构论者在对传统法律文化持否定态度的同时，热衷于设计理想的法治国家。什么是法治或法治国家，中国怎样建设法治国家，是他们最为关切的问题。虽然不同的学者对法治的解释和对法治模式的设计的角度和侧重点不同，但基本观点大同小异。这些设计完全基于理性人——抽去了历史、民族、文化属性而只考虑功利的人的立场，力图描绘出一幅最合理的法治图景，因而具有强烈的理性主义和普遍主义色彩。在法律发展的途径上，他们往往强调法制的变革与创新。在他们看来，中国传统法律文化中无法转化或生长出能够与现代高度复杂的市场经济、发达的民主政治和全球性国际交往相适应的现代化的法制。只有通过改革、创新、移植等方式，中国才能创立一个全新的、完善的现代法律体系。建构论强调政府的理性建构作用。正像现代市场经济和民主政治不是依靠社会自身力量的缓慢发展，而是依靠政府的设计和推动一样，当代中国法律的发展也不能仅靠自发的进化，缓慢的爬行必然制约社会的进步。中国要实现法律进步，建设社会主义法治国家，必须由执政党——中国共产党来领导，必须由人大和政府来具体规划和实施。中国共产党提出的依法治国，建设社会主义法治国家的纲领，全国人大常委会的立法规划，国务院的行政法制建设计划，都是理性建构的体现。

2. 中国的进化论者强调传统的转换、再生与再造。进化论者强调人的有限理性。任何一个社会中的现代法治的形成及其运作都需要大量的、近乎无限的知识，包括具体的、地方性知识。试图以人的有限理性来规划构造这样一个法治体系是完全不可能的，任何一个法治建设的规划也不可能穷尽社会中法律活动的全部信息或知识。因此，我们不可能仅仅依据我们心目中的理想模式或现有的理论来规划建立出一个有效运作的现代法治。事实上不可能有先验确定的中国法治之路。"中国的法治之路必须依靠中国人民的实践，而不仅仅是几位熟悉法律理论或外国法律的学者、专家的设计和规划，或全国人大常委会的立法规划。中国人将在他们的社会生活中，运用他们的理性，寻求能够实现其利益最大化的解决各种纠纷和冲突的办法，并在此基础上在人们的互动（即相互调整和适应）中逐步形成一套与他们的发展变化的社会生活相适应的规则体系。"进化论者反对理性的建构与规划，而较为强调传统的转换、再生与再造。在农村经济改革中出现的许多制度创新，并不是国家的发明创造，而是传统的乡土社会经济模式的某种延伸、变形和改造。比如，以家庭为基本生产单位的经营形式，多种经营的生产方式，满足农村商业需求的集市贸易，以家族联系为纽带的合作方式，土地制度中的承包和转包，以及多种形式的民间互助和民间借贷等，都具有久远的历史渊源。改革中出现的传统经济形式，如家户经营等，并不是对旧事物的简单复归，而是已经具有时代意义的创新。

3. 建构论与进化论都有其合理性。建构论和进化论分别强调事物发展变化的一种形式和途径。事物的发展变化是连续性与非连续性的统一，是量变与质变的统一。进化论强调的是事物发展的连续性与量变的一面，而建构论强调的是事物发展的非连续性与质变的一面。问题在于，它们在强调事物发展的一方面时，贬低、忽视甚至拒斥事物发展的另一方面。就法律的发展而言，我们既要理性地继承历史上形成的法律文明成果，又要理性地建构或创造新的法律文明，还要正确地处理好法律继承与法律创新的关系。

## 第二节　法律继承

### 一、法律继承的概念与特点

历史上，除了奴隶制法律制度（它是在原始社会氏族习惯的基础上演化出来的），每一种新的法律制度都是以先前的法律制度为起点和阶梯的，这就决定了法律继承必然是法律发展的基本形式和途径。所谓法律继承，就是不同历史类型的法律制度之间的延续、相继、继受，一般表现为旧法律制度（原有法）对新法律制度（现行法）的影响和新法律制度对旧法律制度的承接和继受。法律继承不同于民法中的财产继承、国际法中的国家继承。财产继承或国家继承只是被继承对象主体的更替，被继承对象本身的属性和特征原封不动；而法律继承则是新事物（法律制度）对旧事物（法律制度）的扬弃。

　　"扬弃"这个源自德国古典哲学的词语，含有否定和肯定的双重意义，在否定的意义上指取消或舍弃，在肯定的意义上指保持或保存。用"扬弃"来解释法律发展过程中的继承性，可以生动而具体地揭示出法律继承的特点：①在法律发展的客观过程中，每一种新法律对于旧法律来说都是一种否定，但又不是一种单纯的否定或完全抛弃，而是否定中包含着肯定，从而使法律发展过程呈现出对旧法既有抛弃又有保存的性质；②从处理法律继承问题的主体的角度看，法律继承实际上是一种批判的即有选择的继承，也就是在否定旧法律制度固有的阶级本质和整体效力的前提下，经过反思、选择、改造，吸收旧法律中某些依然可用的因素，赋予它新的阶级内容和社会功能，使之成为新法律体系的有机组成部分。因此，不加分析地抄袭或复制旧法律的拿来主义和根本否定新法律与旧法律之间存在历史联系和继承关系的虚无主义都是错误的。

## 二、法律继承的根据和理由

### （一）社会生活条件的历史延续性决定了法律继承性的客观存在

　　从根本上说，法律继承性的依据在于社会生活条件的延续性与继承性。人类社会每一个新的历史阶段开始时，都不可避免地要从过去的历史阶段中继承下来许多既定的成分，生活于现实社会的一代人只能在历史留给他们的既定条件所允许的范围内重新塑造社会的形象和书写他们的历史。法律是社会生活的反映，尽管这种反映是通过人类的意识做出的，尽管立法者在表现社会生活条件时有一定范围的选择自由，但是，只要那些延续下来的生活条件在现实的社会中具有普遍意义，那么，反映这些生活条件的既有规则就会或多或少地被继承下来并被纳入新的法律体系之中。

### （二）法律的相对独立性决定了法律发展过程的延续性和继承性

　　法律作为社会意识或社会上层建筑的组成部分，它的产生和发展决定于社会存在或经济基础；在这个前提下，又必须承认法律的相对独立性。法律的相对独立性是社会意识相对独立性的体现。而所谓社会意识的相对独立性，是指社会意识在反映社会存在的同时，还具有自身的能动性和独特的发展规律，这就是，每一历史时期的社会意识及其诸形式都同它以前的成果有着继承关系。而每一个社会的特定的意识形态，无论就其内容还是形式来说，都有两个来源：一方面，在内容上，主要是反映现实的社会存在、社会经济形态，同时，也保留着历史上形成的对过去的社会存在的某些意识和材料；另一方面，在形式上，主要是从过去继承下来的方式、方法和手段，同时，又根据新的内容和条件对它们加以改造、补充和发展，并增添了某些新的具体形式。没有这两个来源，任何社会意识的发展都无从谈起。正是由于这种历史的继承性，社会意识及其诸形式的发展才能持续而不中断，才有其可追溯的历史线索；同时，由于历史继承性在不同条件下的表现，才形成了各具特色的民族传统和民族风格。

### （三）法律作为人类文明成果的共同性决定了法律继承的必要性

　　法律作为社会调整或控制的技术，是人类对自身社会的性质、经济、政治、文化以及其他社会关系及其客观规律的科学认识的结晶。例如，有关资源配置、生产管理、市场调节、环境保护、社会保障等经济社会性法律规范是人类对自然、经济规律认识的反映；有关代表会议、权力制衡、行政程序、反贪倡廉等政治性法律规范则是对政治关系、政治权力运行规律的科学认识。这些认识成果不管形成于何种社会，具有什么特定的时代性、阶级性和社会性，都是人类认识的成果和人类文明的标识，具有超越时空的长久而普遍的科学性、真理性和实践价值。正是在这一意义上，我们强调决不可拒绝继承和借鉴古人和外国人、哪怕是封建阶级和资产阶级的东西。文明本来就是借鉴、积累和升华的产物。任何后继的法律制度绝不可能是在世界法律文明发展的大道之外产生的，而是人类以往法律思想、法律技术和法治经验的继续和发展。

（四）法律发展的历史事实也验证了法律的继承性

法律继承不仅是一个理论上可以说明的问题，也是一个实践上可以验证的问题。古代封建社会的法律大量继承奴隶制社会的法律暂且不论，近代以来，英国资产阶级持续沿用英国封建时代的法律，法国资产阶级以奴隶制时代的罗马法为基础制定《法国民法典》，日本资产阶级承袭日本封建时代的法律等事实，足以表明剥削阶级类型的法律之间具有继承性。苏联"十月革命"之后，列宁沿用旧俄国的民法典，1922年制定民法典时大量采用旧俄国民法典的条款；中华人民共和国成立前夕明确宣布废除国民党"六法全书"，但我国现行社会主义法律体系中仍不能不包含旧法律中诸多原则、规则、技术、概念、术语。这些事实表明，不仅私有制即剥削阶级类型的法律之间可以继承，社会主义法律也可以而且必然要批判地借鉴前社会主义社会的法律。

### 三、法律继承的内容

法律继承的内容是十分广泛的。就社会主义法律对资本主义法律的继承来说，一切能够与以科学、理性、民主、自由、公平、人权、法治、和平、秩序、效率为内容的时代精神融为一体的那些富有生命力或再生能力的积极因素都在被继承之列。

（一）法律技术与法律概念

法律技术是指制定、执行、解释、适用法律规范的各种方法，例如立法程序、法典编纂、法律汇编、法律规范的构成及其分类、法律的解释方法、法律机构的设置、法律体系的结构、形式多样的诉讼程序等。法律概念是指对各种法律事实进行概括，抽象出它们的共同特征而形成的权威性范畴。法律技术和概念主要体现的是人类在社会生活中形成的基本共识，这些共识又主要是客观的普遍性成分。社会主义国家在建立自己的法律制度时，不可避免地要直接选择，甚至利用这些现成的法律技术和概念，否则就无法建构自己的法律体系。

（二）反映商品—市场经济规律的法律原则和规范

商品—市场经济既是资本主义的经济形式，也是社会主义的经济形式，尽管它们之间存在着这样或那样的差别，但都必须和必然是与劳动分工和社会分工相联系的、为交换而进行生产的经济关系，是自由、公平地进行竞争的经济关系。所以，资本主义国家反映商品—市场经济一般规律的法律原则和规范，如有关市场主体、市场要素、市场行为、市场调控、国内市场与国际市场的联系等法律规定，经过社会主义国家的选择、改造和加工之后，完全可以纳入社会主义法律体系之中。

（三）反映民主政治的法律原则和规范

社会主义国家和资本主义国家从政体上都是民主政治。资产阶级民主先于社会主义民主。资产阶级在长期的民主政治建设中积累了大量以公民权利制约国家权力，权力制约权力，以及保障权力运行秩序和效率的经验，比如，代议制、选举制、权力划分、权力制衡、立法机构的组织和立法权力的行使程序、行政程序、公民各种政治权利规定、国家赔偿制度等。这些制度和规定，有许多是民主政治共性的、客观的必然要求，反映了政治权力运行的一般规律。对于这些经验，社会主义国家在实行民主政治的过程中理所当然地要批判地加以借鉴和采纳。

（四）有关社会公共事务的组织与管理的法律规定

任何国家都执行两种职能：①政治统治或阶级统治职能；②公共事务或社会职能。因而，在其法律体系中就必然包括两类法律规范：一类是有关政治统治的规范；另一类是有关公共事务的规范。在公共事务规范中有许多属于技术性规范或者是反映社会整体利益的规范，例如，有关交通、环保、资源、水利、城建、人口、卫生的法律规定。显然，这些"执行由一切社会的性质产生的各种公共事务"职能的法律可以为社会主义国家所继承。

## 第三节　法律移植

### 一、法律移植的涵义

"法律继承"体现的是两种法律制度之间在时间上的先后顺序，在内容上的"影响—承受"关系，它不能完全表征一个国家对与其同时代的其他国家的法律或国际法律的引进、吸收和摄取，因此，需要创造或借用别的术语来概括。"法律移植"便是现成的可用来表征同时代（共时性）的国家间相互引进和吸收法律这种实践的术语。一般说来，"移植"是指将有机体的一部分组织或器官补在或移入同一机体或另一机体的缺陷部分，使它逐渐长好。这种语义和意义的"移植"，在语源上来自植物学和医学。通常，从植物学术语的角度，移植意味着整株植物的移地栽培，因而有整体移入的意思。但是，从医学术语的角度看，器官的移植显然是指部分的移入而非整体的移入，而且器官移植还可使人想到人体的排他性等一系列复杂的生理活动的过程。法律上的"移植"显然是医学意义上的移植，而非植物学意义上的移植。这种移植是以被移植的国外法律（供体）和接受移植的本国法律（受体）之间存在着某种共同性，即受同一规律的支配、互不排斥、可互相吸纳为前提的，这就不发生简单照搬的可能。

法律移植指的是特定国家（或地区）的某种法律规则或制度移植到其他国家（或地区）。它所表达的基本意思是：在鉴别、认同、调适、整合的基础上，引进、吸收、采纳、摄取、同化外国的法律（包括法律概念、技术、规范、原则、制度和法律观念等），使之成为本国法律体系的有机组成部分，为本国所用。法律移植的范围：一是外国的法律；二是国际法律和惯例，通称国外法。

### 二、法律移植的必然性和必要性

西方学术界形成了法律移植否定论和法律移植肯定论两种针锋相对的观点。

早在 18 世纪中叶，著名启蒙思想家孟德斯鸠在《论法的精神》中就指出，"一般地说，法律，在它支配着地球上所有人民的场合，就是人类的理性；每个国家的政治法规和民事法规应该只是把这种人类理性适用个别的情况，所以，为某一国人民而制定的法律，应该是非常适合于该国的人民的；所以，如果一个国家的法律竟能适合于另外一个国家的话，那只是非常凑巧的事"[1]。显然，孟德斯鸠认为法律不具有可移植性。这种见解为后来的一些学者所赞同，并给予了进一步的论证，塞得曼教授甚至还提出了"法律的不可移植性规律"。然而，在法律与发展研究运动中，许多学者都坚信法律的可移植性，并不遗余力地以法律移植为重点为广大第三世界发展中国家设计法律改革方案，甚至亲自参加法律移植实践工作。K. M. 诺尔认为："法律和法律制度是人类观念形态，正如其他观念一样，不能够被禁锢在国界之内。它们被移植和传播，或者按照接受者的观点来说，它们被引进和接受。"他甚至说，法律史学家基本上倾向于认为，如果没有法律的移植，那么，法律史"几乎是难以想象的"。意大利比较法学家R. 萨科也曾指出，从法律的起源角度来看，法律的变化可以分为首创性革新与模仿。据他估计，"在所有的法律变化中，也许只有千分之一是首创性革新"。不论其对这种比例的具体数据估计得准确与否，我们认为这种基本判断还是比较恰当的："可以肯定，特别在现代社会，法律变化中大量是通过模仿，即借鉴与移植其他国家或地区的法律，首创性革新是极少的。"

---

[1] ［法］孟德斯鸠：《论法的精神》（上），张雁深译，商务印书馆 1993 年版，第 6~7 页。

（一）社会发展和法律发展的不平衡性决定了法律移植的必然性

同一时期不同国家的发展是不平衡的，它们或者处于不同的社会形态，或者处于同一社会形态的不同发展阶段。在这种情况下，比较落后的或后发达国家为了赶上先进国家，就有必要移植先进国家的某些法律，以保障和促进社会发展。世界法律的发展史已经表明，法律移植是落后国家加速发展其法律的必由之路。早在古罗马国家的形成初期，塞尔维乌斯·图利乌斯在改革中就采纳过雅典城邦的立法经验；在中世纪，日本曾全面引进中国盛唐时期的法律制度，建立了贯穿于日本封建社会始终的"律令制度"，从而使日本的法律制度和经济文化向前迈进了几个世纪，史称"大化革新"。近代以来，世界各国之间的法律移植更是一种普遍现象：欧洲大陆各国一度视《法国民法典》为楷模而竞相仿效；土耳其凯末尔当政时期大量采用欧洲法律，特别是瑞士民法、意大利刑法和德国诉讼法，使它在阿拉伯国家率先实现了法制现代化，较早地进入了现代社会；日本在明治时代，出于争取与西洋诸国的平等主权和促进社会近代化的需要，全面引进了德国法和法国法，并以此为基础制定了六法全书，使日本在不长的时间里建立起比较发达的资本主义法律制度；第二次世界大战后，日本又大量引进了美国法，加速了日本法律制度的民主化改造和法制现代化进程。

（二）市场经济的客观规律和根本特征决定了法律移植的必要性

当今世界，市场机制成为统合世界经济的最主要的机制。尽管在不同的社会制度下，市场经济会有一些不同的特点，但它运行的基本规律，如价值规律、供求规律、优胜劣汰规律却是相同的，资源配置的效率原则、公正原则、诚信原则等也是相同的。这就决定了一个国家在建构自己的市场经济法律体系和制定市场经济法律的过程中，必须且有可能吸收和采纳市场经济发达国家的立法经验。同时，市场经济本质上是外向型和开放型的经济，这就要求在制定市场经济法律时还必须与国际上的有关法律和国际惯例相衔接，即法律国际化。况且，市场经济既是社会分工和生产专业化基础上的合作经济，也是自由而公平的竞争经济。合作和竞争都需要法律的引导和规制，而这种法律必须是统一的和协调的。法律上的抵触和冲突，必然加剧经济上的摩擦和损失，增加交易成本。而法律移植恰恰有助于减少不同国家之间的法律抵触和法律冲突，降低法律适用上的成本，为长期、稳定、高效的经济技术合作创造良好的法律环境。

（三）法律移植是对外开放的应有内容

在当代，任何一个要发展自己的国家都必须对外开放，对外开放反映了世界经济、政治和文化发展的客观规律。任何国家的发展都离不开世界，特别是像我们这样经济和文化都比较落后的发展中国家，更有必要实行对外开放。我们所讲的对外开放是全方位的，即对世界所有地区开放，对所有类型的国家开放；不仅经济上和技术上要开放，而且文化上和政治上也要对外开放。全方位的对外开放不仅使经济国际化，而且，其他的社会和国家事务，诸如：资源开发、环境保护、人权保护、惩治犯罪、维和行动、婚姻关系、财产继承等问题，势必越来越带有跨国性质，使得一个国家的国内法越来越具有涉外性和外向性。法律在处理涉外问题和跨国问题的过程中，必须逐步与国际社会通行的法律和惯例接轨，这种接轨的基本方式就是法律移植。

（四）法律移植是法制现代化的必然需要

当今世界，法律制度之间的差异不只是方法和技术上的差异，也是法的时代精神和价值理念的差异。正是根据时代精神和价值理念的差异，各种法律制度中间有传统与现代、先进与落后的区分。对于其法律制度仍处于传统型和落后状态的国家来说，要加速法制现代化进程，必须适量移植发达国家的法律，尤其是对于发达国家法律制度中反映市场经济和社会发展共同的客观规律和时代精神的法律概念和法律原则，要大胆吸纳。如果把自己封闭起来，对发达国家几百年乃至上千年积累的法制文明置之不理，一切都要从头做起，或者故意另起炉灶，那只能在发达国家的后面爬行，只能拉大与发达国家的差距，延缓本国法制现代化的进程，以致丧失法制现代化的机会；而且，这种关起门来进行法律的独立创造的法律实验，其社会成本和代价是非常高昂的，而且效率是低下的。

**三、法律移植的实践操作**

（一）法律移植的类别（主要形式）

1. 经济、文化和政治处于相同或基本相同发展阶段和发展水平的国家相互吸收对方的法律，以致其法律相互融合和趋同。如20世纪以来，以判例法和习惯法为主的英美法系各国大量采纳以成文法为传统的大陆法系各国的立法技术、法律概念，制定成文法典和法规；大陆法系各国则越来越倾向于把判例作为法律的渊源之一或必要的补充，从而引进英美法系的技术，对典型判决进行整理、编纂和规则或原则的抽象。

2. 落后国家或后发展国家直接采纳先进国家或发达国家的法律。例如，日本古代对盛唐法律制度的全盘吸收，近代对西方法律制度的引进和采用；第二次世界大战后，许多发展中国家大量引进、接受西方国家的法律。

3. 区域性法律统一运动和世界性法律统一运动。这是法律移植的最高形式，例如，欧洲共同体法律体系就是在比较、采纳和整合欧洲共同体各国法律制度、国际法和国际惯例的基础上形成的，可以说是一种合成；再如，在联合国国际法委员会、贸易与发展会议以及世界知识产权组织、罗马统一私法国际协会等国际组织的主持下，经各成员国的共同努力而形成或制定的各种国际公约或协定。有些学者把这种类型的不同法律制度之间的相互移植和合成称作"法律趋同"。[1]

（二）法律移植必须注意的几个问题

1. 要注意国外法（供体）与本国法（受体）之间的同构性和兼容性，要对受体进行必要的机理调适，以防止移植之后出现被移植的"组织"或"器官"变异。

2. 要注意外来法律的本土化，即用本国法去同化和整合国外法。"必须记住法律是特定民族的历史、文化、社会的价值与一般意识形态与观念的集中体现。任何两个国家的法律制度都不可能完全一样。法律是一种文化的表现形式，如果不经过某种本土化的过程，它便不可能轻易地从一种文化移植到另一种文化。"[2]

3. 要注意法律移植的优选性。法律移植如同引进技术和设备，必须采用"优选法"。世界上有许多国家的法律可资借鉴，这就有一个选择移植对象的问题，只有优中选优，移植过来的法律才可能是最成熟、最先进、最实用的法律。但这种"优选法"的适用必须立足于本国、本社会的现实国情。

4. 要注意法律移植的超前性，即移植国外法，无论是某一国家的法律，还是国际法和国际惯例，都要面向未来，面向现代化，前瞻世界法律发展的趋势。移植的时候，要对外来法进行必要的改进，这样才能保持本国法的稳定性和进步性。做到以上诸方面，前提是对外国法和国际法开展比较研究，对被移植的法律有充分的了解和深刻的理解，有科学的鉴别和真实的评价，有在此基础上的能动设定和理性选择。

（三）在我国进行法律移植必须破除的观念

1. 破除邓小平经常批评的那种姓"资"姓"社"的思想束缚。一个国家的法律虽然是统

〔1〕 李双元、张茂、杜剑："中国法律趋同化问题之研究"，载《武汉大学学报（哲学社会科学版）》1994年第3期。
〔2〕 ［美］格伦顿等：《比较法律传统》，米健等译，中国政法大学出版社1993年版，第6～7页。

治阶级意志的体现，但同时也有很多内容是客观规律的反映。在反映客观规律的意义上，它们是人类文明的共同成果，特别是那些调整市场经济关系、人与环境的关系、共同打击犯罪的法律规范更是如此。

2. 突破"中体西用"的陈腐信条，打破狭隘的"国粹"意识。"中体西用"这种信条不是以科学、理性和发展为标准去评价和取舍外来文化，而是以自己的传统为参照系、以维护传统为宗旨来对待外来文化，是狭隘的民族优越感滋生出来的盲目排外心态的理论表现，是自己经济上和政治上脆弱无能的表现。在改革开放的今天，我们必须铲除这种心态，以吸收人类一切文明优秀成果、发展壮大自己的气魄、胸襟和责任，按照邓小平提出的"三个有利于"的标准大胆借鉴和引进，不必人为地区分"体"或"用"，更不要局限于"中体西用"的旧框框之中。我们强调从自己的国情出发，从我们的实际出发，绝不是要维护落后的东西，绝不是闭关锁国。总而言之，"属于一般市场规则的先进法律制度，我们应当坚决移植过来，以使我国社会主义市场经济的基本法律制度更为先进、有效"[1]。

## 第四节 法制改革

### 一、法制改革的概念与意义

法制改革指的是一个国家或社会在其社会的本质属性与基本的社会制度结构保持相对稳定，其现行法律制度的基本性质也没有根本性变化的前提下，整体意义上的法律制度在法律的时代精神、法律运作体制与框架、具体的法律制度方面的自我创造、自我更新、自我完善和自我发展。法制改革的关键与核心是法治观念的确立和法律制度的创新与发展。

就法律发展而言，法律继承和法律移植的确是必不可少的。但是，法律发展仅仅依靠法律继承和法律移植又是不够的，法制改革对于法律发展同样意义重大：

1. 法律继承是"古为今用"，法律移植是"洋为中用"，它们都以既有为前提。而我们所面临的许多法律问题和法律事务是古人和外国人未曾遇到甚至不会想到的，这使得我们有时既无处进行法律继承，也无可进行法律移植。

2. 法律继承可以使一国现行法律制度保持与本民族法制文明的历史连续性，使新的法律制度在既往法制文明的基础上高起点发展进步。法律移植可以使一国法律体系在引进国外法、吸收先进法律经验和技术的基础上与世界法制同步发展。但它们均解决不了法律制度的创新问题。一个国家或社会的法律制度创新要靠法制改革。

3. 法律发展有质变和量变两种基本模式，法的历史类型的更替，即由一定经济基础和阶级关系所决定的新的法律上层建筑取代旧的法律上层建筑，属于质变；法律的继承、移植和改革则属于量变。法制改革这种量变与那种缓慢的、渐进的、不知不觉的演化不同，它是量变中的突变和巨变，是某一历史类型的法律制度的创新或重构，是具有划时代意义的法律制度的变迁，它在法律发展中的意义是法律继承和法律移植无法代替的。

4. 法制改革也是法律继承和法律移植的前提。因为只有通过法制改革，突破旧的法律体系，破除落后的法律观念，才能为继承和吸收人类法制文明的成果创造结构前提和思想基础；没有法制改革，法律继承和法律移植就无从谈起。

---

[1] 任建新主编：《社会主义法制建设基本知识》，法律出版社1996年版，第108～109页。

5. 法律继承和法律移植的着眼点在于健全或完善现行法律制度，属于法律的外在输入；法制改革的着眼点在于法律制度或法律体系的更新和重构，属于法律的内在成长。在社会主义市场经济、民主政治和精神文明建设呼唤建立与之相适应的法律体系的今天，法制改革的作用和意义更为突出。

**二、当代中国法制改革的必要性**

**（一）市场经济需要相应的法规体系与之适应**

在我国现行法律体系中，有相当多法律、法规、规章和具有法律效力的政策，是与计划经济相联系的，是适应计划经济的需要制定的，是在"人治"因素非常浓重的体制下形成的。即使改革开放以来制定的法律和法规，由于它们是在计划经济向有计划商品经济和市场经济的过渡时期制定的，也带有计划经济的色彩或痕迹。这些法律和法规与改革开放的时代精神和社会需要很不协调，尤其是中国已经加入WTO，因而，在我国社会的许多领域和社会事务中必须充分地与WTO规则相衔接。对现有的法律体系，必须以改革的精神、用改革的方式废旧立新，兴利除弊。

**（二）社会政治经济的发展需要法律与之同步**

法律是社会经济、政治、文化和其他社会生活和社会关系的制度形式，社会经济、政治、文化和其他社会生活和社会关系是其内容。内容的变化要求形式的变化。然而，由于法律一旦形成就具有相对独立性和滞后性。对滞后于社会生活的法律仅仅通过常规的立、改、废进行更新协调，往往形成"头痛医头、脚痛医脚"式的"法律应急"惯例，更容易造成法律制度在整体的制度体系和结构上的更大的矛盾和冲突，法律相对于社会发展要求的滞后性反而更加严重。解决法律制度滞后性较好的方法就是实行大胆的法制改革，法制改革是使法律适应社会生活、与社会发展同步的必要的制度创新机制。

**（三）社会变革需要法制的改革**

在中国建立社会主义市场经济体制、发展社会主义民主政治是一场深刻的社会变革。与此相应，建立社会主义市场经济法律体系和民主政治法律体系也就不是一般的法制建设，更不是简单的立法，而是具有变法意义的一场深刻的法制改革。正如王家福、刘海年、李步云等著名法学家所强调的："应该注重指出，今天正当我国改革的宏伟事业进入关键时刻之际，随着我国改革宏伟事业的发展，只提健全社会主义法制，已无法确切反映和容纳我国法制正在发生和即将发生的深刻变化。明确而响亮地提出法制改革，不仅是适应中国改革实践和社会主义现代化建设事业的需要，而且标志着我国社会主义法制建设走过恢复、重建为主的阶段之后登上了一个更高的台阶，标志着我国实现高度民主的社会主义法治国家进程的加速。"[1]

在当代中国，法律发展与法制现代化是等值的概念，法制现代化意味着法制从传统到现代的转型。这样一个转型没有改革的推动是绝不可能成功的。在历史上，有所作为的政治家和社会活动家不仅十分重视法律的常规性立、改、废，而且十分重视法制改革或"变法"。我国战国时期商鞅在秦国进行的法制改革，汉初文、景二帝领导的法制改革，唐初李世民对法制的改革，都富有历史意义地推动了封建法律制度的发展，适应了当时的社会状况和需要，在极大的程度上和广泛的范围内保证了当时的社会稳定和发展。在外国历史上，日本的明治维新和英国19世纪的司法制度改革都加速了各自国家的法制现代化进程，从而适应了迅速变化的社会结构和社会需要。今天我们要推进法制现代化，同样需要"变法"。

---

〔1〕　王家福、刘海年、李步云："论法制改革"，载《法学研究》1989年第2期。

### 三、当代中国法制改革的基本内容

一般说来，法制改革的内容是非常广泛的，涉及法律制度的硬件成分和软件成分、法律制度的表层现象和深层结构与实质内涵。就我国当前的法制改革而言，最重要的是政法体制的改革、法律体系的重构和法律精神的转换。

#### （一）政法体制的改革

政法体制的改革实际上就是关于社会基本结构的以宪政制度安排为目标的改革，其核心在于真正地全面确立法律在一个国家或社会中的至上地位与最高权威，整个社会一体遵循"法律的统治"。在我国，进行政法体制的改革，首先，就是要真正理顺各级党委与立法机关、执法机关和司法机关的关系，调整党的政策与国家法律的关系。在贯彻党的政治领导和思想领导的前提下，由法律机关独立负责地行使其立法、执法和司法的职能。与此同时，要通过正常的法律程序加快由政策—法律并存并重的二元结构向法律至上的一元结构转变，要加大把党的意志转化为国家意志、把政策上升为法律的力度。其次，要真正理顺立法、执法、司法等法律系统和机构之间的关系，以及各法律系统和机构内部上下左右的关系，大力改革法律机关设置、组织、管理和运行的制度和程序。还要转变立法哲学，破除立法工作中那些明显不适应社会主义市场经济和社会发展的观念和习惯。政法体制改革中，当前最重要的是司法改革，其核心内容是实现司法的真正独立——司法权力独立于其他权力、司法机构独立于其他机构，司法权统一但各级司法机构彼此相互独立而不存在上下级关系，司法官员彼此平等独立。

#### （二）法律体系的重构

法律体系的重构是对法律体系内部各组成部分（法律部门）进行根本的调整，以使这个体系如实反映社会主义市场经济、民主政治和精神文明的现实，适应依法治国、建设社会主义法治国家的客观需要，更加符合人民群众的权力要求。法律体系重构的重心在两方面：

1. 调整各法律部门在法律体系中的地位，重新认识它们各自的作用。当前，为适应建立社会主义市场经济体制和经济秩序，应重新认识并调整公法与私法的关系。公法与私法的划分是客观的。然而，在过去相当长的时期内，由于我国商品经济严重落后，致使民商法不发达，法律体系是刑民不分、以刑为主、刑法至上，法律文化以泛刑法文化为特征。由于将法律划分为公法和私法的观点被看作资产阶级法学方法和法律观点，还由于误译列宁关于不承认任何私法的论述[1]和由误译导致的误解，长期以来，法学论著普遍否定社会主义国家存在公法与私法的划分问题。改革开放以来，特别是党的十四大提出建立社会主义市场经济体制以后，商品经济和市场经济得到巨大发展，政治与经济高度一体化，行政权力支配经济生活的格局开始分化，政治生活与经济生活趋向合理分离，民商立法日渐增多，使得法学家们不得不重新审视和修正原有的观点，承认公法和私法相对独立的事实和划分公法与私法的合理性。

2. 要改变法律对社会经济、文化、政治的调整机制，从罪与罚的强制性调整方式转换为权利和义务的协调性调整方式，而且，进一步从义务本位转变为权利本位，从治民为主到吏民共治。

#### （三）法律精神的转换

法律精神的转换是法制改革最深层、最彻底的方面，也是法律改革的重心和难点。法律的精神是法律制度的灵魂和中枢神经，它支配着对社会经济、政治、文化进行的法律性制度安排，指引和制约着对法律资源也包括其他资源的社会性配置。传统法律的精神是自然经济或计

---

〔1〕　在 1987 年《列宁全集》中，已对那段论述的翻译错误作了纠正。

划经济的产物，是与人治体制相适应的。现代法律的精神是与市场经济和民主政治的本质和规律相适应的理性精神和价值原则，是改革开放时代精神的折射。转换法律的精神就是要用权利本位与人文精神统合、契约自由与宏观调控统合、效率优先和社会公平统合、稳定和发展统合等精神要素取代计划经济体制下形成的法律观念及价值标准，就是要确立与计划经济迥异的新的法律原则，例如：财产所有权一体保护原则，契约自由原则，利益竞合原则，公平竞争原则，经济民主原则，诚实信用原则，保护弱者原则，维护社会正义原则，责任自负原则，违法行为法定原则。

法制改革是由法律观念创新引导的法律制度的创新，是对既有的权利义务结构的调整，进而也是对社会利益关系的深刻调整，所以法制改革不仅不可能一帆风顺，还会遇到各种各样的风险和阻力，对此我们要有清醒的认识和估计，要有切实和有效的对策，既要敢于承担风险，又要尽可能减少风险及其对社会的有害影响。[1]

**案例分析**

日本在明治维新时期，决定编纂一部统一的日本民法典。鉴于日本具有的制定法传统，决定仿效法国民法典来制定民法典，自1873年至1890年正式完成了民法典的草案。草案从内容到形式处处可见模仿法国民法典的痕迹，尽管也有考虑日本国情的成分，还是遭到一部分学者和政界人士的强烈反对，反对的理由是草案过于法国化，与日本国情不符；有人甚至提出"民法出，忠孝亡"的警告，他们主张予以缓行或者彻底抛弃。鉴于强大的社会压力，明治政府成立了以首相伊藤博文为首的民法典调查委员会，参照已公布的德国民法典草案，同时结合日本国情，重新起草了新的民法典。在新起草的民法典中，充分考虑了日本的国情，在财产法和身份法领域继承了许多日本封建时期的法律制度。最终该民法典在日本得以施行。

**【评析】** 本案涉及法律移植的问题。这种不结合本国的基本国情，完全照搬照抄别国法律的做法，是对"法律移植"的误解，必然遭到一致的反对。我们认为，法律移植有其必然性和合理性，但移植过程中必须注意结合本国的实际，必须考虑到是否会出现"水土不服"的状况，也就是说，必须兼顾"供体"与"受体"之间的同构性与兼容性问题，以及外来法的本土化等诸多问题。本案中，对本国传统法律取其精华、去其糟粕的"法律继承"，由于更切合日本的国情而最终得以实施。

**本章小结**

法律发展是包容在社会整体发展之中的，并且是与社会发展互动的。法律继承的内容是十分广泛的。就社会主义法律对资本主义法律的继承来说，一切能够以与科学、理性、民主、自由、公平、人权、法治、和平、秩序、效率为内容的时代精神融为一体的那些富有生命力或再生能力的积极因素都在继承之列。"法律继承"是指新法律对旧法律的借鉴和吸收，体现两种法律制度之间在时间上的先后顺序，在内容上的"影响—承受"关系，它不能完全表征一个国家对与其同时代的其他国家的法律或国际法律的引进、吸收和摄取。"法律移植"是现成的可用来表征同时代（共时性）的国家间相互引进和吸收法律这种实践的术语。法制改革，指的是一个国家或社会在其社会的本质属性与基本的社会制度结构保持相对稳定，其现行法律制

---

〔1〕 参见何勤华主编：《外国法制史》，法律出版社2004年版。

度的基本性质也没有根本性变化的前提下，整体意义上的法律制度在法律的时代精神、法律的运作体制与框架、具体的法律制度方面的自我创造、自我更新、自我完善和自我发展。法制改革的关键与核心是法治观念的确立和法律制度的创新与发展。法律发展仅仅依靠法律继承和法律移植又是不够的，法制改革对于法律发展同样意义重大。

 **思考题**

### 一、名词解释

1. 法律继承
2. 法律移植
3. 法制改革

### 二、简答题

1. 法律继承的根据和理由有哪些？
2. 法律移植的必然性和必要性有哪些？
3. 法制改革对于法律发展的意义何在？

### 三、论述题

论述当代中国进行法制改革的必要性。

 **主要参考文献**

1. 张晋藩：《中国法律的传统与近代转型》，法律出版社 1997 年版。
2. 张中秋：《中西法律文化比较研究》，南京大学出版社 1999 年版。
3. 姚建宗：《法律与发展研究导论》，吉林大学出版社 1998 年版。

# 第十五章

# 法制现代化

【本章概要】本章以现代化及法制现代化的概念为切入点，阐释了法制现代化的特征及其观念模式的几种形式，系统分析了中国法制现代化的逻辑起点、发展阶段及其主要特征。

【学习目标】通过本章学习，学生应该掌握法制现代化的涵义及其特征，在深入了解世界法制现代化基本模式的基础上，结合中国法制建设的具体实践，正确认识中国法制的现代化问题。

## 第一节　法制现代化的概念

### 一、"现代化"涵义的界定

"现代化"作为一个理论概念，对它的系统研究起始于 20 世纪 60 年代。1960 年在日本箱根举行的"现代日本"国际学术会议，在国际上第一次认真又系统地讨论了现代化问题。自此之后，现代化成为一个国际性的课题，成为世界各国学者研究的热点。

国内外学者关于现代化的概念有许多阐释。自从马克斯·韦伯建构了"传统—现代"两极对立、互相排斥的社会形态转换图式以来，便彻底摧毁了传统以实现现代化的观念，迅即在一切要求现代化的国度和地区中广为传布。赖肖尔强调现代化是现代社会中正在进行着的重要变化，塞缪尔·亨廷顿认为，"现代化是一个包含了人们思想和行为各个领域变化的多方面进程"，[1]戴维·波普诺从社会状态转变的角度说明现代化的特征，指出："现代化指的是在一个传统的前工业社会向工业化和城市化转化的过程中发生的主要的内部社会变革。"[2]

从本源意义上讲，"现代化"这一用语是指由不发达社会到发达社会所获得的共同特征的社会变迁过程。如公丕祥所言："美国普林斯顿大学国际研究中心的一批学者所提出的现代化概念颇具特色，影响很大。"[3] C. E. 布莱克试图从历史发生学意义上对现代化加以理解，认为现代化一词指的是："近几个世纪以来，由于知识的爆炸性增长导致源远流长的改革进程所呈现的动态形式。现代化的特殊意义在于它的动态特征以及它对人类事务影响的普遍性，它发轫于那种社会能够而且应当转变、变革是顺应人心的信念和心态。如果一定要下定义的话，那么'现代化'可以定义为：反映着人控制环境的知识亘古未有的增长，伴随着科学革命的发生，从历史上发展而来的各种体制适应迅速变化的各种功能的过程。"[4] C. E. 布莱克指出，"现代化"被用于描述那些在技术、政治、经济、社会发展方面最先进国家获得这些特征的过程。"'现代化'不是唯一用于描述这个过程的名词。'欧化'和'西化'也是在这种一般意义

[1]　[美] 塞缪尔·P. 亨廷顿：《变化社会中的政治秩序》，王冠华等译，生活·读书·新知三联书店 1989 年版，第 32 页。
[2]　[美] 戴维·波普诺：《社会学》（下），刘云德、王戈译，辽宁人民出版社 1987 年版，第 618 页。
[3]　公丕祥：《法制现代化的理论逻辑》，中国政法大学出版社 1999 年版，第 7 页。
[4]　[美] C. E. 布莱克：《现代化的动力》，段小光译，四川人民出版社 1988 年版，第 11 页。

上被使用的，尤其是在描述近代较先进的国家对落后国家的影响时。"[1] C. E. 布莱克的定义强调的是科学革命对社会变迁的影响以及人类社会生活领域的深刻变革，并特指西欧工业革命前后的历史事态。以研究中国现代化问题著称的 G. 罗兹曼承继了 C. E. 布莱克的方法论原则，强调把现代化看作一个在科学和技术革命影响下，社会已经或正在发生变化的过程。[2] M. J. 列维从社会结构功能主义的立场出发，把现代化视为整个人类社会的一条普遍发展道路，他指出："现代化毕竟是社会现实中的希望之星，是前所未有的生活方式的飞跃。现代化是社会唯一普遍的出路。"[3] 这些学者对于现代化的界定都包含着一个这样的判断：现代化作为一个世界性的历史进程，乃是从传统社会向现代社会的转变和跃进，是人类社会自工业革命以来所经历的一场涉及社会生活主要领域的深刻变革过程。

我们倾向于公丕祥的观点，认为"现代化首先是一个变革的概念，是传统生活方式及其体制向现代生活方式及其体制的历史更替"。"现代化也是一个连续的概念。"[4] 认识现代化这一世界性的历史进程，必须按照历史和逻辑的连续性，考察现代化历史运动的主导趋势，同时不忘记基本的历史联系。现代化进程是阶段性与连续性的统一，是世界性和民族性的统一。

**二、法制现代化的涵义**

法制是一个内涵丰富并具有多种规定性的概念，从静态方面看，它是指社会的整体法律制度；从动态方面看，它是指法律的实现过程；从历史角度看，法制则是人类文化或文明在法律领域中的具体表征和历史沉淀。现代化是相对于传统而言的，法制现代化就是由传统型法制向现代型法制的转化过程，在这一过程中，包括法观念和法制度在内的整个法制系统，都要沿着反映、适应和推动现代文明发展的趋向而前进。

参照人们对现代化的理解，并根据法制的基本内容，可以将法制现代化理解为：法制现代化是指一个国家和社会伴随着社会的转型而相应地由传统型法制向现代型法制转化的历史过程。在这一过程中，该国家和社会的法律制度以及法制运转机制都将发生重大的质的变化，其标志是法制更加适应变化着的或变化了的各种社会实践需要，并且能够充分体现现代社会的各种价值目标和价值需求。

法制现代化的重心之一是社会法观念或法意识方面，一般包括：主体观念、公民观念、权利义务观念、平等观念、法治观念以及效益和公平兼顾的观念。法制现代化还意味着法律制度的现代化，现代化的法律应当是制定得良好的法律，应当能够恰当反映现代社会发展规律和人类理想；同时，又能够充分吸取现代文明的成果，具有合理性和可行性。

与法制现代化相关的一个概念是法制近代化。在我国法学界，对于法制的近代化与法制的现代化，有两种不同的观点：①把两者放在一起，统称为法制现代化；②把两者截然分开。我们倾向于后者，认为把近代化和现代化分开更为科学。清末开始的变法修律是中国法制近代化的开端，而 1949 年革命胜利所形成的"第二次法律革命"，实际上可以看作法制现代化的开端。

无论是近代化还是现代化，都是相当复杂的法制变革过程，是一系列复杂因素综合作用的历史产物。一方面，外域法律文化（主要是西方法律文化）深刻地影响着中国法律世界的格

〔1〕　参见［美］C. E. 布莱克：《现代化的动力》，段小光译，四川人民出版社 1988 年版，第 9~10 页。

〔2〕　参见［美］吉尔伯特·罗兹曼主编：《中国的现代化》，国家社会科学基金"比较现代化"课题组译，江苏人民出版社 1995 年版，第 4 页。

〔3〕　［美］M. J. 列维：《现代化的后来者与幸存者》，吴葓译，知识出版社 1990 年版，第 2 页。

〔4〕　公丕祥：《法制现代化的理论逻辑》，中国政法大学出版社 1999 年版，第 10 页。

局，它的冲击和影响是引起中国社会法制变革的重要动因之一；另一方面，外域法律文化对中国社会与法律发展的冲击是有限的，推动中国法制转型的原因是多方面的，外域法律文化冲击并不是唯一的原因，甚至不是主要原因。诚如公丕祥分析的那样：到19世纪初叶，传统中国社会与法律尽管在质的方面没有发生明显的改变，但由于晚清社会内部经济、政治等条件的变化，古老的中华法系已经开始了一个缓慢的历史变迁过程。在这样的社会条件下，外域法律文化开始输入中国，进一步冲击了正在发生缓慢变化的法律系统。这就是说，当外域法律文化传入近代中国时，尽管中国社会尚不具备实现法制变革的条件，但是变化的基础已经开始确立。外域法律文化的冲击，进一步加速了中国社会及法制的发展进程。因此，中国的法制变革是内部因素与外来影响相互作用的历史产物[1]

法制现代化是从落后状态过渡到现代化状态的过程，如果已经达到人类进步在当代的最高水平，那么面临的只是继续发展和领先的问题，而不是现代化问题。社会主义制度的性质虽有先进性和现代性，但由于我们还存在着严重落后的地方，况且这种落后，不仅仅是与现代资本主义相比而言的，更主要是与社会主义在当代应有的水平相比较而言的，因此，我们仍然面临着现代化的问题。要正确理解法制现代化，正确认识法制现代化的过程和内容，必须在正确理解法制现代化概念和现代法制精神的同时，正确理解现代化与传统的关系。任何国家的现代化都不是对传统的抛弃，而是"扬弃"，我们在法制现代化进程中，既要注意学习西方法制现代化合理进步的东西，也要注意自己的现实状况，不能简单地照搬别国模式。

**三、法制现代化的特征**

从以上关于法制现代化涵义的理解和解释，可以看出法制现代化具有如下的特征：

1. 从历史角度来看，法制现代化是人类法律文明的成长与跃进过程。这种历史性的跃进，推动了整个法律文明价值体系的巨大创新。法律现象是随着社会、经济、政治、文化等条件变化而不断运动的社会现象，人类文明发展史的发展进程使法律在客观上形成了不同的历史形态。不同类型的法律发展有着迥然相异的价值目标和依托。前现代社会的法律形态建立在人的依赖关系基础上，在这种氛围中，个人缺乏应有的独立性，人的依附关系成为其物质生产的社会关系的共同特征。所以，这种法律形态注重的是社会等级和人身依附，法律调整的基本特点是以确认等级依附关系为基本价值目标。然而，法制现代化却是文明社会法律发展进程中的一场深刻革命，它所反映的是从前现代社会向现代社会转变这一特定阶段中法律变革的激动人心的画面。它不仅摆脱了人对人的依赖关系，还要积极创造条件，摆脱人对物的依赖性，社会生活"表现为自由结合、自觉活动并控制自己的社会运动的人们的产物"。它根除了那种表现为与个人隔离的虚幻共同体的传统权力，建立起尊重人的价值、维护人的尊严、确认人的个性的价值机制，社会成员的广泛自由和权利在法律上得到了确认和保障。

2. 从基本性质来看，法制现代化是一个从人治社会向现代法治社会的转型过程，是人治型的价值—规范体系向法治型的价值—规范体系的变革过程。人治与法治这一对变项涵盖了传统与现代法律之间的根本分野，构成了区别这两类不同的法律价值系统的基本尺度。换言之，法制现代化与法治是内在地结合在一起的。我们认为，应当把人治的衰微和法治的兴起作为法制现代化过程的基本评价尺度。这是一种把从传统法律向现代法律转变过程中的各种有关因素形成逻辑概念上连贯一致的"理想类型"分析。这种转变乃是从传统性行动向合理性行动的历史转化，是从人治型的价值—规范体系向法制型的价值—规范体系的历史性、创造性的

〔1〕 参见公丕祥："全球化与中国法制现代化"，载《法学研究》2000年第6期。

转化。

3. 从内涵特征来看，法制现代化是一个包含了人类法律思想、行为及其实践各个领域的多方面进程，其核心是人的现代化。法制现代化是一场意义深远的法制变革过程。这场变革能否达到预期的目的，在很大程度上取决于作为社会主体的人的积极性、能动性和创造性是否得到最大限度的发挥。英格尔斯指出："无论一个国家引入了多么现代的政治和行政管理，如果执行这些制度并使之付诸实施的那些个人，没有从心理、思想和行动方式上实现由传统人到现代人的转变，真正能顺应和推动现代经济制度与政治管理的健全发展，这个国家的现代化只是徒有虚名。"[1] 这段话深刻揭示了人的现代化与社会现代化的关系。人的现代化是一个国家法制现代化的必不可少的重要因素之一。它绝不是法制现代化过程结束后的副产品，而是实现法制现代化并使现代化法制长期发展的基本的先决条件。法制现代化的基本价值指向，就是要培养公民信任法律、尊重法律的思想意识，确立法律至上的现代法治观念。

## 第二节　法制现代化的模式

一定社会、地区或国度的法律发展，总有其自身特定的价值系统。这些特定的价值系统，随着文化的传播与相互影响，又会形成反映某些国度共同生活条件的法律发展类型。在急剧变化的法制现代化运动中，这些不同的法律发展类型逐渐演化为具有不同历史特点和不同变革道路的法制现代化模式。在法制现代化理论研究中，以法制现代化最初的动力来源为尺度，通常把法制现代化模式划分为内发型、外发型和混合型三种。

### 一、内发型法制现代化模式

内发型法制现代化模式，是指由社会自身力量产生的内部创新、经历漫长过程的法律变革道路，是因内部条件的成熟而从传统法制走向现代法制的转型发展过程。这种类型的法制现代化模式一般以英国、法国等西欧国家为代表。内发型法制现代化模式的主要特点是：

1. 一般来说，内发型法制现代化是因社会自身内部条件的逐步成熟而渐进式地发展起来的。在英国、法国等最早走上近代资本主义发展道路的国家，在其创设和形成现代法律的过程中，尽管充满着许多激荡风云的重大社会变革事件，但从总体上看，却是一个自然演进的自下而上的渐进变革的过程。因此，内发型法制现代化进程的动力来源，主要在于社会内部经济、政治、文化诸方面条件的逐步变化和发展。

2. 商品经济的发展与发达是推动内发型法制现代化运动的强大的内在动力。内发型法制现代化之所以发轫于西欧，一个重要的基本原因是由于这些国家的商品经济有着悠久的发展历史。特别是 11 世纪以后，自治城市在西欧的蓬勃兴起。这些城市的兴起首先是由于商业贸易的发达。西方中世纪城市的主体社会力量是市民阶级。城市市民的主体是商人和工匠，因而市场是城市的重要组成部分，商业活动是城市社会生活和经济生活的灵魂，追逐利润是这一活动的最佳目的。西欧商业资本主义的涌动与扩张，以及新兴的市民阶级的广泛活动，推动了经济交往规则的革命性变化，也促进了法律意识的转型与发展，从而为近代法制的建立提供了基础。

3. 民主代议制政治组织形式的发展成为内发型法制现代化运动的重要支撑力量。近代西

---

[1] ［美］阿列克斯·英格尔斯：《人的现代化》，殷陆君编译，四川人民出版社 1985 年版，第 20~21 页。

欧民主代议制有着久远的历史渊源。从古希腊的城邦民主到古罗马的共和体制，乃至中世纪城市共和国的发展，都为近代西欧民主代议制系统的建构积累了较为丰厚的历史资源。近代西欧的政治革命，不仅加速了政治国家与市民社会分离的进程，而且造就了代议制这一近代民主政治的运行模式，从而推进了内发型法制现代化的持续发展。

4. 法律的形式合理性与价值合理性的互动发展构成了内发型法制现代化运动的运作机理。西欧法制现代化的历史运动，表现为法律形式主义的扩展与广泛化，以宪法为中轴的诸法分立的法律系统蔚为大观。然而，西欧法制现代化运动总是伴随着广泛而深刻的近代法律精神启蒙运动。构成法律形式主义运动思想基础的，乃是近代的"自由""法治""人权"观念。这些观念在那个时代"是非常革命的"，从此以后，迷信、偏私、特权和压迫，必将为永恒的真理、为永恒的正义、为基于自然的平等和不可剥夺的人权所取代。

**二、外发型法制现代化模式**

较之内发型法制现代化模式，外发型现代化模式是指因一个较先进的法律系统对较落后的法律系统的冲击而导致的进步转变过程。这一模式通常以日本、俄国等国家为代表。一般而言，外发型法制现代化模式的主要特点是：

1. 强大的外部因素的冲击成为外发型法制现代化运动的生成动力。尽管在外发型法制现代化的国家，其社会内部存在着一些从传统走向现代的生长因素或条件，但是这一转型过程十分缓慢且困难，商品经济和市民社会的发展较为薄弱。因而外来的法律文化系统的冲击与渗透，就成为外发型法制现代化运动的强大推动力量。

2. 政治变革运动往往成为外发型法制现代化运动的历史先导，其中政府发挥着主要的推动作用。由于外发型法制现代化的国家是在外部环境影响以及外域法律文化的冲击下而走上法制变革道路的，因而往往有着相对确定的时间起点，而这些时间起点通常又与特定的政治变革事件相联系。例如，俄国的法制现代化运动与18世纪的彼得大帝改革和1861年亚历山大二世废除农奴制的改革相联系；日本法制现代化进程以1868年的明治维新为起点；土耳其的现代法律发展则始于20世纪20年代奥斯曼帝国的解体和土耳其共和国的建立；等等。由于在外发型法制现代化的国家和社会内部，商品经济因素薄弱，无法自发形成变革社会的主体力量，政府以及现代政党作为有组织的社会力量便在法制现代化进程中起到主导的推动作用。这些作用的方式主要有：建立强有力的官僚体制和国家机器，保障法制改革的顺利进行；根据变革目标的需要，建立法律机构，编纂成文法典；动员和组织社会资源参与法律变革过程。

3. 争取法律主权的斗争往往成为外发型法制现代化国家从事法制变革运动的重要目标。在外来法律文化的激荡和冲击下，外发型法制现代化国家内部的各个方面和领域的矛盾都被激发起来，其中之一便是"西方化"与民族化的尖锐矛盾。因此，在外发型法制现代化运动中，民族主义情绪的激荡始终是一个重要的现象。争取法律主权的斗争，往往成为这些国家法制变革的动力和目标之一。

4. 法律的形式合理性与价值合理性之间的背离是外发型法制现代化进程的重要表征之一。域外法律文化的冲击也催发了传统法律精神与现代法律精神的剧烈冲突。传统法律文化根深蒂固，有着顽强的生命力，对域外的法律文化产生排拒的作用。因此，在外发型法制现代化运动中，虽然法典化进程明显加快，法律发展在形式上有了较大进展，但是，法律的形式合理性与法律的价值合理性之间存在着明显的"二律背反"现象。这必然导致外发型法制现代化运动错综复杂，举步维艰。

**三、混合型法制现代化模式**

一般来说，在混合型法制现代化模式的国家，域外法律文化的冲击是引起该社会法律变革的重要动因，但是，这种外部力量并不具有决定性的意义，它终究要通过该社会内部的经济、政治、社会、文化等诸方面因素而发生作用。混合型法制现代化模式，主要是指因各种内外因素相互作用而推动传统法制向现代法制的转型与变革过程。这种模式以中国为典型代表。这种模式既具有内发型法制现代化模式的某些特征，又兼具外发型法制现代化模式的相关属性。二者内在融合，形成独特的混合型的法律发展范型，具体来讲：

1. 从法制现代化的启动机制来看，在混合型法制现代化运动中，确实存在着外域法律文化的强大压力和冲击的问题，舶来的西方法律文化的影响和冲击往往构成启动法制变革运动的重要动因。近现代中国社会是一个剧烈变革的时代，在这一过程中，中国传统法律文化遭遇到空前的挑战，这一挑战在近代西方文化的压力下变得更加尖锐。近现代中国法律发展的进程，几乎每一步都有西方法律冲击的印迹。从这个意义上，西方法律文化的影响和冲击，乃是近现代中国法制变迁的催化剂和外部条件。

2. 从法制现代化运动的生成机理上看，在混合型法制现代化国家的社会内部，已经逐渐生成了法制变革的因素和基础。在中国明清之际已经孕育的资本主义萌芽，虽然遭到前清帝国统治集团的无情扼杀，但是到了 19 世纪初叶，商品经济已经顽强地生长起来，与前朝相比，它毕竟在晚清社会经济系统中占有日益重要的地位。这就为近代的法制变革提供了条件。在这样的社会条件下，西方法律文明开始输入中国，进一步冲击了已经开始发生缓慢变化的法律系统。所以当 19 世纪西方法律文化输入中国时，尽管中国社会尚不具备实现法制现代化的整体条件，但是变化的基础已经开始确立。近现代中国法制现代化的进程，乃是内部因素与外来影响相互作用的历史产物，是一系列复杂因素综合作用的结果。西方的冲击不过是这一综合动力体系中的一个组成部分。尽管它是一个很重要的力量，但这种外部力量终究要通过内部的复杂变量发生作用。推动近现代中国法律变革的主要根源，来自于中国社会内部存在着的处于变化状态的经济的、政治的和社会的条件。在这些条件的综合作用下，形成了中国法制变革的运动能力和运动方向。在当代中国，社会主义市场经济迅猛发展。在这一新的经济文明体系推动下，一个全新的具有中国特色的社会主义法制现代化模式正在逐步形成。因此，社会主义市场经济的充分发展，是中国法制现代化运动最为持久、强大的动力。

## 第三节　中国法制现代化的进程

### 一、中国法制现代化的历史起点

中国法制现代化是中国传统型法制向现代型法制的创造性转换过程，因而，中国传统法制构成了中国法制现代化的历史起点。中国传统法制是在绵延数千年的历史长河中形成和发展起来的具有浓郁的农业文明色彩的法律文化机制，是由特定的法律制度和法律观念所构成的法律文化系统。它作为一种独特的把握世界的方式，有着自己固有的制度规范和价值取向，体现着独特的民族法律心理和经验。从形式意义上看，它表现为诸法合体的法律分化程度较低的法律结构体系。从实体价值上看，它则表现为以宗法为本位的熔法律与道德于一炉的伦理法律价值体系。这种具有特定意味的形式与实体、外部结构与内在价值之有机统一，便构成了中国传统法律制度的基本模式，从而与现代法制相分别。

### 二、中国法制现代化的发展阶段

按照 20 世纪以来中国社会与历史的发展逻辑，中国法制现代化的进程大致分为两个历史时期。从 1901 年到 1949 年，20 世纪上半叶中国法制现代化的历史运动先后经历了清末法制改革、辛亥革命的法制实践、北洋军阀时期的法律发展、中华民国南京国民政府的法制活动，以及新民主主义法制的建构等发展阶段；从 1949 年 10 月至今，20 世纪下半叶以来中国法制现代化的历史运动则经历了新中国新型法制的确立，社会主义法制现代化进程的阻却和停滞，以及当代中国法制现代化的新时代等发展阶段。

20 世纪以来中国社会发展进程跌宕起伏，波澜壮阔。综观这一过程，我们可以清晰地看到三次历史性巨变以及由此而展开的三次法律革命，即 1911 年辛亥革命所引发的第一次法律革命，1949 年中华人民共和国的成立所形成的第二次法律革命，以及与 1978 年改革开放相伴而生的第三次法律革命。

进入近代社会以来，中国传统法律文化遭遇到空前的挑战，而这一挑战在西方文明的压力下变得更加尖锐，逐渐走了上艰难的转型、更新之路。这一转型发端于清末的"新政"及其法制改革运动。从 1900 年开始，经过清廷的认可，在沈家本等人的主持下，一场以兼采西法为特征的修律活动大规模展开。尽管这场运动的主观目的是更有效地维护摇摇欲坠的晚清王朝的统治，但从结果上看，却成了一次学习与输入西方法律文化，借以改造传统法律体系的变革运动。20 世纪的中国社会以辛亥革命为标志，揭开了民国时代的序幕。旧的社会统治类型被废除，而代之以新的具有西方色彩的政治架构。政治革命推动了法律的转型和发展。辛亥革命所创造的法律发展模式无疑具有革命性意义，它要实现从封建专制主义法律秩序向近代民主主义法律秩序的历史转变。尽管它的存在时间很短暂，其法律效力的适用范围亦很有限，而且实际生活中的施行效果也很不理想，但是它毕竟是原创性的，是一场剧烈的社会革命的产物。辛亥革命推翻了统治中国两千多年的封建君主专制制度，在古老的中国大地上第一次创建了资产阶级共和国，进而宣告了封建政治法律秩序的崩溃。随着资产阶级南京临时政府的成立，资产阶级的民主法制遂得以确立，揭开了中国法制历史发展的新篇章。

1949 年 9 月 21 日，当毛泽东在中国人民政治协商会议第一届全体会议上庄严宣告"占人类总数的 1/4 的中国人从此站立起来了"的时候，古老的中华法律文明开始获得了新生。新民主主义革命的胜利，开辟了 20 世纪中国法制现代化进程的新纪元，从而产生了 20 世纪中国的第二次法律革命。这场法律革命实际上是要推动从半殖民地半封建法律秩序向新民主主义及社会主义法律秩序的历史更替。第二次法律革命的主要特点是：①它是在新民主主义法制发展的基础上，适应中国社会经济、政治秩序历史变革的客观要求，坚定地走向社会主义法制，创设和发展中国社会主义国家制度所要求的社会主义法律秩序；②它坚决地打碎了旧法制赖以存在的旧的国家政权系统，并且废除了旧法统的法律效力，同时根据新的社会条件及需要和可能，有条件地吸收了先前法律系统中的某些因素；③它适应全新的社会经济和政治条件的需要，建构了社会主义类型的法律运行机制，奠定了社会主义计划经济体制下政治、经济和社会生活的法律基础；④它反映了建国初期社会变革的要求，建立了新的法律制度赖以存在和发展的法律与社会秩序。但是，在后来的历史岁月中，由于众所周知的原因，中国的第二次法律革命遇到了严重挫折。

以 1978 年 12 月中共十一届三中全会召开为标志，中国开始了改革开放的伟大社会变革，当代中国法制也由此进入了一个重建与迅速发展的历史新时代。这是 20 世纪以来中国法制现代化进程中的划时代的第三次法律革命，它的本质意义在于：实现从传统的计划经济体制下的人治型法律秩序向社会主义市场经济体制下的法治型法律秩序的历史性变革与转型。邓小平同志明确指出，必须加强法制，必须使民主制度化、法律化，使这种制度和法律不因领导人的改变而改变。他特别强调，要通过改革，处理好法治和人治的关系，实现从人治到法治的历史性转变。中共十五大进一步明确提出，坚持和实行依法治国，建设社会主义法治国家。中共十六大把发展社会主义民主政治、建设社会主义政治文明作为全面建设小康社会的重要目标之一，强调要健全社会主义法制，建设社会主义法治国家，并且提出了以保障在全社会实现公平和正义为目标的推进司法体制改革的历史性任务。因此，从人治社会向现代法治社会的转型，建设社会主义法治国家，推进社会主义法治文明建设，便成为当代中国法律革命的一个基本目标。很显然，这是中国法律文明成长历程中的一场深刻的革命。第三次法律革命的主要特征是：①它要求国家与社会生活的法制化，强调法律是治理国家的基本手段；②它建立了一种现代型的法律秩序，一个以宪法为主导、公法与私法相分离、实体法与程序法相区别的具有中国特色的法律架构正在形成；③它意味着一种新的法律价值体系的确立，要求通过法律机制保障和促进公民的权利，并且要创造一种正常的社会生活条件，使个人的合法愿望和尊严能够在这些条件下得以实现；④这也是一个包含了法律思想、行为及其实践各个领域的多方面进程，其核心是人的现代化，强调培养公民信任法律、尊重法律的思想意识，确立法律至上的现代法治观念；⑤它也意味着在"一国两制"的伟大构想下，在香港、澳门回归后，台湾与祖国大陆和平统一后，逐步形成一国多法的整合性的法律架构。

### 三、中国法制现代化道路的主要特征

20 世纪以来，中国法制现代化的历史行程曲曲折折，雄浑激荡。在这一过程中，逐步形成了具有中国特色的法制现代化系统。

#### （一）中国的法制现代化是法制变革的过程

从发展阶段来看，由中国特殊的国情条件所制约，中国法制现代化要经历一个从初级到高级、由传统到现代的发展过程，因而是一个漫长的法制变革过程。这个过程从法律发展序列上看，体现了阶段性和连续性的辩证统一；从法律发展类型上看，则意味着从人治型的法律秩序向法治型的法律秩序的历史性的、创造性的更替。而在从传统到现代的转换过程中，中国社会主义法制现代化存在着一个过渡性的初级阶段。在这个阶段，往往会出现二元结构的现象，进而形成一种独特的法律价值取向。这就是说，随着从自然经济半自然经济向现代市场经济的转变，当代中国法制现代化的初级阶段是人治型法律秩序与法治型法律秩序二元并存的时期。当然，这种二元结构式的法律秩序状态不应当长时间地持续下去，而应当通过法制改革来促进人治型统治体系向法治型统治体系的尽快转化，避免或减少二元法律秩序结构给社会稳定发展带来的负面作用。

#### （二）中国法制变革的主要动力来自于社会内部

从动力机制来看，推动中国法制变革的主要动力，来自于中国社会内部存在着的现代化市场经济和民主政治建设所形成的强大合力。这是因为，由传统社会向现代社会转变的经济特征，是从自然经济半自然经济向现代市场经济的更替；它的政治特征是从传统集权政治向现代民主政治的演进。传统自然经济与现代市场经济、传统集权政治与现代民主政治，是两种不同的价值体系，它们分别构成了传统社会和现代社会的经济结构及政治结构的基本内容。发展现代市场经济，建设现代民主政治，二者共同汇合为当代中国社会改革与发展的主旋律，法制现代化乃是这一主旋律的强劲回响。而在其中，经济条件归根到底还是有决定意义的。重构新型的现代法制，建设社会主义法治国家，绝不是在过去小农式的自然经济轨道上的滑行，而是要适应现代市场经济要求，创设一个法治型的现代法律秩序系统。

#### （三）中国的法制现代化离不开政治架构的支撑

从政治架构来看，法制现代化的过程离不开一定的政治架构的启动。拥有强有力的现代国家能力和现代政府系统，是那些原先不发达的国家（尤其在东方）迅速实现法制现代化的必要条件。社会主义新中国的诞生，为国家能力的增强和新型的具有高度权威性的政治架构的创

设，奠定了坚实的基础。诚然，不断成长、日益壮大的现代市民社会，能够为现代法制的形成提供可靠的社会基础；但是，仅仅依靠市民社会的自发机制还远远不能满足现代法律生长的现实需要。当代中国是一个社会主义的东方大国，社会经济发展很不平衡，法制现代化的任务十分艰巨。这就需要有一个充分行使公共职能的强大国家的存在，需要依靠一个现代的、理性的、法制化的政治架构来推动法制的转型，需要国家和政府自觉地担负起正确引导法律发展走向的时代责任。只有这样，中国法制现代化才具有现实的可能性。[1]

### 案例分析

20世纪60年代，美国耶鲁大学法学院建立了法律现代性研究所，开始从事法律现代化研究。在该校工作的葛兰特曾经对现代法和传统法之间的区别进行了全面的分析，他总结出现代法与传统法之间的差异表现在11个方面：①现代法适用的统一性和不变性；②现代法是交往的；③现代法律规范具有普遍性；④现代法律体系形成等级制；⑤现代法被科层化地组织起来；⑥现代法是合理的；⑦现代法由专业人员操作；⑧随着法律体系的复杂化和技术化，在法院和当事人之间出现了一种特殊的职业，即律师；⑨法律体系是可以修改的；⑩现代法是政治的；⑪法的制定、适用和执行分别由政府的不同部门承担，立法、行政和司法是分离的。

【评析】案例中阐释的现代法与传统法之间的差异，是我们进行法制现代化研究的基础。换言之，法制现代化的研究必须始于对传统法的研究与认识，只有在比较传统法与现代法根本差异的基础上，才能够深入分析法制现代化的特征与发展途径。

### 本章小结

从本源意义上讲，现代化这一用语是指由不发达社会到发达社会所获得的共同特征的社会变迁过程。现代化是相对于传统而言的，法制现代化就是由传统型法制向现代型法制的转化过程，在这一过程中，包括法观念和法制度在内的整个法制系统，都要沿着反映、适应和推动现代文明发展的趋向而前进。在法制现代化理论研究中，以法制现代化最初的动力来源为尺度，通常把法制现代化模式划分为内发型、外发型和混合型三种样式。20世纪以来，中国法制现代化历史行程曲曲折折，形成了具有中国特色的法制现代化系统。从发展阶段来看，由中国特殊的国情条件所制约，中国法制现代化要经历一个从初级到高级、由传统到现代的发展过程，因而是一个漫长的法制变革过程。从动力机制来看，推动中国法制变革的主要动力来自于中国社会内部存在着的现代化市场经济和民主政治建设所形成的强大合力。从政治架构来看，法制现代化的过程离不开一定的政治架构的启动。

### 思考题

**一、名词解释**

法制现代化

〔1〕 See Marc Galanter, "Modernization of Law", in Myan Weiner ed., *Modernization：The Dynamics of Growth*, New York：Basic Books, 1966.

## 二、简答题

1. 世界法制现代化模式有哪些?
2. 中国法制现代化道路的主要特征?
3. 内发型法制现代化的特征有哪些?
4. 法制现代化的基本特征?

 主要参考文献

1. [美] C. E. 布莱克:《现代化的动力》，段小光译，四川人民出版社 1988 年版。
2. [美] 塞缪尔·亨廷顿等:《现代化:理论与历史经验的再探讨》，罗荣渠主编，上海译文出版社 1993 年版。
3. 罗荣渠:《现代化新论》，北京大学出版社 1993 年版。
4. 公丕祥:《法制现代化的理论逻辑》，中国政法大学出版社 1999 年版。
5. 公丕祥主编:《法律文化的冲突与融合》，中国广播电视出版社 1993 年版。
6. 公丕祥主编:《中国法制现代化的进程》（上卷），中国人民公安大学出版社 1991 年版。

# 第四编　法的运行

## 第十六章

# 立　法

【本章概要】本章围绕立法，对立法的概念和原则、立法的权限划分、立法程序和立法技术等一系列问题作了详尽的阐释。

【学习目标】通过本章的学习，使学生对立法及其相关的问题有概括的了解和掌握。在掌握立法的涵义及其立法体制的基础上，了解立法的程序与立法技术，并能结合中国的现实国情，掌握立法的基本原则。

## 第一节　立法的概念

### 一、立法的涵义

"立法"一词早见于中外古代典籍，在古西方，立法一词的使用更远远多于古中国。但是，中西古代典籍都没有关于立法概念的规范化定义或诠释。当代西方学者关于立法概念的界说主要有两种：一种观点认为，立法既指制定或变动法的过程，又指在立法过程中产生的结果即所制定的法本身。另一种观点认为，立法是制定和变动法的活动，是有别于司法和行政的；同时，又是司法和行政的结果，当然，这种结果与司法决定不同。

在中国，近年来对立法概念的解释渐多，较普遍的观点有：①立法是指从中央到地方一切国家机关制定和变动各种不同规范性文件的活动。这是最广义的解释。②立法是指最高国家权力机关及其常设机关制定和变动法律这种特定规范性文件的活动。这是最狭义的解释。③立法是指一切有权主体制定和变动规范性法律文件的活动。这是介于广、狭两义之间的解释。这些解释虽能抓住立法的某些特征，可以说明某些立法，却不能说明一般的立法，不宜作为一般立法的定义。我们对立法的定义如下：立法是由特定主体，依据一定的职权和程序，运用一定的技术，制定、认可和变动法这种特定社会规范的活动。

### 二、立法的特征

（一）立法是由特定主体进行的活动

立法是以国家的名义进行的活动。国家机关是由许多不同职能、不同级别、不同层次的专门机关构成的一个体系，其中特定的机关享有立法的权力，这些特定的机关被称为"有权立法的主体"。一国哪个或哪些机关有权立法，在不同历史时期、不同国情之下是不同的。现代各国，议会或代表机关都可以称为有权立法的主体；在君主独掌立法权的专制制度下，专制君主是有权立法的主体。一国究竟由哪个或哪些机关享有立法权，主要取决于国家的性质、组织形式、立法体制和其他国情因素。

立法之所以要由特定主体进行，根本原因在于立法是国家活动中最重要的活动之一。立法搞得好与不好，关系到能否产生出适合调整一定社会关系的规范性法律文件。立法的问题，也是直接关系国计民生的大问题，只有交由特定主体处理，才能保证大权不致旁落，也才可能处理得好。

（二）立法是依据一定职权进行的活动

有权立法的主体必须依据一定的职权立法，因为立法是国家活动中最重要的活动之一。立法主体不依立法职权立法，就可能超越或滥用职权，或不努力行使应行使的职权，就会生出诸多弊端，立法就难有好的局面，具体而言：①立法主体可以就自己享有的特定级别或层次的立法权立法。例如，只享有地方立法权的主体不能行使国家立法权。②立法主体可以就自己享有的特定种类的立法权立法。例如，只享有政府立法权的主体不能行使议会或代表机关的立法权。③立法主体可以就自己有权采取的特定法的形式立法。例如，只能制定行政法规的主体不能制定基本法律。④立法主体可以就自己所行使的立法权的完整性、独立性立法。例如，只能就制定某种法行使提案权的主体不能就制定该种法行使审议权、表决权和公布权；只能在特定主体授权下才能制定某种法的，不能未经授权就制定该种法。⑤立法主体可以就自己能调整和应调整的事项立法。例如，只能就一般事项立法的主体不能就重大事项立法；只能就某些事项立法的主体不能就其他事项立法；应就一定事项立法的主体不能不就这些事项立法。换言之，不同时代和国情下的立法主体的立法职权有大小之别，它们的立法范围应当与它们立法职权的范围一致。

（三）立法是依据一定程序进行的活动

立法应依据一定的程序进行。立法程序的内容在不同时代和国情下有较大差别。现代立法一般经过立法准备、由法案到法、立法完善等诸阶段。其中，由法案到法的阶段，一般都需要经过法案提出、审议、表决和法的公布等程序。古代立法看似是随便进行的，如君主专制时代的立法，但实际上古代也有自己的立法程序。在实行民主政体的古代国家，立法应遵循一定的程序自不必说，即使在君主言出法随的专制国家，立法也并非没有程序。专制国家制定、编纂成文法典时，通常总是由君主发出制定、编纂法典的指令，再由君主指定若干人去具体地制定、编纂法典，最后由君主审定、公布。这个过程也就是完成立法程序的过程。君主专制时代其他种类或形式的立法，一般也都有问题的提出、处理和法的形成过程，这个过程通常总要按常例进行，这种常例便是立法程序，只是这种程序未必法定化。立法只有依据一定的程序进行，才能保证立法具有严肃性、权威性和稳定性。

（四）立法是运用一定技术进行的活动

立法是一门科学，任何国家或立法主体都必须重视立法技术，以使立法臻于自己满意的程度。在现代立法实践中，明智的立法者一般都能比较自觉地重视立法技术。因为他们懂得：如不重视立法技术，自己的立法就缺乏科学性，就会有许多弊端，立法的目的就难以实现。随着法学的发展，特别是立法科学的发展，立法技术将会成为立法者和法学家更为重视的问题，那种不讲立法技术，所立之法漏洞百出的情形，将会愈益少见。就其基本涵义来说，立法技术是指立法主体在立法过程中采取的如何使所立之法臻于完善的技术性规则，或者说是制定和变动规范性法律文件活动中的操作技巧和方法。

（五）立法是制定、认可和变动法的活动

立法是直接产生和变动法的活动。其他国家活动尤其是现代国家活动，大多也是由特定主体依据一定职权和程序进行的，但除却立法之外，所有国家活动都不具有直接产生和变动法的特征。立法作为产生和变动法的活动，是一项系统工程，主要包括：制定法、认可法、修改法、补充法和废止法等一系列活动。制定法是指立法主体所进行的直接立法活动，如全国人大及其常委会制定法律，国务院制定行政法规，有关地方权力机关制定地方性法规。认可法是指立法主体所进行的旨在赋予某些习惯、判例、法理以法的效力的活动。修改、补充和废止法，则是指立法主体变更现行法的活动。

### 三、立法的外延

把握立法的概念，也需要把握立法的外延，即适合于立法概念的一切对象。

#### （一）立法是历史的范畴

立法不是从来就有的，而是社会发展到一定历史阶段才产生和存在的。立法产生后，便向前发展，在发展过程中，呈现出历史的阶段性。不应把立法看成永恒的现象，不能只根据一个或几个历史阶段的立法情况对立法做出片面的界说。

立法史表明，不同历史阶段的立法都有各自所独有的特点。以立法制度论，在古代，虽然有的国家如雅典城邦，有的时期如欧洲中世纪实行等级代表君主制时期，立法权不是由君主独掌或不完全由君主独掌，但绝大多数国家的大部分时期中，立法权是独掌于君主之手的。在君主之外无所谓立法机关，只是在君主认为必要时，才指定有关大臣组成临时的、对君主负责的起草法的机关，某法起草完毕并由君主审议颁布后，该机关便不复存在。现代国家大不相同：虽然有的国家还存在君主立宪制，君主也参与行使部分立法权，但君主独掌立法权的现象不存在了。现代国家中作为一种普遍现象存在的，是设置了专门立法机关或主要职能是立法的机关。现代国家和古代国家在立法制度上的不同特点表明：如果在一般的立法概念中标明立法是由君主所进行的或是由立法机关所进行的活动，都不能准确反映各种历史环境下的立法的实际情况。

至于立法的其他许多环节，古代立法和今天立法都存在很大的差别。以法律体系和法的形式为例，许多古代国家是民刑不分，实体法与程序法不分，诸法合体，而现代国家很少有这种情况；在古代国家中，除了像希腊城邦有所谓宪法外，绝大多数国家无所谓宪法，而现代国家法的形式中都有宪法。

#### （二）立法是国情的产物

不仅每一历史阶段都有独具特色的立法，而且同一历史阶段的不同国家，立法也因国情的不同而有种种差别。例如，都是奴隶制立法，由于国情不同，中国奴隶制立法权由君主行使，而希腊雅典城邦的立法权则主要由作为议事机关的公民大会行使，一个实行的是奴隶制的专制式的立法制度，一个实行的是奴隶制的民主式的立法制度。如果说，研究立法需要注意立法是历史的范畴是指要注意从历史的纵向角度研究立法，那么，研究立法需要注意立法是国情的产物，则是指要注意切开历史从横断面来研究立法。注意立法是国情的产物，有助于避免只抓住一国或数国立法的特征，将只能适用于一国或数国立法的概念作为一般立法的概念揭示，而能从各种不同国情之下的、各具特色的立法中，抽出它们的共同特征，超越它们各自的特殊性，揭示出一般的立法概念。

#### （三）立法的种类多样化

立法种类是多样化的。从立法的主体看，有君主立法、代议机关立法、法定立法机关立法、非法定立法机关立法之分；从立法的效力等级和效力范围看，有国家立法、中央立法、地方立法之分；从立法的内容看，有实体立法、程序立法、刑事立法、民事立法、行政立法、经济立法以及其他以一定社会关系为调整对象的立法之分；从立法的方式看，有制定法、认可法、修改法、补充法和废止法之分。把握一般的立法概念，需要研究多样化的立法种类，切忌只注意某一种类或部分种类的立法，而不注意各种类别立法的特征。

## 第二节  立法的原则

### 一、立法原则的涵义

立法原则是指立法主体据以进行立法活动的重要准绳，是立法指导思想在立法实践中的重要体现。它反映立法主体在把立法指导思想与立法实践相结合的过程中特别注重什么，是执政者立法意识和立法制度的重要反映。

理解立法原则的涵义，首先需要明了立法原则与立法指导思想的关联和区别。立法指导思想是观念化、抽象化的立法原则，立法原则是规范化、具体化的主要的立法指导思想。立法指导思想要通过立法原则等来体现和具体化，立法原则应根据立法指导思想来确定，两者紧密关联。但是，两者又有清楚的界限：①立法指导思想是为立法活动指明方向的理性认识和重要理论根据；立法原则是立法活动据以进行的基本准绳。②立法指导思想主要作用于立法者的思想，通过立法者的思想来影响立法活动；立法原则主要作用于立法者的立法行为，通常直接对立法活动发挥作用。③立法指导思想与立法原则也有抽象与具体的区别。不能把两者完全等同起来，不能以立法指导思想代替立法原则，或是相反。

立法原则与立法指导思想构成一定立法的内在精神品格，它们的本质与立法的本质是一致的。只有在一定社会意识形态中占据主导地位、适合执政者需要、为执政者所信奉或推崇的思想，才能被奉为立法指导思想，并在实践中体现为立法原则。立法原则所体现的意志或立法意识，归根到底是由作为立法主体的执政者生活在其中的国情所决定的，尤其是由国情因素中的物质生活条件所决定的。立法坚持一定的原则，有利于立法主体站在一定的高度来认识和把握立法，使立法能在经过选择的思想理论的指导下，沿着有利于执政者或立法主体的方向发展；有利于从大局上把握立法，将整个立法作为一盘棋来运作，集中、突出地体现执政者的某些重要意志；有利于协调立法活动自身的种种关系，统一立法的主旨和精神，使各种立法活动以一种一以贯之的精神品格发挥作用；也有利于实现立法的科学化，使立法活动按规律进行。在现代社会，立法指导思想和基本原则一般都注意包含科学立法、按规律立法的内容。

### 二、中国立法的基本原则

立法基本原则是国家立法指导思想在实际立法活动中的具体贯彻和落实，是对国家立法意图的总体概括。立法基本原则反映着执政者所追求的法律目的和法律价值，体现着国家一定历史时期政权巩固和发展的客观需要，必须与社会的实际相适应，必须符合社会发展的客观规律。我国当代的立法基本原则主要有：

（一）实事求是的原则

贯彻实事求是的立法原则，就要求把我国的立法工作建立在科学的基础之上，进行科学立法。全国人民代表大会常务委员会前委员长彭真曾这样说过：法律法规是儿子，实际是母亲，实际产生了法律。这个比喻形象地阐明了法律和实际的关系。我国《立法法》第6条第1款规定："立法应当从实际出发，适应经济社会发展和全面深化改革的要求，科学合理地规定公民、法人和其他组织的权利与义务、国家机关的权力与责任。"客观实际是我国制定法律的根基，也只有立足于实际，法律才有生命力，才能有效地实现法的功能，发挥法的作用。具体来讲：

1. 立法要从中国现实的国情出发。是否合乎国情应成为衡量我国法律优良与否的一个基本标准。不顾国情的立法可能面临三种厄运：①这种立法可能由于同原有的社会关系不合拍而不可能被遵守；②如果法律被强制执行，因其损害社会成员利益而遭到反抗，以致破坏社会安定；③即使法律被强制推行也未遭到反抗，但它同绝大多数社会成员的要求极不吻合，这就损害了人们从事社会活动和生产劳动的热情，这种法律就起着阻碍生产力发展的作用，以致经历了一段迟滞后而被废除。我国目前的生产力水平还比较低，还存在着多种经济成分，实行的是社会主义的市场经济；各地发展极不平衡，沿海和内地、大城市和老少边区存在着极大的差异；政治上建设民主政治乃是我国的一个奋斗目标。我国的立法工作要首先奠基于这些实际的基础之上。

2. 立法要反映客观规律的要求。"实事求是"中的"是"，即客观事物的内在联系，即规律性。实事求是的一个根本问题，就是如何正确地反映客观规律。这就要求立法者不能带有主观随意性，不能主观臆造，而必须把立法工作建立在对它所规定事情的本质和发展规律的深刻认识的基础之上，能正确反映客观事物的本来面貌。我国著名科学家钱学森认为，应该把法学作为人类认识客观世界和改造客观世界的学问，看作现代技术的一个组成部分。法律是人的行为本身必须遵守的规律。法律只是在自由的无意识的自然规律变成有意识的国家法律时才起真正法律的作用；规律包括自然规律和社会规律。自然规律如人类社会和自然环境相互关系的科学规律，我国《环境保护法》就反映了自然规律。社会规律如价值规律和有计划按比例发展经济的规律，这在《合同法》中体现得十分明显。在刑法领域，不同社会和不同国家对杀人、放火、抢劫、强奸等犯罪行为的共同认定，也说明这些法律规定反映了一定的客观规律。立法所表达的人的意志愈与客观规律相符合就愈合乎实际，也就愈具有科学性和进步性。

3. 要考虑需要与可能两方面的因素。我国的立法工作要加强，特别是在新的历史时期，国家建设的实际给立法提出了更高的要求，必须逐步地使法律日益完备起来。但是，立法工作必须慎重，要区分轻重缓急。应该首先制定那些当前急需的法律，把经过实践检验成熟的规定纳入法律中去，力求成熟一个制定一个；条件尚不成熟的可暂缓制定；有的还可以分步制定，先以单行条例施行，再逐步形成完整的法律文件，不能急于求成，草率立法。也就是说，决不能不顾客观实际，盲目地追求形式上的所谓法制完备。法制相对完备的客观标准，主要是指适应客观需要应该制定并可能制定的法律都制定并实施了。制定完备的法律是为了解决实际存在、需要解决而且可能解决的问题，或者预防可能发生的问题。任何国家都不可能一劳永逸地制定永恒不变的、完备的法律。换言之，完备与不完备是相对的，不是绝对的。完善我国法制的正确道路应该是从实际出发，不断总结经验，根据国家客观发展规律积极、逐步地制定和修改法律。

（二）民主立法原则

《立法》第5条规定："立法应当体现人民的意志，发扬社会主义民主，坚持立法公开，保障人民通过多种途径参与立法活动。"立法的民主原则，从根本上说，就是指在立法过程中，要认真贯彻群众路线，实行"从群众中来，到群众中去"的工作方法，使国家专门立法机关和群众参与相结合。在我国的立法过程中贯彻民主原则，实行立法的民主化，具体体现在：

1. 要实现立法程序的民主化，使广大群众都能够直接或间接地参与国家法律的制定，以达到制定出正确反映人民意志、维护最大多数人的最大利益的法律的目的。

立法程序民主化的实现取决于直接民主和间接民主的结合，特别是把间接民主切实地建立于直接民主的基础上。从理论上讲，公民不通过任何中间环节直接享有立法权，是体现民主原则的最佳方式。但是，在地域辽阔、人口众多的国家很难采取此种方式。因而，由公民委托给他们的代表，由这些代表组成立法机关行使立法权，这样就出现了一个立法机关能否真正反映人民意志的问题。我国《宪法》和《选举法》明确规定，全国人大和省级人大代表，由下一级人民代表大会选举产生。我国县级人民代表大会的选举，采取由广大选民直接选举的办法，这样就可以使人民代表能实际地代表和反映人民的要求和愿望。为了实现立法程序的民主化，还要求人民代表的权利和义务相对应。没有无权利的义务，也没有无义务的权利，权利与义务是对应的。负有一定义务的人没有履行义务时，就应当承担一定的责任。人民代表的权利是参加人民代表会议，直接参与国家法律的制定和有关重大问题的讨论和决策。这些代表就应该负有密切联系群众、经常倾听选民意见、在参加讨论决策时正确反映选民意志的义务。否则，人民就有权罢免他们，更换立法机关组成人员。如果有的代表有意歪曲选民的意志，甚至为了私利而强奸民意，就应该给予必要的制裁，这是保障立法真正贯彻与体现民主原则的重要措施。

2. 所制定的法律应当详尽地记载人民享有的民主权利的内容、范围及行使途径，规定保障这些权利得以实现的具体措施，实现立法内容的民主化。我国《宪法》第 2 条第 1 款规定："中华人民共和国的一切权力属于人民。"这是我国国家制度的核心内容和根本准则。同时，我国《宪法》还明确规定了公民的各项民主权利。在部门法中，这些基本的权利规定又得到了更进一步的具体化和切实的保障。当然，也应看到，我国有关民主性的立法还不完备。如《宪法》第 35 条规定，公民有言论、出版、集会、结社、游行、示威的自由，但如何保障这些权利自由行使的法律尚未完全制定出来。因此，进一步加强民主立法建设是一项十分迫切的任务。

（三）总结经验与科学预见相结合的原则

总结经验就是总结和借鉴本国与外国历史的现实的立法经验，特别是本国的现实经验，以搞好立法工作。中国是一个历史悠久的国家，有着几千年未曾中断的文化传统，其中包含着丰富的立法经验。我们现在进行立法工作时应该对这些经验加以总结，把好的经验吸收到立法中去。在立法工作中，要特别重视总结我国现实的经验，既包括正面的经验，也包括反面的教训。对已经取得的成果加以确认和巩固，对失误和教训引以为戒。

同时，在立法工作中，还要注意总结和借鉴外国的经验。特别是实行对外开放、市场经济之际，立法工作注意总结和借鉴外国经验就更有价值。当然，在我国市场经济立法工作中，既要借鉴国际上有益的成果，注意与国际惯例相衔接，又不能脱离我国现阶段经济与社会发展的实际状况。在立法工作中坚持总结经验的原则，并不是说法律只能维持现状，同时还应该科学地把握未来的发展趋势，适当进行超前立法，使立法具有前瞻性、预见性和纲领性，从而给人们展示一个行为的方向和目标。立法者需要有智慧，有先知般的预见力，他们要清楚人类的弱点，从而为可能出现的弊病提供防范机制。毛泽东在讲到新中国第一部婚姻法时说：有些法律条文要真正实行，也还得几年，比如婚姻法的许多条文，是带着纲领性的，要彻底实行至少要三个五年计划。又如，我国《宪法》第 31 条关于特别行政区的规定以及有关经济体制改革、政治体制改革的规定，历史已经证明，在当时都具有一定的预见性和超前性，都是带有前瞻性的良好范例。我国的改革开放是一个不断深化、不断扩大的过程，法律必须为改革探索留有一定的空间，也为其自我完善留下余地。

总之，法律并不仅仅是对过去经验的总结和对现实情况的确认，必须坚持总结经验与科学预见相结合。

（四）原则性与灵活性相结合的原则

这个原则是从实事求是的立法原则中派生出来的，从根本上说，当代中国立法必须坚持法制的统一。这是我国历史经验的基本总结，是经过实践检验的真理，不可动摇。制定某一方面或某一类问题的法规，必须在坚持法制统一的前提下，针对具体情况提出制定该法规的具体原则和精神。我国基本的立法指导思想是从根本上来说的，并不能够代替所有具体立法的原则和精神。由于法律所调整的范围涉及政治、经济、文化和社会生活的许多领域，法律本身也有自己独特的体系和规律。因此，进行不同的立法，就应该坚持不同的具体原则。例如，刑事立法要坚持罪刑法定原则，罪刑相适应原则以及惩办与宽大相结合的原则；刑事诉讼立法要坚持以事实为根据、以法律为准则，公检法三机关分工负责、互相配合、互相制约等原则；婚姻立法要坚持婚姻自由，一夫一妻，男女平等的原则；等等。也就是说，如果只笼统地说要坚持四项基本原则，而不同各项具体立法的实际相结合，就不能解决实际问题，也失去了立法的本来意义。

立法的灵活性，是指进行立法活动应当针对国家的人口、地理等具体情况以及社会政治、经济、文化的发展变化，为了原则性的实现而因时、因地采取适当的手段、形式和方法。在我国，立法的灵活性包括两种情况：①因地制宜，即由于地区差别而采取的立法的灵活性；②因时制宜，即由于时代要求而采取的立法的灵活性。当今世界，科技进步日新月异，社会的政治、经济、文化各方面发展变化很快，立法工作要尽量适应客观形势的发展，尤其是我国处于社会主义的初级阶段，在社会主义根本性质之下，还存在着非社会主义因素，这就更加要求我国的立法坚持原则性与灵活性的结合。同时，我国正处在改革开放时期，而改革开放是一个渐进的过程，法律要适应不同阶段的要求。因此，立法必须体现阶段性的特点，从而尽可能地使法律切实可行、便于操作，以适应改革开放和市场经济发展的需要。

立法的原则性与立法的灵活性是辩证的统一。一方面，原则性是前提，是主导，灵活性不能违背原则性，以有利于原则性的实现为目的；另一方面，没有灵活性就没有原则性，灵活性是原则性的具体体现，是实现原则性的必要条件和保证。它们实际上是一致的，互为条件，相辅相成。

（五）法律的稳定性、连续性和适应性相结合的原则

1. 法律的稳定性和及时的废、改、立相结合。法律的稳定性，是指法律一经制定和颁布生效，就必须维护其严肃性和权威性，决不可任意变更，随意废弃，而要在一定的阶段内保持相对的稳固和确定。中西方的法律思想家们早就认识到了保持法的稳定性的重要性。我国战国时代的著名法家代表人物韩非指出："法莫如一而固。"古希腊亚里士多德说：法律所以能见效，全靠民众的服从，而遵守法律的习性须经长期的培养。如果轻易地对这种法律常常作这样或那样的废、改，民众守法的习性必然削减，而法律的威信也就跟着削弱了。法律制定之所以要坚持稳定性原则，是因为这是法律自身特点所要求的。1842 年 4 月，马克思在《关于出版自由的辩论》一文中讲到：法律是肯定的、明确的、普遍的规范。在日常生活中，人们需要从法律规定中知道自己或他人的行为是合法还是违法，即法律是判断人们行为的标准，因而它必须在一定时期内具有一定的稳定性。如果法律朝令夕改，不仅会使法律本身难以实现其作用，还会使人们无所适从。

当代中国法律的稳定性是现代化建设事业发展的必然要求。法律是上层建筑的一部分，由经济基础所决定，并为经济基础服务。而现代化建设事业的发展是有阶段性的，不同的阶段有不同的任务，这就要求法律要不断地与社会发展阶段相适应。当其在本阶段的任务完成之前，必须保持一定的稳定性。这样，才能确认和保障建设事业的成果，并不断地促进其发展。

我国法制建设的实践表明，法律是否具有稳定性是法律的权威性和尊严是否得到维护，法律能否取信于民的大问题。但也应看到，法律稳定性是相对的、有条件的。特别是我国目前正在进行全面的经济体制和政治体制改革，法律必须随着现代化建设的不断发展，而不断地进行与之相适应的废、立、改。只有这样，才能及时调整我国法律与经济基础和生产力发展中不相

适应的矛盾，使法律符合发展变化了的客观情况和实际需要。当然，法律的修改也要慎重，非改不可的必须修改，可改可不改的，不宜轻易修改。

2. **法律的连续性和及时的废、立、改相结合。**法律的连续性，是指法律的效力不能随意中断，在新的法律颁布实施之前，原有的法律不宜随便中止其效力；而且，在修改、补充原有的法律或制定新的法律时，应以原有的法律为基础，保持与原有法律的承续关系。同一个国家政权所制定的法律，虽然随着本国的经济、政治、文化的发展变化会有所发展变化，有所不同，但必然有一定的内在联系。这种内在联系，是由法所反映的政治意志和它赖以存在的经济基础的连续性所决定的。当然，法律的连续性同样不是绝对的，而是相对的。不能因为强调法的连续性，就认为法一经制定就不能修改或废除。

## 第三节 立法权限的划分体制

### 一、立法体制的涵义及其构成

立法体制是关于立法权限、立法权运行和立法权载体诸方面的体系和制度所构成的有机整体。其核心是有关立法权限的体系和制度。立法体制由三要素构成：①立法权限的体系和制度。这包括立法权的归属、性质、种类、构成、范围、限制、各种立法权之间的关系，立法权在国家权力体系中的地位和作用，立法权与其他国家权力的关系等方面的体系和制度。②立法权的运行体系和制度。其内容除通常所说的立法程序的内容外，还包括行使立法权的国家机关在提案前和公布后的所有立法活动中应遵循的法定步骤，以及立法主体或参与立法的其他主体在立法活动中应遵循的步骤。③立法权的载体体系和制度。这主要包括行使立法权的立法主体或机构的建置、组织原则、活动形式等方面的体系和制度。

### 二、中国现行的立法权限划分体制

#### （一）中国现行的立法体制

当今世界主要有单一的、复合的、制衡的立法体制。单一立法体制，是指立法权由一个政权机关行使的立法体制，包括单一的一级立法体制和单一的两级立法体制。立法权由两个或两个以上的政权机关共同行使的立法体制称为复合立法体制。由于这些国家的立法权由两个以上的中央国家机关行使，它们的立法体制实际上是复合的一级立法体制。制衡立法体制，是建立在立法、行政、司法三权既相互独立又相互制约的原则基础上的立法体制。实行这种体制的国家，立法职能原则上属于议会，但行政机关首脑如作为元首的总统，有权对议会的立法活动施以重大影响，甚至直接参与行使立法权。

同当今世界普遍存在的几种立法体制相比，中国现行立法体制颇具特色。中国的立法权不是由一个机关行使的，因而不是单一立法体制；中国的立法权由两个以上的机关行使，是指中国存在多种立法权，如国家立法权、行政法规立法权、地方性法规立法权等，它们分别由不同机关行使，而不是同一个立法权由几个机关行使，因而不是复合立法体制；中国立法体制不是建立在分权制衡的基础上，因而也不是制衡立法体制。

中国现行立法体制是特色甚浓的立法体制。从立法权限划分的角度看，它是中央统一领导和一定程度分权的，多级并存、多类结合的立法权限划分体制。最高国家权力机关及其常设机关统一领导，国务院行使相当大的权力，地方行使一定权力，是其突出的特征。

实行中央统一领导和一定程度分权，一方面，是指最重要的国家立法权即立宪权和立法律权属于中央，并在整个立法体制中处于领导地位；另一方面，是指国家的整个立法权，由中央和地方多方面的主体行使。这是中国现行立法体制最深刻的进步或变化。

多级（多层次）并存，是指全国人大及其常委会制定国家法律，国务院及其所属部委分别制定行政法规和部门规章，一般地方制定地方性法规和地方政府规章。全国人大及其常委会、国务院及其部委、一般地方，在立法上以及在它们所立的规范性法律文件的效力上有级别之差，这些不同级别的立法和规范性法律文件并存于现行中国立法体制中。

多类结合，是指上述立法及其所产生的规范性法律文件，同民族自治地方的立法及其所制定的自治法规，以及经济特区和特别行政区的立法及其所制定的规范性法律文件，在类别上有差异。自治法规（自治条例、单行条例）和特别行政区的法律既是地方规范性法律文件，又在立法依据、权限范围和表现形式等方面不同于地方性法规和地方政府规章，在立法上把它们划入同等级别未必妥善，因而有必要使用"类"的概念。

（二）中国实行现行立法体制的根据

中国实行现行立法体制有其深刻的国情根据，这些国情因素的综合作用，从根本上决定了中国应实行中央统一领导和相当程度分权的立法体制。①中国的国家性质要求由体现人民最高意志的全国人大及其常委会行使国家立法权，统一领导全国立法。②中国幅员广阔，人口众多，各地区、各民族的经济、文化发展很不平衡，这种国情决定了不可能单靠国家立法解决各地复杂的问题，还要有立法上的一定程度的分权，让有关方面分别制定行政法规、地方性法规、自治法规和特区规范性法律文件等。③现阶段中国，经济上实行以匡有经济为主导的多种经济形式并存发展的市场经济结构，政治上实行民主集中制。这些特点也要求国家在立法体制上一方面坚持中央统一领导，另一方面使多方面参与立法，特别是要正确处理中央和地方的关系。④消除中国国情中负面的历史沉淀物也要求实行现行立法体制。中匡是世界上中央集权的专制主义统治最长久、传统最深厚、影响最深广的国家，是世界上重农抑商的历史最悠久、商品观念最薄弱，因而权利义务观念也最薄弱的国家，是经受长期战争、通过党政军民一元化高度集中领导才建立起人民共和国的国家，是参照苏联的集权型模式建立起政治体制基本框架的国家，也是实行"一国两制"的国家。

## 第四节　立法程序与立法技术

### 一、立法程序

立法程序，是指立法主体在制定、认可、修改、补充和废止法的活动中所应遵循的法定步骤和方法。立法主体行使立法职权以外的其他职权时，其活动步骤和方法不是立法程序。立法活动中非法定的或可有可无的步骤和方法，也不是立法程序。中国法学著述和立法实践中，立法程序是个常用的概念。人们讲到立法程序，通常将提出法律草案认作立法程序之始，将公布法律认作立法程序的完结，也即仅仅将立法程序视为由法案到法这一阶段所存在的事物，这是误解。事实上，在立法活动过程的各个阶段，都有应遵循的法定步骤和方法即立法程序。立法过程强调立法的阶段性、关联性、完整性；立法程序强调立法运作的规则性、严肃性，强调立法是一个遵守制度或受节制的过程。在整个立法活动过程中，由法案到法的阶段的立法程序，是整个立法程序体系的重点所在。这一阶段的立法程序通常包括提案、审议、表决和公布。

（一）提出法案

提出法案，就是由有立法提案权的机关、组织和人员，依据法定程序向有权立法的机关提出关于制定、认可、变动规范性法律文件的提议和议事原则的专门活动。

　　提案者应是有权提案的主体。现今各国国家立法的提案权，由下列机关、组织和人员行使：议会和议员，国家元首，政府和政府首脑，成员国或下一级政权，司法机关，政党和有关社会团体，一定数量的选民，法定其他机关。在中国现时期，全国人大主席团、常委会、各专门委员会，全国人大的 1 个代表团或 30 名以上的代表，国务院，中央军委，最高人民法院，最高人民检察院，可向全国人大提出属于全国人大职权范围内的法案；全国人大常委会委员长会议、常委会组成人员 10 人以上，国务院、中央军委、最高人民法院、最高人民检察院、全国人大各专门委员会，可向全国人大常委会提出属于常委会职权范围内的法案。

　　提案应依据法定程序。有关立法问题的论著、讲话、建议、设想，在立法时可作参考，有些还应受到重视，但都不是提出法案。提案应遵循的法定程序主要是：①应就本身职权或业务范围内的事项提案，应当提出属于接受法案的主体的职权范围内的法案；②应向自己能够提案的机关提案；③要符合法定人数才能提案；④应采取一定形式如书面形式，通过一定方式如通过一定机关，在规定时间内提案。

　　（二）审议法案

　　审议法案，就是在由法案到法的阶段，由有权主体对法案运用审议权，决定其是否应列入议事日程、是否需要修改以及对其加以修改的专门活动。一般说来，各国立法机关的全体会议、领导机构和专门委员会，都可通过分工合作参与行使法案审议权。法案提出后，由于一次会议审议的法案有限，有些法案所提事项虽然重要但对这些事项进行立法的条件还未成熟，有必要先决定是否列入议程。法案列入议程，有的并经委员会审议和提出报告，便进入大会审议程序。参加大会审议的机关和人员通常有立法机关的领导机构、专门委员会、议员、代表团，法案的提案者和议会党团往往也参加大会。与会者在大会上就法案做辩论发言，是大会审议法案的一个主要形式和主要环节。

　　（三）表决和通过法案

　　表决法案，是有权的机关和人员对法案表示最终的、具有决定意义的态度。表决的结果直接关系到法案究竟能否成为法。通过法案，是指法案经表决获得法定多数的赞成或同意所形成的一种立法结果。法案表决和通过两者之间关系非常密切，但并非同一个概念。表决法案是通过法案的必经阶段，是法案获得通过的前提；通过法案则是表决法案的一个主要结果和主要目的。每个列入审议议程的法案都要经过表决这一程序，但并不都能获得通过。

　　法案的表决权通常属于有权立法的机关和人员，在有些国家、有些情况下，也属于全体公民或部分公民。立法机关大会表决法案的基本方式，通常有公开表决和秘密表决两种。目前各国表决法案时普遍采用公开表决的方式。在中国，全国人大表决法案，采用无记名投票方式、举手方式或其他方式，究竟采用哪种方式，由人大主席团决定。通过法案的基本原则一般是少数服从多数，法案只有获得法定多数表决者的赞同，才能通过从而成为法。在中国，全国人大审议的普通法案由全体代表的过半数通过；宪法的修改由全体代表的 2/3 以上多数通过；全国人大常委会审议的法案，由常委会全体组成人员的过半数通过。

　　（四）公布法

　　公布法是指由有权机关或人员在特定时间内，采用特定方式将法公之于众，亦称"法的颁布"。公布法的权力在多数国家由国家元首行使，在有些国家由立法机关的领导机构行使。在中国，由国家主席行使公布法律权。

　　法案经表决通过或经复议、批准后，应在一定时间内公布。各国公布法的方式大体一致，即在立法主体的刊物上或在指定的其他刊物上公布法。在中国，宪法和法律没有规定公布法的时间和方法。实际的做法是：多数法于通过当日公布；有的法于通过后间隔几天公布；有的法于公布之日起施行；许多法是公布后间隔一定时间方才施行。根据立法法，法律签署公布后，应当及时在全国人大常委会公报和在全国范围内发行的报纸上刊登，在常委会公报上刊登的法律文本为标准文本。

**二、立法技术**

**（一）立法技术的概念和意义**

立法技术，是指在立法活动中所应体现和遵循的有关法的创制、修改、废止的技能、技巧、规则等的总称。具体地说，就是在法律规范的内容已经确定的基础上，将该内容表现为具体的法律条文、形成具体的法律文件，融会于法制度之中的手段和方法。立法技术是同立法活动紧密相连的，但其与立法本质、立法活动原则等没有直接的、内在的必然联系，它属于立法方法论问题，是一种纯技巧性、工具性、手段性的东西。立法技术是人类在长期的立法实践中积累起来的，一般是以惯例的形式表现出来，各国的宪法和法律都很少有明文规定。

立法技术是立法学的一个重要组成部分，深入研究立法技术，正确掌握立法技术，充分利用立法技术，对立法工作具有重要的意义：①立法者可以有效地利用立法技术，在立法过程中明确地表达立法者的意志，保证法律的表达形式与要表达的法律内容相符合，从而避免对法律规定的内容产生各种不正确的理解，便于对法律作出统一的解释和适用；②充分利用立法技术，不仅可以使立法机关及时制定新的法律，而且可以使立法机关对与新法相抵触的旧法及时进行修改或废除，从而有利于法律的统一；③充分运用立法技术，可以使立法机关对现行的诸多法律进行整理和编纂，有助于发现法律中存在的矛盾或缺陷，消除法律中的种种弊端，保证法律体系内部的和谐一致，促进法律规范性文件的系统化、科学化。

**（二）立法技术的主要内容**

立法技术的内容涉及的范围十分广泛，但其核心部分就是关于法的结构技术和法的语言表达技术，亦称"法律结构技术"和"立法语言技术"。立法语言技术要求准确、简明、规范、严谨；同时，立法语言技术还应该包括合理地运用模糊语言技术以保持法律规范充分的适应力。

我国的立法技术还比较落后，对于很多立法工作者来说，立法技术是闻所未闻的概念。立法不讲方略、不讲质量；立法决策与政治决策、行政决策几无区别；法的内部结构不科学、不完善；名称、形式过多、过杂、过乱；法的规范不完整，缺少后果模式，只知规定有权如何、应当如何、不应当如何，不注意规定违反这些规定应当承担怎样的责任；法的整理、汇编和编纂都很落后；立法规划未能及时予以注意，立法往往不分轻重缓急；立法预测、立法协调、立法信息反馈、立法中的科技手段的应用，还远远谈不上。这些问题的存在，给立法带来了消极的影响。

案例分析

2005年4月14日，浙江省十届人大常委会第十七次会议圆满完成预定的各项议程后闭会。会议审议通过了《浙江省劳动保障监察条例》，根据浙江民营企业量多面广，外来务工人员人数众多，劳动者权益保障问题突出、难度较大等实际，首次以立法形式规定，在全省建立劳动保障监督员制度，以发挥社会各方合力，完善劳动保障监督手段。这一条例还规定了建立工资支付保证制度、劳动保障预警机制、用人单位承担举证特殊责任、公开劳动保障守法诚信档案等一系列制度，为维护劳动者合法权益、规范劳动保障监察执法行为，提供法律保障。会议还审议批准了《杭州市信息化条例》《杭州市城市市容和环境卫生管理条例（修订案）》《宁波市公共汽车客运条例》《宁波市象山港海洋环境和渔业资源保护条例》。

【评析】 根据我国立法体制的特点，《立法法》对国家和地方有关机关制定法律、行政法规、地方性法规及规章的权限划分及立法事项作了明确的规定。《立法法》第72条第1款规定："省、自治区、直辖市的人民代表大会及其常务委员会根据本行政区域的具体情况和实际需要，在不同宪法、法律、行政法规相抵触的前提下，可以制定地方性法规。"本案中，浙江省人大常委会根据《劳动法》和国务院的《劳动保障监察条例》等有关法律、法规，结合本省实际，制定《浙江省劳动保障监察条例》，就是典型的地方立法活动。

 **本章小结**

立法是法的运行的首要环节，是由特定主体，依据一定职权和程序，运用一定技术，制定、认可和变动法这种特定社会规范的活动。中国立法的基本原则包括：实事求是；民主立法；总结经验与科学立法相结合；原则性与灵活性相结合；法律的稳定性和及时废、改、立相结合。立法体制是关于立法权限、立法权运行和立法权载体诸方面的体系和制度所构成的有机整体，其核心是有关立法权限的体系和制度。中国现行立法体制，从立法权限划分角度看，是中央统一领导和一定程度分权的，多级并存、多类结合的立法权限划分体制。立法程序是立法主体在制定、认可、修改、补充和废止法的活动中所应遵循的法定步骤和方法，其中，由法案到法的阶段的立法程序，是整个立法程序体系的重点所在，包括提案、审议、表决和公布。立法技术是指在立法活动中所应体现和遵循的有关法的创制、修改、废止的技能、技巧、规则等的总称，其核心部分是关于法的结构技术、法的语言表达技术，亦称法律结构技术和立法语言技术。

 **思考题**

**一、名词解释**

1. 立法
2. 立法体制

**二、简答题**

1. 立法的特征有哪些？
2. 中国现行立法体制的国情依据有哪些？
3. 从法案到法包括哪几个主要阶段？

**三、论述题**

1. 论述中国立法的基本原则。
2. 试论述中国立法的实事求是原则。

**主要参考文献**

1. 周旺生主编：《立法研究》（第1卷），法律出版社2000年版。
2. 张文显、李步云主编：《法理学论丛》（第1卷），法律出版社1999年版。
3. 赵震江主编：《法律社会学》，北京大学出版社1998年版。

第十七章

# 执　法

【本章概要】本章首先介绍了执法的概念；其次介绍了执法的主体，执法的内容，执法的原则；最后介绍了不当执法的情形以及救济方式。

【学习目标】通过本章的学习，了解执法的概念、特点、主体、内容、原则以及不当执法的救济，尤其要学会运用所学的知识分析执法实践中的各种法律性质和法律关系。

## 第一节　执法概述

### 一、执法的涵义

执法，顾名思义是指掌管法律、手持法律，实现对人和事的管理。中国古代文献中，"执法"一词并不鲜见。《周礼·春官·大史》："大丧，执法以莅劝防。"《汉书·哀帝纪》："至今有司执法，未得其中。"五代王定保《唐摭言·怨怒》："公迁侍御，仆忝起居，执法记言，连行供奉，举目相见，为欢益深。"《二刻拍案惊奇》卷十二："我前日认是奉公执法，怎知反被奸徒所骗？"明钱谦益《尚宝司少卿袁可立授奉直大夫》："尚宝司少卿袁可立，风简清真，文章炳蔚。祥刑惟允，执法有闻。"这些文献中的"执法"，都体现的都是"执掌法律"的涵义。"执法"也曾指称"执法的官吏"，如《史记·滑稽列传》："执法在旁，御史在后。"

执法，在现代日常生活中也是非常普遍。当小 A 开车超速，交通警察将小 A 拦下警告并处以罚款，这是执法；当小 B 想开一家公司到工商部门申请注册，工商部门审核并登记，这是执法；当小 C 每个月领取薪水时，税务部门征缴个人所得税，这是执法……对于日常生活中"执法"的涵义，想必我们多多少少已经有所领会，用法律的语言全面地表述"执法"，至少应当这样来考虑：

1. 执法有广义和狭义两种理解。广义上的执法，是指一切国家机关执行法律的活动，包括国家立法机关、行政机关、司法机关和法律授权、委托的组织及其公职人员，依法贯彻实施法律的活动。狭义上的执法，是指国家行政机关和法律授权、委托的组织及其公职人员，依法贯彻实施法律的活动。

2. 正确认识执法与行政的关系。执法与行政存在着千丝万缕的联系。执法是从法的运行的角度上讲的，而行政是从政治事务和社会事务管理的角度来讲的。但是，行政行为一般分为抽象行政行为和具体行政行为。具体行政行为，即具体贯彻实施法律的行为，属于执法范畴；而抽象行政行为，即行政机关在立法权限范围内制定行政法规或规章的行为，属于立法范畴。

3. 正确认识某些行政机关根据法律所实施的实际上属于司法内容的活动。如公安机关属于行政机关，但公安机关所开展的刑事侦查活动，就属于司法行为；而公安机关治安管理、交通管理和户籍管理等活动就属于执法行为。

4. 正确认识公职人员执法的性质。执法的真正主体是行政机关，行政机关属于机关法人性质，法人是法律虚拟人，其行为必须通过授权自然人来完成，行政机关公职人员是获得授权后具体实施执法活动的自然人，公职人员与其所在的行政机关在法律上是一种代理和被代理的关系。公职人员依据授权而进行的执法活动，其法律权力来源于法律，其法律效力归于行政机关，由其所代理的行政机关负责；但公职人员超越权限所实施的与其职权无关的行为，属于其私人行为，不属于执法行为，由其个人负责。

因此，本章所称"执法"，其涵义是国家行政机关和法律授权、委托的组织及其公职人员，在行使行政管理权的过程中，依照法定职权和程序，贯彻实施法律的活动。

## 二、执法的特点

执法是法律实施的主要途径之一，其始于立法，又可导入司法，与立法和司法相比较，执法主要有以下特征：

### （一）执法主体的特定性、广泛性和相对不确定

执法的主体特定，为国家行政机关和法律授权、委托的组织及其公职人员。执法权是宪法和法律赋予行政机关的职权。由于社会事务的庞杂和繁多，执法的主体也是部门众多、人数众多，具有广泛性；同时，由于社会发展的迅速，社会公共事务的增多，执法的内容的扩充，常常增设新的执法主体、精简现有的执法主体或变更原执法主体的职能，因而与立法和司法相比较，具有相对不确定性。

### （二）执法依据的多样性和等级性

行政执法的依据可以是法律、行政法规、地方性法规、自治条例、行政规章，也可以是条约、行政协定，或者是行政规定和行政命令，或者人民法院的行政裁决书。它们之间的效力层次也有不同，下位法不得违反上位法，或者与之相抵触。执法时，当发现所执行的法与其上位法发生冲突时，要及时地反映和请示上级主管部门。

### （三）执法内容具有广泛性

执法是以国家名义对社会实行全方位的组织和管理的行为，它涉及社会、经济生活的各个方面，包括政治、经济、外交、国防、财政、文化、教育、卫生、科学、工业、农业、商业、交通、建设、治安、社会福利、公用事业等各个领域，内容十分广泛。

### （四）执法活动具有单方面性

执法行为虽然是双方或多方的行为，但大多数仅以行政机关单方面的决定而成立，不需要行政相对人的同意。但行政合同、行政指导、行政调解、行政复议、行政裁决等不具有单方面性。

### （五）执法活动具有主动性

国家行政机关在执法中，一般都采取积极主动的行动去履行职责，而不需要行政相对人的意思表示。依相对人申请的行政许可等行为，虽然在程序启动上是被动的，在决定实质性内容时，执法机关仍是主动的。

### （六）执法程序设置上偏重效率性

与立法和司法相比，在执法的程序设计上更强调迅速、简便、快捷。执法同样要追求公正，坚持公开、公正、公平原则，但总体上更注重效率，这在程序方面更为明显。

## 三、执法的历史发展脉络

执法是近代的产物，是人们对行政进行长期探索的结果，也是人们对权力活动的特点和规律的认识不断加深的结果。

前资本主义社会，行政活动并未从国家机关的活动中独立出来。特别是实行专制政体的国家，国家的政治、经济、行政、司法等一切大权均由君主或国王一人独揽，国家统治权没有明确的划分。

到了资本主义时期，资产阶级启蒙运动开始。思想家约翰·洛克（John·Lockn）在《政府论》中提出分权理论，其后，孟德斯鸠（Baron de Montesquieu）又在《论法的精神》中创立三权分立学说，即将国家权力分为立法权、行政权、司法权三个互相独立、相互联系、相互制约的组成部分。资产阶级取得政权后，三权分立成为资产阶级国家政权的重要组织形式。行政权独立出来，由立法权规约，由司法权监督。但是，由于社会发展迅速，行政权不断扩张，而立法的滞后性和司法的程序复杂性，导致无法真正制约行政权，行政权日益膨胀的现象严重，权力腐败现象不断产生。"权力导致腐败，绝对的权力导致绝对的腐败。"〔1〕行政权必须得到有效的制约。

与传统意义或"人治"基础上的行政活动不同，现代社会的行政管理工作更多的或主要是一种执法活动，依法行政是现代各国行政管理活动的主要特点或基本原则。国家行政机关是国家权力机关的执行机关，国家权力机关制定的法律和其他规范性法律文件，主要由国家行政机关贯彻和执行。依法行政以执法的模式发展。

**四、执法的意义**

洛克〔2〕说过："如果法律不能被执行，那就等于没有法律。"〔3〕具体说来，执法的意义主要体现在以下几点：

（一）执法是法律生命力的重要体现

法律的生命力在于它在具体社会生活中的实施。法的实施有赖于守法与执法，守法是一种自觉行为，而执法则是一种律他的行为，保证法的有效贯彻。占总数80%以上的法律法规是由国家行政机关直接贯彻执行的〔4〕，执法涉及政治、经济、文化等各个方面，因而，执法在建设法治国家中占据十分重要的地位。

（二）执法是现代政府实现政府职能的最主要手段

国家政令的实施都逐渐转变为以执法的方式来进行，因而，行政变徻公开化、透明化、明确化、民主化。执法对于转变政府职能、规范政府权力、调整政府与市场主体的关系、促进经济社会发展是非常重要的。国家行政机关通过执法管理国家事务和社会公共事务，通过依法行政实现政府职能。执法的完善与否、效果如何，直接考验政府的执政能力。

（三）执法在分配社会资源、维护社会秩序、保障公民权利、推动社会进步方面起着重要作用

一个良好运作的执法政府，是一个公平的政府。法律的重要价值之一就是平等，平等的涵义就是在一个社会中平等主体能够得到平等的对待，除了市场外，政府在某些场合也掌握着分配资源的重大权力，政府通过执法来分配社会资源，这也最终决定社会秩序能否有序、公民权利能否普遍得到保障、社会能否持续进步。

---

〔1〕　［英］阿克顿：《自由与权力》，侯健、范亚峰译，商务印书馆2001年版，第342页。

〔2〕　著名的英国哲学家约翰·洛克是全面系统地阐述宪政民主基本思想的第一位作家，也是一位著名的法学家。他的思想深刻地影响了美国的开国元勋及法国启蒙运动中的许多主要哲学家。

〔3〕　［英］洛克：《政府论》（下），叶启芳、翟菊农译，商务印书馆1964年版，第132页。

〔4〕　高帆主编：《行政执法手册》，中国法制出版社1990年版，第6页。

## 第二节　执法的主体

执法的主体问题是一个解决"谁来执法，谁有权执法"的问题。这个问题要解决的是在执法实践中，都有哪些机关和人员在具体实施，他们是否具备执法权，从而更好地理解执法职权分工和执法的合法性。

**一、我国的执法主体体系**

在我国，执法主体分为多层次、全方位的部门或机关，构成一个分工负责、彼此配合、层层监管的执法体系。执法体系是指由具有不同职权管辖范围的行政机关、社会组织执行法律而构成的互相分工、相互配合的纵横结构的统一整体。各执法主体根据法律的授权，在法定的权限内管理国家和社会事务。各执法主体权力的来源是法律授权。没有法律授权的任何个人和机构不得执法，尤其是涉及人身与财产权利的行为。

（一）人民政府的执法

人民政府的执法是我国执法体系中最重要的执法，包括中央和地方各级人民政府的执法。

1. 中央人民政府的执法。中央人民政府（即国务院）是最高国家行政机关，是最高国家权力机关的执行机关。中央人民政府的执法主要分为五类：

（1）根据宪法和法律，规定行政措施，发布决定和命令。

（2）规定各部和各委员会的任务和职责，统一领导各部和各委员会的工作，并且领导不属于各部和各委员会的全国性的行政工作。

（3）统一领导地方各级国家行政机关的工作，规定中央和省、自治区、直辖市的国家行政机关的职权和具体划分。

（4）改变或撤销地方各部委发布的不适当的决定、命令、指示和规章。

（5）改变或撤销地方各级国家行政机关的不适当的决定和命令等。

2. 地方各级人民政府的执法。地方各级人民政府是地方各级国家行政机关，是地方各级权力机关的执行机关。地方各级人民政府一般分为三级：省、自治区、直辖市的人民政府；县、自治县、县级市人民政府；乡、民族乡、镇人民政府。在某些地方，省级人民政府与县级人民政府之间还设有一级人民政府，即自治州人民政府、设区的市和设市辖县的市的人民政府，这些地方的人民政府即为四级而不是三级。地方人民政府的执法，其效力仅及于本行政区域。居民委员会和村民委员会不属于行政机关，而是群众自治性组织，除非依法授权或委托，否则不具有执法权。

地方各级人民政府的执法主要有以下几类：

（1）执行本级人民代表大会及其常务委员会的决议，以及上级国家行政机关的决定和命令，规定行政措施，发布决定和命令。

（2）领导所属各工作部门和下级人民政府的工作。

（3）改变或撤销所属各工作部门的不适当的命令、指示和下级人民政府不适当的决定、命令。

（4）本行政区域内行政事务的管理权。

（二）政府工作部门的执法

政府工作部门是各级人民政府的下属机构，包括中央人民政府即国务院下属机构和地方各级人民政府的下属机构，以及它们的派出机构，如行政公署、区公所、街道办事处等。中央人民政府的工作部门的设立经国务院总理提出，由全国人民代表大会决定；地方人民政府的工作部门的设立由本级人民政府决定，报上一级人民政府批准。政府工作部门的执法具体负责法律贯彻执行，涉及社会生活的方方面面，对社会的影响很大，是最主要的执法。政府工作部门的设置也往往依据执法的内容的分类和社会生活的需要而进行。

（三）依法授权的社会组织的执法

根据法律的具体授权而行使特定行政职能的社会组织，可以在一定范围内执行法律。此类社会组织非国家机关，它们只是在行使法律所授予的执法权时，才享有国家权力和承担行政法律责任，在非执法时，只是一般的民事主体。被授权的社会组织在法律授权范围内以自己的名义执法，享有与行政机关相同的行政主体地位，对外承担法律责任。

法律授权的社会组织的执法包括以下几类：

1. 一般社会组织、社会团体的执法。如律师协会等行业协会，负责对律师执业资格的认定等；消费者协会负责对消费者权益的保护和对生产者的监管等。

2. 企事业组织的执法。企业组织特别是一些全国性的专业公司，有许多是由行政机关改制而成的，在一定时期内仍具有一定行政性，法律往往授权它们行使一定的执法权；事业单位，法律授权他们行使行政执法职能，贯彻执行法律的情况则更多。

3. 基层民众自治组织的执法。基层民众自治组织是指城市和农村按居民居住的地区设立的居民委员会和村民委员会，它们与地方行政机关有着极密切的联系，受基层人民政府或其派出机构的指导，居民委员会、村民委员会根据有关法律的授权，协助基层人民政府执行法律。

4. 技术检验、鉴定机构的执法。法律规定技术检验、鉴定机构在技术检验、鉴定事务方面行使一定的执法权。

5. 仲裁组织的执法。根据法律的授权，仲裁委员会、劳动争议仲裁委员会、中国国际经济贸易仲裁委员会、中国海事仲裁委员会等仲裁组织有权执行法律，各级各类裁决组织，如治安行政案件的裁决组织、海关行政管理纠纷的裁决组织等，都依法享有一定的执法权。

6. 合法成立的保安组织的执法。合法成立的保安组织主要包括民间治安保卫组织和依法成立的保安服务公司。民间治安保卫组织是指在全国城乡普遍设立的治安保卫委员会和联防队，治保会和联防队被法律授权行使某些行政管理职能，执行有关法律。依法成立的保安服务公司不仅维护私人利益，也间接地行使某些公共职能。

（四）行政委托的社会组织的执法

行政委托是指行政机关依法把一定的事务委托另一个机关、工作人员或者其他组织、个人办理的行为。

行政机关委托的社会组织进行的执法，是以委托人即该行政机关的名义进行执法，执法的法律后果归于委托人即该行政机关。

可以受委托的社会组织包括：依法成立的管理公共事务的事业组织；具有熟悉法律、法规、规章和业务的工作人员。[1]

值得注意的是：法律授权的组织和行政委托的组织并不是截然分开的，有些组织，如基层群众自治组织，在某些场合是依据法律授权而执法，而在某些场合又是依据行政机关的委托而执法。

---

[1] 参见《行政处罚法》第18、19条。

## 二、公务员

执法的主体是各个行政机关、社会组织，而具体的执法是由其所属的人员进行，其中大部分属于公职人员，又称为公务员。

### （一）公务员的涵义

根据《公务员法》第 2 条第 1 款的规定，我国公务员是指依法履行公职、纳入国家行政编制、由国家财政负担工资福利的工作人员。

### （二）公务员的范围

根据公务员的构成条件，公务员包括下列机关中除工勤人员以外的工作人员：①中国共产党各级机关；②各级人民代表大会及其常务委员会机关；③各级行政机关；④中国人民政治协商会议各级委员会机关；⑤各级审判机关；⑥各级检察机关；⑦各民主党派和工商联的各级机关。

### （三）公务员职务、职级与级别

根据《公务员法》第三章"职务、职级与级别"的规定，国家实行公务员职位分类制度，并实行公务员职务与职级并行制度，根据公务员职位类别和职责设置公务员职务、职级序列。

公务员职位类别按照公务员职位的性质、特点和管理需要，划分为综合管理类、专业技术类和行政执法类等类别。国务院根据《公务员法》，对于具有职位特殊性，需要单独管理的，可以增设其他职位类别。各职位类别的适用范围由国家另行规定。所谓国家另行规定，既可以是全国人大或其常委会规定，也可以是国务院制定行政法规或发布决定、命令规定，或者是国务院人力资源和社会保障部规定。

公务员领导职务根据宪法、有关法律和机构规格设置。领导职务层次分为：国家级正职、国家级副职、省部级正职、省部级副职、厅局级正职、厅局级副职、县处级正职、县处级副职、乡科级正职、乡科级副职。公务员职级在厅局级以下设置。综合管理类公务员职级序列分为：一级巡视员、二级巡视员、一级调研员、二级调研员、三级调研员、四级调研员、一级主任科员、二级主任科员、三级主任科员、四级主任科员、一级科员、二级科员。综合管理类以外其他职位类别公务员的职级序列，根据《公务员法》由国家另行规定。

各机关依照确定的职能、规格、编制限额、职数以及结构比例，设置本机关公务员的具体职位，并确定各职位的工作职责和任职资格条件。公务员的领导职务、职级应当对应相应的级别。公务员领导职务、职级与级别的对应关系，由国家规定。根据工作需要和领导职务与职级的对应关系，公务员担任的领导职务和职级可以互相转任、兼任；符合规定资格条件的，可以晋升领导职务或者职级。公务员的级别根据所任领导职务、职级及其德才表现、工作实绩和资历确定。公务员在同一领导职务、职级上，可以按照国家规定晋升级别。公务员的领导职务、职级与级别是确定公务员工资以及其他待遇的依据。国家根据人民警察、消防救援人员以及海关、驻外外交机构等公务员的工作特点，设置与其领导职务、职级相对应的衔级。

因此，不是所有的公务员都是执法人员，属于执法主体体系中的公务员，才是代理执行法律事务的具体工作人员。

## 第三节　执法的内容

执法的内容问题是一个解决"哪些方面需要执法，执什么法"的问题。这明确限定了执法主体在执法过程中应当明确自己应当管什么，依据什么来管，当管的要管，不当管的不要管，当管的还要依法适当地管。

执法的内容是将法律所规范的社会秩序和行为标准，主动地应用到国家和社会的公共事务活动中，使社会各项活动按照法律的规定有序地进行，并对一些已经违反法律规定的行为进行及时的管制和纠正。

执法的内容极其广泛，按照不同的标准，可以对执法作不同的分类，在此主要介绍两种主要的分类：

**一、根据执法性质的不同的分类**

根据执法性质的不同，执法主要可以分为行政许可、行政合同、行政指导、行政处罚、行政监督、行政强制、行政复议、行政调解、行政裁决等。

行政许可是指行政机关根据自然人、法人或其他组织提出的申请，经过依法审查，准予其从事特定活动、认可其资格或确立其特定主体资格、特定身份的行为，如颁发企事业单位营业执照的行为。

行政合同主要是指以招标、拍卖和协议的形式，由行政机关和行政相对人签订公共事务项目的合同，如建造铁路、公路等合同。

行政指导是指行政主体引导行政相对人自愿采取一定的作为或不作为，如政府指导农民调整经济作物种植的结构。

行政处罚是指行政机关依法对违反行政法实施了某种违法行为但尚未构成犯罪的行政相对人进行制裁性措施的行为，行政处罚的种类有警告、罚款、没收违法所得和非法财物、责令停产停业、暂扣或吊销许可证和执照、行政拘留等。

行政监督是指行政机关为了实现行政管理职能，督促行政相对人自觉遵守法律，正当行使权利和适当履行义务的行为。行政监督主要包括审查、检查、审计等。

行政强制是指行政机关在作出特定的行政处理后，行政相对人拒不履行行政处理所科以的义务而依法采取的强制执行的措施，如强行拆除违章建筑。

行政复议是指作出具体行政行为的行政主体的上级行政机关，依据不服此具体行政行为的行政相对人的申请，或依职权主动查问，依法对原具体行政行为予以复查并作出裁决的行为。

行政调解是指由行政机关主持，以自愿为原则，通过说服教育的方法，促使争议双方当事人友好协商、互谅互让、达成协议的行为，如劳动仲裁。

行政裁决是指行政机关对平等主体之间发生的、与行政管理活动密切相关的、特定的民事纠纷进行裁决，主要是权属纠纷。

**二、根据执法范围和主体的不同的分类**

根据执法范围和主体的不同，执法可以分为工商执法、公安执法、税务执法、人事执法、财政执法、土地执法、食品卫生执法、环境保护执法、物价执法、城建执法、计量执法、审计执法、金融执法、教育执法、文化执法、劳动执法、计划生育执法、农业执法、林业执法、渔业执法、交通执法、海关执法等。这些执法行为由相应的行政部门来进行。

## 第四节　执法的原则

**一、执法的原则概述**

执法的原则是指行政执法主体在执法活动中所应遵循的基本准则。执法的原则明确了执法的指导方针，在具体执法中，依据这些原则来进行，从而最大限度地保障执法的公平性和有效性。我国的行政执法要求遵循合法性原则、合理性原则、效率原则、正当程序原则。

**二、执法原则体系**

执法原则体系是执法主体在执法过程中所必须同时遵守的原则，而且在具体执法过程中，如果出现原则之间的冲突，要进行价值权衡，进行合理的排序。

（一）合法性原则

执法的合法性原则即依法行政原则，是法治原则在执法中的具体体现。合法性原则是现代法治国家对执法的基本要求，也是执法的最重要的一项原则。现代法治国家要求依法行政，保障行政活动的权威性，防止行政权力的滥用。它要求执法主体的设立及其职权的存在，行使必须根据法律、符合法律，而不得与法律相抵触；不仅应当遵循宪法和法律，还应当遵循行政法规、地方性法规、行政规章、自治条例和单行条例等。行政权具有极大的扩张性，如果执法机关的执法活动不能依法行使，就可能出现行政权力的滥用、越权等行政腐败现象，法就不能得到有效的实施。

（二）合理性原则

执法的合理性原则是指执法主体在执法活动中，特别在行使自由裁量权进行行政管理时，必须做到适当、合理、公正，即符合法律的基本精神和目的，具有客观、充分的事实根据和法律依据，与社会生活常理相一致。它要求执法活动的目的要符合法律目的，执法主体行使自由裁量权不是无条件的，法律追求的是公平、公正，执法的结果也要实现公平、公正，不得以任何与法律目的相悖的追求为执法活动的目的。执法要排除一切可能影响执法主体公正处理的外在于执法活动的因素，对于执法相对人不得区别对待，执法主体所作出的处理决定对相对人权益的影响程度应与相对人行为的状况相适应。

（三）效率原则

执法的效率原则是指在依法行政的前提下，行政机关对社会实行组织和管理的过程中，以尽可能低的成本取得尽可能大的收益，取得最大的执法效益，以较小的经济耗费获得最大的社会效果。效率原则要求执法要全面把握行政效能，即一方面要迅速、准确、有效，实现效率；另一方面还要合法、合理、公正，实现效益。要坚持效率原则，首先，要实现职、权、责相统一，按照执法工作的需要，有层次、有比例地依法设置职务，赋予相应的权力，承担相应的责任；其次，要不断提高公务员的素质，坚持行政执法人员年轻化、知识化、专业化，培养一支训练有素、有组织、有干劲、懂业务、服务意识强的公务员队伍，才能实现执法的高效能；最后，要精简机构并实现机构之间的良好沟通和配合，避免分割性但缺乏便利性的重重设权的行政流程，以最便捷的途径最快地解决问题。

（四）正当程序原则

执法的正当程序是指执法机关在实施行政执法行为的过程中必须遵循法定的步骤、方式、形式、顺序和时限，目的是使执法行为公平、公开、民主，保障公民、法人和其他组织的合法权益，促进行政权行使的合法性和合理性，提高行政效率。程序是结果的有效保障，合理的程序能够更好地促进执法公正和效率的实现。

正当程序原则要求：

1. 程序合法。执法程序通常由行政程序法或者其他法律、法规规定。法律、法规未作规定的，应当符合公平、理性和效率原则。

2. 程序公开。执法行为的进行应当对当事人、利益相关人和社会公开，应当向当事人、利益相关人提供与执法有关的事实和法律依据等信息。

3. 听取当事人意见。公民、法人或者其他组织的合法权益可能受到行政执法行为影响的，行政执法机关应当听取公民、法人或者其他组织的意见，为公民、法人或其他组织提供陈述事实、表达意见的机会。一般的行政行为需要听取当事人的陈述，而重大的行政行为，则要依法组织召开听证会。

4. 参与。当事人、利害关系人有权参与行政程序的各个阶段的活动。行政执法机关对行政相对人的参与权要履行告知义务，并提供便利，否则可能导致行政行为的违法。

5. 公正。行政权力的行使应当公正。行政执法机关应当以不偏不倚的方式对待执法程序中的所有当事人。对可能影响执法结果公正的执法人员，要采取回避制度，在进行执法尤其是行政处罚等严重影响相对人权益的行为过程中，既要调查和考虑不利于行政相对人的因素，又要调查和考虑有利于行政相对人的因素。

6. 理性化。行政执法程序应当符合理性。行政执法机关实施行政行为的程序，应当按照法定或者合理的顺序进行；应当向当事人和利益相关人告知事实并说明理由；对相同或相似情况所实施的行政行为，应当体现一致性。不能因为执法人员一时的情绪或好恶而影响执法的结果。执法人员在执法过程中要尽量避免感情因素。

7. 诚信。行政机关实施行政行为，应当遵循诚实信用的原则，保护公民、法人或其他组织对行政机关正当合理的信赖。即要坚持行政法上的信赖原则，执法人员代表的是国家，必须体现行为前后的一致性，由于行政行为所依据的法律、法规修改、变更、废止，或由于实施行政行为所依据的客观情况发生变更需要废止行政行为的，由此给行政相对人造成损失的，要依法给予赔偿。

8. 权利救济告知。行政机关实施行政行为可能影响公民、法人或其他组织合法权益时，公民、法人或其他组织可以申请行政复议，也可以提起行政诉讼。行政机关应当告知公民、法人或其他组织救济的途径、方式和期限。

## 第五节 不当执法的救济

不当执法的救济问题是一个解决"当执法主体执法不当时，老百姓应该怎么办"的问题。

### 一、不当执法的表现

#### （一）权力滥用

权力滥用主要是指行政主体滥用行政权管理权限以外的事，即管了不当管的事，或滥用行政权管理超越权限限度，或管理不合理而有失公正、公平，从而侵犯了行政相对方的合法权益的行为。

#### （二）行政不作为

行政不作为主要是指行政主体在行政相对方依照法定程序提出申请后应当作为而未作为的行为。如不颁发相关证照等。

#### （三）程序违法

程序违法主要是指行政主体在执法过程中，违反了法定程序，从而导致整个执法活动违法。执法过程中一般有回避、知情权、申辩权、听证权、罚缴分离、罚必有据等程序上的要求，必须严格依照法定的程序进行，否则，具体的行政行为即属违法的行政行为。

### 二、不当执法的救济

#### （一）来自执法主体内部的救济

来自执法主体内部的救济主要是指行政部门自身或其上级部门对不当执法及时地发现、纠正和弥补，使原本不当的执法行为得到适当的处理。

（二）来自执法相对方的救济

当执法不当侵犯了相对方的权益时，相对方通常可以有两种合法的途径来救济：

1. 行政复议，是指行政相对人认为行政主体的具体行政行为侵犯其合法权益，依法向行政复议机关（通常是上一级国家行政机关和法律、法规规定的其他机关）提出复查该具体行政行为的申请，行政复议机关依照法定程序对被申请的具体行政行为进行合法、适当性审查，并作出行政复议决定的行政执法活动。

2. 行政诉讼，是指行政相对人认为行政主体的具体行政行为侵犯其合法权益而向人民法院提起诉讼，人民法院对该具体行政行为的合法性进行审查并作出裁判的司法活动。

通过上述救济方式，可以维持执法阶段的有序运行，从而推动法进一步得到更好的实施。

 案例分析

### 案例一　作家池莉的小说《太阳出世》中所表现的一段执法案例

在李小兰怀孕后，单位女工委员就告诉她得申请生育指标。李小兰被早孕折磨得心烦意乱，萎靡不振，哪顾得上写什么申请，女工委员就给赵胜天打电话，说你爱人好不懂道理，我们单位没权生孩子，不申请指标就得打胎。

赵胜天说别提打胎吧，我来申请。

赵胜天写了申请交给单位，拿着单位介绍信到街道办事处计划生育办公室。计生办研究后给了他一张油印的纸片，上面印着准许一个生育名额云云，盖了办事处鲜红的大章。赵胜天这才认识到街道办是一级政府机构，握有人的生死离别大权。过去他竟以为它不过是一群婆婆妈妈混在一块管闲事呢。

有了名额就去市计划生育委员会，委员会收去名额，发一份三联卡。卡片粉红底烫金字，写着：祝您全家幸福　母婴康健。还有一个大喜字。编号：004578。

……

现在该跑女儿出世后的一系列证明，为她争取各种合法权益。

赵胜天给女儿去上户口，头一天的办事员看保健手册卡片等。她说："我讨厌这一大堆东西，我只要出生证。"第二天赵胜天带了出生证，可办事员换了一个人，他的观点不同："出生证人人都有，我要检查由政府机构发放的生育卡片。"

李小兰说赵胜天傻，"把所有的证件全带上"。

手填户口时，停笔问了问："你办独生子女证了吗？"

"没有。"

"那去办了再来。"

赵胜天火了。他发脾气道："你们这是干什么！谁也没告诉我要办什么独生子女证？去哪儿办？我只知道我女儿是居民了，她应该上户口！应该上！"

办事员"嗤"地冷笑了一下，拉过一份《武汉晚报》看起来。赵胜天想动手。一个上了年纪的老办事员拉住了赵胜天，劝道："我们也是照章办事啊。年轻人你可别鲁莽，这里是派出所！"

赵胜天只好忍气吞声，去办独生子女证，去办统筹医疗证。回头再办户口，持户口去粮店办粮油关系。

有一天，转悠了半天才找到办统筹医疗证的地方，中午机关休息，下午两点上班。赵胜天

就逛商店等待。后来一坐上顾客休息的长椅，他就睡着了。等到有人拍醒他，他问："两点到了吗？"

人家说："九点了，我们要关门了。"那人还挺幽默，说："吵了你的好觉，真对不起。"

……

【评析】这是小说中描述的一个素材，但也实实在在地发生在文中背景年代的现实生活中。通过以上资料，我们得出几个要点：

1. 赵胜天去过的"街道办事处计划生育办公室""市计划生育委员会""派出所"等机构，是政府机构。这些"政府机构"具有一个相同的地方：从事"行政管理"的活动，从某种意义上讲，就是在执法。

2. 针对赵胜天的"要求"，各个政府机构都要根据有关的法律或行政法规进行办理，决定是否同意。

第一个要点指明了"执法"的主体是从事行政管理的政府机构。第二个要点指明了政府机构是依据法律法规作出决定的。

## 案例二　公务员的双重身份

铁路民警甲下班后到饭店去吃饭，吃饭时，邻桌有两伙人为争夺桌椅争吵起来，突然，其中有一人从口袋里摸出一把小刀，将对方刺倒在地。民警甲见有人行凶犯罪，急忙掏出枪去抓行凶者。但因饭店内吃饭的人较多，桌椅摆放很挤，民警甲在冲向行凶者时，被桌角绊倒在地，不小心扣了手枪扳机，一粒子弹打到水泥地上反弹起来，将一旁观者腿打伤。受伤者经医院治疗痊愈后，向法院提起诉讼，要求民警甲赔偿损失。民警甲认为，自己是在执行制止犯罪、捉拿罪犯的警察公务，执行公务的结果不应由个人承担。受伤者又起诉民警所在的铁路公安分局，要求铁路公安分局承担责任。铁路公安分局局长认为，铁路公安分局不应承担责任，理由如下：①民警甲的行为是在下班时间所为；②所管的事不是铁路上的事，应当是个人行为。既然是个人行为导致他人受伤，就应该由该民警自己承担赔偿责任。如何区分公务员因双重身份所实施的行为的性质？

【评析】此处的铁路民警甲具有作为依法履行公职的公务员和普通公民双重身份，不同身份的确认对其所实施行为的法律性质和法律后果的判定有着重要的作用，而确认其身份的关键在于行为时是否是依法履行公职，是否有法律授权，是职务行为还是个人行为？这是一个界定复杂、争议颇多的问题。一般认为，非职务行为包括：凡从事与国家公务无任何关联的纯私人民事行为，与执行公务无关的个人犯罪行为，公务员执行公务时犯有个人严重过错的行为。对于个人行为，其法律后果由其个人承担；对于职务行为，其法律后果由其所在单位承担。对于此案例中的行为，本书认为，铁路民警甲，虽然是下班时间，虽然其处理的不是铁路上的事，但是，作为警察，有维持社会治安的职责，其所为的行为可以认为是职务行为，其所在的铁路分局应该承担行政赔偿的责任。

## 案例三　刘燕文诉北京大学案

刘燕文系北京大学1992级无线电电子学系电子、离子与真空物理专业博士研究生。1994年4月27日，刘燕文通过北京大学安排的笔试考试，并于当年5月10日通过了博士研究生综合考试，成绩为良。之后，刘燕文进入博士论文答辩准备阶段。1995年12月22日，刘燕文提出答辩申请，将其博士论文《超短脉冲激光驱动的大电流密度的光电阴极的研究》提交学校，由学校有关部门安排、聘请本学科专家对该论文进行评阅和同行评议。其中，同行评议人认为论文达到博士论文水平，同意答辩；评阅人意见为"同意安排博士论文答辩"。1996 年北京大学论文学术评议、同行评议汇总意见为"达到博士论文水平，可以进行论文答辩"。1996 年 1 月 10 日，刘燕文所在系论文答辩委员会召开答辩会，刘燕文经过答辩，以全票 7 票通过了答辩。系论文答辩委员会作出决议"授予刘燕文博士学位，建议刘燕文对论文作毕业的修订"。1996 年 1 月 19 日，刘燕文所在系学位评定委员会讨论博士学位，应到委员 13 人，实到委员 13 人，同意授予刘燕文博士学位者 12 人，不同意授予刘燕文博士学位者 1 人，表决结果为：建议授予博士学位。1996 年 1 月 24 日，北京大学学位评定委员会召开第 41 次会议，应到委员 21 人，实到委员 16 人，同意授予刘燕文博士学位者 6 人，不同意授予刘燕文博士学位者 7 人，3 人弃权，该次会议将 3 票弃权票计算在反对票中，其表决结果为：校学位评定委员会不批准授予刘燕文博士学位。之后，北京大学据前一个表决结果颁发给刘燕文博士研究生结业证书，而不是博士研究生毕业证书。

刘燕文于 1999 年 9 月 24 日以北京大学学位评定委员会不批准授予其博士学位为由向北京市海淀区人民法院提起行政诉讼，该诉讼以北京大学学位评定委员会为被告；同日，其又以北京大学拒绝颁发博士研究生毕业证书为由向海淀区人民法院提起行政诉讼，该诉讼以北京大学为被告。海淀区人民法院经过审理，于 1999 年 12 月 17 日以（1999）海行初字第 103 号行政判决书对第一个行政诉讼案件作出判决：①撤销被告北京大学学位评定委员会 1996 年 1 月 24 日作出的不授予原告刘燕文博士学位的决定；②责令被告北京大学学位评定委员会于判决生效后 3 个月内对是否批准授予刘燕文博士学位的决议审查后重新作出决定。同日，以（1999）海行初字第 104 号行政判决书对第二个行政诉讼案件作出判决：①撤销被告北京大学 1996 年 1 月为原告刘燕文颁发的（1996）研结证字第 001 号博士研究生结业证书；②责令北京大学在判决生效后 2 个月内向刘燕文颁发博士研究生毕业证书。[1]

【评析】在这个案例中，由于北京大学因《学位条例》授权而获得授予学生学位的职权，因此北京大学的行为是执法行为，而执法行为应当符合正当程序的原则。在本案中，北京大学败诉的原因之一就是其执法行为违背了正当程序的基本要求，没有给执法行为的相对人提供知情、申辩和救济的机会及权利。该案因正当程序的运用而成为中国行政诉讼法发展史上一个影响巨大的案件。

### 本章小结

执法，是指国家行政机关和法律授权、委托的组织及其公职人员在行使行政管理权的过程中，依照法定职权和程序，贯彻实施法律的活动。本章所讲的执法指狭义的执法。正确理解执法，必须在生活中揣摩和分析，根据执法的定义来明确其性质。执法的主体包括人民政府、政府部门、依法授权的社会组织和行政委托的社会组织。各执法主体在法律规定的权限范围内将法律所规范的社会秩序和行为标准，主动地应用到国家和社会的公共事务活动中，使社会各项活动按照法律的规定有序地进行，并对一些已经违反法律规定的行为进行及时的管制和纠正。在执法过程中要遵守合法性原则、合理性原则、效率原则、正当程序原则。当然，执法也可能不当，会侵犯到相对方的合法权益，而此时可以采取行政复议和行政诉讼等救济措施，执法系统内部也应当对各主体的执法活动进行及时的监督和管理，保证执法的合法、合理、公正。

---

[1]　北京市海淀区人民法院（1999）海行初字第 103 号行政判决书。

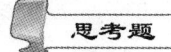 思考题

## 一、名词解释

1. 执法

2. 公务员

## 二、简答题

1. 简述执法主体体系。

2. 简述执法的特点。

3. 简述不当执法的救济方式。

## 三、论述题

1. 法官和检察官是否属于公务员范畴？大学校长是否属于公务员范畴？为什么？

2. 执法是依法而为，但由于动态社会的多变性和静态法律的滞后性，造成某些新出现的社会问题无法可依，在这种情况下，执法主体应当如何"执法"？

3. 如何正确认识上访的性质？应当如何看待这种现象？

 主要参考文献

1. ［英］弗里德利希·冯·哈耶克：《自由秩序原理》，邓正来译，生活·读书·新知三联书店1997年版。

2. ［英］詹宁斯：《法与宪法》，龚祥瑞、侯健译，生活·读书·新知三联书店1997年版。

3. ［英］M. J. C. 维尔：《宪法与分权》，苏力译，生活·读书·新知三联书后1997年版。

4. ［英］劳伦斯·M. 弗里德曼："法治、现代化和司法制度"，载宋冰编：《程序、正义与现代化：外国法学家在华演讲录》，中国政法大学出版社1998年版。

5. ［英］威廉·韦德：《行政法》，徐炳等译，中国大百科全书出版社1997年版。

6. 刘星：《法理学导论》，法律出版社2005年版。

第十八章

# 司　法

【本章概要】 本章介绍了：什么是司法？哪些部门哪些人有权进行司法活动？在司法活动中应当遵循什么样的原则？应当采用什么样的程序？本章将分别从司法的概念、司法的特点、司法主体、司法原则、司法程序来分别阐述和解答上述问题，帮助读者厘清司法的内涵和外延。

【学习目标】 通过本章的学习，了解司法的概念及特点、主体、原则、程序，并通过模拟法庭和见习旁听进一步掌握和理解司法的本质，并能够将司法的内核运用于法律实践。

## 第一节　司法概述

### 一、司法的概念与特点

"司法乃是专门执掌国家司法权力的国家机构按照其法定的职责与权限，严格遵循法律规定的程序，以超然和中立的立场与态度，通过对于相关事实和证据的法律审查和逻辑审查，具体适用法律来处理和解决诉诸其面前的主体之间的法律权利义务纷争的专门活动。"[1] 司法是法律最后一道防线。

司法不同于其他国家机关、社会组织和公民实施法律的活动，它有自身的一些独有特点：

1. 职权的法定性。司法是享有司法权的国家司法机关及其司法人员依照法定职权和法定程序运用法律处理案件的专门活动，也就是以国家名义行使司法权的活动。享有司法权的国家司法机关包括检察机关和审判机关，即人民检察院和人民法院，任何其他机关、团体和个人都没有司法权。

2. 程序的法定性。司法是司法机关严格按照法定职权和法定程序所进行的专门活动，因此，程序性是司法的最重要、最显著的特点之一。虽然立法和执法也都需要一定的程序，有程序上的要求，但是与立法和执法相比，司法在程序的设置上更加繁琐和周密，程序模式的固定性更强，结果对程序依赖性更强。

3. 裁决的权威性。司法是享有司法权的国家司法机关以国家强制力为后盾，以国家的名义运用法律于案件的专门活动，因此，它所作出的裁决具有极大的权威性。裁决一旦作出，必须严格执行。同时，立法和执法的活动都有可能受到司法的审查，而司法的独立性决定司法活动只受司法体系内部的审查，当然，一般的法律监督除外。

4. 人员的专业性。法律的复杂和多元要求司法必须要具有一定资格和能力的专业人士来操作和运用，必须由专门的法律职业家而不是普通的公务员来承担。在我国，法官、检察官都必须通过国家统一法律职业资格考试，取得法律职业资格。

5. 结果的书面化。司法往往具有表明法律适用结果的法律文书，如判决书、裁定书和决定书等，而且这些法律文书具有法律约束力，会引起某些法律后果。在这一点上，司法与立法

---

〔1〕　姚建宗编著：《法理学——一般法律科学》，中国政法大学出版社 2006 年版，第 341 页。

具有某些相似性，在成文法国家，立法活动常常导致书面化的法律文本，而司法必须最终以书面化的形式表现出来，书面化活动本身就是司法过程的一部分。

## 二、司法的发展脉络

司法权是国家与生俱来的一项重要权力，但司法权却经历了由附属到逐步分化并最终独立的过程。

国家发展的早期，司法权的权力范围有限，缺乏独立性。君主或国王独揽立法、行政、司法等一切大权，即使在行政权分离出来后，司法权仍处于行政权的附属之下，因而那时的国家司法机关也并未从国家行政机关中分离或独立出来，特别是在地方还长期通行着行政长官兼任司法官员的制度。

资产阶级革命取得胜利后，司法权从行政权中分离出来，形成一种独立的权力，由独立的司法机关来执掌，与立法权、行政权形成三权分立之势。

随着司法活动的日趋复杂化和工作量的增加，司法机关系统内部逐渐发生了结构性的变化，出现了新的分工的必要性。一些国家的司法机关从早期的单一审判职能，又分化出司法检察和司法行政机关。

近现代以来的司法权的发展演变不仅表现为司法权与行政权的分离，司法权与立法权、行政权并立的局面，而且表现为权力范围的不断扩大，从对民事、刑事案件的审判，逐步扩大到对行政案件以及违宪案件的审理。

## 三、司法的功能

司法的基本功能是依据法律，解决当事人之间法律权利和义务的争议和纠纷，确认当事人之间法律权利和义务的正常样态，对已受到损害的权利义务关系给予法律补救，从而疏通社会交往的正常渠道，恢复和保障正常的法律秩序。即司法具有确认功能、补救功能和调整功能。司法通过排除法律实施中的障碍的方式实施法律。

（一）确认功能

确认功能是指司法机关依法处理基于权利、义务不确定或权利争议而形成的案件的功能。在此类案件中，法律关系常处于不确定的状态，则当事人一方或双方的权利和义务就不能顺利实现，就会形成切断或干扰法律运行的障碍，需要公力救济，即当事人一方行使请求权，请求司法机关通过审判来确认当事人之间真实的权利义务关系，司法机关对案件进行审理并给予明确的裁判，从而最终消除他们之间的权益争议，使法律关系明确，定分止争。

（二）补救功能

补救功能是指司法机关通过审理由契约之债、侵权行为以及违法、犯罪行为所导致的案件而发挥的功能。通过案件的审理，确定一方对其行为所负责任，强制责任的承担者一方通过赔偿损失、履行法定义务或科以其他追加义务等方式，补救被侵害一方的权利或利益，以开通被阻滞的法律运行渠道和恢复被破坏的社会关系和法律秩序。

（三）调整功能

司法在法的运行中起到一个润滑剂的作用。司法机关通过审理各种案件，排除法律运行中的障碍，重新开通被阻滞的法律运行渠道或恢复被破坏的法律秩序的功能，从而使社会保持良好的法治状态。司法的确认功能和补救功能最终也就实现了司法的调整功能，使现实的法律关系和法律秩序处于法律所设定的正常状态。

## 第二节 司法主体

### 一、司法主体概述

（一）司法主体的概念

所谓司法主体，是指由国家宪法所规定的享有司法权能、依法处理案件的国家专门司法机关。

（二）司法主体的特点

1. 主体的法定性。作为司法主体，必须是由国家宪法和法律所确认的具有行使司法权能的专门国家司法机关。

2. 权力行使的独立性。司法主体在行使司法权时，具有独立性，不受任何其他组织或个人的干涉，以保证司法公正，保证法官能够只依据宪法和法律进行审判，排除其他法外因素的干扰。

3. 活动的程序性。司法主体在从事其司法活动、行使其司法权的过程中，都必须按照法定职权和法定程序进行。

4. 法定的权威性。司法主体所作出的决定，不论是判决、裁定还是司法解释，都具有极大的权威性，也即具有由国家强制力保障的法律效力，任何组织和个人都必须执行，不得违抗。

### 二、司法体系

（一）司法体系的概念

司法体系也称"司法体制"或"司法系统"，是指由国家宪法所规定的享有国家司法权能、依法处理案件的专门组织机构即司法主体所构成的体系。

（二）西方司法体系

在西方"三权分立"制度的国家，司法体系一般是法院体系，即仅包括法院，至于检察机关，有的属于行政机关的一部分，如美国联邦司法部兼任检察机关的职能，司法部长兼任国家总检察长；有的属于法院的组成部分，如英国法院中附设公诉处，执行检察机关的任务。

而法院也是形色各异，根据各个国家的法院情况，大体可作以下分类：

1. 民事法院与刑事法院。民事法院依照民法审理民事案件，刑事法院依照刑法审理刑事案件。有些基层法院担负解决轻微民事、刑事案件的任务。

2. 初审法院、上诉法院和终审法院。如英国的民事法院系统由郡法院、高等法院、民事上诉法院和上议院四个审级构成；刑事法院系统由治安法院、皇家刑事法院、刑事上诉法院和上议院四级组成。在一般情况下，初审法院多为基层法院，管辖轻微的民事、刑事案件。区域性法院一般为上诉法院，个别国家在上诉法院之上还设有最高上诉法院。最高上诉法院即为终审法院，无论它对案件进行一审、二审还是三审，都是终审。但在英国，情况比较特殊，在最高法院的上面还有上议院作为最高上诉法院行使最高审判权，枢密院司法委员会作为英联邦成员国、殖民地、保护国和托管地法院的最高上诉机关。

3. 普通法院和专门法院。普通法院审理普通案件，专门法院审理特定案件，如宪法法院、军事法院、宗教法院、行政法院等。

4. 联邦法院和州法院。在实行联邦制的国家，又有联邦法院与州法院之分，又根据各联邦制国家的宪法规定不同，在适用法律方面也不同，如德国的联邦法院与州法院适用统一法典，而美国联邦法院和州法院分别适用自己的法律，两套法院平行并列，在联邦和50个州形成了51套法院系统。

（三）中国司法体系

在当代中国，司法主体由国家宪法和法律所确认。根据我国现行《宪法》《人民法院组织法》《人民检察院组织法》的规定，我国现行司法主体有以下种类和层次，它们构成当代中国的司法体系。

1. 人民法院。人民法院是我国司法主体的一大主要系统，它代表国家行使审判权。这一大系统由地方各级人民法院、专门人民法院和最高人民法院组成。

（1）最高人民法院。最高人民法院是国家最高审判机关。

（2）地方各级人民法院。地方各级人民法院分为基层人民法院、中级人民法院和高级人民法院。按照行政区划和行政级别设置，通常有"县法院、市中院、省高院"的说法。

（3）专门人民法院。专门人民法院有军事法院、铁路运输法院、林业法院、农垦法院、海事法院、知识产权法院[1]等。

2. 人民检察院。人民检察院是我国司法主体的另一大主要系统，它代表国家行使检察权和法律监督权。这一大系统由地方各级人民检察院、专门人民检察院和最高人民检察院组成。

（1）最高人民检察院。最高人民检察院是国家最高检察机关。

（2）地方各级人民检察院。地方各级人民检察院基本上是处于与地方各级人民法院一一对应的状态。俗称"县检、市检、省检"。

（3）专门人民检察院。专门人民检察院有军事检察院、铁路检察院等。

**三、司法职权**

（一）人民法院的审判权

人民法院根据法院级别分别处理权限内案件，行使审判权：

1. 基层人民法院审理绝大部分刑事和民事的一审案件。

2. 中级人民法院审理：管辖权限内的较大一审案件；下级人民法院移送审理的一审案件；下级法院审理的上诉案件和抗诉案件。

3. 高级人民法院审理：管辖权限内的重大一审案件；下级人民法院移送审理的一审案件；下级法院审理的上诉案件和抗诉案件。

4. 最高人民法院审理：管辖权限内的极其重大一审案件；下级法院审理的上诉案件和抗诉案件。根据全国人大常委会的决议，对审判过程中如何具体应用法律，进行司法解释；依照法律规定，核准死刑案件。

（二）人民检察院的检察权和法律监督权

1. 侦查权。依照法律规定对有关刑事案件行使侦查权。

2. 批捕权。对刑事案件进行审查，批准或者决定是否逮捕犯罪嫌疑人。

3. 公诉权。对刑事案件进行审查，决定是否提起公诉，对决定提起公诉的案件支持公诉；依照法律规定提起公益诉讼。

4. 抗诉权。对法院已审理而认为审理不当的案件进行抗诉。

5. 监督权。对诉讼活动进行法律监督；对判决、裁定等生效法律文书的执行工作进行法

---

[1] 2014年10月27日最高人民法院审判委员会第1628次会议通过的《最高人民法院关于北京、上海、广州知识产权法院案件管辖的规定》确定在北京、上海、广州设立知识产权法院。

律监督；对监狱、看守所的执法活动进行法律监督；对最高人民法院的死刑复核活动进行监督。

## 第三节 司法原则

### 一、法治原则

司法必须奉行合法原则。在司法过程中，既要遵守实体法，也要遵守程序法。司法必须以法律为准绳。司法机关在审理各种案件时，要严格依照法律规定办事，把法律作为处理案件的唯一标准和尺度，符合法定的办案规格和标准。对案件的全部审理过程，不仅要符合法定权限和程序，而且对事实的认定和裁决的作出都要符合法律的具体规定。依据法律规定确定案件的性质，区分合法与违法、一般违法和犯罪，并根据案件的性质，依法追究责任、实施制裁。

### 二、客观原则

司法必须以事实为依据。在法律语境中，"客观"并不意味着尊重与具体案件相关的"事实"，而是意味着尊重与具体案件相关的"证据"。要严格依照法律的规定，尊重证据的本来面貌、证据之间的具有说服力的逻辑关系，排除主观臆断、猜测、轻信的证据认定。

以事实为依据要求司法机关必须以经过依法确认的本案事实作为适用法律的根据。区分日常生活中的事实和法律上的事实。法律上的事实包括两种：①由合法证据证明了的案件事实，即客观事实。假如证明案件事实的证据不具有合法性，那么，被它所证明了的事实即使是客观事实，也不能被作为适用法律的依据。②依法推定的事实。在案件客观事实的真相无法查清的情况下，司法机关不能以此为理由拒绝裁判，此时，必须按照有关举证责任的规则和相关的法律原则去推定案件事实，并以此为根据进行裁判。虽然，有时这种推定的事实可能与案件客观事实不符，但是，在法律上它能够引起与客观事实相同的法律效果。司法必须依法律上的事实进行。

### 三、独立原则

司法独立要求司法机关在整个办案过程中，必须独立行使司法权，只认可事实，只服从法律，不受任何行政机关、新闻媒体、社会团体和个人的干涉。

独立原则包含三层涵义：①国家的司法权只能由国家各级检察机关和审判机关统一行使，其他任何机关、团体和个人都无权行使；②人民检察院、人民法院依照法律规定独立行使职权，不受任何机关、团体和个人的非法干涉；③司法机关审理案件必须严格依照法律规定，正确适用法律。

马克思的经典法理名言"法官除了法律就没有别的上司，法官的责任是当法律运用到个别场合时，根据他对法律的诚挚的理解来解释法律"，也正是每一法官所应铭记的。

### 四、公正原则

1. 司法公正要求平等。凡是我国公民，都必须平等地遵守我国的法律，同时平等地享有法定权利和承担法定义务，不允许任何人有超越法律之上的特权。任何公民的合法权益，都平等地受到法律的保护，他人不得侵犯；任何公民的违法犯罪行为，都应平等地受到法律的追究和制裁，决不允许逍遥法外。

2. 司法公正要求实体合法和程序合法。实体合法，主要是指严格依照实体法律的意思或涵义进行裁判；程序合法，主要是指严格依照法律规定的程序进行司法活动。

3. 司法公正也要求实质正义和程序正义。实质正义要求司法结果上的公正；而程序正义要求司法过程上的公正。有的时候实质正义和程序正义会因为某些原因发生冲突，则法理上的一个要求是首先要满足程序公正，因为，从一个正常的推理来看，如果过程实现了公正，通常推断结果也是公正的，反之，如果过程不公正，那么结果也是不公正的。因而，在司法实践中会出现为了程序正义而牺牲了个案的实质正义，但这是为了保证整个司法的实质正义。

**五、责任原则**

责任原则表明司法机关及其工作人员在处理案件过程中必须依法审判、公正廉明，如果因为滥用权力或工作失误出现冤假错案，从而侵犯了公民、法人和其他社会组织的合法权益，则必须承担相应的法律后果。只有将司法权力与司法责任结合起来，才能更好地增强司法机关和司法人员的责任感，才能防止司法过程中的违法行为，以更好地维护司法的权威和尊严。

## 第四节　司法程序

我们通常在美国电视剧《神探亨特》中看到，亨特警官在历尽千难万险抓获犯罪嫌疑人后，都要对他们说："你有权保持沉默，否则你所说的一切，都可能作为法庭上指控你的不利证据。你有权请律师在你受审时到场。如果你请不起律师，法庭将为你指派一位。"亨特警官对犯罪嫌疑人所作的陈述在美国刑事诉讼法中被称为"米兰达规则"，也由此产生犯罪嫌疑人的"沉默权"，它涉及司法的程序问题。

法律程序是由法律规定的、从事某种法律活动所必须遵守的方法、步骤、模式等要求。它包括立法程序、行政程序、司法程序、调解和仲裁程序，以及其他具体活动中的法律程序。其中，司法程序是最严格、最规范的法律程序，任何一个环节的失误都可能导致审判无效，比如美国著名的米兰达案件，该案例是米兰达法则这一重要的司法程序的来由，它向我们展示了在当代司法程序中对人权的保障。

我们一般所说的司法程序，多指诉讼程序，分别由刑事诉讼法、民事诉讼法、行政诉讼法、海事特别诉讼法来明确规定。诉讼的基本程序包括起诉阶段、法庭审理阶段、上诉阶段、执行阶段、审判监督阶段等几个环节，在每个环节，法律均有相应的程序规定，司法过程中，必须严格按照法定程序进行。

下面简要介绍一下刑事诉讼程序、民事诉讼程序和行政诉讼程序的基本概况：

**一、刑事诉讼程序**

刑事诉讼程序的启动是由于刑法上的主体违反了刑法上的义务性强制规定，构成了刑事犯罪，侵犯了刑法所要保护的社会关系。刑事诉讼程序依据犯罪行为的性质的不同，一般分为三种情形进行：

1. 刑事自诉案件。这类案件包括告诉才处理、被害人有证据证明的轻微刑事案件和被害人有证据证明对被告人侵犯自己人身、财产权利的行为应当依法追究刑事责任，而公安机关或人民检察院不予追究被告人刑事责任的案件等三类案件。对于刑事自诉案件，被害人直接到法院进行起诉，法院依法进行驳回起诉或受理审判并予以执行等程序。刑事自诉案件的审理依据相应的程序进行。

2. 由检察院侦查并起诉的刑事公诉案件。几类国家机关工作人员利用职权实施的重大犯罪案件，如贪污、贿赂、渎职等犯罪，由检察机关管辖，进行立案侦查、审查起诉，最后由法院来审理判决。

3. 普通刑事公诉案件。上述两类案件之外的案件属普通刑事案件，由公安机关进行立案侦查，然后交由检察机关审查起诉，最后由法院来审理判决。

通常刑事案件的被害人由于被告人的犯罪行为而遭受物质损失的，在刑事诉讼过程中，有权提起附带民事诉讼，一并审理，即刑事附带民事诉讼程序，上述三类案件都可以提起刑事附带民事诉讼。

**二、民事诉讼程序**

民事诉讼程序的启动是民法上的主体认为其他主体侵犯了其人身或财产权利，而向人民法院对被告人提起民事诉讼。民事诉讼所涉及的权益纠纷通常是有关物的权属纠纷、合同等债权纠纷、人身权纠纷、婚姻纠纷、继承纠纷等。由于民事诉讼中以经济纠纷案件居多，因而法院在设立审判庭时通常设立单独的经济庭。

**三、行政诉讼程序**

行政诉讼程序的启动是作为行政主体的行政机关在执法过程中，行政相对人认为执法不当而侵犯其合法权益，而向人民法院对实施行政行为的行政主体提起行政诉讼。行政诉讼案件以行政确权、行政许可、行政处罚、行政强制引起的纠纷居多。

在三大诉讼程序中，各自有许多独立的制度，也有很多共同的制度。前者如刑事诉讼法的沉默权制度、无罪推定制度、死刑复核程序等；后者如回避制度、证据规则、审判监督程序等。

 案例分析

### 案例一　"星期日上午会议"[1]

1612年11月10日，在一个难忘的星期日上午，应坎特布雷大主教的奏请，詹姆斯一世国王召见了英格兰的法官们。这就是历史上著名的"星期日上午会议"。召开这次会议的起因，是教会法院不依任何既定的法律和成规，不遵从任何控诉程序便对案件进行审判，在它试图仅凭一张完全世俗性质的诉状而派其随员进入被告的住宅并对其实施逮捕时，高等民事法庭颁布了禁令，取缔其有关诉讼行为。一些人对此感到不满，他们想到了君权神授的国王，希望利用国王来对抗普通法院，就建议国王按自己的意愿收回部分案件的审判权，由国王亲自审决。这次"星期日上午会议"的主题就是针对这一建议进行辩论并征求法官的意见。坎特雷大主教在会议上继续鼓吹王权至上，他认为，法官只是国王的代表，国王认为有必要时，把本由自己决断的案件授权给法官们处理。关于这一点，在《圣经》中上帝的圣谕里已经明确地体现，是不言而喻的。针对这一论调，大法官爱德华·柯克代表法官们给予了有力的回击。他说："根据英格兰法律，国王无权审理任何案件，所有案件无论民事或刑事，皆应依照法律和国家惯例交由法院审理。""但是"，国王说："朕以为法律以理性为本，朕和其他人与法官一样有理性。""陛下所言极是"，柯克回答道："上帝恩赐陛下以丰富的知识和非凡的天资，但微臣认为陛下对英国的法律并不熟悉，而这涉及臣民的生命、继承权、财产等的案件并不是按天赋理性（natural reason）来决断的，而是按人为理性（the artificial reason）和法律判决的。法律是一门艺术，它需要经过长期的学习和实践才能掌握，在未达到这一水平前，任何人都不能从事案件的审判工作。"詹姆斯一世恼羞成怒，他说，按这种说法，他应屈居于法律之下，这是大逆不道的犯上行为。柯克引用布拉克顿的名言说："国王不应服从任何人，但应服从上帝和

---

〔1〕 参见［美］罗斯科·庞德：《普通法的精神》，唐前宏、廖湘文、高雪原译，法律出版社2001年版，第41～42页。

法律。"

**【评析】** 时至今日，柯克大法官与詹姆斯一世的这一段对话仍被人们所津津乐道，人们感叹的不仅是柯克大法官不畏王权的高尚人格，更是他对法律及司法活动的精当认识和阐述。尽管柯克法官本人因为力主非法官不能审理案件而终被解职，但是柯克法官的观点却最终通过"法律至上"原则的确立而得以实现，被传为法制史上的一段佳话。

### 案例二　米兰达法则[1]

《美国联邦宪法第五修正案》规定：无论何人，不得在任何刑事案件中被迫自证其罪。根据这一宪法条款，不管是在警察局、法庭还是在国会听证会上，任何人都有权保持沉默，拒绝提供可能被用来控告自己的证据。

1966 年，美国联邦最高法院对米兰达诉亚利桑那州（*Miranda v. Arizona*）一案作出了一项影响深远的裁决，这一裁决已成为美国 20 世纪最重要的刑事裁决之一。

1963 年，一个 23 岁的无业青年，名叫恩纳斯托·米兰达，因涉嫌强奸和绑架妇女在亚利桑那州被捕，警官随即对他进行了审问。在审讯前，警官没有告诉米兰达有权保持沉默，有权不自认其罪。米兰达文化不高，这辈子也从没听说过世界上还有《美国联邦宪法第五修正案》这么个玩意儿。经过连续两小时的审讯，米兰达承认了罪行，并在供词上签了字。

后来在法庭上，检察官向陪审团出示了米兰达的供词，作为指控他犯罪的重要证据。米兰达的律师则坚持认为，根据宪法，米兰达的供词是无效的。最后，陪审团判决米兰达有罪，法官判米兰达 20 年有期徒刑。此案后来上诉到美国联邦最高法院。1966 年，联邦最高法院以 5∶4 一票之差裁决地方法院的审判无效，理由是警官在审问前，没有预先告诉米兰达应享有的宪法权利。最高法院在裁决中向警方重申了审讯嫌犯的规则：①预先告诉嫌犯有权保持沉默；②预先告诉嫌犯，他们的供词可能用来起诉和审判他们；③告诉嫌犯有权请律师在受审时到场；④告诉嫌犯，如果请不起律师，法庭将免费为其指派一位律师。这些规定后来被称为"米兰达法则"（Miranda Warnings）。"米兰达法则"的前 3 条与米兰达一案直接有关，而规则的第 4 条，即如果嫌犯请不起辩护律师，法庭应免费为其指定一位律师的规定，则是根据美国联邦最高法院在 1963 年作出的另一项重要裁决。

《美国联邦宪法第六修正案》规定，被告人在法庭受审时，有权请律师为其辩护。人所共知，金钱不是万能的，请律师辩护，没有钱是万万不能的。一百多年来，此款宪法修正案，实际上只是保护了有钱人的人权。直到 1932 年，联邦最高法院在鲍威尔诉阿拉巴马州（*Powell v. Alabama*）一案中裁决，法院应为被控犯死罪的穷苦被告人免费提供辩护律师。1963 年，联邦最高法院在吉迪思诉温赖特（*Gideon v. Wainwright*）一案中裁定，州法院应为被控犯重罪的穷苦被告人免费提供辩护律师。

1961 年，一个中年穷汉，名叫克拉伦斯·伊尔·吉迪恩，因涉嫌闯入一家弹子房盗窃在佛罗里达州被捕，被控从自动售货机中盗窃了一些硬币和罐装饮料。吉迪恩一贫如洗，根本雇不起律师，虽然他坚称，自己无罪，结果还是被判了 5 年徒刑。吉迪恩在监狱服刑期间，利用狱中的图书馆，刻苦自学法律，并给美国联邦最高法院大法官写了一份"赤贫者申诉书"，声称自己因贫困而被剥夺了请律师辩护的宪法权利，法庭的判决是不公正的。这伙计在申诉书中用了很多刚学来的法律术语，写得有理有据、头头是道，联邦最高法院 9 位大法官一致同意了

---

[1]　参见陈伟："'米兰达法则'与美国宪法修正案"，载《读书》2000 年第 7 期。

他的申诉。联邦最高法院在裁决中强调，"在刑事法院，律师是必需而非奢侈"。吉迪恩遂出狱，重新受审。这回由法庭指定了免费辩护律师，最后的判决是无罪释放。此案一出，全美各地监狱里有数千名在押犯人，因当年受审时同样没有律师为他们辩护，后来多数都获得释放。

　　【评析】上述案例描述了"米兰达法则"这一重要的司法程序及其由来，它向我们展示了在当代司法程序中对人权的保障。人们普遍认为，"米兰达法则"实际上是给警方戴上了手铐，保障了犯罪嫌犯的权利；损害了犯罪受害人的人权，美国社会将有可能出现难以遏制的犯罪浪潮。美国国会曾召开听证会，广泛听取警方、法律界权威人士和民众的呼声，研讨对付"米兰达法则"的高招。依照三权分立、相互制衡的法律，美国国会和各州一起，可以用联邦宪法修正案推翻美国联邦最高法院的裁决。美国联邦参议员山姆·艾尔温曾提议，增加一条新的宪法修正案，推翻联邦最高法院对米兰达诉亚利桑那州一案作出的裁决。这个议案因没得到参众两院2/3多数支持而夭折。依美国法律，即使参众两院通过了，仍需3/4以上州议会的批准才能生效。由此可见，在司法程序中，保障罪犯的人权与查明事实的真相同样是体现司法的公正。

### 本章小结

　　司法不仅仅是我们通常所理解的到法院"打官司"，司法有完整的由检、法系统构成的司法体系，有严格的职权权限划分，有规范的司法程序，在任何司法过程中都必须遵守法治原则、客观原则、独立原则、公正原则和责任原则，司法就是专门执掌国家司法权力的国家机构按照其法定的职责与权限，严格遵循法律规定的程序，以超然和中立的立场与态度，通过对于相关事实和证据的法律审查和逻辑审查，具体适用法律来处理和解决诉诸其面前的主体之间的法律权利义务纷争的专门活动。司法是法律运行中的最后一个环节，它通过相对固定和法定的模式，以公正的长者身份，给予前来解决纠纷的当事人以权威性的信赖，并据此获得裁判以及执行的可能性，恢复被破坏的权利义务关系和被破坏的社会秩序，最终成为保障法律有效运行的内部调节机制。正因如此，司法具备了职权的法定性、程序的法定性、裁决的权威性、人员的专业性、结果的书面化等特点，区别于立法和执法。

### 思考题

#### 一、名词解释

1. 司法
2. 司法主体

#### 二、简答题

1. 司法具有何种功能？
2. 简述中国的司法体系及其职权。
3. 司法原则有哪些？
4. 简述司法的特点。

#### 三、论述题

1. 如何正确认识公安机关进行刑事侦查的性质？是属于司法还是执法？
2. 如何正确认识"递条子""找县长"等司法腐败、干扰司法等不良的法律现象？它破坏了司法的哪些原则？

　3. 仲裁属于司法程序吗？为什么？

 主要参考文献

　1. ［美］汉密尔顿、杰伊、麦迪逊：《联邦党人文集》，程逢如、在汉、舒逊译，商务印书馆 1980 年版。

　2. ［德］傅德："德国的司法职业与司法独立"，载宋冰编：《程序、正义与现代化：外国法学家在华演讲录》，中国政法大学出版社 1998 年版。

　3. 舒国滢主编：《法理学阶梯》，清华大学出版社 2006 年版。

第十九章

# 法律监督

【本章概要】法律监督是指一切国家机关、政治或社会组织和公民对法的全部运作过程的合法性所进行的监察、制控和督导，它是法的运行过程中的一个重要程序，也是一个容易被我们忽略的程序。本章介绍了法律监督的概念、法律监督的功能、法律监督的原则和法律监督的体系，帮助读者全方位地认识法律监督在法律上的涵义与特点。

【学习目标】通过本章的学习，了解法律监督的概念、功能、原则、体系，掌握法律现实中法律监督的渠道及意义，讨论并分析法律现实中法律监督的实效及完善。

## 第一节    法律监督概述

### 一、法律监督的概念

法律监督有广义、狭义两种解释。狭义的法律监督是指有关国家机关依法定职权和程序对立法、执法、司法等法制运作过程的合法性进行的监察、制控和督导；广义的法律监督是指一切国家机关、政治或社会组织和公民对法的全部运作过程的合法性所进行的监察、制控和督导。本章使用广义的法律监督这一概念。

### 二、法律监督的构成

为了深入理解法律监督的概念，就要对其内涵展开分析，以进一步分析法律监督的构成。我们认为，法律监督至少包含如下要素：

（一）法律监督的主体

法律监督的主体，是指按照法律的规定，谁有资格、有权利或权力来对法的运行的具体过程进行监督。法律监督的主体包括国家机关、政治或社会组织和公民三类。

1. 国家机关有权实施监督。这里的国家机关包括权力机关、行政机关和司法机关。国家机关的监督由法律明确规定，是依照一定的法定职权和法定程序并以国家的名义进行的，具有法律的约束力和强制力，被监督对象必须接受这种监督，是一种自上而下的监督。一般来说，国家机关的监督更具有监督的职权性、日常性、有序性和实效性，在国家的监督体系中处于核心地位。

2. 政治或社会组织的监督一般是指政党、各种政治性或非政治性社团以及各种职业性或非职业性的公民自治团体。社会团体的法律监督具有广泛的代表性与权威性，但与国家机关的法律监督相比，它不具有法律上的约束力与强制力，只具有伦理道德方面的谴责与说服力，以及一般社会意义的制约作用。这种法律监督也不是以国家的名义作出的。它们通常是通过其自身的社会影响来对立法、执法、司法等法的运行主体以建议和意见的方式进行监督。

3. 公民个人作为法律监督的主体，是现代民主政治的基本要求和典型特征之一，公民的法律监督虽不具有权威性，但由于这一监督主体人数众多，并且民主权利的行使使得这种监督具有可行性和操作性，公民的参政、议政能力的提高，公民法治观念的增强，都会使这种监督更好地发挥作用，这也是法律监督发展的主流方向。根据权力制衡的原则，国家机关根据法律授权对公民进行管理和施权，那么公民也有良好的渠道对国家机关的管理行为进行监督，这样才能达成良好的双向制约，才能更好地保证法的良性运行。

（二）法律监督的对象

法律监督的对象主要是指运用国家权力的国家机关及其公职人员，已包括运用公共权力、具有政治优势地位的政治或社会组织。法治发展至今，历史的经验表明，对宪政、民主和法治造成最大威胁和破坏的因素，主要不是来自于社会团体和公民个人，而恰恰来自于公权力的拥有者即国家机关及其公职人员。权力易导致腐败，这是由权力的扩张性本质决定的。法律监督就是针对公权力的拥有者与运用者而设计的一种防范机制。

（三）法律监督的内容

法律监督的内容，也可以说是法律监督的客体，主要是国家机关及其公职人员的各种公务活动，即公权力的拥有者与运用者具体操作公权力的行为，考量的是监督对象的行为和结果的合法性，一定范围内也指向行为和结果的合理性。而至于监督对象实施公权力而执行公务以外的监督对象的个人行为，不属于法律监督的范围，而是属于一般公民的守法性或道德性方面的问题，不得擅用法律监督来代替法本身的行为调控作用。

（四）法律监督的依据

法律监督的依据当然是宪法和法律。法律监督并不是一般的政治性监督、道德性监督，因此它不能以政治、道德、宗教等方面的规范、原则、情感为标准，只能并且必须以既定的法律原则和法律规范为标准或依据。

（五）法律监督的方式

法律监督的方式依照法律监督主体的不同而有各自不同的方式。立法机关对立法的监督有备案、审查、发回不修改等方式；司法机关对行政机关的监督通过行政诉讼程序以判决变更或撤销的方式进行；普通公民对国家机关的监督通过申诉、控告、检举及提起行政诉讼的方式实现；社会媒体的监督通过曝光事实和公众讨论的舆论压力方式进行监督。

**三、法律监督的分类**

对法律监督可从不同角度进行分类，分类角度和类别大致如下：

1. 依监督主体的不同，可分为国家监督和社会监督。国家监督又可分为权力机关的监督、行政机关的监督和司法机关的监督；社会监督是由国家机关以外的其他社会关系主体所实施的监督，又可分为政治或社会组织的监督、社会舆论的监督和公民的直接监督。

2. 依监督对象的不同，可分为对行使国家权力或公共权力的国家机关的监督，对政治或社会组织的监督，以及对其他社会关系主体的监督。

3. 依监督内容不同，可分为合法性监督与合理性监督。合理性监督相对于合法性监督来说，具有更大的艰难性和模糊性，因为合法性判断相对较为固定和明确，而合理性判断则需要更多的论证，而何种判断更具有权威性，是合理性监督的最大难题。

4. 依监督主体与对象所处地位和相互关系的不同，可分为纵向监督和横向监督、内部监督和外部监督。

监督主体与监督对象之间存在上下层级关系的监督是纵向监督，这种监督常常由于级权的差异而具有更大的权威性。监督主体与对象处于同一层级的监督是横向监督，这种监督多依赖于权力分立和权力制衡制度上的设计，从而具有监督的制度性。监督主体与对象共处于同一组织系统的监督为内部监督或同体监督；监督主体与对象分处于不同组织系统的监督为外部监督或异体监督。

5. 依监督所处阶段的不同，可分为事前监督、事中（日常）监督和事后监督，它们在不同的阶段体现了法律监督的预防、控制、矫治功能。

## 第二节 法律监督的功能

任何制度的设计，都是为了实现特定的目的或功能。权力的运作具有极大的复杂性，在现代社会，权力披上法律外衣，就具有极大的权威性和正当性，就变成法权，权力的运作需要运用"放羊"原则，即要把权力放出去，而不能圈得过死，这样权力才能正常施展，才能发挥作用，但又要有"牧童"来监管，要能在适当的时候把权力收回来，避免其偏离本来的方向和目的而扰乱法制。

法律是一套外在的规则，它的正常实施也必须依靠一套外在的监督机制，因此，法律监督是法律实施中重要的保障力量。从政治的角度讲，法律监督是民主的体现和保障，只有通过监督，才能约束立法、行政、司法等公共权力，使之良性运转而不腐败异化；从法律的角度讲，法律监督是法律实施的保障，通过监督，能够督促各方主体及时地履行义务，适当地享有权利，从而使法律的目的和理想得以实现。

法律监督最基本的性质和功能是它的制控性：一是制控法的运行过程，防止、控制和纠正偏差或失误；二是通过对法的运作过程的监督来制控权力运作，防范、控制和矫治权力的扩张和滥用。由此，形成法律监督的法律功能和政治功能。

### 一、法律监督的法律功能

从静态的宏观方面来说，法律监督是法运行不可或缺的构成性机制，在法的运行中，具有独特性质和功能，与其他运作机制共生互动；法律监督又是保证法的实现的贯穿性机制，它渗透于法的运行的全过程，因而具有预防、控制和纠正等多层次的功能；同时，法律监督还是法的统一、权威和尊严的保障性机制，它通过对立法、执法、司法和守法过程中可能出现的偏差和背离加以预防、控制和纠正，来保证统一的法律在国家主权范围内统一、平等、公正地运用，维护法的至高无上的权威和尊严。

从动态的微观方面来说，法律监督具有控制功能、评价功能、调节功能和救济功能。

1. 控制功能，即通过法律监督的外部约束力，使被监督对象的违法行为受到抑制、纠正和制裁的能力和效用，对违法的权力行为形成一种制约、威慑的力量，防范违法，矫正违法。

2. 评价功能，即通过法律监督机制，对立法、执法、司法的工作进行识别和判定的能力和效用，也包括检验功能。对国家机关及其工作人员的工作作出评价，使其工作更加透明，具有防范和激励的功能。

3. 调节功能，即通过法律监督机制，调节法律行为和法律目标之间的偏差和距离的能力和效用，也为纠正功能。调节国家机关的相互分工合作关系，协调权力和权利，对各利益集团矛盾冲突进行协调，纠正被监督者的行为偏差，促使其遵守法纪、依法行权。

4. 救济功能，即通过法律监督，使侵权行为的受害人得到补偿的能力和效用。一旦国家机关及其工作人员做出违法或不当行为，侵犯了相对方的正当权益，则可以权利救济的方式进行对抗，从而维持法律关系的平衡状态。通过各种监控机制，确保为公民、法人提供更多、更有效的法律救济，也能及时纠正重大违法行为，防止、减少、挽回可能或已经给国家造成的政治、经济损失。

## 二、法律监督的政治功能

当代政治是民主政治，依赖的是依法治国，法律监督能够有效地防范权力专横、滥用和腐败，以权力制约权力，以权利制约权力，保障法治的良性运作，从而保障政治目标的实现。当代政治是政党政治，政党在实现对国家的掌权和管理时，通过法定的方式，利用国家机关及其工作人员进行相应的法的运作而实现，法律监督同时也能保证政党对其官员的控制。

法律监督的政治功能体现为预防功能、保障功能和反馈功能。

1. 预防功能，即通过法律监督，加强社会预防，提高公民的法律意识的能力和效用。它使违法违纪者认识错误、自我谴责、将功补过，使其从被监督和被处罚的教训中得到警戒，同时也教育其他权力者引以为戒，避免类似违法违纪行为的发生，从而保障政治体制的有序和稳定。

2. 保障功能，即通过法律监督机制，维护法律制度和法律秩序，保护国家利益和人民群众利益的能力和效用。这也是法律监督的主要目的，通过法律监督维护国家法定权力和公民法人的基本权利的平衡，进而维护社会正常政治、经济、社会生活秩序。

3. 反馈功能，即通过法律监督机制，向国家决策部门反映法治发展的动态信息的能力和效用。监督并不意味着实现 A 对 B 的权力，理想的监督不是以权力作为媒介，纠正个别的违法违纪现象仅仅是法律监督的具体目标之一，法律监督更为重要的目的应该是通过个案的监督，达到宏观观察和掌握法治发展动向的要求，实现有效管理、控制社会的条件。法律监督机制收集、检验、审查、过滤违法违纪现象的过程，实际上是关注社会动态，把握社会重大事项和问题的过程。

# 第三节 法律监督的原则

## 一、合法性原则

合法性原则是法律监督的目的性原则，它要求一切法律监督活动都必须合乎维护宪法尊严和法制统一这一宗旨。

从整个法律监督的过程来看，法律监督的合法性原则包括两方面的双向要求：

1. 合法性目的原则，即法律监督以保证行为的合法性为主要目的，即使是合理性监督也必须以合法性为基础。不论是哪种主体的监督，都要以法律为依据，监督的内容也是被监督者的行为是否合法，在整个法律监督体系中，都要以此为监督的直接出发点和最终目的。

2. 合法性活动原则，即法律监督本身作为保证合法性的活动，其自身也必须具有合法性。这就要求任何法律监督主体的监督活动都要依照法定的权限、法定的程序进行，不得随意监督，更不得恶意监督或者虚假诽谤，否则要承担相应的法律责任。

## 二、民主性原则

法律监督的民主性原则，要求监督应具有民主的价值指向和民主的操作机制。法律监督在法律上体现为对于合法的要求，在政治上则体现为对于民主的要求。权力之源在于民众的授权，那么民众自然也就享有对权力的监督。法律监督也应以保证法律依人民意愿制定和运行、实现民主政治为价值趋向。同时，法律监督在操作过程中，也要保证多元、开放、平等、透明、实在，保证各种层次的监督尤其是公民个人的监督都能实实在在地发挥作用。

## 三、程序性原则

法律监督的程序性原则，要求监督的程序性指向和监督的程序化运作。所谓监督的程序性指向，强调法律监督不仅指向活动内容的合法性，而且指向活动程序的合法性。在实施法律监督的过程中，实施监督审查的步骤、阶段、管辖、时效、期限、手续等方面的要求或过程都要稳定、透明、适当、操作性强，从而才能真正解决法律监督过程中的公正、合理、效力、后果、责任等问题。

### 四、系统性原则

法律监督的系统性原则，意味着法律监督在体系、功能、结构上的统一性、协调性和整体性。法律监督是一个体系，因而在法律监督的权限、程序的设计上要把握系统性，在法律监督的过程中也要把握系统性，保证整个监督体系不冲撞、不矛盾、不争权、无空隙，能够很好地相互配合和补充。

## 第四节　法律监督的体系

法律监督体系，是一国不同种类的法律监督有机结合的统一体。依监督主体不同，可分为国家监督和社会监督两大系统。

### 一、国家监督

所谓国家监督，是指由国家机关以国家名义依法定职权和程序进行的具有直接法律效力的监督。国家监督具有法定性、严格程序性、直接效力性等特点。

依具体实施监督的机关不同，国家监督又可分为权力机关的监督、行政机关的监督、司法机关的监督和国家监察机关的监督四类。

1. 国家权力机关的监督。在我国，国家权力机关的监督就是各级人民代表大会及其常务委员会所进行的监督，这种监督在国家监督中居于主导地位，例如，全国人民代表大会及其常务委员会的监督在整个国家监督中居于最高地位，是具有最高法律效力的监督。

国家权力机关的监督包括以下两方面：

（1）立法监督。立法监督是国家权力机关对享有立法权的国家机关的立法活动及其结果的合法性所进行的监督。《立法法》明确了各权力机关的立法监督的权限。在监督的对象和范围上，根据《宪法》《全国人民代表大会组织法》《地方各级人民代表大会和地方各级人民政府组织法》规定，不同层级的人民代表大会及其常务委员会监督的对象和范围各不相同。

全国人民代表大会的监督对象和范围：①全国人民代表大会常务委员会在全国人民代表大会闭会期间对基本法律所作的补充和修改；②全国人民代表大会常务委员会制定和修改的基本法律以外的其他法律。全国人民代表大会有权改变或撤销全国人民代表大会常务委员不适当的决定。

全国人民代表大会常务委员会的监督对象和范围：①国务院制定的行政法规；②同外国缔结的条约和重要协定；③地方性法规；④自治条例和单行条例；⑤授权性立法；⑥特别行政区立法机关的立法。

地方人民代表大会及其常务委员会的立法监督主要是指省级人民代表大会及其常务委员会的监督。其监督对象和范围包括：①省、自治区所在地的市和国务院批准的较大的市的人民代表大会及其常务委员会制定的地方性法规；②自治州、自治县的人民代表大会制定的自治条例和单行条例。

立法监督采用的方式包括：批准、备案、发回、宣布无效、改变或撤销等。

（2）对宪法和法律实施的监督。根据《宪法》《全国人民代表大会组织法》《地方各级人民代表大会和地方各级人民政府组织法》的规定，全国人民代表大会监督宪法的实施，全国人民代表大会常务委员会监督宪法和法律的实施，有权处理违宪事件，其处理方式包括宣布违宪的法律、法规和其他决定、命令无效，也包括罢免违宪失职的国家领导人。此外，还通过听取和审议最高行政机关与司法机关的工作报告、向有关部门提出质询案，对重大问题组织调查委员会进行调查处理等方式，对宪法和法律的实施进行监督。

根据宪法和有关组织法的规定，地方各级人民代表大会监督宪法和法律在本行政区域内的实施，分别按照权限进行法律监督。其监督方式包括：听取和审议行政机关与司法机关的工作报告，组织视察和检查，进行质询和询问，进行选举和罢免，受理申诉和意见，改变或撤销不适当的决议、决定和命令等。

2. 国家行政机关的监督。行政机关的监督是以各级国家行政机关为主体所进行的监督。它包括两个方面：①上级行政机关对下级行政机关、专门行政监督机关对其他行政机关的行政活动是否合法所进行的监督，可以称之为内部行政监督，如行政监督、行政复议、审计监督等，是行政系统内部的专门的自我约束和控制，目的是防范和规制行政违法和行政不当以及由此产生的权力腐败，促进依法行政，保证行政系统内部的良性运作。②行政机关对非所属的行政机关、社会组织和个人行为是否合法所进行的监督，可称之为外部行政机关监督，如行政检查等。它是行政权力系统对社会生活秩序的检查和维护，其目的是防止公民和社会组织的违法行为，以保障法律、法规、规章的执行和行政目标的实现。从某种意义上来讲，这种法律监督与执法是同步和重叠进行的。

对行政机关的监督方法主要有三种：

（1）行政监察。行政监察是指行政监察机关对国家行政机关及其工作人员和国家行政机关任命的其他人员执行法律、法规、政策和决定、命令的情况以及违法、违纪行为进行的监督。它是行政机关内部自我监督的一种特殊形式。在实际执行过程中，行政监察机关拥有检查权、调查权、建议权以及行政处分权。世界上有很多国家设有类似机构，如美国将此种机构设置在行政机关各部门内，而加拿大则是行政系统内设立相对独立的监察专员制度，我国的香港、新加坡的廉政公署也属于此类机构。《国家监察法》公布实施后，对行政机关的监督由国家监察部门负责。

（2）行政复议。行政复议是不当执法的一种救济方式，同样也是法律监督的一种重要方式。行政复议是行政活动内部自我监察的重要形式，是上级国家行政机关对下级国家机关的行政活动进行层级监督的一种制度化、规范化的行政行为，也是国家行政机关系统内部为依法行政而进行自我约束的重要机制。

（3）审计监督。审计监督是国家审计机关对有关国家机关、财政金融机构、企事业单位的财政财务活动、经济效益、财经法律法规遵守执行情况进行检查、审核、评价、鉴证，以判断其真实性、合法性和有效性的活动。在法律监督中，审计监督具有独特性，具有其他监督制度所无法替代的作用。

3. 国家司法机关的监督。司法机关的监督是以检察机关和审判机关为主体所进行的监督。

（1）检察机关的监督。检察机关的监督，即通过行使检察权依法履行法律监督职能，它主要是对公安机关、人民法院、监所及其公职人员执法、司法活动的合法性和刑事犯罪活动进行监督，又称为侦查监督、审判监督、执行监督等。

侦查监督是检察机关对公安机关的侦查活动的合法性所进行的法律监督。它主要是通过批捕、决定起诉或不起诉等方面，对公安机关的侦查活动的合法性进行监督。

审判监督是检察机关对审判机关的审判活动的合法性所进行的监督。这种监督是通过检察机关参与审判活动进行的，更多的是通过抗诉进行的，即检察机关对同级人民法院或下级人民法院已经发生法律效力的判决和裁定，认为其确有错误的，有权依照法定程序提起抗诉。这种抗诉不仅限于刑事案件的判决和裁定，还包括民事及行政案件的判决和裁定。

执行监督是检察机关对刑事案件判决、裁定的执行和对监狱、看守所活动合法性的监督。

（2）审判机关的监督。审判机关的监督即人民法院的监督，人民法院依法对其法院系统和其他国家机关、社会组织、公民的执法、司法以及守法活动所进行的监督。可分为对内和对外两种监督形式。

第一，人民法院对内的监督，即人民法院系统内的自身监督。人民法院内部自上而下的法律监督主要通过审级监督来实现。这一监督主体是最高人民法院或上级人民法院，其监督通过二审程序、核准程序、死刑复核程序来完成。最高人民法院监督地方各级人民法院和专门人民法院，上级人民法院监督下级人民法院的审判工作，最高人民法院对各级人民法院已经发生法律效力的判决和裁定，上级人民法院对下级人民法院已经发生法律效力的判决和裁定，如果发现确有错误，有权提审或指令下级人民法院再审。各级人民法院院长对本院已经发生法律效力的判决和裁定，如果发现在认定事实上或在适用法律上确有错误，必须提交审判委员会处理。

第二，人民法院对外的法律监督，即人民法院通过审判活动，对其他国家机关、社会组织及个人履行的监督职能。人民法院通过刑事审判，裁判犯罪嫌疑人的行为是否触犯刑法，是否构成犯罪，构成犯罪的予以定罪量刑，没有构成犯罪的则免于刑事处罚或宣告无罪。通过民事审判，审查民事主体所为的民事行为是否违法，对违法行为予以适当制裁，从而对合法行为予以应有的法律保护。通过行政审判，监督国家行政机关及其工作人员的具体行政行为的合法性与执法情况，确保行政机关依法行政，保护行政相对人的合法权益。人民法院对检察机关的监督体现在办理刑事案件的过程中，通过刑事审判职权来实现的，人民法院依刑事诉讼法对人民检察院起诉的案件，在认为主要犯罪事实不清、证据不足或没有违法情况时，以建议补充侦查或通知纠正的方式所进行的监督。不过，人民法院对人民检察院的监督是在分工负责、相互配合、互相制约的过程中实现的，因而二者之间形成了双向的监督关系。

4. 国家监察机关的监督。监察机关的监督是以各级国家监察机关为主体所进行的监督。

各级监察委员会是行使国家监察职能的专责机关，依照《国家监察法》对所有行使公权力的公职人员进行监察，调查职务违法和职务犯罪，开展廉政建设和反腐败工作。中华人民共和国国家监察委员会是最高监察机关。省、自治区、直辖市、自治州、县、自治县、市、市辖区设立监察委员会。国家监察委员会由全国人民代表大会产生，负责全国监察工作。

国家监察机关监督的公职人员包括：

（1）中国共产党机关、人民代表大会及其常务委员会机关、人民政府、监察委员会、人民法院、人民检察院、中国人民政治协商会议各级委员会机关、民主党派机关和工商业联合会机关的公务员，以及参照《中华人民共和国公务员法》管理的人员。

（2）法律、法规授权或者受国家机关依法委托管理公共事务的组织中从事公务的人员。

（3）国有企业管理人员。

（4）公办的教育、科研、文化、医疗卫生、体育等单位中从事管理的人员。

（5）基层群众性自治组织中从事管理的人员。

（6）其他依法履行公职的人员。

国家监察机关履行监督、调查、处置职责：

（1）对公职人员开展廉政教育，对其依法履职、秉公用权、廉洁从政从业以及道德操守情况进行监督检查。

（2）对涉嫌贪污贿赂、滥用职权、玩忽职守、权力寻租、利益输送、徇私舞弊以及浪费国家资财等职务违法和职务犯罪进行调查。

（3）对违法的公职人员依法作出政务处分决定；对履行职责不力、失职失责的领导人员进行问责；对涉嫌职务犯罪的，将调查结果移送人民检察院依法审查、提起公诉；向监察对象所在单位提出监察建议。

**二、社会监督**

所谓社会监督，是指由国家机关以外的政治或社会组织和公民进行的不具有直接法律效力的监督。社会监督是以实现民主政治、保障公民民主权利为目的，以广大的政党、团体社会组织、人民大众为主体，以所有的国家机关及其工作人员为对象，以批评、建议、检查、检举、揭发、申诉、罢免、报道、听证、复议、诉讼等权利的行使为手段，以具体的法律监督活动为内容，对行使公权力的行为所实施的监督。在我国，社会监督的主体包括中国共产党及其他各民主党派、各社会团体、各新闻媒体以及人民群众。

社会监督依具体实施监督的主体不同，又可分为政治或社会组织的监督、社会舆论的监督和公民的监督。

1. 政治或社会组织的监督。

（1）中国共产党的监督。中国共产党作为执政党，既具有政党团体性质，也具有国家权力性质，所以中国共产党监督的主要对象是各级党政机关和在各级党政机关、企事业单位、社会团体中担任一定职务的党员干部。监督的内容主要包括：党员言论行为是否符合党章要求；党员干部遵守党的政治纪律情况；对党员干部运用国家权力行为的监督；对党组织和党员贯彻民主集中制原则情况的监督；对党风廉政建设情况的监督。

（2）中国人民政治协商会议的监督。中国人民政治协商会议是中国人民爱国统一战线组织，是中国共产党领导的多党合作和政治协商的重要机构，是我国政治生活中发扬社会民主的重要形式。人民政协的监督包括：监督立法，参与重大决策、重要法律的协商讨论，提出修改意见；监督法律的实施，以视察、考察、调查研究的方式进行；对行使政治领导权的中国共产党和行使某些公共权力的政治和社会组织行为合法性的监督。

（3）各民主党派的监督。各民主党派是在中国共产党作为执政党领导下的参政党，他们参与国家政权的组成，参与国家法律、法规及重大国策的协商，参与国家事务的管理，因而是法律监督的一种重要的社会力量。其实施监督的主要内容是监督宪法、法律的实施，监督执政党的政治路线、领导及决策的情况；监督国家大政方针，经济发展；监督国家机关及其公职人员履行职责、为政清廉的情况；监督国家重大人事安排，监督群众关心的重大问题。

（4）社会团体的监督。社会团体是为了实现特定利益而依法经批准、依法登记的组织，它们主要面向一定的阶层和群体而形成，包括工会、共青团、妇联以及居委会、村委会、消协等社会组织。其法律监督主要是对涉及各自组织和工作范围内的法律的贯彻执行情况进行具体的监督，方式包括批评、建议、申诉、控告、检举和诉诸舆论等。

2. 社会舆论的监督。社会舆论的监督主要指新闻舆论的监督，它通过特定的组织体系和特定的媒体手段来表达公民的意志和要求，控制和纠正国家机关、政党及有关社会组织运用公权力的瑕疵甚至违法行为，因而，信访、会议、报刊、广播、电视、互联网成为实现社会舆论的多种渠道。

社会舆论监督的主体为一般公民和包括新闻媒体在内的社会组织。当一个公民认为政府机构或政府官员行为不当时，他可以将之揭露于众，并加以谴责，唤起其他公民和国家机关对这些行为的注意和反对。新闻媒体在舆论监督中发挥着重要、甚至是主要的作用，但是也不能够忽视其他的表达方式，如各种讲坛和会议、通过互联网传播信息以及在一个具体的社区和单位里口口相传的舆论所起到的分散和广播的作用。

社会舆论监督的对象是各级国家机关及其公职人员，监督的内容是指一般公民和媒体对国家机关及其公职人员的滥用权力等不当行为所做的公开揭露和批评。这些批评可能是对于有关不当行为的事实的指控，也可能是对于这种事实进行评论，或者就此提出改进的建议。

社会舆论的监督在我国目前有着举足轻重的作用，它常常最终导致国家机关监督程序的启动。然而，社会舆论的监督也可能是最不规范的一种监督，在我国，目前对于社会舆论的监督没有明确的法律规范，因而这种监督有可能超越了其本身的角色，新闻媒体的权力变得过大，而且在实施监督的过程中，没有很好地注意到监督对象自身某些神圣不可侵犯的基本人权。

3. 公民的直接监督。公民的直接监督指向广泛，特别指向国家机关、政党、政治或社会组织运用公权力的行为。在我国，人民是国家的主人，人民所享有的法律监督权同样以宪法保障为前提。根据宪法的规定，公民享有参政权、选举权和被选举权，通过各种途径和形式管理国家事务，管理经济、文化和社会事务；公民对于任何国家机关和工作人员，有提出批评和建议的权利；有对国家机关及其公职人员的违法失职行为提出申诉、控告或检举的权利。如何增强民众的民主监督意识，如何形成具有大众化和平民化的监督，是建立现代法律监督体系应当关注的论题。

 案例分析

## 窦庆堂上访记[1]

窦庆堂是山西武乡县蟠龙镇北漳村村民。他在村里经营一座加油站——晋武石化供销站。1998年，武乡星火焦化厂、石门乡大陌村村民刘凤书、韩北乡韩北村村民霍志军违约欠付加油款，被窦庆堂告上法庭。

武乡县人民法院民事庭、蟠龙法庭先后判决或裁定窦庆堂胜诉。

1999年1月，窦庆堂向武乡县人民法院执行庭申请强制执行，按执行标的0.5%的比例如数交纳了执行费。第一起星火焦化厂案执行标的3.52万元。诉讼期间，原告申请财产保全，法院封存了星火焦化厂15型装载机。此装载机的价值已超过执行标的，法院完全可以拍卖装载机清还原告债务，而法院迟迟不予执行。第二起刘凤书案执行标的1.79万元。蟠龙法庭审理此案时，于1998年11月4日扣押了被告刘凤书的一辆"仪征牌"吉普车。一个星期后，这辆吉普车成了原蟠龙法庭庭长魏永宏的"私家车"。车开了一年多，开不动了，魏永宏将车上的3条轮胎拆下来换上3条破轮胎，弃在武乡县老干部局家属院内。第三起霍志军案执行标的1.14万元。当初法院向被告送达执行通知书时，被告曾答应付原告5000元，但因法院未及时督促，被告一直拖着不兑现。

无奈，窦庆堂四处上访。1999年9月，省人大常委会将窦庆堂的信访件批转给武乡县人大常委会，武乡县人大责成法院尽快落实，可八九个月过去了，仍杳无音信。法院院长被"请"上人大质询台。2000年7月21日上午，武乡县十一届人大常委会举行第十五次会议。张王成、李云生、田万福、张海峰、李绍君、安效唐6位常委会组成人员联名提出《关于要求县人民法院答复窦庆堂诉星火焦化厂、刘凤书、霍志军经济纠纷等三起案件的质询案》。主任刘书成和另外3位副主任交换意见后，当场宣布：质询案送达县人民法院，要求其3日内向县人大常委

---

[1] 引自吉卫国、张向东："窦庆堂上访记"，载《人民日报》2000年11月8日。

会主任会议答复。

7月24日下午，武乡县人大常委会主任、副主任及质询案提出人，汇聚人大常委会会议室，听取法院院长牛安林的答复。牛安林院长报告了3个案件的执行情况。尔后，出席会议的常委会组成人员纷纷发言。张海峰委员的发言一针见血："窦庆堂这三起经济纠纷案，不是'执行难'的问题，而是法院'不执行'的问题。法院院长的答复仅仅说明了一下案件的执行情况，对执行不力的原因，特别是责任问题只字未提，这样的答复能令人满意吗？"会议结束前，主持会议的吕永旺副主任说："质询是具有法律效力的'刚性'监督手段，法院必须引起足够重视！"第二次答复也没能令委员们满意。8月24日下午，武乡县人大常委会举行主任扩大会议，听取法院第二次答复。法院院长的答复报告与第一次相差无几。事情的来龙去脉讲得比第一次稍清楚一点；案件执行工作稍有进展——院长亲自出马，从星火焦化厂那里执行回4000元。但是，报告依然未提及责任问题。人大常委会组成人员没想到法院第二次答复如此草率。武乡县人大常委会副主任、质询案领衔人张王成质问："法院以财产保全名义扣押的汽车，法官随便开，车开烂了扔到那儿不闻不问。被执行人能不控告吗？法院是人民的法院，决不允许法官胡作非为，必须严肃处理！"

委员们的发言如此激烈，法院的第二次答复自然通不过。质询案的第三次答复被列入武乡县十一届人大常委会第十六次会议议程。9月22日上午8时30分，法院院长牛安林走上人大常委会会议报告席。他首先向人大常委会组成人员深深鞠了一躬，代表法院全体干警向关心和支持法院工作的县人大常委会组成人员表示衷心的感谢，向权益受到侵害的执行案当事人表示深深的歉意。院长手中答复报告的页数比前两次多了一倍。

牛安林在答复报告中说，霍志军、刘凤书两案已基本执结，星火焦化厂案拍卖被告财产虽然未果，但已请有关部门对封存的15型装载机估了价，执行人与被执行人有望达成清债协议。法院查清了责任问题，对相关责任人提出了处理意见。法院院长、分管院长承担领导责任，向人大作出书面检查。法院不仅对执行工作中存在的问题进行了剖析，且初步采取了整改措施。委员们对答复报告进行了认真审议，普遍表示"基本满意"。主持会议的刘书成主任正准备作结语，一件撤职案递交到了他手里。这份撤职案是当场提出的。法院院长的答复刚刚结束，与会的委员们就在事先准备好的撤职案草案上开始签名了。李云生、张拴同、田永福、张海峰、安效唐、杨晋田、赵海英、杨树宏、刘同进9名委员联名提出《关于要求撤销魏永宏县人民法院蟠龙法庭庭长职务的议案》。他们认为："魏永宏的违法违纪行为，辜负了人民的期望，失去了人民的信任，已不适合担任庭长职务。"主任们立即开会研究，很快决定将撤职案提交会议表决。紧接着，会议进行了无记名投票表决，15名组成人员出席会议，11人投了赞成票，1人投了反对票，3人投了弃权票。魏永宏的庭长职务被撤销了。

委员们说："不撤职，无法向全县人民交待。"

【评析】法律监督是法律实施的重要方面。人大的监督是我国法律监督体系的重要组成部分，其监督内容相当广泛。但是，长期以来，人大的法律监督职能没有得到充分的发挥，这种状况正在得到扭转。本案便是人大监督的一个具体实例。在本案中，武乡县十一届人大常委会履行了其法律监督的职责。其监督的对象是县人民法院的法律适用行为，监督的方式是提出质询案和罢免案。为了使人大监督更加有力，必须把人大的法律监督权和人事任免权有效地结合起来。本案也充分体现了这一点。

 **本章小结**

　　法律监督是一个涵义比较明确，但是又十分复杂的概念范畴。其明确之处在于法律监督的主体、对象和内容都非常明确，包括一切与法律运行有关的人、一切与法律运行有关的事，但是，正是由于涵盖面过广，而在具体的监督制度上，没有明确的制度体系，没有明确的监督层次，才会导致在法律实践层面的混乱和复杂。这个矛盾的解决有待我们进一步规范法律监督制度，使之更加科学化、具有可操作性。而通过本章的学习，我们主要是要了解我国现行的法律监督制度的概念、构成、分类；法律监督的法律功能和社会功能；法律监督的合法性、民主性、程序性和系统性原则；法律监督的国家和社会并行的双重监督体系。在此基础上来反思法律监督的制度本身和现状，正确认识和处理好国家和社会以及各国家机关在法律监督中的角色定位。

 **思考题**

　　**一、名词解释**

　　法律监督

　　**二、简答题**

　　1. 简述法律监督的原则。

　　2. 简述法律监督的体系。

　　**三、论述题**

　　1. 讨论司法独立和法律监督之间的冲突和矛盾，如何解决这些问题？结合中国的实践，分析当代中国司法独立的现状，讨论法院应当如何处理与人民代表大会、党委、政府、媒体的关系？

　　2. 结合法律现实，论述我国法律监督的实施情况，存在哪些问题，你认为有哪些更好的方式来监督我们的法律更好地运行？

 **主要参考文献**

　　汤唯、孙季萍：《法律监督论纲》，北京大学出版社 2001 年版。

第二十章

# 法律职业与法学教育

> **【本章概要】** 本章介绍了法律职业和法律教育两个方面的内容，二者相互联系，相互支撑。法律教育为法律职业培养和输出专业性人才，法律职业也是法律教育开展的主要目的和发展的主要方向。本章首先将介绍法律职业的概念、特征、法律职业共同体，法律职业技能和法律职业伦理、法律职业的从业资格；然后介绍了法律教育的目的、层次、模式，并对美国的法律教育和我国的法律教育现状进行了分析。
>
> **【学习目标】** 通过本章的学习，了解法律职业共同体各种角色的任务及要求，为以后从事法律职业树立和培养职业素养；了解及分析我国法学教育的特点、缺陷及完善，激励学生更好地规划自己的法学学习路径及法律职业梦想。

## 第一节 法律职业

### 一、法律职业概述

#### （一）法律职业的概念

法律职业是指以律师、法官、检察官、法学家为代表的，受过专门的法律专业训练，具有娴熟的法律技能与严格的法律伦理的法律人所构成的自治性共同体。

在大陆法系国家，法律职业主体主要包括法官、检察官、官方律师和私人开业律师、法律顾问、公证员以及法学家等。法律职业中的各个部门是相互隔绝的，法律专业的毕业生一经选定自己的职业后，如选定了律师行业，则这一职业就很可能伴他一生。从这一法律职业转入另一法律职业的可能性很小，兼任其他工作也不大可能。

在英美法系国家，则有所不同。英国的法律职业主要指律师，即出庭律师（Barrister）和诉状律师（Solicitor），也称事务律师。出庭律师一般是在高等法院执行代理和辩护的职能，但并不直接接受当事人的委托，而是接受诉状律师的委托。诉状律师则直接接受当事人的委托，对当事人的法律问题提供咨询，接受当事人的酬金。诉状律师接案后，先对案件进行必要的调查，研究案卷材料，然后将案情加以节略，交给出庭律师。出庭律师接案后，就负责处理该案件。诉状律师有时也陪同出庭律师出庭，做助理，而法庭辩护人的角色是由出庭律师承担的。美国的法律职业一般包括法官、私人开业律师、公司法律顾问、政府部门法律官员和法学教师五类。美国法律职业的流动性很大，从法律职业中的一个部门到另一个部门的更换很平常，法律职业者在不同法律职业部门之间调换工作是轻而易举的，并且不需要再进行新的专门训练。

在我国，一般认为，法律职业的主体广泛包括受过专业法律教育、具有专门法律知识和法律技能、具备职业伦理道德修养，其所属机构具有较强的独立性而从事以法律工作为生涯的社会活动的法官、检察官、律师和法学家等。

#### （二）法律职业的特征

1. 法律职业的技能特征。法律职业具有法律上的专业性和职业上的专门性。法律职业由于社会分工的需要而专门化为一种独立的职业后，就对这种专门的职业有独特的专业上的要求，早期的法律职业的技能是通过历史发展而逐渐累积进化而成的，已形成一套约定俗成的专门化技术，现代的法律职业技能来源于法学教育，没有发达的法学教育就没有法律职业的形成。法学教育通过系统全面的教育，通过理论与实践结合的教育，教授准法律职业者掌握必要的职业技能。

2. 法律职业的伦理特征。法律职业必须具备本职业特有的伦理。法律职业内部传承着职业伦理，法律人实践着这种职业伦理。法律职业伦理有别于大众伦理和其他职业伦理，因为它受法律活动规律的制约，受法律职业技能的影响。法律职业伦理成为法律职业共同体内部的职业习惯、行为方式、理想信仰，共同提升共同体的社会地位和声誉。法律是以公正为最终的和永恒的价值追求，因而法律职业也始终以追求公平、正义为最高职业伦理价值。

3. 法律职业的自治特征。法律人从事法律活动，具有相当大的自主性或自治性；对法律自治的追求也就出现了职业主义的倾向，法律职业的这种自治特征也是保障法的公正性和司法的独立性所必需的特征。法律职业的自治性同时也产生出法律职业的独立性。

4. 法律职业的准入特征。加入法律职业必将受到认真考查，获得许可证，得到头衔，如律师资格的取得。法律职业与医生职业一样是一个具有限制性、垄断性特征的职业，未经专门训练，未掌握特殊的技能与伦理的人不得进入这个职业的殿堂。

（三）法律职业共同体

由于统一的法律教育培训模式，使得从事法律职业的法律人具有大致相同或相似的法律教育背景，具有大致相同或相似的法律知识结构与体系，接受过大致相同或相似的职业操作训练和培养，具有大致相同或相似的社会经验、社会阅历、专业知识和社会情感，从而也具有大致相同或相似的法律思维方式、法律推理技术和法律辩论技巧，具有共同的话语体系，遵守共同的职业伦理规范，而职业的性质又决定彼此之间需要相互联系且又无法互相替代，因而能形成一个相对独立的法律职业共同体。[1]

在这样一个共同体中，所有的成员使用统一的法律职业语言，具有统一的职业思维、职业知识、职业技术、法律信仰和职业伦理。法律职业共同体形成的标志也就是共同体成员都具备了法律职业的特征，即法律人的技能以系统的法律学问和专门的思维方式为基础，并不间断地培训、学习和进取；法律职业共同体内部传承着法律职业伦理，从而维系着这个共同体的成员以及共同体的社会地位和声誉；法律人专职从事法律活动，具有相当大的自主性或自治性；加入这个共同体必将受到认真考核，获得许可证。

**二、法律职业技能**

法律是一门专业化很强的职业，法律职业的从事需要培养和掌握专业的法律职业技能，主要包括法律职业的语言技能、法律职业的思维方式、法律职业的专业知识和法律职业的相关技术。

（一）法律职业的语言技能

法律职业的语言是一种特殊的语言，其中的术语由两部分组成：①来自制定法规定的法律术语；②来自法学理论的法学术语。法律职业的语言技能是在法学教育的过程中逐渐习得的。它是进行法律执业活动所必须具备的技能，只有掌握了这种专门的法律语言，才能开展法律执业活动，才能在法律职业共同体内部进行对话和交流。

---

〔1〕　姚建宗编著：《法理学——一般法律科学》，中国政法大学出版社 2006 年版，第 2 章。

（二）法律职业的思维方式

法律人的职业思维是重要的职业技能之一，它不同于大众思维。除运用法律术语进行观察、思考和判断的特点之外，还包括以下特点：

1. 通过程序进行思考。法律人只能在程序内进行判断和思考。

2. 遵循向过去看的习惯，表现得较为稳妥，甚至保守。只承认既定的规则，只依据现有的法律。

3. 注重缜密的逻辑，谨慎地对待情感因素。法律判断是以事实与规则认定为中心的思维活动，因此法律思维首先是服从规则而不是首先听从情感。对于情感的运用和流露，必须是在法律规则的范围内，在法律术语的承载下，谨慎、斟酌地进行。

4. 法律思维追求程序中的"真"，不同于科学中的求"真"。"以事实为依据，以法律为准绳"，其中的事实是法律上的事实，并非也不可能绝对是现实上的事实。"在具体操作上，法律家与其说是所追求绝对的真实，毋宁说是根据由符合程序要件的当事人的主张和举证而'重构的事实'做出判断。"[1]

5. 判断结论总是非此即彼，不同于政治思维的"权衡"特点。诉讼的性质要求一方胜诉，另一方败诉。法律家的结论总是非此即彼、黑白分明的，必须给予所要解决的纠纷一个明确的结论。

（三）法律职业的专业知识

法律职业的知识是一种专业知识，它主要由两部分构成：①制定法中的关于规则的知识；②法律学问中的关于原理的知识。后者比前者更重要，因为制定法总是随着社会的发展和时代的变迁而不断变化，而法律的原理是亘古不变的，掌握了法律的原理，对于制定法中的规则的理解就变得很容易，而且对法律原理的理解的难度要远远超过对具体法律规则的掌握。

（四）法律职业的独特技术

法律职业的技术是一种专门化的技术，它包括法律解释技术、法律推理技术、法律程序技术、证据运用技术、法庭辩论技术、法律文书制作技术等。这些独特技术大多数是在法律实践过程中慢慢习得的，而这些技术又是法律实践所必不可少的技术。

**三、法律职业伦理**

伦理是人类社会生活关系之规范、原理、规则的总称，其基础建立于各个人的良心、社会的舆论以及习惯。

法律职业伦理是指法律职业共同体成员在从事法律事务的职业活动中，在观念、意识、思想和行为中，都必须无条件地予以遵守和受其约束的特殊的道德规范。其主要体现为职业良知与良心、职业信仰与信念、职业纪律与操守等。

英国法学家霍布斯认为，良好法官的条件是：①须对自然律之公道原则有正确之了解；此不在乎多读书，而在乎头脑清醒，深思明辨。②须有富贵不能淫、贫贱不能移、威武不能屈之精神。③须能超然于一切爱恶惧怒感情之影响。④听讼须有耐性，有注意力，有良好之记忆，且能分析处理其所闻焉[2]可见，在法律职业的要求中，法律职业伦理的要求居于最重要的地位，而高于对法律职业技术的要求。

"职业"的语词意义就是强调法律工作是按照这样的标准而理想地组织起来的——对委托

---

〔1〕　季卫东："法律职业的定位——日本改造权力结构的实践"，载《中国社会科学》1994年第2期。

〔2〕　法学教材编辑部《西方法律思想史编写组》编：《西方法律思想史资料选编》，北京大学出版社1983年版，第208页。

人和法制应尽的义务优先于个人利益，并且强调法律工作是受一种严格的职业道德准则支配的。如果没有法律职业伦理，那么法律人纯粹技术性的功能也会受到威胁，甚至变得十分可怕。通过职业伦理来抑制其职业技能中的显示出来的非道德性成分，将其控制在最低程度；另外，通过职业伦理还能够保障其职业技术理性中的道义性得以彰显。由于法律人的职业逻辑不同于大众逻辑，所以法律职业伦理也不同于大众伦理，更不同于其他职业伦理，它是由法律活动的特性决定的。它必须对正义这一永恒的法律理念有着坚定不移的信念和信仰，并将其作为法律职业生活的根本出发点和最高境界的理想追求；必须忠诚于尊重基本人权的法律和宪法；必须具有独立而尊严的高尚人格；必须有强烈的职业责任意识和社会责任感。

上述是职业共同体的共同职业伦理，根据职业共同体的四大分类，根据法律的规定和行业的规定，各自又有不同的职业伦理要求，这些要求在法官法、检察官法和律师法中都有明确的规定：

（一）法官的职业道德

1. 保障司法公正。这是对法官最基本的要求。要求法官坚持法律至上，避免违背法律与法律本来意图。运用法律，对案件作出公正的裁决，不偏不倚，不掺加个人好恶。同时，法官对待法律，要有自己的立场，不得轻易受外界因素的干扰和影响。

2. 提高司法效率。这是对法官工作能力的要求。司法程序有其固定的法律程序，法律纠纷也需要尽快地得到解决。法官必须在保证公正的基础上，提高办案的效率，节约诉讼成本。

3. 保持清正廉洁。这是保障司法公正的前提。只有清正廉洁才不会有所偏袒。这既是职业的需要，又是法律的要求，否则不仅有违职业道德，而且可能构成违法甚至犯罪。

4. 遵守司法礼仪。法官必须尊重检察官、律师和当事人，保持基本的礼仪，不得倚仗其独特的地位而自恃清高，出现不尊重他人的情形。要保持良好的仪表和文明的举止，维护法院的尊严和法官的形象。

5. 加强自身修养。法官的威信来源于法律，但是法官威信的维持来源于自身修养，只有有良好修养的法官才能使人信服，才能使审判工作顺利开展下去。法官要具备良好的政治、业务素质和良好的品行。

6. 约束业外活动。法官从事职务外的活动应当避免公众的合理怀疑，应杜绝可能影响法官形象的不良嗜好和行为，谨慎社交活动和媒体的采访，不得参加营利性社团组织或利用权力或名誉为他人拓展商业利益。

（二）检察官的职业道德

1. 忠诚。作为重要的法律监督者，检察官要始终保持忠诚，做好国家利益和人民利益的维护者。首先是忠于宪法和法律，其次是忠于党、忠于国家和忠于人民，最后是忠于人民检察事业，恪尽职守，乐于奉献。

2. 公正。检察官要崇尚法治，客观求实，依法独立行使检察权，坚持法律面前人人平等，自觉维护程序公正和实体公正。

3. 清廉。模范遵守法纪，保持清正廉洁，淡泊名利，不徇私情，自尊自重，接受监督。

4. 严明。严格执法，文明办案，刚正不阿，敢于监督，勇于纠错，捍卫宪法和法律尊严。

（三）律师的职业道德

1. 诚信履行合同。律师职业应当诚实信用、勤勉尽责，忠实于委托人的利益，善意而谨慎地承担代理事务，尽最大努力维护当事人的合法权益。

2. 保守秘密。律师在执业过程中会了解和获得很多机密和信息，其中，有些属于国家机密，有些属于个人隐私，有些属于商业秘密及其他信息。律师对这些信息的使用仅限于执行业务所必需的范围，除此之外，律师必须严格保密，不得泄露，更不得利用这些信息从事商业或其他活动。

3. 服务社会，维护人权。律师是法律和权利的捍卫者，是反抗专制保护人权的斗士。律师必须以此为职业追求，从中获得真正的价值。

（四）法学家的职业道德

1. 模范遵守法律。法学家所从事的法学教育首先是一种公民教育，法学家应当为人师表，严格遵守法律，承担公民义务。

2. 恪守学术规范，保持学术独立。应当坚决抵制学术腐败，诚实做学问，保持学术良心和思想独立。

3. 致力于消除社会不公，维护民主与法治。法学家要对社会发展保持敏感，要担负起道义的责任，面对社会不公正，要勇于呼吁和批判，积极推动民主和法治的进程。

**四、法律职业的从业资格**

法律职业的从业资格的获得一般是通过法律职业准入制度。从业条件一般包括：通过专门的职业考试，获得法律职业资格；进行一定的岗前培训和实习，获得初步的职业技能；通过个人人品的考核，具备法律职业的高标准的道德修养。

在中国，担任法官、检察官和申请律师执业，应当符合《法官法》《检察官法》《律师法》规定的条件。

根据《律师法》《法官法》《检察官法》的有关规定，三种法律职业的准入条件分别是：

1. 律师：拥护宪法并符合下列条件的，可以申请领取律师执业证书：通过国家统一法律职业资格考试取得法律职业资格；在律师事务所实习满 1 年；品行良好。有下列情形的，不予颁发律师执业证书：无民事行为能力或者限制民事行为能力的；受过刑事处罚的，但过失犯罪的除外；被开除公职或者被吊销律师、公证员执业证书的。

2. 法官：具有中华人民共和国国籍；年满 23 岁；拥护中华人民共和国宪法；有良好的政治、业务素质和良好的品行；身体健康；高等院校法律专业本科毕业或者高等院校非法律专业本科毕业具有法律专业知识，从事法律工作满 2 年，其中担任高级人民法院、最高人民法院法官，应当从事法律工作满 3 年；获得法律专业硕士学位、博士学位或者非法律专业硕士学位、博士学位具有法律专业知识，从事法律工作满 1 年，其中担任高级人民法院、最高人民法院法官，应当从事法律工作满 2 年。下列人员不得担任法官：曾因犯罪受过刑事处罚的；曾被开除公职的。

3. 检察官：具有中华人民共和国国籍；年满 23 岁；拥护中华人民共和国宪法；有良好的政治、业务素质和良好的品行；身体健康；高等院校法律专业本科毕业或者高等院校非法律专业本科毕业具有法律专业知识，从事法律工作满 2 年，其中担任省、自治区、直辖市人民检察院、最高人民检察院检察官，应当从事法律工作满 3 年；获得法律专业硕士学位、博士学位或者非法律专业硕士学位、博士学位具有法律专业知识，从事法律工作满 1 年，其中担任省、自治区、直辖市人民检察院、最高人民检察院检察官，应当从事法律工作满 2 年。下列人员不得担任检察官：曾因犯罪受过刑事处罚的；曾被开除公职的。

法学家则没有特别的从业资格的准入制度。实践中，法学家通常具备高学历和高职称，生产出比较有影响力的法学作品，有很强的理论素养。

## 第二节　法学教育

### 一、法学教育的目的与任务

法学教育的首要目的是培养法律职业人才，其次是培养国民的法律素养、增强法律意识，增强法律观念，推动法治国家的建设。法学教育一般通过法学教育者和各个相互统一又各具特色的高等培育机构来实现对法律人的培育和塑造。各国的法律教育制度同各国的法律传统、司法制度、教育发展程度密切相关。

法学教育与法律职业有着必然的联系。法学教育是法律职业的基础，既是一般的高等通识教育，又是一种特殊的职业教育。法学教育必须与法律职业相挂钩，大学法学课程的设置既要考虑一般的素质教育、通识教育的要求，又要考虑职业教育的要求。法律职业要求执行者必须受过基本的大学法学本科训练，才能达到职业要求，同时，通过统一的法学教育，才能保证从事不同法律职业的群体有相同的教育背景，有统一的是非标准和价值趋向，这样在执行法律业务时，才不至于由于标准不一和思维方式不同而产生不适当的分歧。

法学教育教授法律人专业的法律知识、训练法律人独特的法律思维方式、培养法律人强烈的法律情感、引领法律人高尚的价值追求、锤炼法律人的法律人格、涵养法律人的职业素质、塑造法律人的法律人生，为法律职业共同体的形成，打好前期的良好基础，提供了必要前提。因而法学教育的发展程度直接决定着法律职业的实际水平。

### 二、法学教育的层次

法学教育为了适应各方面的职业需求和社会需求，有效地开拓和配置各种教育的资源，将法学教育分为多种层次来开展。

1. 素质教育和职业教育。在法学教育过程中，素质教育和职业教育同步进行，在整体的素质教育之外，又同时兼备了职业教育的功能，一方面输出法律职业人才，另一方面输出具有法律素养的非法律职业人才。

2. 高职教育、本科教育和研究生教育。法学教育一般是高等教育，始于大学阶段，不同于大学前阶段的社会普法教育。而在高等教育阶段又分为法律职业辅助人才培养的高职教育、以基本法律知识和法律技能培训为主的本科教育和以法律理论研究为主的研究生教育，包括硕士研究生教育和博士研究生教育。

3. 高校教育和校外考试培训机构的教育。随着法律培训体系的扩张和民间法律培训体系的发展，为了国家统一法律资格考试培训等目的，在高校长期分阶段的法学教育之外，还存在着校外考试培训机构等短期速训的法律教育。

### 三、法学教育的模式

法律教育是一个需要将理论和实践相统一的活动，在具体的教育模式中，一般有以下几种，由于各个高校的传统不同，因而在法律教育过程中，也各有侧重。

1. 理论学习和知识讲授。这是大部分高校大部分课程所采用的模式。由于培养人才数量的庞大和日益增多，个别的因材施教变得困难，一般通过法律专业教师的知识讲授和法律专业学生的被动听讲来完成对法律专业基本知识的学习。

2. 案例式教学。这是一种情景教学的模式，主要是以案例的讲解分析方法，将法律的理论知识进行形象的阐述和运用，帮助学生更好地理解所学的法律知识和法律原理。

3. 社会实践和专业见习。法律理论知识习得之后，还必须学会运用它，因而，许多高校都设置了社会实践和专业见习环节，培养学生在生活实践中运用相应的法律知识来处理社会生活，以亲身的体验加深对所学知识的理解和认识。

#### 四、美国的法学教育与中国的法学教育比较

（一）美国的法学教育

美国的法学教育具有更强的专业性、统一性、规模性和单一性，美国的法学教育非常发达，也比较独特。其特点主要是：

1. 美国的法学教育是职业教育，以培养律师为目标，学生在法学教育之前必须具备人文科学知识，法学院的任务在于为学生提供分析和解决法律实务方面的技术性训练，训练学生"像律师那样进行思考"，并以案例教学和实践教学为主。

2. 美国的法学教育是本科后教育，是研究生层次的职业教育，报考法学院的学生要求已获得某个学院或大学的文学士（Bachelor of Arts，B. A.）或理学士（Bachelor of Sciences，B. S.）学位。

3. 依托非官方的行业协会进行管理。即全美律师公会（American Bar Association，ABA）、全美法学院协会（Association of American Law Schools，AALS）、全美法律图书馆馆员协会（American Association of Law Libraries，AALL）。

4. 分类明确的学位制度。主要是法学硕士学位、法律职业博士、法律科学博士。

L. L. M.（Master of Law）是一个 1 年的美国法律速成班，相当于美国法律硕士学位。美国本国学生基本上以读 J. D. 为主，可以说 L. L. M. 就是专门为国际学生准备的一个 1 年制课程，严格的说是 9 个月。凡具有法学学士或以上学位者可以申请美国的 L. L. M. 。

J. D.（Juris Doctor），法律职业博士，学制为 3 年，需要已具有本科学历的人才能申请。对于非英语国家的本科毕业生来说，还需参加 LSAT（Law School Admission Test，法学院入学考试）和 TOEFL（Test of English as a Foreign Language，即"托福"考试），达到一定的分数线才有资格申请入学。

S. J. D. 或 J. S. D.（Doctor of Juris Science），法学科学博士，与我国的法学博士学位基本相同。具有 L. L. M. 学位的法学研究生，如果希望在某一专门法律领域有更深的研究，或者其职业目标是成为法学院的高级教员，可以在完成硕士阶段的学习后申请继续攻读 S. J. D. 法学科学博士学位。

（二）中国的法学教育

中国的法律教育起步较晚，虽然在古代春秋时期就有邓析开设了私塾传授法律知识，三国时设律学士和律博士，从而有了官方的法学教育，但真正意义上的法学教育始于晚清、立位于中华人民共和国的成立。十一届三中全会后，我国的法学教育才有了长足的发展，取得了巨大的成就。法学学科体系日臻完善，法学教育规模迅速扩大，法学教育结构渐趋合理，法学学术氛围日益浓厚。

但是，在中国，法学教育缺乏系统管理的规模性发展的情况又非常严重，虽然近十年发展非常迅速，但是仍然存在很多问题：

1. 法学教育的门槛太低、法学专业设置混乱。由于法学教育没有很高的专业设置门槛，以及近十年法律专业的热门，导致各个高校均可以开设法律专业，都乐于开设法律专业，大量法律专业学生的招录，导致培养上的"一窝蜂"，无法因材施教，也无法培育法律精英，并导致法律人才表面过剩、实际紧缺的现象。

2. 法学教学内容相对陈旧、教学模式僵化。我国的法学教育大多数仍采用的是教科书式、课堂讲授式方法，教学的内容知识更新很慢，无法给学生提供更多的信息。同时，对教科书的

依赖和强调，缺少互动性和情景式的教学模式以及知识复制式的考试，都无法开拓学生对法律的兴趣和创新，无法培养学生树立高尚的法律信仰和法律理想。这恰恰偏离了法学教育的目的和法律职业的需求。一个法科学生应当具备下列知识和能力：具有尚法精神和正义观念以及刚正不阿的人品；掌握法学各学科的基本理论与基本知识；具有创新意识和怀疑勇气；掌握法学的基本研究方法与技术；了解法学理论的前沿和发展动态；熟悉我国法律和相关政策；具有运用法学理论和法律知识认识和解决问题的能力；掌握现代化的文献检索和获取信息的方法。这些知识和能力的获取最重要的阶段就是本科法学教育阶段，但是法学教育的环境却无法或不能完全提供这样的机会。

3. 高质量的和国际型的法学人才培养严重不足。我国的法学教育偏重概念化和理论性，缺少实践性的训练，偏重国内法的教育而国际法的教育严重不足。在经济全球化的时代，恰恰高质量的和国际型的法学人才极其缺乏，同时，法律专业对外语能力也没有特别的要求和培养，法科学生总体英语水平不高，那么在适应国际法律实务上，就更缺少竞争力和适应性。

这些都是法学教育和法律职业面临的问题，亟待在法学教育实践中加以完善。

 案例分析

### 一个普通女律师的生活[1]

张惠（女）是一名律师，在外人看来，律师总是西装革履的，他们有较高的社会地位，光凭一张得理不饶人的嘴就可以挣得可观的收入。

在张惠从事律师工作的 5 年中，她每天都生活在案件、证据、司法文书、法律条文、出庭以及起草各种各样的合同、方案、报告、意见书等法律文书中，脑子天天就像上了发条似的，还要咨询、接待、谈判、签约、调查，再加上似乎永远都没完没了的应酬。除此之外，还要游走于法官、检察官、警察和当事人家属之间。

张惠说，律师的工作和生活之间永远都无法分清，这是一种什么样的生活方式，只有律师自己知道，其中的酸甜苦辣也只有律师心知。在常人眼里，如果一个律师不能过上这样的生活就不算个成功的律师，年轻的律师一个个翘首以盼，天天在向往早日过上这种"成功律师"的生活。

在张惠看来，一旦选择做了律师后，就像进了笼子的小白鼠，一生都要在滚筒上不停地爬，直到爬不动为止。

除了那些不得不面对的压力外，律师也会有一些让人啼笑皆非的经历。张惠讲述了她亲历的有趣经历。两年前，张惠专做专利产品侵权案，当时她接了一个手电筒侵权的案子。为了做证物，张惠从当事人那里抱回了一箱侵权产品，结果刚回到事务所就被大家瓜分了，开庭时，张惠只好拿出路上现买的一个手电说："这就是对方生产的侵权产品。"对方律师拿过去看了看说："不是！这根本不是我们生产的！"到此为止，张惠已经料定自己会败诉了，但对方律师接下来的举动让所有的人都大吃一惊。对方律师缓缓地从身后摸出一个手电筒："这才是我们生产的手电筒！"张惠说，这就像杀人案，你说"这把刀是凶器"，对方说："不是！这刀上没有我的指纹！"接着他自己拿出一把刀，"这才是我杀人用的刀"。

**【评析】** 提到法律职业，很多人第一感觉就是在法庭上英姿飒爽、铿锵雄辩的律师，这是

---

〔1〕 参见"揭露律师光鲜生活背后的压力"，载都市圈论坛，http：//bbs. o. cn/thread – 14912 – 1 – 1. html，最后访问时间：2010 年 9 月 10 日。

TVB 港剧给大家带来的错觉。现实生活中的律师，需要更多法庭之外的智慧、经验与担当，需要更多对职业的生活认识。当然，法律职业不仅仅指的是律师，还包括法官、检察官等，每个行业需要不同的任职资格和职业要求。

 **本章小结**

法律职业是指以律师、法官、检察官为代表的，受过专门的法律专业训练，具有娴熟的法律技能与严格的法律伦理的法律人所构成的自治性共同体。法律职业具有独特的技能特征、伦理特征、自治特征和准入特征；法律职业需要独特的语言技能、思维方式、专业知识和技术等职业技术，需要严格的职业伦理；具有规范和严格的从业资格准入制度，国家统一法律职业资格考试目前是各国普遍采用的方式；而法学教育是法律职业的前提，法学教育的首要目的是培养法律人才，其次是培养国民的法律素养、增强法律观念。法学教育有着多种培养层次和培养模式。要想使法律职业共同体更加规范化，还需要法学教育的不断发展和完善。

 **思考题**

**一、名词解释**

法律职业共同体

**二、简答题**

1. 法律职业共同体是如何形成的？具体的范围是怎样的？

2. 法律职业需要怎样的职业技术和职业伦理？

**三、论述题**

我国的法律教育的发展方向是怎样的？有哪些可以借鉴的国外法律教育经验？

 **主要参考文献**

1. 姚建宗编著：《法理学———般法律科学》，中国政法大学出版社 2004 年版。

2. 谢晖、汪全胜主编：《中美法律教育评论》，山东人民出版社 2009 年版。

3. 陈绪纲：《法律职业与法治——以英格兰为例》，清华大学出版社 2007 年版。

4. 韩立收：《你戴着荆棘的王冠而来：律师职业解读》，法律出版社 2007 年版。

5. 霍宪丹：《中国法学教育反思》，中国人民大学出版社 2007 年版。

6. 霍宪丹主编：《当代法律人才培养模式研究》，中国政法大学出版社 2005 年版。

7. 夏利民、李恩慈主编：《法学教育论》，中国人民公安大学出版社 2006 年版。

第二十一章

# 法律方法

【本章概要】本章介绍了法律在运用过程中的法律方法。首先要训练和具备法律思维，而主要的法律方法是法律推理，在法律推理的过程中要进行法律发现和法律解释，最后完成法律论证。本章将依照这个顺序对上述法律方法进行详细介绍。

【学习目标】通过本章的学习，了解法律思维及法律方法，掌握法律推理、法律发现、法律解释、法律论证的基本涵义及本质，并学会运用到案例分析及法律生活中。

## 第一节  法律方法概述

### 一、法律方法的概念

法律方法是指法律职业者（或称"法律人"）认识、判断、处理和解决法律问题的专门方法，或者说，是指法律人寻求法律问题的正确答案的专门方法。

法律方法与其他方法相比，具有以下三个特征：

1. 专业性。法律方法是法律职业者的专门方法。学习法律，不是简单地了解法律是如何规定的，而是要学会像法律职业者那样思考和解决问题，学会以法律职业者的职业视角看问题。

2. 法律性。法律方法是根据法律来思考和解决问题的方法。经过系统法律训练的合格的法律人通常是以法律作为判断问题的主要依据。

3. 实践性。方法分为认识方法和实践方法。法律方法属于实践方法的范畴，它考虑如何有效地解决人们在实际生活中面临的法律问题。[1]

### 二、法律方法的内容

法律方法涉及立法、行政、司法、非诉讼法律服务等多个领域，这里，我们仅介绍一类典型的法律方法，即司法过程的法律方法。从司法过程的整体来看，司法过程的法律方法也可以理解为法律推理。若对司法过程加以具体分析，可以进一步细分为法律推理、法律发现、法律解释、法律论证四个环节，但是都存在一个前提，就是法律思维。

## 第二节  法律思维

法律思维是法律（职业）人所特有的思维活动与过程，它是以一定的法律知识为基础，以相应的法律观念和法律意识为背景，以法律概念和法律语言为思维分析工具和载体，在相对

---

[1] 本章主要参考姚建宗编著：《法理学——一般法律科学》，中国政法大学出版社 2006 年版，第 417～499 页。对于法学方法论，郑成良教授有更为完整和精辟的论述和研究。

稳定的具有职业同质性的法律态度与法律立场上，通过具体运用特定的法律方法和技术，对法律现象进行观察、认识、理解、分析、综合、判断、推理和处理的专门化的认识与思维活动及其过程。法律思维与"非"法律的一般思维不同：

1. 法律思维的主体乃是从事法律的理论阐释研究活动与法律的实践操作活动的法律人。

2. 法律思维是以理性思维为主、感性的或非理性的思维与理性的思维密切结合在一起的思维形式。法律思维以法律知识为基础，以法律观念和法律意识为背景，以法律观念和法律语言为思维分析工具和载体，以特定的法律方法和技术的运用为范围，同时，也适当地放纵法律直觉的感性发挥。

3. 法律思维是一种专门化的具有职业同质性的思维形式，在同一个法律职业共同体中，每位法律（职业）人具有大体相同的知识体系和思维路径。

4. 法律思维的获得并非出自人的自然本能，而是通过长期的专门的法律知识的学习、法律观念和法律意识的培育、法律方法和法律技术的训练，并在长期的法律的理论研究和实践操作中，逐渐养成的。

因法律共同体内部职业人理论和实践分工的不同，其思维方式又可以分为法律的理论思维方式和法律的实践思维方式。

**一、法律的理论思维方式**

法律的理论思维方式，是指法律（职业）人以理论和学术研究的方式把握现实的法律和法律现实，把现实的法律和法律现实作为以一种符合某种价值追求的理想法律为标准而加以改革和完善的对象时，所表现或应当表现出来的法律思维定势和思维习惯。

法律的理论思维方式应涵盖如下内容：

1. 以审视、怀疑和批判的眼光来分析现实法律（文本）和法律现实（生活）所存在或可能存在的"问题"（缺陷或不足）。

2. 理解和分析上述"问题"。剔除直接用"是"或"否"就可以回答或解决的"假"问题，找出那些无法简单地以形式逻辑规则准确地确定其解决方案的"真"问题。

3. 反思上述"真"问题。以常人情感、生活体验和人生阅历为基础，以法律精神、法律价值、法律原则和法律理想为坐标，反思性地思考这些"真"问题，发现并找出其理论的焦点，发现并找出其理论内核。

4. 寻找消解上述理论焦点和理论内核的各种方法和途径。

5. 选择合理的解决方法和途径。

法律的理论思维方式的实质就在于寻求法律存在的哲学意义上的逻辑抽象的"合法性"、"正当性"与"合理性"。这也是理论思维训练的一个思维路径。

**二、法律的实践思维方式**

如果说法律的理论思维方式就是对现实法律和法律现实的怀疑和反思、批评与建构，而不是简单地对其加以确信，那么，法律的实践思维方式则是对现实的法律的整体上的认同与确信，现实的法律是法律的实践思维确定的标准。

政治的思维方式以"利—弊"权衡为重心，经济的思维方式以"成本—收益"比较为重心，道德的思维方式以"善—恶"评价为重心，而法律的实践思维方式的重心则在于"合法—非法"，即"合法性"的分析和判断。这种合法性是以既有的法律规定为判断标准的具体的现实的"合法性"。

法律的实践思维方式应涵盖如下内容：

1. 以法律权利和法律义务为基本的思维要素和分析单元并以之为线索。

2. 普遍性的考虑优于特殊性的考虑。法律的实践思维必须把普遍性作为自己的首要关注对象，必须在逻辑和事实上都处于顺序上优先于、重要性上优越于特殊性的绝对地位。除非，不考虑特殊性而只考虑普遍性将使具体法律问题的处理产生"非常"的"恶果"，并将与法律的基本价值和理想发生令人难以容忍的冲突；或者，因此特殊性必须同时被提升为普遍性，从而成为将来处理类似问题的基本准则。

3. 合法性优于客观性。由于人自身受到经验、智识和理性方面的有限性的限制，以及法律问题处理的时限性的约束，法律问题的处理绝大多数情况下不是，也不可能是以真正的客观事实为依据，而只能以已合法获得的经过合法程序审查判断予以采信的证据来支持的法律事实为根据。

4. 程序合法性优于实体合法性。程序是法律的生命，离开了程序，就不可能有真正的法律制度存在。任何法律行为和主张，特别是司法审判，如果违反了法定的程序性的要求，即使符合实体法律的规定，达到了真正的实质公平，也必须加以否定，使之不能发生法律效果。

5. 形式合理性优于实质合理性。实质合理性主要是指个案处理或裁判结果的合理性，形式合理性是指普遍性的规则或制度合理性。法治要求在个案的处理上把形式合理性置于优先地位，把实质合理性放在次要地位来考虑，在必要的时候甚至要牺牲实质合理性而保证形式合理性的获得。

6. 法律理由优于法律结论。法律结论不得随意作出，在作出法律结论之前，必须经过一定的法律推理过程，找到适宜的法律理由，慎重地得出法律结论。

## 第三节　法律推理

### 一、法律推理的概念

美国著名的政治家和法学家杰斐逊说过，"推理的艺术在民主法治国家是首要的，因为公民是通过正当化的理由被说服的，而不是通过武力征服的"，这句名言反映了推理以及法律推理的重要性。

法律推理是指法律人依据相关的法律规定，寻找和构造正当的法律理由，来对某一具体案件进行法律事实的认定和得出法律处理的过程和结果的证明方法和途径。法律推理贯穿于法律实践过程的始终，甚至是与法律实践直接同一。法律推理过程贯穿着形式推理和辩证推理。

### 二、形式的法律推理

形式推理又称分析推理，就是运用形式逻辑进行推理。它包括演绎推理、归纳推理和类比推理。

#### （一）演绎的法律推理

演绎推理是指从一般的法律规定到个别特殊行为的推理。就是由一般的普遍性法律规则为大前提，以具体的法律事实为小前提，推导出一个特殊而确定的法律结论的法律推理过程和推理方法。演绎的法律推理也被称为三段论法律推理。演绎推理的基本过程是：

1. 寻找和确定作为演绎推理的法律推理的大前提的法律规则，即确定可以适用于当前案件事实的法律规则。

2. 通过对于各种直接或间接的证据材料的收集、整理、分析、组合、证明，陈述或者确认作为演绎推理的小前提的法律事实。

3. 根据大前提和小前提之间的逻辑关联，做出确定的判断，得出确定的结论。

　　（二）归纳的法律推理

　　归纳推理是指从特殊到一般的推理。归纳的法律推理不是完整的法律推理，是演绎的法律推理的补充，通常是"在某些案件中，法官会发现没有任何法规或其他既定规则可以指导他的审判工作，但他却能够在对一系列具有先例价值的早期判例所进行的比较工作中推论出可能适用的规则或原则。如果发生这种情况，我们就可以说，法官是在运用归纳推理方法从特殊事例中推论一般性规则"。而"一旦法官心中形成了他认为早期案例中所包含的规则，他就会用演绎推理的方法把此项规则适用于他所受理的诉讼案中的事实之上"[1]。

　　（三）类比的法律推理

　　类比推理在法学上也被称为类推适用和比照适用，是指在法律实践中对于法律所没有明确规定的事项，比照援引与此事项之性质最相类似的法律规定，加以适用处理的法律方法。英美法系"遵循先例"原则体现了类比的法律推理，但在刑事法律领域，这种类推是严格限制的。

　　法律类推适用的理论根据乃是基于平等原则，其体现在法律实践中就是"相类似的案件应为相同处理"的法理。法律的类推适用的现实条件在于：现实的实证法律规定存在着公开的漏洞，即依照法律的规范意旨，法律本应积极地对某一种事项设定相应的规定却未预设这样的规定。

　　然而，上述三种法律推理，无论是演绎的法律推理、归纳的法律推理，还是类比的法律推理，实际上都绝不仅仅只是逻辑规则的简单的技术使用，因为在形式的法律推理中，逻辑规则所解决的只是推理的形式正当性和合理性的问题，它们无法保证这些法律推理及其结论在实质上的正当性与合理性，有时也会出现推理过程完全合理但推理结论却不正确的情况。而且，作为这些法律推理得以展开的前提，包括大前提和小前提，其本身就具有不确定性或模糊性，这必然会损害法律推理的结论的可靠性。因而，在进行法律推理的过程中，必须综合运用各种法律推理的方法，以验证、弥补和纠正单一方法的不足，同时运用基本的社会政策、社会共识性的伦理道德观念和价值准则，来甄别和选择法律规则、原则，法律事实等的相对分量或重要性程度，以便为法律推理的正当性与合理性确定实质性的判断依据。

　　**三、辩证的法律推理**

　　辩证推理，又称实质推理，是指在司法实践中发生了法官难以通过一般的形式推理而简单作出裁决的疑难案件的情况下，法官运用实践理性方法弥补现行法律的疏漏与不足，从而使司法行为及其结论获得确定性与正当性的法律推理过程与方法。这种情况常存在于法律空白、法律漏洞或法律冲突的场合。

　　辩证的法律推理的一般推理路径为：

　　1. 依据事物本身的性质，提出对于当前案件事实的法律处理的最终法律结论，然后从这一个模糊的结论反推，寻求支持或推导出这一模糊性的法律结论的同样模糊的逻辑大前提。

　　2. 综合运用上述形式的法律推理的各种基本方法或手段所展示的法律材料和法律资源，证成或质疑这个比较模糊的逻辑大前提，使之在论辩中得到进一步的确证，并将之归于现实的法律制度的体系和框架中。

　　3. 通过价值判断最终确证或在多个可能性的选择项中确证选择用来处理当前案件的法律推理的大前提。

　　辩证的法律推理的实质并不是要获得一个具有正当性与合理性的对于当前案件事实的终局

---

〔1〕　［美］E. 博登海默：《法理学：法律哲学与法律方法》，邓正来译，中国政法大学出版社 1999 年版，第 493 页。

性的法律处理结论，而是要构建或补充缺少或冲突的演绎的法律推理的大前提，使之正当化与合理化。根据解兴权的总结，辩证的法律推理的方法大致有六种：[1] ①利用对法律的精神的解释来进行辩证推理；②法官通过公平正义即衡平原则克服现行法律的僵化，以实现个案或个别的公平正义；③根据政策或法律的一般原理进行辩证的法律推理；④依据习惯和一般法理进行辩证的法律推理；⑤依据自然正义和公平的法律与伦理意识进行辩证的法律推理；⑥根据事物的性质而为判断进行辩证的法律推理。

## 第四节　法律发现

### 一、法律发现的概念

法律发现，是法律推理过程中一个相对独立的环节和内容，特指法官在处理具体的案件过程中，如何在大量的现实法律文本和法律材料中，区分并检测出可以恰当地适用于本案的法律规定的方法，以及在缺乏明确而具体的规定的情况下，寻找和发现其法律权利和法律义务的具体内容的方法。

### 二、法律发现的途径

在实践中，法律发现有如下具体途径：

（一）通过法律的效力位阶的判断规则发现法律

当多个法律文本或多个法律规范均可适用于当前某一具体案件的情况下，通过法律的效力位阶的判断规则，可以准确地发现用来处理当前具体案件的法律与法律规范。

（二）依据法律规则进行权利和义务推定

因为权利和义务的一一对应关系，从而可以从一项明示的权利中推定出一项隐含的权利；从一项明示的义务中推定出一项隐含的权利；从一项明示的责任中推定出一项隐含的权利；从一项明示的义务中推定出一项隐含的义务；从一项明示的权利中推定出一项隐含的义务；从一项明示的责任中推定出一项隐含的义务。

（三）依据法律原则进行权利和义务推定

当某一种具体的行为或利益导致法律上的权利和义务方面的争议，而又无法运用依据法律规则进行的权利和义务推定的各种方法来具体地确定相关法律关系主体的权利和义务内容时，就必须依据法律原则进行推定。对于以政府及其官员为核心的行使国家公共权力的"公权力主体"，应当实行严格的"义务推定优先"的原则，即如果公权力的行使乃是保障普通国民或一般的社会主体的合法权利、自由和利益，那么对于公权力主体而言，即使没有明确的法律规定，也实际存在隐含的积极行动的法律义务；如果公权力的行使乃是限制或剥夺普通国民或一般的社会主体的合法权利、自由和利益，则对公权力主体而言，法律没有明确的授权即禁止。对于普通国民或一般的社会主体，则实行"法无明文规定即自由"的广泛的权利推定原则，但必须不得与现行法律、原则本身相抵触，不得不公平地损害其他主体的合法权利和利益，不得有违公序良俗。

（四）进行法律漏洞补充

法律漏洞补充，是指法律本身应当规定的事项由于立法者的疏忽而未能预见到，或虽预见

---

〔1〕　解兴权：《通向正义之路——法律推理的方法论研究》，中国政法大学出版社 2000 年版，第 166～181 页。

到了，但现实情况发生了变化，致使在法律对某一法律事实没有设立相应的规定的情况下，法官从探求法律规范的目的出发，对此立法漏洞加以弥补或补充。

（五）进行法律价值补充

价值补充，是法官在司法实践中，从贯彻法律的规范功能、实现其规范目的、完成其规范使命出发，全面考量法律的价值旨趣与价值诉求，对于现存实证法律规定中的不确定的法律概念以及概括性条款，通过价值判断而使之具体化的方法。价值补充包括两方面，即对不确定的法律概念和概括性条款进行价值补充，进行自由裁量。前者如对"重大事由""相当数额"这些不确定的法律概念在个案中通过价值判断，斟酌确定其具体涵义。后者如对"诚实信用原则""权利不得滥用原则"等概括性弹性条款，法官根据当时的具体情形运用价值判断进行补充，明确其在个案中的涵义。

# 第五节　法律解释

## 一、法律解释的概念

（一）法律解释的涵义

法律解释也是法律推理过程中的一个相对独立的环节和内容，是指对法律文本的内容和涵义所做的说明。法律解释的主体，这里特指享有法定法律解释权的人或组织。法律解释从性质上看，是一种创造性的活动，是立法活动的继续。

（二）法律解释的必要性

法律解释在法的生成过程中占有重要地位。它是法律实施的前提，也是法的发展的重要方法。之所以需要对法律进行解释，原因在于：①法律是概括的、抽象的，只有经过解释，才能成为具体行为的规范标准；②法律具有相对的稳定性，只有经过解释，才能适应不断变化的社会需求；③人的能力是有限的，在立法当时，不可能绝对全面地表述法律，只有经过不断地解释，法律才能趋于完善。上述三点，一方面是成文法的局限性的反映和要求，在成文法国家普遍存在；另一方面，法律解释是保证法的稳定性和时代性，保证法律发展的一个很好的特殊机制。

## 二、法律解释的原则

（一）合法性原则

法律解释应该合乎法律的规定和基本精神。它包括三个方面的基本要求：①法律解释应该按照法定权限和程序进行，不得越权解释；②对低位阶法律的解释不得抵触高位阶的法律；③对法律概念和规则的解释与法律原则必须保持一致。

（二）合理性原则

"合理"在此是指合乎情理、公理、道理。首先，要符合社会现实和社会公理。被人们普遍接受的符合社会大多数人的习惯和道德的方法，就是建立在社会公理基础上的解决方法，法律解释只有符合社会现实的需求和社会公理的要求，才会具有针对性和说服力。其次，坚持尊重公序良俗。公序良俗是人们经过长期的历史积淀才确立起来的，成为人们生活约定俗成、本能遵守的规约，法律解释只有切实尊重这些规范，才能取得实效。再次，顺应客观规律和社会发展趋势，尊重科学。法律解释应当具有一定的超前性，对社会的发展做出科学的预期，但又保持严谨性。最后，要以党的政策和国家政策为指导。政策具有灵活性和针对性，只有将正确的政策及时转化为具有法律效力的解释性文件，才能既维护法律的权威性，又及时适应社会变革的要求。

### （三）法制统一原则

法制统一是法治的一项基本原则。法律解释坚持法制统一原则，就是要求法律解释应该在法治的范围内进行。在进行解释时，依照法定的规则进行，不得相互抵触，依照原法律效力位阶进行，同时在解释过程中贯彻统一、规范的解释技术，使用统一的概念，保持统一的体例。

### （四）历史与现实相统一的原则

任何法律法规都有自己制定时的特殊历史背景和历史原因，包括当时的社会经济发展需要、政治关系、某一历史事件等。法律解释需要结合法律制定时的历史背景，深入了解立法意图，把握立法原意，还要适合于现实中的运用。

## 三、我国法律解释权限的划分

从我国法律的实际运行过程看，我国法律的正式解释大体上可以分为立法解释、行政解释和司法解释。

### （一）立法解释

从狭义上说，立法解释专指国家立法机关对法律所作的解释；从广义上说，则泛指所有依法有权制定法律、法规的国家机关或其授权机关，对自己制定的法律、法规进行的解释。

这里所说的立法解释是广义的。它包括：①全国人大常委会对宪法的解释，以及对需要进一步明确界限或作补充规定的法律的解释；②国务院及其主管部门对自己制定的需要进一步明确界限或作补充规定的行政法规的解释；③省、自治区、直辖市和其他有权制定地方性法规的地方的人大常委会对自己制定的需要进一步明确界限或作补充规定的地方性法规的解释。

### （二）行政解释

行政解释是指国家行政机关在依法行使职权时，对有关法律、法规如何具体应用的问题所作的解释。它包括：国务院及其主管部门对需要其具体执行的法律就如何具体应用的问题所作的解释，一般以制定有关法律的实施细则来进行；省、自治区、直辖市人民政府及其主管部门对地方性法规如何具体应用的问题所作的解释。

### （三）司法解释

司法解释是指国家最高司法机关在适用法律、法规的过程中，对如何具体应用法律、法规的问题所作的解释。它包括：审判解释，即最高人民法院对于审判工作中的如何具体应用法律的问题所作的解释；检察解释，即最高人民检察院对于检察工作中的如何具体应用法律的问题所做的解释；还有审判、检察联合进行的解释。

## 四、法律解释的方法

### （一）一般解释方法

一般解释方法包括语法解释、逻辑解释、系统解释、历史解释、目的解释和当然解释等。

1. 语法解释，又称文法、文义、文理解释，是指根据语法规则对法律条文的涵义进行分析，以说明其内容的解释方法。在进行语法解释的过程中，要注意法律语言和日常语言的区别。

2. 逻辑解释是指运用形式逻辑的方法分析法律规范的结构、内容、适用范围和所用概念之间的关系，以保持法律内部统一的解释方法。

3. 系统解释是指将需要解释的法律条文与其他法律条文联系起来，从该法律条文与其他法律条文的关系、该法律条文在所属法律文件中的地位、有关法律规范与法律制度的联系等方面入手，系统全面地分析该法律条文的涵义和内容，以免孤立地、片面地理解该法律条文的涵义的解释方法。

4. 历史解释是指通过研究立法时的历史背景资料、立法机关审议情况、草案说明报告及档案资料，来说明立法当时立法者准备赋予法律的内容和涵义的解释方法。

5. 目的解释是指从法律的目的出发对法律所做的说明。任何法律的制定都具有一定的立法目的的解释方法。

6. 当然解释是指在法律没有明文规定的情况下，根据已有的法律规定，某一行为当然应该纳入该规定的适用范围内，对适用该规定的说明的解释方法。

（二）特殊解释方法

1. 按照解释的尺度的不同，法律解释可以分为字面解释、扩充解释和限制解释。字面解释是指忠于法律字面意思所进行的解释。扩充解释是指当法律条文的字面涵义过于狭窄，不足以表现立法意图、体现社会需要时，对法律条文所作的宽于其文字涵义的解释。限制解释是指法律条文的字面涵义较立法意图明显失之过宽，对法律条文所做的窄于其文字涵义的解释。

2. 按照解释的自由度的不同，法律解释可以分为狭义解释和广义解释。狭义解释，又称严格解释，是严格按照法律条文的字面涵义对法律的解释，它要忠于整个被解释的法律的精神。广义解释是不拘泥于法律条文的字面涵义，对法律的比较自由的解释。

# 第六节 法律论证

## 一、法律论证的概念

法律论证是指通过提出一定的根据和理由来证明某种立法意见、法律表述、法律陈述和法律决定的正确性和正当性。法律论证与法律推理侧重点不同，是同一个思维过程的两个不同侧面，法律论证要通过语言的形式（主要是书面语言），根据一定的理由对案件处理决定的正确性进行符合形式逻辑的推导和证明。法律推理强调结论形成的实际思维过程，而法律论证是用语言的形式将这种思维过程合乎逻辑地充分反映出来，以达到说服人的目的。法律推理是法律论证的前提和基础。法律论证找到一个相对确定的支点之后，运用法律推理得出最终的结论。

## 二、法律论证的方法

一般认为，可以通过建立一个程序性的法律论证规则体系保证法律论证本身的合理性。为法律论证过程预设一定的规则是使法律论证合理和充分进行的必要措施。这些规则可以分为一般规则和特殊规则。

1. 法律论证的一般规则是指各种类型的法律论证都必须遵循的规则。如法律论证过程中各参与论证者平等和自由的发言权，任何人都可以坚持自己的论证、质疑任何其他人的主张，保障法律论证的自由环境。

2. 法律论证的特殊规则是指各种类型的法律论证活动各自应该遵循的规则。如在法庭辩论中，法官不得发表有利于某一方的诱导性言论；原被告双方享有平等地发表意见和质疑对方意见的权利；任何人均不得使用夸张或煽情的方式陈述自己的意见和主张等。司法决定的形成过程中，任何人对案件审理过程的各个环节享有平等发言权；判决、裁定、决定意见必须清晰地从普遍性的法律规则中合乎逻辑地推导出来等。

总之，法律论证作为一个理性的实践活动，需要一系列的论证规则作为保证。这些规则的作用在于保证在法律论证的过程中，每个人都能够理性地讨论相关法律问题，使论证活动可以理性地进行，从而使司法决定可以避免武断的意见，并建立在充分论证的基础上。

 案例分析

## 案例一　辛普森杀妻案[1]

　　1994 年 6 月 17 日，数千万美国电视观众的注意力被发生在洛杉矶高速公路上的一场"警匪飞车追逐战"紧紧吸引住了。这场追逐战历时近 7 个小时，最后以被追逐嫌疑犯投降而告终。事件的主角、被警方追逐的嫌疑犯，正是许多美国人崇拜的成功偶像，黑人体育和影视明星 O. J. 辛普森。5 天之前，警察发现辛普森的白人前妻尼科尔和她的一位白人男友被人刺杀于她的住宅门前，现场血迹斑斑，惨不忍睹。警方首先确定的凶杀嫌疑犯便是尼科尔的前夫辛普森。从 1989 年开始，辛普森就经常虐待、殴打尼科尔，并威胁要杀死她。1992 年 3 月，尼科尔与辛普森离婚。但是此后辛普森对尼科尔的骚扰始终没有停止。警方在案发现场找到了与辛普森血型一样的血迹，接着在对辛氏住所进行的搜查中发现了血迹，并找到了手套、球鞋等与出事现场留下的痕迹相吻合的物证。于是，洛杉矶警察局决定逮捕辛普森。

　　1994 年 8～11 月间，洛杉矶高等法院在当地公众中选出了 9 名黑人、2 名白人和 1 名拉美裔人组成辛普森案陪审团。检方的律师班子由白人女律师克拉克挂帅，她在过去 10 年的刑事诉讼中几无失手。辛普森的首席辩护律师由 53 岁的黑人律师柯克兰担任，组成了号称"梦之队"的律师队伍。1995 年 1 月，辛普森案正式开庭审理。

　　辛普森杀前妻案引起了美国公众和新闻界的极大兴趣。经过 1 年多的审理，陪审团分析了 113 位证人的 1105 份证词后作出了宣判。10 月 3 日上午，美国上至总统、下至百姓，有 1.5 亿人停下手中的工作注视着电视屏幕。欧洲也有多家电视台参与转播判决的实况。10 点 7 分，法庭正式宣布："辛普森无罪。"检方败诉的原因包括：首先，检方自始至终缺少谋杀的现场证明人，也未能找到谋杀的凶器。而其他证明大多都是推断，是间接的。其次，检方所列的作案时间表不能服众，许多问题难以解释。这是辩方始终牢牢地抓住的一张"牌"。但是最重要的是，检方倚重的血迹证据出了问题。一方面，提供犯罪证据的警探弗尔曼是个种族主义者。从辛案一开始，辩方就多次指出这一点，并四处寻找证据。终于在 1995 年 8 月，一位名叫麦金妮的女作家提供了弗尔曼暴露其种族仇恨的录音带。如弗尔曼如何撕掉黑人司机的驾驶证，指责其无证驾驶，如何虐待黑人嫌疑犯，制造假证据栽赃。弗尔曼甚至恶狠狠地说要把"黑鬼"堆起来烧死。弗尔曼的所作所为为柯克兰提供了有力武器，他把警方提供的证据定为蓄意栽赃，是充满仇恨的种族主义的体现。另一方面，从 1987 年 DNA 用于诉讼案以来，人们对 DNA 取样的方法和效果一直争论不休。双方都搬出了 DNA 检测方法的一流专家，但结论却不相同。而且由于警方在取样、检查现场时缺少监督，程序不够严格，使取样的可靠性大打折扣。因此，检方最有力的犯罪证据的基础就瓦解了。

　　【评析】本来是一桩极其普通的刑事案件，辛普森案之所以被"炒"成一个"世纪性案件"，正是因为它的审判过程与美国社会中的种族问题紧紧地纠缠在一起了。

　　众所周知，在辛普森一案中，警方已经掌握了足以证明辛普森杀害前妻及其男友的证据，但他们为使案件更加"铁证如山"，愚蠢地伪造了一双沾有辛普森和他前妻血迹的袜子。正是这双袜子，最终被德肖微茨先生和他聘请的生化学家证明为实验室里的产物，陪审团哗然。

　　美国法律中有一条著名的证据规则："面条里只能有一只臭虫。"这是一个形象的比喻：任何人发现自己的面碗里有一只臭虫时，他绝不会再去寻找第二只，而是径直倒掉整碗面条。

---

[1]　参见"辛普森杀妻案"，载百度百科，http://baike.baidu.com/view/1183157.htm，最后访问时间：2010 年 9 月 13 日。

同样，即便洛杉矶警方获取了大量能证明辛普森有罪的证据，但只要其中有一样（袜子）是非法取得的，所有证据就都不能被法庭采信。于是，陪审团裁定将他无罪释放。

而中国实行的是"以事实为依据，以法律为准绳"的证据规则，人民陪审员的权力也远远小于美国的陪审团。在这种有相当证据证明嫌疑人犯罪事实的前提下，尽管某些证据的获取途径存在瑕疵，法官仍会判决被告人有罪。

"程序合法性优于实体合法性"，辛普森杀妻案的结果以一个标志性的案例再次向每一个法律人重申了这一点。在美国，尤其注重程序正义；而在我国，程序正义往往不被重视，为了某些实质正义甚至是实质非正义，程序常常被轻视，正当程序的意义在于"程序正义不一定能带来实质正义，但程序非正义一定会带来实质非正义"。中国司法改革的方向是要逐步增加刑事诉讼过程中犯罪嫌疑人和被告人的正当权利，首先便应在程序上保证对每一个人的公平。

## 案例二　"二奶"继承案[1]

四川省泸州市某公司职工黄某和蒋某1963年结婚，但是妻子蒋某一直没有生育，后来只得抱养了一个儿子，由此给家庭笼罩上了一层阴影。1994年，黄某认识了一个张姓女子，并且在与张某认识后的第二年同居。黄某的妻子蒋某发现这一事实以后，进行劝告，但是无效。1996年年底，黄某和张某租房公开同居，以"夫妻"名义生活，依靠黄某的工资（退休金）及奖金生活，并曾经共同经营。

2001年2月，黄某到医院检查，确认自己已经是晚期肝癌。在黄某即将离开人世的这段日子里，张某面对旁人的嘲讽，以妻子的身份守候在黄某的病床边。黄某在2001年4月18日立下遗嘱："我决定，将依法所得的住房补贴金、公积金、抚恤金和卖泸州市江阳区一套住房售价的一半（即4万元），以及手机一部遗留给我的朋友张某一人所有。我去世后骨灰盒由张某负责安葬。"4月20日，黄某的这份遗嘱在泸州市纳溪区公证处得到公证。4月22日，黄某去世，张某根据遗嘱向蒋某索要财产和骨灰盒，但遭到蒋某的拒绝。张某遂向纳溪区人民法院起诉，请求依据《继承法》的有关规定，判令被告蒋某按遗嘱履行，同时对遗产申请诉前保全。

从5月17日起，法院经过4次开庭之后（其间曾一度中止，2001年7月13日，纳溪区司法局对该公证遗嘱的"遗赠抚恤金"部分予以撤销，依然维持了住房补贴和公积金中属于黄某部分的公证。此后审理恢复），于10月11日在纳溪区人民法院公开宣判，认为：尽管《继承法》中有明确的法律条文，而且本案中的遗赠也是真实的，但是黄某将遗产赠送给"第三者"的这种民事行为违反了《民法通则》第7条"民事活动应当尊重社会公德，不得损害社会公共利益，扰乱社会经济秩序"的规定，因此法院驳回原告张某的诉讼请求。

**【评析】**法律解释的方法包括文义解释（指按照法律条文用语之文义及通常使用方式，阐述法律意义的方法）、体系解释（以法律条文在法律体系上的地位，或相关法条之法意，阐明其规范意旨的解释方法）、立法原意解释（进行法律解释时，应探求立法者制定法律时所作的价值判断及其所欲实现的目的，以推知立法者的原意）、目的解释（以法律规范的目的为依据阐述法律）、合宪性解释（以宪法等上位法来解释下位法）等。

法律解释的各种方法的应用存在一个程序性规则：①任何法律条文之解释，均必须从文义解释入手。②经采用文义解释方法，出现复数解释结果时，才可以继之以论理解释。③做论理解释时，应先运用体系解释和法意解释方法以探求法律意旨；在此前提下继之以扩张解释或限

---

[1] 对于本案的评析，可参见何海波："何以合法？对'二奶继承案'的追问"，载《中外法学》2009年第3期。

缩解释或当然解释以判明法律之意义；若仍不能澄清法律疑义，应进一步作目的解释，以探求立法目的；最后可再进行合宪性解释，审核其是否符合宪法之基本价值判断。④在论理解释仍不能确定解释结论时，可进一步作比较法解释或社会学解释。

按照这个顺序，本案在对继承法进行文义解释后，确实出现了复数的结论：一种意见认为，既然继承法中没有明确的禁止规定，则遗产当然可以赠与任何人，也包括侵害合法婚姻家庭权益的人；另一种意见则认为，尽管没有明确的禁止规定，但不能断然推导出该遗赠遗嘱合法有效的结论。

法官必须考虑的是：在缺少明确规则或社会情势发生变化的情况下，立法者的选择会是什么？为此，法官就必须从文义解释和形式推理进入到论理解释和实质推理阶段。

论理解释是以承认法律漏洞及其填补漏洞的必要性为前提的，没有相应的法律规则并不是拒绝解释的理由，而恰恰是解释的开始。1889 年著名的 *Riggs v. Palmer* 案就是一起涉及遗嘱继承的案件——遗嘱继承人杀害了被继承人，他是否仍然可以合法继承遗产？当时的法律中并无任何明确的禁止或限制，缺少作出否定性判决的形式推理的必要前提。然而，法官通过论理解释和实质推理认为，允许其继承遗产不符合法律的精神和立法者的意图，因为任何人都不应从其犯罪行为中获益，否则就失去了法律的公正性。由此案产生了一个新的法律规则：杀害被继承人的人应当被剥夺继承权，此后，这一规则为世界各国的继承法所确认。如果没有这样的论理解释，法律的漏洞就不会填平，法就不会发展。而如果不填平法律的漏洞，那么表面上的逻辑不足就可能距离法律的真正目的越来越远。法律不可能在事实上杜绝一切从非法或不当行为中获益的行为，但法律必须通过其制度保留对这种情况的法律救济途径，从而从个案的解释中发现和发展法的规则和精神。

这里需要平衡的主要是两种利益和权利，即个人的遗嘱自由和合法婚姻家庭的保护，黄某与张某从 1996 年到 2001 年租房以"夫妻"名义生活，已经构成了事实婚姻和重婚行为，这种行为已经触犯了我国《刑法》，如果让张某因这种违反《刑法》的行为而顺理成章地得到遗产，就会在保护公民的财产处分自由权和遗产继承权的同时，势必出现与我国《宪法》《刑法》《婚姻法》所保护的合法的婚姻家庭关系相冲突的情形。对于重婚行为，即使检察院没有提起公诉，被害人也没有提起自诉，但如果民事判决出现了因为这种违法行为而获利的判决，那么，这种判决的精神就会和《宪法》《刑法》《婚姻法》对婚姻家庭的保护精神相冲突。

在这里，法官的利益衡量尺度掌握是适宜的。法官在平衡利益时应该将其个人的好恶置之度外，而必须以社会大多数人的福利为标准。法律的目的在此就是维护社会实质的公平和公正。在本案中，人们坚信公正在合法妻子一边，这并不是对她个人有什么偏爱，而是每个人都将之视为同他们的婚姻家庭一样的一种秩序、一种关系。法官的判决可能决定着他们每一个人今后对法律的评价和对自己生活方式的选择。近年来的社会现实无情地表明，由于"包二奶"现象愈演愈烈，合法婚姻家庭已经变得如此脆弱，道德舆论的支持已经不足以抵御金钱和利益的力量，如果法官此时再拒绝对合法配偶援之以手，其社会良知安在？毋庸置疑，通过这样一个判决并不能杜绝类似的法律规避行为，但法官至少表明了他们的立场，对于公众而言，这就是法律的态度。通过这样的信息，或许可以预见破坏合法婚姻家庭应付出的成本和代价，促使当事人三思而后行。

本案判决是法官在法律出现明显的漏洞时，运用其自由裁量权，适用《民法通则》原则，依据公序良俗和法律的整体精神，解释法律、适用法律的结果。通过这一判决，合理地协调了社会公德、法律原则与具体法律规则的关系。判决并未超越法官的权限，符合法律推理和解释的基本原则和逻辑；在解决纠纷的同时，维护了法律的统一性和合理性，并取得了良好的社会效果。尽管对于本案的处理可能存在其他合理选择，然而，本案判决不失为一种通过法官的论理解释填补法律漏洞的积极努力。

 **本章小结**

法律方法是指法律职业者（或称"法律人"）认识、判断、处理和解决法律问题的专门方法，或者说，是指法律人寻求法律问题的正确答案的专门方法，它具有法律性、实践性和专业性。我们首先要训练法律的理论思维方式和法律的实践思维方式；其次，依据专业知识和思维判断进行形式法律推理和辩证法律推理，通过法律发现找到适合的法律，必要时进行法律解释；最后，通过语言的形式（主要是书面语言），根据一定的理由对案件处理决定的正确性进行符合形式逻辑的推导和证明，来完成法律论证。在本章的学习中，我们要理解和揣摩各种法律方法，结合日常生活中的法律案例，运用上述法律方法来分析和解决法律问题。

 **思考题**

**一、名词解释**

1. 法律方法
2. 法律思维
3. 法律推理
4. 法律发现
5. 法律解释
6. 法律论证

**二、简答题**

1. 简述法律的理论思维方式和法律的实践思维方式的区别。
2. 简述形式的法律推理和辩证的法律推理。
3. 简述法律发现的途径。
4. 简述法律解释及其必要性。
5. 简述法律解释的方法。

**三、论述题**

1. 查找里格斯诉帕尔玛案（*Riggs v. Palmer*）相关资料，运用本章所学的法律方法进行分析。
2. 查找辛普森杀妻案的庭审过程，找出其辩护律师的法律思维方式和法律推理过程。

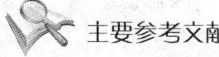 **主要参考文献**

1. ［德］卡尔·拉伦茨：《法学方法论》，陈爱娥译，商务印书馆 2003 年版。
2. 陈金钊、谢晖主编：《法律方法》（第 3 卷），山东人民出版社 2004 年版。
3. 梁治平编：《法律解释问题》，法律出版社 1998 年版。
4. ［美］艾德华·H. 列维：《法律推理引论》，庄重译，中国政法大学出版社 2002 年版。

第二十二章

# 法治与法治国家

**【本章概要】** 本章对法治与法治国家的形成作了介绍。主要阐述什么是法治、法治与法制的区别；法治国家的要素与标志；法治模式与法治国家的形成。法治并不是一个非常容易界定的名词，但是它有一定的衡量标准。建设法治国家需要一定的条件，在不同的国家其历史进程也不一样，因此每一个国家都必须根据本国的具体情况来实践。

**【学习目标】** 通过本章的学习，了解法治、法制的基本概念，法治国家的基本要素，法治模式与法治国家的形成；着重了解建设法治国家所需要的条件以及如何才能建设真正的法治国家。

## 第一节　法治释义

### 一、"法治"的历史变迁

"法治"，是"一个无比重要的、但未被定义、也不是随便就能定义的概念"[1]。按照我国法学词典的解释，它是依法律治理国家的政治主张[2]。关于法治问题，中国古代法家与古希腊的哲学家都曾做过有益的讨论，后来西方思想家继续就此问题进行了长期的探索。尽管如此，由于其范围的广泛与问题的众多，至今仍然没有形成一个完整的定义。不同的学者可以从不同的侧面对此进行分析与阐述。这里准备就其历史渊源作一个简短的介绍。

"法治"一词在我国古代春秋战国时期就已使用[3]。但是，法家的"法治"是相对于当时儒家所倡导的"礼治""德治""人治"而提出的，法家认为儒家的主张因循守旧，不合时宜，只有他们的"刑无等级""法不阿贵"才能保障社会的正常运行。但是，他们提倡"法治"，是从地主阶级自身这个阶层去考虑的，具有很强的针对性，因此，不具有现代社会"法治"一词所应该具有的那种内涵。在其后的整个中国社会，除了秦朝之外，基本上都是以儒家思想为指导思想，法治与他们无缘。直到清末，随着西方列强的入侵，西方法律制度的介绍与引进，法治才逐渐受到重视。当时，为了振兴图强，有志之士纷纷翻译与介绍西方的法律制度与法律文化，整理出版了一大批西方法律教材与法律著作。有学者认为，在中国最先提到法治的应该是梁启超先生[4]。梁启超的不少论文中，都涉及"法治"问题。他赞美法治而反对人治，认为国家的富强与发展必须实行法治，所以他说"法治主义为今日救世唯一之主义"[5]。限于当时的历史环境，梁启超所论之法治也不具有现代社会法治本身所具有的真正内涵。

---

[1] 〔英〕戴维·M. 沃克编：《牛津法律大辞典》，北京社会与科技发展研究所组织翻译，光明日报出版社1989年版，第790页。

[2] 参见辞海编辑委员会编：《辞海》，上海辞书出版社1989年版，第1081页。

[3] 《管子·明法》中说"以法治国，则举错而已"。其后的法家代表人物如商鞅、韩非等都在不同程度上使用过这一词。

[4] 孙国华主编：《法理学》，法律出版社1995年版，第236页。

[5] 梁启超：《饮冰室合集》（第二册），中华书局1989年版，第43页。

西方早在古希腊时期，就有不少学者论及法治问题。早先柏拉图在他的《理想国》中就曾经设想国家应该由哲学王来统治，但是在他的《法律篇》中，纯粹的道德王国已经让位于法律王国，这里的一切人与事都必须服从法律的统治。柏拉图的学生亚里士多德在一定程度上继承了先生的衣钵，在其所作的《政治学》中提到了法治的两层涵义：①法律必须被普遍地遵守；②普遍遵守的法律本身应该是制定的良好的法律。[1] 古罗马的实用主义风格使得他们过于关注实际生活中的规范，对于比较抽象的哲学、政治学、伦理学却缺乏应有的研究，所以尽管在具体的法律制度的建设方面取得了极大的成就，但是在涉及国家法治理论领域方面的研究却显得薄弱。[2]

我们常常称中世纪为"黑暗的世纪"，似乎与法治理论无缘，但是它是一个非常重要的世纪，它继承了古代希腊与罗马的传统，又孕育着资本主义，是一个承前启后的时代。尽管法治的理论并不彰显，即使有个别思想家触及此类问题，也会被"上帝之光"所遮蔽。但是我们必须注意的是：①上帝并不总是与法治相冲突，上帝有时需要世俗的法治相辅助，上帝之法常常与世俗之法有许多"竞合"之处；②教会法本身涉及法治理念，如上帝面前人人平等，教会法在中世纪起到了重要的作用，不少学者已给予了中肯的评价。[3] 中世纪早期日耳曼人保持了条顿民族军事民主制的传统，国王不能超越世代相传的法律界限；中世纪中期，尽管教皇与皇帝不受法律约束的理论仍占有优势地位，但是"一种相反的观点逐渐成长起来"，英国与法国都有学者强调国王遵守法律的重要性；中世纪后期，随着文艺复兴、宗教改革的发展，统治者与臣民共同遵守法律的要求也越来越高。[4] 更应该注意的是，在中世纪的中后期，随着城市的发展，一个新兴的工商业阶层出现了，随着其力量的壮大，他们对于封建制度日益不满，进而提出了自己的主张与看法，其中包含了许多法治理论，在这种理论的指导下，他们最终推翻了封建统治，建立起资本主义政治法律制度。

资本主义时期是法治理论的奠定时期，我们的法治理论是随着资产阶级推翻封建统治，随着法学思想家理论的不断成熟而逐渐建立起来的。有学者认为，最早比较详细论述近代法治理论的是英国学者哈林顿，他在《大洋国》中提出了依照法律进行统治的理想模式。[5] 事实上，在他之前的英国大法官科克于1612年就提出了现代意义上的法治原则。[6] 后来，洛克、孟德斯鸠、卢梭、戴雪等人进一步从分权、人民主权等方面进行探讨，他们的理论对于资产阶级的法治建设起到巨大的推动作用。他们的法治理论不仅是批判封建专制制度的有力武器，而且为建设资本主义法治国家提供了思想上与制度上的材料。总的来看，自由资本主义时期，强调自由、平等的法治精神；国家的权力是公民所转让的，国家应该而且必须按照广大公民的意志办事；国家各部门的权力也应该合理分配，尤其是不能让权力过分集中在某一个部门手里，以防止权力被滥用。但是随着时代的发展，国家在社会生活中的重要性远非前期资本主义时期所能比拟，国家积极干预经济生活，改变了自由资本主义时期政府只是"守夜人"的形象；"委托立法"使得政府的职能更加扩大，出现了所谓法律的社会化思潮；自由资本主义时期所鼓吹的

---

〔1〕　[古希腊] 亚里士多德：《政治学》，吴寿彭译，商务印书馆1996年版，第199页。

〔2〕　从现有资料来看，除了西塞罗等人外，致力于此领域的学者并不多，当然研究私法领域的学者在不少方面也涉及法治问题，但是他们并不是进行专门的法治研究，其法治研究不系统，同时也缺乏深度。

〔3〕　伯尔曼认为，教会法是近代西方第一个法律体系。参见 [美] 哈罗德·J. 伯尔曼：《法律与革命——西方法律传统的形成》，贺卫方等译，中国大百科全书出版社1993年版，第5章。

〔4〕　有关资料请参阅 [爱尔兰] J. M. 凯利：《西方法律思想简史》，王笑红译，法律出版社2002年版，第3～5页。

〔5〕　参见沈宗灵：《比较法研究》，北京大学出版社1998年版，第586页。

〔6〕　[爱尔兰] J. M. 凯利：《西方法律思想简史》，王笑红译，法律出版社2002年版，第223页。

财产的无限所有、契约自由、过错责任原则受到了一定程度的限制。这一时期法治的价值取向从个人本位向社会本位过渡，国家充分地考虑社会福利，保护弱势群体。当然，自由资本主义时期的法治的基本原则并没有改变，只是随着时代发展做了适当的调整，更多地关注于整个社会利益。由于 20 世纪以来政府权能的加强，对于传统的自由与法治构成一定的威胁，因此，当代法治领域中一个引人注目的问题就是限制政府权能的扩张。

通过上述介绍我们可以看出，法治基本上是与人治相对应的一个概念，从古希腊的柏拉图、亚里士多德到近现代的伟大的思想家莫不如此，他们希望每一个人都生活在法律之下，而不能超越于法律之上。当然法治理论也处在不断的变化发展中，当代法治的一个突出特点就是从比较狭隘的，诸如共同遵守法律与法律面前人人平等的内涵中释放出更大、更丰富的内容，在保护人类基本尊严的前提下，强调国家在法治建设中的积极作用，政府通过法治全面地管理社会，调整各个社会阶层各种利益。同时，法治社会也要使政府服从法律，将政府的权力限制在一定范围内，防止其滥用权力。1959 年国际法学家在印度新德里集会讨论法治问题，会议结束时，综合 30 个法学研究机构与大约 75 000 名法学家的建议，起草了一份宣言，提出了法治在立法、行政、刑法、司法独立、律师专业等方面所应具备的基本要求，展示着现代法治的基本精神与法治理念。[1]

### 二、法治与法制

法治与法制是两个不同的概念。法制是指法律或法律制度，在西方没有专门的法制一词，与法制对应的词是法律制度（legal system）；而法治则是与人治相对应的，指法的统治（rule of law）。按照我国某些学者的解释，法制一词包含着三层涵义：①静态意义上指的是法律或法律制度；②动态意义上指的是立法、执法、司法、守法、法律监督等各个环节所构成的一个系统；③指"依法办事"的原则。第三种意义上的法制，在英国被表述为"法治"（rule of law），在美国则指"法治政府"（government），在法国说成是"法治原则"（le principe de egalite）或"法律规则至上"（le suprematie de la regle de droit），在德国一般叫作"法治国"（Rechtsstaat）。[2]

法制一词我国古代就已使用，《礼记·月令》中有"命有司修法制，缮囹圄，具桎梏"。商鞅也说："民众而奸邪生，故立法制为度量以禁之，是故有君臣义，五官之分，法制之禁不可不慎也。""法制设而私善行，则民不畏刑。君尊则令行，官修则有常事，法制明则民畏刑；法制不明，而求民之令之行也，不可得也。"[3] 这里的法制基本上是指法律制度，但是他们的法制也含有依照法律来进行统治之义。中华人民共和国成立后，在很长的一段时间内，尽管我们也提法治，但是我们更倾向于用"法制"而不是"法治"。当时，刘少奇、董必武等党和国家领导人在谈论法律时基本上都是用"法制"而不用"法治"。同时，党与国家的重要文献、文件中一般也用"法制"，其原因可能有三个方面：①当时的马列著作与苏联的法学著作用的都是"法制"；②"法治"一词被许多人认为是资产阶级所提倡的，为了避免与资本主义"有染"，突出体现社会主义的法律，我们多用"法制"一词[4]；③法治是指法律的统治，而按

---

〔1〕 "The Rule of Law in a Free Society", A Report on the International Congress of Jurists, New Delhi, India, 1959, Geneva, Switzerland, 转引自周天玮：《法治理想国——苏格拉底与孟子的虚拟对话》，商务印书馆 1999 年版，第 81～83 页。

〔2〕 参见沈宗灵：《比较法研究》，北京大学出版社 1998 年版，第 581 页。

〔3〕 《商君书·君臣》。

〔4〕 参见葛洪义主编：《法理学》，中国政法大学出版社 2002 年版，第 216 页。

照马克思主义的观点，任何统治都是有阶级性的，讲法律的统治意味着扶杀法律的阶级性[1]。20 世纪 70 年代末 80 年代初，我国进行了一次关于法治与人治的大讨论，其中也由此涉及"法制"与"法治"的概念问题。其后，我们开始摆脱"左"的思潮的影响，在著作与教材中逐渐接受并广泛使用了法治一词。党的十五大确立"依法治国，建设社会主义法治国家"的基本方针，2014 年 10 月 23 日中国共产党第十八届中央委员会第四次全体会议通过了《中共中央关于全面推进依法治国若干重大问题的决定》，这些情况表明我国的法治建设已经进入一个新的历史时期。十九大报告进一步提出全面推进依法治国，建设社会主义法治国家。

一般而言，法制主要指的是法律制度，而法治则主要是指一种宏观的、抽象的法观念或理念。因此，在讨论具体的法律制度或法律实施、法律操作时，我们多用"法制"一词，而在宏观上涉及法的理念或观念时，我们常常用"法治"一词。法制侧重于具体的制度，而法治侧重于观念与精神，国家就是依照法制来经纬社会，实现法的统治。法制与国家相始终，有国家就有法制，就此而言，专制社会也有法制；而法治只能与民主、自由、平等相联系，并不是每一种社会形态都有法治，这应该是法制与法治最为重要的一个区别。

**三、法治的涵义**

法治是法哲学领域里的一个重要的问题。尽管"法治"一词到目前为止仍然没有形成一个完整的概念或定义，但是，大体上，我们可以从以下几个方面来描述和理解法治所具有的内涵。

（一）法治是一种治国方略

无论西方还是东方，无论是古代还是当代，法治都主要是相对于人治而言的。人治论者强调的是人在社会管理当中的作用。柏拉图的理想王国就是希望统治者具有高尚的品德，所以他期望的是哲学家出来做国王或国王变成哲学家。当他的理想破灭时，就退而寻求法律的帮助。中国古代的儒法之争，从根本上说，也就是"人治"与"法治"之争。孔子认为统治者的道德非常重要，"其身正，不令而行；其身不正，虽令不从"[2]。荀子继承了孔子的人治观，并将人治推向了极端。他认为，为政在人，"得其人则存，失其人则亡。法者，治之端也，君子者，法之原也"[3]。自从汉代以来，在中国的历史长河中，儒家思想一直居于统治地位，所以我们常常说古代中国社会是一个人治社会。法治论者强调法律的社会作用。战国时期的法家为此做出了相当大的贡献。从早期的管子到后来的韩非，无不强调法治的重要性，他们对法的本质、功能与作用都进行了探讨，比较系统地提出了"法治"理论。尽管这种法治还无法与我们现代的法治相比拟，但是，它确实为中国古代社会注入了新的生机，并对于清末的思想产生了很大的影响。亚里士多德也否定人治，他认为，相对于人治而言，法律是神祇与理智的体现，而实行人治有可能混入"兽性"的因素，因为即便是"最好的人们（贤良）也未免有热忱，这就往往在执政的时候引起偏向。法律恰恰正是免除一切情欲影响的神祇与理智的体现"。因此，他主张"法治优于一人之治"[4]。资产阶级革命后，鉴于封建社会的"人治"，针锋相对地提出了"法治"，他们强调法律的作用与尊严，认为只有在法律的统治之下，才能体现社会的公平与正义，资产阶级的法治理论对于人类社会的发展与进步做出了巨大的贡献。

通过上述介绍我们知道，任何关于法治与人治的讨论基本上都是从治国模式的角度来进行

---

〔1〕 孙国华主编：《马克思主义法理学研究——关于法的概念和本质的原理》，群众出版社 1996 年版，第 453 页。

〔2〕 《论语·子路》。

〔3〕 《荀子·君道》。

〔4〕 ［古希腊］亚里士多德：《政治学》，吴寿彭译，商务印书馆 1996 年版，第 167～169 页。

的。当然，人治论者并不排斥法治的作用，法治论者也并未否定人的因素，只是侧重点有所不同。中华人民共和国成立后，我们在相当长的一段时间里并没有将法治作为治国方略，相反我们过分迷信于党的政策与对领导人的个人崇拜，而将法治放在一边，结果给国家与人民造成了极大的灾难。党的十五大提出了依法治国理论，十八届四中全会又将法治推进了一步，为我们摆脱"左"的思潮的干扰，解放思想，全面建设社会主义法治国家指明了方向。十九大提出完善以宪法为核心的中国特色社会主义法律体系，全面推进依法治国，全面建设社会主义法治国家。

（二）法治是民主制度的保障

法制与国家相始终，有国家便有法制。任何国家都会根据自己的具体情形制定法律，当然其法律表现形式可以是民主的，也可以是非民主（专制）的，但是法治却只能与民主制度相联系，任何实行专制的国家，我们只能说它有法制而没有法治。资产阶级革命后，对于人类社会所做出的最大贡献之一，就是建立与完善资产阶级的民主与法治建设。就法治与民主建设而言，资本主义无疑比其之前的任何社会形态都要进步——尽管这种法治也仍然有其阶级局限性。资本主义正是为了保护人身自由与财产，才致力于他们的法律制度的建设，可以认为没有资本主义的法治就没有资本主义的民主。中华人民共和国成立以后，我们曾经在一段时期里忽视了民主与法治建设，长期的"自力更生"，以及与外界交往的"中断"，使得我们对于民主与法治产生了隔膜与偏见。现在我们提出加强法治建设就是向民主社会迈出了关键性的一步。

（三）法治表达了一种人文精神与价值追求

作为人文精神的法治，它表达了人类社会普遍的理想与价值追求。每一个有理性的、爱好自由与和平的人都希望生活在公正、有序的法律状态之下，谁都不愿意生活在恐怖与专制当中。原始社会没有阶级，当然也不存在阶级压迫。自从有了阶级，就出现了压迫与专制，人类社会为了反抗这种压迫与专制，进行了长期的斗争。在这种压迫与反压迫、专制与反专制的过程中，人类在思考一个严肃的问题，那就是如何才能生活于一个自由与平等的社会当中。经过长期的思索，人们最终选择了法治，只有法治才能摆脱压迫与专制。从某种程度上说，自进入阶级社会以来，整个人类社会的历史可以被认为是一个探索建立法治社会的历史。绝对的法治社会也许并不存在，但是相对的法治社会是可以并且能够建立的。这个过程仍然在进行当中，即使是西方最为民主的国家仍然不能说自己已经实现"法治国家"，它们仍然在不断地追求这种理想的实现。这种生生不息的由相对法治社会到永无止境的绝对法治社会的追求，表达了人类社会的理想与价值追求。人类社会正是在追求这种理想的过程当中不断前进与进步的。

（四）法治具有至高无上的特性

人类社会选择了法治，表明法治具有它的至高无上性。法治社会既然是人类社会普遍追求的一种理想境界，那么，它理应得到普遍的遵守与服从。现代社会法治精神与观念已经成为人们社会生活中的一种普遍的心理定势或习惯，任何组织、政党与个人都不能也不愿意超越于法律之上。法治就是法律的统治，法律具有稳定、划一的特性，可以避免诸多不确定因素的干扰，对任何人、任何事都统一适用而不能例外。任何试图超越法律的行为都是对法治秩序与民主制度的一种破坏，因此也必然为社会所禁止。

（五）法治还代表了一种良好的社会秩序

在法治国家里，一切社会活动都是在一种有秩序的状态下进行的。调整社会秩序的方式多种多样，法治是其最重要的一种。也只有用法律来进行统治，才能够避免其他调整方式带来的不确定因素，达到一种比较完善的境界。法律制度规范着社会生活的一切重要的方面，如果所有的法律——当然这种法律的前提是"良法"——都能得到全面的遵守与执行，那么法治国家就能够实现。

事实上，"法治"一词，具有多重涵义，它是人权、民主、理性、秩序、公平、效益等诸多层次的综合，它是现代社会特有的意识形态，是一切制度化和制度安排应当与之相适应的"主义"。[1]

## 第二节 法治的要素与标志

### 一、法治的要素

要素是构成事物的基本因素。法治的构成要素指构成法治的基本因素，一般来说应该包括法治的概念、法治的基本原则、法治的基础与条件等。法治的概念我们在第一部分已经作了简短的介绍，现在就法治的基本原则及其基础与条件作一个概述。

（一）法治的基本原则

要想实现法治国家，就必须设定法治的基本精神与基本构架，只有在这个基础上，我们才能制定法律，并在现实生活当中得到实现。虽然我们每一个朝代都有法律，统治者也运用法律来进行统治，但是，法治的精神真正得以贯彻与实施应该是从资本主义开始的。资产阶级革命以来的思想家与法学家对此进行了长期的思考与讨论，提出了一系列关于法治标准的观点与建议。这些建议直接与间接地推动了资本主义国家法治建设，使其从理论逐渐地变成现实。

英国法学家戴雪提出了著名的法治三原则，已经成为法治的经典性的定义：①法律至高无上，非依普通法院的审判，人民不得无故受法律处分；②无论贵贱，任何人都不得超越于法律之上；③宪法的通常原理形成于法院的判决。[2] 戴雪的法治三原则是西方（特别是英国）法治理论的长期发展而形成的，他提出的法治原则理论有很大的影响。虽然这种理论随着时代的发展在某些方面受到了一些挑战与批评，[3] 但是法治所包含的基本的方面并没有改变。当代英国法学家约瑟夫·拉兹（Joseph Raz）将法治原则从八个方面进行了归纳：①所有法律应该是适用于未来的、公开的、明确的；②法律应相对稳定；③特别法（尤其是法律命令）应由公开的、稳定的、明确的、一般的规则所指引；④司法独立应有保证；⑤自然正义的原则必须遵守公开的和公正的听证、没有偏见等，对正确适用法律和法律的指引行为的能力，显然是必不可少的；⑥法院应对其他原则的实施有审查权；⑦法院应该是很容易为人所接近的；⑧不应容许预防犯罪的机构利用自由裁量权而歪曲法律。[4] 20 世纪 50 年代末，国际法学家会议在印度的新德里召开，与会法学家发表了《德里宣言》，这个宣言确立起世界范围内有关法治原则的最基本标准。在立法方面，主要是保障与维护个人的尊严；在行政方面，规范政府的行政行为；在刑法方面规范刑事程序；在司法方面，强调司法独立、律师的自由执业与律师素质等。结合上述观点，我们认为现代社会法治的基本原则应该包括以下几个方面：

1. 优良的政体与权力的合理分配原则。无分权就无法治可言。集权是专制的渊薮。古希腊的许多思想家都曾讨论过政体问题，而亚里士多德是集大成者，他在《政治学》中对此进

---

〔1〕 张文显：《法哲学范畴研究》，中国政法大学出版社 2001 年版，第 156 页。

〔2〕 ［英］戴雪：《英宪精义》，雷宾南译，中国法制出版社 2001 年版，第 231～245 页。

〔3〕 参见［英］戴维·M. 沃克编：《牛津法律大辞典》，北京社会与科技发展研究所组织翻译，光明日报出版社 1989 年版，第 790 页。

〔4〕 ［英］约瑟夫·拉兹：《法律的权威：法律与道德论文集》，朱峰译，法律出版社，2005 年版，第 187～190 页。

行了详细的论述。每个政体代表了权力的不同运用。后来的重要政治法律思想家也都在不同程度上探讨过这个问题。尽管不同的思想家对政体有自己的看法，但是都希望政体能够促进社会的发展与进步。不过早期的思想家与后来的思想家，尤其是近现代思想家有着很大的分歧。如亚里士多德就将君主政体、贵族政体与共和政体看成是正常的政体。"最优良的政体就该是最优良的人们为之治理的政体。这一类型的政体的统治或为一人，或为一宗族，或为若干人，他或他们有出众的才德，擅于为政，而且邦内受治的公众都有志于（也适宜于）人类最崇高的社会。"[1] 从这里我们可以看出，亚里士多德仍然强调统治者的品德，也并不排斥一人统治。文艺复兴与宗教改革时期，思想家们开始强调对君主权力的限制，在政体形式上更倾向于共和与民主政体。鉴于权力往往会被滥用，洛克与孟德斯鸠在他们的著作中倡导分权，并以此来保障公民的各项权利与自由。由于各国的国情不同，所以不同国家的分权有着不同的形式。现代所有的西方资本主义国家几乎都将国家权力进行了划分，其中最为典型的是美国。优良的政体与国家权力的合理分配，不仅有利于社会的稳定，促进民主政治，提高各职能部门的工作效率，而且是建设法治国家的一个最基本要素。

2. 民主、自由、平等原则。自古以来，整个人类社会对于民主自由与平等一直充满着向往，并一直在为之奋斗。古希腊的民主政治达到了一个比较完善的境地，对后世产生了深远的影响。古罗马在产生与发展的过程中，罗马的平民与贵族、外来人与罗马人进行了长期的斗争，罗马平民与外来人最终取得了平等的权利。当然，那时的民主自由与平等只是少数人的特权，我们常常称他们为奴隶制的民主制度。中世纪尽管受到了教会的影响，但是对于民主自由与平等的追求依然未曾中断，即便是教会也强调在上帝面前人人平等。文艺复兴与宗教改革，使人性获得极大的解放，对民主、自由、平等的追求成为一种潮流。资产阶级革命以后，民主、自由、平等被载入宪法。民主、自由与平等是实现法治国家的基本要素，也是实现法治国家的前提条件。没有前者，法治国家是无法实现的，法治国家正是通过法律来促进民主政治的发展，保障公民的自由，让他们平等地参与国家政治。

3. 司法独立、法律至上与法律至善的原则。与分权相对应，司法机关必须独立。英国中世纪史料记载，即使国王也必须依照法律办事，根据法律来生活。相反，古代东方国家由于长期实行司法与行政合一（至少在地方应该如此），法治无法生长。要建设法治国家还必须树立法律至上的观念。法律至上既是法治应有的涵义，又是法治的基本要素。任何对法律至上信念的动摇都是对法律尊严的亵渎与破坏。西方国家由于长期的培养，法律至上的观念已经成为国民的基本信念，国家、社会组织以及公民的一切活动都必须服从于法律，已经成为一项"铁"的定律。另外，国家、社会组织与公民个人所遵循的法律必须是至善的，这也是亚里士多德所倡导的"法治"应有的内涵；如果我们所遵守的法律是一部"恶法"，那么法治也就无从谈起。

4. 保障公民基本人权的原则。在现代，几乎所有国家的宪法对于公民的基本人权都作了规定。保障公民基本权利的实现已经成为时代的主题。但在人类的历史长河中，公民基本权利曾经长期并经常性地受到侵犯，没有平等，更没有自由。随着时代的发展，特别是资产阶级革命以后，有关尊重人的基本权利与保护公民基本人权的一些理论才被逐渐地提出，随意剥夺公民基本权利的行为受到限制并被视为非法。为了获得这些基本权利，人类社会付出了巨大的代价，也正是如此，西方国家才将这些基本人权原则写进宪法。现在，充分尊重与保护人权已成

---

〔1〕 ［古希腊］亚里士多德：《政治学》，吴寿彭译，商务印书馆1996年版，第173～174页。

为法治社会的一项基本原则。

（二）法治国家的基础与条件

实现法治国家必须具备一定的基础与条件，大致包含政治、经济、文化等几个方面。

1. 政治基础与条件。要实现法治国家必须具备相应的政治制度作支撑，否则便无法实现法治社会。这种政治制度必须至少包含以下几个条件：①要有优良的政体。政治体制有多种形式，不同社会、不同国家其所采取的形式也不一样。为了探索政体的利弊，古今中外的许多学者对此进行了深入的研究，可以说政体问题一直是西方政治理论中的一个大问题。不同的社会形态所要求的政体是不一样的。政体问题涉及权力的分配。不同的社会所采取的分配方式也不一样。在一个优良的政体里，民众的利益经常被作为重点而加以考虑。近现代，优良的政体常常是通过民主与共和政体的方式体现出来。在这种制度下，公民享有广泛参与政治活动的权利，不同的政见也会被容许存在，公民批评政府也不会受到打击与报复，在这里，公民的自由得到了充分的保护。优良的政体往往是最适当与最好的政体，是实现法治的重要前提条件之一。②要有适当的分权与制衡制度。权力的过分集中往往会导致权力的滥用。中世纪教皇的权力达到了顶峰状态，它对于一切进步的社会理论与科学都熟视无睹，不仅如此，而且还对知识分子进行了残酷的迫害。中国古代的集权统治，也达到登峰造极的地步，即便是到了二十世纪六七十年代，中国仍然没有摆脱集权的影响，给我们留下了沉痛的教训。正是由于认识到了这种集权的危害，邓小平才多次强调，我们应该加强法律制度方面的建设，不能将国家希望寄托在一两个领导人身上，否则是非常危险的。任何集权都将不可避免地给人类带来重大的灾难。理想的制度必定将国家权力作合理的分配。适当地分散权力，并使各种权力相互牵制，对于保障国家机器的正常运转、保持社会的稳定往往是非常有益的。近现代西方国家鉴于历史的教训，没有一个国家采取集权统治。我们要建设社会主义法治国家，应该吸取历史的教训，合理借鉴西方的经验，将国家权力作适当的分工，使它们各得其所，在各自的领域里发挥积极作用。法治国家的权力必然是合理分工、互相牵制的。③对法律的服从。亚里士多德认为法治包含了两个层面，那就是对法律的服从，而所服从的法律又是良好的法律。这里我们看出亚里士多德非常注意法律的服从。遵守法律是实现法治国家的一个重要基础，也是一个重要的条件。如果我们的法律制定出来却不被遵守，那么等于没有法律。不少西方学者从不同角度对这个问题进行了探讨，值得我们思考与借鉴。我国古代的法家也从不同的角度谈到了服从法律的重要性。依法治国，建设社会主义法治国家是我国的一项基本国策，需要我们长期的奋斗。我们遵守法律，服从法律，坚持法律至上，绝不能由于政党、组织或个人的权威而置法律于不顾。我国没有法治的传统，而儒家的思想又长期居于支配地位，人治思想根深蒂固，所以我们进行法治建设需要付出更大的代价。在确立民主政治、制定出良好的法律之后，对法律的遵守便成了首要的任务。

2. 市场经济基础。法制与市场经济具有天然的联系。市场经济是法治得以产生的一个重要条件与基础。中世纪以来，随着西方城市的不断扩展，城市经济得到了很大的发展，各种行会不仅组织严密，而且制定了相应规范经济的法律。正是在这种情形下，市民作为一个重要的社会阶层才得以产生。这是一个新兴的阶层，我们常常称他们为市民阶层。在反对封建领主的过程中，他们通过特许状逐渐取得了自治权与半自治权。为了保护自己的财产，保护自己的人身安全，他们先是通过武装斗争的形式，之后逐渐地通过法律来保护自己。罗马法复兴，大学的兴起，促进了商业的发展，与商业密切联系的商业法规也大量出现，票据、公司等新兴的制度也随之诞生。法律阶层日渐独立出来，所有权与契约制度的出现，导致了封建制度的逐渐转化。[1] 在资产阶级革命取得胜利后，他们进一步强调经济自由，"有形之手"（国家）不能干预"无形之手"（市场），国家只能充当"守夜人"的角色。同时，他们将财产、自由与人权直接载入法律之中，受到法律的保护。我们可以这么认为，正是由于商人阶层与市场经济才诞生了西方现代法治的精神与理念，正是由于他们的不断斗争才推动了社会的发展。现代西方法治的观念源于商人阶层与商业经济的发展，而法治的进一步发展又刺激和促进了自由竞争与市场经济的繁荣，使社会资源得到合理的配置，这是一种良性的发展。1929 年至 1933 年的世界经济危机使凯恩斯主义得以产生。凯恩斯认为，经济危机与失业是因为有效需求不足，为此，他强调国家应该积极干预经济生活。垄断组织干扰着市场，导致了市场的失灵与国家职能的加强。但是国家对经济生活的积极干预并没有带来经济的增长，加上"福利国家"的衰落，人们普遍地感到失望，因此，20 世纪 70 年代以后，自由主义重新抬头。著名的经济学家、政治哲学家，20 世纪新自由主义思潮的代表人物哈耶克积极倡导自由经济，对国家主义、集体主义与社会主义进行了猛烈的攻击与激烈的批判。[2] 自由主义的再次兴起说明古典时期的自由经济与市场经济有其强大的生命力，它们代表着竞争、平等与个性，能够有效合理地配置资源，能够避免计划经济所带来的集权与效力低下，法治精神只有在这种条件下才能产生。当然，鼓吹市场万能也是错误的，市场经济也存在缺陷，在一定程度上也需要国家宏观调控，以避免竞争的无序与混乱。但是这种指导必须在法律规定的前提下进行，目的是促进与保障经济的繁荣与稳定。

3. 文化基础。要实现法治国家，必须具备与法治国家相对应的文化基础。大致包括法律意识的培养、大学的法学教育与法律专业阶层的出现、法官的职业化、学术自由与学术的繁荣、国际参与程度等。其中，法律意识培养是最为重要的一个方面。法律意识可以从各个层面上去分析，如从主体上，可以分为国家意识、群体意识、个人意识等；从客体上，可以分为平等意识、参与意识、权利与义务的意识等。在一个法治的社会里，每一个公民都服从公正的法律，法律也因此得到了普遍的遵守。每个公民都应有参与意识，法治建设不是个别人的事，它是公众之事，权利的分配涉及每一个公民，因此需要大家平等地参与。只有公民都具有平等参与的法律意识，尊重法律，那么，法治国家才有可能出现。法律意识的培养是一个长期的过程，不能指望一蹴而就。大学教育是培养法律意识的一个重要方面。中世纪近代西方大学教育的兴起，不仅造就了一大批法律人才，出现了一个专业化的法学阶层，而且为整个西方社会营造了一个法律的文化氛围，培养了公民遵守法律的意识。法官的职业化，有利于法律的稳定与发展。法律是一门专业化很强的社会学科，需要长期的经验与积累，而中世纪法律的专门化，不仅有利于法官素质的提高，也为以后司法与行政的彻底分离打下了基础。从文化层面上看，法治建设还离不开学术自由。由于法律与政治紧密相连，所以在一个集权主义的国家，法律研究的自由往往缺乏保障，从而大大限制了法治国家与法治社会的实现。因此，拥有一个宽松的文化环境，展开学术对话，自由讨论与研究法律理论，促进学术繁荣，是实现法治社会的重要一环。法治社会是一个开放的社会，它需要国际合作与交流。随着国际经济的一体化，法律领域的合作与交流日益突出，国际司法合作日益密切，保障基本人权成为国际社会的基本要求。

---

〔1〕 参见［美］M. E. 泰格、M. R. 利维：《法律与资本主义的兴起》，纪琨译，学林出版社 1996 年版，第 139～156 页。

〔2〕 参见［英］弗里德里希·奥古斯特·哈耶克：《通往奴役之路》，王明毅等译，中国社会科学出版社 1997 年版，第 3、4、6、7 章。

上述几个方面构成了法治社会的文化基础，相互促进，共同推动着法治的完善与发展。

**二、法治形成的标志**

当我们说某一个国家是法治社会时，有以下因素值得注意，或者说，正是由于这些因素的出现才标志着法治国家的形成。

**（一）市场经济的完善**

市场经济不同于产品经济与自然经济。市场经济与法治有着天然联系。市场经济的完善必然导致市民阶层的兴起与法治社会的出现。自由竞争是一种在平等基础上的竞争，这里没有强权与垄断，公平与正义是其基础。市场经济不仅会促进社会的发展与进步，而且会促进一系列的法律制度与法律观念的产生，如契约、所有权制度，权利义务观念等。市场经济的发展需要法律来保障，法律的完善又会推动市场经济的进一步发展，而强大的计划经济则只会导致集权与垄断。古代罗马正是由于商品经济极大的发展才推动了罗马私法的发展。自由资本主义时期，商品经济的不断发展促进了资本主义社会法律的诞生、发展和完善，产生了一个法治社会必须具备的各种基本法律与制度，如出现了关于设定国家基本政治制度与公民基本权利义务的宪法与调整平等主体之间的财产与人身关系的民法，当然，还有刑法、诉讼法、行政法等基本法，甚至出现了为保护经济的发展而设定的"经济刑法"。市场经济是沄治社会的经济基础，在一定程度上可以说，没有市场经济就不会出现法治社会。

**（二）健全公平与公正的法律制度**

法治社会是靠法律来支撑的，没有法律或者法律不完善就无法建立法治社会。法治需要健全的法律制度来支撑，法律制度是法治的必备要件。应该指出的是，这种法律制度本身必须是公平与正义的，舍此，也无法实现法治。封建社会也有法律，但是这种法律不具有公平与正义的属性。比如，中国古代的唐律曾经是东方法律的楷模，其精细与简当达到了一个高峰，但是，我们不能称其支撑起了法治社会，因为它的指导思想是德治、礼治与人治，道德规范与法律规范不分。这种法律强调的是等级与特权，维护贵族与家族的利益。现代社会绝对不能将道德规范与法律规范等同起来；否则，这种社会只能是人治社会。

**（三）法律职业阶层的兴起**

法治社会需要一个专门化的法律职业阶层，这个阶层不仅会培养全社会的法律意识，而且会保障法律得以公平与公正的执行，是实现法治社会的一个基本要件。中世纪，西方封建领主统治并不是绝对的，随着商业的发展与城市的产生，城市的自治得到了很大的发展，罗马法的复兴、大学的兴起以及文艺复兴推动了法律的发展，也促使了法律职业的兴起，法官与律师成了社会的一个重要阶层。而在古代东方，由于高度的集权统治，没有出现法律的专业化阶层，司法与行政合而为一，进而导致行政权力的扩张与膨胀。东方许多国家由于政治上长期实行集权与专制，经济上满足于自给自足的自然经济，几乎没有法治的观念与基础，更谈不上专门法律阶层的出现，因此，在这种情况下推进法治建设往往要比那些具有市场经济基础、有专门的法律阶层与法律观念的社会付出更大的代价。现代法治社会要求法律职业必须专门化与专业化。法律职业的专业化不仅需要长期的培养，还需要经济、政治与文化方面的条件来支撑。只有真正将法律作为一个专门的职业，法治社会才有实现的可能。

**（四）法律至上理念的确立**

任何法治社会都需要培养法律至上的理念。法律至上包含了以下几个方面的涵义：首先，任何组织与个人都不能超越于法律之上，法律面前人人平等；其次，一切重要的社会生活都需要由法律来决定；再次，严格依照法律办事，不容许有任何亵渎法律的行为；最后，每一个公民都必须自觉遵守法律。如果全社会真正树立起法律至上的观念，那么我们在立法、执法、司法与守法的各个方面才会达到一个完善的境界，法治社会才会有观念上的基础。

## 第三节　法治的模式与法治国家的形成

### 一、法治的模式

不同的国家实现法治的方式并不一样。这里涉及各国的历史传统、政治、经济、文化等各个方面的因素。法治从不同的角度可以作不同的分类。如从法系来看，有大陆法系的法治模式与英美法系的法治模式之分，在这些法系内部又因国别的不同而有相当的差异；从社会制度与意识形态来看，有资本主义国家法治模式与社会主义国家法治模式之分，他们也因国别不同而有所差异。西方关于法治的学说与流派众多，产生了各种各样的法治模式的理论，其中最有代表性的观点有下面三种：

（一）形式正义的法治模式

罗尔斯指出，形式正义就是法治。"形式正义的概念，也即公共规则的正规与公正的执行，在适用于法律制度时就成为法治。"[1] 形式正义的基本要求是服从法律与制度。与此相联系又提出了法治的一些基本原则：①所谓"应当的事意味能够的事"的律令；②同样情况同样处理的律令；③法无明文不为罪的律令；④那些规定自然正义观的律令。[2] 形式正义建立在既往法律的基础之上，并使原有的法律体系更加具有时代意义。形式正义主要通过程序来控制与制约立法与司法。第一个方面是说"法律规范所要求或禁止的行为应该是一种可以合理指望人们做或不做的行为"。[3] 第二个方面是说在法律适用方面要求平等，法官与行政部门一定要按照法律办事。第三个方面是说违法行为由法律明确加以规定，既表明了司法与行政人员必须要根据已经颁布的法律办事，不能违法裁判，又表明了这种法律是公开与普遍适用的。第四个方面是说司法的过程必须独立与公正，以体现法律的正当程序。罗尔斯虽然强调形式正义，但是形式正义的最终目的是保证实质正义的实现。在第二次世界大战以前，德国与日本都只注重形式意义上的法治，此后，才开始向实质意义上的法治转变。[4]

（二）实质正义的法治模式

由形式正义到实质正义是一个复杂的过程，形式正义是实质正义的基础，如果说形式正义是手段，那么实质正义就是目标。美国加州大学伯克利分校法学院教授塞尔兹尼克认为，法治的核心问题是减少恣意与专断，法治是一个不断处于变化状态之中的东西，而不是一成不变的，形式正义主要是用来防止恣意与专断，但是为了防止专断，形式正义还必须与实质正义统一与结合起来。[5] 塞尔兹尼克与合作者诺内特将法律分为三类，即压制型的法、自治型的法与回应型的法。

压制型法最独特、最系统的形式表现为以下几个特征：法律机构容易直接受到政治权力的

---

〔1〕 ［美］S. M. 格里芬："重建罗尔斯的正义论：发展宪法的公共价值哲学"，载《纽约大学法律评论》1987 年第
　　　62 卷。转引自沈宗灵：《现代西方法理学》，北京大学出版社 1992 年版（32 开本），第 120 页。该书多次印刷，
　　　分 32 开本与 16 开本，即便同一年印刷，但是开本不同，页码也不同，这里特别说明开本为 32 开，下同，省略。
〔2〕 参见沈宗灵：《现代西方法理学》，北京大学出版社 1992 年版，第 120～121 页。
〔3〕 张文显：《当代西方法学思潮》，辽宁人民出版社 1988 年版，第 415 页。
〔4〕 张文显：《当代西方法学思潮》，辽宁人民出版社 1988 年版，第 10 页。
〔5〕 ［美］诺内特、塞尔兹尼克：《转变中的法律与社会迈向回应型法》，张志铭译，中国政法大学出版社 1994 年版，
　　　第 35 页。

影响；法律被认同于国家，并服从于以国家为名的利益。权威的维护是法律官员首先关注的问题。诸如警察这类专门的控制力量变成了独立的权力中心。"二元法"体制通过强化社会服从模式并使它们合法正当化，把阶级正义制度化。刑法典反映居支配地位的道德态度，法律道德主义盛行。[1]

自治型法的特征是法律与政治分离，法律秩序采纳"规则模型"，"程序是法律的中心"，"忠于法律"被理解为严格服从实在法的规则。[2]

回应型法的特征包括：法律目标的普遍化，目的居于支配地位，目的使义务更加成问题，降低了法律对服从的要求。法律辩护具有二重属性。法律的持续权威与法律秩序的完整取决于设计更有能力的法律机构。回应型法虽然对于自治型法有所继承，但是它更要求剔除法治的形式性因素，表明他们是在追求普遍的价值与实质正义。

（三）全面正义的法治模式

1959 年 1 月在印度新德里召开了世界性的国际法学家会议，与会的 75 000 名法学家提出了一份法治宣言，该宣言将"法治"界定为一个动态的概念：不仅用来保障和促进个人在自由社会之中享有公民和政治权利，并且要建立社会的、经济的、教育的和文化的条件，使其正当愿望和尊严得以实现。国际法学家认为法治有两大理念：①无论法律的内容为何，国家的一切权力根源于法；②法律本身应以尊重人性的尊严为最高基础。这份宣言详细列举了现代化法治理念的具体标准，它包括立法、行政、刑法、司法独立与律师专业等各个方面，内容广泛，为世界法治的未来发展提供了一个模式与框架。[3]

法治与国家的政治、经济与文化密切联系，并没有一个统一的模式，这里的划分也只是根据法学家的理论学说与主张所作的一个大致分类。根据各国的不同情况，还可以做进一步的划分，如英国模式、法国模式、德国模式等。有的国家注重形式正义，有的国家更注重实质正义；有的国家在一个时期内注重形式正义，而随着时代的发展又逐渐转同了实质正义。总之，法治是一个不断发展着的概念，它没有终点。

**二、法治国家的形成**

法治国家并没有一个确切的定义，我们经常用一些它所表现出来的指标来衡量，达到了这一标准与要求，我们一般就说它是一个法治国家；否则，我们就认为它不是一个法治国家。这些标准与要求主要体现在上述法治的条件与基础上，法治的标志在一定程度上其实就是法治国家的基本要素。自从古希腊以来，人类社会一直在孜孜不倦地追求着这种法治的理想王国，直到资本主义社会才初步实现。古希腊斯多葛学派关于自然法理论就提出了一个虚拟的最高法则，这种法则经过了历史的发展，尤其是古典自然法学流派的解释，成了法治的合理内核，并作为一根主线辅助着这种理想王国的实现。资本主义宪政运动与法律变革，就是这种理想王国的初步实现。当然，法治是一种永无止境的运动过程，法治国家只有开始，没有结束。任何国家都无法宣称自己的法治达到了绝对完美的境界，充其量不过是一个开始或进入，其后的过程是一个逐渐完善与不断发展的过程。我们经常使用"法治国家"一词，其基本内容是指依照"良法"来治理社会，它要求公民服从法律、尊重法律、平等地执行法律，用法律来调整各种

---

〔1〕 ［美］诺内特、塞尔兹尼克：《转变中的法律与社会迈向回应型法》，张志铭译，中国政法大学出版社 1994 年版，第 60 页。

〔2〕 ［美］诺内特、塞尔兹尼克：《转变中的法律与社会迈向回应型法》，张志铭译，中国政法大学出版社 1994 年版，第 87 页。

〔3〕 参见周天玮：《法治理想国——苏格拉底与孟子的虚拟对话》，商务印书馆 1999 年版，第 81~85 页。

重要的社会关系，确定权利与义务，以期达到一个有序、合理、良善的社会状态。上述法律至上的理念、法律职业阶层的专门化、市场经济的完善、公平公正的法律制度等都是实现法治社会与法治国家所必须具备的要件。

法治与法治国家严格来说不是一回事，法治是一种治理国家、调整社会生活的手段，它是与人治相对应的一个概念；法治国家则反映了人类社会所欲求的一种国家状态，由法治到法治国家表明了法治从治国策略向国家类型的转变。法治是实现法治国家的重要手段，而法治国家则是法治建设的目的与结果。

 案例分析

## 柏拉图与孔子二位先哲讨论人治与法治问题

柏拉图说：早年我非常赞同有智慧的人（哲学家）出来做国王，或者国王变成有智慧的人（哲学家），但是这些想法现在想来未免天真。看来还是法律比较可靠啊。

孔子说：我还是不同意你的观点。礼仪教化的长期培养，可以影响一个社会的风俗，统治阶层人格的魅力可以影响整个国家，只要努力实践对人自身的改造，"天下为公"的大同社会就能够实现。我个人认为，法律是由"人"制定出来的；而法律的实现也是由"人"来执行的，因此，法律始终离不开人，所谓"人存政举，人亡政息"。

【评析】人治与法治是一组相对的概念。人治强调任人，法治强调任法。但是，这不是绝对的，人治中有法治，法治中也无法忽视人的因素。柏拉图与孔子都强调社会运行中的人格因素，所不同的是，柏拉图晚年对其思想进行了修正，他认为，有智慧的人（哲学家）不可能出来做国王，国王也不可能变成有智慧的人（哲学家），因此，法律还是必需的。而孔子的思想则一以贯之，强调为政以德，为国以礼，为政在人。

 本章小结

法治不是一个能够随便定义的名词，但是其自古以来一直是国家政治的重要组成部分。法治就是法的统治，是指运用法律来治理国家，促进社会的全面发展与进步。要使社会正常运转，统治阶级必须设计与运用治理国家的方略。我们通常所说的人治与法治，就是其中的两种主要方式。虽然将人治与法治对立起来的提法并不科学，但是它大体上反映了治国的基本样式。近现代以来，法治成为治理国家的基本模式。学习本章应注意法治是一个动态的发展过程，是否达到法治社会也有一系列衡量指标与参照标准。在法治现代化过程中，尤其要注意像中国这样一个具有悠久历史传统与人治传统的国家进行法治建设的艰难。

思考题

### 一、名词解释

1. 法制
2. 法治

### 二、简答题

1. 如何看待法治的历史变迁？
2. 辨析法制与法治。

3. 法治的要素是什么?

**三、论述题**

1. 如何理解法治国家的形成?

2. 法治形成有哪些标志?

 **主要参考文献**

1. 〔美〕罗斯科·庞德:《法理学》(第1卷),邓正来译,中国政法大学出版社 2004 年版。

2. 卓泽渊:《法治国家论》,中国方正出版社 2001 年版。

3. 吴玉章:《法治的层次》,清华大学出版社 2002 年版。

4. 夏勇:《法治源流——东方与西方》,社会科学文献出版社 2004 年版。

# 第五编　法的作用与价值

## 第二十三章

# 法的作用

**【本章概要】** 本章介绍了法的作用，法具有规范作用和社会作用，这是法产生的目的，也是法的时代使命。但是法不是万能的，具有自身的局限性，我们必须正确认识法的作用和局限性，信任法律，也不能完全苛责于法律。本章将对法的作用的一些基本知识进行阐述。

**【学习目标】** 通过本章的学习，了解法律的规范作用及法的社会作用，结合法律现实，讨论法的作用及其局限性，并力图找出克服其局限性的方法，从而不断完善现行的法律。

春秋著名的政治家管仲说过："法者，所以兴功惧暴也；律者，所以定分止争也。"这句简单的论述虽明确了法最基本的作用，但与现代社会的法仍有着本质上的不同，古代法更多意义上是统治阶级的暴力工具，而现代社会的法加重了法对社会秩序的管理功能。

## 第一节　法的作用概述

### 一、法的作用的概念

法的作用就是指法律对人们的行为、社会生活和社会关系发生的影响。法律的生命在于其实施，法律的实施必然对个人和社会产生这样或那样的影响，而在这个过程中，法律实现着它对社会的调整与控制。古典自然法学派的代表人物洛克说："法律的目的是对法律支配的一切人公正地运用法律，借以保护和救济无辜者。"[1] 洛克的表述，表达了人们对理想中的法律的本来面目的期冀，这也是民主法治时代的法的发展目标。结合社会现实，各个时代的法都至少具有以下一般的作用：

1. 法律提供了社会资源的分配方案。相对于人的需求和欲望而言，社会资源是稀缺和有限的，如果国家不能就主要的社会资源提供一个相对公平和权威的分配方案，则社会必然会产生源源不断的矛盾和纠纷，社会就无法实现稳定，就无法获得发展。法律所分配的资源包括自然资源、物质资源、精神财富、政治待遇以及社会机会等，法律分配资源是以赋予权利的方式来进行的。

2. 法律提供了社会交往和国家管理的行动指南。法律通过统一明确的指引，并通过其权

---

[1]　[英] 洛克：《政府论》（下篇），叶启芳、翟菊农译，商务印书馆1964年版，第15页。

威性和保障性，引领人们走正确的发展道路，并能对自己行为的结果做出正确的预期。

3. 法律提供了权威的纠纷解决机制。法律反对暴力和强权，反对远古时代同态复仇的纠纷解决方法，以公正、权威的机制，解决各种争端，减少社会交易成本，维护了社会的公平与正义，促进社会的文明进步。

同时，在认识法的作用的涵义上，我们还要认识到，法直接作用的对象是社会主体的行为，而法间接作用的对象是重大的社会利益关系。

**二、法的作用的分类**

为了具体、深入地了解法的作用，有必要对法的作用进行分类或解析。常见的分类和解析有以下几种：

（一）一般作用与具体作用

法的一般作用是对法的各种具体作用所做的最抽象的概括，是指法通过确定一定的权利义务结构来建立、维护和实现有利于统治阶级的社会关系、社会秩序和社会进程，法的这种作用，在任何社会都是一样的。而法的具体作用，根据所赖以存在的经济基础不同而有所不同。

（二）整体作用与局部作用

法的整体作用是指法作为统一的法律体系在社会生活中的作用；局部作用是指法律体系中的某一子系统或构成要素在社会生活中的作用。

（三）预期作用和实际作用

法的预期作用是立法者立法时设想法应当或可能发挥的作用；法的实际作用则是法在调整社会关系、影响社会生活时实际起到的作用。二者可能存在一定程度的偏差。

（四）积极作用和消极作用

法的积极和消极作用指人们依据一定的价值标准对法的社会调控作用所作的肯定或否定的评价。

（五）直接作用与间接作用

法律规范对特定社会关系的定向调整所起的作用是法的直接作用，而由此产生的对其他社会关系的影响，属于法的间接作用。

（六）规范作用和社会作用

法的规范作用是法作为一种社会规范，对人的行为的影响；法的社会作用，是从法的本质和目的上看，法所产生的作用。

在上述诸多分类中，法的规范作用和社会作用受到更多的关注，也更具有意义。

# 第二节　法的规范作用

作为由国家制定的社会规范，法具有告示、指引、评价、预测、教育和强制等规范作用。这方面的作用可以说是法自身的作用或法的专门作用。

**一、告示作用**

法代表国家关于人们应当如何行为的意见和态度。这种意见和态度以赞成和许可或反对和禁止的形式昭示于天下，向整个社会传达人们可能或必须如何行为的信息，起到告示的作用。法作为一种统一的、广泛的社会调控工具，它是由一定的系统性规则形成的，通过这种告示作用，将这些规则告知所有法的调整对象，保证其"知法"，这才能是守法的前提。

## 二、指引作用

法是通过规定人们在法律上的权利和义务以及违反法的规定应承担的责任来调整人们的行为的。法要实现调整功能需通过指引来进行，即人们根据法的具体规定来作为自己行为的标准，才会知道如何做才是适法的，才会知道这样做会有怎样的法律效果。指引作用的发挥以对法的要求的知晓为前提。

## 三、评价作用

法作为一种行为标准和尺度，具有判断、衡量人们的行为的作用。法不仅具有判断行为合法与否的作用，而且由于法是建立在道德、理性之上的，所以也能衡量人们的行为是善良的、正确的，还是邪恶的、错误的；是明智的，还是愚蠢的。通过这种评价，影响人们的价值观念和是非标准，从而达到指引人们行为的效果。法的评价作用是与指引作用相互配合进行的。

## 四、预测作用

法的预测作用是指根据法的规定，人们可以预先知晓或估计到人们相互间将如何行为，特别是国家机关及其工作人员将如何对待人们的行为，进而根据这种预知来作出行动安排和计划。法必须是可预测的，否则法指引的作用就无法实现，进而法的调控作用也是无法实现的。要保证法的预测作用，还要求法保持稳定，不得朝令夕改，即使法根据社会发展的需要进行修改，也要实行"法不溯及既往"的原则，即在适用法律时要采用从旧原则，如果法已经修改，在处理具体的案件中，也要适用案件发生时的法律。

## 五、教育作用

法的教育作用表现为，通过把国家或社会的价值观念和价值标准凝结为固定的行为模式（规则、原则等）和法律符号（天平、宝剑、蒙眼布等）而向人们灌输占支配地位的意识形态，使之渗透于或内化在人们的心中，并借助人们的行为进一步广泛传播。

## 六、强制作用

法的强制作用在于制裁违法行为，它是其他作用的重要保障。通过制裁可以加强法的权威性，保护人们的正当权利，增强人们的安全感。强制作用一方面能够威慑人们自觉遵守法律，维持法制秩序，保持社会稳定；另一方面，通过强制作用，也能弥补正当权利受到侵犯的人所损失的利益。

# 第三节    法的社会作用

法的规范作用是从法作为一种社会规范的外部影响力出发来分析的，而法的社会作用则是从法的比较隐蔽的本质和目的出发来分析的，因而法的社会作用更加复杂，在分析法的社会作用时，必须将法置于阶级分析中来考虑。

## 一、阶级对立社会中法的社会作用

在阶级对立社会中，法的社会作用大体上可以归纳为以下两个方面：维护阶级统治和执行社会公共事务。

### （一）维护阶级统治

国家通过自己的权力系统和法律规则体系建立的秩序，是把一个阶级对另一个阶级的压迫合法化、制度化，把阶级冲突和阶级斗争保持在统治阶级的根本利益和社会存在所允许的范围之内，即建立起有利于统治阶级的社会秩序和社会关系。法在一定程度上，是统治阶级进行阶级统治的工具。

（二）执行社会公共事务

在阶级对立社会中，法除了维护统治阶级的阶级统治这一主要作用外，还具有执行各种社会公共事务的作用。这里所说的"社会公共事务"是与阶级统治相对而言的。在各个阶级社会中，社会公共事务及有关的法的性质、作用、范围不尽相同。但总括起来，大体有以下几个方面：

1. 维护人类社会基本生活条件。包括最低限度的公共治安，社会成员或绝大多数社会成员的人身安全、食品卫生、环境卫生、交通安全等。

2. 维护生产和交换的秩序。包括确定生产管理的一般规则、各种交易行为的基本规范，规定基本劳动条件等。从而减少生产和交换过程中的偶然性和任意性，提高确定性和连续性，增加交易安全，减少交易风险，降低交易成本。

3. 组织社会化大生产。对于社会化大生产所要求的私人所无法完成的水利、能源、交通、宇航等公共设施，通过立法来组织实施这些工程。

4. 确定使用设备、执行工艺的技术规程，以及有关产品、劳务、质量要求的标准，以保障生产安全，防止事故，保护消费者的利益。

5. 推进教育、科学、文化的发展。国家以法的形式确定了教育、科学、文化等发展的相关制度，能够有效地推动其发展。

**二、当代中国法的社会作用**

当代中国的法，除了上述执行社会公共事务之外，还肩负了保障人民当家做主的权利、保障人民民主的重任。从促进社会主义现代化建设的角度上讲，我国法的基本作用或主要作用有如下几个方面：

（一）保障、引导和推进社会主义市场经济

通过制定、修改、完善有关调整市场经济正常秩序的法律，如民法、商法、经济法等具体的法律，将市场经济中各种交易行为的内容和程序都以法的形式确定和固定下来，人们按照既定的规则进行交易，减少交易成本。同时，法也保障市场经济中主体的合法利益，通过法的调控和保护，从而保障、引导、推进社会主义市场经济的良性发展。

（二）保障、引导和推进社会主义民主政治

通过制定、修改、完善宪法、行政法、各种组织法、程序法等有关公民的基本权利和国家机关的权力和责任等法律，将公民的民主权利以法律的形式确定下来，公民的基本权利，尤其是当家做主的民主政治权利都得到了合法的保护。同时，公权力的行使也严格受到法律的限制，任何违反法律规定，滥用权力、侵犯公民权益的行为，都将受到法律的制裁，从而保障、引导和推进社会主义民主政治。

（三）保障、引导和推进社会主义精神文明

通过制定、修改、完善知识产权法、教育法等有关科技文化发展的法律，国家将有关的促进精神文明发展的相关政策上升为法律，给予科技文化发展最有力的鼓励和保障。

（四）保障、引导和推进对外开放，维护国际和平和发展

我国将改革和开放写进《宪法》，鼓励对外开放，并通过对外贸易法等涉外法律的制定、修改、完善，将对外开放的具体的要求和鼓励性政策以法的形式确定下来，使对外开放成为一种长期的稳定的国策，开放和交流才会有发展，开放和交流才能共同进步。同时，通过参加重要的国际组织，缔结重要的国际条约、国际规则，严格坚持世界和平发展的原则，并不断实现国内法与国际法的接轨，以国际规则来解决国际争端，并有效抵制他国对我国的主权侵犯。既维护我国的和平与安全，也积极地推动世界的和平与安全。

## 第四节　法的局限性

法不是万能的，法不能解决一切问题，法有自身的局限性，也称为法的作用的限度，主要表现在以下几个方面：

### 一、法只是许多社会调整方法的一种

法是用以调整社会关系的重要方法，但它不是唯一的方法。除法之外，还有政策、纪律、规章、道德、民约、公约、教规及其他社会规范，还有经济、行政、思想教育。法虽然调整的范围非常广泛，但与某些规范相比，其调整的范围还是相对较小的，法不可能也没必要调整所有的社会关系。

### 二、法的作用范围不是无限的，也并非在任何问题上都是适当的

在不少社会关系、社会生活领域或很多问题上，采用法律手段是不适宜的。例如，涉及人们思想、认识、信仰或一般私人生活方面的问题，就不宜采用法律手段。

### 三、法对千姿百态、不断变化的社会生活的涵盖性和适应性不可避免地存在一定的限度

法作为规范，其内容是抽象的、概括的、定型的，制定出来之后有一定稳定性。法不能频繁变动，更不能朝令夕改，否则就会失去其权威性和确定性。但是，它要处理的现实社会生活则是具体的、形形色色的、易变的。因而，不可能有天衣无缝、预先包容全部社会生活事实的法典。这就使得法不可能不存在规则真空地带和一定的不适应性和滞后性。

### 四、在实施法所需人员条件、精神条件和物质条件不具备的情况下，法不可能充分发挥作用

"徒法不足以自行。"法作为国家制定或认可的社会规范体系，其实施必须由人来运作。即使有最良好的法，如果缺乏具有良好法律素质和职业道德的法律专业人员，这样的法也难以起到预期的作用。即使法律专业人员具备法所要求的完美的素质，始终仍会有不达之处，从而影响法的作用的实际发挥，有时甚至可能扭曲法原本的预期作用。

 案例分析

### 案例一　关于法的指引作用

张某承租宋某一套住房，租期 2 年，每半年结算一次租金，订有书面合同，各执一份。后因宋某要去国外继承一笔遗产并定居国外，将该房卖给刘某，并办理了交易手续，但未能及时通知张某。刘某买了此房后又在外地出差。半年之后，刘某以房主身份向张某收取房租，张某拒绝将租金向刘某交纳。刘某向当地法院提起诉讼。法院依据《合同法》第 80 条第 1 款的规定，"债权人转让权利的，应当通知债务人。未经通知，该转让对债务人不发生效力"，判刘某败诉。

【评析】法的指引作用表现为：法律作为一种行为规范，为人们提供某种行为模式，指引人们可以这样行为、必须这样行为或不得这样行为，从而对行为者本人的行为产生影响。法对人们行为的指引，也相应有两种方式：①选择性的指引；②确定性的指引。后者是指人们必须根据法律规范的指示而行为：法律要求人们必须从事一定的行为，而为人们设定积极的义务（作为义务）；法律要求人们不得从事一定的行为，而为人们设定消极义务（不作为义务）。若人们违反这种确定的指引，法律通过设定违法后果（否定式的法律后果）来予以处理，以此

来保障确定性指引的实现。在上述的事例中，法院之所以判刘某败诉，是因为《合同法》第80条第1款的规定对人们的行为的指引是一种确定性的指引，宋某和刘某在进行房屋交易后必须按照《合同法》规定通知张某，否则，要承担一定的法律后果。

## 案例二　关于法的评价作用

1998年，赵某想为其77岁高龄的母亲投保，但保险合同规定被保险人应该是年龄在70岁以下且身体健康的人，因此，赵某就通过关系修改了他母亲的户口年龄与保险公司签订了保险合同，而且分别在1998年、2000年为其母亲投保。2003年，赵某母亲去世，保险公司在进行理赔调查时，赵某再次改了其母亲入党申请书上的年龄。由此，赵某获得了保险公司理赔的27万元。不久，保险公司向公安部门举报赵某进行保险诈骗活动，随后由检察机关向人民法院提起诉讼，最终人民法院依据《保险法》（2002年）第54条第1款的规定，"投保人申报的被保险人年龄不真实，并且其真实年龄不符合合同约定的年龄限制的，保险人可以解除合同，并在扣除手续费后，向投保人退还保险费，但是自合同成立之日起逾2年的除外"，认定保险合同有效，判决赵某无罪。

【评析】法的评价作用同其指引作用是分不开的。如果说法的指引作用可以视为法的一种自律作用的话，那么法的评价作用可以视为法的一种律他作用。正因为法能够指引人们的行为方向，才表明其属于一种带有价值倾向和判断的行为标准。同理，也正因为法对自己或他人的行为提供了判断是非曲直的标准，所以才具有指引人们行为的作用。而且法通过这些标准，影响人们的价值观念，达到指引人们行为的作用。上述事例中，法院以该保险合同2年内保险人未解除合同为由，判保险合同有效。其以法律为依据，评价的是赵某的行为是否具有法律效力，是否违法犯罪，而不是赵某的行为是否符合道德，是否合理。

## 案例三　关于法的预测作用

某水泥厂与某建筑公司签订一份水泥购销合同。合同约定供方向需方供应水泥300吨，由供方分三批将水泥运至需方指定的施工地点。在合同履行的过程中，前两批货交付良好，需方验收后已付清货款。第三批货起运时遇到阴雨天气，大雨、暴雨持续不断，货物运输途中遇到山洪暴发，公路被毁，致使水泥无法按时送到指定地点。水泥厂立即将这一情况通知了建筑公司，并在一星期后又将公路部门和气象部门的有关证明材料送给对方。公路被修复后，水泥厂将第三批水泥送到指定地点。建筑公司验收货物后，拒付货款，而且以水泥厂延误送货20天导致其停工损失为由，要求水泥厂承担违约责任。水泥厂向律师咨询，律师告知，根据我国《合同法》第117、118条的有关规定，即"因不可抗力不能履行合同的，根据不可抗力的影响，部分或者全部免除责任……""当事人一方因不可抗力不能履行合同的，应当及时通知对方，以减轻可能给对方造成的损失，并应当在合理期限内提供证明"。由此，律师说，水泥厂的货款一定能够收回，而且至多承担部分责任，甚至可以免除全部责任。水泥厂根据律师的建议向建筑公司所在地的法院提起诉讼，该法院判决结果与律师的说法基本一致。

【评析】法律的预测作用表现在：人们可以根据法律规范的规定事先估计到当事人双方将如何行为及行为的法律后果。它分为两种情况：①对如何行为的预测，即当事人根据法律规范的规定预计对方当事人将如何行为，自己将如何采取相应的行为；②对行为后果的预测。由于法律规范的存在，人们可以预见到自己的行为在法律上是合法的，还是非法的；在法律上是有效的，还是无效的；是会受到法律肯定、鼓励、保护或奖励的，还是应受法律撤销、否定或制裁的。上述事例中，律师就是根据《合同法》的有关规定预测法院将会作出怎样的判决。这就体现出法律的预测作用。

## 案例四　关于法的局限性

英国某法院曾审理一件颇为棘手的刑事案件。一个名叫乔治的年轻人设法进入某皇家空军机场，坐在机场跑道上观看天上的飞机，被警察带走并于几天后被送上法庭。乔治的辩护律师为其辩道，《官方机密条例规定》："不得在禁区附近妨碍皇家军队成员的行动。"虽然军用机场是个"禁区"，乔治也妨碍了皇家军队成员的行动，但是，他不是"在禁区附近"而是"在禁区里"做的事。条例只规定了"在……附近"，没有规定"在……里"，所以依据这条规定是不能处罚乔治的。律师还提醒法官注意，英国是个法治国家，法无明文规定不为罪。法官在对此案进行裁决时甚感为难。

【评析】法律在维护和促进人类社会各方面发展与进步时，存在一个程度问题，法律的作用不是万能的，而是具有一定局限性的，在本案中，法律规定是"在禁区附近"，而事实上是"在禁区里"，这里涉及两个问题：①法律与事实无法对应；②法律自身的缺陷。从法学思维的角度，法律确立这样的程序和制度就是为了实现公正。在面对类似情形时，可以按照法律解释的客观说，严守法律规定；也可以按照主观说，探求立法者的初衷，将禁区内也视为禁区附近，扩大法律适用对象的范围。从法律推理上说，当事人既然已经在禁区里面，那么必然经过禁区附近，也即已经实施了该法禁止的行为。由于法律本身的规定有问题，法官对此应依其自由裁量权作出判决（本案法官支持了律师的辩护，判决当事人无罪），只要是符合法律原则的判决都是合理有效的。

### 本章小结

法的作用泛指法对人的行为及社会关系和社会生活发生的影响。其中，规范作用和社会作用是法的主要作用。规范作用是作为由国家制定的社会规范，法具有告示、指引、评价、预测、教育和强制等规范作用。这方面的作用可以说是法自身的作用或法的专门作用。而法的社会作用因社会形态的不同而有所不同，在阶级对立社会中，法的社会作用大体上可以归纳为以下两个方面：维护阶级统治和执行社会公共事务。在当代中国，我国法的基本作用或主要作用就是：保障、引导和推进社会主义市场经济；保障、引导和推进社会主义民主政治；保障、引导和推进社会主义精神；保障、引导和推进对外开放，维护国际和平和发展。法发挥着巨大功能，但法也有局限性，法的稳定性导致法的滞后性，法不能涵盖也没必要涵盖社会生活的全部，因而只是社会调控工具的一种，并且在法的操作过程中，由于各种各样的原因，并不能充分地发挥作用。在学习的过程中，必须科学、全面、合理地看待法的作用，认真对待法的能与不能。

### 思考题

#### 一、名词解释

法的作用

#### 二、简答题

1. 简述法的规范作用。
2. 简述法的社会作用。

### 三、论述题

法具有哪些作用？如何看待其局限性？怎样最大限度地克服其局限性？

 主要参考文献

1. ［美］理查德·A. 波斯纳：《法律的经济分析》，蒋兆康译，中国大百科全书出版社 1997 年版。

2. ［美］欧文·费斯：《如法所能》，师帅译，中国政法大学出版社 2008 年版。

3. 刘作翔：《迈向民主与法治的国度》，山东人民出版社 1999 年版。

4. 陈卯轩主编：《法律的局限与超越》，四川人民出版社 2003 年版。

第二十四章

# 法的价值总述

【本章概要】法的价值是指法作为客体对于主体需要的满足及其程度。法的价值体系包括目的价值、形式价值和价值评价标准三个方面。法的目的价值集中体现法的基本使命，即法应当或积极追求的目标，其形式价值和评价标准都为一定的目的价值服务。法的目的价值主要有秩序、正义、自由、平等以及效率等。

【学习目标】通过本章的学习，体会法的价值。法本身不是条文，而是内含在人类社会的某种具有深层次价值的规律。只有将法的价值内涵深入人心，才能真正掌握法的理论内核。要在理论上不断反思、生活中不断体会，才能真正把握法的价值。

## 第一节　法的价值概述

法的价值问题是一个千年难题，是困扰和吸引了无数哲学家和法学家们思考的问题之一。正如美国法学家庞德所说：“在法律史的各个经典时期，无论在古代和近代的世界里，对价值准则的论证、批判或合乎逻辑的适用，都曾是法学家们的主要活动。”[1] 对法的价值研究具有重要意义，是法科学生培育法律理想、吸纳法律精髓最重要的思考、琢磨的过程。

### 一、价值的一般涵义

“价值”（value）是“值得希求的或美好的事物的概念，或是值得希求的或美好的事物本身”[2]。

“价值观”（values）是“可能对立法、政策适用和司法判决等行为产生影响的超法律因素”。它们是一些观念或普遍原则，体现对事物的价值、可追求的理想性等进行的判断。在存在争议的情况下，它们可能以这种或那种方式有力地影响人们的判断。这些价值因素包括：国家安全，公民的自由，共同的或公共的利益，财产权的坚持，法律面前的平等、公平，道德标准的维持等。另外还有一些较次要的价值，如便利、统一、实用性等。[3]

从哲学上讲，“价值”应当从两方面来理解：

1. 价值是一个表征关系的范畴，它反映的是作为“主体”的人与作为“客体”的外界物即自然、社会（客体）等的实践—认识关系，揭示的是人的实践活动的动机和目的。

2. “价值”是一个表征意义的范畴，是用以表示事物所具有的对主体有意义的、可以满足主体需要的功能和属性的概念。

在理解“价值”这一概念时，必须注意以下几点：①价值存在于且仅仅存在于主体与客

---

〔1〕 ［美］罗斯科·庞德：《通过法律的社会控制　法律的任务》，沈宗灵、董世忠译，商务印书馆1984年版，第55页。

〔2〕 ［美］杰克·普拉诺等：《政治学分析辞典》，胡杰译，中国社会科学出版社1986年版，第187页。

〔3〕 ［英］戴维·M. 沃克编：《牛津法律大辞典》，北京社会与科技发展研究所组织编译，光明日报出版社1989年版，第920页。

体的关系之中。价值的性质和程度如何，主要取决于价值关系主体的情况，而不是由客体所决定。②在价值关系中，客体所具有的客观属性又同时是主体进行价值评价的必要参照。③无论如何，在理解价值的内涵与意义时，我们都必须将价值关系的主体置于核心地位，不能将客体的客观属性与主体等量齐观。

### 二、法的价值的概念

法的价值，就是法这种客体对于主体所具有的积极意义，是法对主体需要的满足及其程度。一种法律制度的价值大小，既取决于这种法律制度的性能，又取决于一定主体对这种法律制度的需要，取决于该法律制度能否满足该主体的需要和满足的程度。

在法学研究中，"法的价值"这一术语的涵义可以因如下三种不同的使用方式而有所不同：

1. 用"法的价值"来指称法律在发挥其社会作用的过程中能够保护和增加的那些价值，即为法的目的价值。如正义、安全、自由、平等、秩序、效率等，这些价值构成了法律所追求的理想和目的。

2. 用"法的价值"来指称法律自身所应当具有的值得追求的品质和属性。这是法本身独立的价值，也被称为形式价值，指法在形式上应当具备的那些值得肯定的或"好"的品质。例如，法应当逻辑严谨，而不应当自相矛盾；应当简明扼要，而不应当繁琐；应当稳定，而不应当朝令夕改。

3. 用"法的价值"来指称法律所包含的价值评价标准，即在不同价值之间或同类价值之间发生矛盾时，法根据什么标准来对它们进行评价。法的评价标准主要用来解决两类问题：①价值确认，即按一定的标准来确定什么样的要求、期待、行为或利益是正当的，是值得肯定和保护的，并根据每种价值的大小来确定其在价值体系中的位阶；②价值平衡，在两种价值发生冲突时如何取舍。

### 三、法的价值的特点

（一）法的价值的主观性

作为客体的法律本身就是主体的主观产物，其所内含的对于主体需要的满足的属性当然是由主体来赋予的。

（二）法的价值的客观性

作为客体存在的法律的内容，虽然是主体需要的满足，但其最终是由主体当时所处的客观的物质文化条件来决定的。

（三）法的价值的绝对性

作为客体的法律，乃是一种人造物，它必然反映或体现人类共同生活的某些最低程度的伦理理想、道德原则和生活准则，必然反映或体现人类共同生活的基本要求，具有存在"共性"的永恒的绝对价值。

（四）法的价值的时代性

法的价值并不是亘古不变的，在不同的时代，有不同的价值需求，因而法的价值也不同，法的价值位阶也有所不同。

（五）法的价值的多元性

由于主体需要种类的多样性，必然导致作为客体的法律在具体的价值元素方面呈现出复杂多样的状态。

## 第二节 法的价值体系

### 一、法的价值体系的概念

法的价值体系也称法的价值系统。法的价值体系也可以被看作由一组相关价值所组成的系统，它具有以下三个基本特征：

1. 从价值属性上看，法的价值体系是由一组与法的创制和实施相关的价值所组成的系统。

2. 从价值主体上看，法的价值体系是由占统治地位的社会集团所持有的一组价值所组成的系统。

3. 从价值体系的结构上看，法的价值体系是由法的目的价值、形式价值和评价标准三种成分所组成的价值系统。

其中，法的目的价值系统在整个法律价值体系中占据突出的基础地位，它是法的社会作用所要达到的目的，反映着法律制度所追求的社会理想；形式价值系统则是保障目的价值能够有效实现的必要条件，离开了形式价值的辅佐，目的价值能否实现就没有合理的预期，就要完全由偶然性的因素来决定。评价标准系统是用来证成目的价值的准则，也是用以评价形式价值的尺度。以法的目的价值为基础，法的目的价值、形式价值、评价标准之间相互依存、不可分离，失去任何一方，都会导致法的价值体系的瘫痪和死亡。

### 二、法的价值体系构成

#### （一）法的目的价值系统

法的目的价值构成了法律制度所追求的社会目的，反映着法律创制和实施的宗旨，它是关于社会关系的理想状态是什么的权威性蓝图，也是关于权利义务的分配格局应当怎样的权威性宣告。

任何法律制度的目的价值都具有以下两方面的重要属性：

1. 法的目的价值的多元性，即法的目的价值包括很多种，都是人们期冀法律所能带来的美好的事物，它也很难用简单枚举的方式一一列举出来，而且在不同的时代，其内涵和外延也都有所不同。

2. 法的目的价值的有序性。在多元的法的目的价值中，并不是无序的堆积，而是有一定的排列顺序，按照价值位阶进行排列，而形成一个有机的系统。

#### （二）法的形式价值系统

法的形式价值是指法律制度在形式上所具有的优良品质，尽管这些品质并不直接反映法的社会理想和目的，但是，它们构成了"良法"或"善法"在形式上所必须具备的特殊品质。

对于一个正在走向法治的社会而言，法的诸种形式价值中，有四种价值显得特别重要，这就是法的权威性、普遍性、统一性和完备性：①权威性指的是任何个人或团体都必须无条件服从法律的支配，法律的尊严神圣不可侵犯；②普遍性指的是不因人设法，用一般性的规则来调控所有人的同类行为；③统一性指的是保持法律制度本身的和谐一致，消除矛盾和混乱；④完备性指的是实现有法可依，在应由法律加以调整的行为领域消除法律空白和法律漏洞。

另外，还应当具备公开性、稳定性、连续性、实用性、明确性等价值。

#### （三）法的评价标准系统

法的评价标准也就是在法律上对各种事物进行价值判断时所遵循的准则。根据马克思主义的基本原理和中国特色社会主义理论，在我国的法治建设中，应当坚持下述评价标准或原则：

1. 生产力标准。我们在对法律现象进行价值评价时，必须首先坚持生产力标准。也就是说，一种行为是应予保护还是应予废止，一项具体的法律措施是应予肯定还是应予否定，首先要根据其是否有利于我国的社会生产力的进步，是否有利于我国的综合国力的提高，是否有利于我国人民生活条件的改善而定。

2. 人道主义标准。这一标准的核心涵义是：一切政治、法律措施，一切社会活动，只有当它有助于实现人类解放和人的自由与能力的全面发展时，才是有价值的。

3. 现实主义原则。对法律现象进行价值评价必须从社会实际出发，而不能从脱离现实的"美妙理想"出发，法律的价值评价标准的具体内容也必须根据现实需要的变化而加以充实和调整。

4. 历史主义原则。对历史上出现过的各种法律现象进行价值评价时，必须持一种历史主义的态度，即要站在历史发生的"当时"用历史的眼光来看历史，而不是站在"现在"用现在的眼光来看历史。

前两条是实质性原则，而后两条是程序性原则。

**三、法的价值的位阶**

法的价值的位阶一般是指法的目的价值的位阶，法的目的价值多元而有序，因而在主体需要的场合，存在着价值位阶的排序。我们在确定法律价值中的核心价值的位阶时，不能过分强调法律的形式方面的直接的功利目的，也不能过分关注法律的政治意识形态属性，而应当更多地从法律作为一门独特的社会管理艺术和技术，从法律作为人的一种生存方式和生活方式出发，来确定法律价值中的核心价值的位阶，其较为合理的安排应当是："自由"——"正义"——"秩序"——"效率"。

**四、法的价值的意义**

法的价值是至高和抽象的概念性范畴，是一种需要累积和沉淀才能体会和把握的东西，但又是作为法律人在法律实践中必不可少的东西。

法的价值对于法律人的培养有着重大的意义，具体说来，有以下几点：

1. 法的价值为法律人确立职业理念和法律人生的最高准则，从而为其法律职业人格的形成提供长久而坚定的精神支撑。

2. 法的价值的张扬对法律人的法律思维方式的形成和维持起着特别的观念支撑的作用。

3. 法的价值为立法、执法、司法等法律实践活动提供伦理正当性和合法性的理论论证。

4. 法的价值对于司法具有特别的创造性的法律漏洞补充、新奇疑难案件的法律推理等法律方法意义。

5. 法的价值对于法律理论和法律实践具有精神引导、观念变革和制度创新的积极意义，是法律发展的强大动力。

# 第三节　法的价值的冲突与解决

**一、法的价值冲突缘由**

法的价值冲突通常指的是法的目的价值的冲突。其冲突的缘由主要是以下两种：

1. 法的价值是一个多元化的庞大体系，其中包含着不同的价值准则，每一种价值都有自身的独特性，因而法律所追求的多重价值之间经常会发生冲突。如公平常与效率发生冲突，自由常与秩序发生冲突。

2. 社会生活具有广泛性与复杂性，因而法律也具有广泛性与复杂性。社会条件的多重性与变化性以及法律价值主体的多元性，使不同的法律价值主体有着不同的价值愿望、价值要求和价值满足感，而每一个价值主体的价值诉求都具有正当性，但有时却相互矛盾，从而引发法的价值冲突。这种价值冲突常常表现为权利冲突。

**二、法的价值冲突解决方法**

法的价值发生冲突时，必须采取一定的方式解决这种冲突，因为法的作用之一是定分止争，解决冲突，以适当的方式适当地保护一定的权益，而适当地限制另一种权益。价值冲突解决的结果往往不是简单地肯定和否决，而是克减性地肯定和保留性地否决，把握一定的尺度，寻求价值的平衡。

具体在解决法的价值冲突时，应当考虑以下原则：

1. 价值位阶原则。不同位阶的法的价值发生冲突时，在先的价值优于在后的价值。至于法的价值位阶判断，要根据当时当地的具体情况。

2. 个案平衡原则。处于同一位阶的法的价值发生冲突时，必须综合考虑主体之间的特定情形、需求和利益，以使个案的解决能够适当兼顾双方利益。

3. 比例原则。当保护某种较为优越的法的价值必须侵犯另一种价值时，不得逾越此目的所必要的程度，使被损害的价值降低到最小限度。

 案例分析

## 案例一　关于法的价值[1]

1994 年 4 月 11 日，湖北省京山县雁门口镇吕冲村的一口水塘里，发现一具无名女尸。京山县公安局认定死者为该村村民张在玉，随即以有故意杀人嫌疑为由，拘捕了张在玉的丈夫佘祥林。同年 10 月，佘祥林被原荆州地区中级人民法院一审判处死刑。佘祥林上诉至湖北省高级人民法院后，此案因疑点重重被发回重审。后经市、县有关部门协调，1998 年 6 月 15 日，京山县人民法院以故意杀人罪判处佘祥林有期徒刑 15 年。2005 年 3 月 28 日，在佘祥林已经服刑 11 年后，张在玉突然现身。"死者"复活，媒体哗然，佘祥林案很快被证实为一起典型的冤案。

**【评析】** 法的目的价值、形式价值和评价标准三者之间，并不是各自独立存在、互不关联的，而是相互依存、不可分离的。法的目的价值在法的价值系统中占主导地位，它集中地体现着法律制度的基本使命。形式价值和评价标准都是为一定的目的价值服务的。但是法的形式价值和评价标准，对实现法的目的价值而言，也具有重要性。如果一个法律制度不具备形式上的优良品质，它就不是良法，即使它追求良好的社会目的，也必然会归于虚幻。法所促进的不同类价值之间或同类价值之间发生矛盾时，在价值的确认和取舍方面存在不当，也会影响法的目的价值的实现。上述冤案的发生显然与执法人员违反我国法律所追求的价值标准不无关联。我国刑法和刑事诉讼法的目的价值体现在两个方面：①惩罚和打击犯罪、维护公共秩序和安全；②保护无辜和维护人权。这些价值理念的实现，要求有完备、科学的司法运作机制和证据规则作保障。在价值的评价标准方面，我们要用司法的手段来保护人权、保护无辜，那么就面临一个选择，出现疑罪的时候，应该采取什么样的原则？是疑罪从无还是疑罪从有？该案反映出我

---

[1] 参见"佘祥林案"，载东方早报，http://epaper.dfdaily.com/dfzb/html/2013-03/01/content_740802.htm，最后访问时间：2015 年 7 月 18 日。

们目前的司法运作机制和证据规则存在着严重的缺陷，制度设计和立法价值不相吻合，法的形式价值没有得到体现。从法的价值的角度看，当没有明显的证据证明佘祥林杀妻，或虽然有其本人供述，但若为刑讯逼供之结果，法院均应认定其无罪。这是法的正义价值和人权价值的必然要求。

### 案例二　重庆钉子户事件始末：涉及物权法不敢轻易断案[1]

2007 年 3 月 27 日傍晚时分，重庆杨家坪鹤兴路 17 号的主人杨武来到顶楼的平台，这是他在"孤岛"上的第 7 天。

在大约 2 小时前，这个被称为"史上最牛钉子户"的户主出现在窗口，用他那标志性的动作——握紧拳头——大喊："我要和市长对话！"随后，又拿起手机给知道联系方式的几个记者激动地打电话："我是重庆杨武，我要见（市委书记）汪洋！"

一方是可谓"戒急用忍"的国企开发商，一方则犹如为保巴国城池而殒命不恤的巴蔓子，一场漫长的拉锯战不可避免。

僵局起源于 1993 年。那一年，杨家木质结构的老房子年久失修，吴苹（杨武妻子）获准在原址重建起现在这栋小楼。然而，杨家的房子还未干透，鹤兴路就张贴出拆迁公告，宣布重庆南隆房地产开发有限公司作为开发商开发此处的土地，而要拆迁此处的所有建筑物也包括这栋小楼。

然而，由于资金原因，拆迁却一直没有动静，且一停就是 11 年。直到 2004 年，重庆南隆与重庆智润置业有限公司（以下简称重庆智润）签署联建协议。后来，重庆正升置业有限公司（以下简称重庆正升）加入，成为该项目法人。拆迁从此重新启动。

该项目的拆迁补偿方案有现房安置和货币安置两种。但当时的评估价格很低，几乎所有经营用房的拆迁户都不满意。当时这个地段门面每平方米市价虽没有现在 10 万元那么高，但已达 5 万～7 万元，根据《城市房屋拆迁管理条例》按 70% 估算也应在 3.5 万元以上，然而到最后，加上各种奖励费也只有 1.8 万多元。通过一户户谈判做工作，其他拆迁户都接受了安置方案。到 2006 年 9 月份，整个鹤兴路上只剩下杨武一家。经过多次谈判，也没有达成一致的拆迁补偿方案，杨武一家，进行旷日持久的拒拆战。

**【评析】**"拆"是近年来出现频率最高的字之一。"最牛钉子户"事件发生在轰轰烈烈的《物权法》颁布实施之初，有着极大的社会影响。我国目前的拆迁和土地征收征用制度，是以《城市房屋拆迁管理条例》（以下简称《条例》）和《土地管理法》为基础，包括一些地方法规与行政规章。征收征用带有行政强制色彩，不是平等主体关系，而是一种命令和服从。1991 年《条例》曾一度规定："被拆迁人必须服从城市建设需要，在规定的搬迁期限内完成搬迁。"该规定是以后强制拆迁规定的源头。

拆迁房子不是目的，目的是征用土地。拆迁其实是公益和私利的协调，国家总有一些公益性用地需求，土地的占有是排他的，被一个具体的使用权人占有，完全通过市场不可能协商下来，为协调这种矛盾，就必须实行征用制度。国外也有征用土地的制度，对于政府而言，它拥有处置的权力，肯定是强制性的，无需征求意见。

如果基于程序规范考虑，"钉子户"是对秩序的挑战。政府收回土地，是为了公共利益的实现，民众有协作的义务。强拆从成文法来说合法，但从法理上值得探讨，不能说完全违背法

---

[1]　参见张悦："重庆钉子户实践调查"，载《南方周末》2007 年 4 月 2 日。

律精神。

在《物权法》中，"公共利益"的需要是征收征用的条件，这在《宪法》和《土地管理法》中均有规定。从立法技术上，拆迁补偿是行政权力运用的问题，不是调整平等主体之间的关系。在《物权法（草案）》中对"公共利益"进行了界定，以限制政府滥用权力。但最终公布的《物权法》最终没有界定公益拆迁概念。

政府拆迁一方面是为了旧城改造，另一方面是开发商场，到底符合公共利益，还是商业利益？商业拆迁和公益拆迁是相对应的，都是为了实现公共利益。通过商品房开发、旧城改造、危改，实现公共利益；被拆迁户改善生活条件；开发商实现商业价值。在三方利益均衡的条件下，拆迁征地才有可能实现。

拆不拆，从成文法上没有商量余地，补偿是维权的核心，也是出现钉子户的主要原因。从开发商的利润和政府的利益中挤出一部分作为补偿，《条例》的补偿标准表面是按市场价格评估，其实是按房屋的补偿标准，没有说土地的补偿标准。实际上大家认可的城市房子的价格，一定跟它坐落的位置有关。所以拆迁部门往往以为考虑区位因素，就考虑了地的价格。但真正的市场价格，是在同样的地段能买到同样的房子。实际的补偿款，经常只能到偏远地方买到同样的房子。补偿金由开发商与被拆迁户协商，百姓容易被各个击破，反过来，他们对不同价的补偿会产生不满。而拆迁征地本来是政府与百姓之间的事情。在计划经济时代，国家和国有企业建房，人们把拆迁当成一种福利。目前城市拆迁矛盾多发的原因是：各地上的项目太多，拆迁面太广，速度太快，而政府行使征地权，没有明确的界限。征地本应是为了公共利益的需要，但现实中很多时候不是。

如果征地拆迁不符合公共利益，如何阻止政府非法行为？目前普遍的做法是让开发商直接和拆迁户沟通处理，这个也是当地政府在转嫁自己的责任和风险。当然，这仍然遮蔽不了拆迁的社会矛盾。只有在立法中更加科学地明确公益拆迁的涵义，在司法中严格正确把握私权和公益的尺度，才能更好地避免"钉子户"的出现。

在此事件中，出现了两种价值的冲突，即所谓的大于一切的公共利益和神圣不可侵犯的私有权，当两种价值出现冲突时，如何取舍，这不仅是法律裁判的一个难点，也是一个国家的法律精神的折射。在中国法制中，"私权"逐渐地被尊重，而"自由"价值不断地被扩大解释，这对中国的公权力提出了更高的要求，中国公民和中国社会对中国法律价值有了新的呼吁和要求。

### 本章小结

价值是一个表征关系的范畴，它反映的是作为"主体"的人与作为"客体"的外界物即自然、社会（客体）等的实践—认识关系，揭示的是人的实践活动的动机和目的。"法的价值"这一术语的涵义可以因如下三种不同的使用方式而有所不同：①用"法的价值"来指称法律在发挥其社会作用的过程中能够保护和增加哪些价值；②用"法的价值"来指称法律自身所应当具有的值得追求的品质和属性；③用"法的价值"来指称法律所包含的价值评价标准。相应地，法律价值体系也包括三种系统，即法的目的价值系统、法的形式价值系统和法的评价标准系统。法的价值有一定的位阶，也常常容易出现法律价值冲突的情况，对于冲突的解决通常依照价值位阶原则、个案平衡原则、比例原则等综合考虑来解决。

## 一、名词解释

1. 法的价值

2. 法的目的价值

3. 法的形式价值

4. 法的评价标准系统

## 二、简答题

1. 简述法的价值的特点。

2. 简述法的价值体系的构成。

## 三、论述题

出租车司机甲送孕妇乙去医院，途中乙临产，情形危急。为争取时间，甲将车开至非机动车道掉头，被交警拦截并被告知罚款。经甲解释，交警对甲未予处罚且为其开警车引道，将乙及时送至医院。请用法理学的原理分析此案。

 主要参考文献

1. ［美］E. 博登海默：《法理学：法律哲学与法律方法》，邓正来译，中国政法大学出版社 1999年版。

2. 张文显：《二十世纪西方法哲学思潮研究》，法律出版社 1996 年版。

3. 徐国栋："法律的诸价值及其冲突"，载《法律科学（西北政法学院学报）》1992 年第 1 期。

4. ［英］哈特：《法律的概念》，张文显等译，中国大百科全书出版社 1996 年版。

5. 韩立收：《法律的曲解、误解与理解》，法律出版社 2007 年版。

第二十五章

# 法的基本价值

【本章概要】法的基本价值包括很多内容，本章主要通过对利益、秩序、自由、正义、效率和人权这些法的基本价值的涵义及内容的阐释，揭示法与这些价值之间内在的联系，进而加深对法的价值涵义的理解。

【学习目标】通过本章的学习，学生应当重点了解法的基本价值的内涵，并在此基础上正确认识法的基本价值与法的关系。与此同时，在辩证分析、认识法的基本价值的基础上，深化对法的价值的理论认识。

## 第一节　法与利益

"利益"（interest），本意为"利息"，原被用来表示债权人对利息要求的正当性，后作为个人与社会的一种关系体现，日益得到广泛应用。

早在古希腊和古罗马时期，思想家和法学家们就注意到法与利益的关系。古典自然法学创立阶段，格劳秀斯于《战争与和平法》中，从利益角度定义国际法。18世纪，"利益"被有些人视为社会生活的中心概念。18世纪后半期到19世纪前半期，英国功利主义法学家边沁提出，法一般的和最终的目的，不过是整个社会的最大利益而已。德国法学家耶林和边沁一样，把权利作为法的目的和法的根本标志，而权利就是法上保护的利益。他同边沁的区别在于，不着重强调个人利益，而强调社会利益或社会利益与个人利益的结合，力求平衡个人原则与功利原则，因而被称为新功利主义法学派的创始人和早期社会法学派的代表。和耶林同时代的马克思，最早于1842年10月发表的《关于林木盗窃法的辩论》中，就初步认识到，现实中到处存在着相互对立的公平观和权利观，因而，仅仅用抽象的理性法观念已不能很好地认识现实中的国家和法。他看到了林木占有者的经济利益对国家和法的决定作用以及对立法者的支配作用。马克思、恩格斯认为，人们奋斗所争取的一切，都同他们的利益有关。每一个社会的经济关系首先是作为利益表现出来。马克思在转向唯物主义和共产主义的过程中，是以物质利益问题为转变契机的。正是通过对现实利益问题的研究，他才逐步确立了生产力和生产关系、经济基础和上层建筑的范畴，从而正确地解决了利益的本质和历史作用问题。19世纪后半期到20世纪前半期的德国法学家赫克提出，法不仅是一个逻辑结构，而且是各种利益的平衡。他在对概念主义法学抨击的同时，接受了耶林的思想，并形成独立的新学派——利益法理学。庞德认为，法的功能在于调节、调和与调解各种错杂和冲突的利益，以便使各种利益中大部分或我们文化中最重要的利益得到满足，而使其他的利益牺牲得最少。他曾经对利益做了门捷列夫元素周期表式的详细分类，有人甚至称这是庞德对法哲学最为卓越的贡献，是20世纪最富教益的思想理念之一。庞德把利益分为三大类：个人利益、公共利益和社会利益。所谓个人利益，是指直接包含在个人生活中并以这种生活的名义而提出的各种要求、需要或愿望，包括人格利益、家庭关系利益和物质利益。公共利益是指国家作为法人的人格利益与物质利益，以及国家作为社会利益捍卫者的利益。社会利益则是指包含在文明社会中并基于这种生活的地位而提出的各种要求、需要或愿望。其中既有关于保障家庭、宗教、政治和经济各种社会制度的利益，又有一般道德方面的利益，使用和保存社会资源方面的利益，以及个人生活中的社会利益，"即以文明社会中社会生活的名义提出的使每个人的自由都能获得保障的主张或要求"[1]。

中国自春秋战国以来长期存在着义利之争，直接关涉到对道德与法功能的不同看法。今天，在社会主义条件下，我们应当提倡义利并举，以义取利。在人治社会里，人际关系决定着利益关系；在法治社会中，法对利益加以适当地调控，必须正确处理好各种利益关系。

**一、法律与利益**

（一）法律能够表达利益的要求

"天下熙熙，皆为利来；天下攘攘，皆为利往。"法恰是适应利益调节的需要而产生的，法的变化和发展根源于利益关系的变化和发展，归根到底根源于人们利益要求的变化和发展。在这个意义上，利益规律是法的基础，法律制度实质上是一种利益制度。正如邓小平所说："民主与集中的关系，权利和义务的关系，归根结底，就是……各种利益的相互关系在政治上和法律上的表现。"[2] 社会上占统治地位的那部分人的利益，总是要把现状作为法律加以神圣化。法并不创造或者发明利益，而只是对于社会中的利益关系加以选择，对特定的利益予以承认，或者拒绝承认特定的利益应受法律保护。这种选择表现在两个方面：利益主体与利益内容。在任何法律社会中，都不能产生为社会所有成员一致同意的法律规范。把法视为"公意"的体现，这只是一种对应然状态的理想追求。社会是由人构成的，人们相互之间构成各色各类的利益主体。"抽象的利益并不构成法。构成法的是要求，即真正施加的社会力量。"[3] 法只对部分利益主体予以保护，或者主要表达部分利益主体的利益。"他们个人的权力的基础就是他们的生活条件，这些条件是作为对许多个人共同的条件而发展起来的。为了维护这些条件，他们作为统治者，与其他的个人相对立，而同时却主张这些条件对所有的人都有效。由他们的共同利益所决定的这种意志的表现，就是法。"[4] 利益从不同角度可作不同的分类，利益主体也因利益内容的不同而各有其归属。某一特定的人可能在政治利益上归属此利益主体（群体），而在经济利益上又归属另一利益主体（群体），法对利益要求的表达并非绝对地只遵从某一个标准。我们甚至可以这样说，一个特定的主体可能在经济上是统治阶级的一分子，但在其他领域如思想上却是被统治阶级的成员。每个人都不是单向度的。法不可能对某一具体利益主体的所有利益都加以反映或都不加以反映。法通过对权利和义务的规定，既要记录下有效地得到承认和保护的利益，又要忠实记录下遭受拒绝的利益，以及某种利益所获承认的限度。"利益支配着我们对于各种行为所下的判断，使我们根据这些行为对于公众有利、有害或者无所谓，把它们看成道德的、罪恶的或可以容许的。"[5]法表达利益的过程，同时是对利益选择的过程。称职的立法者应当坚持利大于害的选择，追求容小害、图大利，消除有利无害、一本万利的幻想性选择。在表达利益要求时，决不可回避利益冲突。

〔1〕［美］罗斯科·庞德：《通过法律的社会控制：法律的任务》，沈宗灵、董世忠译，商务印书馆1984年版，第41页。

〔2〕《邓小平文选》（第2卷），人民出版社1994年版，第176页。

〔3〕［美］劳伦斯·M.弗里德曼：《法律制度》，李琼英、林欣译，中国政法大学出版社1994年版，第359页。

〔4〕《马克思恩格斯全集》（第3卷），人民出版社1973年版，第378页。

〔5〕爱尔维修语，参见苏宏章：《利益论》，辽宁大学出版社1991年版，第9页。

### （二） 法律能够平衡利益之间的冲突

诉讼的前提，乃是存在着利益要求相对立的各方。社会并不是均衡化的。利益来源于对资源的控制，利益的大小取决于对资源控制的多少。然而，社会中的现有资源总是处于匮乏的状态。美国社会学冲突理论代表科林斯指出：“人是社会的但具有冲突倾向的动物。”他提醒我们，每个人基本上都在追逐其自身的利益，利益争夺的情况内在的是对立的，“生活基本上是为地位而展开的斗争，这些地位决定了没有人可以对他周围他人的势力毫不在意。如果我们假设每个人都在利用所能得到的资源，以使他人为他得到特定环境中的最好可能的局面效力，那么，我们就获得了一个能理解大量的分层情况的指导原则”〔1〕。人对资源控制的不同导致了利益差别，利益差别构成了利益冲突的基本原因。按照爱尔维修的说法，社会不同集团、不同阶层具有不同的利益，他们之间的冲突，说白了是一个利益冲突。所谓利益冲突，就是利益主体基于利益差别和利益矛盾而产生的利益纠纷和利益争夺。冲突并不完全是破坏性的，它也具有建设性的社会功能。正因为有社会利益冲突，社会存在与社会变迁才有其可能。

法律的利益平衡功能表现为，对各种利益重要性做出估价或衡量，以及为协调利益冲突提供标准。法律无法选择确认每一主体的每一项利益，便必须对各种利益冲突加以平衡，从而防止人类社会在无谓的利益纷争中毁灭，失去继续发展的可能。20 世纪以来西方“法律的社会化”倾向，其实就是法律对个人利益与社会利益关系的一种平衡。比如，在知识产权的国际保护问题上，总是存在着权利人利益与社会公众利益的矛盾冲突。1996 年 12 月，WIPO 缔结了版权条约和邻接权条约，其目的恰是保持作者的权利与广大公众的利益，尤其是教育、研究和获得信息的利益之间的平衡。

如果利益冲突发生在个体利益和公共利益之间，一般比较容易判断孰轻孰重。这里着重说明个体利益之间冲突的协调问题。应当强调，个体利益不能冒充集体利益或公共利益。即使当私人利益与公共利益果真发生冲突时，也不应无条件地牺牲前者而维护后者。任何出于公共利益或长远利益的保护而对私人利益或短期利益的侵夺，都必须提供充分的理由，根据合理的标准，经过适当的程序和在必要的情况下给予相应的补偿。专利法中的强制实施许可证制度就说明了这一基本原理。

### （三） 法律能够重整利益的格局

卢梭曾经论证过人类不平等的起源和发展阶段。私有制的出现把人们分为穷人和富人，这是人类社会不平等的第一阶段；第二阶段乃是国家和法律的出现。“社会和法律就是这样或者应当是这样起源的。它们给弱者以新的桎梏，给富者以新的力量；它们永远消灭了天赋的自由，使自由再也不能恢复；它们把保障私有财产和承认不平等的法律永远确定下来，把巧取豪夺变成不可取消的权利；从此以后，便为少数野心家的利益，驱使整个人类承受劳苦、奴役和贫困。”〔2〕这种利益格局显然是不合理的。暴政的出现是人类社会发展不平等的顶点，也是不平等的第三阶段。这时，就会物极必反，不平等要重新变为平等。“要寻找出一种结合的形式，使它能以全部共同的力量来维护和保障每个结合者的人身和财富，并且由于这一结合而使每一个与全体相联合的个人又只不过是在服从自己本人，并且仍然像以往一样地自由。”“这就是社会契约所要解决的根本问题。”〔3〕可见，卢梭所赋予新的、合理的法律——社会契约的功

---

〔1〕　［美］科林斯：《冲突社会学》（纽约，1975 年），第 89 页，转引自于海：《西方社会思想史》，复旦大学出版社1993 年版，第 421 页。

〔2〕　［法］卢梭：《论人类不平等的起源和基础》，李常山译，商务印书馆 1962 年版，第 128 ~ 129 页。

〔3〕　［法］卢梭：《社会契约论》，何兆武译，商务印书馆 2003 年版，第 23 页。

能，乃是把不平等的格局加以重整，使每个人的利益得到实现。

在人类历史上，革命或改良其实都是对利益格局的调整或重新安排。所谓"变法"，无不是改变既存利益格局，法律正是在利益格局的不断被打破和重整过程中逐步地向前发展的。比如，"利益的多元化迫使美国社会中的各利益集团之间、部分利益集团与公共利益之间、所有利益集团与公共利益之间始终就各自利益的定义和定位进行着一种多层次的、多方位的和连续不停的'谈判'。'谈判'的过程也就是美国宪法循序渐进、调整改革、追求现实的完善的历史过程。……其结果是，宪法的生命力不断得以更新，成为一部'活着的宪法'（a Living Constitution）"。[1] 在政治领域，法律要对国家权力结构加以固定化；当权力结构发生变动时，往往相伴着宪法的修改或更新。其实，任何一种权力也都是受利益支配的，并且是为实现一定的利益而服务的。权力斗争实质上就是利益斗争，权力集团实质上代表了一定的利益集团。权力斗争的结果导致利益格局的重整，此时，法律便担当着利益格局的重整功能。国家政权正是政治的核心。在经济领域，每一个社会的经济关系首先是作为利益表现出来的。体制转轨要求社会利益的重新整合，市场经济体制的建立过程伴随着新的利益群体的不断涌现。利益主体的多元化是市场经济的一个重要特征。我国1999年修订《宪法》时明确了"国家保护个体经济、私营经济的合法的权利和利益"。在新的历史时期，私营经济是随着我国经济的发展和经济体制改革的深入而出现的一种新的经济形式，私营企业主就是改革中产生的新的利益主体。

**二、法对利益关系的处理**

法通过对利益的调控实现对社会的功能。无论是对利益的承认、协调还是重整都涉及一定的原则，这些原则体现为对各种利益关系的处理中不同的价值侧重。在不同的历史时期或不同的社会制度下，价值侧重会有差异，但需要处理的几种关系却是大致类似的。

（一）公共利益和私人利益的关系

社会一般包括市民社会和政治国家两个领域，即特殊的私人利益关系的总和构成市民社会，普遍的公共利益的总和构成政治国家。公共利益表现为社会利益、国家利益。私人利益即每一社会成员的利益。集体利益有时可作为公共利益的一种特殊形态，但一般只是单个人利益的相加，在法律上其实也是一种私人利益。任何时代的历史活动都是由无数单个的具体个人的社会活动所构成，个人作为历史活动的主体，是整个社会历史活动主体的最基础的单元。因此，个人利益乃是利益动力结构的原始细胞。在生产资料私有制的条件下，不仅主体的生活需要，而且主体的生产需要，都要以个人利益的形式来满足，个人利益以利己的私人利益表现出来。自由资本主义时期，法强调"私有财产神圣不可侵犯"，体现为个人本位的法律观。

社会主义法历来强调私人利益对社会利益的依赖和服从，当个人权利的行使危及社会利益时，必须确认和贯彻"社会利益优于私人利益"的原则。同时必须注意：法不应当或者只关注公共利益，或者只倾向于保护私人利益，而应当努力在二者之间寻找最佳结合点。国家是属于统治阶级的各个个人借以实现其共同利益的形式。严格说来，国家利益是一种和社会利益有区别的公共利益。政府是国家利益的代表。在公权关系中，国家利益对于私人利益占主导乃至绝对支配地位；但在私权关系（如国债发行）中，国家与私人同为平等的民事主体，法律上地位平等，便不能要求私人利益绝对地服从国家利益。何谓公共利益，非常抽象，可能人人殊言。为了防止制造虚假公共利益，需要明确何为社会公共利益，或由谁来决定社会公共利益。显然，涉及公共利益的合理判断只能从社会范围内的公论中产生。法协调好私人利益和公共利

[1] 王希："活着的宪法"，载《读书》2000年第1期。

益的关系，有利于促进社会的全面进步。但有一点应当肯定："人民的利益是最高的法。"[1]即使在市场经济条件下，我国法律也应当体现和贯彻把国家利益和人民利益放在首位，而又充分尊重公民合法利益的社会主义义利观。

**（二）短期利益和长远利益的关系**

在国际私法中，通行一种"公共秩序保留"原则，这是关于一个主权国家的根本利益问题。不仅国际法规范是这样，国内法规范也是如此，既要照顾短期利益，也要使之服从长远利益，不受一时一事之干扰。一方面，不能为了所谓长远利益而无条件地牺牲眼前的短期利益，比如进行现代企业制度的改革，对于职工的短期利益必须适当照顾，不能一推了事；另一方面，更不能使短期利益损害长远利益。《土地管理法》要求保护耕地，恰是为了中华民族的生存和可持续发展，为了子子孙孙的长远利益，因为世界上毕竟只有一个地球，中国也只有这一片土地。《未成年人保护法》禁止个体户等非法招用童工，也具有维护国家及个人长远利益之功能。

为了处理好短期利益和长远利益的关系，要求立法主体要有长远的眼光，高瞻远瞩，不仅有能力评估和比较共时性的诸种利益，并且有能力分析和判断历时性的利益态势，从而根据社会生活中各种利益的现状及发展趋向，审时度势，立足当前，着眼未来，选择最佳的利益格局，确定最佳的利益方案，求得最佳的法律效果。前述 WIPO 的最终达成，不单纯是发明创造人利益与社会公众利益矛盾之协调，也是在各国近期利益与远期利益的交错互补中得以形成的，尤其与发展中国家不得不从世界经济的大背景下来看待其利益得失密切相关。一方面，发展中国家在相当长一段时期内几乎不可能从有关知识产权的保护中获利；另一方面，近期知识产权利益的损失，却使发展中国家赢得了相对改善的贸易环境，因而也符合其长远利益。

**（三）物质利益和精神利益的关系**

利益的形态可以是物质的，也可以是精神的，法律对于两种形态的利益都要关注。物质利益和精神利益分别是人类历史活动的物质动力和精神动力。在今天的中国，一般而言，物质利益和精神利益为人们并行不悖地追求着，法律对于两者最好应予兼顾。精神食粮是一种令人激动的激励，然而，如果没有其他的方法配套，就会逐渐失却其本应有的功能。知识产权法律制度所调整的法律关系是一种与财产关系相联系的人身关系，即通过确认公民对文学艺术、科学作品的作者身份权或公民对某种科学发现、技术发明的发现人、发明人身份权，从而维护公民的精神利益，同时，其中又包含着一定的物质利益，如取得奖金、获取技术或版权转让费用等。

精神利益和物质利益往往可以相互转化，因而有时可以对精神损害进行物质（金钱）赔偿，《民法通则》第 120 条规定了基本的精神损害赔偿要求。另外，在《国家赔偿法》《妇女权益保障法》《消费者权益保护法》等法律中，也规定了一些精神损害赔偿条文。然而，物质赔偿却不能代替或不能完全代替精神上的补救，这就是民法及刑法法律责任中规定"赔礼道歉"的法理根据。刑法中的侮辱罪与诽谤罪等有关规定，更直接地维护公民的精神利益不受侵犯，对于此类案件的审判，还可以用附带民事诉讼的办法要求被告人予以物质赔偿。刑法中有关剥夺政治权利的刑罚，其实也可视为是对精神利益的剥夺或限制。从一定意义上可以说，国家的经济利益和政治利益就是国家作为法律主体所追求的物质利益和精神利益。许多政府的经济行为，如对外技术转让，既有经济目的，又有政治目的，因而作为政府代表的某些国有企

---

[1]　普列汉诺夫语。列宁非常赞赏普列汉诺夫提出的这一马克思主义原则，并曾多次引用。参见郭道晖："人民的利益是最高的法律——学习列宁的法制思想"，载《法学评论》1992 年第 4 期。

业，有时为了达到一定的政治目的，不惜牺牲经济效益，即以物质利益的损耗换取精神利益的获得。

### （四）整体利益和局部利益的关系

"不谋全局者，不足以谋一域"，整体与局部是相对而言的。一个国家相对于地区或个人而言当然是整体，但相对于人类而言则又成了局部。现代国家之间，没有永久的敌人，也没有永久的朋友，只有永久的利益。国际法上要求国家作为利益主体承担各种义务，目的就是使特定国家的局部利益服从人类生存的共同整体利益。即使在国际社会中，某些各国共同涉及的局部领域，如科学技术发展领域，也有一个服从人类整体利益的问题。1993 年 6 月 25 日由第三次世界人权大会公布的《维也纳宣言和行动纲领》规定："人人有权享受科学进步及其实用的利益。世界人权会议注意到某些进展，特别是在生物医学和生命科学以及信息技术领域，有可能对个人的完整尊严和人权起到潜在的不良后果，呼吁进行国际合作，以确保人权和尊严在此普遍受关注领域得到充分的尊重。"我国现在进行市场经济建设，要求调动地方积极性，实行一定程度的地方自主（自治），并为此采取了一系列法律措施；同时，还必须打破地方封锁，反对地方保护主义和部门保护主义，以保证国民经济的正常运行，维护国家和人民的整体利益。为此，市场经济法律体系必须使国家整体利益与地方或部门局部利益很好地相互协调，我国香港特别行政区基本法和澳门特别行政区基本法也说明了这一点。

如果经济体系内部对利益关系调整不当，势必影响法律功能的发挥和实现。所谓"为官一任，造福一方"的狭隘地方观念，在某种程度上，十分不利于合法地解决各地间的利益矛盾。立法和司法中严重存在的地方保护主义现象，正是将局部利益凌驾于整体利益之上的一个突出表现。

## 第二节　法与秩序

从最广泛的意义上，秩序是指自然界和人类社会发展和变化的规律性现象。在这种意义上，秩序根植于自然界和人类社会的内部结构之中，自然界和人类社会的内在规律是秩序的本质。一定社会秩序的存在是人类活动的必要前提。除了极少数心怀叵测试图从混乱中渔利的人，绝大多数人，无论生活背景、所属阶层及社会角色有何不同，在期望着某种秩序存在这一点上是相同的。秩序是构成人类理想的要素，也是人类社会活动的基本目标，而法律也在建立和维护秩序的过程中成为秩序的象征。不同的人对秩序有着不同的理解和追求。资产阶级上升时期，资产阶级思想家、活动家追求和强调的，是一种使自由、平等的竞争和人道主义生活成为可能的秩序。现代资产阶级思想家强调"社会统合""社会连带""个人与社会的和谐"，并把它们作为资本主义社会应有秩序的内容。资产阶级试图通过此种秩序的建立和维护，来调整各种相互冲突的利益，减少人们之间的相互摩擦和无谓的牺牲，以使社会成员在最少阻碍和浪费的情况下享用各种资源，从而保障资产阶级的统治地位。

马克思主义认为，秩序是一定的物质的、精神的生产方式和生活方式的社会固定形式，因而是它们相对摆脱了单纯偶然性和任意性的形式；建立社会秩序的目的归根到底是要创造一种安居乐业的条件。在阶级社会中，秩序总是首先起着维护统治阶级利益的作用。

### 一、法律建立和维护阶级统治秩序的作用

冲突是危害秩序的根源，在阶级社会中，最根本的冲突是阶级冲突。此种冲突在本质上是不可调和的，如果缺乏有力的控制手段，必然导致相互冲突的阶级以至整个社会在无谓的斗争

中同归于尽。为避免这种结果的发生，必须把阶级冲突控制在秩序的范围内。由于社会自身无力解决这种对立的冲突，国家就被作为一种"凌驾于社会之上的力量"来缓和与控制各阶级之间的矛盾与冲突。国家表面上超脱于各阶级，实际上是掌握在经济上最强大从而也是政治上最强大的阶级即统治阶级手中的工具。

法作为与国家相互联系的一种重要统治手段，对于建立和维护阶级统治秩序起着不可替代的作用。它把一个阶级对另一个阶级的控制合法化、制度化、具体化。一方面，将统治的触角延伸到社会各个层面，以便统治阶级的根本利益得到最大化的实现；另一方面，又把阶级冲突控制在统治秩序和社会存在所允许的范围内，从而保证阶级统治能够有条不紊地进行。法所确认和维护的阶级统治秩序当中，并不排除被统治阶级成员的某些利益也会受到保护，也不排除统治阶级与被统治阶级之间存在少量的社会流动现象。这是否说明阶级统治的性质正在发生改变呢？答案是否定的。因为通过进一步分析，我们可以发现，统治阶级在对被统治阶级做出一定让步的同时，其统治的阻力也大大减少了；而统治阶级淘汰少数不合格的本阶级的成员和吸收一些被统治阶级中的精英分子，则会增强统治阶级的力量，延长其政权的寿命。也就是说，只要政权不变，社会经济结构不变，统治阶级与被统治阶级的根本地位是不会变的，社会秩序代表的阶级控制和压迫关系是不会改变的。

把法律作为统治的权威手段，将阶级关系纳入秩序的范围，使阶级冲突和阶级斗争得到缓和，这是统治阶级长期统治经验积累的结果。法律权威的理想状态被称为法治，迄今为止，各发达国家在治理方式上已经历了从人治向法治的转变。一般来讲，"法治"优于"人治"，对于维持阶级统治秩序而言，其优越性主要体现为：法律的限制、禁止和控制在外观上对于一切社会成员是无例外的。任何人，无论是统治阶级还是被统治阶级成员，只要侵犯了他人的合法权利或者超出本身权利的界限而滥用权利，不履行自己的法定义务或要求他人履行无法律根据的义务，都将受到法律的约束。同时，法是统治阶级根本利益和共同意志客观化的产物。作为客观的准则，法明确指示哪些行为受到保护、哪些行为受到限制或禁止，人们也可以根据法对自己的行为做出准确预测或对别人的行为加以监督批评。法的一致性和客观性易于为社会成员所接受，也便于一体遵行，从而减少了推行统治阶级意志的阻力，使国家暴力仅仅在个别案件中使用或只作为威慑的力量，而阶级统治秩序却得到了很好的维护。

**二、法律建立和维护社会生活秩序的作用**

如果没有一个安全的环境能让人们放心地享受其合法利益的话，人类的一切活动就都失去了最起码的条件，任何社会都必须要建立一个正常的社会生活秩序。

1. 法律通过确定权利义务的界限来避免纠纷。荀况说过："人生而有欲，欲而不得，则不能不求，求而无度量分界，则不能不争。争则乱，乱则穷。先王恶其乱也，故制礼义以分之。"[1] 也就是说，人类生存所依赖的资源之有限性与人类欲望的无限性之间的矛盾是纠纷冲突的重要原因，而法律则通过确定权利义务的界限，将有限的资源按规范的标准在社会成员之中分配，以定分止争。法律一般以三种形式划定权利义务的界限：①由法律直接设定权利义务，并赋之以明确的内容。此类权利义务有许多具有不可让渡、不可放弃的性质，比如宪法上规定的反映公民基本法律地位的权利和义务。②法律只提供某些依据或规定某些标准，由当事人自行设定权利义务并确定具体内容。这类权利和义务在意思自治的基础上可以设立、变更、解除，比如契约上的权利义务。③法律设立了权威解释制度。针对一些权利义务模糊之处，依

---

〔1〕《荀子·礼论》。

据一定的法律原则进行解释或加以推定，弥补社会生活秩序出现和可能出现的破绽。

2. 法律是以文明的手段解决纠纷的最好的方式。无论立法水平多高，都只能是建立社会生活秩序的一个前提条件。因为法律实施和秩序的建立至少还需要两个条件，即人们承认法律的权威性和人们对法律的正确理解。然而，这些条件在任何社会都不是充分的，因而纠纷也是难以避免的。鉴于此，社会秩序的建立还必须辅之以解决纠纷的手段，而法律则是文明社会里解决纠纷最重要的手段。

在原始社会里，部落与氏族之间的争端，如边界争执、人身伤害争执，一般都要通过暴力即血族复仇战争加以解决。漫无边际的暴力常使一个氏族或部落灭绝。在从蒙昧走向文明的原始社会末期，无节制的暴力和战争依次被血亲复仇、同态复仇和赎罪所代替。国家产生以后，为了避免在相互循环的暴力冲突中造成人身与财产的无谓毁损和社会秩序的动荡，法律逐步以公力救济手段取代上述私力救济手段，来解决私人纠纷。公力救济主要指司法救济。伴随着文明的进步，司法制度逐步完善起来。在现代国家，私人可以通过一定的司法程序，与对方平等辩论，澄清事实，得到依法作出的裁判，使冲突和纠纷得到缓和或解决。

3. 法律能够对社会基本安全加以特殊维护。人身安全、财产安全、公共安全和国家安全等属于社会基本安全，它们是人类社会生活正常进行的最起码的条件。此种条件若不能维持，则社会关系的稳定性将被打破，社会将陷于一片混乱，一切秩序都将不复存在了。所以，任何国家的法律都对社会基本安全加以特殊的维护。最典型的就是刑法，它把严重侵犯社会基本安全的行为都视为对整个社会的侵犯，定义为犯罪；对于犯罪行为规定了最严厉的惩罚手段，即刑罚。国家追究犯罪人的责任，一般不以告诉为要件，刑法是法律体系中国家强制力体现得最直接、最充分的一种法律，其惩罚之严厉、社会威慑力之巨大，是其他法律所无法比拟的，这对于社会基本安全的保障是十分有必要的。

除上述秩序外，法还具有建立和维护政治意识形态秩序、国际经济和国际政治秩序的价值。

### 三、法律建立社会生产和交换秩序的作用

恩格斯曾说过："在社会发展某个很早的阶段，产生了这样一种需要：把每天重复着的产品生产、分配和交换用一个共同规则约束起来，借以使个人服从生产和交换的共同条件。这个规则首先表现为习惯，不久便成了法律。"[1] 这里的"生产和交换的共同条件"，就是社会生产和交换秩序。恩格斯的这段话既阐明了法产生的根本原因——社会生产力与生产关系的矛盾运动，也阐明了法的根本社会价值——建立生产和交换秩序。使生产和交换摆脱偶然性和任意性而取得稳定性和连续性。

法律关于财产权的规定，使财产所有者可以根据自己的意志在法定范围内占有、使用和处分财产，从而为生产和交换创造了最基本的法律保障。在商品经济社会，如果没有财产权利规则，就根本谈不上生产和交换。法律关于自然人或法人权利能力和行为能力的规定，可以避免和消除由于出现不适格的法律关系主体而影响生产和交换正常进行的现象。法律关于契约自由及违约责任的规定，不仅创造了自愿交换的条件，促进资源合理流转，而且使商品所有者可以无后顾之忧地、有合理期望地、尽其所能地进行经济交往和增加财富的活动。现代社会的法律关于工人最低工资、基本劳动条件、工作时间等的规定，缓和了劳动者和管理者及资本家之间的矛盾，保障了生产的正常进行。而国家在运用市场机制的同时，通过法律对整个社会的生

---

[1] 《马克思恩格斯选集》（第3卷），人民出版社1995年版，第211页。

产、分配和交换的规划，则可以避免各部门经济的比例失调以及生产和消费的盲目性，在宏观上创造生产和交换的秩序。

### 四、法律建立和维护权力运行秩序的作用

权力是指个人、集团或国家贯彻自己的意志或政策，控制、操纵或影响他人行为的能力。权力运行的效应是双重的，既可能给他人和社会带来利益，也可能造成危害。一般来讲，无秩序无规则的权力运行对他人、社会造成的危害非常之大，且极有可能损害统治阶级的根本利益。这已被历史反复证明。从现象上看，专制社会中专制者的权力不受任何既定规范的限制，包括不受法律的限制。他可以根据自己自由的、不受限制的意志和偶然的怪想或一时的情绪，发布命令或禁令，无人能准确地预测他如何行使权力。在他的统治下，社会没有安全感，因为即使在他身边服侍的高官显贵，也时常面临着被革职甚至被处死的危险。而从阶级分析的角度进行考察，就会发现，事情并非如表面那么简单，历史上更常见的现象是：一个极其暴虐甚至连本阶级根本利益都不顾的自私君主，其下场不是被人民推翻，就是被本阶级替换掉。可见，专制君主并非孤家寡人在进行专制统治，而是作为一个阶级的代表在进行专制统治。也就是说，在社会关系的形式上，专制权表现为专制君主对一切人的权力；而在实质上，它是以专制君主为代表的统治阶级对被统治阶级的权力。君主运用专制权力，其实还是有条件的，即不能损害统治阶级的根本利益和不能超出社会所能容忍的限度。而为了满足上述条件，统治阶级逐步认识到以法律手段建立权力运行秩序的重要性。这样，规范权力运行的法律逐步建立并完善起来，比如规定官僚录用、官僚等级与职责、官僚系统内部监控等，涉及权力运行环节的行政组织法律规范和制度，在专制社会里就曾达到很高的水平，对建立和维护专制权力运行秩序所起的作用是非常巨大的。

在现代民主政治中，各国法律几乎一致规定，一切权力属于人民。由于生活的纷繁复杂，任何社会都有必要存在一定程度的自由裁量权；但是，自由裁量实际上是以临时创制的新规则溯及既往地适用于过去发生的行为，这使权力的行使往往处于不确定的状态和服从于偶然性因素，所以极容易被滥用。法律是消灭专制主义、限制自由裁量、建立权力运行秩序的重要手段，其发挥作用主要体现为以下两个方面：一方面，明确公民的各项政治权利和自由，并加以有力的保障，确保国家政权的民主性质；另一方面，法律要对国家权力系统的结构做出科学的安排，主要包括：规定各权力主体（各国家机关）之间的权限划分以及相互之间的合作、协调与制约关系，各权力主体内部的职权分配以及权力运行的程序机制，等等。

## 第三节　法与自由

"自由"，无论是作为哲学的概念，还是作为政治（政治学）和法律中的概念，都源自西方文化。在古希腊、古罗马时期，一个男子达到一定年龄，便从父权的束缚下解放出来，具有独立的人格，享有公民的权利，承担公民的义务，拥有妻室、财产和奴隶，成为自由民。儿子如被父亲出卖三次，亦可成为自由民。少数奴隶一旦从主人的统治下解放出来，也就获得了自由。所以，在拉丁语中，"自由"意味着从束缚中解放出来。在罗马法中，自由（权）的定义是："凡得以实现其意志之权力而不为法律所禁止者是为自由。"近代以来，这一自由观逐渐被分化为两个方面：①自由就是不受他人的干预和限制；②自由就是"自己依赖自己，自己决定自己"，即所谓"从事……的自由"。某些西方学者把前一种意义的自由称为"消极自由"，把后一种自由称为"积极自由"。不管"消极自由"和"积极自由"之间有何差别，自由的实

质在于一方面它标识主体的意志与客观必然性之间的某种统一性，另一方面它标识个人与社会之间的某种统一性。追求自由是人类固有的本性，人类的历史就是不断实现自由的过程。法对自由的实现起着多方面、多环节的作用。

**一、法律以自由为目的**

自由是法律的目的之一，早已为法学家们所认同。古罗马的西塞罗就有一句名言：为了得到自由，我们才是法律的臣仆。洛克明确指出："不管会引起人们怎样的误解，法律的目的不是废除或限制自由，而是保护和扩大自由。这是因为在一切能够接受法律支配的人类的状态中，哪里没有法律，哪里就没有自由。这是因为自由意味着不受他人的束缚和强暴，而哪里没有法律，哪里就不能有这种自由。"[1] 洛克指出法律以自由为目的，旨在保护和扩大自由。罗伯斯庇尔作出了与洛克一致的论述，较全面地揭示了法律对自由的意义，他总结性指出，我们制定法律，不是为了一时之需，而是为了百年大计；不是为了我们，而是为了世界；我们要表现出不愧为奠定自由基础的人，我们要始终不渝地遵循这个伟大的原则，即如果自由在那些被人民赋予权力的人们的行为中 受到限制，它就不能存在。

马克思也认为法律应以自由为目的之一，并作出了极其深刻、明晰的论述。他说，"法律在人的生活即自由的生活面前是退缩的"，"法律不是压制自由的手段"[2]。法律不能与自由相抵触，法律应以自由为目的。即使是法律的强制问题也是如此，法律的强制也只能以自由为目的。他还说，"只是当人的实际行为表明人不再服从自由的自然规律时，这种表现为国家法律的自由的自然规律才强制人成为自由的人"[3]。法律以自由为目的，具体来说：①法律规范系为确认和保障自由而设立。法律规范包括授权性规范、禁止性规范和命令性规范。法律上的授权本身就是对自由的确认，法律上的禁止和义务也是为确保自由而设立。法律禁止人们对他人自由的侵犯，为了保证人们法律自由的实现，往往都通过立法的方式，要求人们为他人或者社会自由的实现而做出某种作为的行为或不作为的行为。离开了自由的法律授权、法律禁止和法律命令，法律本身就失去了灵魂。②法律权利和法律义务系为实现自由而设定。从法律权利和法律义务来看，法律权利是为自由而设定的，法律义务也是为自由而设定的。如果法律权利的设定与自由相抵触，就必然会违反法律的初衷；如果法律义务的设定与自由相抵触，法律权利就化为乌有，自由也就没有法律的根据和保障。法律权利和法律义务为自由的实现提供了具体的法律途径。③法律的制定和实施应以自由为出发点和归宿，以自由为核心；法律的实施必须以自由为宗旨；法律的保护或打击、奖励或制裁都应以自由为依归。

**二、自由需要法律的保障**

1. 用法律保障自由是保证自由免受侵犯的需要。在社会中，人是以个体以及由个体集合而成的群体存在的。个体与个体之间，群体与群体之间、个体与群体之间，各有独立的利益和独立的意志，他们各自谋求自己的需要或利益，各自谋求自身的自由。各主体的需要、利益、自由之间就难免会发生冲突，乃至相互侵犯。要保证自由不被侵犯，就必须对自由的侵犯者及其侵犯自由的行为予以严厉的惩罚。人类惩罚罪恶的最严厉的外在手段莫过于法律，法律是对侵犯自由者予以惩办的有力措施。法律通过制裁侵犯自由的违法犯罪，保障自由免受侵犯。

2. 用法律保障自由是保证自由不被滥用的需要。自由存在着被侵犯、被滥用的可能性。自由的滥用是由自由享有者任意扩展其自由的范围、内容所导致的，它同样会导致其他个体或

---

〔1〕　参见〔英〕洛克：《政府论》（下篇），叶启芳等译，商务印书馆1964年版，第36页。

〔2〕　《马克思恩格斯全集》（第1卷），人民出版社1956年版，第71页。

〔3〕　参见《马克思恩格斯全集》（第1卷），人民出版社1956年版，第72页。

群体的自由的受损害或被剥夺。前面所讲的对自由的侵犯，是从自由主体的外力作用看的；这里所讲的对自由的滥用，是从自由主体的内在能动看的。二者实质上是一个问题的两个方面。对自由的侵犯可能是由自由的滥用形成，而自由的滥用必然导致对自由的侵犯。法律必须在防止自由被侵犯的同时，防止自由被滥用。全面保障自由的存在、实现，以及向更高的自由发展。

　　3. 法律保障自由是宪法的使命，是其他法律、法规的重要追求。宪法作为国家根本大法，必须担负起确认自由并保障自由的重任。保障自由也是其他法律法规的重要追求。其他法律、法规也应当为保障自由做出努力。自由仅有宪法的原则规定很难转化为社会的客观现实，它还需要社会整个法律体系予以足够的保障。保障自由不仅是刑法的任务，行政法、民法、婚姻法、诉讼法、劳动法等都应从自身特定的法律方面为自由提供保证，使自由在法律的保障下获得应有的社会意义。

　　**三、法律确定自由的范围**

　　尽管自由是一种社会价值，但自由不是无限的。可以自由地去做任何事，必然是无用的甚至是有害的，因为每个人行使这种自由时总是与其他人的自由相冲突。因此，如果自由没有限制的话，就会出现这样一种状态：所有人都可以无限制地干预别人。基于这种认识，洛克指出：自由并非人人爱怎样就可怎样的那种自由，而是在他所受约束的法律许可范围内如意行动。

　　自由是法律许可的范围内的自由，并不是任何人的任性。在现代社会，作为权利之自由，它的范围由法律确定，并以法律准则作为准绳。"自由就是从事一切对别人没有害处的活动的权利。每个人所能进行的对别人没有害处的活动的界限是由法律规定的，正像地界是由界标确定的一样。"[1] 法律确定自由的范围是建立在自由需要法律予以表现的前提下的。为什么自由要借助法律的形式，由法律确定其范围呢？马克思指出："因为法律只是在自由的无意识的自然规律变成有意识的国家法律时才起真正法律的作用。哪里的法律成为真正的法律，即实现了自由，哪里的法律就真正地实现了人的自由。"[2] 这意味着，人的自由权利除了法律规定的界限外，不受任何特权或权力的干预和束缚。

　　**四、法律保证自由的实现**

　　（一）法律为解决自由与其他价值的张力和冲突提供准则

　　自由不是社会唯一的价值，其他的社会价值还有秩序、安全、平等、正义等，它们构成了一个社会的价值体系，许多价值本身就是法律直接追求的目标。自由与其他各种价值之间难免存在张力或冲突。为此，法律平衡这些价值准则之间的关系，以解决它们之间的冲突。法律为不同的价值准则设定不同的法律地位，甚至不同的实现方式和过程，使各种价值准则各得其所。这样就可以在一定意义上减少部分价值冲突，使众多价值中的自由价值能与其他价值并存，事先为冲突的解决设定制度模式，为冲突的解决提供法律准则。

　　（二）法律解决自由之间的冲突，确保自由的实现

　　自由中的此种自由与彼种自由之间也可能因彼此冲突而难以实现。例如，公民的游行示威自由与公民的正常生活自由之间就会产生冲突。游行示威就必然会占用一定的公共场所，公共场所被游行示威占用了，其他公民就不可能用来休闲娱乐。游行示威如果是利用交通道路进行的，还会影响其他公民公共交通的自由。于是法律就要规制游行示威自由，使其与公民正常生

〔1〕　参见《马克思恩格斯全集》（第 1 卷），人民出版社 1956 年版，第 438 页。

〔2〕　参见《马克思恩格斯全集》（第 1 卷），人民出版社 1956 年版，第 72 页。

活的自由之间得以协调。自由与自由之间可能因彼此之间的相互冲突而难以实现，法律为自由间冲突的解决提供解决机制。

（三）法律为自由的享有者提供实现自由的方式和方法

比如《集会游行示威法》，它不仅要规定公民的游行示威自由，而且要具体规定游行示威的具体方式方法，包括如何申请、如何进行等。再如结社自由，法律对各种社团的组建、活动、宗旨、范围都有一定的规定，尤其是规定了它的申办、审批与监督管理等程序。凡是法律没有规定实现方式、方法的自由，只要行使过程中不违反法律的禁止性规定即可。凡是法律规定了实现方式、方法的自由，其行使就得依照法律规定的方式、方法进行。

（四）法律以防止自由被滥用的方式来保障自由的存在和实现

自由被滥用的情形是客观存在的。自由一旦被某个或某些主体滥用，其他主体的自由就会受到伤害。任何自由都是以无害于他人、无害于其他自由为前提条件的。它要求个人在行使自由权利时要对他人负责，对社会负责。法国《人权和公民权宣言》规定，自由就是有权做一切"无害于他人"的行为，各人自由权利的行使只"以保证社会上其他成员能享有同样的权利"为限制。我国《宪法》规定，公民在行使自由和权利的时候，"不得损害国家的、社会的、集体的利益和其他公民的合法的自由和权利"。自由主体应当而且必须对自己的出于自由意志和自由选择、妨害他人的自由的违法行为承担法律责任。这种责任的设定否定了破坏自由的自由，对于保障每个人的平等自由，是绝对必要的。因为没有责任，自由就会成为无政府状态，而人的权利就会成为无限制的任性。法律将责任与自由联结起来，以防止自由的滥用。

（五）法律防止对自由的破坏和妨碍

对自由破坏、妨碍的最大力量是不当运行的权力。法律首先就应当是约束权力的，尤其是法治之中的法律，约束权力、防止权力的滥用，包括防止权力对自由的破坏、妨碍，是法律的一个极为重要的使命。对自由的破坏、妨碍的一个极为多见的原因是，其他社会成员对另一些社会成员自由的妨碍或破坏。法律为此设定了一系列具体的制度和规范。法律保障自由的一个重要的表现，即为法律对于各种破坏、妨碍自由的违法犯罪的制裁。

# 第四节　法与正义

正义是一个古老而又常新的概念。在中文里，正义即公正、公平、公道。古埃及象形文字中的正义为一根鸵鸟毛，因为鸵鸟的毛几乎是一般长。在经验上人们可能很容易体会到什么是公正，什么是不公正。特别是当一个人受到歧视性对待时，当一个农民工拿不到工资时，当人们为他讨回公道时，什么是公道、公平、正义，自然是不言而喻的。但是，就像我们在时间中生活，却难以给时间下定义一样，我们虽能在经验上说出正义与不正义、公道与不公道，却难以给正义（公道、公正）下一个大家都能接受的定义。因此，在中外学术有那么多的定义。可以说，"正义有着一张普洛透斯似的脸（a Protean face），变幻无常、随时可呈现不同形状并具有极不相同的面貌"[1]。

在思想史和法学史上，人们对正义有各种不同的分类。其中，经典的分类法是古希腊思想大师亚里士多德所做——亚里士多德分配正义、矫正正义。分配正义，涉及财富、荣誉、权利

---

〔1〕　〔美〕E. 博登海默：《法理学：法律哲学与法律方法》，邓正来译，中国政法大学出版社1999年版，第252页。

等有价值的东西的分配。亚里士多德的划分对后世影响深远。当代，在对正义的各种分类中，美国哲学家罗尔斯和庞德所提出的社会正义，即社会基本结构（社会体制）的正义具有决定性意义，可谓"正义之正义"。社会体制或基本结构，是指分配基本权利和义务的经济制度、政治制度和法律制度。"一个社会体系的正义，本质上依赖于如何分配基本的权利义务，依赖于在社会的不同阶层中存在着的经济机会和社会条件。"[1]

## 一、法律实现正义的价值

"正义只有通过良好的法律才能实现"，"法是善良和正义的艺术"。这些古老的法学格言和法的定义表明法与正义是不可分的：法是实现正义的手段，法的价值之一在于实现正义。

### （一）法律分配权利以确立正义

这是法在实现分配正义方面的作用，主要包括把指导分配的正义的原则法律化、制度化，并具体化为权利、权力、义务和责任，实现对资源、社会合作的利益和负担进行权威性的、公正的分配。在这种权利义务的分配中，基本权利和义务的分配是带有根本性的、决定性的。在一个民主政体的国家中，关于基本权利的分配，即分配正义原则的执行通常是由人民选举的立法机关进行的，因为基本权利和义务涉及人民的财产、人身自由和人格与国家权力的关系。所以，国家权力在何种情况下才能剥夺人民的基本权利、课以何种义务和责任的问题，成为分配正义中的核心问题。当分配正义原则被一个社会成员违反的时候，矫正的或诉讼的正义就开始起作用。这就引起后面关于惩罚与补偿的问题。

### （二）法律惩罚罪恶以伸张正义

这是法律实现正义的一个方面，以刑罚为代表的法律上的惩罚之基本目的不外乎报应与预防两方面。报应，也就是通过惩罚罪恶表达正义观念、恢复社会心理秩序。犯罪，一般来说不仅是违反法律、危害国家和人民利益的行为，也是违反正义观念的邪恶行为。因此，出于正义的要求，对于恶行应该作出否定评价，对于善行应该给予褒扬。这是基于道义要求所产生的正义观念的应有内涵。在关于惩罚的理论中，包含着三个基本问题，即惩罚的理由、惩罚的对象，以及什么是适当的惩罚。曾经存在过八种惩罚理论，它们分别从不同角度回答了惩罚理论的三个基本问题，无论怎样理解惩罚的性质，我们都不能否认惩罚具有伸张正义的作用。

### （三）法律补偿损失以恢复正义

如果说惩罚罪恶是基于道义的正义要求，那么，补偿损失则是基于功利的正义要求。法律在平均正义方面除了对罪恶予以惩罚外，还在合同、侵权方面表现为试图补偿受害者蒙受的损失。这种补偿通常只以损失大小为标准，而不考虑或不过多考虑侵害者有无过错、其错误程度与赔偿额有无必然联系、赔偿费是否由其本人支付（可能是保险公司支付）。以赔偿为主的补偿性责任主要是为了恢复分配正义。

## 二、法律促进并保障分配与诉讼的正义

### （一）促进和保障分配的正义

人类社会既存在着利益的一致，也存在着利益的冲突。之所以存在利益的一致，是因为合作可以使所有的人比他们孤立活动生活得更好。之所以存在利益的冲突，是因为人们有相同的需求，而社会资源总量是有限的，在分配时一方之所得即他方之所失；也因为每个人都对自己占有社会合作成果的份额非常敏感，有相当多的人甚至期望自己能得到不合理的份额。因此，每个社会都需要有一套原则指导社会适当地分配利益和负担，这套原则就是正义原则。人类社

---

[1] ［美］约翰·罗尔斯：《正义论》，何怀宏等译，中国社会科学出版社1988年版，第5页。

会迄今实行过五种均曾被人们视为"公正的"分配原则。它们分别是无差别分配原则、按照优点分配原则、按照劳动分配原则、按照需要分配原则和按照身份分配原则。

（二）促进和保障诉讼的正义

在社会生活中，人与人之间发生利益冲突是不可避免的，权利和义务的分配关系不可能受到所有人的尊重，由此引起法律纠纷也就在所难免。这些冲突和纠纷不仅应当和平地解决，即不使用单方武力得到解决，而且应当公正地得到解决。法一方面可以为和平地解决冲突提供规则和程序，另一方面也可以为公正地解决冲突提供规则和程序。公正地解决冲突，其主要标志是无偏见地适用公开的规则；类似案件类似处理，同样的情况同样对待，即法律面前一律平等。在现代社会，为了保障冲突和纠纷的公正解决，法律所提供的规则和程序主要有：司法独立、回避制度、审判公开、当事人权利平等、判决的内容应当有事实根据和法律依据、案件的审理应当及时高效、应有上诉和申诉制度等。

## 第五节　法与效率

"效率"一词可以在多种意义上使用，例如，可以说"办事效率高""有效率观念""富有效率""经济效率"等。综合"效率"一词的多种使用方式，我们可以归结出"效率"的基本意义——"从一个给定的投入量中获得最大的产出，即以最少的资源消耗取得同样多的效果，或以同样的资源消耗取得最大的效果"。也就是经济学家常说的"价值极大化"或"以价值极大化的方式配置和使用资源"。在这种基本意义上，说一个社会是有效率的，就是说它是能够以同样的投入取得比别的社会更多的有用产品，创造出更多财富和价值的社会。一个有效率的社会亦即自然、社会和人文资源优化配置（价值极大化）的社会。除此之外，效率还意味着根据预期目的对社会资源配置和利用的最终结果作出的社会评价，即社会资源的配置和利用使越来越多的人改善境况而同时又没有人因此而境况变坏，则意味着效率提高了。

西方学者通常把效率与平等（正义）对立，把它们作为一对互不相容的根本矛盾。这固然有不甚准确的一面，但客观上在许多情况下，对于效率的追求都不可避免地会产生各种不公平，因而效率和平等经常处于深层的张力之中。面对效率、平等两种价值的冲突，每个人都会有意识、无意识地进行选择。在社会主义条件下，效率和平等应当是也可以是统一的。

### 一、法律通过确认和维护人权促进效率

法律通过确认和维护人权，调动生产者的积极性，促进生产力的发展。在基本意义上，效率就是生产力的进步，而生产力的进步不能没有人权的保障与推动。生产力的基本因素有三个，即劳动者（人）、劳动资料（物）和劳动技能（智）。只有这三个要素得到保护，并且能够得到自由的结合，生产力才能发展。这三个要素是分别由人权、物权、"智权"（如知识产权）来加以保护的。在社会主义条件下，只有充分尊重和保护这些权利，使人民群众清楚地认识到自己在国家和社会中的主人和主体地位，切实感受到自己是人，有做人的权利，才能满腔热情、扎扎实实地去学习和工作，创造出人类前所未有的物质文明。

### 二、法律通过承认并保障物质利益促进效率

"利益"是一个非常重要和实用的社会概念，每一个社会的经济关系首先是作为利益表现出来的。人们奋斗所争取的一切，都同他们的利益有关，利益推动着民族的生活。追求利益是人类最一般、最基础的心理特征和行为规律，是一切创造性活动的源泉和动力。然而，在中国传统社会中，由于儒家学说所谓的"重义轻利"义利价值观的影响，人类关于利益的普遍心

理特征、行为规律和创造性动力被忽略了。在 20 世纪后半期的中国，由于实行高度集权的计划经济体制，加上极"左"思潮的不断冲击，人们追求正当利益的心理特征和行为模式依然受到压抑和扭曲，利益对社会发展的推动作用没有受到应有的注意和重视，甚至正常的利益观也受到了不正常的批判和否定。既然利益的不断实现和追求是提高生产力、促进经济增长的决定性动机，是社会发展的动力，那么，承认和保护人们的利益，使之成为一种权利，从而激励人们在法的范围内尽其所能地实现物质利益，就成为人类之所以需要法律的一个重要理由。人类在追逐物质利益的过程中必然会产生对立和摩擦，这种对立和摩擦会造成资源的（甚至巨大的）浪费。因此，法在承认和保护人们物质利益的同时，还要权衡和调节各种利益冲突，以便把对立和摩擦减少到最低限度。法的整个运行过程实际上就是对各种利益进行平衡、选择、取舍，并通过权利和义务对这些不同利益进行权威性、规范性调整的过程。

### 三、法律通过确认和保护产权关系促进效率

财产权利的承认（产权关系的明确）是有效地利用自然资源的前提。只有人们获得了对资源的占有权和使用权，物有其主，并有权排除他人对自己财产的侵犯或夺取，财产所有者才有信心和动机投入资源，发展财富。任何一个国家的法律都是以财产权为核心的。法在确认财产权的同时，还要创造财产权有效利用的机制，其中最主要的是为财产权的转移提供保障和便利。如果说财产权的法律确认和保障是有效利用资源的必备条件，那么，财产权的可转移性（即从一主体向另一主体转移）就是有效利用资源的充分条件。试想，如果财产权是固定不移的，资源就不能从低效益利用流向高效益利用。假如一个农民拥有一定数量的土地，但他不是一个善于耕种和经营的人，他的土地在别人手中可以生产出更多的农牧产品。在这种情况下，资源的有效利用需要一个机制，用以推动这个农民通过交换，把土地的使用权转移给更能有效地利用它的人。法定的财产转让权就是这样一个机制。土地是这样，其他资源也是如此。这一机制已开始被引进我国的宪法和其他法律、法规之中。生产资料租让、企业兼并就是这一机制发挥作用的表现。

### 四、法律通过确认、保护、创造高效的经济运行模式促进效率

在不同的社会背景之下，不同社会和国家也许有不同的经济运行模式。但就当代社会而言，最佳模式是市场经济模式。市场把生产者和经营者置于自由竞争、优胜劣汰的境地，为人们施展才能创造了广阔的场所，同时也使资源能够从低效益利用向高效益利用流转；市场经济中的宏观调控使市场中的竞争摆脱盲目状态，减少生产和经营中的偶然性、任意性、风险性及其他浪费资源的现象。在建设中国特色社会主义理论的指导下，经过十多年的锐意改革，我国原有的国家集中过多、统得过死，扼制商品经济，忽视价值规律和市场作用等严重束缚生产力发展的经济运行模式已经发生重大变革，但经济发展中的深层问题远未根本解决。因而，要进一步解放思想，确认、保护、创造最有效率的经济运行模式，推动生产力快速发展，使社会主义市场经济体制和运行模式在全国范围内形成，以进一步解放和发展我国的社会生产力。

### 五、法律通过承认和保护知识产权促进效率

科学技术是第一生产力。解放和发展生产力，首先是解放和发展科学技术。这在即将到来的知识经济时代尤为突出。法在这方面的作用主要是：①把科学技术活动及其成果宣布为权利，使"智慧的火焰加上利益的燃料"，推动人们进行创造性活动，创造新思想、新知识、新技术。美国法学家博登海默说得好："人往往有创造性和惰性两种倾向，法律是刺激人们奋发向上的一个有力手段。法律不可能直接下命令使某人成为一个发明家或创造出优秀的音乐作

品，但它却可以为人们发挥创造才能提供必要的条件。"[1] 近代以来各国的经验表明，凡是法律承认知识的价值、保护知识产权的地方，科学技术日新月异，社会生产力蒸蒸日上；反之，社会生产力则徘徊不前。②组织和协调科学技术的发展，明确科学技术发展在国家经济和社会发展中的战略地位，制订科技发展规划和计划，改革科技管理体制，完善科技奖励制度，细化科技活动主体之间的权利和义务，以推动科技成果转化为现实的生产力，实现科技经济一体化。

**六、法律通过制度创新、减少交易费用促进效率**

交易费用是现代经济学中内容最丰富的概念之一。经济学家和经济分析家把"交易"与"生产"概念相对应，认为"生产"活动是人与自然的关系，"交易"活动是人与人的关系。交易费用是指生产以外的所有费用，包括信息费用（发现交易对象、产品质量、交易价格、市场行情等的费用），测量、界定和保护产权的费用（即提供交易条件或交易前提的费用），时间费用（包括讨价还价、订立合同的费用），执行合约的费用，监督违约行为并对之实行制裁、以维护交易秩序的费用，以及风险的费用。新制度经济学家指出，交易费用是经济制度的运行费用，它类似于物理学中的摩擦力。减少交易费用的关键是产权制度、企业组织形式的创新以及市场机制的完善或补足。在制度创新中，法律制度的创新是非常重要的。法律，特别是经济法、民商法和民事诉讼法，通过以效率为中心的制度改革和建构，为经济主体设定最有效率的交易模式和诉讼程序，保证人们以最可靠、最安全、最简便的手续，最少的时间、精力和物质耗费，达到预期的经济目标。这也是对于效率的推动与促进。

# 第六节　法与人权

对于人权的认识，在不同时代有不同的理解，而在同一时代也并非在理解上完全一致。人权的概念至今没有一个标准的定论，这不仅仅存在于我国的理论界，从世界范围来讲亦是如此。从人权的词源上去考察，我国没有"人权"的词源，并非正宗的中国本土概念，而是舶来品。在英语中，"人权"一词拼写成"human rights"，是一个组合词。"human"一词的第一涵义为"人的"或"人类的"；第二涵义为"凡人皆有的"。而"right"作为名词讲时，它有"权利"之义。由此，"human rights"最基本的涵义就是"作为人皆有的权利"。如果将这一涵义简单化，就可以理解为"作为人，人人都有的权利"。但是，这一概念中的人到底是什么样的人，这牵涉到人的本质问题。人只有存在于人的社会中，人才被称之为人。所以，人权是从人的社会属性上去认识的。

**一、人权的法律化**

（一）人权法律化的条件

法律人权仅仅是将道德人权中的一部分内容用法律的形式给予认可，形成法律上的人权，从法律上进行保护。将道德的人权转化为法律的人权并不是一种任意，也不是将道德人权的全部内容统统转化为法律人权。将道德的人权转化为法律的人权应该具备一定的条件，具有一定的意义和价值。从普遍意义上来讲，人权法律化有以下基本条件：①法律化的人权应为社会物质生活条件所允许，具有法律化的社会物质可能性；②法律化的人权应为社会精神生活条件，

［1］　参见［美］E. 博登海默：《法理学：法律哲学与法律方法》，邓正来译，中国政法大学出版社 1999 年版，第 392～393 页。

尤其是思想文化的发展所允许，具有法律化的社会文化可能性；③法律化的人权应为人们普遍具有，是一般主体的权利而非个别主体的权利，具有法律化的主体普遍性；④法律化的人权应需要法律保障，没有法律保障就难以成立，具有法律化的现实必要性；⑤法律化的人权应在立法上可以表现为法律权利，在实施上可以依法实现，具有法律化的可操作性。

（二）人权法律化的方式

1. 对人的权利的直接规定。在法律中，对人权的直接规定是最常见的方式之一。将人的权利用法律的条文明确规定，让人们直接从法律的条文中了解到自己的法律权利。

2. 对他人进行义务的规定以确立人的权利。法律以权利和义务为内容，在法律规范中，不是对人的权利进行规定，就是对人的义务进行规定。在法律中，不是对公民的权利进行规定，就是对公民的义务进行规定。从条文上讲，其内容是义务的，但这种对义务的普遍的规定又是从其反面对人的权利的规定。我们常说，权利和义务是对等的，对一部分人权利的规定就是对另一部分人义务的规定；反之亦然。如我国《国家赔偿法》第13条第1款规定："赔偿义务机关应当自收到申请之日起2个月内，作出是否赔偿的决定。赔偿义务机关作出赔偿决定，应当充分听取赔偿请求人的意见，并可以与赔偿请求人就赔偿方式、赔偿项目和赔偿数额依照本法第四章的规定进行协商。"该法条只是规定了"赔偿义务机关"的义务，虽然在法律条文中没有指出权利的享有方，但权利的被损害方就是享受赔偿方。它通过对赔偿义务的规定，赋予了相应主体获得赔偿的权利。

（三）人权对法的要求

人权首先是一个道德的概念，作为道德概念的人权，既有丰富的内涵，又有广博的外延。人们对于人的权利的认识，也并没有仅仅停留在道德范畴之内。由于道德是一种自律的规范，对人的权利的保护仅仅停留在道德强制的层面上。有一点是非常明确的，任何一个时期，规范的出现，都是由于需要对人的权利进行规范。人类社会的早期，规范以巫术、礼仪、习惯、习俗的形式表现时，内容常常是义务性的，而其中的有些义务的相对方根本不是人，而是神。我们常说，权利和义务是对等的，但是在这一阶段，似乎只有义务而没有权利。其实，这里的权利享受者是神。神在这里是被人们虚幻成一个能够享受人们对其做出贡献，为其牺牲，为其承担义务的存在体。人的权利被异化成了神的权利。如果仅仅是将人的权利以自律的形式加以规范，人的权利不可能得到有效的保障，人权只能存在于人的观念之中。人们对权利的不断的认识，就必然寻求一种能够使人的权利得到切实保障的法律规范，在这个意义上，人权对法律提出要求也就成为必然。

人权对法律提出需要，首先是将人的权利内容表现为法律的规范。虽然我们可以看到，人的权利在没有法律化时并不完全地被无视，有一些规范的外在强制力是法律所不及的，有时这种强制是以一种暴力的手段表现出来的，而有时又是以非暴力的手段表现出来的。如驱除出原来所依附的共同体，在感情上对其不予接受，对其暗示将有不可名状的灾难降临使其难逃厄运等。有时候，在一个（较大的）区域内，法律的强制手段同其他的非暴力的强制手段相比，"往往自惭形秽"[1]。但是，法律仍然以其稳定性、普遍性、确定性和可操作性为人们所认同，成为对人的权利保护的忠实保护神。

二、法对人权的保护

人权与法律有着十分密切的联系。没有法律对人权的确认、宣布和保障，人权要么只能停

---

〔1〕 ［德］马克斯·韦伯：《经济与社会》（上卷），林荣远译，商务印书馆1997年版，第351页。

留于道德权利的应有状态，要么经常面临受侵害的危险而无法救济。人权的法律保护首先表现为国内法的保护，其次表现为国际法的保护，两种保护互为补充、互为促进、互为保障。

（一）人权的国内法保护

尽管第二次世界大战以后，人权的国际法保护开始出现和发展，但是至今为止，人权的国内法保护仍然是人权法律保护的最主要、最经常、最有效的形式。人权的国内法保护主要包括宪政保障、立法保护、行政保护、司法救济四个方面。

1. 人权的宪政保障。确认和保障人权是宪政的核心价值和主要功能。所谓宪政，简单地说，就是以宪法确认和保障人权，约束和限制公共权力。在这两方面中，第一方面处于核心的、主导的地位。正是为了保障人权，才需要约束和限制公共权力。以宪法的形式确认和保障人权，是近现代民主、宪政、法治的显著特征。人权的宪政保障在人权的国内法保护中居于首要的、基础的地位。

2. 人权的立法保护。①实质上的保护。法律规定了法定人权的内容和范围，为人权的享有和实现、行政保护和司法救济提供了法定的标准。一般说来，人权的享有和实现必然要经过人权从应然状态（应有权利）到实然状态（法定权利）的转变。只有经过这个过程，才使人权的实现成为可能。当然，人权并非能完全在一时之间实现从应然状态到实然状态的转变。人权的法定化和制度化是随着社会发展进化的程度而逐渐完备起来的。法定化和制度化的人权规则是人权主体请求行政保护和司法救济的文本依据，也是行政机关采取保护措施、司法机关进行司法判决的权威性文本，即司法机关和行政机关采取人权保护的前提性条件。因此，要想对人权进行充分的立法保护，必须要在实证化和制度化的法律中对人权的概念和构成要素给予必要的厘定和廓清。②程序上的保护。法律规定了享有和实现人权，行政机关对人权采取保护措施，司法机关对人权案件的审判的原则、程序、方式、方法，为人权的确定的享有、实现、保护和救济提供了有效的措施和可行的方式。这样既可以使人权按照法定的程序、方式得到实现、保护和救济，又可以防止国家机关对人权的侵害。另外，对国家机关职责的法定化和制度化，使国家机关及其工作人员必须认真对待人权受到侵害的行为和状态，进而也间接地保护了人权主体对人权的实现和享有。人权的立法保护是人权得到实际保护的前提性条件。

3. 人权的行政保护。按照民主政治的内在逻辑，政府（行政机关）成立的目的是保护社会成员的利益和权利，当然包括更为重要和根本的人权。真正民主的政府都必然将保护人权作为行政的重要目标。人权的行政保护主要体现在两个方面：①政府认真执行宪法的人权条款和权力机关的人权立法，将法定的人权转化为现实的人权；②政府将保障人权作为决策的决定性因素，从而将保障人权贯穿于政府的全部行政决策和实践中。与人权的司法救济相比较，人权的行政保护具有主动性。政府可以借助于国家的强制力，及时、有效地对侵犯人权的行为予以制止，把侵权人（包括行政机关本身）对人权的侵害程度限制在最小的可能范围内，而不至于非等到人权已经或完全受到侵害才给予救济。人权的行政保护是人权实现的重要环节。

4. 人权的司法救济。司法救济是人权的法律保护体系中的重要环节，是人权的法律保护的最后一道防线。①司法为解决私人主体之间的人权纠纷提供了一种公正的、值得信赖的、有效的渠道。如果私人主体的人权受到了其他私人主体的侵犯，可以将其提交中立的司法机关审判，获得公正的裁判。②司法是纠正和扼制行政机关侵犯人权的行为的最有力的机制。从人权保护的实践来看，人权所面临的最大威胁，不是来自私人主体，而是来自拥有行政权的行政机关。而纠正和扼制行政机关侵犯人权的行为的最有力的机制就是行政诉讼。人权受到行政机关侵害的主体，可以向司法机关提起行政诉讼，要求司法机关审查、纠正行政机关的侵权行为。③在实行司法审查制度的国家，司法是排除反人权的立法的重要机制。司法机关通过行使司法审查权，可以宣布违反宪法的人权条款的议会立法或行政立法无效，从而排除反人权的立法。④符合正当程序和法治原则的司法程序和司法过程，本身就是对人权的保障。

（二）人权的国际法保护

在第二次世界大战结束以前，人权问题基本上还是属于纯粹的国内问题。二战后，鉴于纳粹法西斯政权和日本军国主义政权侵害各国人民人权的暴行，国际社会加强了对人权的普遍关注、保护和救济，大批有关人权保护的国际法纷纷制定出来，并形成了国际法的重要组成部分——国际人权法。一个以《世界人权宣言》为基础、由八十多种人权法律文件构成的国际人权法律体系已经形成并在不断完善。建立在国际法基础上的国际人权保护和救济制度，就现在的状况来说，具有以下两方面内容：①国家加入国际人权公约和遵守公认的国际法原则就意味着承担了保护人权（既包括本国人权主体的人权，也包括非本国人权主体的人权）的国际义务；②有关人权保护的国际机构担负起调查、监督人权问题及其解决情况的职责。

在尊重国家主权的基础上，实行人权的国际法保护是必要的。对于粗暴侵犯人权的严重犯罪行为，以及种族隔离、种族歧视、种族灭绝、贩卖奴隶、国际恐怖组织侵犯人权的严重事件，国际社会都应进行干预与制止，实行人权的国际法保护。近几十年来，联合国在实行人权的国际保护方面发挥过重大作用，人权原则已成为联合国采取行动的基本依据之一。但是，必须坚决反对以人权为借口，粗暴干涉他国内政的做法。

必须指出，人权的国际法保护同国家主权原则、不干涉他国内政原则是一致的，在正确认识与处理两者的关系时，一方面，要抵制和反对"人权无国界论"，维护《联合国宪章》的宗旨与原则，维护国家主权，坚持不干涉他国内政原则，"不得认为授权联合国干涉在本质上属于任何国家国内管辖之事件"；另一方面，也应实行人权的国际法保护，对于危害人类和严重侵犯基本人权与自由，已构成国际罪行的行为，国际社会应进行干预与制止。同时，对于人权公约缔约国来说，也应按其所缔结的人权公约的规定，履行保护人权的国际义务。

人权的国际法保护是一个复杂的问题，包括尖锐的政治斗争与外交斗争，既是国际人权法中的重要理论与实践问题，也是涉及国家相互关系的重要理论与实践问题，我们要把握问题的实质，从有利于人类进步与世界和平的高度去正确认识与处理，从有利于当前反对恐怖主义、霸权主义、民族分裂主义的大局去认识。

 案例分析

## 案例一[1]

2010 年 4 月 30 日，被同村人赵作海"杀害"十多年的河南商丘村民赵振晌突然回家，此时，赵作海已经被判服刑 11 年。此事被媒体报道后，舆论一片哗然，称其为"佘祥林案"的翻版。

1997 年 10 月 30 日，赵作海和赵振晌因琐事打架后，赵振晌不见了。后其家人向警方报失踪，警方曾将赵作海作为嫌疑对象侦查，羁押 20 余天，后因证据不足，将其放出。

1999 年 5 月 8 日，该村在淘井时发现一具无头、无四肢男尸，被认为是赵振晌。警方将赵作海列为重大嫌疑人对其刑事拘留，此后赵作海一直被羁押在看守所。后经商丘市中级人民法院审理，以故意杀人罪判处赵作海死刑，缓期 2 年执行，剥夺政治权利终身。

---

〔1〕　吴剑："河南农民赵作海冤案始末"，载新浪网，http：//news.sina.com.cn/s/2010 - 06 - 12/101420465898.shtml，最后访问时间：2015 年 7 月 18 日。

现商丘警方确认"赵作海案"为错案，赵作海获得了相应的国家赔偿。

【评析】本案例，涉及了法的基本价值问题，由于司法机关的疏忽、甚至刑讯逼供的违法行为，造成了赵作海的冤案。作为一个公民，赵作海的合法权益受到了严重的损害，在发现冤案之后，司法机关从公平、正义的价值出发，及时地纠正并改正了错误，实现了对公民人权价值的保护。当然，这样的冤假错案也是令人深思的，并值得很多人引以为戒。

## 案例二[1]

2004 年和 2005 年我国暴发了高致病性禽流感疫情，政府立即出台政策规定：对于高致病性禽流感地区捕杀家禽的损失给予合理的补偿，对家禽强制免疫的实现免费，使群众无后顾之忧。同时还规定：对按规定捕杀和强制免疫所需经费，由中央和地方财政分担。

【评析】本案例，涉及了法的基本价值中的利益问题，禽流感易于传播，会给不特定的多数人带来损失，出于对公共利益安全的考虑，国家对个人利益受损的禽类养殖户实施必要的补偿，充分体现了对社会中各种利益关系的平衡。补偿的费用由中央和地方的财政来分担也是有法律依据的，我国《宪法》第 13 条第 3 款规定："国家为了公共利益的需要，可以依照法律规定对公民的私有财产实行征收或者征用并给予补偿。"因此，对受损养殖户的补偿是社会公平的要求，是公共利益的需要。社会公平通过合理的补偿、利益的正当分配得到了体现，同时受损者的利益则通过社会保障机制得到实现。

**本章小结**

法律通过对权利和义务的设定来记录利益，法律对利益的调整机制表现在：表达利益要求、平衡利益冲突和重整利益格局。秩序是与无序（无秩序）相对的，法律在建立和维护秩序中的作用主要表现在：建立和维护阶级统治秩序、社会生活秩序、生产和交换秩序、权力运行秩序。自由存在于不同的领域，法学所关注的主要是社会生活中的自由，特别是社会政治生活、经济生活和文化生活中的自由，即在社会关系中可以按照自己的意志活动的权利。法律上指人的权利，即自由权。法对自由的实现起着多方面、多环节的作用。社会体制或基本结构的正义作为首要的正义，正义只有通过良好的法律才能实现。与社会正义所包括的两个基本方面（分配正义和诉讼正义）相适应，法律一是要促进和保障分配的正义；二是要促进和保障诉讼的正义。在社会主义条件下，效率和平等应当是、也可以是统一的，现代社会的法律，都有或应有其内在的经济逻辑和宗旨，以有利于提高效率的方式分配资源，并以权利和义务的规定保障资源的优化配置和使用。法律人权仅是将道德人权中的一部分内容用法律的形式给予认可，形成法律上的人权，从法律上进行保护，人权的法律保护表现为国内法和国际法的保护。

**思考题**

## 一、简答题

1. 法律对利益关系的处理。
2. 法律在建立和维护秩序中的作用。
3. 人权的国内法保护。

---

〔1〕　参见朱景文主编：《法理学练习题集》，中国人民大学出版社 2006 年版。

## 二、论述题

1. 论述法对效率的促进作用。
2. 论述法律与自由的关系。

 主要参考文献

1. 卓泽渊:《法的价值论》,法律出版社 1999 年版。
2. 谢晖:《价值重建与规范选择——中国法制现代化沉思》,山东人民出版社 1998 年版。

# 第六编　法与社会

第二十六章

# 法与经济

**【本章概要】**本章主要对法律与经济的一般关系，法与社会生产力、生产关系的相互关系，法与市场经济，法与产权等方面的问题进行了阐述。经济与法律的关系非常密切。作为上层建筑的法律是在一定的经济基础之上产生的，当法律适应经济基础时，法律积极保护与促进经济基础的发展；反之，当法律落后于经济基础时，法律会阻碍经济的发展。由于科学技术是第一生产力，当前，我们要大力发展科学技术，积极促进我国生产力的发展。我们要注意市场的培育，发展市场经济，市场经济就是法治经济。在发展市场经济的同时，也要注意保护产权。

**【学习目标】**通过本章的学习，了解法与生产力、生产关系、经济基础、上层建筑之间的关系以及它们相互之间的关系。重点理解市场经济就是法治经济。注意我国市场经济的成就与面临的问题，保护财产所有权。

## 第一节　法与经济概述

### 一、法与经济关系理论的发展

按照马克思主义的基本理论，法属于社会的上层建筑，法律必须建立在一定的经济基础之上，有什么样的经济基础就有什么样的上层建筑，经济基础决定上层建筑。马克思认为："具有契约形式法权关系（不管这种契约是不是用法律固定下来），是一种反映着经济关系的意志关系。这种法权关系或意志关系的内容是由这种经济关系本身决定的。"[1] "只有毫无历史知识的人才不知道：君主们在任何时候都不得不服从经济条件，并且从来不能向经济条件发号施令。无论是政治的立法或市民的立法都只是表明和记载经济关系的要求而已。"[2] 恩格斯则从经济运行的过程来解释法律的产生："在社会发展某个很早的阶段，产生了这样的一种需要：把每天重复着的生产、分配和交换产品的行为用一个共同的规则概括起来，设法使个人服从生产和交换的一般条件。这个规则首先表现为习惯，后来便成了法律。"[3] 马克思主义经典作家对法与经济关系的一个共同的认识就是法与经济关系密切，经济关系在相当程度上决定了法律的产生与发展，经济关系产生法权关系。

---

[1] 《马克思恩格斯全集》（第23卷），人民出版社1972年版，第102页。

[2] 《马克思恩格斯全集》（第4卷），人民出版社1965年版，第121~122页。

[3] 《马克思恩格斯选集》（第2卷），人民出版社1972年版，第538~539页。

在马克思主义诞生以前，西方学者较少关注法律与经济的关系问题。马克思主义诞生后，他们对于法律与经济给予了极大的关注，但是整个西方经济学界乃至法学界对此未有积极的反应，经济学与法学都在自己的领域里进行研究。虽然边沁与 J. S. 密尔在他们的功利理论当中涉及社会成本问题，但是他们并没有将法律与经济学紧密地结合起来进行研究。这种情形直到19 世纪末 20 世纪初才有所改变，随着经济的发展、学科的细化与交叉，人们开始注意到了法律与经济的关系。德国著名的社会学家，马克斯·韦伯从社会学的角度探讨了法律与经济的关系，如法律具有稳定的特性，而经济则经常处于变动之中；法律最广泛地服务于经济，否则，"经济的利益就属于影响法的形成的最强有力的因素"[1]。美国的制度经济学派不满于新古典经济学抽象的分析，要求将经济学与其他社会制度结合起来进行研究。该派的一个代表人物康芒斯在他的《制度经济学》中，认为制度是社会经济进化的动力，制度是集体行动控制个人行动。集体行动活动范围很广，既包括"无组织的习惯，也包括家庭、股份公司、同业协会、政府等，其中最重要的是法制。法制对于经济制度的演变产生了重要的影响"[2]。在法学界，二十世纪六七十年代以来，经济分析法学在美国兴起。该派早期的代表人物是 G. 卡拉雷斯和R. 科斯。卡拉雷斯在 1961 年发表了《风险分配和侵权行为法的一些思想》，科斯于同年发表了《社会成本问题》的论文，他们是将经济分析方法运用于法律领域中的始作俑者。芝加哥大学的波斯纳后来成了该学派的一个主要代表。[3] 现在，经济分析法学成了美国大学法学院里一门重要的课程。

**二、法与生产力、生产关系**

生产力是人们征服自然、改造自然的能力。生产关系是在生产过程中所形成的人与人之间的关系，生产关系包括生产资料所有制的形式，在生产过程中所形成的人与人之间的关系，产品的分配形式。两者的统一形成一定社会的生产方式。

马克思主义认为生产力始终是社会发展的决定性因素。人类社会发展至今的所有文明都表明了人类对于自然的征服与改造，并积极利用其为人类服务。法与生产力的关系可以从两个方面来阐述。

1. 生产力对法具有决定作用。按照马克思主义的观点，生产力与生产关系构成社会的生产方式，生产力始终是其中最活跃、最革命的因素，而生产关系则比较稳定。法属于社会的上层建筑，生产力对于法的决定作用是通过生产关系（经济基础）这一中间过程来实现的。生产力的发展，决定了与此相适应的经济基础；而经济基础又决定了社会的上层建筑，当然也决定了法的发展与变化。比如，在奴隶社会，由于生产力不发达，因此在所有制形式上就决定了奴隶主阶级占有生产资料；在人与人之间的关系上，只能是奴隶服从奴隶主的统治；而在产品分配上，有限的财富只能归奴隶主所占有，这种情形直接决定了在奴隶社会里法律只能是为奴隶主阶级服务。在封建社会，由于生产力的发展，尤其是生产工具的改善，使得封建经济有了较大的发展，要维护奴隶主阶级的极端专制统治，完全占有社会财富已经变得无法实现；这时的人身依附关系有所减轻，一些自由农与雇工农有了自己可自由支配的财产。资本主义社会生产力获得了巨大的发展，科学技术在生产力中的地位越来越重要，甚至成了第一生产力。虽然这种社会制度仍然有其固有的弊端，即维护资本主义所有制，但是人与人之间的关系是一种契约关系，这种契约关系是建立在相对平等基础之上的，产品分配上也体现出按劳取酬的原则。

〔1〕 ［德］马克斯·韦伯：《经济与社会》（上卷），林荣远译，商务印书馆 1997 年版，第 371 页。
〔2〕 参见朱彤书主编：《近代西方经济理论发展史》，华东师范大学出版社 1989 年版，第 490 页。
〔3〕 沈宗灵：《现代西方法理学》，北京大学出版社 1992 年版，第 396 页。

从上述分析，我们可以看出，生产力的发展决定着社会形态的更替，生产力的发展决定着生产关系以及建立在生产关系基础（经济基础）之上的上层建筑。

2. 法对于生产力具有反作用。如果法对于建立在一定经济基础之上的生产关系起保护作用，符合生产力的发展，那么法律就会促进生产力的发展；反之，就会阻碍生产力的发展。社会形态的更替表明，当某种社会发展到一定阶段，生产力与生产关系发生不可调和的矛盾时，常常会爆发社会变革，产生一种新的能够适应生产力发展的生产关系，随之，也会导致上层建筑的变革。[1] 奴隶社会代替原始社会是一种进步，随着奴隶制生产关系的出现，也就出现了与之相适应的奴隶制上层建筑。从法律上看，就是出现了奴隶制的法。以此类推，封建社会代替奴隶社会、资本主义社会代替封建社会也是因为社会生产力发展到一定阶段，与原有的生产关系发生矛盾所造成的，这种矛盾发展到一定阶段势必会引起新的生产关系的产生，也就是封建的社会生产关系与资本主义的生产关系，同时，封建社会与资本主义社会的法律也得以产生。整个社会就是在这种发展的过程当中前进的。

生产关系的总和构成社会的经济基础，从这个意义上说，法与生产关系的关系就是法与经济基础的关系。这种关系也可以体现在两个方面：①经济基础对法的决定作用。有什么样的经济基础就会有什么样的法律制度。没有罗马奴隶制度商品经济的高度发展，就不可能有发达的罗马法。中国古代长期实行重农抑商的政策，自给自足的小农经济是其主要的经济生产方式，因此中国古代没有生出像罗马那样发达的民事法律关系。这些都说明经济对于法律的决定性作用。②法对于经济基础具有反作用。在经济基础与法相适应时，法就体现为积极保护与促进这种生产关系；当生产力发展到一定程度导致生产关系发生变化时，建立在一定经济基础之上的法律必然随之改变，如果保持原有的法律制度不变，法与生产关系（经济基础）将会发生不可调和的矛盾，最终导致社会的变革，并在一个更高的层次上重新达到生产关系与上层建筑的相互适应与协调发展。应该注意的是：生产关系与上层建筑总是处于一个相对稳定的状态，往往落后于生产力的发展，甚至还有可能阻碍生产力的发展。奴隶社会、封建社会的法是用来维护自己统治的，在这种社会形态刚刚开始的时候，应该说它们是适应社会生产力的发展的，但是，当社会经过了长期的发展，生产力已经有了极大的提高时，尽管统治者仍然积极维护既有的生产关系与法律制度，这种生产关系与经济基础也必须加以改变，否则会引起社会的动荡。

总之，生产力、生产关系、法律是相互作用的，其中生产力是最积极、最活跃的因素，它的发展会引起生产关系与法律的变化。人类社会是由低级向高级发展的，作为上层建筑的法律应该积极促进社会生产力的发展而不是阻碍生产力的发展，适时调整生产关系与经济基础，使其能够在生产力容许的范围内存在，二者协调发展，促进社会的繁荣与进步。

### 三、法与科学技术

随着时代的发展，科学技术在生产力中的地位越来越重要。社会每向一个更高的阶段发展，都预示着这个时代的生产工具与劳动技能的提高。自从资本主义工业革命以来，科学技术有了极大的发展，可以说社会生产力的发展就是科学技术的发展，各国的生产力发展水平也主

---

[1] 有学者认为，法对生产力的作用与反作用关系上有直接与间接之分。我们认为，生产力与生产关系、生产关系与上层建筑有着极为密切的联系，不可绝对分离。所谓直接的作用，事实上也要通过生产关系的中介，法律的差异不仅仅取决于经济基础，它还受到其他因素的影响，如政治、文化传统等。虽然生产力的发展导致新的法律部门的出现，但是，这种新的法律部门的出现仍然是在一定的生产关系的基础上形成的；如果越过生产关系这一中介，那么事实上就将生产力与生产关系等同起来了。参见葛洪义主编：《法理学》，中国政法大学出版社2002年版，第100～101页。我们这里之所以将法与生产力与生产关系并列阐述，原因也在于此。

要体现在科学技术这个层面上，科学技术已经成了第一生产力。一方面，随着科学技术的发展，诞生了许多新兴的法律部门，如原子能法、环境法、太空法等；另一方面，法律对科学技术的管理也日益突出。由于科学技术是第一生产力，蕴含着极大的能量，它能够服务于人类，也能够毁灭人类，因此，必须用法律来加以规范。无论是国内立法，还是国际条约、国际公约，都表明人类社会对于科学技术的一种态度，那就是让科学技术在法律的规范与指引下为人类的生活提供极大的方便，服务于人类社会。从法与生产力、生产关系的相互关系的积极层面上看，法律作为社会的上层建筑必须保护与促进生产力的发展，使其为人类的生存与幸福服务。法律应该保护与规范科学技术，积极引导与促进科学技术的发展。

## 第二节　法与市场经济

市场经济与法有着密切的联系。经济的发展决定了法律的产生，市场经济产生了市民阶层，也产生了与市民社会相联系的法。这里既包含了各种制度，如所有权、契约等，又蕴含着法的观念，如公平、平等、正义等。现代法治社会不能离开市场经济的支撑。这里我们准备从以下几个方面阐述这个问题：

### 一、市场经济与法律制度

按照马克思主义的观点，法律是随着经济的发展而产生的。原始共产主义社会，由于社会生产力不发达，生产工具简陋，物质资料不丰富，人类赖以生存的各种条件特别恶劣，为了应对恶劣的自然环境，人们必须群居，也没有私有财产。到了原始社会的后期，由于社会生产力的发展，出现了三次大的社会分工，即畜牧业、农业、手工业逐渐分离。产品相对丰富，物质条件改善，进而产生了产品的交换。法律就是随着产品的交换而产生的。经济的发展决定了法律的产生与发展。

在自给自足的自然经济社会里，由于很少有商品的交换，所生产的物品基本上用来满足个人的消费，复杂的民事法律关系无法产生，一些简单的民事法律关系由业已存在的道德规范和宗族法规加以调整即可，古代东方诸多国家法律的道德化现象就足以证明这一点。商品经济则不同，所生产的产品不仅仅用来消费，更多是用来交换。许多法律制度就是在这种交换的过程当中产生的，如物权制度、债权制度等。这些法律制度又随着时代的发展、商品经济活动的进一步加强而进一步得到细化，产生出许多更加复杂的法律制度。从历史上看，罗马社会商品经济的发展，导致了罗马民事法律关系的发达，罗马法律发展历史可以看成是罗马奴隶制商品经济不断发展的历史，正是由于罗马商品经济的不断发展才导致了法律的不断发展与完善，并对后世民商法的发展产生了深远的影响。所以恩格斯说它是"简单商品经济社会里最完善的法"[1]。而在一个自给自足的自然经济社会里，无法生长出基于诚信、平等的民事法律制度，要说有法律，充其量不过是为维护统治阶级利益的刑法。罗马的物权制度特别复杂，有各种各样的物，物权也随之有各种各样的分类；债权除了合同之债与侵权行为之债外，还有准合同与准侵权行为之债，这些法律制度在一个完全以自然经济为基础的社会里是很难产生的。现代民法的许多制度我们都可以从罗马法中寻找历史的源头。从一定程度上说，商品经济就是市场经济。商品经济是产品交换的经济，当商品交换发展到一定规模时，市场就形成了。但是，必须

---

[1] 《马克思恩格斯全集》（第21卷），人民出版社1965年版，第454页。

指出的是，罗马的商品经济仍然停留在简单化的基础上，罗马的经济主要还是农业经济，商品经济只是在帝国时代才有了一定程度的发展，并且受到了国家的严格控制，所以真正的市场经济应该到中世纪及其以后的一段时期里去寻找。经济的发展是法律发展的一个重要因素，这是一个普遍的规则。中世纪也不例外。随着中世纪城市与各种行会组织的发展，市场经济得到了较快的发展，这种发展急需法律的保护与规范，罗马法因此得以复兴。即使没有罗马法原文本的发现，他们也会创制一套适合他们经济发展需要的法律规范。罗马法原文本的发现为规范他们经济的发展发挥了巨大的作用。中世纪许多法学家，根据时代的需要对罗马法原文本加以注释，借以推动经济的发展。许多在简单商品经济社会里没有的制度因此得以诞生，如代理制度、票据制度等。到13世纪时，"西方的经济增长已容许建立各种典章制度，来维护和扩充那种经济制度的法律基础"[1]。近代以来，随着市场经济的进一步发展，特别是古典自然法学派的兴起，与宪政相关的一些制度（如保障人权、选举等）得以确立。随着时代的发展，经济社会中出现了垄断现象，它妨碍了市场经济社会里的自由竞争，所以国家制定了反垄断法与反不正当竞争方面的法律；又由于经济活动过程中容易忽视产品的质量问题，我们又制定了有关产品质量的法规。这些情形都说明经济与法律有着密切的联系，经济的发展在相当程度上决定了法律的发展。

### 二、市场经济与法律观念

市场经济的发展必然会导致法律观念的变革。事实上，正是由于商品经济与市场经济的发展，一些基本的法律观念才得以产生。自从进入阶级社会以来，人类为了维护基本的生活，产品需要进行交换，在交换过程中产生了一些简单的法律观念，如平等与公正，这在民事法律关系方面得到了明显的体现。在古代简单的商品经济社会里，现代法律的一些基本观念已经产生。这里仍然以罗马为例，在古罗马由于商品经济的发展，商品的生产、交换产生了比早期社会里更为强烈的所有权观念，又因契约的发展而产生了平等交换的观念。如果没有商品经济的发展，这些观念就不可能产生。中世纪以来，由于市场的发展、经济的活跃，许多现代社会中的法律观念得以产生。商品社会里的商人阶层，在反对封建领主的过程中，通过各种手段从封建领主手中取得了权利以便商业与经济的发展。商品经济所带来的法律观念的变革，一是通过与封建领主的斗争来建立；二是通过规范自身的行业来调整。前者表现为商人阶层通过与封建领主的斗争建立起他们自己的市场经济以及与此相联系的法治观念；后者通过商人自身的努力，将他们所欲求的经济秩序首先通过理想的方式予以表达，然后再通过法律规范加以确定。"城市的空气使人新鲜"是中世纪的一句谚语，它充分表达了人们对于城市社会生活的向往。正是由于城市经济（市场经济）的发展，一个新兴起的阶层——市民阶层才得以产生。这个阶层为资产阶级的兴起与资本主义的最终确立奠定了基础。近现代法治观念的产生在很大程度上是与市场经济的发展分不开的。如果说中世纪仅仅还只是一个开始，这种观念还受到了各种因素的影响，那么近代社会则彻底地摆脱了这种影响。新兴的资产阶级强烈要求将自己的价值观念，如契约自由、保护市场经济自由公平的竞争、反对垄断、保护自己的合法财产等，用法律的形式规定下来。工业革命使得市场的规模进一步扩大，随之而来的是人们观念上的更新。人们除了追求经济秩序外，还积极关注社会的政治秩序，人权、民主、自由的观念深入人心。市场经济给人们所带来的观念上的变化是巨大的，可以说，资本主义的法治就是建立在这种基础之上的。正是由于市场经济的发展及由此带来人们观念上的变化，资本主义的法治才有了思

---

[1] ［美］M. E. 泰格、M. R. 利维：《法律与资本主义的兴起》，纪琨译，学林出版社1996年版，第70页。

想观念上的基础。这些观念得以系统地阐述，有的直接转变成了法律制度。

### 三、市场经济就是法治经济

在前面我们已经分析了市场与法治的关系，市场的发展直接导致了法律观念与法律制度的产生。西方的法律基础就在于市场经济的发展与完善。市场经济需要法律来保护，法律的发展又有赖于市场经济的不断完善。市场经济的本质在于它的平等性、开放性、竞争性、多元性。所谓平等性，就是产品交换的主体之间存在着平等的关系。产品的交换关系是一种契约关系，它要求交换双方的地位平等，交换建立在志愿的基础之上。换言之，交换双方的地位不平等就不是市场经济。法治社会就是以市场经济为依托逐步建立起来的。纯粹的计划经济由于过度地强调计划的重要，社会的资源都是在计划的安排下实现的，这种经济不仅将经济与政治紧密结合起来，而且使经济绝对地服从于国家权力的安排，交换的自主性与自由性大大地降低。由于存在权力的渗透，有限的社会资源得不到合理的配置，甚至有可能成了某些人玩弄权力的一种手段。所谓开放性，是指市场经济是一种完全开放的经济形式。社会的供给与需求完全取决于市场。自由资本主义时期，一些西方经济学家，如斯密，批评了重商主义国家干预的经济理论，主张市场无需国家的指导与政府的干预，市场是只"无形的手"，[1] 会自动地配置资源。"无形之手"为了自身的利益，能够把握反映供求关系的价格信号，引导劳动、资本等各种生产要素在部门间合理转移。[2] 到了垄断资本主义社会，情况有所改变，随着社会化思潮的发展，垄断与社会福利成了经济学研究的一个重点。但由于福利经济并没有给人们带来预期的结果，新自由主义重新抬头，他们批判国家干预和国家计划，重新强调自由市场经济的重要性。西方的法制理论与观念也随着经济理论与经济政策的变化而发生了一些变化。计划经济则是建立在经济计划的基础上，它排斥了市场，因此也就不存在竞争，这样不仅使得社会资源得不到合理配置，造成资源的极大浪费，而且由于没有竞争，社会失去了前进的原动力，惰性与腐败也因此而产生。所谓竞争性，是指市场经济是一种自由竞争的经济，优胜劣汰。合理有序的竞争会极大地激发人们的创造热情，为社会创造财富。西方的社会财富在很大程度上是工业革命以来自由竞争的结果，也正是由于对财富的疯狂追求，才导致了他们的殖民统治与殖民扩张。自给自足的自然经济不会产生竞争，计划经济又过分地抑制了竞争，二者都不利于社会的发展与财富的积累，也不利于法律制度的发展。所谓多元性，是指市场经济下容许各种经济单位参与，也存在多种分配渠道。各种经济主体是在公平与公正的前提下参与竞争，这里不容许强权，排除了计划经济模式下由于政府的强势而带来的垄断。在计划经济下，由于有一个强势的政府存在，个人没有多余的可供自己支配的财产，个人完全融入国家与集体当中，这种情形直接导致了公法的发达与私法的萎缩。

通过比较我们可以看出，市场经济是一种符合社会要求、推进人类社会发展的经济模式。"事实已经证明，市场经济比计划经济更加富有创造性，更有效率。"[3] 市场经济的发展与完善最终会通过生产关系来推动法律的发展与完善。当然，资本主义经济也需要国家的宏观调控，恶性的竞争也会带来社会财富的浪费，但是这种调控完全是通过法制来积极引导的，这与计划经济不能相提并论，政府并不直接介入经济社会的各个层面。

市场经济的发展与完善已经导致了经济的全球化，而全球化的经济又推动了法律在很大程

---

〔1〕　［英］亚当·斯密：《国民财富的性质和原因的研究》（下卷），郭大力、王亚南译，商务印书馆1974年版，第27页。

〔2〕　朱彤书主编：《近代西方经济理论发展史》，华东师范大学出版社1989年版，第126页。

〔3〕　［德］H. 科殷：《法哲学》，林荣远译，华夏出版社2003年版，第167页。

度上的全球化，世界贸易组织与欧洲联盟的条约、规则与法律是其最明显的表现。

**四、我国的市场经济与法治建设**

中国古代深受传统家族伦理文化的影响，强调人治与社会的等级结构，由于没有市场（即便是有市场，也大多是消费型的，不是再生产型的），长期以来，我们生活在自给自足的自然经济状态之下。这种经济形式的一个重要的特性就是它的地域性、封闭性。由于不需要交换，生活在这种经济状态下人们不仅容易满足，而且缺乏冒险精神。儒家的伦理也与经济利益相冲突，认为求利是"小人"的事，君子重义而轻利，所谓"君子喻于义，小人喻于利"〔1〕。重农抑商是中国古代的一项基本"国策"，这种经济形式下，法律的最直接的一个目的是保护统治经济的利益，刑法常常是一个重要的手段。统治阶级将与经济关系密切相关的民商事法律视为"细事""小故"，由乡里长老用家法族规就足以调整，这也是中国古代私法一直不发达的一个重要原因。

中华人民共和国成立后，我们照搬了苏联的模式，长期实行以公有制为基础的计划经济。经济上政企不分，政治制度上党政不分，以党的政策代替法律。由于受"左"的错误思潮的影响，我们忽视价值规律与市场的作用，企业没有自主权，职工缺乏积极性，其导致的直接结果就是企业失去活力，权利意识模糊，政府权力滥用，腐败也因此而产生。要改变这种现状就必须大力发展市场经济，培养市场意识，积极促进市场的发育与完善。党的十一届三中全会以后，我们果断地停止了"以阶级斗争为纲"，逐渐地将主要的精力放在经济建设上，进行了经济体制的改革。党的十四大与八届人大四次会议提出了由计划经济向市场经济转变的总目标，标志着我国的经济改革进入了一个新的历史发展阶段。2003 年 10 月，党的十六届三次会议上，对于进一步完善市场体系，规范市场秩序作出了《中共中央关于完善社会主义市场经济体制若干问题的决定》。提出要加快建设全国统一市场，大力发展资本和其他要素市场，建立健全社会信用体系，转变政府经济管理职能，深化投资体制改革等。随着市场经济的不断发展与完善，自 20 世纪 80 年代以来，我们制定了一大批法律法规，并初步确立起社会主义法制的基本框架。我们通过法律的手段积极地规范市场，使市场竞争在一个合理有序、自由公平的状态下进行；打击经济违法与经济犯罪，为市场经济的发展创造一个良好的社会环境。在当前形式下，我们要全面推进经济法制建设，着眼于确立制度，规范权责，保障权益，加强经济立法〔2〕。唯有如此，我们的生产力才能得到快速的发展，市场才能完善，社会主义法治国家才能真正地实现。

但是我们要清醒地意识到，我国的经济建设没有西方社会那样长期的资本积累与经验，更没有像西方那样成熟的市场，我们是在一个从来没有市场经验与市场意识的情形下实行市场经济的，我们没有经验与积累，私营经济在整个国民经济中还不占有相当的分量。加上传统文化的影响，权力观念还根深蒂固，公务员的素质亟待提高。另外，公民的法律意识还相当薄弱，法律素质也需要进一步提高。这些都注定我国市场经济的发展与完善需要走更长的路。因此，我们更应该全力以赴，解放思想，积极发展生产力，扩大对外交流，引进外资，充分吸收与借鉴国外先进的管理模式与管理经验，以期尽快地实现向市场经济的转变。

---

〔1〕　《论语·里仁》。
〔2〕　2003 年 10 月 14 日《中共中央关于完善社会主义市场经济体制若干问题的决定》，中国共产党第十六届中央委员会第三次全体会议通过。

## 第三节　法与产权

### 一、产权与社会形态

产权是财产所有权的简称。所有权是一个法律概念，所有制则是一个经济概念。所有权是由所有制决定的，而所有制又是生产关系的一个重要组成部分。产权与社会形态的关系非常密切。在不同的社会制度与社会形态下，产权所表现出来的形式是不一样的。按照马克思主义的理解，生产关系决定着上层建筑，那么所有制就决定着所有权。产权是人类赖以生存的基本要素，但是不同的社会形态由于受生产力发展程度的限制，其所有制是不一样的。奴隶社会奴隶主占有财产，奴隶只能是会说话的工具，劳动者本身成了产权。奴隶社会后期，随着社会生产力的发展，人身依附关系有所减轻。如罗马帝国后期，隶农（coloni 是指在小块土地上耕作的奴隶）由于有了一定的可以自由支配的财产，其人身有了一定的自由，地位也较奴隶有所改善。虽然他们仍然可以被主人连同土地一起出卖，但是他们的地位毕竟相较奴隶的地位有所提高。封建社会由于社会生产力的发展、生产条件的改善，佃农同隶农相比有了更大的自由，人身依附关系进一步减弱。资本主义社会，由于社会生产力巨大的发展，资产阶级强烈要求保护个人财产与人身自由，宣称财产神圣不可侵犯。这里我们可以看出，产权受到社会生产力与生产关系的影响，并随着时代的发展而逐步趋于完善。

### 二、法与产权的关系

从历史上看，产权是随着历史的进步逐渐趋向合理的。如前所说，产权就是财产所有权。产权必须确定公与私、国家与个人所有权的界限。只有区分了二者之间的权属，才能涉及法律保护问题。严格地说，产权也是法律关系，是指用法律的手段对于财产所有权进行界定。但是法与产权毕竟不同，法是一种统治社会的工具，而产权则是法这种工具所保护的对象。在奴隶社会与封建社会，产权并不总是十分明确。从宏观上看，国家与君主个人的界限有时常常不容易区分，国家的财产甚至就是其个人的财产，不同的时代，君主瓜分国家财产的形式与手段也常常不同。就奴隶社会来看，东方与西方也不一样，甚至奴隶制前期与后期也不一样。例如，罗马奴隶制社会存在了上千年的时间，经过了王政、共和与帝制三个历史时期，每一个历史时期其表现都不一样。由于不断的战争，使得产权问题一直处于不断的变化之中——土地与其他不动产常常因为战争而发生转移。至于如何变动则需要对历史与经济作详细的考察，这当然不是本教材所能解决得了的，它需要做专门的研究。从微观上看，每一个财产所有权到底归谁所有，也常常会随着时代的变化而变化。同样一片土地，可能经历了各种所有权形式的变化，今天在你手里，明天有可能就转移到另外一个国家或君主的手里，这在社会急剧变动的时代尤其明显。不仅如此，产权还随着经济形式的变化而不断变化。这种情形一直到了资本主义社会才基本稳定下来。资产阶级取得胜利之后，基于市场经济的作用，必然要求明确产权的划分。公与私、国家与个人都应该有明确的界限。市场越是发达，这种要求就越强烈。法作为社会的上层建筑，它保护与社会生产力相适应的财产所有权，服务于它们那个时代的生产关系。例如，奴隶制的法保护奴隶制的经济关系，封建制的法保护封建制的生产关系。但是当社会生产力发生变化，产生了新的生产关系时，法律就要随之发生变化，否则会导致社会的重大变革。

### 三、产权是市场经济的核心权利

产权与市场经济有着密切的联系，它是现代市场经济制度的核心。随着社会化大生产的到来以及市场主体的多元化，市场经济要求法律必须保护各种经济主体的利益，明确各种经济主体之间在市场交易过程中的责、权、利的关系。产权就是用来划定各种经济主体在经济活动过程中的边界，使各个经济主体的受益、受损与补偿都有明确的标准。产权是一种绝对的所有权，具有排他的属性。产权制度是现代市场经济的基本要素，其原因就在于它决定了资源的配置与经济的效率。首先，产权边界的确定有利于激发公民的创造热情。过去由于产权不明确，个人的权益消融到了集体与国家当中，人们失去了创造的激情。在经济体制改革以后，法律致力于保护公民的合法收入，明确产权，这样交易当事人就能够预测自己结果，从而激发了他们的创造热情。其次，产权制度保证了交易的自由与公平。在市场经济条件下，产权的明确使得交易当事人能够预测到交易后果，因此，是否交易与如何交易就由当事人自主决定，减少了由于国家的干预而产生的被动局面，同时减少了交易成本，优化了资源的配置，进而导致整个社会财富的增长。最后，市场经济是一种建立在相互信任的基础之上的经济，产权明确，会大大减少交易中的不确定性与模糊性。诚信是现代市场经济的一个基石。缺乏诚信，必然会增加交易风险与交易成本，导致市场秩序的混乱，效率下降。市场经济需要诚信来保障，而产权的明确将会促成信用制度的完善。[1]　在交易过程中贯彻诚信原则，会大大减少交易中的不确定性与模糊性。

　　党的十六届三中全会通过的《中共中央关于完善社会主义市场经济体制若干问题的决定》指出，要"完善产权制度，规范和理顺产权关系，保护各类产权权益"，这对于我们进一步完善社会主义市场经济、推进经济改革将起到积极的作用。现代市场经济是一种制度性经济，而其中核心的问题就是产权制度。市场经济的运行是靠产权制度来实现的。社会主义要解放生产力，发展生产力，实现全民族的共同富裕，就必须明确产权，激发人们的创造热情，降低风险、减少交易成本，从而实现社会财富的增长。

 案例分析

### 教师 A 与学生 B 在讨论市场经济时的一段对话

　　教师 A：有人认为，我们是社会主义国家，计划经济是我们的经济基础，在我们这样的国家实行市场经济会改变社会主义的本质，你是怎么看待的？

　　学生 B：我认为，中国长期实行计划经济，但是计划经济有许多的缺陷，如无法自动优化资源与配置资源，效率低下，甚至由于政府行政的过度干预而滋生腐败。市场经济则在相当程度上避免这些缺陷，实现资源的优化配置，引导经济的健康发展。社会主义的本质应该是促进生产力的发展，最大限度地满足人民的物质与精神文化的需求。事实证明，中国四十年来市场经济的运行已经极大地丰富了人们物质与文化的需求，人民的生活水平有了很大的提高。但是，我们也应该看到另外一个方面，就是市场有一定的盲目性，市场需要国家宏观计划的引导。

　　【评析】学生 B 的回答正确。计划经济有许多缺陷，彻底的计划经济会窒息经济的发展，使国民经济崩溃。市场经济有许多优点，是经济发展的必然结果。但是市场也有其盲目性，需要国家的宏观调控，否则，会造成资源的浪费。

---

[1]　参见赵晓雷："产权：现代市场经济制度的核心权利"，载《文汇报》2003 年 11 月 10 日。

 **本章小结**

按照马克思主义的观点，法律属于意识形态，是为一定的经济基础服务的。但是，法律对经济基础具有反作用，当社会生产力发展到一定程度，法律如果不能随着经济的发展而进行不断的修正以使生产关系与生产力、经济基础与上层建筑相适应，那么法律就有可能阻碍生产力的发展，因此，必须调整好两者之间的关系。我们现在的经济是社会主义市场经济，但我们有长期计划经济的历史，在转变过程中会出现各种社会问题，要注意用法律手段来处理各种社会关系，培育市场，进一步深化体制改革，以促进经济建设的健康发展。同时注意保护好产权，产权是市场经济的核心权利。要明确产权，完善产权制度，规范和理顺产权关系，保护各类产权权益。

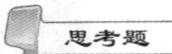 **思考题**

### 一、名词解释

产权

### 二、简答题

1. 简述市场经济与法律的关系。

2. 为什么说市场经济就是法治经济？

3. 法与产权有什么关系？

### 三、论述题

1. 为什么说产权是市场经济的核心内容？

2. 什么是市民社会？市民社会是如何产生的？

 **主要参考文献**

1. ［美］詹姆斯·L．多蒂、德威特·R．李编著：《市场经济：大师们的思考》，林季红等译，江苏人民出版社 2000 年版。

2. ［美］J．A．熊彼特：《从马克思到凯恩斯》，韩宏等译，江苏人民出版社 2000 年版。

3. ［英］罗杰·E．巴克豪斯：《西方经济学史》，莫竹芩、袁野译，海南出版社、三环出版社 2007 年版。

4. Robert Cooter，Thomas Ulen，*Law and Economics*，3rd edn．，Addison Wesley Longman，Inc. 2000.

第二十七章

# 法与政治

> 【本章概要】法律与政治是人类进入国家状态后出现的具有密切联系但又存在差异的现象。二者都是社会的上层建筑，都是由经济基础决定的。在中国，中国共产党是执政党，法律和共产党的政策的关系极为密切，二者相互作用，相辅相成，互为依据，共同为社会主义现代化建设服务。在建设法治国家的过程中，我们要逐步实现从主要依靠政策到主要依靠法律上的转变，实现法治国家和民主政治的同步发展。
>
> 【学习目标】通过本章的学习，了解法与政治的关系，并结合我国的历史与现实进一步了解法与政党及其政策、法与民主政治的关系。作为一个法科学生，应当在心中首先树立唯法至上原则，学会用法律的视角、思维及手段，而不是政治的视角、思维及手段分析和解决问题，一方面，提高自己的法学素养；另一方面，为法治国家的建设做推手。

## 第一节　法与政治概述

### 一、政治释义

日本著名法学家川岛武宜说过："在社会的结构之中，法律命题是为政治权力所支配着的。因此，在法律命题之中，必须或多或少地体现着一定的政治思想。在斗争中获得了胜利的社会力量，会通过创造法律命题的方式来强制保护自己利益的规范实现。因此，法律命题通常总是带有政治色彩。"政治和法律是一个硬币的两面，政治和法律总是有着千丝万缕、互为映照的联系。首先，让我们来认识"政治"。

政治所蕴藏和包含的一些关系非常微妙。政治是一个极其复杂而难以厘清的范畴。人们往往从不同的角度和层面上去认识它：有的从形式上把政治单纯理解为国家的管理活动；有的把政治局限为阶级斗争；有的认为政治是一种权术；有的则从道德、伦理上去解释。其实，政治是一个社会范畴，是阶级社会特有的现象，其核心问题是政权，一切政治活动都是围绕着建立和巩固政权而进行的。

现代国家的政治必然是民主政治，政治中的"民主"的本质属性是主权在民，与主权在君的专制政治截然不同。

政治中的"民主"的基本特征表现在：在本质属性上，民主是"主权在民"，而专制是"主权在君"；在决策机制上，民主是多数决策，而专制是少数议政大臣商议，甚至是君主决策；在基本要求上，民主要求程序正义，专制没有稳定权威的程序；在检验标准上，民主是保护少数人的意见，而专制是少数人意见常被打压，个人的意见和权利得不到保障。

依据权力主体的不同，民主的类型分为资本主义民主和社会主义民主。社会主义民主政治是最高类型的民主政治，是多数人的政治，是人民平等参与的政治，是有保障的、真实的民主政治，也是我们始终努力追求的理想的民主政治。

## 二、法与政治错综复杂的关系

法作为国家意志的体现，是政治的实现途径，无疑与政治有着紧密的联系。一方面，法受政治的影响与制约；另一方面，它又确认和调整政治关系，直接影响与促进政治。

### （一）法受政治的影响与制约

由于政治在上层建筑中居主导地位，因而政治对法具有主导作用，可以通过立法、执法、司法途径影响法在社会中的运作机制或实效，法的产生和实现也往往与一定的政治活动相关，政治的发展变化在一定程度上影响法的发展变化。这主要表现在：

1. 政治关系的变化与发展对法的变化与发展有重大影响。特别是一个国家制定和修改宪法与基本法律，往往是国内各种政治力量对比关系发生变化的结果。

2. 政治体制改革制约法的内容的变化。改革的过程，首先表现为法的立、改、废的过程，改革就是"变法"。

3. 政治活动的内容对法的内容也有影响，特别是对公法的影响更为直接与明显。

### （二）法影响政治，并为其服务

政治对法律具有主导性影响，但法律对政治也起着积极的作用。现代社会是法治社会，要求把社会政治问题、经济问题转化为法律问题加以解决。这主要表现在：

1. 法调整各种社会关系，其中主要是调整统治阶级与被统治阶级的关系，统治阶级、集团内部关系，以及统治阶级、集团与其同盟者的关系。

2. 法要制裁、打击各种违法犯罪活动，特别是制裁危害国家安全的犯罪活动，往往明显反映政治意图，并维护政权的稳固。

3. 法通过调整关系，维护公共秩序，在发挥政治职能的同时，发挥社会职能。

在法与政治的关系上，我们要防止和反对两种倾向：把两者对立、分割开来，否定法与政治的紧密关系，否定法的政治职能；或者把两者等同、混同起来，认为法就是政治，把法单纯看成政治斗争的工具。

法与政治的密切关系要求我们正确认识二者的相辅相成作用，在适当的时候依据一方而对另一方进行相应的理解、参照和印证。

# 第二节　法与国家

## 一、国家的概念

"国家"一词涵义丰富，在不同的场合，其表达的涵义也有所不同，我们通常用以下几种涵义来指称国家：

1. 国家指称国家政权和行使政权的国家机构体系，是由军队、警察、法庭、监狱和官僚集团所组成的一套机构，如"国家干部"，就是在此种涵义上的指称。

2. 国家指称由政府、人民和领土所组成并拥有主权的政治实体。如在外交上所讲的某一国家。

3. 国家指称在法律上代表公共利益的具有法律人格的特殊权利主体。国家是自然人—法人—国家模式中的社会元素，是法律主体之一。

4. 国家指称政治社会，即在政治国家—市民社会的社会分层模式中的一员。

5. 国家指称社会的总和。它包括一个历史性的延续，如"中国是世界上历史悠久的国家之一"，就是这种撇开政治上的因素而概括的对社会总和的表述，通常指的是民族国家。

当我们把"法与国家的关系"作为一个论题提出来，并从法理学的角度加以论述的时候，我们所说的国家主要指第一种意义上的国家，即国家政权或国家权力意义上的国家。

### 二、法与国家的关系

法与国家是两种既有联系又有区别的社会现象，认识法与国家的关系对于深入理解法的本质，发挥法的作用，实现法的价值，以及把国家权力运行纳入法制轨道，都有着十分重要的意义。

法与国家有着密切的关系，具体如下：

1. 依附同生。从国家与法的起源上看，两者都是在社会出现私有制和分裂为阶级的过程中，为了控制个人之间、阶级之间的利益冲突，维护社会的存在而产生的。

2. 地位相当。从国家与法在社会结构中的地位和功能上看，它们都是上层建筑最重要的组成部分，都由社会的经济基础决定并对经济基础发生着最直接、最明显的反作用。

3. 本质同一。从国家和法的本质上看，在阶级社会，它们都是统治阶级借以实现统治的工具。

4. 相互依存。从国家和法的存在方式上看，它们是互为条件、相互依存的统一整体。国家离不开法，法也离不开国家。

现代政治大多都是法治政治，统治阶级治理国家大多都是利用法律。那么，在处理法与国家的关系上，是法大于国家还是国家大于法，这个问题有着许多争议。主张国家大于法的人认为，当国家的职能和活动同现有法律发生矛盾时，法律应服从国家；主张法大于国家的人认为，对于民主政治来讲，守法应成为一种普遍义务，不仅公民个人要守法，国家机关也要守法，国家理应在法律的范围内活动。这两种主张都有一定道理，但没有全面、准确地反映二者之间的辩证关系。首先，从法是由国家立、改、废这个角度上看，国家似乎大于法；然而，如果从任何国家机关都应该在宪法和法律规定的范围内活动，任何组织和个人都必须对自己的违法行为负法律责任这一角度，法似乎又大于国家。国家与法的关系不能用谁大谁小这种简单的公式来概括。我们认为，在国家与法的关系中，任何一方的权威性都不可也不应该绝对地优越于另一方。如果法律是绝对优越的，那它就会成为超越一切、支配一切的永恒存在，这样，国家对法律的任何修改和废除就是不可能的了；如果国家是绝对优越的，那就意味着一个政权可以任意地抛弃和践踏现有的法律秩序。这样，任何形式的民主都会被极端的恐怖统治所替代。[1] 我们在解决这一问题，并用这一问题的答案解决其他问题时，要根据所处的时代和历史需要，谨慎、辩证地分析。

# 第三节　法与政党及其政策

### 一、法与政党

政党是一定的阶级或阶层为了取得或影响政治决策权力，以实现共同利益而结成的政治组织。在我国，中国共产党是执政党，在实现依法治国的过程中，必须认识和处理好法与执政党的关系。既要体现政党对法的积极的领导和监督作用，又要防止政党过分地干预法，损害法的权威。

---

〔1〕　张文显主编：《法理学》，高等教育出版社 2004 年版，第 446 页。

（一）依法治国必须坚持党的领导

1. 依法治国与坚持党的领导在本质上是一致的。党的领导最本质之处就是执政，而共产党执政就是领导和支持人民掌握国家的权力，实行民主选举、民主决策、民主管理和民主监督，保证人民依法享有广泛的权利和自由，尊重和保障人权。这也恰恰是依法治国的本质规定和最基本的内容。党的领导的一个重要方面就是把党的意志通过法律程序变为国家意志，制定成法律，用于指导全国人民的行动，二者是一体和同目标的过程。同时，党的领导作用和党员的先锋模范作用突出表现为党组织和党员带头执行和遵守法律。党实质上是推动法治的核心力量。

2. 依法治国，建设社会主义法治国家，必须在党的领导下有目的、有步骤、有秩序地进行。党总领全局地对国家进行指导，法是国家制度的一部分，也是实现法治国家的必要制度前提，党能够发现和协调社会各方面的问题，保证法制的健全，保障法制环境的建设。

（二）依法治国应当改善党的领导

1. 改善党的领导要通过法律执政，并监督国家机关依法行政、严格执法、公正司法。我国的法治国家的建设和发展才刚刚起步，法制观念还不是十分的强烈，法制环境还没有很好地形成。权大于法、党大于法的观念还根深蒂固，个别党务人员绕过法律干涉时政的现象仍然存在，要保障党适当执政、有效执政，必须坚持依法进行，将其内在的规则、程序制度化、透明化。

2. 改善党的领导要在党和国家政治生活中切实有效地贯彻民主集中制原则，依法治国正是民主集中制的时代精神和基本保证。民主集中制是中国共产党的根本组织制度和领导制度。在国家政治生活中，民主集中制体现为公民通过选举程序产生各级人民代表大会，通过其来行使国家权力，把人民的意见、意志、要求和智慧集中起来制定成法律，并通过国家机关的执行来具体落实和实现这些意志。

只有坚持和完善党的领导，才能有序、稳定地推动法治国家的建设。

**二、法与政策**

（一）政策的概念

政策是一定阶级、政党、国家以及其他社会主体，为达一定目的，依据自己的长远目标，结合当前情况或历史条件，所制定的实际行动准则。

政策就其主体而言，有掌握政权阶级和其他阶级的政策，有执政党和在野党的政策，有国家和其他社会组织的政策；政策就其内容而言，有政治、经济、文化、科技、教育等方面政策的区分；政策就其层次而言，有总政策、基本政策和具体政策的不同。在各种政策中，执政党和国家的总政策、基本政策，相对更为重要。在当今世界特别是社会主义国家，执政党的政策尤为重要。

1. 法与党的政策的一致。在我国，法与党的政策，在经济基础、体现的意志、根本任务和思想理论基础等方面，都具有一致性；都建立在社会主义经济基础之上，由这个基础决定并为这个基础服务；都是广大人民意志和利益的体现，都维护和保障广大人民的利益；都以促进和保障社会主义建设事业、促进社会生产力发展、为人民的利益而促进社会进步为己任；都以马克思主义作为指导思想的理论基础。

2. 法与党的政策的区别。法与党的政策在制定的组织和程序，实施的方式，表现的形式，调整的范围和社会功能，稳定性和灵活性的程度等方面，都有区别：

（1）法由国家机关依据法定程序来制定；政策不是由国家机关依据法定程序制定的，而是由党的领导机关根据民主集中制原则制定的。

（2）法具有国家的特殊强制力，在自己的效力范围内具有一体遵行的普遍约束力；政策的实施，对党员以党的纪律做后盾，对公民主要依靠宣传动员和说服教育。

（3）法以宪法、法律、法规等确定性和规范性的形式表现出来，具有肯定性、明确性，具体规定了权利和义务；政策通常以纲领、决议、宣言等非规范性文件形式表现出来，比较注意理论阐述，规定得比较原则，少有具体、明确的权利和义务规定。

（4）法一般调整有重大影响的社会关系，是提供辨别人们行为是否违法犯罪的标准；政策调整的范围更广泛，它渗透到国家和社会生活的各个领域、环节，是区分是与非、正确与错误的标准。

（5）法往往是长期经验的总结，情况不发生重大变化不会轻易改变；政策一般是对全局性的任务提出号召，允许人们在实践中加以具体化和灵活运用，它要适应形势变化而及时变化，因而较为灵活。

（二）法与政策的相互关系

1. 党的政策对法的作用。我国是共产党领导的人民民主专政的社会主义国家。党对国家的领导，主要通过政策来实现。政策是党领导国家的基本方法和手段。这就决定了它对国家各种活动，包括对立法和法的实施活动，都有重要指导作用。

（1）党的政策对立法有指导作用。党的政策以科学的世界观、方法论为理论基础，正确反映客观规律和经济、政治发展的客观要求，是对人民共同意志和利益的高度概括和集中体现。立法以党的政策为指导，体现政策精神和内容，有助于使法正确反映客观规律和社会发展的要求，充分体现人民意志和利益。从实践来看，中华人民共和国成立以来，我国各项重要法律、法规，都是以党的政策为指导制定出来的。当然，立法要以党的政策为指导，并不是要简单地把党的政策变为法，而是要把党的政策通过法定程序体现为相应的法律、法规的精神。

（2）党的政策对法的实施也有指导作用。一方面，由于法是在党的政策指导下制定的，在法的实施中坚持以党的政策为指导，就能紧紧把握住法的基本精神，正确地执法、守法和监督法的实施；另一方面，法的实施是以一定的客观形势为背景的，而党的政策具有能及时反映客观形势的特点，以党的政策为指导，有助于使法的实施同经济、政治发展的大趋势相吻合，更好地发挥法的作用。此外，在把具有概括性的法律规范运用到复杂的具体事物上时，在法律规范不明确、不具体甚至没有法律规范而又需要对事物加以处理时，也需要以党的政策加以指导，以便正确反映立法意图和法律规范的精神实质，弥补法律规范的不足。

2. 法对党的政策的作用。社会主义国家应当是实行民主政治和现代法治的国家，国家活动和执政党领导国家的活动，都要以法为依据，不能与法相背离。因此，共产党用以领导国家活动的政策在与法发生关系时，也表现为法在它的制定和实施中也有积极作用。

（1）法对党的政策的制定有必要的制约和指引作用。党领导国家的活动，应当在宪法和法律范围内进行。我国宪法对这一原则作了确认。坚持这一原则，就意味着制定党的政策，一般不能直接违背宪法和法律，特别是具体政策不能违背根本法。就是说，法对党的政策制定的制约，具有使其合法化的作用。

（2）法对党的政策的实施有积极的促进和保障作用。法是在党的政策指导下制定的，体现了党的政策的精神和内容。因此，从实质上说，执行了法也就促进了党的政策实现。法有自己特有的表现形式，是明确的、普遍的社会规范。法体现党的政策的精神和内容，就使这些政策便于国家工作人员和人民群众理解、执行和遵守。法具有普遍约束力和特殊强制力，把党的政策或其精神和内容体现到法中去，就使这部分政策的实施能得到党的纪律和国家强制力的双重保障。

（三）正确认识我国法与党的政策的关系

1. 我国法与党的政策的关系经历了一个发展过程。在这个过程中，法与党的政策关系的基本状况，取决于法与政策随着不同时期的历史任务和客观条件的变化而发展变化。在民主革命的战争时期，不可能制定统一的法去规范各个根据地的活动，只能主要用原则性政策去指导根据地的工作。中华人民共和国建立后，情况的变化决定了必须从依靠政策办事，逐步过渡到不仅依靠政策，还必须建立健全法制、依法办事，并且需要愈来愈重视法制。

2. 不仅要依靠政策，更要依靠法制。

（1）党对国家的领导，需要通过国家政权来实现，而国家政权的组织和运转单靠政策不行，还要依靠法。面对全国性政权，执政党单靠政策指导已不敷需要，而需要把自己的政策上升为法。

（2）现代国家应当是实行民主政治和法治的国家。这种国家必须依法办事。共产党所要建设的当然是这种现代国家，因而不仅需要政策，而且更需要法。

（3）现代社会生活、公民生活对法的依赖性是以往任何时代所无法比拟的。在这种情况下，注重政策调整，更注重法的调整，从而给社会生活、公民生活指明清楚而具体的道路，提供明确而周详的法律规范，就成为执政党及其领导的政权的特别重要的职责。

## 第四节　法治国家与政治文明

### 一、政治文明的有机构成

（一）政治文明概述

人类发展史的进程是经由物质文明，再到精神文明，而后实现生态文明和政治文明的过程。这是人类社会进步的历程和时代使命，在当代社会，在物质文明和精神文明高度发展的同时，生态文明成为现实性的需求，政治文明的发展也显得极其重要。

政治文明泛指政治领域的进步状态，如果说物质文明是人们改造自然的成果，精神文明专指人们在改造客观世界的同时改造自己的主观世界的成果，那么，政治文明就是人们改造国家和社会的成果。

（二）政治文明的构成要件

政治文明涵义丰富，它包含着文明的政治理念、文明的政治制度、文明的政治秩序和文明的政治目的。

1. 文明的政治理念是整个政治文明的先导。文明的政治理念主要有自由、平等、民主、人权、人民主权、宪政、法治等。

2. 文明的政治制度是政治文明的关键要素。文明的政治制度的关键是民主、分权、控权和法治。

3. 文明的政治秩序是政治文明的又一个要素。文明的政治秩序应该是各种政治力量（包括阶级与阶层）的利益得到合理、公正的分配与保障，它们的相互关系应该和谐与协调。

4. 文明的政治目的是政治文明的必备要素和价值追求。这一目的要求一切为"公"。

文明的政治理念、文明的政治制度、文明的政治秩序和文明的政治目的，是一个不可分割的整体，它们相互配合、相互作用，共同展现政治文明的光彩。

### 二、法治国家与政治文明的关系

（一）法治国家与政治文明的一致性

1. 两者都是市场经济的产物，共同构筑现代国家，也就是说，具有共同的经济基础，它们都是建基于市场经济之上的上层建筑。

2. 两者在内容上大部分是相同的，诸如民主的政治制度、分权与制衡的原则、平等的普选制等。

3. 在基本理念上，两者也大体一样，诸如人权、自由、平等、正义、公正等。

4. 法治国家与政治文明相互渗透、相互补充、相互作用、相互促进、相互保障，共同推动人类的进步和社会的发展。

（二）法治国家与政治文明的差异性

1. 侧重面不尽相同。法治国家重视实现法的功能与价值，强调法律的权威；政治文明重视政治制度的民主，提倡社会正义。

2. 手段也不尽相同。法治国家注重强制性和国家意志性，提倡法不徇情，要求一切按规则办理，对违法和犯罪行为将予以制裁；政治文明侧重于人的思想解放，提倡社会和谐，维护人的尊严。

3. 法治国家侧重于国家生活，中心是国家机关依法办事；政治文明涉及各个领域，重点是人们相互间的尊重与团结、友好与合作，中心是突出人的主体地位。

因此，法治国家和政治文明都作为我们国家的发展目标时，要注意二者之间的关系，既要根据其一致性而同时促进，又要因其不同点而采取不同的理念、方针和措施、方法。

### 三、社会主义法治是政治文明发展的高级阶段

政治文明是社会进步和发展的产物，是从打破和废除集权和专制政治基础上发展起来的。政治文明经历了初级形态，并必将向高级形态发展。

政治文明的初级形态为资产阶级共和国，即资产阶级民主政治，其主要内容和特征有：①基本上废除封建专制和神权政治，建立了共和国；②人的思想首次得到了解放，人权、民主、自由、平等、普选、法治成为多数人的政治理念；③分权与制衡的原则由理论变成了现实，民主的政治制度基本确立，并正常运转；④一切都建立在资本主义私有制的基础之上，阶级对抗仍然是社会的主要矛盾；⑤民主的政治目的还很含糊，一般都停留在口号上和纸面上，实际上，结党营私是普遍现象，各党派明争暗斗，社会阴暗面不少；⑥政治文明的秩序不断受到黑社会势力和反民主势力的破坏。

而社会主义法治是政治文明发展的高级阶段，其理由在于：

1. 社会主义法治是以公有制为主体，多种经济成分并存为基础的治国方略和政治体制，阶级对抗已局限在一定范围之内，人民在根本利益上是一致的，这就避免因阶级对抗而造成的对社会的严重后果，人民也就能集中精力和时间进行各种创造性劳动。

2. 社会主义法治以马克思主义、邓小平理论为指导，使人的思想解放和整个人类解放相结合，从而使政治文明得以升华，使"以人为本"的政治理念实现了理论与实践的统一。

3. 社会主义法治是绝大多数人之治，体现的是绝大多数人的意志，符合历史发展的规律，代表先进生产力发展的基本要求，使"人民创造历史""人民是国家的主人"由美好的愿望变成光辉的现实。

4. 在社会主义法治国家，民主已经不只是手段，更是目标和行动，人民依法管理国家事务和社会事务，干部则是"人民的公仆"。

5. 社会主义法治将全面落实马克思关于"权力分开"的指导，在坚持与完善共产党领导

的前提下，实行依法执政，贯彻党必须在宪法和法律范围内活动的原则。

社会主义法治是前无古人的伟大事业，尽管迄今为止，尚无固定的模式，人们也未充分体验，但人们对它寄予厚望，是我国全体人民为之奋斗的伟大目标之一。同时，建设社会主义法治国家是一项长期而艰巨的任务，需要较长的时间，是一个宏大的系统工程，只有与时俱进地不断创新、不断完善、不断摸索、不断发展，才能离这个目标更近一点，才能用人民的劳动和智慧创建人类高级的政治文明。

 案例分析

## 贝克诉卡尔案[1]

贝克诉卡尔（*Baker v. Carr*）一案是贝克等田纳西州公民对该州1901年的一项大选议席分配立法所提起的违宪审查诉讼。其中，贝克和其他原告都是该州有选举权的公民，卡尔是该州经法定程序选举产生的州政务卿，他负责为郡县选举委员会制作空白表格、套封及选举信息，确认选举结果，并负责掌管选举记录。与卡尔一起被起诉的还有该州的司法总长、州选举协调官，以及州选举委员会等，他们也都分别承担一部分选举工作。在该案当中，原告认为田纳西州1901年的立法对该州95个郡县的大选议席的分配是专断而任意的，并且明显无视该州几十年来的经济发展和人口变迁，致使原告"选举权受到贬抑"，从而不能实现《美国联邦宪法修正案》第14条所规定的法律的平等保护。他们由此诉请法院判决1901年立法违宪，并请求法院发布一项禁令，要求该州的有关官员不得再根据该法组织选举。

被告所在地纳什维尔联邦区法院对此案进行了初审，并驳回了原告的诉讼请求。其理由如下：①法院对案件所涉事由没有管辖权；②原告的诉讼请求缺乏进行司法救济的法律依据。联邦最高法院在对该案进行上诉审时将之归结为案件的管辖权问题和案件的可诉性问题。

进行初审的区法院认为：①根据《美国联邦宪法》第3条以及其他有关管辖权的立法，本案的事实和原告所受到的侵犯不属于联邦区法院的权限范围之内；②尽管本案事实清楚、原告的权利确实受到与联邦宪法相违的州立法行为的侵害，但是法院依然不能作出裁决，因为该案"是以立法为目的而进行的政治权力分配"，不属于司法裁量的范围，同时法院对于原告权利受到侵犯这一事实"有心无力"。

由此可见，该案的争点有二：①法院对于议院选举当中的议席分配方案是否具有管辖权？②法院能否对于此类争议提供司法救济？

这样一起有关议会议席分配的宪法争议在联邦最高法院的判决当中不乏先例。例如 *Colegrove v. Green*，*Smiley v. Holm*，*Koening v. Flynn*，*Carroll v. Becker*，最终都以涉及政治问题而被法院驳回。贝克诉卡尔案在承认众多先例的前提下，反其道而行之，却最终能够成为美国宪法史上一起界碑性的案件，正是得益于其对于违宪审查权当中"政治问题"原则的缜密阐述。

在判决当中，联邦最高法院首先肯定了区法院对于案件的管辖权。联邦最高法院认定，《美国联邦宪法》第3条第2款以及《美国联邦司法法》第1343条，都可以视为联邦区法院对案件管辖权的法律依据。其中《美国联邦宪法》第3条规定："司法权的适用范围包括：由于本宪法、合众国法律和根据合众国权力已缔结或将缔结的条约而产生的有关普通法和衡平法的一切案件……"本案当中，原告认为田纳西州1901年立法违反了《美国联邦宪法修正案》第

---

[1] 参见程洁："从贝克诉卡尔案看美国政治问题的法律化过程"，载中央财经大学法律系编：《面向21世纪的司法制度》，知识产权出版社2000年版，第315～323页。

14 条的规定，因此可以认定是"由于本宪法……而产生的"案件。根据有关先例，符合此条件的争议，除非"确属细枝末节"（frivolous）、"稀松平常"（very plain）、"完全没有价值"（absolutely devoid of merit），否则均应受理。此外，联邦最高法院认为，《美国联邦司法法》中曾就联邦区法院对于各州立法或条例侵夺联邦宪法性权利的初审管辖权进行了专门的规定，由此确认了联邦区法院对本案的管辖权。

在回答本案是否具有可诉性这一问题时，布伦南大法官对政治问题原则的具体涵义进行分析，提出了具有里程碑意义的政治问题理论。

联邦区法院初审裁定驳回原告诉讼请求的理由之一就是该案属于"政治问题"，不具备"可诉性"，因此法院不能为本案提供适当的司法救济。对此，布伦南大法官指出，要求保护政治权利的案件并不等同于"政治问题"案件。所谓不具有可诉性的政治问题案件，应当主要限于《美国联邦宪法》第 4 条所规定的"保证条款"，即"合众国保证本联邦各州实行共和政体"（《美国联邦宪法》第 4 条第 4 款）。联邦最高法院认为，本案与保证条款无关，因此不属于保证条款所指向的"政治问题"。由布伦南大法官执笔的判决意见书进一步提出了不具有可诉性的"政治问题"的实质和标准。他指出，保证条款之所以不具有可诉性，是因为裁决将涉及法院与其他平行的联邦政府职能部门的关系，而无关乎联邦法院与各州之间的关系。因此，"在判定某一问题是否属于政治问题时，首要的考虑是看该问题是否已交由其他政治部门进行终局性裁决，以及是否缺乏司法裁量的适当标准"。他在判决当中列举了传统的属于政治问题范畴的事项，其中包括：①对外关系；②与敌对国的敌对时间；③立法的实效，包括宪法修正案议案的效力和普遍立法的程序等；④对印第安部落的法律地位的确定；⑤共和政体的形式等。

他由此确立了"政治问题"案件的"五项基本原则"，认为只有符合以下五项要件之一的争议才能被认定为不属于法院管辖的"政治问题"：

1. 宪法已明文规定这一事项属于另一平行的政治部门管辖。
2. 缺乏司法上可发现的和可以掌握的解决争端的标准。
3. 或者在不预先从政策上确定显然属于非司法部门斟酌决定的情况下，不可能进行判决。
4. 或者"非常需要毫无异议地恪守已经作出的政治决定"。
5. "潜藏着出现各部门对同一问题有种种不同意见的尴尬局面之可能"。

据此，联邦最高法院以 6∶2 的多数票裁定：原告以未适用《美国联邦宪法修正案》第 14 条平等保护权利为由提起的诉讼请求成立，区法院的判决被撤销，并要求区法院按照联邦最高法院判决的意见对本案进行重新审理。

贝克诉卡尔案明确了"政治问题"的内容和判断政治问题的标准。

【评析】在美国的司法实践当中，"政治问题"概念的提出，一直可以追溯到确立司法审查制度的马歇尔大法官。宪法要么是优先的、至高无上的法律，不得以普通立法改变；要么与普通立法法案处于同等的地位，像其他法律一样，立法机关可以随意加以修改。对于选择了以成文宪法为国家根本法的国家来说，其合乎逻辑的选择必然是"与宪法相抵触的立法机关法案是无效的"。可是，仅仅在理论上宣告违宪的立法无效是不够的，如何在法律上宣告，并使得这种宣告获得实效呢？这就涉及了宣告者与被宣告者之间的"真情互动"。这种互动包括两个方面：第一个方面是立法机关对于司法权威的承认，即承认立法机关不是唯一的权威，尽管它是公认的民意代表机关，承认由司法机关认定为违宪的立法不得再予以执行；第二个方面与"政治问题"原则的关联更为紧密，即承认司法权力也并不是"放之四海而皆准"，承认在政治问题领域内，在应当由立法机关和行政机关享有专有权力的领域内，司法的长臂将不会触及。如此一来，是不是表明司法机关对于任何没有明确授予司法机关管辖权的案件都不予受理，从而表示对其他平行部门的尊重，并以此获得来自平行部门的尊重呢？如果是这样，那么"政治问题"原则就会成为"司法克制"的代名词，其他国家政权部门也可以借此排除来自外部的监督。事实上，联邦最高法院采取了积极的态度来解释"政治问题"的范围，从而不断地推进了美国政治问题的法治化。大法官们再一次利用司法权限制了行政特权的范围。

目前，贝克诉卡尔案所确立的政治问题理论标准已经广为接受。外交领域、国家安全事务、战争权力的行使问题和宪法修正案程序问题，传统上法院是不涉足的，然而，在传统上属于总统或国会职权的领域内，仍然最有可能援用政治问题理论。同时，学者们还十分强调，"不应仅仅因为案件涉及政治价值观念或政治进程而拒绝行使管辖权"。

政治问题法治化是现代宪政国家所面临的共同问题。贝克诉卡尔一案发生时，也正是美国社会经历着新的社会震荡之时，人们要求以一种新的民主方式代替越来越倾向于集权的既得利益集团所确立的政治构架，而司法审查权对于代议机关的平衡就契合了这种需要。贝克诉卡尔案发生在 20 世纪 60 年代，然而其所确立的标准直到今天仍然是界定政治问题的核心。对于一向含混不清的"政治问题"的概念来说，1962 年这一判决赋予它鲜明的涵义。但是，贝克诉卡尔案的意义远不只此，它契合了宪法发展的方向，为美国本土乃至域外提供了政治问题法治化的先例。

从贝克诉卡尔案当中，我们不难发现，政治问题法治化不能只停留在政治理论当中，对于进入法律领域的"政治问题"，应当从以下维度来进行审视：

1. 政治问题应当制度化。贝克诉卡尔案以界定什么是不具有可诉性的"政治问题"的方式，实际上完成了对不可诉的"政治问题"的限制。通过将政治问题归结为五个方面，政治问题变得更加制度化，也更方便司法操作了。

2. 法治中的"政治问题"需要有明确的主体资格，因此需要对分权原则进行充分的阐释。布伦南大法官在谈到政治问题理论的基础和前提时说，"政治问题的不可由法院进行审理从根本上说是一种分权功能"。在分权原则之下，虽然"政治问题"可以使得其权力主体享有司法裁量的豁免，但是，对于什么样的案件是不可裁的，仍然应当由法院来判定，因此，不存在绝对的自由裁量，也不存在绝对的"政治问题"。在本案的判决中，布伦南大法官就曾经多次强调，无论是外交领域、立法程序，还是共和政体问题，尽管法院不能回答"是与否"的问题，但是，政治问题已经消除其不确定状态，司法权就有许多机会介入。可见，确定"政治问题"原则标准的目的在于防止政治自由裁量权的滥用。

3. 贝克诉卡尔案体现了司法审慎与司法权的刚性。在案件的判决当中，对政治问题不可裁的确认体现了司法的审慎考虑，判决还对管辖权与可裁性进行区分，这是司法区别于政治机关的刚性体现。从根本上说，司法权不以民意基础为要件，也缺乏行政部门的武装力量，其权威建立在公众对其道德约束力的持久信任的基础上。因此，司法权应当尽量避免介入政治力量冲突，以免危及公共信任。

4. 司法权的行使应当富有张力。这种张力表现在司法独立与公民权利保障的结合。在本案当中，确保《美国联邦宪法修正案》第 14 条所规定的平等保护权利是案件的最终目的。因此，放在司法的天平上来进行衡量的，不是司法权与政治权力孰轻孰重的问题，而是在州（甚至国家）权力与公民宪法性权利之间孰轻孰重的问题。当司法权力作为公开、公正、公平的裁判者，为保障公民权利而与政府的政治行为相抗衡时，才有可能具备最终的合法性与权威。

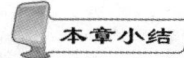 **本章小结**

　　法与政治有着错综复杂的关系，一方面，法受政治的影响与制约；另一方面，它又确认和调整政治关系，直接影响与促进政治。同时，法与国家和政党、政策也存在着密切的联系。法与国家依附同生、地位相当、本质同一、相互依存。在我国，依法治国方略的实现必须坚持和完善党的领导，正确认识和处理政策，将之作为法律运行过程中的有利参考和补充，但又要原则性地坚持法的相对独立性，不能盲从和附和政策。建设法治国家，实现政治文明，培养文明的政治理念、构建文明的政治制度、形成文明的政治秩序、树立文明的政治目的，是法治国家和政治文明共同的要求和目标。

 **思考题**

### 一、名词解释

1. 国家
2. 政党
3. 政策
4. 政治文明

### 二、简答题

1. 简述法与政治的关系。
2. 简述法与政党及其政策的关系。
3. 简述政治文明与法治国家的关系。

### 三、论述题

1. 了解我国政治体制结构，掌握国家运作的程序，总结国家运作与法律运作两条路径的相互关系。
2. 了解世界法制发展史，从中总结法与政治微妙的依赖与制约关系。

 **主要参考文献**

1. ［古希腊］亚里士多德：《政治学》，吴寿彭译，商务印书馆 1982 年版。
2. 徐大同主编：《西方政治思想史》，天津教育出版社 2005 年版。
3. ［法］孟德斯鸠：《论法的精神》，申林编译，北京出版社 2007 年版。

第二十八章

# 法与传统法律文化

【本章概要】本章主要介绍了法与文化的关系。法律文化是文化人类学与法学共同研究的一个领域。不同的文化、不同的社会制度会诞生不同的法律文化。法律文化有自己的要素与结构。东方传统法律文化与西方传统法律文化由于文化的要素、结构方面的差异而有很大的不同。要实现法律的现代化，就必须培养法律意识与法治理念，完善法律制度与法律设施，从而加快法治的现代化建设。

【学习目标】通过本章的学习，了解法律、法律文化的基本内涵，特别要注意东西方法律文化的差异以及形成这些差异的原因。理解法律意识的培养对于实现法律现代化的重要意义。

## 第一节　法律文化概述

### 一、"文化热"与法律文化的研究

随着国际文化的交流、现代化速度的加快，以及对旧的体制与观念的反思、批判，在世界文化研究热的影响下，20世纪80年代，中国学者对文化的研究产生了浓厚的兴趣，掀起了一股研究文化的浪潮。对于文化研究来说，早在20世纪初，梁启超等人就有了深入的研究，他认为中国不如西方，不是器械不如人，也不是制度不如人，根本的原因是我们的文化存在问题。[1] 其后如柳诒徵、梁漱溟、钱穆等人也从不同的侧面对文化进行了研究。法律文化的研究之所以在20世纪80年代的中国得到发展，是由以下这些原因所造成：首先是国际背景。随着科学的不断发展与学科的细化，对于文化的研究越来越细，文化与其他部门日益结合，产生了人类学文化（文化人类学）、政治文化、饮食文化等，甚至每一个"文化"还可以进一步划分。西方对于法律文化也处在一个不断发展与变化的过程当中。二十世纪六七十年代，弗里德曼提出了法律文化的概念，引起了不小的争论。[2] 事实上，这个争论还没有完全结束。随着我们对外贸易、经济以及技术交流的不断扩大，与外国交往的不断增多，我们会遇到不少问题。东方文化与西方文化在本质上有很大的差异，就法律而言，如何学习与借鉴外国法律制度，在学习与借鉴时要注意什么问题，都是我们应该予以考虑的问题。法律文化就是在更为广泛、更为深入的层面上对法律制度建设的一种思考。这可以说是外部环境因素。其次，中国自"文化大革命"结束后，步入了法制建设的轨道。但是由于长期实行计划经济，加上封建意识的影响，我们法制建设在实际生活中出现了一些问题，人治意识并没有得到根本的改变。改革开放后，西方文化的冲击，迫使人们对许多问题从更深层次的文化与观念的角度进行思考，也出版了一大批关于文化方面的书籍。有一些从事法律尤其是法理、法律史研究的学者本着探

---

〔1〕　参见梁启超：《饮冰室合集》，中华书局1989年版，第44页。

〔2〕　参见 Roger Cotterrell，"The Concept of Legal Culture"，in David Nelken ed.，*Comparing Legal Cultures*，Dartmouth，1997.

索、寻求真理的精神，思考法律制度中一些意识与观念方面的问题，如中国古代何以长期以来没有"法治"？私法为什么没有发展起来？公平、平等与正义的观念为什么难以树立？……他们试图通过中西方的比较来发现差异，进而找到一条适合中国法制建设的道路。这可以被认为是内在的因素。内外两个方面的压力结合起来，就促使法学者试图通过对中国的传统法律与西方法律进行比较，进而找到一条适合中国的法律之路。这样，在其他文化热与西方法律文化争论的影响下，法学者就法律文化的概念、范围、功能以及法律文化与法律意识、法律文化与传统文化、法律文化与法律移植等诸多方面进行了广泛的探讨。

**二、法律文化的涵义**

文化是一个最易引起争议的词语，具有多种涵义。不同的学科都可以从文化的角度进行阐述。谈到文化，大家都喜欢引用英国人类学家爱德华·泰勒（Edward Tylor）对于文化所下的定义，"文化或者文明，就其广泛的民族学意义而言，乃是这样一种复杂整体，它包括知识、信仰、艺术、道德、法律、风俗以及所有其他作为社会一员的人习得的能力与习惯"[1]。法律文化与文化一样，到目前为止也没有一个为大家认可的定义，这种不确定性是由文化概念的不确定性决定的。对于法律文化而言，不同的学者常常有自己的理解、表述与表达。如 L. M. 弗里德曼认为："法律文化一词泛指一些有关的社会现象。首先，它是指公众对法律制度的了解、态度和举动模式。"[2] H. W. 埃尔曼认为，法律文化与思想、信仰、传统是有密切关系的[3]。国内不少学者根据自身的理解，在自己的文章或著作中表述了法律文化的概念[4]。综合国内外学者的观点，结合我们的理解，法律文化应该包括以下几个层面的涵义：

1. 法律文化是一种文化，它是法律在社会实践中所生成的一种文化形式，是文化与法律的结合，是大文化之下的子文化。古代社会里，法律往往与其他文化形式共存。在一些宗教气息浓厚的社会，法律文化从属于宗教文化；而在一个集权的社会，法律有可能从属于政治文化，如中国古代的"德主刑辅"。不同的国家，由于其经济、政治、历史传统的不同，其法律文化也大不一样。即使是处于同一个法系，其法律文化也会因为各国的具体情况的不同而有所差异。在商品经济比较发达的社会，其私法文化相对独立与发达；而在商品经济缺乏的社会，其公法文化则相对比较发达。

2. 法律文化指的是人们对于法律的心理态度与信仰。不少学者将法律文化的研究限定在这个层面。法律文化与人们的思维活动联系非常密切，它表明了人们对于法律的心理态度、倾向、看法与总体评价。从这一层面上看，法律文化与法律传统甚至法系有着密切的关系。比如，同样是诉讼，在不同的法律传统与法系里人们对它的看法是不一样的。东方人的非讼意识非常强烈，打官司与刁民、蛮缠，甚至犯罪联系在一起，而西方人则相反，他们将其作为解决问题的一种最佳方式。这是东西方人们在传统法律文化的长期影响下所形成的一种文化上的积淀，是人们对法律的一种意识、一种态度、一种评价。法律文化的涵义也主要应该体现在这个

---

[1] Steward, "Concept and Method of Cultural Ecology", in Morton H. Fried ed., *Readings in Anthropology*, Vol. 2, New York: Thomas Y. Crowell Company, 1968, 转引自梁治平编：《法律的文化解释》，生活·读书·新知三联书店1994年版，第6页。

[2] ［美］L. M. 弗里德曼：《法律制度——从社会科学角度观察》，李琼英、林欣译，中国政法大学出版社1994年版，第226页。

[3] ［美］H. W. 埃尔曼：《比较法律文化》，贺卫方、高鸿钧译，生活·读书·新知三联书店1990年版，第16～23页。

[4] 关于中外学者如何理解法律文化、为其下定义之详细情况，可参见刘作翔：《法律文化理论》，商务印书馆1999年版，第1章第2、3节。

层次上。

3. 法律文化是与法律制度和实践紧密相连的，包括法律规范、组织、实施与机构，即法律制度及其在社会生活中的运用。人类自进入阶级社会以来，一些规范逐渐产生，或对于原始习惯加以认可，或由国家进行立法。而法律以及为执行法律而形成的组织体的出现，是人类社会由野蛮迈向文化与文明的一个重要标志，也是人类文化与文明的重要组成部分。这些初始的法律为人们的行为确立了一个关于是与非的标准，也为法律意识的生成提供了前提条件。法律规范的不断完善、法律组织与机构的扩大、各组织机构权力的合理分配，最大限度地保证着法律在社会生活中得到落实与实施。作为上层建筑的法律及其实践活动是人类文化与文明的重要组成部分，法律意识、法律制度及其法律实践是互相促进的。

4. 法律文化是不断发展的。首先，法律随着其他文化的发展而发展。法律文化并不是一种孤立的文化现象，它会受到其他文化的影响，并从其他文化当中吸收"营养"，法律文化随着大文化的发展而发展。其次，法律文化还随着法律社会实践的不断发展而进步，随着对外来法律文化的吸收、借鉴而不断发展。最后，法律还随着时代的变化而变化。古代社会的法律文化主要体现在为维护统治阶层的利益服务；而现代法治社会法律文化目的是保证公民基本权利与义务的实现，促进社会的全面发展与进步。

5. 在不同的社会里，法律文化所欲解决的主要任务是不一样的。比如，资产阶级革命以后，他们所亟待解决的问题是将他们的法律观念通过法律的正当程序载入宪法与法律，使得这种法律观念变成法律制度。当前中国所要解决的一个重要问题就是在法律制度建设的同时，必须大力进行法制宣传，努力培养公民的法律观念与法律意识。这种观念与意识得不到培养，法律制度再完善，社会主义的法治国家也无法实现。

综上所述，法律文化是一个非常不确定的概念，不同的学者在不同的领域、不同的时代所表达的内涵也可能完全不一样。我们可以从不同的视角对其作不同的解释，例如，从经济分析的层面上看，法律文化取决于一定的经济基础，它是建立在一定经济基础之上的上层建筑；从政治层面上看，法律文化曾经长期与政治文化不分，甚至从属于政治文化；而从大文化圈上看，它又是整个大文化之下的一个子系统、子文化；如果我们从法律逻辑学的角度去看，它还可以是一种研究问题的方法。在法律文化之下，我们甚至还可以作进一步的划分，如诉讼文化、狱政文化、审判文化等。

### 三、法律文化研究的几个主要方面

从宏观上来看，法律文化研究的主要方面与主要领域集中在传统法律文化、比较法律文化、法律文化的现代化等方面。

传统法律文化是一个国家法律建设的基础，一个国家的法律传统决定了该国法律制度的基本设置、法律组织与机构的基本架设，同时也决定了该国公民所具有的法律意识与法律心态。传统法律文化是一个国家的文化在法律上的长期积淀，包含了一个国家法律制度、法律实践与法律意识等方面的内容。不同国别的法律之所以有区别，一个重要的原因就在于它们之间的传统法律文化不同。

比较法律文化是法律文化研究比较热门的一个领域。按照学者的分析，文化不应该有高低之分，但是文明程度则有高低之分。就法律而言，文明程度愈高，其法律制度就愈精细。因此，在一个没有或者缺乏法律文化传统的社会里要进行法律制度的建设，就必然涉及向他国学习的问题。比较法学不仅仅在西方国家越来越受到学者的重视，在其他国家尤其是亚非拉第三世界国家也同样受到了重视。我们在关注自身法律建设的同时，仍然需要参考他国的法律文化，互相取长补短，这在经济现代化与全球化的社会里是无法避免的。西方国家之间要互相学习与借鉴，西方国家与亚非拉国家之间也需要互相学习，而不仅仅是亚非拉国家向西方国家学习。

法律文化的现代化是指传统法律文化向现代法律文化转型的一个不断运动的过程。传统法律文化在现代化的社会里必须要进行改造。经济的现代化与全球化导致了法律的不断全球化，虽然一些与本土联系紧密的法律仍然还维持着本民族的特色，但是，随着经济持续不断地发展，它迟早会发生改变。这里就涉及如何正确改造传统法律文化的问题。优秀的传统法律文化要进一步发扬，传统法律文化的糟粕必须去除，并将传统法律文化与外来法结合起来，以使法律能够跟上时代的发展与变化。

## 第二节　法律文化的要素与结构

### 一、法律文化的要素

法律文化的要素是指法律文化构成的基本因素与组成部分，不同的学者在这方面的认识与划分方式是不一样的，[1] 大致可以从以下几个方面去理解：

（一）法律意识

如果我们从观念形态上去理解法律文化，那么我们自然就会将焦点放在意识与思想的层面上。法律意识成为法律文化的一个重要因素，其原因就在于文化大多都是从意识这个方面去考虑的，法律意识也被认为是法律文化的一个重要组成部分。一个国家法律意识与法律思想的程度决定了一国法律文化发展的基本状况。如果一个国家所有公民的法律意识与思想都达到了一个很高的层次，那么这个国家的法律文化建设应该说是有了很高的起点，在这样的背景之下，实现法治国家就有了一个良好的基础。要达到这样的条件，不仅仅需要法律文化意识，还需要整个国家公民的文化素养达到一定的程度。公民文化素养的提高又反过来促使法律文化建设的发展，人人知法、懂法、守法与用法。

法律意识有层次之分。这种层次根据不同的标准可以划分成不同的类别。就认识层次而言，这种层次体现在感性与理性两个方面。感性层次表明人们对于法律最为原始的看法、心理态度与主张，具有经验性、直观性与纯朴性；理性层次表明人们对法与法律有了较为深刻的认识，是对各种法现象的概括与抽象，因此它具有理论性、逻辑性、系统性。理性认识是建立在感性认识的基础之上，是对感性认识的深化与升华。

（二）法律制度与法律规范

法律文化是建立在具体的法律制度与规范的基础之上的，离开了特定的法律制度与法律规范，法律文化便无法产生。一个国家法律文化的发展程度受制于该国的法律的发展与法律对社会的调整状况。在一个没有法律制度与法律规范的社会里（或者是无政府主义，或者是集权主义），法律文化是无从诞生的。在现代法治社会，法律调整社会的深度与广度决定了该国法律文化的发展水平与程度。西方国家普遍地具有法治的传统，法律文化也源远流长。不少东方国家由于长期实行集权统治，很少具有法治的传统，即使我们能够勉强地说有法或法律，充其量

---

[1]　不同的学者分别从纵向与横向、动态与静态的层面作了分析。例如，武树臣认为法律文化由四大要素组成，即法律思想、法律规范、法律实施与法律艺术；郑成良认为法律文化由三个基本要素构成；蒋迅与刘学灵分别从纵向、横向、时向与表层、中层、深层等方面进行了探讨。参见刘作翔：《法律文化理论》，商务印书馆 1999 年版，第 114～117 页。

也不过是刑法文化，与现代法治社会要求法律保护公民的合法权利没有什么必然的联系。总之，法律文化是建立在一定的法律制度与规范基础之上的，法律对社会调整的范围越大、越广，法律触及社会也就越深，作用也就越大，由此形成的法律文化也就越丰富。

（三）法律设施

一个国家法律的发展在很大程度上与其法律设施有关。广义上看，法律设施不仅包括与法律相关的一整套机构、组织、系统，如法庭、监狱、法院（法官）、检察院（检察官）、律师、法律院校、法学家等，它还应该包括法律在社会生活中的具体运作、实施情况；狭义上看，它仅仅包括第一个层面，指与法律相关的各种组织机构。法律文化与这两个方面都有着密切的关系。如果一个国家的法律机构组织健全，法庭设置合理，监狱管理得当，法官、检察官、律师的素质很高，那么这个国家的法律在基本的设置方面就有了一个较高的基础，具备了建设一个法治国家应有的组织与机构上的基本条件。但是，法律不是写在纸面上的，它必须能够在实际生活中得到实施。如果仅仅有良好的基础实施，法律并不能在实际社会生活中得到落实，那么这些设施就会闲置。一般而言，一个国家有良好的法律基础设施，那么法律的整体运作不会有多少问题，因为这种设施的建立是在一定法律意识的指导下完成的。但是，我们不能说良好的法律设施就一定能够带来法律的正常运作，这在一个长期实行专制的社会里进行法律变革时尤其突出，常常是法律设施看起来已经较为完备，但是由于整个社会缺乏法制基础，绝大部分公民缺乏法律意识，即使有一批高素质的司法人员，也难以改变法律的"无能"与"无效"。法律文化与此有密切的关系，前者是前提，后者是结果。一个国家的法律基础设施愈是完备，法律调整的范围愈广，并在社会中得到很好的执行，那么，其法律文化就愈发达；否则就无法律文化可言。西方法庭中的法袍、假发、法槌不能仅仅看作法官、法庭的一种附设，更重要的是它体现了一种文化，它是良好的法律组织系统在法律社会实践中长期积淀所形成的一种文化。

**二、法律文化的结构**

关于法律文化的结构问题，法律学者基于文化学界的观点，一般认为法律文化也有自身结构。学者的认识也并不一致，他们从不同的侧面对此作了不同的分类。如从横向上看，它可以分为认知结构、评价结构、心态结构、行模结构等。从纵向上看，它又可以分为表层结构、深层结构等[1]事实上，法律文化的结构与法律文化要素是一个问题的两个方面，结构是由诸要素构成的。法律文化的要素决定了法律文化的结构与基本分类。横向的分类基本倾向于从价值层面上去分析，纵向的分类倾向于从法律文化的结构上去分析。由于学者的认识不同，法律文化组成的要素也就不同，因此由其所形成的结构与框架也就不同。有的学者甚至将要素等同于结构。我们认为，法律文化要素包含了诸多方面，可以从不同的方面来进行分析，但是其基本的组成部分仍然是上述几个方面。由法律文化要素所形成的结构最终也将会从上述这些方面来进行分析。上述纵横向结构基本上是从法律文化的本质上来分析的，我们认为，除了上述基本分类外，我们还可以从法律文化的外部形态上进一步进行分类，对其结构从外部进行思考，这将为我们分析法律文化的结构提供另一种途径。

1. 从地域上看，我们可以将法律文化分为东方法律文化的结构、西方法律文化的结构与其他法律文化结构。东方法律文化的结构体现了东方国家法律的观念与心理，如法律具有强烈的道德化色彩，家族伦理在法律生活中占有十分重要的地位。公法尤其是刑法占有突出的地位，而私法相对来说则不发达。东方法律文化结构在许多方面都有其独特之处，就中华法系来

---

〔1〕　张文显代表了前者，刘作翔代表了后者，详见张文显：《法哲学范畴研究》，中国政法大学出版社 2001 年版，第240～246 页；刘作翔：《法律文化理论》，商务印书馆 1999 年版，第 3 章。

看，其结构中的集权主义、皇权至上、无讼思想、德主刑辅等，在相当程度上回答了东方法律文化特有的属性。西方法律文化结构体现了西方法律的基本特征与结构，如私法的发达、权力的制约、个人本位等。虽然，两大法系之间也有一些差别，但是在这些基本的方面是相同的。其他法律文化结构，如伊斯兰法律文化，尽管它们在 19 世纪受到了西方的影响，但是它们仍然具有自己的传统，那就是政教合一的法律文化，宗教与法律紧密结合。

2. 从文化的主从属性或主次关系上来看，我们可以将法律文化的结构分为原法律文化结构与亚法律文化结构。原法律文化结构是指母文化结构，亚法律文化结构是指次文化结构或子文化结构。如中华法系曾经影响到了东南亚等地区，日本、朝鲜、越南都受到过它的影响，这里中华法系就是原文化，而其他文化则是亚文化。不仅如此，原文化与子文化或亚文化也是在不断变化的。比如，日本曾经长期受到了中国文化的影响，在明治维新前应该属于中华法系。但是在明治维新以后受到了西方法律文化（尤其是大陆法系）的影响。从法系上看，现在日本属于大陆法系。一般来说，亚文化是一种混合文化，因为它在继受原文化的同时并没有完全放弃自己的文化。如果从大的范围来看，几乎所有亚非拉国家在独立以前都受到过西方的殖民统治，因此，全世界大体上可以分为两大法系，受大陆法系殖民的国家划归大陆法系，受英美法系殖民的国家划归英美法系。但是这些受到过殖民统治的国家没有一个是完全西方化的，他们都有自己的文化传统，他们在继受与移植外来法律文化的同时，保留了传统法律文化。从这个意义上来说，亚法律文化结构是一种混合法律文化结构。

## 第三节　中西法律文化比较

中西方法律文化的比较是比较法律文化研究的一个重要领域。这里我们准备从三个方面来讨论这个问题：

### 一、中西法律文化比较的历史

中西方法律文化的比较应该说在清末就已经开始。清末，随着西方文化的进一步渗透，人们开始思考中西方文化与法律方面的异同，中国为什么会落后，原因在何处。同文馆的建立，洋务运动的开展，进一步推动了人们去思考与比较。戊戌变法前，许多知识分子通过各种形式（如翻译西方著作、在报纸杂志撰写文章）来鼓吹维新，号召人们向西方学习，批判专制的封建统治与制度，严复、梁启超在这个方面做出了杰出的贡献。清末在面临一系列的失败后，在西方列强的压迫下，被迫进行了法律方面的整顿与改革。为配合法律的改革，清政府在多次谕旨当中提出"参酌中西"与"务期中外通行"的方针政策。他们设立了修订法律馆，派出大臣出国考察，同时聘请外国法学专家。这些措施直接促使了中西法律文化比较活动的开展。在法律馆修订法律的过程中，也遇上了法律文化的冲突问题，为解决冲突，法理派与礼教派做出了一定的妥协。一些在中国的外国学者也对中西方文化方面的差异进行了分析，提出了一些法律改革的积极建议。

"中华民国"成立后，不仅在制定法典时积极参考西方的成功经验，而且不少学者在论著当中对中西方文化方面进行了比较详细的对比分析。五四运动后，新文化成为时代的主流。在"德"先生与"赛"先生的鼓舞下，不少法学家就中西方文化的差异问题进行过认真的研究。但是有一点必须要说明，那就是当时十分注重学习西方法律，对传统法律文化有过多的批判，真正认真地从事法律文化比较研究从而分析其成因的"大作"很少。当然，也有一些学者强调要恢复"中华法系"，认为过多地学习西方，放弃传统的法律文化是不明智的。国民党政府也曾经聘请过西方法律顾问，这些顾问也从比较研究的各角度对中国的法律进行了分析。

中华人民共和国成立后，由于各种原因，直到20世纪70年代末，我们才开始重新重视法律的制定与研究活动。如前所说，随着"文化热"的掀起，法律文化的比较研究也逐渐深入，国内不仅有专门的比较法杂志、比较法研究所、比较法研究学会，而且有一批专门从事比较法研究的学者，并出版了一批有关比较法律文化方面的著作。

从清末以来，我们可以看出比较法律文化的研究一直存在两个方面的发展线索：①国家或政府对这个问题的看法；②学者个人对这个问题的意见。国家或政府对比较法律文化的态度通过立法与对西方法律借鉴的态度体现出来。他们往往通过比较来决定法律借鉴的程度，这种借鉴就是一种潜意识的比较。无论是清末还是国民党政府时期，都不能例外。当然，他们的决定也要受到法学家或聘请的法律顾问的影响，这些活动又反过来影响学者对法律文化的研究。学者个人的研究意见或态度通过两个方面体现出来。首先是学者对某种法律传统的偏爱，竭力主张这种法律，它是在批判对方——或在中华法系或西方法律传统的基础上发表自己的意见，学者肯定什么、否定什么是在比较（或潜意识比较）的基础上来决定取舍的；其次，通过二者的比较与分析得出各自的长短与优劣来决定取舍。

## 二、中西法律文化比较的动机与目的

任何活动的进行都存在一定的动机与目的，法律文化的比较也不例外。如上所述，清末法律比较活动的开展与试图寻找国家的出路和国家的富强有直接的关系。一些学者认为中国之所以在清末衰落下去，是因为中国的器物（轮船、枪炮等）不如别人，于是有了洋务运动；也有人认为是我们的制度不如别人，于是我们在法律方面进行了一系列的改革，借鉴与移植西方的法律制度；还有人认为，我们不如别人主要在于我们的文化观念与西方有很大的差异，这才是最为根本性的东西，因此我们才需要进行文化方面的革命。

当时及其后的一系列法律比较活动的一个最初的动机，就是试图找出中国与西方法律文化背后的一些因素，中国何以这样发展的，而不是那样发展，为什么中国走上了一条与西方截然不同的发展道路，其原因何在。这不仅是比较法律文化学者的研究兴趣所在，更是文化学学者所要解决与回答的问题。也可以说，法律文化的学者正是在文化学学者的影响下，试图从法律文化的角度来思考并试图解决问题。

比较作为一种方法很早就被一些法律改革家所运用，据说罗马为制定《十二铜表法》还专门派人前往雅典学习，中国古代的法律也为其他国家所仿效。应该说，比较法是人类社会发展的推动力量之一。比较常常是以变革或改革的需要为前提的，它通常表现为比较双方或多方的法律，进而决定借鉴与移植对方的内容。

大多数学者认为文化无所谓高与低，那么法律文化也无所谓高低问题。历史是由各社会阶层的合力形成的，它的发展受到了当时社会经济、政治与文化等诸多方面的影响。事实上，它是不能选择、想象与假设的。但是我们通过比较，可以借鉴历史上成功的一些法律经验，吸收西方法律的一些制度，在现行社会制度所许可的前提下，对法律进行改革，借以推动社会的发展。

## 三、中西方法律文化之间的差异及其成因

中西方政治、经济与文化方面有着很大的差异，产生这种差异的原因是多方面的。从经济层面上看，一般认为，西方文化是在重视商业的基础上建立起来的，他们具有冒险精神与追求自我价值实现的强烈愿望，由此而诞生出契约平等与以个人本位为基础的价值观念。总体来看，中国自古以来就不太重视商品经济的发展，尤其是私营经济的发展，"君子喻于义，小人喻于利"。社会上，尤其是官僚阶层，重义轻利，商人的社会地位很低。在这种自给自足的小

农经济社会，淡泊名利，知足常乐，由此而产生出一种不思进取、安于天命的人生观、价值观。古代西方是一个多元政治团体的社会，社会分层明显，社会结构也呈现多元化趋势。中国则长期实行集权的专制统治，没有建立起一个能够与以皇帝为代表的封建统治集团相抗衡的阶层，政治结构单一。就文化层面来看，西方的文化渗透着强烈的基督教色彩。而中国社会则长期受到儒家文化的影响，文化因素中渗透着强烈的人伦因素，这些差异塑造出两种完全不同类型的法律文化。

（一）重视法律与崇尚伦理

西方社会推崇法律，法律是其社会的一个重要组成部分。西方有法治的传统。古希腊的民主政治与古罗马的法律对后世有着极大的影响。可以说，西方的法律与政治文化就是在这个基础上建立与发展起来的。尽管西方的中世纪是一个"黑暗的世纪"，但是中世纪又是西方逐步由黑暗转向光明的一个历史时期，法律并没有因为其时代的"黑暗"而消失；相反，中世纪的法律之光重新被商品经济所点燃。在这个历史时期，各个社会阶层相互作用，尤其是城市的商人阶层扮演了重要的角色。城市经济的发展需要法律进行保护，确定权利与义务，免受封建领主的压迫与剥削，罗马法正因此而复兴。这时不仅出现了一批研究法律的专家，还出现了近代意义上的大学。法律教育的发展又使得从事法律工作的社会阶层得以出现。商人阶层后来成为推翻西方封建社会的一个重要的社会力量。资产阶级革命以后建立起来的法律制度就是西方长期发展的产物。尽管20世纪以来，法律的价值取向有所改变，但是其法治的基本精神并没有发生变化，尊重法律、法律至上是西方社会最基本的价值观念。但是，在中国，由于受到了儒家文化的影响，加上长期的"抑商"政策，统治阶级尤重教化而漠视法制，权利意识得不到伸张，君权与族权特别发达。君权的发达直接导致了集权统治，在法律上表现为皇帝对司法的直接干预与臣民对权力的崇拜；族权的发达，导致了社会对家族伦理的关怀与对家族利益的重视，个人的利益融入整个家族当中。在这种价值观念的影响下，德礼成了国家的精神支柱，刑法仅仅是辅助手段，这就是我们经常讲的"德主刑辅"。道德与法律的紧密联系，出现了严重的法律道德化倾向，法律充其量只不过是维持社会秩序的一种辅助手段。与儒家的大同理想以及小农经济相适应，中国古代的法律并没有与权利义务相联系，相反，法律与犯罪倒是紧密联系在一起，因此，法律始终仅有消极意义，"无讼"的思想流行。

（二）重视个人利益与重视国家与家族利益

国家与个人利益的调整始终是法律的一个重要内容。但是由于各方面的差异，东西方之间的认识与重视程度的不同，法律文化方面也有很大的差异。这种差异主要体现在两个方面：①相对来说，西方重视个人利益，而中国则重视社会与家族利益；②西方私法文化比较发达，中国则是公法文化比较发达。从第一个方面来看，由于对商业经济利益的不断追求，西方很早就重视对公民个人利益的调整与保护，并形成了一种传统，罗马法就是这种精神的体现。恩格斯说罗马法是简单商品经济社会中最完善的法，其中一个重要的原因就是古罗马社会商品经济较为发达，罗马法充分保护个人利益。中世纪城市的出现与商人阶层的兴起，不仅导致了罗马法的复兴，罗马的法治精神也进一步得到弘扬，到了资产阶级革命以后，确立起以个人本位为基础的权利义务观念。虽然20世纪以来，绝对的个人本位与社会利益产生了一些矛盾，个人本位有逐渐向社会本位转变的趋向，但是这并没有改变法律对个人利益的保护，这种转变仅仅表明我们在保护个人利益的同时应该兼顾社会利益。相反，在中国古代，私人的合法权利往往容易受到国家政策与统治者个人意志的侵蚀，无法得到有效的保护。在国家利益与家族利益的双重压力下，个人利益萎缩，个人利益要服从国家与家族利益。同时，中国古代不重视私营经济的发展，私人资本得不到积累，无法进行扩大再生产。更为重要的是，古代中国没有出现一个与封建领主与皇权相抗衡的独立的商人阶层，也就不存在一个能够为保护自己利益而与其进行斗争的社会集团。民事与经济案件在中国古代也被统治者看成"细故"，统治者关心的是自己地位的稳定与对自身利益的保护。从第二个方面来看，由于商品经济的不断发展，人们运用法律对财产所有权的保护，西方私法非常发达。法律不仅确定公民的各种权利，也对其合法财产进行保护。私法的发达源于经济与商业的发展，同时国家也往往运用法律的手段来解决各种经济与民事纠纷。古代中国由于商品经济不发达，始终处在自给自足的自然经济状态之下，统治者漠视个人经济利益，将法律等同于刑罚。又由于受到家族的影响，族长与家长几乎支配了家庭个人的一切财产，个人完全没有财产可言，因此，古代中国的私法文化极不发达，更不用说发展出一套罗马式的私法框架。相反，中国古代以行政法、刑法为代表的公法文化却非常发达。这种现象说明国家的法律是用来保护统治者的统治权及其利益不受侵犯，公民个人的利益长期得不到重视与保护。

（三）追求公平、平等、正义与讲求身份、地位、等级

受传统文化的影响，西方一直在追求公平、平等与正义。古希腊的哲学家、政治家就正义问题进行了广泛的探讨。亚里士多德就明确表示，法治优于一人之治，并将正义分为分配的正义与矫正的正义。古罗马时期的法学家继续探讨这些问题，并深深地受到了古希腊公平、平等、正义与自然法学的影响，将法律看成一门正义与非正义的科学。[1] 中世纪的教权虽然占有重要的地位，但是对平等与正义的追求并没有因此而终止，相反，由于受古典传统的影响，"蛮族"法典中仍然体现了正义与公平的精神，这种精神与条顿民族原始的军事民主制度得到了很好的结合。中世纪中后期，随着经济的发展，罗马法得以复兴。经济的发展与市民阶层的兴起，促使了人性的解放，产生了文艺复兴运动。资产阶级革命以后，为巩固革命胜利成果，他们将平等、正义的观念通过法律的形式予以表达，并用法律来进行保护。中国古代由于受到儒家传统文化的影响，缺乏公平、平等与正义的精神。儒家的纲常理论的一个方面就是强调等级制度。不同身份的人，其所享受的权利是不同的。中国法制传统中的议、请、减、赎、当、免就是对具有特定身份的人在其违法时所施予的一种"优待"。在儒家看来，要维护社会的正常运转，必须强调名分，其基本的要求就是君君、臣臣、父父、子子。对德治与礼治的过分追求必然导致严格的社会等级制度的出现，可以说，中国古代的一切活动都是在这种前提下进行运作的。儒家所追求的是一个大同的理想王国，与西方的乌托邦有许多相通之处，甚至与西方资本主义所强调的福利社会也有不少耦合之处，但是他们为实现理想王国所采取的手段则完全不同。

# 第四节　法律文化的现代化

"现代化"一词是20世纪60年代才逐渐被接受与运用的一个概念。现代化意味着由传统向现代转变的一个不断变化的过程。这是一个逐渐展开的过程，每一次进步都是向现代过程的迈进。西方不少学者对现代化理论问题进行了研究，从各种不同的角度进行了论述与分析，提出了各种理论。现代化可以从不同的方面来进行阐述，那么，法律及其文化也存在现代化的问题。这个问题包括以下几个方面的内容：①什么是法律文化的现代化？②法律文化的现代化的

---

[1] ［古罗马］查士丁尼：《法学总论》，张企泰译，商务印书馆1993年版，第5页。

主要内容是什么？③法律文化现代化应该注意哪些问题？

**一、法律文化现代化的内涵**

法律文化的构成要素主要体现在法律意识、法律制度与法律的设施等方面，那么法律文化的现代化也可以从这几个方面来理解。

1. 法律意识的现代化。法律文化的现代化应该主要是指法律意识的现代化。法律意识是人们对待法律的心理态度、观点、评价或者看法。资本主义在工业革命以后，社会性质发生了很大的改变，传统的农业社会迅速地转变为工业社会。这种转变也为法律意识由传统向现代转变提供了基础。经济的快速发展导致人们法律意识的巨大变化，这一点在后发性现代化国家表现得尤其明显。[1] 19 世纪以来，几乎所有的亚非拉国家都受到过西方的殖民统治，这些国家都参照大陆法系与英美法系进行了法律变革，人们的法律意识发生了巨大的变化，或由政教合一走向政教分离，或由法律的道德化走向道德、伦理与法律的分离，崇尚法律的社会风气逐渐形成。在一些具体的方面（如立法、执法、司法等意识以及诉讼观念）都有所变化，逐渐向现代民主与法治精神迈进。虽然原发性现代化国家的变化过程不如后发性现代化国家来得明显，但是这并不代表它们没有现代化的过程。西方法律传统与法律意识到了现代也发生了很大的变化，国家更注重用法律的手段来调整社会秩序，关注社会利益，注意协调发展。

2. 法律制度的现代化。法律意识、观念的现代化与法律制度的现代化密不可分。没有制度的现代化，就不可能有意识与观念的现代化。制度文化是文化的一个重要组成部分。法律制度作为法律文化的一部分，也必须现代化。不少非西方国家在西方殖民统治的压力下进行了一系列的法律改革，或注意对判例进行研究，或制定法典。印度、中国、日本、土耳其等国家都进行了改革。这些改革为它们自己国家的法制走向现代化奠定了基础。西方国家也不断地进行改革，并日益向现代化的方向发展。20 世纪以来，西方国家在许多原则与制度方面发生了变化。例如，在所有权方面，由原来的绝对性向相对性过渡；在契约方面，自由意志受到了限制。这些都表明国家在保护个人利益的同时，也必须兼顾社会利益。这里必须指出的是：现代化并非西方化，但是，由于西方在现代化方面做出的贡献最大，它们走向现代化的过程给了其他国家以启示与启迪，所以有些学者将现代化与西方化等同起来。我们认为西方国家是最早走向现代化的国家，它们代表了一种前进与现代的方向，但是，现代化与西方化仍然不能等同，现代化有其自身的标准。

3. 法律设施的现代化。法律文化的现代化还应该包括法律实践与立法、执法、司法机构、法律院校、法律研究机构设置等方面的现代化。现代化的立法、执法、司法不仅仅表明法律更符合民主与科学的精神，表明法律在社会实践当中的切实落实，也表明整个国家法律机器的日益完善以及职业法律人员整体素质的提高。法律院校与法律科研的现代化不仅为立法、执法、司法人员素质的提高提供了条件，而且为法律文化其他方面的现代化奠定了基础。

**二、法律文化现代化与法律传统**

法律及其文化的现代化是社会发展的趋势与潮流，随着世界经济一体化与全球化的发展，各国法律的现代化趋势呈现出勃勃生机。法律文化的现代化虽然是一个必然的客观的过程，是各种法律现象的整合，但是各国的国情不同，其所要走过的现代化道路也并不完全一样。一般来说，文化积淀愈厚，其继受外来文化的压力就愈大。外来法律文化与传统法律文化差异愈大，就愈不容易被接受。印度与中国在移植外来法律文化时就受到了极大的挑战。清末，中国

---

〔1〕　C. E. 布莱克将现代化分为七种类型。参见［美］C. E. 布莱克：《现代化的动力——一个比较史的研究》，景跃进、张静译，浙江人民出版社 1989 年版，第 47 页。

在西方的压力下被迫进行法律改革，企图收回领事裁判权，但是礼教派与法理派进行了激励的论战。印度也不例外。印度是一个多民族与多宗教的国家，虽然英国的长期统治带来了一定的变化，法律文化与观念也有改变，但是由于种姓制度与宗教文化的影响，早婚、童婚与殉葬制度依然存在。因此，我们在移植外来法律文化的过程中就必须考虑本土的因素，否则即使移植了外来法也等于形同虚设。一方面，法律文化的现代化要求法律（尤其是商业经济方面的法律法规）在经济全球化的过程中尽量统一；另一方面，由于经济、政治、文化传统的差异，法律又存在相当大的不同。在处理法律文化的现代化与传统法律之间的关系时，我们应该注意到以下几个方面的问题：①法律的现代化要求我们在法律的基本原则与基本精神方面与世界保持一致，如尊重基本人权，促进民主与平等，保护公民的合法财产与人身自由等。有关这类世界公约的签订就是现代法律文化的基本要求，任何签约国都无权借口传统而予以违反。②法律在全球化的同时，应该保持自己的法律文化传统。这里，我们说保持或保留法律文化的传统并不是对传统的偏好，而是考虑到传统具有顽强的生命力，不可能因为向外国学习或者借鉴了某些法律而使传统文化丧失殆尽，因此，我们在向西方学习时，必须注意传统文化的重要性，在当时尚不具备条件的情况下，应该尽可能将传统文化与外来文化融合起来，尤其是在私法领域（如婚姻、继承等方面）更应该考虑传统法律文化的因素。

## 第五节　法律意识的培养

按照马克思主义的基本理论，法律是建立在一定社会经济基础之上的上层建筑，属于社会意识形态的范畴，是诸意识形态的一种。意识形态是一定社会存在的反映。意识形态决定于经济基础，有什么样的经济基础就会有什么样的意识形态；意识形态对于经济基础又具有反作用，它会积极促进或阻碍社会经济的发展。

关于法律意识，学者有各种不同的观点。苏联学者一般将其看作一种特殊的社会意识。国内学者一般将其定义为与特定的个体或群体心理相联系的对于法的认知、情感、情绪与意志方面的总和。[1] 法律意识是一个比较复杂的社会现象，它是社会主体（包括个体与群体）对法律的认识、情感、态度的总和，是一个国家文化的重要组成部分。

一个国家社会主体的法律意识如何，与这个国家的公民法律意识的培养有很大的关系。在一个根本没有法律或者虽有法律但无视法律存在的国家，无法进行法治现代化建设。西方有着悠久的法治传统，法治的理念深深扎根于公民的意识之中。社会结构也存在二元乃至多元的成分。法治与权力分立是西方法治的基本形态。就我们国家而言，现在正处于社会主义初级阶段，建设社会主义法治国家已经成为我们的基本任务。建设社会主义法治国家必须要有正确的法律意识与法治理念，这就需要我们进行法律意识的培养，提高公民的权利义务意识，树立坚定的法治理想与信念。但是，很长时期以来，我们一直坚持斗争哲学，"文化大革命"时期也没有法律可言。十一届三中全会以后，我们才逐步走上法治建设的轨道。这些情况使得我们法治观念淡薄，权利义务观念缺乏，加上我国有着悠久的封建专制主义历史，所以法治建设任重道远。虽然我们已经经过了六届全国性的普法，公民的法律意识有了很大程度的提高，但是公

---

〔1〕 参阅孙国华主编：《法理学教程》，中国人民大学出版社 1994 年版，第 247～248 页；张文显主编：《法的一般理论》，辽宁大学出版社 1988 年版，第 234 页；赵震江、付子堂编：《现代法理学》，北京大学出版社 1999 年版，第 40 页。

民的法治意识不强，无视法律的现象仍然大量存在，这需要我们大力宣传社会主义法治，加强社会主义法律意识的培养。

法律文化的现代化在一定程度上也可以说是法律意识的现代化。从中西方法律文化的比较中我们可以看出，要实现我国法治的现代化，必须进行法治意识与法律意识的培养，坚持走改革开放之路，继续推行经济与政治体制方面的改革，维护各社会主体的合法权利。要持续不断地进行民主与法治的宣传，强调依法治国、依法执政，切实贯彻法律面前人人平等原则，使每个社会成员的法律意识都能够得到提高。也只有这样，我们才能向法治国家迈进。总的来看，在一个像我们这样的一个具有悠久历史传统但长期以来又缺乏法治精神的大国，培养社会主义法律意识任务艰巨，需要多管齐下。我们认为，至少有以下几个方面值得我们注意。

**一、提高法律职业者的法律素养**

（一）严格考试选拔制度

现代社会，法律职业是专门职业，需要长期的培养才能从事。关于培养，不同的国家有不同的方式。就大陆法系国家而言，法律职业者一般都曾经受到过高等法学方面教育，不仅如此，而且还必须通过严格的国家设置的法律职业资格考试才能走上工作岗位。这种严格的教育与考试制度在相当程度上可以被看成对他们法治理念的一个培养渠道。法律职业是一种高度知识化、专门化的职业，如果任何人都能从其他非专业化、知识化的行业进入该领域，势必有损法律的尊严，也不利于法律职业队伍的稳定。

（二）严格依法办事

在长期缺乏法治建设又一直采取集权化统治模式的中国，在执法与司法方面存在不少问题。2014 年 10 月《中共中央关于全面推进依法治国若干重大问题的决定》强调，"有法不依、执法不严、违法不究现象比较严重，执法体制权责脱节、多头执法、选择性执法现象仍然存在，执法司法不规范、不严格、不透明、不文明现象较为突出，群众对执法司法不公和腐败问题反映强烈；部分社会成员尊法、信法、守法、用法、依法维权意识不强，一些国家工作人员特别是领导干部依法办事观念不强、能力不足，知法犯法、以言代法、以权压法、徇私枉法现象依然存在。这些问题，违背社会主义法治原则，损害人民群众利益，妨碍党和国家事业发展，必须下大气力加以解决"。十九大报告指出，中国当前"社会矛盾和问题交织叠加，全面依法治国任务依然繁重，国家治理体系和治理能力有待加强"。因此，执法、司法机关必须严格执法与司法，坚决杜绝执法司法过程中的不规范、不严格、不透明、不文明现象。

**二、树立法律至上的观念**

法治国家的一个重要的标志，就是公民具有较高的法律素养，严格遵守法律。如前所说，中国长期以来不具有法治的精神，对公民的道德要求则超越了对法律的要求。从理论层面来看，严格的道德要求比严格的法律要求更加宽泛。一个严格遵守道德情操的人比一个仅仅严格遵守法律的人要求更高，因为道德的范围更加宽泛，应该说这种出发点是好的，但是这种要求过高，一般人是很难做到的。中国古代法律的伦理化属性也给法律的执行带来了许多不稳定性因素，给法官留下了任意裁决的空间。

现代社会，法治具有至高无上的特性。人类社会选择了法治，表明法治具有它的至高无上性。法治社会既然是人类社会普遍追求的一种理想境界，那么它理应得到普遍地遵守与服从。现代社会法治精神与观念已经成为人们社会生活中的一种普遍的心理定势或习惯，任何组织、政党与个人都不能也不愿意超越于法律之上。法治就是法律的统治，法律具有稳定、划一的特性，可以避免诸多不确定因素的干扰，对任何人、任何事都统一适用而不能例外。任何试图超越于法律的行为，都是对法治秩序与民主制度的一种破坏，因此也必然为社会所禁止。

### 三、注重法律的宣传

如上所述,法律意识的培养在我们这样一个不具有法治精神的国家显得尤其重要。公民法律素质的提高可大大节约法律运作的成本。从现代化的模式来看,中国属于后发性现代化国家,是受原发性现代化国家的影响,或在它们的压迫下进行现代化建设的国家,这些国家一般不具有法治的基本精神与理念,要进行法治现代化建设,就必须与漠视法制的行为进行斗争,这也意味着在这些国家进行法治现代化建设必须付出更大的代价。因此,加强法治的宣传,让每一个公民都能够掌握基本的法律常识,尊重宪法与法律,从而大大降低法律运作的成本,始终是摆在我们面前的一个重大课题。十九大报告提出,"加大全民普法力度,建设社会主义法治文化,树立宪法法律至上、法律面前人人平等的法治理念"。普法与法制宣传是建设社会主义法治国家的重要途径,只有大力宣传法制,人人守法,才有可能建设社会主义法治国家。

#### 案例分析

据英国广播公司 2009 年 9 月 15 日报道,印度尼西亚半自治的亚齐省议会通过新法案,内容称已婚通奸犯,可以处以石头砸死的刑罚,而未婚通奸者则可以处以 100 藤鞭的刑罚。根据这一新的法律,强奸、饮酒和赌博以及同性恋都将被严刑处置。印尼政府为了安抚这个争取独立的省份,曾同意亚齐省在 2001 年部分实行伊斯兰教法。[1]

【评析】 不少伊斯兰国家根据伊斯兰教的基本原则,对于通奸犯处罚很严,常常用乱石砸死。虽然这种刑罚不符合现代法律精神,也受到包括伊斯兰教开明人士在内的许多专家学者与司法官员的批评,但是这种符合伊斯兰教传统的古老的刑罚一直流传下来。从这里我们可以看出传统法律文化的坚韧与惯性。每一种文化,由于其背景、内涵不同,在现代化的进程中发生的变化也不同,有的较快,有的则非常缓慢。

#### 本章小结

法律文化是由传统与现代政治结合产生的一种特殊文化形态。一方面,文化与传统密切相关,有什么样的历史传统就有什么样的文化,二者结合起来就是一国的文化传统;另一方面,现代政治结构对文化产生了积极的影响,在一定程度上可以改造传统。学习本章应该注意文化、法律文化、法律意识、现代化等概念的理解与运用。同时要注意中西方法律文化的差异以及形成这些差异的内在原因,从而加深对中西方法律本质的认识。中国是一个文明古国,但是在法律理解与运用方面与西方有很大的差异,因此,在中国进行法治现代化建设要考虑很多因素,既不能因循守旧,又不能操之过急,而应该循序渐进。

#### 思考题

#### 一、名词解释

1. 法律文化
2. 法律意识

---

[1] 参见 "印尼亚齐省通过立法允许用石头砸死强奸犯人",载中国新闻网,http://chinanews.com/gj/gj-ywdd2/news/2009/09-15/1866389.shtml,最后访问时间:2015 年 7 月 18 日。

**二、简答题**

1. 什么是法律文化？

2. 法律文化的要素包括哪些方面？

3. 中西方法律文化的区别突出表现在哪些方面？

**三、论述题**

1. 如何培养公民的法律意识？

2. 传统法律文化对法律文化的现代化有哪些影响？

 **主要参考文献**

1. 范忠信：《中国法律传统的基本精神》，山东人民出版社 2001 年版。

2. 武树臣等：《中国传统法律文化》，北京大学出版社 1994 年版。

3. 梁治平：《寻求自然秩序中的和谐——中国传统法律文化研究》，中国政法大学出版社 1997 年版。

第二十九章

# 法与道德

【本章概要】法律与道德的关系是哲学、宗教学与法学都非常关注的一个重要问题，上述各学科的学者进行了大量的研究，为我们了解二者之间的关系提供了认识论的基础。本章在前人研究的基础上，着重从道德的概念、法律与道德的一般关系、法律的道德化与道德的法律化、法律与道德的异同、法律与道德的相互作用、法律与道德的冲突等方面进行阐述，从而使我们对法律与道德的关系有一个大致的了解。

【学习目标】通过本章的学习，了解法律与道德的一般关系。法律与道德是相生相伴的。道德需要法律来支撑，法律需要道德的引导。注意一定经济基础上的法律与道德总是相辅相成的，但在特定的情形下，法律与道德也可能发生冲突。

## 第一节　道德的基本涵义

道德，拉丁文 moralis，复数形式为 mores，是与善、恶、美、丑、品性等相联系的一个概念，从学科上来看，它是伦理学的研究对象，属于伦理学研究的范畴。

自从有人类社会就有了道德，换言之，道德与人类相伴而生。人类是群居的动物，道德是在人们的相互交往过程中产生的。马克思主义学者认为，道德是一种社会意识形态，它决定于当时的物质生活条件，是人们共同生活及其行为的准则和规范。由于人类是社会性动物，所以对人在社会活动中的行为进行的一般评价就是道德。在阶级社会里，道德有其阶级性。[1]

社会道德可以从多个层面来进行分类，如从个人与集体来看，可以分为个人道德、集体道德与国家道德；从人们所从事的职业来看，可以分为各行各业的职业道德，如教师职业道德、医生职业道德、警察职业道德；从国别与方位上来看，还可以分为美国的道德、法国的道德、中国的道德，或者西方的道德观与东方的道德观；从社会制度层面与意识形态层面上来看，可以分为资本主义道德与社会主义道德；从时间来看，可以分为古代的道德与现代的道德；从道德的要求来看，可以分为一般道德与崇高道德等。

道德不是一成不变的，道德会随着社会的发展而不断发展变化。社会形态不同，道德也有差异。道德属于上层建筑，它会随着其赖以存在的经济基础的变化而变化。但是，必须指出的是，涉及人类共同情感与需要的方面却有着共性，如尊老爱幼、见义勇为等，在任何时期、任何社会都不会发生质的变化。

这里比较困难的问题是评价体系的标准问题。到底以什么标准来衡量道德行为？一般的观点是社会主流道德观决定社会道德。但是，谁是主流？不同的学者可能有不同的回答。在原始社会，没有阶级划分，人们平等相处，利益是共同的，他们的道德也是共同的。到了阶级社会，社会生产力有了很大的发展，问题也随之出现。由于社会各阶层利益要求不同，他们能够

---

〔1〕《马克思恩格斯选集》（第3卷·上册），人民出版社1972年版，第134页。

获得的利益也有所差别，不同的利益阶层就有了不同的道德评价体系。按照马克思主义的观点，阶级社会道德有阶级性，一般来说，社会道德强烈地反映了统治阶级的道德要求，从而形成了整个社会基本道德准则，统治阶级根据这个标准对一切行为进行道德判断，并同法律一道共同维护本阶级的统治。

## 第二节　法律与道德的一般关系

法律与道德的关系非常密切，古往今来的许多学者对此进行了卓有成效的探索，取得了很大的成绩。古希腊的许多学者对美德、善、正义给予了很大的关注，无论是苏格拉底、柏拉图还是亚里士多德，都对这些问题进行过研究并发生过激烈的争论，这些研究与争论对于古希腊哲学与伦理学的发展起到了积极的作用。[1] 亚里士多德以后的哲学完全从形而上学转向实践（伦理）哲学，并对罗马的哲学产生了深远的影响，西塞罗的伦理学就受到了希腊斯多葛派的影响，他认为世界万事万物都受到自然法则的支配，这种力量来自于神或自然，有些人将其称为逻各斯或者理性。被称为"自然法之父"的西塞罗认为，真正的法律是与自然相一致的正确理性，它是普遍适用的、不变的、永恒的，凡是符合自然的就是符合理性的，道德就是人在内心与自然一致的一种力量。[2] 凡是符合自然的就是善；反之，就是恶。西塞罗继承了希腊的自然法思想，尤其是斯多葛派的哲学思想，对于古代自然法理论的发展做出了积极的贡献。

欧洲中世纪是神权统治的时期，伦理学被纳入了神学思考的范畴，伦理学也就成了神学的一个分支。但是神学政治与伦理并没有脱离古代的伦理哲学，相反，它们继承了古希腊的伦理学尤其是亚里士多德的伦理学，将其与神学伦理学结合起来，为它们的神权政治服务。虽然他们的出发点并不完全是为了继承古代伦理学，但是为了使它们统治具有合法性，也为上帝的对人类的心灵与灵魂安抚寻找理论依据，它们不得不在古代的伦理上寻找依据，将古代伦理学与基督教宗教伦理结合起来。欧洲中世纪的宗教伦理学将古代伦理传统与神学很好地结合起来，既继承了传统，又在客观上推动了神学伦理学的发展。实事求是地说，中世纪的神学伦理学对自然法学的发展做出了积极的贡献，宗教伦理与法律共同维护中世纪的社会秩序。

资产阶级革命以后，古典自然法学派仍然强调法律与道德的一致性，但是法律已经从神学的枷锁下解放出来，不再依附于基督教伦理。古典自然法将理性、自然、道德与法律紧密联系在一起。它们强调道德与法律联系，但是这种联系与中世纪在相当程度上将二者等同起来不可同日而语。总的来说，在这个时期，法律与道德虽有分离，但是联系还是主要的，所有法律的制定与运用都不能不考虑道德问题。但是自从分析实证主义法学崛起之后，法律与道德彻底分离。古典时期的自然法学派认为法律是正义、理性的体现，反映了社会道德的基本要求，任何违背社会道德的法律都不是真正的法律，是恶法。实证主义法学派否定了法律与道德有必然的联系，认为这是两个不同的方面，法律是一种规范，体现了统治者的命令。新自然法学派继承了古典时期自然法学派的传统，仍然强调法律与道德的不可分割性。富勒认为，道德使法律成为可能，言外之意是没有道德支撑的法律是无法实行的。他论述了造法失败的八种情况，然后对应地提出了致力于追求法律上的卓越品质的八个方面，也就是法律的一般性、公开性、法律

〔1〕　有关伦理学的著作请参阅亚里士多德的《尼各马科伦理学》、柏拉图的《理想国》等。
〔2〕　［古罗马］西塞罗：《论老年　论友谊　论责任》，徐奕春译，商务印书馆 2003 年版，第 11 页。

的非溯及力、法律的清晰性、统一性、可行性、连续性、一致性[1] 新分析实证主义法学派承认法律与道德之间有一定的联系，但不能就此认为法律与道德必定紧密联系，不可分割。哈特指出，法律反映或符合一定的道德要求，尽管事实上往往如此，然而不是一个必然的过程[2] 凯尔森也认为，法律问题，作为一个科学问题，是社会技术问题，并不是一个道德问题[3] 二战的沉痛教训使得不少原本属于分析实证主义的学者转向新自然法学，拉德布鲁赫就是其中之一。战争的创伤及其所产生的恐惧，使得人们不得不对自然法进行重新思考，也带来了自然法学的复兴[4]

"法律与道德的区别可见之于这样的一个事实，即法律调整人们的外部关系，而道德则支配人们的内心生活与动机"，这种理论最先由托马休斯提出，得到康德的详尽阐释，此后，这种理论一直为许多法理学学者所接受[5] 但是法律与道德明显存在交叉关系，法律与道德有它们共同的一面，原因就在于它们都是社会关系的调整器，共同担负起维护社会秩序的责任。

道德与法律的问题是一个非常复杂的问题，也是法学研究非常艰深的一个领域，正如耶林所说："法律与道德的关系问题是法学中的好望角。那些法律航海者只要能够征服其中的危险，就再无遭受灭顶之灾的危险了。"[6] 原因就在于法律与道德的关系非常复杂。法律与道德的研究往往涉及除法理学（法哲学）之外许多相关领域，如政治学、伦理学、历史学、逻辑学、社会学，既涉及各学科的学术史，又涉及同一流派的各种思潮等。也正是因为这些原因，形成了各种各样的流派以及关于法律与道德问题的理论与学说，这些学派与理论学说之间也展开了激烈的争论，例如，哈特与富勒的争论，波斯纳与德沃金的争论，等等。另外，如果我们承认法律的外在性与道德的内在性的理论学说，那么法律的外在性与道德的内在性还可以有各种交叉关系，法律可以有其内在性，道德也可以有其外在性。拉德布鲁赫将法律与道德的关系形容为目的与手段之间的关系，二者是如此的陌生与不同，而且关系非常紧张[7]

法律与道德有其内在的联系，任何"将法律与道德彻底分开的做法，以及将法律与道德完全等同的做法都是错误的"[8]。但是法律与道德又是非常复杂的，任何将二者关系简单化的做法都将影响正确认识法律与道德。

## 第三节　法律的道德化与道德的法律化

在前近现代社会，法律与道德往往一致，甚至对违反道德的行为运用法律的手段来进行制裁，将法律道德化、道德法律化。

原始社会的法律与道德、法律与宗教相混合，我们无法将它们加以明确的区分。违反宗教禁忌，也就违反了道德与法律，会受到原始规范的制裁。这里的原始规范，我们不便冠之以道德、宗教或法律这样的词，只能笼统地用原始规范这样比较广泛的词语来进行限定，因为这种

〔1〕　详细内容可参见［美］富勒：《法律的道德性》，郑戈译，商务印书馆2005年版，第40~107页。
〔2〕　［英］哈特：《法律的概念》，张文显等译，中国大百科全书出版社1996年版，第182页。
〔3〕　［奥］凯尔森：《法与国家的一般理论》，沈宗灵译，中国大百科全书出版社1996年版，第5页。
〔4〕　参见［英］丹尼斯·罗伊德：《法律的理念》，张茂柏译，新星出版社2005年版，第67页。
〔5〕　［美］E.博登海默：《法理学：法律哲学与法律方法》，邓正来译，中国政法大学出版社1999年版，第371页。
〔6〕　转引自［美］罗斯科·庞德：《法律与道德》，陈林林译，中国政法大学出版社2003年版，第122页。
〔7〕　参见［德］G.拉德布鲁赫：《法哲学》，王朴译，法律出版社2005年版，第38~46页。
〔8〕　［美］罗斯科·庞德：《法律与道德》，陈林林译，中国政法大学出版社2003年版，第106页。

规范既是伦理道德性的，同时又是宗教性或法律性的。

在古希腊时期，哲学家讨论善的问题，也就是道德伦理的问题，而自亚里士多德起，希腊的哲学由形而上转为形而下，开始关注实践的社会伦理。道德与法律在希腊并没有实质的区分。即便罗马法学家塞尔萨斯（Celsus）有关法的定义，仍然具有很浓的道德的意味。[1]

中世纪的法律受到了基督教伦理学的强烈制约与影响，法官依靠道德与良知来进行审判。教会将希腊罗马时期有关的善、正义、公平等与教会道德伦理结合起来，形成了特有的教会法。严格意义上说，这种法律是基督教伦理性的法，宗教伦理渗透到了法律当中，法律也是为维护宗教伦理服务的。

古代中国，自从汉代以来就一直受到儒家思想的支配，强调纲常伦理与德主刑辅理论，这一理论全部建立在儒家伦理的基础之上，一如欧洲中世纪全部学科依附于神学，汉代以后的全部学科都服从于儒家学说，正如蔡元培所言，"我国以儒家伦理学为大宗，而儒家，则一切精神界科学，悉以伦理为范围"。[2] 汉代经学家以经解律，魏晋南北朝时期进一步将儒家伦理渗透到法律当中，将纲常伦理上升到法律规范的高度，使得伦理法律化；同时，用法律来维护儒家伦理，制裁一切违反儒家基本伦理的行为，也使得法律伦理化，法律的活动都是为儒家伦理服务的。这种情况到唐代达到了顶峰，并对后世产生了深远的影响。

伊斯兰国家在服从真主的前提下，将穆斯林的宗教情感、伦理道德与法律有机地糅合在一起，这种法律是伊斯兰教伦理化的法，法律也是为伊斯兰教服务的。

近现代社会法律与道德分离开来。资产阶级革命以后，首先将他们认为的最重要的方面诸如自由、财产、安全与追求幸福等用法律的形式规定下来，将原本由法律调整的部分道德问题从法律的框架下面释放出来，重新回归道德，如通奸等。但是将法律与道德分离是为了更好地对社会进行管理，而不意味法律与道德彻底分离，古典自然法学派与新自然主义法学派都一直坚持国家法与人定法应该符合理性的自然法，新分析实证主义法学派也承认法律与道德存在一定的关系。

法律的道德化、道德的法律化与文化（宗教）传统、生产力、学科结构有关，随着生产力的发展、学科分类的明确与精细，道德与法律必然会分离开来。但是历史上，无论是西方还是东方，都曾经历过法律的道德化与道德的法律化阶段（过程），道德在许多方面仍然深刻影响着法律的发展，如堕胎、克隆等，完全无视道德的法律将会带来很大的问题，这也是现代西方学者都比较关注且争论激烈的一个重要的研究领域。

## 第四节　法律与道德的异同

按照马克思主义的观点，法律与道德同为上层建筑，共同受制于经济基础，又为经济基础服务，它们有共同的目标与理想——调整社会关系、维护社会秩序，只是表现出来的方式与侧重点有所不同。按照西方学者的一些观点，道德调整人们的内在方面，侧重心灵与德性；法律调整人们的外在方面，侧重于人们外在的行为。事实上，问题没有这么简单，道德在不同的社会调整范围与方式都会有所不同，在特定的社会，道德不仅仅调整内在方面，而且调整外在的

---

[1]　塞尔萨斯认为法律乃是善与衡平的艺术，参见［美］E. 博登海默：《法理学：法律哲学与法律方法》，邓正来译，中国政法大学出版社 1999 年版，第 373 页。

[2]　蔡元培：《中国伦理学史》，东方出版社 1996 年版，第 2 页。

方面。法律在特定的社会也有可能进入人们的内心世界，如思想方面的犯罪等。道德与法律关系虽然非常复杂，但是法律与道德在现代社会中除了交叉与重叠的部分之外，都有自己各自的研究领域与适用范围。法律与道德的区别大致可以从以下几个方面来思考：

1. 调整的范围不同。虽然二者都调整社会关系、维护社会秩序，但是道德调整范围要比法律更为广泛。法律仅仅调整对社会秩序有重要影响的那部分社会关系，包括自由、财产与人身与国家安全等，该部分虽然也为道德所调整，但是道德的调整并不具有强制性，所以必须由法律来进行调整。道德能够调整许多法律所不能进入的私密领域，如爱情、友谊等。

2. 实施的方式不同。道德主要依靠社会舆论与内在的信念的方式来实施；而法律则主要依靠国家机器来进行调整，具有国家强制性，往往会带来不利的后果。

3. 调整的侧重点不同。法律主要着眼于人的外部行为，而道德则主要侧重于人们的内心世界。虽然法律也可能进入人们的内心世界，道德也有可能涉及人们的行为，但是它们的出发点是不一样的。法律进入人们的内心世界，主要是探讨其内心世界对其外部行为所带来的影响，落脚点依然在外部行为上；道德涉及人们的外部行为，主要是探索造成这种行为的内心起因。

4. 形成的方式不同。法律是由国家制定认可的，法律的制定是在社会需要并依照一定的程序"创造"出来的；道德则是经过长期的发展自发形成的，道德是不能创造的。

5. 表现的形式不同。法律具有明确的内容，一般通过法律文件的形式表现出来，什么可为，什么不可为，法律明确地作了规定；但是道德则存在于人们的内心之中，不明确也不具体，一般通过言论与行为的方式表达出来。

6. 产生的时间与条件不同。一般认为法律产生较道德为晚，法律是在原始社会的宗教与习惯的基础上发展起来的，在原始社会，社会关系与社会秩序主要依靠原始道德来调整。在阶级社会，社会关系与社会秩序主要依靠法律来进行调整。

## 第五节　法律与道德的相互作用

法律与道德在任何社会都是社会关系的调整器，纯粹依靠法律或者道德都可能产生许多问题，无法维护社会秩序，促进社会的有序发展。法律来源于道德，道德支持法律。道德与法律是相辅相成的，缺乏法律支撑的道德，道德将无法维持；反之，缺乏道德支撑的法律，这种法律也没有生命力。

### 一、道德对法律的作用

1. 道德对法律制定具有引导作用。前近代社会，法律与道德密切联系、相互作用，共同调整社会关系与社会秩序。近现代以来，法律与道德有所分离，法律仅仅调整最重要的那部分道德，而不是代替道德，所以我们在制定法律时，要看法律是否反映了道德的要求，是否维护最基本的社会道德。如果法律与道德完全相反，道德所赞成的恰恰为法律所反对，或者相反，法律所支持的恰恰是道德所反对的，那么，整个社会的法律与道德系统就会崩溃，人们将无所适从。当然，这种极端的情形是很难出现的，因为如果没有道德的支持，法律很快就会被废除。

2. 道德对法律的实施具有促进作用。法律维护国家机器的运转，但如果单纯地依靠法律也很难正常进行。事实上，建立和谐有序的社会，保障社会的健康发展，光靠法律是不行的，还必须依靠道德的支持。法律主要是靠公民自觉遵守的，一个国家公民的道德修养与道德情操达到了一定阶段，就会大大降低法律运行成本。另外，就我们的法律工作者来说，良好的道德修养可以保证法律公正地实施，树立法律的权威。

3. 道德对法律的补充作用。法律不是万能的，它不可能对所有社会关系都进行调整，法律有其漏洞，法律有其自身的局限性。这些漏洞一方面我们可以进一步用立法来进行补充，另一方面可以用法律解释来弥补。但是这些补充都是法律的补充，而这些补充常常需要一定的时间，所以在一定时期、一定情况下，道德往往可以弥补这些漏洞。在没有法律或者说缺乏法律的场合，社会道德力量可以对缺乏法律调整的行为进行评价、引导。

**二、法律对道德的作用**

1. 法律对社会基本道德的支持。一般认为，道德有两个层面的涵义：①基本道德，它是社会运转与维系的前提，没有这些道德，无法组成社会；②较高的道德，引导与鼓励人们走向较高的道德与精神世界。法律规定了社会最基本的道德，违反这部分的道德就是违反了法律，也会因此受到法律的制裁。这些最基本的道德是社会得以维系的最基本要求，任何社会都有这样的底线。法律总是将这部分道德作为其法律内容的重要组成部分，这样，道德的义务就转变成法律义务，这些基本的道德同时受到道德与法律的双重保护。如道德要求不能杀人、不能盗窃，法律也有规定；但是法律没有要求人人都具备孟子所谓的"大丈夫"情操[1]。

2. 通过法律实践宣传社会的基本道德观。法律对什么行为进行奖励，对什么行为进行制裁，都明确传达了一个信息，告诉人们什么是道德行为，什么是非道德行为，从而积极引导社会道德的健康发展，发扬正确的道德观，过有德性的生活。

## 第六节  法律与道德的冲突及其解决途径

**一、法律与道德的冲突**

无论是在理论上还是在实践中，都会遭遇法律与道德冲突问题。如前所述，一个社会的法律与道德常常保持一致与协调，道德与法律相互促进，共同担负起维护社会关系与社会秩序的重大责任。但是，道德与法律也存在一定的冲突，这个边界很难把握。法律与道德是交叉的，其交叉部分主要是社会关系的最重要组成部分，但是，就是这个交叉、重叠的部分的范围不好划定，很难把握。不同的时代其界限与范围是不同的。当然也有学者认为法律与道德没有交叉关系，法律是道德的一部分，道德与法律的关系是包含与被包含的关系。

在前近现代社会，法律与道德几乎完全重叠起来。中世纪，为了维护教会的权威，法律支持道德的扩张，并借助法律来维护宗教伦理。中国古代也不例外，儒家伦理是社会道德准则，不容许质疑与违反，法律就是为维护儒家的伦理而设定并为之服务的。这就是道德的法律化，其结果常常是使法律与道德不分，事实上是提升道德而贬黜法律，使法律伸展到道德领域，给法律的运行带来了沉重的负担。近代以来有所缩小，法律规范与道德规范各有自己的领域。但是，仍有很大一部分是交叉与重叠的。因为这一部分是社会关系最为重要的部分，需要道德与法律的双重调整。

法律与道德的边界是一个值得探索的问题。法律与道德最大化的交叉、重叠已经成为过去，现代社会二者虽然仍然存在交叉与重叠，但是除了交叉与重叠部分需要共同调整之外，它

---

[1]《孟子·滕文公下》："富贵不能淫，贫贱不能移，威武不能屈，此之谓大丈夫。"

们都有自己各自调整的领域。

在现实社会中，法律与道德经常发生冲突，明显存在以下两种情况：[1]

（一）合理不合法或合法不合理

许多合理的事情不一定合法，许多合法的事情也不一定合理。例如，甲借乙 1 万元，在法律规定的时间里，甲没有起诉，那么甲将丧失胜诉权。借钱还钱，天经地义，但是超过了诉讼时效就得不到法律的保护，这就是合法但是不合理。又如，不少国家规定了非法证据排除规则，为了取证，人们利用侵犯个人隐私的手段获取证据，虽然合理却不合法，有可能不为法院所采纳。

（二）合情不合法或合法不合情

我们经常讲法律是无情的，许多合情的事情并不合法，合法的事情又不一定合情。例如，甲（男）有严重的道德问题，乙（女）不仅没有道德问题，而且还受到邻居的赞扬。现在甲有外遇提出离婚诉讼，乙不同意，但是法院根据法律判决甲乙离婚。这是我们经常讲的合法但不合情，甚至有人认为这是法律支持不道德行为。又如，我国古代的"亲亲得相首匿"规定亲属之间如有人犯罪应该相互藏匿，而不要检举与告发，这种规定合法又合情。但是，我国现行《刑事诉讼法》规定，任何人对于犯罪都有作证的义务，言下之意，家庭成员之间也有作证的义务。又如计划生育的规定，国家为了平衡人口的压力，不得不将计划生育作为一项基本国策，这种规定，显然与人的情感有冲突。

这里是为了介绍的方便将合情合理做了分离，实际上，许多不合理的事情也不合情，许多不合情的事情也往往不合理，上面所谓的合情就是符合人之常情。

**二、法律与道德冲突发生的原因**

造成道德与法律冲突的原因很多，主要有以下几个方面：

1. 社会变革与法律移植。传统的道德有其连续性，在社会发生重大变革时，由于社会的变化，尤其是新法的制定，使得法律与原有的道德发生了严重的冲突。如大清刑事和民事诉讼法草案有关于男女平等的规定，规定男女可以平等分割财产，这就与传统的纲常伦理发生冲突。这种冲突一般发生在社会急剧变革的时期，当变革完成以后，道德适应了社会的发展，又会与法律逐渐一致起来。

2. 科学技术的发展带来了法律与道德的冲突。法律容许克隆人吗？不同的人可能有不同的回答。现代科学技术的发展，可以克隆羊、克隆老鼠，克隆技术对于社会的发展有着重要的意义。但是克隆技术也带了许多伦理问题，正是基于此，现在还没有任何国家明确规定可以克隆人。又如变性问题，现代医学可以变性，男人可以变成女人，法律上并没有禁止性规定，但是在一个传统的社会里，还难以为大多数人所接受。

3. 道德发展与法律发展相互脱节。一般来说，道德的发展要落后于法律的发展。道德有历史传统，连续性强，法律受到政治、经济的影响比较大，社会结构的变动、社会经济的发展会使政治发生变化，进而导致法律的变化。虽然道德最终也将会发生变化，但是与法律比较起来，道德在相当程度上还保持传统，并不因为政治的变化而很快发生变化。比如，法律并不干涉人们的衣着打扮，但是在一个传统的社会里，如果衣着暴露，就会受到世俗的指摘。

4. 社会价值多元化，使得法律价值与道德价值并不完全一致。法律价值侧重于对人权的尊重，对社会的作用与影响。例如同性恋问题，有的国家规定同性有相恋的权利，法律承认同

---

〔1〕　参见张文显主编：《法理学》，高等教育出版社 2003 年版，第 476～477 页。

性恋，但是从多数人的情感上来看是无法接受的，它违背了自然规律。堕胎也一样，现在有些国家虽规定堕胎合法，但是不见得能够为多数人所接受。

道德与法律的冲突还表现在许多其他的方面，这里无法——列举。必须说明的是，我们这里的原因已经不限于上面所谓的合法与合理、合情等方面。法律没有明文规定，但是又不加以禁止的，我们也可以视为合法，从这种角度来看，其冲突远比上面提到的情形要复杂，原因也很多，也不限于上述几类。

### 三、寻找解决冲突的途径

只要法律与道德不重合，有自己调整的领域，这种冲突就会始终存在。但是，我们应该尽量降低冲突的范围与幅度，使法律与道德尽量协调，共同维护社会秩序。法律与道德的过分冲突表明法律与道德出现了危机，道德所许可的不为法律所赞同，法律所赞同的又不为道德所许可。这种情况一般出现在社会急剧变化的变革时期，二者的评价体系与价值观出现了裂痕。但是在比较和平的时期，法律与道德也常常会因为各种原因发生冲突。如何解决冲突是摆在我们面前的一个重要问题。

1. 应该统一标准，将法律与道德纳入到一个总的评价体系中来，就二者交叉的部分来看，法律所赞同的，一定是道德所支持的，道德所反对的，一般也为法律所禁止。这样，二者相互支持，共同维护社会秩序，促进社会的进步。

2. 移植法律必须考虑本土的因素，使移植过来的法律与本土文化紧密结合起来。否则会引起冲突，进而导致移植失败。

3. 法律有其局限性，不可能在任何时间、任何地点都能够发挥最大的效用，在许多方面我们必须考虑道德的因素，虽然道德不可代替法律，但是道德可以用来补充法律的不足。

4. 注意法律的宣传，让广大民众都能够知法懂法，进而守法，将道德与法律的冲突降到最低限度。

 案例分析

### 案例一

2009 年 10 月 24 日，湖北 3 位大学生救人溺亡，目击者现场拍下照片：被打捞上来的一具大学生的遗体被绳子绑着，大半个身子浸在水里，一名穿白衬衫的老年男子，一边拉着绑尸体的绳子，一边摆手和岸上的师生谈价要钱。打捞 3 具遗体，捞尸者前后一共收取了 3.6 万元。[1]

【评析】打捞尸体已经成为一个特殊的行业。这里的问题是这种行为该不该收费？应如何收费？这是一种什么性质的行业？有没有主管机构？无论怎么说，这种行为与传统的伦理都有很大的冲突。救死扶伤是一种人道主义精神，3 名大学生为救人献出了自己的生命，捞尸者却与学校谈起了价钱。怎么看待这些事件，需要我们进行分析。如果是正常的谈判事件，我们可以将此看成是一种契约行为，双方达成一致意见即可。但是，就湖北这个事件来看，大学生为了救人已经献出了年轻的生命，而这些捞尸者则漫天要价，与大学生的行为形成了鲜明的对照。有些事情是很难用金钱来衡量的，在一定场合不宜也不能用金钱作为劳动的交换条件。在拜金主义盛行的今天，人们的道德也出现了很大的问题，上述问题的出现，已经引起了广泛的

---

〔1〕　参见"大学生救人溺亡　捞尸者手牵绑尸绳谈价"，载网易新闻，http：//news.163.com/09/1103/13/5N6RF6TR0001124J.html，最后访问时间：2015 年 7 月 18 日。

讨论。

## 案例二

2006 年 11 月 20 日，南京水西门公交车站，一名徐姓老太倒在地上，彭宇和另一位好心人上前扶起她，后与老太家人联系上，并将其送到医院。到了医院，老太认定自己为彭宇所撞，彭宇否认，说他是做好人好事的。几个月后，老太将彭宇告上法庭，索赔 13 万余元。这就是轰动一时的"彭宇事件"。

2012 年 1 月 16 日，南京市委常委、市政法委书记刘志伟接受《瞭望》新闻周刊专访时指出，舆论和公众认知的"彭宇案"并非事实真相。事实真相是：徐寿兰（徐老太）经过一辆公交车后门时，彭宇正从这辆车后门第一个下车，双方在不经意间发生相撞。

这是一个存在极大争议的民事诉讼案件。案件发生后引起了广泛的关注，各大报刊、网站均有讨论。

【评析】在一个经济日益发展、社会不断进步的中国，道德问题却成了一个引人关注的问题。不少人认为，这个案件使在中国本已"脆弱"的道德倒退了 50 年，人们将诸多的老人倒地却无人敢搀扶的现象归结为"彭宇"现象。虽然南京官方出面公布了事实"真相"，但是人们仍然"将信将疑"。

 **本章小结**

本章对法律与道德问题做了一个简单的介绍。道德与法律的关系是自古以来各领域学者一直探讨与研究的一个重要问题，由于法律与道德涉及的层面比较多，既有古代又有现代，既涉及制度，又深入人的精神世界，所以很难把握，正由于问题的复杂，才引发了很大的争论。学习本章首先应该认识法律与道德各自的起源问题，为什么古代法律与道德的范围常常重叠？法律的变化与道德的变化是否同步？为什么会发生法律与道德的争论？争论涉及哪些方面？结果如何？法律是否具有内在性？道德是否具有外在性？只有在弄清楚这些问题之后，我们才能对法律与道德的关系有一个大致的了解。当然这是一个循序渐进的过程，除了阅读相关书籍之外，我们还要学会思考。

**思考题**

### 一、简答题

1. 什么是道德？
2. 简述法律与道德的一般关系。
3. 法律与道德有哪些区别？
4. 简述道德对法律的作用。

### 二、论述题

1. 为什么分析实证主义将道德排斥在法律之外？
2. 为什么法律与道德会发生冲突？原因何在？

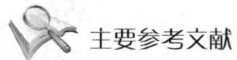 主要参考文献

1. Richard A. Posner, *The Problematics of Moral and Legal Theory*, The Belknap Press of Harvard University Press, 2002.

2. Michael J. Perry, *Morality, Politics, and Law*, Oxford University Press, 1988.

3. David Lyons, *Moral Aspects of Legal Theory*, Cambridge University Press, 1993.

第三十章

# 法与宗教

【本章概要】法与宗教关系密切，宗教的产生与发展影响了法的产生与发展，而法的发展又对宗教有所约束与规范。从法的起源来看，法与法律不仅受到宗教精神的影响，而且有不少宗教教规直接渗透到了法律规范中，由宗教规范变成了法律规范，这样，宗教与法相互促进。中世纪的欧洲，教会的规范渗透到了世俗法当中，政教合一，教会法与世俗法共同维护封建社会的阶级统治。资本主义战胜封建主义以后，实行政教分离，宗教不能干涉国家事务，但是，由于欧洲长期受宗教因素的影响，国家法律规范中不可避免地渗透着宗教的因素与痕迹。

【学习目标】通过本章的学习，了解法与宗教的一般关系。着重注意西方基督教对法律产生的巨大影响。同时，也要理解现代社会，法律对宗教的制约以及宗教对法律所发挥的影响与作用。

## 第一节　宗教概述

宗教是人类社会发展到一定阶段而出现的一种社会意识形态和社会文化历史现象，相信现实世界之外存在一种（个）超自然的神秘力量或实体，这种神秘力量主宰自然与社会，从而使人对该神秘力量产生敬畏及崇拜，由此而引申出信仰认知及礼仪活动。宗教所构成的信仰理论体系和社会群组是人类思想文化和社会形态的一个重要组成部分。这只是一个大致的描述与简单的界定，因为按照学者的意见，"宗教"一词，由于其内涵与学者理解方面的差异很难完全对其进行完美的解释。[1]

"宗教" religion 源自古拉丁语 religio。古罗马哲学家、政治家西塞罗在其论作中交替使用过 relegere（意为反复诵读、默想）或 religere（意为重视、小心考虑）。圣·奥古斯丁在其论著中用 religare 代表人、神与灵魂间的重新结合，旨在说明人与神之间的密切关系，用 religere 来表示人在信仰上的重新抉择及决断，人需要靠重新考虑和选择与神修好。所以，religio 一词在拉丁语的原意应为人对神圣的信仰、义务和崇拜，以及神人之间的结合修好。

在汉语中，"宗教"原本不是一个固定的词，直至公元 10 世纪，"宗教"一词才最先见于佛经，其涵义与现代意义上的"宗教"不可同日而语。随着西方宗教学的崛起及其对中国学术界之影响，"宗教"与"religion"一词逐渐等同起来。[2]

宗教从不同的角度可以做不同的分类。例如，从自觉的程度上来看，有自发的宗教与人为（自觉）的宗教之分；从历史时期上看，又有原始社会的原始宗教与人类进入阶级社会后所形成的一般宗教之分；等等。

应该说，人类产生之初便有了宗教。但是原始社会的宗教具有自发性与多样性。随着时代的发展，人类进入文明社会后，宗教也由自发向自觉方向发展，宗教的内涵日渐丰富，宗教规

---

〔1〕　参见［英］麦克斯·缪勒：《宗教的起源与发展》，金泽译，上海人民出版社 1989 年版，第 7 页。

〔2〕　参见"宗教"词条，载维基百科，http://zh. wikipedia. org/wiki/% E5% AE% 97% E6% 95% 99，最后访问时间：2018 年 9 月 18 日。

范也随之发展，原始社会宗教所具有的氏族血缘性逐渐地向阶级社会的地域性过渡。

虽然现代社会宗教很多、派别林立，但是所有宗教都有自己的行为规范，也有自己的宗教团体组织。

近代以来，随着学科的不断发展，与宗教相关的学科也获得了比较大的发展，如宗教人类学、宗教社会学、宗教法律学、宗教心理学、宗教伦理学、宗教哲学、宗教历史学、宗教文化学等。

宗教具有悠久的历史，而且在相当长的历史时期里仍然会存在。

## 第二节　法与宗教的一般关系

法与宗教的关系问题是一个复杂的问题，不同的宗教在不同的历史时期，与法律的关系并不相同。就西方而言，在近现代社会以前，法律与宗教的关系密切，宗教、伦理道德与法律相互促进，共同维护社会的秩序与安全。近现代社会以后，法律与宗教逐渐分离，尤其是资产阶级革命以后，政教分离，法律与宗教互不相涉，宗教退缩到了纯粹的教义与道德领域。但是由于宗教对人类社会的长期影响以及基督教对于世俗事务的长期干涉，许多宗教规范渗透到了法律领域，变成了法律的一部分，到现在仍然发挥着重要的作用。与欧洲相反的是，阿拉伯伊斯兰国家在 19 世纪以来曾经遭受西方的殖民统治，20 世纪这些遭受侵略的伊斯兰国家独立后纷纷要求回归传统，他们认为凡是不符合伊斯兰教义的宪法与法律没有效力，这股回归传统的思潮，我们常常称其为宗教激进主义思潮（运动），他们企图将政教分离还原为政教合一。

人类社会的法律起源于原始的社会习惯与惯例，而原始社会的习惯与惯例与原始宗教有着不可分割的联系。早期的一般关系非常复杂。简单地说，法律中包含原始宗教的规范与意识，几乎所有早期的成文法律都是由原始社会的习惯转变过来的，都是对与宗教有关的习惯规范的忠实记录。

进入阶级社会以后，宗教与法律的关系并没有发生实质性的变化，宗教教义与规范需要法律来推行，法律规范也需要宗教的支持才能发挥作用。虽然二者相互支持，但是它们毕竟有一定的区别。如中世纪的神职人员犯罪，一般先由教会革除教职，然后交世俗法院审判。资产阶级革命以后，这种情况有了较大的改变，实行政教分离。伊斯兰国家由于实行高度一致的宗教与家庭生活，法律规范与宗教规范高度统一。

伯尔曼说："法律必须被信仰，否则将形同虚设。"[1] 宗教信仰会影响法律的遵守与执行。在一个宗教社会里，法律的执行在相当程度上是靠大家自觉遵守的，其中一个重要的原因就在于宗教规范获得了教徒的普遍认同，宗教教规渗透到了法律当中，变成了法律的一个组成部分，直接或间接地影响了法律的发展。伊斯兰教与印度教情况相近，它们的宗教规范在许多方面（尤其是婚姻家庭方面）仍然在起作用。虽然印度宪法废除了种姓制度，废除了童婚与嫁妆等方面的法律，但是种姓、童婚与沉重的嫁资负担仍然是印度政府必须面对并设法加以解决的重要问题。在现代社会，国家法律主要靠全体公民的自觉遵守，但是由于这种信仰去除了宗教社会里所表现出来的强烈的宗教信仰成分，所以就必须要求世俗社会的国家公民有高度的法律意识与法律信仰（而不是宗教信仰），而高度的法律信仰依赖于法治的历史与人文环境，在

---

〔1〕　［美］哈罗德·J. 伯尔曼：《法律与宗教》，梁治平译，生活·读书·新知三联书店 1991 年版，第 28 页。

一个不具有法治传统的社会，势必会花费更大的成本与代价。

一个宗教教规能不能渗透到世俗社会，宗教规范能不能变成世俗国家法律的一部分，主要是看这个宗教组织在历史上的影响力。按照这个标准来衡量，除了已经消逝的宗教外，现存的在历史上产生过重要作用、至今仍发挥重要影响的宗教是基督教、伊斯兰教与印度教。欧洲基督教国家长期受教会法的影响，法律中包含了许多宗教规范，许多方面到现在仍然发挥着重大的作用。

虽然宗教在相当长的历史时期里不会消失，仍然会影响着人们的精神与物质生活，但是一个可以预见的趋势就是宗教已经退回到宗教教义界定的范围，不再与世俗社会的法律发生直接的联系，也不能直接干预国家的法律，即使在宗教规范与国家法律规范高度统一的伊斯兰国家也不例外。

## 第三节　宗教中的法律与法律中的宗教

长期以来，法律与宗教相互作用，共同维护人类社会的基本价值与秩序。在前现代社会，宗教需要法律支撑，法律的实施又需借助（宗教）信仰。

### 一、宗教中的法律

现代社会法律与宗教相互分离，但是在前现代社会，宗教与法律相互依赖，共同发展。宗教中的法律是指法律中的宗教精神与宗教情怀。我们知道，在现代社会，法律具有强制性、普遍性，法律对居住在这个国家的全体成员都有效力，并不涉及宗教信仰的问题。宗教本身具有规范性，但是这种规范与法律规范有着很大的不同。宗教仅仅涉及人们的信仰，其规范也仅仅适用于信徒，即使信徒对教义有所违反，教规也不具有像法律那样的强制性。当然，不同的时代、不同的宗教，其情形并不相同。

伯尔曼认为，宗教中的爱、信仰、希望等因素渗透到法律当中，将帮助我们克服把法律当作纯粹的世俗工具的缺陷，从而使人们认识到法律除了国家的工具属性之外，还应该是我们生活终极目的与意义的一个重要组成部分。法律的最高境界应该是传播爱与希望，法律本身也应该像宗教一样受到信仰。爱的神圣戒律就是爱上帝与爱人，[1] 爱可以使刻板的法律充满活力与生机。律法可以是刻板、冷酷的，但是每一个律条应该充满了爱，这些条文应该是由这些爱的音符组合起来的。信仰是宗教的要素，没有信仰就没有宗教。法律也必须像宗教一样被信仰，其共同的目的就是引导人们向善与向上。"没有法律的宗教将失去其社会性与历史性，变为纯属个人的神秘体验。"[2] 伯尔曼是针对人们分离、对立宗教与法律的现象来分析这个问题的，如果我们仅仅从字面上看，宗教中的法律仅指宗教中的律法或者宗教规范，而不是我们上述所讲的法律当中的宗教精神。

中世纪的欧洲，法律规范与宗教规范往往重叠。1075 年以后，教会有了完全独立的政治法律体系，这种法律服务于宗教的目的。路德的宗教改革使教会失去了立法的功能，强大的世俗国家逐渐控制了立法权，宗教规范逐渐退回到宗教基本教义与教徒的内心世界里去了。当然，这种退缩并不说明法律当中没有任何宗教的作用与影响，相反，宗教规范虽然退回到了宗

---

[1]　爱主与爱人是基督教伦理观最显著的特征，参见 ［德］卡尔·白舍客：《基督宗教伦理学》（第 1 卷），静也、常宏等译，上海三联书店 2002 年版，第 36 页。

[2]　［美］哈罗德·J. 伯尔曼：《法律与宗教》，梁治平译，生活·读书·新知三联书店 1991 年版，第 95 页。

教基本教义与教徒的内心世界，但是由于法律与宗教的长期的相互作用与支持，宗教的观念已经渗透到法律当中，宗教律法中的爱、信仰与希望在后来的国家法律当中都可以找到，换言之，现代法律承载着教会戒律中的爱、信仰与希望，脱离宗教终极关怀的法律是无法想象的。

## 二、法律中的宗教

在一个很长的时期里，尤其是中世纪神权统治的欧洲，法律从属于宗教。马丁·路德的宗教改革结束了教会立法的权力，但是在宗教的长期熏陶之下，法律深深地打上了宗教的烙印，宗教的观念与精神渗透到了法律当中。

法律中的宗教不仅仅是说法律中包含宗教的因素，更重要的是宗教的价值与情感有助于确立法律的宗教性与神圣性。法律中包含宗教的因素比较容易理解，法律在发展过程中长期受到了宗教的影响，无论是具体制度还是精神理念都不例外，但是我们这里更应该注意宗教伦理道德、价值与情感在法律中的作用与影响。因为法律与宗教最终的目的是增进人类的福祉，引导人们过道德与健康的生活。

教义与教仪是宗教的基本要素，宗教教义反映了该宗教的基本伦理，宗教伦理是在宗教长期的发展过程中逐步形成的。教仪则是在教义指导下的社会实践活动，前者为后者提供理论依据与指导，后者使前者的精神意趣得以推广和外化；前者由不断诠释、汇集、编纂宗教经典而深化，后者在前者的指导下通过不断的宗教活动而实现宗教的基本价值，同时不断为宗教提供新问题与新材料，从而不断丰富宗教教义。每一个宗教教义就其精神价值与伦理道德而言并不相同，即便是同一个宗教不同的派别之间，其精神价值与伦理道德也存在很大的差异。早期基督教与后来的基督教有所不同，天主教与东正教也有很大的差异，基督教与伊斯兰教的教义差异就更大。但是，我们这里需要关注的是它们的共同性。就基督教而言，在上帝的安排下，人们过着道德的生活，在长期的发展过程中，教义不断丰富起来，虽然以后出现各种教派，但是总体而言，各教派的教义有许多共同点，《圣经》是教徒生活的指南。伊斯兰教也不例外，伊斯兰教虽然在发展过程中产生了许多派别，但是这些派别都不会动摇《古兰经》在人们生活中的重要地位。即便是在基督教与伊斯兰教教义相差较大的社会里，我们也能够发现它们的相同之处。

欧洲中世纪的教会与世俗的社会分享权利，在许多领域教会有自己的司法管辖权，其宗教精神与宗教价值在与法律长期的相互交融中得到升华，变成法律价值的重要组成部分。现代社会，法律的工具主义流行，将法律仅仅看成是社会的控制机器，而日益脱离宗教的爱、信仰与希望，这样，法律在现实社会中很难得到实现，正是在这个意义上，伯尔曼才认为"没有信仰的法律将退化为僵死的教条"[1]。

伊斯兰教由于长期的政教合一，法律、道德与宗教教义很难清楚地加以区分，宗教的精神价值与伦理道德已经成为法律的一个组成部分，自不待言。

宗教中的法律与法律中的宗教应该从宗教哲学与法律哲学两个方面来分析，既要从宗教的终极意义上去分析，也要从法律对人类的最终关怀上去思考。宗教的社会功能主要是沟通、整合与控制。从积极的方面来看，它们在人类社会的各个阶段发挥着重要的作用。比如，宗教不仅主动承担起了社会救济、教育的任务，而且积极促进社会的和平与稳定，主张社会的正义，引导人们过有道德的生活，等等。法律的最终目的也是实现社会正义，并通过人们内在的信念去实现。从这里我们可以看出它们有许多相同与相通的方面，二者共同促进人类社会的发展与

---

〔1〕　〔美〕哈罗德·J. 伯尔曼：《法律与宗教》，梁治平译，生活·读书·新知三联书店 1991 年版，第 65 页。

进步。

　　当然，强调宗教与法律的依赖，并不意味着抹杀二者之间的差异。在这里我们并不过多地谈论二者之间的差异，主要是因为当今社会已经过多地强调它们之间的差异，而相同之处却很少提到，所以我们在本章中主要还是从二者之间的联系方面进行阐述的，差异是常识，不言自明，但是联系却并不容易把握。

## 第四节　教会对法律的影响

　　上述几节虽然在相关方面涉及宗教对法律的影响，尤其是在法律中的宗教方面谈到了宗教对法律的影响，但是前面所谈主要侧重于精神与价值层面，这里我们准备专门就宗教对法律的影响做一个简单的介绍。由于现代社会法律的框架是建立在西方两大法系的基础之上的，所以我们这里所说的宗教对法律的影响主要是欧洲基督教对世俗法律的影响。

　　中世纪的欧洲处于神权统治的时期，宗教与法律的关系非常密切，近代法律体系中的许多方面都受到了教会的影响，以至于有些学者认为近代法律体系的诞生就来源于教会。

　　教会对法律的影响可以依各种不同的标准进行分类，如从时间上来看，可以分为早期基督教对法律的影响，中世纪的宗教对法律的影响，新教对法律的影响等；从制度上来看，可以分为教会代理制度对法律的影响，教会诉讼制度对法律的影响；从观念形态上来看，可以分为平等观念对法律的影响，良心观念对法律的影响，财富观与价值观对法律的影响；从法律部门来看，可以分为教会对宪法、民法、刑法、诉讼法、国际法各法律部门的影响等。这里我们准备按照部门法来分类，简单介绍教会对法律的影响。

### 一、宪法

　　现在大多数国家都有成文宪法，宪法被认为是根本大法。宪法虽然是在资产阶级与封建领主的斗争中产生的，取得胜利的资产阶级将他们最为关心的财产权利、人身安全与契约自由等用宪法的形式规定下来，但是现代宪法的一些基本精神与基本价值却来源于教会。首先，上帝面前人人平等的原则直接或间接地影响到了宪法所规定的法律面前人人平等的原则；其次，宗教改革使法律从神学中解放出来，新教认为个人有自己的意志并通过自己的意志来改变自然、创造新的社会关系的权利，这是近代财产法与契约法的宗教渊源；最后，教会在中世纪已经发展成为一个严密的组织体，与早期帝国形成了鲜明的对照，"官僚结构的这种复杂性和专门性是宪法原则的一个渊源"[1]。

### 二、民法

　　虽然民法的基本制度与渊源是罗马法，但是中世纪教会对罗马法进行卓有成效的改革，现代民法的许多制度与精神来源于教会法。在婚姻法领域，教会的平等观念也影响到了夫妻之间，另外，婚姻的合意性、自愿性本身就表明婚姻是一项契约行为，教会坚持一夫一妻制、保护寡妇与儿童等方面的规定对后来民族国家的婚姻家庭立法都具有一定的影响。教会继承法的信托遗赠为教会的土地获得做出了贡献，对后世也有较大的影响。在财产法方面，教会法学家不仅首次对财产法律系统化，还发展出社团所有权、信托、基金、占有权救济等概念。

---

[1]　[美]哈罗德·J.伯尔曼：《法律与革命》，贺卫方等译，中国大百科全书出版社1993年版，第257页。

### 三、刑法

教会认为，刑罚是对被破坏了社会秩序的一种补救，所以在量刑时，不是为了单纯地惩罚当事人的肉体，更应该考虑对当事人的内心的改造、灵魂的净化，以使其能够重新做人，这也是教育刑的先声。

### 四、诉讼法

在诉讼制度方面，教会法逐渐强调书面证据与证据的可靠性，无论是书面证据还是口头证据，都需要在宣誓以后提出，作伪证要受到重罚。代理制度也是由教会法学家首倡。在司法调查方面，强调法官的理性与良心。1215 年第四次拉特兰会议禁止教职人员实行神明裁判，有效地终止了盛行于教会的神明裁判。教会法庭所采取的纠问式的诉讼方式是早期私力救济的一种补充，鉴于私力救济的不足，教会法规定，根据公众的告发与私人的控告，法院就可以积极主动地进行调查，当事人也可以为自己辩解，纠问式诉讼对公诉制度有重要的影响，是后来职权主义诉讼的重要渊源。

### 五、国际法

中世纪战争不断，教会反对流血战斗，尤其反对在安息日进行战争活动，主张用和平对话的方式解决矛盾与冲突。即便是发生战争，也要实行人道主义原则，为此，中世纪教会发布了不少休战的教令与和平宣言，对于国际法的产生、发展有积极的影响。

必须指出的是，我们这里所列举出来的影响都是从积极方面来考虑的，事实上，教会的影响也表现出许多消极方面的影响，如不允许离婚、禁止放贷以及在意识形态领域内采取高压政策等，此不赘述。

总之，教会的平等精神与良心原则、善意占有原则以及刑罚与改造、战争与和平等方面的规定对近现代法律产生了深远的影响。

## 第五节　现代社会中的法律与宗教

政教分离的一个最重要的后果就是法律与宗教的脱离，宗教不能干预国家的法律，宗教越来越远离社会现实，退回到私人的隐秘空间。尽管如此，宗教在不少方面仍然保持很大的影响。这里应该说明的是，政教分离各国情况并不一样，很难一概而论。有的分离得比较彻底，有的则保留了不少宗教因素。法国资产阶级方面比较彻底，1905 年颁布的《分离法》禁止教会干涉国家事务。美国由于基督教派林立，教会一开始就根据宪法保持中立，但是美国的人权与民主法治理念及其价值观念不少方面则与教会有关。德国的教会在社会生活中也扮演着重要的角色，《德意志联邦共和国宪法》序言中说："我德意志人民，认识到对上帝与人类所负之责任，愿以联合欧洲中一平等分子之地位贡献世界和平，兹本制宪权力制定此基本法。"将"上帝"一词写进了宪法当中。与此类似的还有瑞士等国。2001～2003 年欧洲宪法大会上，也有人提出在宪法的前言中应该提到上帝，但是遭到法国等国家的反对。虽然在宪法中写进抽象的"上帝"一词并不妨碍政治与教会的分离，但是这种称谓不是可有可无的，至少它表明了中世纪以来，宗教传统对社会生活的影响。另外，宪法直接使用"上帝"的字眼也表明了宪法的崇高性与神圣性。霍恩教授提出了一个价值合意的概念，他认为，宪法与法律中所谓的上天所赋予的基本权利与义务的规定，可以从一个国家的文化传统中去寻找，如果这种有关人性尊严、言论自由、财产权、宗教自由等的规定没有在法律团体成员中引起必要的共鸣，那么它仍然是死的。霍恩认为，现在的宪法与法律并没有完成这种合意，虽然历史上宗教曾经促成了这种必要的价值合意，但是随着政教的分离，国家摆脱了宗教的控制，价值合意出现了问题。[1] 从这里我们可以看出，无论是霍恩的价值合意还是伯尔曼的法律的宗教性，都在强调法律对于宗教的依赖，法律要依靠宗教的情感才能实现。

虽然在现代社会，宗教不能干涉法律，但是宗教仍然通过各种渠道对现代法律产生间接的影响，主要表现在宗教对人类命运的终极关爱的观念层面上，由此影响到国家制度的安排与设定。如教会主张人的尊严从而反对堕胎，也反对克隆人等。

但是，在信仰真主的伊斯兰国家，由于法律与宗教在相当程度上的一致性，政治与宗教合而为一，宗教之义务也即法律之义务。虽然在西方殖民统治时期他们的法律发生过变化，但是随着民族的独立与原教旨主义运动的兴起，法律回归传统的色彩越来越浓，这一点从伊朗等国家可以看出。《伊朗宪法》第一章第 1 条规定："伊朗政权的形式是伊斯兰共和国，这是伊朗人民基于对古兰经公正治国的古老信念，在由伊马姆霍梅尼领导的伊朗伊斯兰革命胜利后，于伊斯兰阳历 1358 年 1 月 10 日和 11 日（公元 1979 年 3 月 31 日）举行的公民投票中以 98.2% 的多数票通过的。"第 2 条第 1 款第 1 项规定："只有一个真主（'安拉是唯一的真主'）、只承认他的统治并归顺他的意向。"第 12 条规定："伊朗的国教是伊斯兰什叶派中的十二伊马姆派，这是不可改变的原则，伊斯兰的其他教派，如哈纳夫派、沙费派、马列克派、哈巴尔派和宰德派同样受到尊重。……"我们可以从这些规定明显地感觉到宪法所具有的浓厚的宗教属性。

由于历史文化与宗教传统不同，所以法律与宗教的关系也并不完全相同，要详细回答各宗教与法律的关系，需要我们对各种宗教文化进行详细的研究，这里，我们仅仅对法律与宗教的一般关系从宏观的角度做了一个简单的介绍，目的是让我们能够对法律与宗教的关系问题从哲学的高度进行认真的思考：人类的法律是否需要宗教的"关照"，没有宗教支撑的法律又将会是什么样的法律，未来的法律将是如何，等等。

### 案例分析

公元前 5 世纪，在索福克勒斯的悲剧《安提戈涅》里，安提戈涅的哥哥波吕涅克斯（Polyneices）与厄忒俄克勒斯（Eteocles）为了抢夺王位，双双战死。与波吕涅克斯背叛了城邦，率外邦军队前来攻打自己的忒拜城不同，厄忒俄克勒斯为了保卫城邦，与波吕涅克斯战死。安提戈涅的舅父克瑞翁被推为新国王后，为惩罚波吕涅克斯反叛祖国，不许任何人埋葬波吕涅克斯，任其暴尸田野，违令者将被处死。

在古希腊，埋葬死者并为之举行葬礼是人们的神圣义务，人们不仅有权利而且有义务埋葬其亲人，这是神的命令，是"天条""神律"，至高无上，不得违反。上述情况出现了国法与宗教神谕之间的冲突问题。正是在这种情况下，安提戈涅不顾克瑞翁的禁令，埋葬了哥哥的尸体。克瑞翁下令将安提戈涅砌在波吕涅克斯的墓中，导致安提戈涅在墓中自杀身亡。[2]

【评析】这是古希腊的悲剧家索福克勒斯的著名作品《安提戈涅》里描写的故事。这个故事反映了"神法"与"人法"的对抗与适应问题，即我们到底是适应"神法"还是"人法"。如果"人法"符合"神法"那自然是一件好事，也就是说国家（国王）制定的法律符合神律，是按照神的意志办事的，自然也会得到人们普遍的遵从。如果"神法"与"人法"不一致，那就要遵从"神法"。事实上，神法是一种隐喻，它代表着人们公认的"天理"与"人情"，

---

[1] ［德］N. 霍恩：《法律科学与法哲学导论》，罗莉译，法律出版社 2005 年版，第 53～54 页。

[2] 参见［古希腊］索福克勒斯：《索福克勒斯悲剧二种》，罗念生译，人民文学出版社 1979 年版。

任何违背自然律（神法）的做法都将遭到人们的唾弃。克瑞翁的儿子（安提戈涅的情人）、妻子都相继去世就说明了这一点。

从法学与政治学上看，它开启了自然法学的先河，对后世有重要的影响；同时，故事本身也代表了西方政治学中公民有"不服从"的传统。

 **本章小结**

本章主要对宗教的概念、宗教与法律的一般关系、宗教对法律的影响以及现代社会中的法律与宗教等方面做了简单的介绍，第三节事实上是对第二节的细化，从宗教的角度来看法律与从法律的角度来看宗教，这样更有利于把握法律与宗教的内涵与关系。

关于宗教与法律的关系一直是社会学、宗教学与法学探讨的一个重要的领域。宗教学家、社会学家、法学家对此进行了长期的探讨，取得了很大的成绩，但是也有许多方面还有待我们进行进一步的研究。就欧洲而言，如中世纪是不是"黑暗"的世纪、教会是否一无是处等，对中世纪的评价不同，我们对法律与宗教的关系的理解也会有所不同。正确的观点应该是将法律与宗教放在特定的历史文化传统当中去认识、去思考，不能囿于成见。我们是从中世纪走过来的，教会有错误，但是贡献也很大。事实上，教会的作用绝对不能低估，它与世俗社会共同推动了社会的向前发展。

 **思考题**

**一、名词解释**

宗教

**二、简答题**

1. 简述宗教与法律的一般关系。

2. 教会对法律产生了哪些影响？

3. 请自己归纳法律与宗教的区别。

**三、论述题**

1. 如何看待现代法律中的宗教因素？

2. 如何理解"没有信仰的法律将退化为僵死的教条"（伯尔曼语）？

 主要参考文献

1. Georges Bataille, *Theory of Religion*, Zone Books, 1989.

2. William E. Deal and Timothy K. Beal, *Theory for Religious Studies*, Routledge, Taylor & Francis Group, 2004.

3. Numa Denis Fustel De Coulanges, *The Ancient City*, Batoche Books, 2001.